D1675259

Köln und seine jüdischen Architekten

Für Lioba

WOLFRAM HAGSPIEL

Köln und seine jüdischen Architekten

J.P. BACHEM VERLAG

Bibliografische Information Der Deutschen Bibliothek
Die Deutsche Bibliothek verzeichnet diese Publikation in der Deutschen
Nationalbibliografie; detaillierte bibliografische Daten sind im Internet über
http://dnb.ddb.de abrufbar.

1. Auflage 2010
© J.P. Bachem Verlag, Köln 2010
Lektorat: Kerstin Goldbach, Bergisch Gladbach
Scans und digitale Bildbearbeitung: Dr. Wolfram Hagspiel
Reproduktionen/Titelgestaltung, Layout:
Reprowerkstatt Wargalla/Eva Kraskes, Köln
Druck: Grafisches Centrum Cuno, Calbe
Printed in Germany
ISBN 978-3-7616-2294-0

Mit unserem Newsletter
informieren wir Sie gerne
über unser Buchprogramm.
Bestellen Sie ihn kostenfrei unter
↗ www.bachem.de/verlag

INHALT

Vorwort der GAG Immobilien AG ... 7
Einleitung ... 8

Oskar (Osias) Abisch ... 16
Ludwig Ahlfeld ... 27
Isaak Auerbach ... 28
(Falk) Fritz Beermann ... 35
Karl Bing ... 42
(Ernst Wilhelm) Heinrich (Henrique) Bresslau (Breßlau) ... 50
Julius Cohen ... 53
Siegmund (Richard) Deutsch ... 53
(Wolf) Alfred Eckstein ... 55
Leopold (Leo) Ehrlich ... 55
(Manuel) Manfred Faber ... 56
Georg Falck ... 100
(Josef) Philipp Fritz ... 225
Walter Frohwein ... 238
Adolf Fruchtländer ... 239
Hugo Gernsbacher ... 241
Helmut Goldschmidt ... 242
(Hermann) Josef Harf ... 313
Theodor Heidegger ... 314
Ernst Hoff ... 314
Ernst Kahn ... 315
Ernst Rudolf Kahn ... 318
Jakob August Kaufmann ... 319
H. (Helmut) Hans Krebs ... 320

Richard (Carl) Landsberg ... 323
Max Loeb ... 327
Paul Löwendahl ... 328
John (Eduard) Lütgens ... 329
Sigmund Münchhausen ... 334
Albert Oppenheim ... 344
Oskar van Perlstein (Shlomo Pashtan) ... 345
Gustav Philipp ... 347
Alexander Pinthus ... 347
Kurt Rosenblum ... 348
Oskar Rosendahl ... 348
Willy (Wilhelm) Rosendahl ... 353
Bertha (Regina) Sander ... 354
Alexander (Xanti) Schawinsky ... 360
Ernst (Joseph) Schragenheim ... 361
Emil Seligmann ... 361
Max Stern ... 363
Robert Stern ... 364
Simon Stern ... 432
Artur (Arthur) Wachsberger ... 434

Personenregister ... 441
Ortsregister ... 457

Wir danken den Förderern:

Annemarie und Helmut Börner-Stiftung

Dr. Thomas Bscher

Dr. Wolfram Hagspiel

Dr. Karl-Ludwig Kley

VORWORT DER GAG IMMOBILIEN AG

Es gehört sicher nicht zu den dringlichsten Aufgaben einer Wohnungsbaugesellschaft, sich mit dem Schicksal jüdischer Architekten zu beschäftigen.

Und trotzdem hat sich der Vorstand der GAG Immobilien AG sofort dazu entschlossen, das Publikationsvorhaben von Herrn Dr. Hagspiel zu unterstützen, um diesen Aspekt der Stadtgeschichte für den Kölner Bürger zugänglich zu machen. Die Bauten jüdischer Architekten haben das Gesicht der Stadt Köln in weiten und wichtigen Bereichen geprägt. Eine Entwicklung, die auch in Köln durch das NS-Regime brutal beendet wurde.

Angesichts ihrer fast hundertjährigen Geschichte und ihrer Tätigkeit in und für Köln ist die Auseinandersetzung mit Geschichte und auch der eigenen Geschichte für die GAG unausweichlich. Mit der Unterstützung dieses Buches leistet die GAG dabei auch einen kleinen, aber wichtigen Beitrag zur eigenen Firmengeschichte. Jüdische Architekten haben auch für die GAG gearbeitet, wie z. B. Manfred Faber mit seinen Siedlungen in Köln-Holweide, „Märchensiedlung" und die „Naumannsiedlung" in Köln-Riehl. Gerade diese beiden Siedlungen zeigen in ihrer stilistischen Entwicklung, wie die GAG Träger progressiver Tendenzen im Köln der 1920er Jahre war. Mit der aktuell durchgeführten Sanierung der Siedlung in Riehl wird ein wichtiger Teil des Werkes von Manfred Faber wieder im alten Glanz erstrahlen und in seinem Geiste weiterentwickelt. Manfred Faber wurde 1944 im KZ Auschwitz umgebracht – jüdisches Schicksal

Jüdische Schicksale zeigen aber, auch welche verhängnisvolle Rolle Vorurteile spielen können. Die GAG bezieht Stellung gegen Vorurteile und Ressentiments jeglicher Art. Unter ihren ca. 100.000 Mietern gibt es ca. 100 verschiedene Nationalitäten, eine Unzahl religiöser Bekenntnisse und eine große Zahl unterschiedlicher Arten der Lebensführung. Toleranz, Achtung vor dem Anderen, seinen Werten und Einstellungen sind quasi „Geschäftsprinzipien" der GAG Immobilien AG mit der sie ihren Beitrag für ein friedliches Miteinander der Menschen in dieser Stadt leistet.

Der Vorstand der GAG Immobilien AG wünscht diesem Buch zahlreiche und aufmerksame Leser, die Wissen erwerben und Spaß beim Lesen haben mögen.

Kathrin Möller   Uwe Eichner   Sybille Wegerich

EINLEITUNG

Köln zählte bis zum Beginn des Nationalsozialismus zu den Städten Deutschlands, die ein besonders reiches jüdisches Leben, vor allem auf dem Sektor der Kultur und des Geschäftswesens, aufweisen konnten. Das Zentrum der Innenstadt, aber auch viele der Vororte waren – und sind auch heute noch – geprägt von den Bauten, die jüdische Bauherren in Auftrag gegeben haben und oft auch von jüdischen Architekten entwerfen ließen. Vergessen ist jedoch meist die Geschichte dieser Häuser und fast immer das Wissen über diejenigen, die einst den architektonischen Entwurf geliefert hatten. Der Stolz und das Selbstbewusstsein der jüdischen Bevölkerung Kölns äußerte sich in architektonischer Hinsicht bis etwa 1900 fast ausschließlich in den beiden großen Synagogen der Stadt, die beide von nichtjüdischen Architekten entworfen worden waren. Bei der 1857–61 gebauten Synagoge in der Glockengasse war es der damalige Dombaumeister Ernst Friedrich Zwirner und bei der 1893–99 errichteten Synagoge in der Roonstraße das renommierte Kölner Architekturbüro von Emil Schreiterer und Bernhard Below. Auf dem privaten Sektor war es vor allem die äußerst kunstsinnige Bankiersfamilie von Oppenheim, die mit ihren Häusern Akzente zu setzen verstand, wie Freiherr Eduard von Oppenheim mit seinem 1866–68 nach den Entwürfen von Josef Felten und Wilhelm Hoffmann errichteten Palais Unter Sachsenhausen 37/Kattenbug. Zur Jahrhundertwende waren es erstmals auch jüdische Kaufleute, von denen gerade zu dieser Zeit sehr viele zu Wohlstand gekommen sind, die sich aufwendige und sehr repräsentative Neubauten für ihre Geschäfte und die eigenen Wohnzwecke leisteten. Erstaunlicherweise wählten sich die meisten von ihnen ihre Architekten aus dem Kreis der regionalen Avantgarde aus, wie Fritz und Karl Schauppmeyer, die damals zu den besten Baukünstlern des Jugendstils in Köln zählten. Diese bauten für Benno Wind 1898/99 das Seidenhaus Wind & Süssmann[1], Hohe Str. 80, für Paula von Geldern 1900/01 das Schuhhaus Joseph von Geldern[2], Hohe Str. 156 sowie 1899/1900 für Louis Berg dessen palaisartiges Wohnhaus Theodor-Heuss-Ring 26[3] und drei Jahre später für Leonhard Tietz dessen Villa Hardefuststr. 3[4]. Ein anderer zu jener Zeit prominenter Architekt war Carl Schöne, zu dessen Klientel fast ausschließlich jüdische Familien zählten. Er baute unter anderem 1901/02 auf dem Grundstück Cäcilienstr. 6–12/Schildergasse 89 das Wohn- und Geschäftshaus Reifenberg & Mastbaum[5], 1905/06 in Nippes, Neusser Str. 242–246, das Warenhaus Gebr. Bluhm und 1906 das Kaufhaus Michel & Co., Hohe Str. 42/Burghöfchen. Ein anderer renommierter Architekt war Peter Gaertner, nach dessen Entwürfen 1906/07 das Kontor- und Lagergebäude Jonas & Stierstadt, St.-Apern-Str. 20[6], 1909 das Geschäftshaus Caan & Heumann[7], Apostelnkloster 5, 1911/12 die Schuhfabrik Rollmann & Mayer[8] in Niehl, Nesselrodestr. 26–30, und 1912/13 die Strohhutfabrik Silberberg & Mayer[9] in Sülz, Lotharstr. 14–18, entstanden.

Zu beobachten ist, dass gerade mit dem Aufkommen der Reformbewegungen in der Kunst und Architektur ab den Jahren um 1900, also dem Jugendstil und den anschließenden Bestrebungen des Deutschen Werkbundes und in den 1920er-Jahren des Bauhauses, viele Aktivitäten in Köln gerade von den jüdischen Bevölkerungskreisen mit getragen und aktiv unterstützt wurden. Dieses gilt für die 1906 in der Flora veranstaltete Deutsche Kunstausstellung ebenso wie für die Sonder-

oben: Das Palais Freiherr Eduard von Oppenheim um 1880. Foto: RBA

unten: Die Strohhutfabrik Silberberg & Mayer. Foto aus: Der Industriebau, 1916, S. 374

linke Seite:
Die Synagoge Roonstraße um 1900, Foto aus: Kölner Bilder. Siegburg 1911

links: Das Haus Palatium und das Warenhaus Tietz (rechts). Foto aus: Mitteilungen des Rheinischen Vereins für Denkmalpflege, 1914, S.166

rechts: Das Warenhaus Tietz im Jahr 1914. Foto aus: Das neue Haus der Firma Leonhard Tietz A.-G. in Köln. Berlin 1914

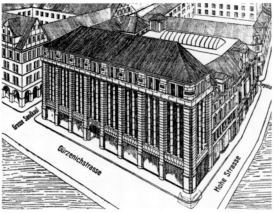

Isometrie des Kaufhauses Michel & Cie. Abb. aus: Stadt-Anzeiger vom 29.10.1911

Entwurf von Paul Bonatz zum Geschäftshaus Reifenberg & Cie. Abb. aus: Jahrbuch des Deutschen Werkbundes 1912

bund-Ausstellung im Jahr 1912 und die Deutsche Werkbund-Ausstellung von 1914. Besonders engagiert beteiligen sich jüdische Familien an dem großstädtischen Umbau der Kölner Altstadt, der seit 1907 von dem neu berufenen Dezernenten für Stadtplanung, dem Technischen Beigeordneten und Werkbund-Mitglied Carl Rehorst, betrieben wurde. Prägnant und zugleich bedeutende Zeugnisse jüdischen Geschäftslebens sind im Zentrum der Stadt vor allem die von Wilhelm Kreis entworfenen Geschäftshauspaläste „Palatium"[10] und „Tietz"[11], die als Eingangstor zu der damals unter Carl Rehorst neu angelegten Durchbruchstraße „Gürzenichstraße" geplant worden waren. Bauherr des 1911/12 errichteten Geschäftshauses „Palatium" war die 1903 in Frankfurt am Main von Alexander Cohn und Peter Kreh gegründete Bauunternehmung Cohn & Kreh, deren alleiniger Inhaber bald Karl Otto Cohn wurde. Für seinen auf der gegenüberliegenden Straßenseite errichteten Warenhauspalast Tietz, dem heutigen Kaufhof, suchte Leonhard Tietz damals ebenfalls den besten deutschen Baukünstler, den er im Sieger des 1. und 2. Preises des 1911 von ihm ausgeschriebenen Wettbewerbs fand. Es war in diesem Fall wieder Wilhelm Kreis, nach dessen Entwürfen ein als Gesamtkunstwerk begriffener, im Jahr 1914 eingeweihter Neubau entstand, an dem zahlreiche renommierte Künstler mitgewirkt hatten. In unmittelbarer Nähe zu diesen Häusern wurde 1911–13 für Hermann, Moritz und Heinrich Michel nach den Entwürfen von Heinrich Benoit und Johannes Bergerhausen das Kaufhaus Michel & Cie.[12], Hohe Str. 46/Gürzenichstr. 4, errichtet, das spätere Kaufhaus Jacobi. Auch im Bereich der zweiten großen Durchbruchstraße, der Zeppelinstraße, fördern vor allem jüdische Familien den raschen Ausbau, wie mit dem 1911/12 nach Entwürfen von Paul Bonatz errichteten Geschäfts- und Kontorhaus Reifenberg & Cie.[13], Zeppelinstr. 5–7/Am Alten Posthof, dem von Hermann Eberhard Pflaume entworfenen, 1912–14 gebauten „Olivandenhof"[14], Zeppelinstraße 9/Am Alten Posthof, und dem 1911–13 von Rolf Helbig, Albert Klöckner und Oskar Rosendahl gebauten Büro- und Geschäftshaus Gebr. Isay[15], Zeppelinstr. 4–6/Am Alten Posthof. Ein prägnanter Geschäftsbau in unmittelbarer Nähe ist das 1908/09 nach den Entwürfen von Heinrich Müller-Erkelenz gebaute Bing-Haus[16], Neumarkt 15–19. Von dem Kunstsinn vieler jüdischer Bürger künden auch zahlreiche Privathäuser in Köln, so die 1910 von Ludwig Bopp, einem Schüler und ehemaligen Mitarbeiter des Münchner Architekten Gabriel von Seidl, errichtete, zu ihrer Zeit höchst avantgardistische Villa Max Meirowsky, Fürst-Pückler-Str. 48, an der zahlreiche renommierte deutsche Künstler und Architekten mitgewirkt hatten, wie Peter Behrens, Fritz Schumacher, Fritz Erler und Georg Wrba.[17] Vor allem jüdische Familien sind es, die vor 1933 deutschlandweit die gepflegte Wohnkultur und den exquisiten Stil des Architekten und Künstlers Bruno Paul zu schätzen wissen. Alleine in Köln errichtete dieser höchst begehrte Baukünstler über zehn Häuser für jüdische Bauherren, so 1912/13 die Villa Paul Leffmann, Haydnstr. 13, die bis zur Emigration der Familie auch eine äußerst beeindruckende Sammlung moderner Kunst mit Werken von internationalem Rang beherbergte.[18]

In der Ära des Kölner Oberbürgermeister Konrad Adenauer setzte sich dieses Engagement vieler Kreise der jüdischen Bevölkerung für Kunst, Kultur und insbesondere die Baukultur weiter fort. Gerade jüdische Bauherren wagten und förderten die Experimente der neuen Avantgarde, seien es zunächst der Expressionismus in der Baukunst oder später dann das „Neue Bauen", die Architektur des Bauhauses. Stadtteile wie Braunsfeld, Lindenthal, Marienburg, die Neustadt oder das damals außerhalb von Köln gelegene Rodenkirchen sind Bereiche Kölns, in denen bis heute zahlreiche Privathäuser von dem Kunstsinn ihrer einstigen jüdischen Bauherren zeugen. Genannt seien die 1922–24 nach den Entwürfen von Theodor Merrill gebaute Villa des Generaldirektors der Kölnischen Rückversicherungs-Gesellschaft Heinrich Gruenwald, Goethestr. 66, und die 1932/33 nach den Entwürfen von Ulrich Pohl für den Getreidegroßhändler Hugo Wolff und seine Ehefrau Else gebaute Villa Gyrhofstr. 20, für die sich die Bauherren Anregungen in Palästina geholt hatten, wo damals vielfach von ehemaligen Bauhausschülern und emigrierten deutschen Architekten ganz im Sinne der Moderne des Bauhauses ganze Wohnviertel entstanden. Bilder beider Villen bildeten in den letzten Jahren den Titel von Kölner Architekturpublikationen.[19] Weitere herausragende Beispiele dieser Moderne in Köln sind das 1929/30 gebaute, von dem überwiegend in Wiesbaden tätigen Architekten Johann Wilhelm Lehr entworfene Haus des Juristen Dr. Viktor Loewenwarter[20], Decksteiner Str. 20, das nach dessen Emigration Ende November 1933 gänzlich im Sinne der neuen Ideologie überformt wurde, dann das 1931/32 von Josef Ruff für Dr. Max Bodenheimer[21], den großen Mitstreiter der zionistischen Bewegung und Vordenker des Staates Israel, gebaute Einfamilienhaus Lentstr. 8, sowie das von Hans Schumacher entworfene, 1930 gebaute Haus des Juristen Dr. Eugen Rosenberg[22], Walther-Rathenau-Str. 29. Auch bei dem bemerkenswertesten innerstädtischen Großbau aus den Jahren der Weimarer Republik, das 1928–30 nach Entwürfen von Bruno Paul und Franz Weber gebaute Dischhaus[23], sind es die jüdische Großaktionäre der Hotel Disch Actien-Gesellschaft, die sich in dem 1928 von der Ge-

sellschaft ausgeschriebenen Wettbewerb für den in jüdischen Kreisen beliebten Bruno Paul und seinen Schwager entscheiden. Der von der Gesellschaft zum Wettbewerb eingeladene jüdische Architekt Robert Stern konnte offensichtlich wegen mangelnden Erfahrungen auf diesem Sektor dagegen keinen Preis erringen. Handelt es sich bei den bisher genannten Architekten, mit Ausnahme des Architekten Oskar Rosendahl beim Büro- und Geschäftshaus Gebr. Isay; ausschließlich um nichtjüdische Baukünstler, die sowohl für Bauten des Kultus als auch des privaten und geschäftlichen Bereichs herangezogen worden waren, dann gibt es ab etwa 1900 immer mehr jüdische Architekten, die im staatlichen, öffentlichen und privaten Bereich mit ihren Werken in Erscheinung treten und bald auch zunehmend von jüdischen Bauherren für ihre Planungen beauftragt werden. Im 19. Jahrhundert waren Architekten wie Isaak Auerbach und Gustav Philipp, über die nur wenig bekannt ist, fast singuläre Erscheinungen, auch wenn Isaak Auerbach zu seiner Zeit offensichtlich für die allerersten Kreise der Kölner Gesellschaft tätig war. Im Staatsdienst gelang es Juden anscheinend eher, eine Karriere zu starten, wie Fritz Beermann, Karl Bing, Siegmund Deutsch, Theodor Heidegger oder Richard Carl Landsberg. Bei den beiden jüdischen Architekten Georg Falck und Robert Stern, die in den ersten Jahren nach der Jahrhundertwende in Köln ihre Architekturbüros eröffneten, wird besonders stark auch der Wandel innerhalb der jüdischen Bauherrenschaft deutlich, die, wie die jüdischen Gemeinden, sich jetzt fast ausschließlich jüdischer Architekten bedienten beziehungsweise im Falle privater Bauherren, jetzt zunehmend jüdische Architekten beschäftigten, die man vom Gemeindeleben oder von gemeinsamen geschäftlichen Aktivitäten her kannte. Sehr deutlich lässt sich dieser Wandel bei der Leonhard Tietz A.-G. beobachten, die bis zum Ersten Weltkrieg keine religionsspezifische Festle-

links: Das Haus Max Meirowsky. Foto aus: Innendekoration, 1911, S. 271

rechts: Die Villa Paul Leffmann. Foto aus: Hermann Muthesius: Landhaus und Garten. München 1925

Werbung der Firma Gebr. Bing Söhne. Abb. aus: Hermann Wieger (Hg.): Handbuch von Köln. Köln 1925, S. 686

gung bei der Auswahl ihrer Architekten kannte, die danach bei ihren Bauten aber fast ausschließlich den jüdischen Architekten Georg Falck beschäftigt. Auf der anderen Seite gibt es aber auch jüdische Architekten, die offensichtlich keinen Wert auf die gesellschaftlichen Verbindungen legten, die sich aus ihrer Mitgliedschaft innerhalb der jüdischen Gemeinde ergaben, wie Manfred Faber.

Diese Publikation versteht sich über die wissenschaftliche Aufarbeitung von Biographien und Werkverzeichnissen der jüdischen Architekten Kölns hinaus vor allem als ein Gedenkbuch, das an die Personen, denen die verhängnisvolle Geschichte die publizistische Wertschätzung verwehrte, erinnern soll. Das sehr eng gefasste Thema dieses Buches ist aber auch als ein äußerst wichtiger und längst fälliger Beitrag innerhalb der jüngeren Baugeschichtsforschung Kölns gedacht. Zu dem Kreis der im Buch aufgearbeiteten Architekten sind auch die in vielen Bereichen ähnlich ausgebildeten Bauingenieure, Statiker und Regierungsbaumeister gezählt, teilweise auch Bauunternehmer sowie in der Ausbildung zum Architekten befindliche Jugendliche, die nach 1933 Deutschland aufgrund der rassischen Verfolgung verlassen mussten oder in den Konzentrationslagern umgebracht wurden. „Jüdisch" bezieht sich im Rahmen der hier behandelten Architekten nicht nur auf die Religion, sondern auch auf die vom Judentum Konvertierten und diejenigen, bei denen nur ein Elternteil jüdischer Herkunft war, wobei die Erziehung jüdisch – wie bei Helmut Goldschmidt – als auch christlich – wie bei Ernst Rudolf Kahn – verlaufen konnte. Es ist also jener Personenkreis, der in der Zeit des Nationalsozialismus verfolgt wurde beziehungsweise der Terminologie der Nürnberger Rassegesetze entsprach. Von der Intention des Buches her sind zunächst alle die jüdischen Architekten behandelt, die vor dem Ende des Zweiten Weltkrieges in Köln gewirkt oder mit der Ausbildung begonnen haben, dann aber durch das „Dritte Reich" zur Emigration oder zum Überleben im Versteck gezwungen waren, beziehungsweise wie in vielen Fällen zur Ermordung in Konzentrationslager deportiert wurden. Ergänzt ist dieser Personenkreis um die in Köln wirkenden jüdischen Architekten, die vor der Machtergreifung der Nationalsozialisten verstarben, wobei der zeitliche Rahmen nach unten hin durch das Ende der Reichsstädtischen Zeit und die Besetzung Kölns durch die Franzosen im Jahre 1794 begrenzt ist, als es Juden erstmals seit dem Mittelalter erlaubt war, sich in Köln anzusiedeln. Im Gegensatz zu Myra Warhaftig, die in ihrem Lexikon der jüdischen Architekten[24] auch diejenigen nennt, die mit einer Jüdin oder „Halbjüdin" verheiratet waren, ist in dieser Publikation dieser Personenkreis nicht behandelt. Es wären im Fall Köln der Architekt Peter Franz Nöcker (geb. 4.7.1894 in Köln, gest. 29.6.1984 in Köln) gewesen, der mit Aenne Margarethe Apfel verheiratet gewesen war, die am 23.2.1944 Selbstmord beging, als sie den Bescheid zur Deportation ins Konzentrationslager erhalten hatte, dann der Architekt Jakob Dondorff (geb. 15.2.1881 in Aachen, gest. ?), der mit seiner jüdischen Ehefrau um 1939 vermutlich nach England emigrieren konnte, und der Architekt Wilhelm Riphahn (geb. 25.7.1889 in Köln, gest. 27.12.1963 in Köln), dem es durch Vermittlung des Architekten Clemens Klotz gelang, seine „halbjüdische" Ehefrau Ada Silvia Seckendorff, geb. Friedemann (geb. 5.10.1890 in Berlin, gest. 1.1.1962 in Köln), auf einem der nationalsozialistischen Musterhöfe in oder bei Waldbröl als Dienstmagd unterzubringen.

Die Anregung zu diesem Buch kam Mitte der 1990er-Jahre im Rahmen einer Publikation über den Kölner Stadtteil Marienburg[25], in der neben der Darstellung der Architektur versucht wurde, auch auf das Leben und Wirken der einzelnen Architekten einzugehen. Erst mittels einer sehr aufwendigen detektivischen Detailarbeit gelang es über Nachfahren oder diverse Quellen, biographische Grunddaten und Überblicke über das Gesamtschaffen dieser Architekten zu erhalten, die in ihrer Zeit vielfach eine große Bedeutung besessen hatten, dann aber nahezu völlig vergessen waren. Bei dieser Spurensuche ließen sich die Schrecken der deutschen Geschichte in drastischer Weise nacherleben, bekamen die Jahre nach 1933 eine unmittelbare Bedeutung, die auch an der Architektur, ihren Bauherren und Entwerfern festgemacht werden konnte. Es war die Zeit, als plötzlich Familien verschwanden, als in einer großen

EINLEITUNG

Häufigkeit Immobilien veräußert oder abgebrochen und einst wohlhabende Bürger bald in Ghettohäusern zusammengepfercht wurden. Als über komplizierte Wege der Kontakt zu den Nachfahren des Architekten Georg Falck gelang, dessen jüdische Herkunft zu vermuten war, offenbarte sich dem Autor und bald auch den Fachkreisen ein bis dahin völlig vergessener, ehemals aber sehr populärer Architekt, dessen wiederentdecktes reichhaltiges Werk großes Erstaunen und Bewunderung hervorrief. Das damalige Buch über Marienburg wurde daraufhin auch ihm gewidmet. Die große Dankbarkeit über diese späte Ehrung ihres Vaters bei den beiden Töchtern und weiteren Familienmitgliedern von Georg Falck sowie die Freude, die auch die Nachfahren des Architekten Robert Stern und der Architekt Helmut Goldschmidt durch ihre Erwähnung zeigten, war die Motivation, Leben, Wirken und Schicksal aller in Köln tätigen jüdischen Architekten einmal in einem größeren Zusammenhang darzustellen.

Auch wenn das Thema dieses Buches ohne die Shoa wohl nie aufgegriffen worden wäre, so bleibt zu bemerken, dass in jüdischen Kreisen und den zahlreichen jüdischen Zeitschriften und Zeitungen bis in die 1930er-Jahre oft mit Stolz über das Wirken jüdischer Künstler aller Sparten und über ihren Stand und ihre Anerkennung in der deutschen Gesellschaft berichtet wurde. Besonders beeindruckend ist der von dem renommierten jüdischen Kunst- und Architekturschriftsteller Max Osborn anlässlich der „Deutschen Bau-Ausstellung" in Berlin verfasste große Artikel „Baukünstler und Bauten" in der C. V. Zeitung vom 3.7.1931, dem Organ des Central-Vereins deutscher Staatsbürger jüdischen Glaubens e.V.. Hier heißt es: *„Die ‚Deutsche Bauausstellung' in Berlin, die grosse Schau deutschen Bauwesens, gab Anlass zu dieser Sondernummer. Sie will die schöpferische Mitwirkung jüdischer Deutscher in diesem Zweige der Kunst und des Kunsthandwerks zeigen und dadurch doppeltem Zwecke dienen: das judengegnerische Schlagwort von der Unproduktivität jüdischer, angeblich nur ‚händlerischer' Geisteshaltung widerlegen und zugleich die unlösbare Verbundenheit jüdischen Schaffens, Denkens und Seins mit deutscher Kultur und Heimaterde von neuem erhärten."* Ferner wird bemerkt: *„Wer näher zusieht, wird, vielleicht zu seiner eigenen Ueberraschung, erkennen, daß in diesem abgelaufenen Jahrhundert jüdische Kräfte einen erheblichen und bedeutsamen Anteil an der Entwicklung der europäischen, namentlich der deutschen Architektur genommen haben ... Ja, das Ergebnis fällt fast noch schwerer ins Gewicht als in den übrigen Künsten ..., da wir es nicht nur mit einer großen Zahl schlechthin tüchtiger Männer, sondern darüber hinaus mit einzelnen Persönlichkeiten zu tun haben, die für ihre ganze Zeit führend geworden sind und auf dem Vormarsch ihrer Kunst zu neuen Zielen weitreichenden Einfluß ausgeübt haben."*

Zvi Asaria, der erste Kölner Rabbiner der Nachkriegszeit, hebt in dem Kapitel „Die Juden im öffentlichen Leben in Köln" in seinem 1959 erschienenen Standardwerk über die Juden in Köln ebenfalls die Bedeutung der jüdischen Kölner Künstler hervor, weiß aber nur zwei jüdische Kölner Architekten zu nennen, so Beermann, den Schöpfer der Hohenzollernbrücke, dessen Vornamen er aber offensichtlich nicht kennt, und Robert Stern, den er auch an anderen Stellen mehrfach nennt.[26] In dem opulenten Katalog Monumenta Judaica erwähnt Christine von Kohl 1963 in ihrem Beitrag über jüdische Künstler in den Rheinlanden nur den Architekten Robert Stern.[27] Joseph Walk würdigt in seiner 1988 erschienenen Publikation „Kurzbiographien zur Geschichte der Juden 1918–1945" für den rheinischen Raum als Kölner Architekten ebenfalls nur Robert Stern, dem er allerdings einige wenige Bauten zuordnen konnte.[28] Klemens Klemmer kennt in seinem 1998 erschienenen Buch „Jüdische Baumeister in Deutschland", in dem mancher Nichtjude als Jude ausgegeben wird, wie z.B. Bruno Paul und Martin Elsaesser, neben Robert Stern immerhin noch Ludwig Ahlfeld, Sigmund Münchhausen und Alexander Pinthus, bei denen die biographischen Angaben allerdings sehr unzureichend und unvollständig sind.[29] Erst die jüdische Architektin Myra Warhaftig hat mit ihrem 2005 erschienenen Buch „Deutsche jüdische Architekten vor und nach 1933 – Das Lexikon. 500 Biographien" eine umfassende, höchst lobenswerte und vorbildhafte Publikation vorgelegt, die dem Wirken der einzelnen Architekten gerecht wird.[30] Ihr *„Werk ist den vergessenen, verfolgten und ermordeten deutschen jüdischen Architekten gewid-*

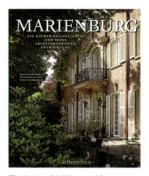

Titel des 2007 erschienenen Buches über Köln Marienburg mit der Villa Heinrich Gruenwald

Titel des 1982 erschienenen Mantz-Kataloges des Museums Ludwig mit der Villa Wolff

links: Das Haus Dr. Viktor Loewenwarter. Foto aus: Wohnen durch eigenes Bauen, 1930, H. 1

Mitte: Das Haus Dr. Max Bodenheimer kurz nach der Fertigstellung. Foto aus: Reinhold Mißelbeck, Wolfram Hagspiel. Werner Mantz. Köln 2000

rechts: Das Haus Dr. Eugen Rosenberg in Rodenkirchen. Foto aus: Das schöne Heim, 1931, H. 1

met." Dank einer engen Zusammenarbeit mit Myra Warhaftig fanden auch mehrere jüdische Architekten aus Köln darin Aufnahme.

Mit dem vorliegenden Buch „Köln und seine jüdischen Architekten" ist dagegen ein gänzlich neuer Weg beschritten, der weit über den des üblichen Lexikons mit Werkübersichten hinausgeht. Mit mühevoller Detektivarbeit wurde hier versucht, sämtliche einst in Köln tätige jüdische Architekten zu ermitteln und ihre Viten und Werkverzeichnisse so komplett wie möglich nachzuzeichnen und zu rekonstruieren. Überliefert waren, wie oben schon erwähnt, nur wenige Namen und die allesamt ohne biographische Angaben und nahezu ohne jede Verbindung zu den von ihnen geschaffenen Werken. Überhaupt möglich wurde diese Arbeit durch eine 1975 vom Autor begonnene Datenbank, in der sämtliche in Köln ansässige und in Köln wirkende Architekten vom 18. Jahrhundert bis zur Gegenwart mit Lebensdaten, Biographien, Werkverzeichnissen und der ermittelbaren Literatur sowie mit Archivalien erfasst sind. Diese über 10.000 Personen und über 300.000 Bauwerke umfassende Datenbank wurde wesentlich zusammengetragen aus einer systematischen Auswertung der in diversen Zeitschriften und Zeitungen erschienenen Bautennachweise, einer systematischen Auswertung nahezu sämtlicher Architekteneinträge in den Kölner Adressbüchern seit dem frühen 19. Jahrhundert, einer kompletten Auswertung der Kölner Tageszeitungen einschließlich der Todesanzeigen und der nahezu kompletten Auswertung sämtlicher Architekturzeitschriften ab der Mitte des 19. Jahrhunderts. Eingeflossen sind ferner die Liste sämtlicher Absolventen der Kölner Baugewerkschule und die Mitgliederliste des Architekten- und Ingenieurvereins, AIV, und des Bundes Deutscher Architekten, BDA, beide in Köln. Mit dieser Datenbank abgeglichen wurden vornehmlich das vom NS Dokumentationszentrum der Stadt Köln herausgegebene Gedenkbuch der jüdischen Opfer des Nationalsozialismus sowie die Bestattungslisten und Grabsteinerfassungen von vier Kölner jüdischen Friedhöfen. Ferner wurde versucht, bei jüdisch klingenden Namen und bei Architekten, die fast ausschließlich oder überwiegend für eine jüdische Klientel gebaut hatten, weiter zu forschen. Zur Absicherung wurden unter anderem auch die Mitgliederlisten der Reichskulturkammer der bildenden Künste durchgesehen. Es gab in Köln sicher mehr als nur die 44 ermittelten Architekten und Bauschaffenden, doch bei einigen Personen, die nach 1933 emigrierten oder plötzlich nicht mehr in den Adressbücher zu finden waren, ließen sich trotz intensiven Bemühens keine klärenden Angaben finden. Für den Nicht-Kölner ist diese sehr komplizierte Vorgehensweise unverständlich, doch gilt es zu wissen, dass Köln nur noch ganz wenige historische Vorkriegsbauakten und keine Einwohnermeldekartei besitzt. Seit gut einem Jahr sind vermutlich auch diese Restbestände für immer bei der Katastrophe des Stadtarchivs verloren gegangen ebenso wie die dort kurz zuvor abgelieferten Unterlagen des Standesamtes. In seiner Thematik ist dieses Buch, das mit seinen zahlreichen wissenschaftlich kommentierten, meist unbekannten Fotos und Bauzeichnungen auch ein überwiegend heute nicht mehr bekanntes und vielfach untergegangenes Köln zeigt, einmalig.

Im Rahmen dieser Publikation gilt mein ganz besonderer Dank Frau Dr. Barbara Becker-Jákli und Herrn Ralf Gier, denen ich eine Vielzahl wertvoller Hinweise, Recherchen sowie zahlreiche Materialien verdanke. Beide haben mit großem Interesse dieses Buchprojekt begleitet und es mit sehr großem persönlichen Engagement unterstützt. Ferner bin ich zu großem Dank Ellen Castle-Falck und Ruth Scully-Falck, den beiden Töchtern des Architekten Georg Falck, verpflichtet. Besonders verbunden und dankbar bin ich dem Architekten Helmut Goldschmidt und seiner Ehefrau Ria, denen dieses Buchprojekt immer ein großes Anliegen war. Ein großer Dank gilt auch den beiden Nachfahren des Architekten Robert Stern, Rudi Romberg und Eric Stern, ferner Ina Koep-Wachsberger, der Tochter des Innenarchitekten Dr. Artur Wachsberger, und **Lynda Bashan und Reuven** Pashtan, den Nachfahren von Oskar van Perlstein (Shlomo Pashtan), sowie Ernst Rudolf Kahn. Bedanken möchte ich mich selbstverständlich bei den zahlreichen privaten und öffentlichen Archiven und ihren Mitarbeitern sowie bei den vielen Privatpersonen, die mich hilfreich unterstützt haben. Besonders hervorheben möchte ich hier Karl-Josef Baum, Angelika Belz, Dr. Thomas Blisniewski, Ulrich Bücholdt, Dr. Walter Buschmann, Irene Corbach, Dr. Claudia Euskirchen, Marion Fey, Ulrich Flecken, Axel Föhl, Dr. Thomas Goege, Monika Grübel, Winfried Günther, Dr. Annette Haller, Prof. Henrik Hanstein, Dr. Lutz Heidemann, Dr. Jörg Heimeshoff, Werner Heinen, Dr. Christoph Heuter, Rüdiger Jordan, Dr. Werner Jung, Dr. Uri Kaufmann, Hans-Peter Kleber, Dr. Ulrich Knufinke, Dr. Angela Koch, Ruth Mader, Dr. Jürgen Müller, Dr. Angela Pfotenhauer, Dr. Elfi Pracht-Jörns, Dr. Saskia Rohde, Dr. Imke Ristow, Dr. Werner Schäfke, Dr. Rupert Schreiber, Hans Schüller, Dr. Ulrich S. Soénius, Eva Sönnichsen, Helmut Ulrich und Dr. Myra Warhaftig.

Das Dischhaus kurz nach der Fertigstellung. Foto aus: Valentin Fuhrmann: Das neue Geschäftshaus. Köln 1930

1 Der Innere Ausbau, Bd. III, Taf. 2 und 39–41
 Wilhelm Rehme: Moderne Wohn- und Geschäftshäuser., Serie 1, Berlin 1902., Taf. 61
 Handbuch der Architektur, Teil 4, 2. Halbband, Heft 2
2 Der Innere Ausbau, Bd. III, Taf. 1
 Wilhelm Rehme: Moderne Wohn- und Geschäftshäuser., Serie 1, Berlin 1902., Taf. 86
3 Die Architektur des XX. Jahrhunderts, Jg. 3, 1903, Taf. 24
 Wilhelm Rehme: Moderne Wohn- und Geschäftshäuser., Serie 1, Berlin 1902., Taf. 57
4 Bildhauer-, Stuck- und Fassadenausführungen, Hans Hunzinger. O. O., o. J.
 Bund Deutscher Architekten BDA, Werke der Ortsgruppe Cöln 1906. Berlin o. J.
5 Die Architektur des XX. Jahrhunderts, Jg. 3, 1903, Taf. 19
6 Der Profanbau, Jg. 3, 1908, S. 116
7 Die Architektur des XX. Jahrhunderts, Jg. 12, 1912, Taf. 1
8 Moderne Bauformen, Jg. 13, 1914, H. 6
 Jahrbuch des Deutschen Werkbundes 1913. Jena 1913, Abb. S. 40
9 Moderne Bauformen, Jg. 13, 1914, H. 6
 Der Industriebau, Jg. 6, 1915, S. 371–376
10 Moderne Bauformen, Jg. 12, 1913, S. 417–451
 Bauwelt, Jg. 4, 1913, H. 32, S. 25–32
11 Das neue Haus der Firma Leonhard Tietz A.-G. in Köln. Berlin 1914
12 Die Architektur des XX. Jahrhunderts, Jg. 14, 1914, S. 26 + Taf. 46
13 Die Architektur des XX. Jahrhunderts, Jg. 13, 1913, Taf. 30
 Der Baumeister, Jg. 12, 1914, Taf. 35
 Jahrbuch des Deutschen Werkbundes 1912. Jena 1912, Abb. S. 93
14 Neuere Arbeiten des Herrn Architekten B.D.A. Hermann Pflaume. Berlin o. J. (um 1914)
15 Helbig und Klöckner, ausgeführte Bauten 1910–1915. O.O., o. J.
16 Das neue Geschäftshaus von Gebr. Bing Söhne, Köln a. Rh. Köln 1909
17 Max Creutz: Das Haus Meirowsky in Cöln-Lindenthal. In: Innendekoration, Jg. 22, 1911, S. 269–308
18 Die Kunst, Bd. 44, 1921, S. 65–87
 Hermann Muthesius: Die schöne Wohnung. München 1922
 Hermann Muthesius: Die schöne Wohnung. München 1926
 Hermann Muthesius: Landhaus und Garten. München 1925
19 Wolfram Hagspiel: Marienburg. Ein Kölner Villenviertel und seine architektonische Entwicklung. Köln 2007
 Reinhold Mißelbeck: Werner Mantz. Architekturphotographie in Köln 1926–1932. Ausst.-Kat. Museum Ludwig Köln 1982
20 Wohnen durch eigenes Bauen, Jg. 1, 1930, H. 1, S. 14
21 Reinhold Mißelbeck, Wolfram Hagspiel. Werner Mantz. Köln 2000
22 Deutsche Bauhütte, Jg. 38, 1934, S. 14
 Die Kunst, Bd. 64, 1930/31, S. 13–15
 Das Schöne Heim, Jg. 2, 1931, S. 13–15 u. Taf.
23 Valentin Fuhrmann: Das neue Geschäftshaus, Bauten des Ateliers für Architektur Professor Bruno Paul, Reg.-Baumstr. Franz Weber Köln am Rhein. Köln 1930
24 Myra Warhaftig. Deutsche jüdische Architekten vor und nach 1933 – Das Lexikon. 500 Biographien. Berlin 2005
25 Wolfram Hagspiel: Köln: Marienburg. Bauten und Architekten eines Villenvorortes. Köln 1996
26 Zvi Asaria (Hg.): Die Juden in Köln. Von den ältesten Zeiten bis zur Gegenwart. Köln 1959
27 Christine von Kohl: Jüdische Künstler und Schriftsteller – Ihr Beitrag zu rheinischen Kulturleben. In: Monumenta Judaica. Köln 1963, S. 467–519
28 Joseph Walk: Kurzbiographien zur Geschichte der Juden 1918–1945. München 1988
29 Klemens Klemmer: Jüdische Baumeister in Deutschland. Architektur vor der Shoa. Stuttgart 1998
30 Myra Warhaftig. Deutsche jüdische Architekten vor und nach 1933 – Das Lexikon. 500 Biographien. Berlin 2005

Die Technische Hochschule zu Aachen

unter dem Rektorate des Professors Geheimen Reg.-Rats Dr. KLOCKMANN

verleiht durch diese Urkunde

DEM DIPLOM-INGENIEUR

Herrn

OSIAS ABISCH

aus Sniatyn

die Würde eines Doktor-Ingenieurs,

nachdem derselbe bei der Abteilung II für Bau-Ingenieurwesen

in ordnungsmäßigem Promotionsverfahren

unter Vorsitz des

Professors SCHIMPFF

und unter Mitwirkung der beiden Referenten

Geheimen Regierungsrats Professors HERTWIG und Professors DOMKE

durch seine Dissertation

„Der mehrfach gestützte Rahmen mit starrer Verbindung zwischen Balken und Stützen"

sowie durch die am 15. Juli 1914 vorgenommene mündliche Prüfung seine wissenschaftliche Befähigung

erwiesen und hierbei das Prädikat

BESTANDEN

erworben hat.

AACHEN, den 20. Juni 1919.

Rektor und Senat der Technischen Hochschule zu Aachen.

OSCAR (OSIAS) ABISCH

Bauingenieur, Statiker, Dr.-Ing., Dipl.-Ing., AIV
geb. 10.1.1886 in Sniatyn/Galizien, gest. 18.12.1948 in London

Oskar Abisch um 1918/19
Foto: NS-Dokumentationszentrum Köln

Oskar Abisch entstammte einer sehr frommen jüdischen Familie, die zu seiner Jugendzeit nach Kutten/Kuty (heute Ukraine) umgezogen war. Seine 1906 abgeschlossene Schulbildung erhielt er auf einer Jeschiwa, also einer religiösen jüdischen Hochschule, in der die gesamte rabbinische Tradition, vor allem der Talmud, gelehrt wurden. Anschließend begann er sein Studium an der Technischen Hochschule in Berlin-Charlottenburg, das er dort mit dem Diplom abschloss. In Berlin zählte er auch zu den aktiven Mitgliedern in der jüdischen Studentenverbindung „Maccabäa". Mit ihm nach Berlin ging seine etwa 16 Jahre alte Verlobte, die aus einer reichen jüdischen Kuttener Familie stammenden Toni (Taube) Tannenzapf (geb. 1889, gest. 1969), deren Großvater mütterlicherseits Bankier – und auch Finanzier des Studiums von Oskar Abisch in Deutschland – war. Sie wurde dort zur weiteren Schulbildung in einem Pensionat untergebracht. 1908 erfolgte in Kutten dann die Heirat. Schrieben sich Oskar Abisch und Toni Tannenzapf zu Beginn ihrer Berliner Zeit ihre Briefe noch in hebräischer Schrift, korrespondierten also auf Yiddisch, legten sie dann im Laufe der Zeit – vermutlich nach Erhalt der deutschen Staatsbürgerschaft – fast gänzlich ihre Tradition ab. Sie waren nach Aussagen der Tochter Erna sogenannte „Feiertagsjuden", deren Besuch der Synagoge in der Glockengasse sich wesentlich auf die jüdischen Feiertage beschränkte. Kinder aus dieser Ehe waren Heinz Abisch (geb. 1916, gest. 1959) und Erna Preminger, geb. Abisch (geb. 28.4.1912, gest. ?).

1914 legte er die Vorprüfung für die Promotion an der Technischen Hochschule Aachen ab. Mit Ausbruch des Ersten Weltkrieges meldete sich Oskar Abisch freiwillig zum Militär, wurde aber bald wegen Lungenschwäche wieder entlassen. Seine Berliner Adresse lautete 1915/16 Charlottenburg, Wilmersdorfer Str. 95. 1916 fand er in Aachen schließlich seine erste Anstellung. Hier promovierte er 1919 bei Prof. Gustav Schimpff an der Technischen Hochschule Aachen mit dem Thema „Der mehrfach gestützte Rahmen mit starren Verbindungen zwischen Balken und Stützen". 1922 erfolgte die Umsiedlung nach Köln und die Anstellung bei einer Kölner Firma. 1924/25 machte er sich hier mit einem eigenen Ingenieurbüro als „beratender Ingenieur bei Stahl- und Brückenbau" selbstständig. In seinem Büro waren bis 1938 ca. sieben bis acht Ingenieure beschäftigt. 1925/30 lebte er mit seiner Familie in Deutz in dem vornehmen Mehrfamilienhaus Gotenring 16. Hier hatte er auch sein Büro, das er 1928 offensichtlich wegen immer umfangreicheren Aufträgen in das Haus Gotenring 1 und ein Jahr später in das dritte Geschoss des gerade fertiggestellten, von Paul Bonatz entworfenen Wohn- und Geschäftshauses Gold-

linke Seite:
Promotionsurkunde
Foto: NS-Dokumentationszentrum Köln

Der Gotenring mit dem Haus Nr. 16 (Pfeil) um 1914. Foto: Postkarte Privatbesitz

Oskar Abisch im Jahr 1934. Foto aus: Becker-Jákli, 1993, S. 16

schmidt, Domkloster 1, verlegte. In diesen Jahren seiner größten beruflichen Erfolge erwarb er von den Farbwerken W. A. Hospelt G.m.b.H. die 1922/23 von Clemens Klotz und Josef Fieth ursprünglich für den Direktor dieser Farbwerke errichtete Villa Aachener Str. 675/Am Morsdorfer Hof in Braunsfeld, in der er mit seiner Familie von 1930 bis zu seiner Emigration lebte. Zeugnisse für seine überregionale Anerkennung sind auch die für 1931 belegte Mitgliedschaft in dem in Berlin ansässigen „Verein der Prüfingenieure für Statik" und die 1931 erfolgte Aufnahme in den ehrenvollen Architekten- und Ingenieurverein, AIV, Bezirksgruppe Köln, bei dem die Mitgliedschaft aus rassenpolitischen Gründen jedoch am 15.2.1937 aufgehoben wurde. 1934/35 zog er mit seinem Büro in das von Riphahn & Grod entworfenen „Ring-Haus", Hohenzollernring 22–24, zu dem er einst die Statik geliefert hatte. Grund dieses Umzuges war die Entrüstung Oskar Abischs über eine Sperrung seines Büros während einer Veranstaltung der Nationalsozialisten, bei der ihm verboten worden war, Besucher zu empfangen und sich am Fenster sehen zu lassen. Bedingt wohl durch den Rückgang seiner Aufträge verkleinerte er um 1937 sein Büro und zog mit ihm in das gründerzeitliche Wohn- und Geschäftshaus Habsburgerring 30, in dem zu jenen Jahren auch der mit ihm befreundete, mit einer „Halbjüdin" verheiratete und zu dieser Zeit von sämtlichen öffentlichen Aufträgen ausgeschlossene Architekt Wilhelm Riphahn sein ebenfalls stark reduziertes Büro eingerichtet hatte.

Von der „Reichspogromnacht" erfuhr Oskar Abisch während eines Englandaufenthaltes, bei dem er sich um eine Arbeitserlaubnis für sich und seinen Sohn – seine Tochter hatte 1935 in Krakau geheiratet – bemühte. Trotz Ängsten kehrte er zu seiner Ehefrau und seinem Sohn nach Köln zurück, wurde aber zwei Tage später verhaftet. Als nach rund zehn Tagen die Arbeitserlaubnis aus England eingetroffen war, wurde er mit der Auflage, Deutschland bis zum 31.12.1938 zu verlassen, aus dem Gefängnis entlassen. Sohn und Ehefrau hielten sich in jenen letzten Wochen in Deutschland weitgehend versteckt bei Bekannten und Freunden auf. Es folgte der zwangsweise Ver-

BIOGRAPHIE   OSKAR ABISCH

links: Das Haus Domkloster 1 im Jahr 1929. Foto aus: Juwelier E. Bräkerbohm. Köln o. J.

rechts: Das Haus Aachener Str. 675. Foto: Wolfram Hagspiel (1974)

kauf des Hauses; das Geld wurde bis auf eine kleine Summe, die ausgeführt werden durfte, gesperrt; lediglich die Möbel durften mit in die Emigration genommen werden. Der Sohn hatte Deutschland schon vor den Eltern mit seiner frisch vermählten Frau verlassen und in London eine Wohnung gefunden. Als das Ehepaar Oskar und Toni Abisch am 1.1.1939 in London eintrafen, lebten sie zunächst in einer Pension. Dank der Hilfe eines Direktors der Firma Krupp, für die Oskar Abisch mehrfach gearbeitet hatte, gelang es ihm, einen Auftrag von der Firma Blueband für eine neue Margarinefabrik zu erhalten. Oskar Abisch hatte den namentlich nicht überlieferten Krupp-Direktor kurz vor seiner Emigration bei einem Treffen in Brüssel um Unterstützung gebeten, der daraufhin sein Versprechen einlöste, indem er den Direktor dieser größten britischen Margarinefabrik um Hilfe für diesen erfahrenen Konstrukteur und Statiker bat. Es folgten weitere Aufträge, die ihm bald die Eröffnung eines eigenen Büros im Londoner Ingenieurviertel ermöglichten. Auch hat er in London mindestens zwei Rahmen- bzw. Gebäudekonstruktionen betreffende Patente angemeldet, so am 19.7.1939 und am 9.1.1940 – beide zusammen mit der Firma „Ashmore, Benson, Peace & Co Ltd.". Mit Ausbruch des Zweiten Weltkrieges musste Oskar Abisch, weil er Deutscher war, sein Büro schließen, wurde aber, offensichtlich weil er mit britischen Firmen zusammenarbeitete, nicht interniert. Fortan erledigte er kleinere Arbeiten von seiner Privatwohnung aus. Am 18.12.1948 verstarb Oskar Abisch in London. Seine Frau Toni verstarb im Jahre 1969 während eines Besuches bei ihrer Tochter in Israel.

QUELLEN UND LITERATUR:
- Freundliche Mitteilungen von Frau Erna Preminger/Israel
- Unterlagen Abisch/Preminger im NS-Dokumentationszentrum Köln
- Bauwelt-Katalog, Jg. 3, Berlin 1931, S. 22 (Mitgliederliste des Vereins der Prüfingenieure für Statik)
- Wolfram Hagspiel: Das Schicksal der jüdischen Mitglieder des AIV. In: Architekten- und Ingenieurverein Köln e.V. (Hg.): Köln – Seine Bauten 2000. Köln 2000, S. 25–28
- Wolfram Hagspiel: Erinnerung an einst vielfältiges Wirken. In: Gemeindeblatt der Synagogen Gemeinde Köln, Jg. 17, 2006/07, Nr. 12, S. 26–27
- Der Jüdische Student, 1908, H. 10
- Köln, bauliche Entwicklung 1888–1927. Berlin 1927, Anhang (Werbung O. Abisch)
- Erna Preminger. In: Barbara Becker-Jákli (Bearb. u. Hg.): Ich habe Köln doch so geliebt. Lebensgeschichten jüdischer Kölnerinnen und Kölner. Köln 1993, S. 15–26
- Stammrolle des Architekten- und Ingenieurvereins, AIV, Köln

Familienfoto vor der Braunsfelder Villa im Jahr 1930. Von links nach rechts: Oskar und Erna Abisch, Leo Tannenzapf, Toni Abisch, Theo Tannenzapf und (kniend) Edith Tannenzapf. Foto aus: Becker-Jákli, 1993, S. 20

links: Blick in die Paketverteilerhalle um 1931. Foto aus: Meurer: Die Post an den Dominikanern. Köln 1987

rechts: Die Paketverteilerhalle. Foto aus: Adolf Renz: Neue Bauten der Oberpostdirektion Köln. Köln 1931

KÖLNER BAUTEN

Altstadt, Stolkgasse/ An den Dominikanern
Paketverteilerhalle der Kölner Hauptpost
Bj.: 1927–30
Bh.: Oberpostdirektion Köln
Architekt: Adolf Renz

Im Zusammenhang mit den Erweiterungsbauten der Hauptpost in der Stolkgasse entstand eine großzügig angelegte Zentralstelle für die Verteilung der Pakete an die insgesamt zwölf Kölner Postämter in Form einer sehr geräumigen, weitgehend stützenlosen Halle. In diese mit dem Hauptbau durch einen Tunnel verbundene Halle wurde das Frachtgut mittels Aufzug und Förderbänder gebracht, um hier mechanisch nach zwölf ausstrahlenden Sektoren sortiert zu werden. Der Ausbau dieser 60 x 40 m großen Halle erfolgte in leichter Walzträgerkonstruktion nach „Bauart Wullstein", wodurch die weiten Spannweiten in einfacher Weise überbrückt werden konnten. Die stärkere Dimensionierung der tragenden Stützen in der Außenwand resultierte aus den dort eingebrachten Falttoren. Oskar Abisch hatte entsprechend den Vorgaben der Bauabteilung der Oberpostdirektion unter Adolf Renz den „Baugedanken entwickelt, den Entwurf für die Konstruktion aufgestellt, berechnet und durchgebildet" (Stadt-Anzeiger vom 28.4.1929). Nach Kriegszerstörungen wurde die Halle entsprechend den Ursprungsplänen wiederaufgebaut, dann aber im Rahmen des 1980–88 nach Plänen Joachim Schürmanns errichteten Neubaus der Postämter 1 und 3 sowie des Postgiroamtes abgebrochen.

LITERATUR:
- Günter Frank: Bauten der Bundespost. In: Köln – seine Bauten 1928–1988. Köln 1991, S. 252–255
- Elfriede Meurer: Die Post An den Dominikanern. Köln 1987 (= Mitteilungen der Bezirksgruppe Köln der Gesellschaft für deutsche Postgeschichte e.V., Heft 10)
- Adolf Renz: Die Hochbautätigkeit seit 1918 – Die Bauten der Reichspost. In: Köln, bauliche Entwicklung 1888–1927. Berlin 1927, S. 119–123
- Adolf Renz: Neue Bauten der Oberpostdirektion Köln. Köln 1931
- Stadt-Anzeiger vom 28.4.1929

Neustadt, Hohenzollernring 22–24/ Friesenwall 21–25a
Ringhaus mit Ufa-Palast
Bj.: 1931
Bh.: Dampfziegelei Lemper G.m.b.H.
Architekten: Wilhelm Riphahn und Caspar Maria Grod

Das renommierte Lexikon der Baukunst von Wasmuth hob 1937 das Kölner Ufa-Kino mit dem Ringhaus als die bemerkenswerteste architektonische Lösung der letzten Jahre in Deutschland hervor. Der Ufa-Palast war ein Kino der Superlative, bestimmt für die Erstaufführungen der Ufa,

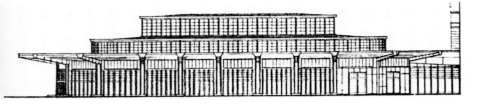

Geometrische Längsansicht. Abb. aus: Adolf Renz: Neue Bauten der Oberpostdirektion Köln. Köln 1931

mit zweitgrößter Leinwand Europas, mit größtem Gewölbe Westdeutschlands und vor allem mit der besten technischen Organisation des Theaterablaufs. Gebaut wurde der Komplex innerhalb der kurzen Zeit von sechs Monaten, mit eingerechnet der Abbruch der Gründerzeithäuser. Die Einweihung fand am 15.10.1931 statt. Erstmalig in Deutschland wurde ein Kino rein nach Aspekten der Funktion gestaltet, ohne Pathos einer Theaterfassade und ohne raffinierte, stimmungsvolle expressionistische Beleuchtungseffekte, wie sie noch um 1930 üblich waren. Ebenso fortschrittlich wie der Kinotrakt war auch das zum Ring hin vorgelagerte Büro- und Geschäftshaus, ein mit Schwemmsteinen ausgefachter und mit Kalksteinplatten verkleideter Stahlskelettbau.

Der Anteil des Statikers Oskar Abisch am Gelingen dieser Architektur wurde in der zeitgenössischen Fachliteratur, die meist auch noch Konstruktionsberichte von ihm abdruckte, stets mit größter Anerkennung hervorgehoben. Oskar Abisch erhielt seinen Auftrag im Rahmen einer Ausschreibung, in der er unter anderem den Vorschlag einer teilweisen Verschweißung der Stahlskelette unterbreitete, was gegenüber der Vernietung und Verschraubung erhebliche Einsparungen an Material und somit Kosten mit sich brachte. Daraus resultierte wiederum eine Gewichtsreduzierung des Skeletts um 11 Prozent. Dieses Stahlskelett bestand aus aufeinandergestellten Zweigelenkrahmen von 12 m Spannweite, die in einem Abstand von 4,47 m nebeneinanderlagen, während in den beiden obersten Geschossen wegen des Rücksprungs die Spannweite auf 9,50 m reduziert wurde. In der Erdgeschosszone musste dagegen wegen des 10,60 m breiten Eingangsbereiches die Konstruktion in Teilen von 1,20 m hohen vollwandigen Unterzügen abgefangen werden. Einer der Nutzen aus dieser Konstruktionsweise war die absolute Flexibilität bei der Grundrissgestaltung – Kölns erste „Etagen nach Maß". Genial war auch die Konstruktion des Kinos mit seinem an einer längs den Raum überspannenden Eisenbinderkonstruktion aufgehängten Rabitzgewölbe von über 1000 qm Flächeninhalt und einem Gewicht von 30000 kg. Die Kompliziertheit dieser Konstruktion verdeutlicht die auf Texten Oskar Abischs basierenden Ausführungen in der Bauwelt von 1935: „*Besondere Schwierigkeiten bot dem entwerfenden Ingenieur der Theaterbau, da der Zuschauerraum sich aus Gründen der Hörsamkeit nach der Bühne zu in Höhe und Breite verjüngt. Die beiden in 14,60m Abstand liegenden Dachhauptbinder erhielten eine Form, die sich der Gestalt des Raumes anschmiegt...*, *ihre Stützweite beträgt 37,90 m. Diese Anordnung in der Längsrichtung des Theaterraums hat*

Das Stahlskelett des Ringhauses. Foto: Privatbesitz Marlene Riphahn-Rothe

links: Zeichnerische Ansicht des Ring-Hauses mit Ufa-Palast. Abb. aus: Das Ring-Haus. Köln 1931

Schnitt durch das Stahl-
gerippe und Grundriss in
Höhe a – a des Schrittes.
Abb. aus: Bauwelt, 1935,
H. 34, S. 2

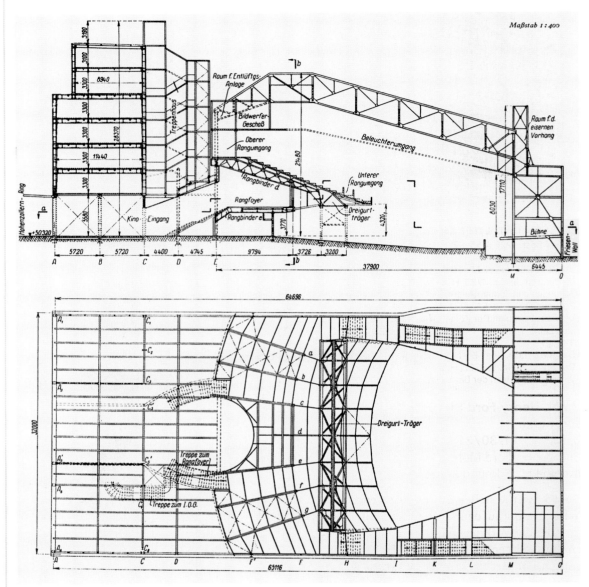

Blick in den Kino-Saal
Foto aus: Bauwelt, 1935,
H. 34, S. 5

sich gegenüber der erst geplanten Queranordnung als besonders zweckmäßig erwiesen, da so die schweren Stützlasten von den Giebelwänden ferngehalten wurden, an denen die Gründungen wegen der vorhandenen Nachbargiebel auf große Schwierigkeiten gestoßen wären. An den Aufbau des Ranges wurde die Forderung einer schwingungssicheren und stützenfreien Konstruktion gestellt. Die erste Forderung erfüllt der durchgehende, 25 m frei liegende Dreigurtträger ..., während die Stützen so stehen, daß sie in den Wänden verschwinden. Wie der Schnitt zeigt, sind die Binder, auf denen das ‚Rangfoyer' ruht, vollwandig. Sie stehen strahlenförmig und nehmen als Kragbalken die Fachwerkbinder auf, die die Zuschauerreihen tragen. Auf diese Binder stützt sich auch der Bildwerferraum, der zugleich an den Dachbindern hängt. Hinter ihm liegt die Bewetterungsanlage, die hier besser als im Keller untergebracht ist." Das Kino wurde im Krieg gänzlich zerstört, während das Ringhaus mit Veränderungen weitgehend erhalten ist.

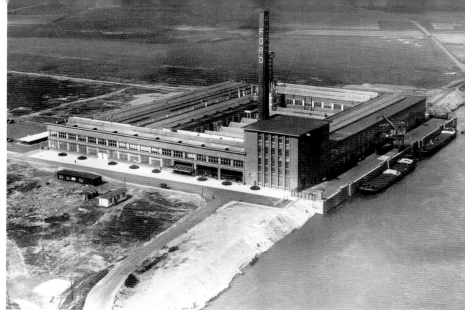

QUELLEN UND LITERATUR:
- HAStK Best. 1225 A 55-57 und 1225 Pl 1/34 (Nachlass Riphahn)
- Ein Bürohaus und Lichtspieltheater von Wilhelm Riphahn. In: Bauwelt, Jg. 26, 1935, H. 34, S. 1-5
- Bürohaus und Tonfilmtheater in Köln. In: Zentralblatt der Bauverwaltung, Jg. 53, 1933, S. 133-139
- Wolfram Hagspiel: Der Kölner Architekt Wilhelm Riphahn – sein Lebenswerk von 1913 bis 1945. Köln 1982, S. 318-326, 516
- Das Ring-Haus. Köln 1931
- Der Stahlbau, Jg. 5, 1932, H. 24
- Wasmuths Lexikon der Baukunst, Bd. 5, 1937, S. 367-369

Niehl, Henry-Ford-Straße
Fordwerke
Bj.: 1930/31
Bh.: Ford Motor Company
Architekt: Edmund Körner

Die Fordwerke stellen die herausragendste bauliche Leistung auf dem Gebiete des Industriebaus im Köln der Vorkriegszeit dar und sind zugleich ein hervorragendes Beispiel für das Zusammenwirken von Architekt und Statiker bzw. Konstrukteur. Zugleich stellen sie eine für heutige Verhältnisse kaum vorstellbare Rekordleistung bezüglich politischer Entscheidungen, Planungen und Baurealisierung dar. Mit der Baureifbarmachung des Geländes durch die Errichtung der Ufermauer wurde im Mai 1930 begonnen; bis Ende August waren die Planungen soweit gediehen, dass am 2. Oktober die feierliche Grundsteinlegung erfolgen konnte; am 4.5.1931 verließ der erste in diesem Werk hergestellte Wagen die Fabrik. Der Anteil von Oskar Abisch bezog sich auf die Stahlbauwerke. Dazu gehörten die Maschinenhalle, ein Zwischentrakt zur Mittelhalle, eine Mittelhalle im Anschluss an die östliche Lagerhalle sowie die Dächer der zweigeschossigen Mittelhalle, der Nordhalle und des Bürogebäudes sowie der markante Wasserturm über dem Nordende des Verbindungsbaus. Die im Krieg nahezu unzerstörte Anlage ist mit Veränderungen in weiten Teilen erhalten.

LITERATUR:
- Fritz Bauer: Neubauten der Ford-Niederlassung in Köln-Niehl. In: Zentralblatt der Bauverwaltung, Jg. 53, 1933, S. 145-154
- August Hoff (Einleitung): Die neue Fordniederlassung Köln. Der Bau in seinem Entstehen und die betriebstechnischen Einrichtungen. Köln 1933
- E. M. Hünnebeck: Über Bauelemente aus Stahl. In: Deutsche Bauzeitung, Jg. 67, 1933, S. 739-754

links: Das Ringhaus mit Ufa-Palast. Foto aus: Bauwelt, 1935, H. 34, S. 3

rechts: Die Fordwerke kurz nach ihrer Fertigstellung. Foto aus: Hiltrud Kier u.a. (Hg.): Architektur der 30er und 40er Jahre in Köln. Köln 1999, S. 102

Der markante Wasserturm. Foto: Werner Mantz/RBA

Die Halle aus der Luft gesehen um 1934. Foto: Hansa-Luftbild

Altstadt, Schwalbengasse o.Nr. (zwischen Nr. 3–5 und 7)
Hallen-Neubau
Bj.: 1931
Bh.: Alt-Köln G.m.b.H.
Architekt: Jean Meyer
Bauausführung der Halle: Firma Wilhelm Liesegang

Das im hinteren Bereich des 1921/22 von Georg Falck errichteten Lichtspieltheaters Schauburg, Breite Str. 90, liegende Grundstück wurde Ende der 1920er Jahre von den Eigentümern dieses Kinos erworben, die hier in einem noch zu bauenden Hallenbau eine weitere Vergnügungsstätte in diesem zentralen Innenstadtbereich etablieren wollten.

Entwurfszeichnung der Fassade Schwalbengasse. Abb. aus: Stadt-Anzeiger vom 8.3.1931

Zunächst war an eine Aktionshalle gedacht, doch wegen diversen Schwierigkeiten mit der Stadtverwaltung gab es bald Überlegungen zu einem Kino, Varieté oder gar einem Wellenbad. Die erst ab 1934 genutzten Baulichkeiten dienten bis zu ihrer Zerstörung schließlich als Tennishalle, betrieben von Mathias Josef Kautz, dem ehemaligen Geschäftsführer der Alt-Köln G.m.b.H. und Eigentümer des Kinos Schauburg. Die von 32 Außenstützen getragene, innen stützenlose Halle mit einer Größe von ca. 40 x 40 m und einer Mittelhöhe von ca. 12 m sowie 8 m an den Seiten war die größte ihrer Art im damaligen linksrheinischen Köln. Der zur Straße hin vorgelagerte Eingangsbau zeigte eine Fassade mit Edelputz und Rahmungen der Fenster und Türen mit Naturstein. Der Gebäudekomplex wurde im Krieg gänzlich zerstört.

LITERATUR:
• Stadt-Anzeiger vom 8.3.1931

Altstadt/Deutz, Hohenzollernbrücke
Verstärkung der Brückenkonstruktion
Bj.: 1932–35

Aus Gründen der erheblichen Mehrbelastung durch den Transeuropaverkehr musste die Brücke verstärkt werden. Nach Kriegszerstörungen wurde die Brücke verändert wiederaufgebaut.

LITERATUR:
• Franz Braun: Die Gestaltung der Kölner Rheinbrücken in Vergangenheit und Zukunft. In: Deutscher Stahlbau-Verband (Hg.): Stahlbauten in Köln und Umgebung. Köln 1984, S. 38–69
• Erna Preminger. In: Barbara Becker-Jákli (Bearb. u. Hg.): Ich habe Köln doch so geliebt. Lebensgeschichten jüdischer Kölnerinnen und Kölner. Köln 1993, S. 15–26

Neustadt/Poll, Südbrücke
Verstärkung der Brückenkonstruktion
Bj.: 1932–35

Aus Gründen der erheblichen Mehrbelastung durch den Transeuropaverkehr musste die Brücke verstärkt werden. Nach Kriegszerstörungen wurde die Brücke verändert wiederaufgebaut.

LITERATUR:
• Erna Preminger. In: Barbara Becker-Jákli (Bearb. u. Hg.): Ich habe Köln doch so geliebt. Lebensgeschichten jüdischer Kölnerinnen und Kölner. Köln 1993, S. 15–26

DR. ING. O. ABISCH / KÖLN-DEUTZ
ENTWURF, BERECHNUNG UND KONSTRUKTION FOLGENDER BEMERKENSWERTER BAUTEN FÜR DIE BRAUNKOHLENINDUSTRIE:

AUSWÄRTIGE BAUTEN

Frechen
Großraumbunker und Brikettstapelhalle
Bj.: um 1925/26
Bh.: I.G. Farbenindustrie A.-G., Leverkusen

In der Anzeige wirbt Oscar Abisch mit den Konstruktionszeichnungen für einen Großraumbunker und eine Brikettstapelhalle für die Brikettfabriken Wachtberg, die seit 1920 betrieblich eng unter der Leitung der „Farbenfabriken vorm. Friedrich Bayer & Co." bzw. ab 1925 unter der Leitung der „I.G. Farbenindustrie A.-G., Leverkusen" zusammengefasst waren. Diese Bauten waren durch den damaligen Umbau der Frechener Gruben auf die Eisenbahnförderung, also den Transport in Eisenbahnwaggons aus den Tagebauen bis hin zu den Brikettfabriken, wo die Kohle zunächst in Bunkern gelagert wurde, um anschließend in die Nassdienste und Pressenhäuser zu gelangen, notwendig geworden. Während die Brikettstapelhalle in Teilen in der heutigen „Fabrik Frechen", der einzigen noch produzierenden Brikettfabrik im Braunkohlenrevier, erhalten ist, existiert der als Schlitzbunker konzipierte Großraumbunker nicht mehr. Er wurde durch einen leistungsfähigeren Grabenbunker ersetzt.

LITERATUR:
• Köln, bauliche Entwicklung 1888–1927. Berlin 1927, Anhang (Werbung O. Abisch)

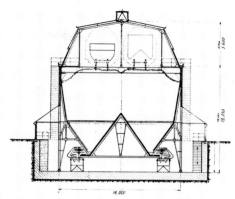

Großraumbunker für J. G. Farbenindustrie, Abtlg. Braunkohlenwerke, Frechen.

Bei einer Länge von 60 m faßt der Bunker 6000 t, d. i. 100 t für den laufenden Meter. Die Zubringergleise über dem Bunker sind für Großraumwagen von 50 t Inhalt bestimmt. Zur Erlangung einer gleichmäßigen Bedienung der beiderseitigen Abzugsvorrichtungen sind Zwischenwände vermieden, sodaß jede Zwischenunterstützung für das Bunkertragwerk und die Gleisbrücke fehlt; diese wurde mit der entsprechend geformten Dach- bezw. Aufbaukonstruktion zu einem in statischer sowie ästhetischer Hinsicht befriedigenden einheitlichen Tragwerk vereinigt. Das Bunkertragwerk ist ein Stufenparallelträger, der von Außenstütze zu Außenstütze frei gespannt ist. Zur Aufnahme der bedeutenden Spannungen erwies sich Baustahl St. 48 als wirtschaftlich. Das Gesamtgewicht einschließlich Dach und Glasvorbauten, die zur Beleuchtung der Abzugsstellen angeordnet sind, war 350 t, also nur 0,58 t für 1 Tonne Fassungsvermögen.

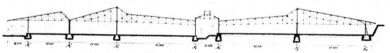

Brikettstapelhalle für J. G. Farbenindustrie, Frechen.

Die Halle bedeckt eine Fläche von rd. 25000 qm; hat also im Ganzen etwa die Ausdehnung des Neumarktes in Köln. An den Binderuntergurten sind die Zufuhr- und Verteilungsrinnen untergebracht. Die gewählte Bauform entspricht den erforderlichen Licht- und Raumverhältnissen. Das Gesamtgewicht der Eisenkonstruktion, die nach dem Gerbersystem ausgebildet ist, einschließlich Rinnenaufhängung beträgt 780 t, also rd. 30 kg je Quadratmeter bedeckter Fläche.

Ludwigshafen/Mannheim
Eisenbahnbrücke
Wettbewerb: 1928/29
Bh.: Deutsche Reichsbahn/Deutsches Reich/Bayern/Baden
Architekt: Fritz Fuß

Weil die 1863/64 für den Eisenbahn- und Straßenverkehr errichtete Rheinbrücke zwischen Ludwigshafen und Mannheim schon lange nicht mehr dem erhöhten Verkehrsaufkommen gerecht wurde, schrieb im Jahre 1928 die Deutsche Reichsbahn in Gemeinschaft mit dem Deutschen Reich und den Ländern Bayern und Baden einen öffent-

links: Die Brikettstapelhalle vor den Brikettfabriken Wachtberg 2–5 in den 1920er Jahren. Foto: Stadtarchiv Frechen, Nr. 1916-23

oben: Werbung von Oscar Abisch mit dem Großraumbunker und der Brikettstapelhalle in Frechen. Abb. aus: Köln, bauliche Entwicklung 1888–1927

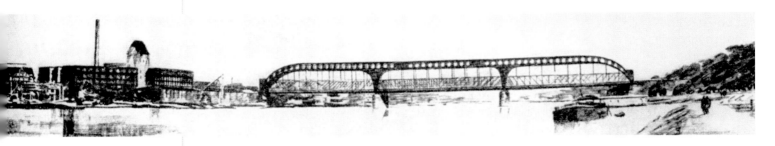

Der Wettbewerbsentwurf von Oscar Abisch und Fritz Fuß zur Eisenbahnbrücke Ludwigshafen/Mannheim. Abb. aus: Monatsheft zur Deutschen Bauzeitung, 1929, H. 3

lichen Skizzenwettbewerb für eine zweigleisige Eisenbahnbrücke aus. Gedacht war, die bestehende Brücke komplett für den Straßenverkehr umzubauen und unmittelbar neben ihr eine neue Brücke ausschließlich für die Eisenbahn zu errichten. Als Sieger aus dem Wettbewerb, bei dem 138 Entwürfe eingereicht wurden, ging der Breslauer Architekt Hermann Pfafferott zusammen mit dem Zivilingenieur Eugen Max Kilgus hervor. Gebaut wurde die im Zweiten Weltkrieg zerstörte und 1955 durch einen Neubau ersetzte Brücke in Fachwerkbauweise in den Jahren 1930–32. Der mit der Kennziffer „2 841 912a" eingereichte Entwurf von Oskar Abisch und dem Kölner Architekten Fritz Fuß erhielt zwar keinen Preis, wurde aber von der Deutschen Bauzeitung als bemerkenswerte Lösung vorgestellt. In ihrem Kommentar heißt es: *„Über drei Öffnungen durchlaufender Rahmenträger mit durchbrochenen Wänden und mit Gelenken in der Mittelöffnung. Über den Widerlagern sind die Rahmen bogenförmig, über den Mittelpfeilern mit vollwandigen Ständern auf die Lager geführt. In den Seitenöffnungen sind die Füße der Rahmenträger durch ein Zugband verbunden, aber nicht in der Mittelöffnung. Der ganze Überbau besteht also aus zwei über den Seitenöffnungen liegenden, 91,3 m weit gespannten Zweigelenkbogen mit Zugband, die in die Mittelöffnung beiderseits 18,20 m weit vorkragen, und aus einem eingehängten Träger von 54,78 m Stützweite über der Mittelöffnung. Der Rahmenriegel ist 5,5 m hoch und liegt 20 m über der Fahrbahn. Die Hängestangen haben 9,13 m, die Querträger 4,565 m Abstand voneinander."*

LITERATUR:
- E. Herbeck: Skizzenwettbewerb für eine Rheinbrücke bei Ludwigshafen – Mannheim. In: Zentralblatt der Bauverwaltung, Jg. 49, 1929, S. 97–110
- Schaper: Skizzenwettbewerb für eine zweigleisige Eisenbahnbrücke über den Rhein zwischen Ludwigshafen und Mannheim. In: Wettbewerbe für Baukunst und Schwesterkünste. Monatsheft zur Deutschen Bauzeitung, 1929, H. 3, S. 25–35
- Zentralblatt der Bauverwaltung, Jg. 49, 1929, S. 126, 229–230

Oskar Abisch auf der Baustelle der Landespolizeischule in Essen-Bredeney im Jahre 1932. Foto: NS-Dokumentationszentrum Köln

Essen (?)
Gebäudekomplexe
Bj.: um 1930 (?)
Bh.: Friedrich Krupp A.-G.
Architekt Edmund Körner (?)
Heutiger Zustand: (?)

LITERATUR:
- Erna Preminger. In: Barbara Becker-Jákli (Bearb. u. Hg.): Ich habe Köln doch so geliebt. Lebensgeschichten jüdischer Kölnerinnen und Kölner. Köln 1993, S. 15–26

Essen-Bredeney, Norbertstr. 165
Landespolizeischule
Wettbewerb: 1929
Bj.: 1932–34
Architekt: Bruno Kleinpoppen

Der in Stahlskelettbauweise errichtete, bis heute weitgehend original erhaltene Gebäudekomplex mit Schul-, Verwaltungs-, Wohn- und Sanitätsbauten geht in seiner ersten Planung auf einen Wettbewerb des Jahres 1929 zurück, den Bruno Kleinpoppen gewonnen hatte. Die ganz im Sinne des Bauhauses gestaltete Anlage gliedert sich in einen Haupttrakt mit diversen vorgelagerten Baukörpern und fünf kammartig nach hinten angeschlossenen, überwiegend Wohnzwecken dienenden Flügeln.

Detail der gerade fertiggestellten Landespolizeischule. Foto: Privatbesitz

LITERATUR:
- Erna Preminger. In: Barbara Becker-Jákli (Bearb. u. Hg.): Ich habe Köln doch so geliebt. Lebensgeschichten jüdischer Kölnerinnen und Kölner. Köln 1993, S. 15–26
- Schellenberg: Wettbewerb Staatliche Polizeiunterkunft Essen. In: Zentralblatt der Bauverwaltung, Jg. 50, 1930, S. 265–270

LUDWIG AHLFELD

Architekt, Bauingenieur
geb. 11.3.1902 in Nordhausen, gest. 1984 in Omer/Israel

Ahlfeld Felix, siehe Siegfr. Eichenberg, Pantaleonswall 18. 92598.
— Heinr., (E) Buchhltr (EKII, DAII), Klettenb., Siebengebirgsallee 95.
— Ludw., Bauingenieur, neue Maftrichter Str. 8.hp

Eintrag aus Greven's Kölner Adreßbuch 1930

Ludwig Ahlfeld studierte das Fach Architektur an den Technischen Hochschulen von Hannover und Karlsruhe. Er war von 1925 bis 1931 zumindest in einem Kölner Architekturbüro tätig, auf jeden Fall 1926 bis 1929 in dem Büro des jüdischen Architekten Robert Stern. So war er 1926/27 als Mitarbeiter von Robert Stern am Bau der Ehrenfelder Synagoge in der Körnerstraße beteiligt. In den Kölner Adressbüchern ist er von 1930 bis 1932 verzeichnet mit Wohnung im Haus Neue Maastrichter Str. 8. Wo Ludwig Ahlfeld nach 1931/32 lebte, ließ sich nicht ermitteln. Nach seiner Emigration nach Palästina im Jahre 1939 nannte er sich Eliezer-Arieh Ahlfeld. Hier arbeitete er zunächst in verschiedenen Architekturbüros in Tel Aviv. Mit der Gründung des Staates Israel im Jahre 1948 erhielt er eine Stelle in der Planungsabteilung der Regierung, die er bis zu seiner Pensionierung im Jahre 1967 innehatte.

QUELLEN UND LITERATUR:
- Überliefert durch Herrn Shlomo Pashtan/Israel
- Myra Warhaftig: Sie legten den Grundstein. Leben und Wirken deutschsprachiger jüdischer Architekten in Palästina 1918–1948. Berlin 1996, S. 376
- Myra Warhaftig: Deutsche jüdische Architekten vor und nach 1933 – Das Lexikon. Berlin 2005, S. 40–41

Dem Baubeflissenen Georg Düssel aus Cöln wird hiermit auf seinen Wunsch bescheinigt, daß er in der Zeit vom 1. September 1865 bis heute bei allen meinen Bau-Ausführungen für den A. Schaaffhausen'schen Bank-Verein, insbesondere jedoch bei den Neubauten für E. Langen in der Martinsfeldstraße hierselbst, für Berg-Ingenieur A. Marx in Bonn, und für Conditormeister O. von Königslöw in der Laubenstraße hierselbst, sowohl mit Ausarbeitung von Entwürfen und Kostenanschlägen, als auch mit Bauausführung von Bau-Ausführungen zu meiner vollen Zufriedenheit beschäftigt war; mit Ausnahme der Zeit, während welcher er zur Erlernung des Maurerhandwerks praktisch arbeitete.

Der G. Düssel unterzog sich aller ihm aufgegebenen Arbeiten mit vielem Fleiße und Eifer und erwarb sich hierbei, unterstützt durch seine guten Anlagen, viele Fachkenntniß und namentlich Gewandtheit im Zeichnen.

Cöln d. 2. Nov. 1868

J. Auerbach Baumeister

ISAAK AUERBACH

Architekt, Land- und Wasserbaumeister, Baumeister
geb. 11.4.1827 in Vreden/Kreis Ahaus, gest. 9.6.1875 in Köln

Auerbach J., Land- und Wasser-Baumeister, Albertusstraße 14.

Isaak Auerbach war der Sohn des Kaufmanns Levy Auerbach (geb. um 1794, gest. 14.7.1860 in Vreden/Kreis Ahaus) und der Caroline Kaufmann (geboren als Perle Leib; geb. 30.3.1803 in Garzweiler, gest. 11.8.1850 in Vreden).[1] Am 3.1.1865 heiratete er in Köln die aus einer nichtjüdischen Familie stammende Elisabeth Wilhelmina Fischer (geb. 6.4.1828 in Köln, gest. am 7.2.1908 in Bonn-Bad Godesberg?). Sie war die Tochter des Königlichen Landrentmeisters Geheimer Rechnungsrat Johann Fischer (geb. 15.3.1787 in Aachen, gest. 26.4.1860 in Köln) und der Elisabeth Moll (gest. 20.9.1860 in Köln). Johann Fischer war zeitweise Geschäftspartner des Kölner Stadtbaumeisters a.D. Johann Peter Weyer bei der Anlegung neuer Straßen, wie z.B. der Mohrenstraße. Isaak Auerbach studierte sehr wahrscheinlich an der Berliner Bauakademie oder an der dortigen Königlichen Gewerbe-Akademie. Zu Beginn der 1860er Jahre ließ er sich – vermutlich auf Anraten seiner Onkel, den Immobilienmaklern und Gutsbesitzern Markus und Jacob Kaufmann (ab 1870 Ritter von Kaufmann-Asser) – als „Land- und Wasserbaumeister" in Köln nieder. Jacob von Kaufmann-Asser (geb. 17.7.1819 in Garzweiler, gest. 15.12.1875 in Köln durch Selbsttötung) und sein Bruder Markus, die in jenen Jahren zu den erfolgreichsten Immobilienhändlern der Stadt zählten, waren unter anderem Associes der überwiegend auf dem Immobiliensektor tätigen Firma Joseph Kaufmann & Söhne. Laut den Adressbüchern wohnte Isaak Auerbach in den Jahre 1862 bis 1866 zur Miete in dem Haus Minoritenstr. 23. Im Jahre 1867 ist er als Bewohner des Hauses Albertusstr. 16[2] verzeichnet, das laut Adressbuch den Geschwistern Fischer, bald danach aber im Rahmen der Erbteilung zusammen mit dem Nachbarhaus Nr. 14 seiner Ehefrau gehörte. Von 1868 bis zu seinem Tod wohnte er in dem einst ebenfalls seinen Schwiegereltern gehörenden Haus Albertusstr. 14, das bis zu ihrem Wegzug nach Bad Godesberg Ende der 1880er Jahre auch das Domizil seiner Ehefrau blieb.

oben links: Eintrag aus Adreßbuch für Köln, Deutz und Mülheim am Rhein 1871

rechts: Der Platz Am Hof vor 1914 mit dem Haus Nr. 20–22 (links). Foto: Postkarte Privatbesitz

links unten: Das Haus Am Hof 20–22 vor 1914. Foto: Postkarte Privatbesitz

linke Seite: Zeugnis von Isaak Auerbach für den Architekten Georg Düssel von 1868. Abb.: Nachlass Georg Düssel

Georg Düssel um 1868.
Foto: Nachlass Georg Düssel

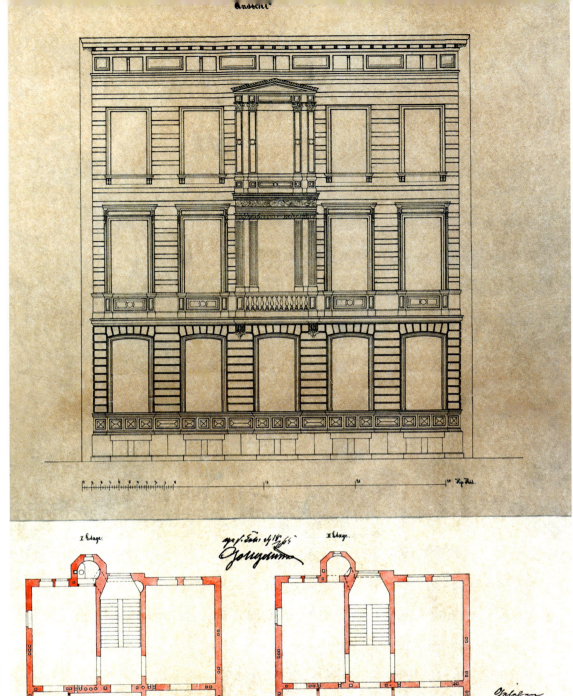

Bauplan des Hauses Martinsfeld 41 vom 15.10.1865. Abb.: HAStK Best. 721 Nr. 1386

Sein erstes ihm nachweisbares Projekt in Köln ist das an der Stelle des 1860 abgebrochenen barocken Brabanter Hofes[3] für seine Onkel Markus Kaufmann und Jacob von Kaufmann-Asser in den Jahren 1862 bis 1863 errichtete palaisartige Doppelwohnhaus Am Hof 20–22[4], das ganz im Sinne der damals gerade in Berlin populären, neu interpretierten Renaissance gestaltet wurde und ein wenig auch an einen freien Umgang mit Fassadensegmenten des Berliner Schlosses erinnert. Im historischen Überblick für das Jahr 1861, der im Kölner Adressbuch von 1863 abgedruckt ist, wird das gerade im Rohbau fertiggestellte Haus neben dem Verwaltungsbau des A. Schaaffhausen'schen

Bankvereins, Unter Sachsenhausen 4 (1859–62 nach den Entwürfen von Hermann Otto Pflaume gebaut), dem Geschäftshaus der Feuer-Versicherungs-Gesellschaft „Colonia" und der Hagel-Versicherungs-Gesellschaft, Unter Sachsenhausen 8 (1860/61 nach den Entwürfen von Josef Felten gebaut), und dem Haus Schaeben, Domkloster 3 (1861/62 nach den Entwürfen von Friedrich von Schmidt gebaut), zu den bemerkenswertesten privaten Neubauten der Stadt gezählt. Das vom Innern bildlich nicht überlieferte, im Jahre 1863 eingeweihte Doppelhaus mit weit in die Tiefe des Grundstücks reichenden rückwärtigen Bauteilen und einem Stallgebäude dürfte entsprechend der gesellschaftlichen Position seiner Bauherren in keinster Weise den prächtigen „Renaissance-Palais" des Hermann Otto Pflaume nachgestanden haben. Das Innere soll unter anderem mit einem Fries des bekannten Malers Theodor Mintrop (geb. 14.4.1814 in Essen-Werden, gest. 30.6.1870 in Düsseldorf) ausgemalt gewesen sein, der die vier Jahreszeiten mit Kindergruppen zeigte. Abgebrochen wurde das Palais Markus Kaufmann und Jacob von Kaufmann-Asser, das nach dem Ersten Weltkrieg der Britischen Beatzung als Hauptquartier gedient hatte, im Jahre 1927 für den Neubau des von den Architekten Helbig & Klöckner entworfenen Hauses Baums.5

Die umfassensten Informationen über das Wirken von Isaak Auerbach – allerdings beschränkt auf den kurzen Zeitraum von 1865 bis 1868 – vermittelt ein im Nachlass des Architekten Georg Düssel6 aufbewahrtes Zeugnis, dass Isaak Auerbach diesem am 2.11.1868 ausgestellt hat. Hier heißt es: „*Dem Baubeflissenen Georg Düssel aus Coeln wird hiermit auf seinem Wunsch bescheinigt, daß er in der Zeit vom 1. September 1865 bis heute bei allen meinen Bau-Ausführungen für den A. Schaaffhausen'schen Bankverein, insbesondere jedoch bei den Neubauten für J. Langen in der Martinsfeldstraße hierselbst, für Berg-Ingenieur A. Marx in Bonn und für Konzertmeister O. von Königslöw in der Taubenstraße hierselbst, sowohl mit Ausarbeitung von Entwürfen und Kostenanschlägen, als auch mit Beaufsichtigung von Bau-Ausführungen zu meiner vollen Zufriedenheit beschäftigt war; mit Ausnahme der Zeit, während welcher er zur Erlernung des Maurerhandwerks praktisch* arbeitete. *Der g(enannte) Düssel unterzog sich allen ihm aufgegebenen Arbeiten mit vielem Fleiße und Eifer und erwarb sich hierbei, unterstützt durch seine guten Anlagen, viel Fachkenntnis und namentlich Gewandtheit im Zeichnen.*" Die Erlernung des Maurerhandwerks, das er am 19.12.1866 mit der Gesellenprüfung abschloss, absolvierte Georg Düssel7 bei dem Maurermeister August Steinert, der zu jener Zeit für Isaak Auerbach das Haus Martinsfeld 41 erstellte. Als Georg Düssel 1867 die Einberufung zum Militär drohte, bewarb er sich – wohl auf Anraten von Isaak Auerbach – an der Königlichen

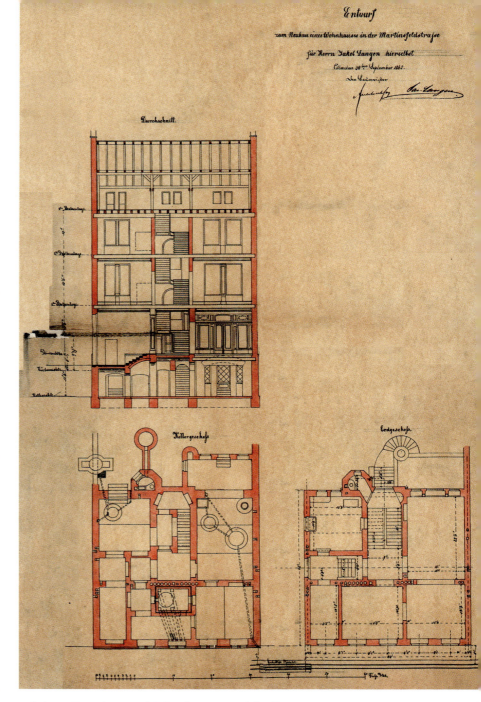

Bauplan des Hauses Jakob Langen, Martinsfeld, vom 30.9.1865. Abb.: HAStK Best. 721 Nr. 1386

links: Rückseite des Hauses Martinsfeld 41. Foto aus: Langenscher Familienverband (Hg.), 1939

rechts: Das Haus Jahnstr. 24 in den 1930er Jahren (ganz links). Foto: Privatbesitz

Das Haus Martinsfeld 41 in einer Zeichnung von Karl Colombo. Abb. aus: Stadt-Anzeiger vom 4.4.1914

rechte Seite oben: Ansicht Bonner Talweg im Bauplan vom Juni 1867. Abb.: Denkmalamt der Stadt Bonn

rechte Seite unten: Erdgeschossgrundriss. Abb.: Denkmalamt der Stadt Bonn

Gewerbe-Akademie in Berlin, die ihm mit Datum vom 1.10.1867 die Aufnahme bescheinigte. Da diese Bescheinigung offensichtlich ihre Wirkung getan hatte, wurde das Studium niemals angetreten.

Von den im Zeugnis erwähnten Bauten sind mit planerischen und fotografischen Dokumenten als einzige das Haus Jakob Langen, Martinsfeld 41 in Köln[8], das Haus des Konzertmeisters Otto von Königslöw, Jahnstr. 24, und das Haus des Bergwerk- und Hütteningenieurs August Marx in Bonn nachvollziehbar. Mit seiner strengen Fassade, die in stilistischer Hinsicht eine damals zeitübliche und auch in Köln sehr gängige Mischung aus einem späten Klassizismus mit Elementen der Renaissance darstellt, entspricht das palaisartige, 1865/66 gebaute Haus für Jakob Langen weitgehend dem, was in den zu jener Zeit neu erschlossenen Innenstadtstraßen gebaut wurde, nur dass sich dieses Gebäude nicht mit den sonst üblichen drei, sondern mit fünf Achsen präsentierte. Ursprünglich war das Haus als freistehende, von großen Gärten umgebene Villa geplant, ein Konzept, das während der Planungsphase aufgrund der neuen städtebaulichen Richtlinien, die für diese bis dahin weitgehend unbe-

baute Gegend eine verdichtete städtische Bebauung vorsahen, aufgegeben werden musste. Als Mittelbetonung der Fassade war in der ersten Planung ein nicht ganz auszumachendes, für Kölner Bauten der damaligen Zeit völlig ungewöhnliches Säulen-/Pilaster- und Giebelmotiv vorgesehen, das in der Ausführung auf einen Balkon in der Beletage reduziert wurde. Die Ausführung des Gebäudes lag in den Händen von Maurermeister August Steinert. 1881–83 erfolgte eine stilkonforme Erweiterung des Hauses und Ende der 1890er Jahre eine Teilung, bis im Jahre 1914 das damals der Industriellenfamilie Vorster gehörende Haus durch den Architekten Karl Colombo zu einem Evangelischen Lehrlingsheim umgebaut wurde, das dann 1935 einem Neubau weichen musste.

Ungewöhnlich ist wegen seiner reinen Backsteinsichtigkeit das 1867/68 nach den Entwürfen von Isaak Auerbach gebaute Haus Jahnstraße 24, dessen Bauherr der damals europaweit bekannte, als Dozent am Konservatorium in Köln tätige Geiger und Konzertmeister Otto von Königslöw (geb. 2.3.1824 in Hamburg, gest. 6.10.1898 in Bonn) war. Das heute nicht mehr erhaltene Haus wurde 1874/75 durch Isaak Auerbach rückwärtig erweitert. Für Otto von Königslöw baute Isaak Auerbach 1866 auch das heute nicht mehr erhaltene Haus Frankstr. 25, das spiegelbildlich dem für Friedrich Wilhelm Bringsken gebauten Nachbarhaus Frankstr. 23 entsprach. Die für den auf dem Immobiliensektor sehr aktiven A. Schaaffhausen'schen Bankverein entworfenen Häuser lassen sich wegen fehlender Unterlagen nur schlecht ausmachen. Möglich ist, dass Isaak Auerbach für dieses Bankhaus in den Jahren zwischen 1865 und 1875 die Häuser Frankstr. 19, Humboldtstr. 36, Jahnstr. 1a/Frankstr. 27–29, Steinstr. 9 und 11 sowie weitere Häuser in der Straße Martinsfeld entworfen hat. Möglich ist auch, dass der Entwurf zu dem Privathaus des Maurermeisters August Steinert, das um 1870 die Adresse Martinsfeld 26 hatte, ebenfalls von Isaak Auerbach stammt. Ob er an dem ihm 1868 bis 1870 gehörenden Haus Breite Str. 129 Umbaumaßnahmen vorgenommen hat, ließ sich nicht ermitteln, ist aber sehr wahrscheinlich. Gesichert sind als seine vermutlich letzten Bauten die 1874/75 errichteten Häuser Friedenstr. 22 und 24, bei denen er und der zu jenen Jahren mit ihm zusammenarbeitende Maurermeister Jakob Olbertz (geb. 17.12.1840 in Köln, gest. 15.9.1898 in Köln) die Bauherren waren. Die wenigen Namen, die von seiner Klientel überliefert sind, lassen vermuten, dass Isaak Auerbach in den rund 15 Jahren seines Wirkens in Köln eine höchst angesehene Architektenpersönlichkeit war, deren guter Ruf auch jenseits der Grenzen dieser Stadt bekannt war, wie der Auftrag zu der 1867/68 errichteten Villa des Bergwerk- und Hütteningenieurs August Marx in Bonn, Bonner Talweg 6, belegt, die von dem Bonner Maurer Johannes Lohrscheid unter Aufsicht von Isaak Auerbach und seinem Mitarbeiter Georg Düssel ausgeführt wurde.9 Nach dem Tod von Berta Marx (gest. Februar 1907), der Witwe von August Marx, wurde die Villa, verbunden durch einen Zwischentrakt, Teil des 1888–90 in unmittelbarer Nachbarschaft errichteten Krankenhauses der barmherzigen Brüder vom heiligen Johannes von Gott, an dessen Stelle heute das Gemeinschaftskrankenhaus Bonn/Haus St. Petrus steht.

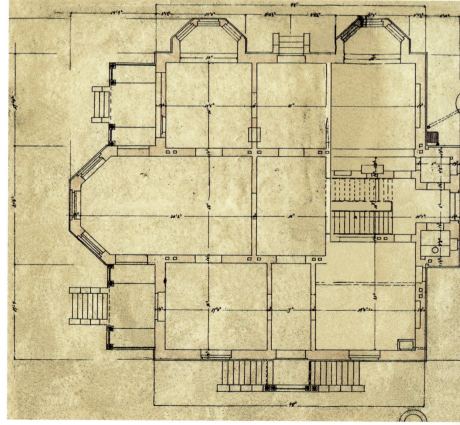

Gesamtansicht des Krankenhauses mit der Villa (links) vor 1914. Foto: Postkarte Privatbesitz

rechts: Ansicht der Villa um 1920. Foto: Postkarte Privatbesitz

1 Sämtliche biographischen Angaben sowie zahlreiche weitere Recherchen zu Isaak Auerbach stammen von Ralf Gier/Köln HStaD, Notare, Rep. 3699, Nr. 32060 vom 30.6.1875 (Testament des Isaak Auerbach)
2 HStaD, Notare, Rep. 3717, Nr. 22214 vom 7.11.1867
3 Hans Vogts: Das Kölner Wohnhaus bis zur Mitte des 19. Jahrhunderts. Neuss 1966, S. 564–565
4 HStaD, Notare, Rep. 3706, Nr. 13762 vom 8.2.1862 Kölner Blätter vom 8.7.1860, Belletristische Beilage Westdeutscher Beobachter vom 30. und 31.7.1934
5 Stadt-Anzeiger vom 12.1.1927 und 27.7.1927
6 Der Nachlass Düssel befand sich bis zu ihrem Tod vor wenigen Jahren im Privatbesitz von Frau Margarete Kunert, Köln
7 Georg (Wilhelm Hubert Appolinaris) Düssel (geb. 8.10.1849 in Köln, gest. 2.7.1907 in Köln) war der Sohn des Optikers und Glasers Josef Ferdinand Düssel und der Agnes Düssel, geb. Lempertz. Nach dem Besuch der Elementar-Knabenschule der Pfarre St. Maria Himmelfahrt und St. Andreas studierte er 1863–65 an der Provinzial-Gewerbeschule in Köln. Nach der Tätigkeit bei Isaak Auerbach war er vom 1.12.1868 bis 9.3.1874 Baueleve beim Architekten Hermann Otto Pflaume. Danach kurzzeitig Bauamtsassistent bei der Stadt Köln. Als selbstständiger Architekt wirkte er bis zu seinem Tod vor allem in der Altstadt und der Neustadt Kölns, wo er zahlreiche Villen sowie Mehrfamilien- und Wohn- und Geschäftshäuser errichtete. Sein bekanntestes Werk war das nur wenige Jahre existierende Domhotel, das er 1885/86 zusammen mit Heinrich Siegert errichtet hatte.
8 HAStK Best. 721 Nr. 1386
Langenscher Familienverband (Hg.): Johann Jakob Langen (1794–1869). O.O., o.J. (1939)
Stadt-Anzeiger vom 4.4.1914
9 Die Detailinformationen und Unterlagen verdanke ich Angelika Belz in Bonn

(FALK) FRITZ BEERMANN

Bauingenieur, Regierungsbaumeister, Geheimer Regierungs- und Baurat, Geheimer Baurat, Ober-Regierungsbaurat, geb. 10.11.1856 in Schweringen, gest. 30.7.1928 in Köln

> Beermann Fritz, Geh. Baurat, Ober=Regier.=Baurat a. D., Gladbacher Str. 8.

Eintrag aus Greven's Kölner Adreßbuch 1925

Fritz Beermann entstammte der seit 1828 in Schweringen nachweisbaren jüdischen Familie des Moses Beermann. Sein Studium des Bauingenieurwesens mit dem Schwerpunkt Eisenbahnbau absolvierte er an der Polytechnischen Schule in Hannover. Dort bestand er im Mai 1880 bei der Technischen Prüfungskommission auch seine Bauführer-Prüfung.[1] Zum Regierungsbaumeister wurde er im Mai 1885 ernannt.[2] Bis zum späten Frühjahr 1897 lebte er für mehrere Jahre in Kassel, wo er auch seine Ehefrau kennenlernte und das einzige Kind zur Welt kam. Im Juni 1897 erfolgte in dem heute zu Essen gehörenden Ort Kupferdreh seine Ernennung zum Eisenbahn-Bau- und Betriebsinspektor.[3] Von dort aus wurde er zum 1.4.1899 zur Leitung des Bahnhofsumbaus nach Dortmund versetzt.[4] Die nächste Station seiner Laufbahn war ab April 1903 der Vorstand der Eisenbahnbetriebsinspektion in Lennep[5]. Zum 1.4.1905 wurde er auftragsweise nach Köln versetzt[6], wo ihm noch im selben Monat die Stelle eines Mitgliedes der Königlichen Eisenbahndirektion[7] und zwei Monate später der Titel Regierungs- und Baurat[8] verliehen wurde. Hier wohnte er bis etwa 1910 in dem Haus Bismarckstr. 47 und anschließend bis zu seinem Tod im dritten Stock des Hauses Gladbacher Str. 8. Tätig war er als Dezernent beziehungsweise Direktionsmitglied bei der Direktion der Reichsbahn, bei der er unter anderem mit den Planungen der beiden Eisenbahnbrücken, der Hohenzollernbrücke und der Südbrücke, und dem Umbau des Hauptbahnhofes beauftragt worden war. Die Einträge in den Adressbüchern vermerken ihn als Regierungs- und Baurat, 1922 als Geheimen Ober-Regierungsbaurat und 1925 als Geheimen Baurat und Ober-Regierungsbaurat a.D., was darauf schließen lässt, dass er um 1923 in den Ruhestand versetzt wurde. Er war bis zum Ersten Weltkrieg ausgezeichnet mit dem Roten Adler-Orden IV. Klasse und nach dem Krieg zusätzlich mit dem Eisernen Kreuz II. Klasse am weiß-schwarzen Bande und dem Verdienstkreuz für Kriegshilfe. Seine Grabstätte befindet sich auf dem Jüdischen Friedhof in Köln-Vogelsang, Flur 19, Nr. 4. Verheiratet war er mit Elise Rosalie Beermann[9], geb. Hirsch (geb. 22.1.1870 in Kassel, gest. 25.2.1943 in Theresienstadt), die am 15./16.6.1942 von Köln nach Theresienstadt deportiert wurde. Sie ist in den Kölner Adressbüchern bis 1934 mit der Wohnung Ubierring 41 und dann erst wieder ab 1939 mit der Wohnung Lothringer Str. 111, verzeichnet. Ihre letzten Adressen waren das Haus Kaesenstr. 24 und dann das Lager Müngersdorf. Einziges Kind war die spätere Pianistin Carola (Henriette Ottilie) Beermann (geb. 5.10.1896 in Kassel, gest.10.5.1942 in Kulmhof), die am 21.10.1941 von Köln nach Litzmannstadt deportiert wurde. Sie lebte zuletzt in Köln in den Häusern Remigiusstr. 45 und Eifelstr. 6.

Fritz Beermann wurde von der Reichsbahn eigens für die Neustrukturierung eines Teiles des Kölner Eisenbahnnetzes, insbesondere dem damit verbundenen Neubau von zwei Rheinbrücken, in die Domstadt berufen. Für die Südbrücke[10] waren schon im März 1904 seitens der Zentralkommission für die Rheinschifffahrt die Bedingungen für den Bau und die Baustelle mit ihren zahlreichen

Die Grabplatte Fritz Beermanns auf dem Jüdischen Friedhof in Vogelsang. Foto: Wolfram Hagspiel (2009)

Die Rheinbrücken bei Cöln

Nach amtlichen Quellen
bearbeitet von Regierungs- und Baurat Beermann,
Mitglied der Königlichen Eisenbahndirektion zu Cöln

Titelblatt der 1911 erschienen Publikation über die Rheinbrücken von Fritz Beermann.

Gerüsten formuliert worden. Notwendig geworden war der Bau einer neuen Eisenbahnbrücke im Süden der Stadt durch das enorm gestiegene Verkehrsaufkommen gerade im Güterverkehr. Der Verkehr sollte statt wie bisher über die Bahnhöfe Gereon und Deutzerfeld nun über eine neue Güterzuglinie zwischen den Bahnhöfen Köln-Süd, Köln-Eifeltor und Köln-Bonntor im Linksrheinischen und Köln-Kalk im Rechtsrheinischen geleitet werden, um so den Hauptbahnhof um täglich über 450 Züge zu entlasten. Der generelle Entwurf und auch die Bauleitung zu dieser Bogenfachwerkbrücke mit Zugbändern, für welche die Bogenbrücken von Bonn, Düsseldorf, Mainz und Worms als Vorbilder herangezogen werden konnten, lag in den Händen von Fritz Beermann, dem als Mitarbeiter die Regierungsbaumeister beziehungsweise Eisenbahnbau- und Betriebsinspektoren Hugo Christfreund, Friedrich Dircksen[11], Otto Goldschmidt und Gustav Schimpff zur Seite gestanden haben. Für den Entwurf der steinernen Bauteile, wie den Brückenpfeilern und den Türmen, war der Architekt Franz Heinrich Schwechten verpflichtet worden, der für die Bildhauerarbeiten den Bildhauer Gotthold Riegelmann herangezogen hat. Von Franz Heinrich Schwechten existiert allerdings auch ein vom Juli 1905 datierender Gesamtentwurf der Südbrücke als Hängebrücke mit gänzlich anderen steinernen Bauteilen. Nach der Bewilligung der Geldmittel im Juni 1905 erfolgte eine öffentliche Ausschreibung der Arbeiten, bei der die Firma Grün & Bilfinger A.-G. den Auftrag zur Ausführung sämtlicher Unterbauten außer den Brückenpfeilern und die Firmen Union A.-G. und Harkort A.-G. den Auftrag zur Lieferung und Errichtung des Eisenwerks erhielten. Die Arbeiten der steinernen Teile lagen in den Händen der Firmen Josef Fischer und Philipp Holzmann & Co. Begonnen wurde mit dem Bau am 8.11.1906. Die Verkehrsübergabe für die Eisenbahn erfolgte am 5.4.1910.

Die Südbrücke von Bayenthal aus gesehen. Foto aus: Fritz Beermann: Die Rheinbrücken bei Cöln. Köln 1911

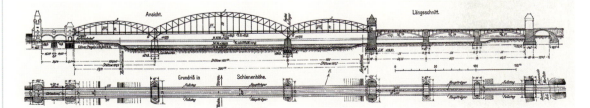

Übersichtszeichnungen der Südbrücke Abb. aus: Deutsche Bauzeitung, 1912, S. 398

Die Hohenzollernbrücke von Deutz aus gesehen. Foto aus: Fritz Beermann: Die Rheinbrücken bei Cöln. Köln 1911

Die Hohenzollernbrücke von der Altstadt aus gesehen. Foto aus: Kölner Bilder. Siegburg 1911

Der Straßenteil der Hohenzollernbrücke. Foto aus: Paul Bonatz, Fritz Leonhardt: Brücken. Königstein i.T. 1951, S. 93

Auch bei der Hohenzollernbrücke[12] existieren Entwürfe von Franz Heinrich Schwechten zu einer Hängefachwerkbrücke, die, so im Oktober 1905, zunächst auf den Pfeilern der alten Dombrücke errichtet werden sollte. Selbst im Juni 1906 sahen die Planungen von Franz Heinrich Schwechten immer noch eine Hängefachwerkbrücke vor, die allerdings jetzt schon gänzlich anders dimensioniert war und ähnlich monumentale Steinbauten besitzen sollte, wie die dann realisierte Brücke. Den Planungen ist zu entnehmen, dass es zwischen dem Stahlbaufachmann Fritz Beermann und Franz Heinrich Schwechten, der in Beermanns 1911 erschienener Publikation über die beiden neuen Rheinbrücken als großer Baukünstler gewürdigt wurde, einen sehr engen Gedankenaustausch gegeben hat. Vermutlich war es Beermanns Idee, eine Bogenfachwerkbrücke mit Zugbändern zu errichten, weil dieser Typus sich bei den Eisenbahnbrücken der Jahre zuvor bewährt hatte, während Schwechten aus künstlerischen Gründen offensichtlich den Typus der Hängefachwerkbrücke favorisierte. Im Gegensatz zur Südbrücke ist die Hohenzollernbrücke eine Eisenbahn- und Straßenbrücke mit Straßenbahnverkehr, was die Beteiligung der Stadt Köln an den Baukosten dieser Brücke erklärt. Begonnen wurde der Bau am 19.6.1907, gänzlich fertiggestellt war sie im April 1911. Die an der Planung der Brücke beteiligten Personen waren die selben wie bei der Südbrücke, bei der künstlerischen Ausgestaltung wirkte allerdings noch der Bildhauer Louis Tuaillon mit, der für die Altstadtseite der Brücke die beiden Reiterstandbilder von Friedrich III. und Wilhelm II. geschaffen hat. An Baufirmen beteiligt waren die Grün & Bilfinger A.-G., die Gruppe Gutehoffnungshütte mit der Gutehoffnungshütte, der M.A.N. und der Harkort A.-G. und die Gruppe Klönne mit den Firmen August Klönne, Hein, Lehmann & Co. und Flender. Die Steinbauten wurden von der Firma Fritz Pilgram ausgeführt.

Einher mit der Errichtung der beiden neuen Brücken gingen zwecks Erhöhung der betrieblichen und verkehrlichen Leistungsfähigkeit der Umbau und die Erweiterung des 1894 fertiggestellten Hauptbahnhofs[13], wobei es galt, die Erweiterungen unter möglichster Schonung des Emp-

Außenansicht des Bahnhofs 1894
Foto aus: Krings, 1977, S. 80

Außenansicht des Bahnhofs nach 1915
Foto aus: Krings, 1998, S. 92

Innenansicht der Bahnhofshalle 1894. Foto aus: Krings, 1998, S. 12.

links: Innenansicht der Bahnhofshalle nach 1915. Foto aus: Krings, 1985, S. 353.

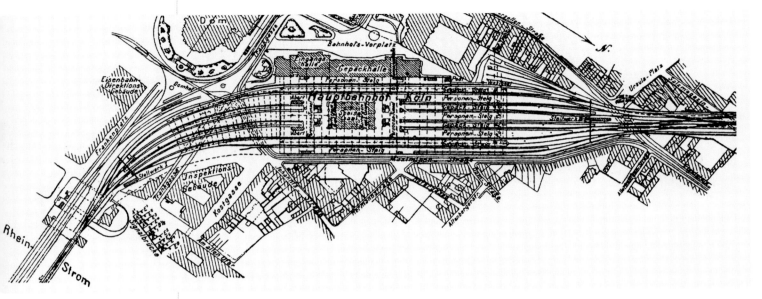

Der Hauptbahnhof und die Gleisanlagen vor dem Umbau. Abb. aus: Köln, Bauliche Entwicklung 1927, Taf. vor S. 253

fangsgebäudes und im Rahmen der gegebenen räumlichen Ausdehnung vorzunehmen. Die von Fritz Beermann und weiteren Kollegen aufgestellte Planung, für die schon 1905 die Gelder bewilligt worden waren, betraf wesentlich die Beseitigung des Inselgebäudes mit den Warteräumen, durch das der Bahnhof zu einer Kombination von Kopf- und Durchgangsbahnhof geworden war, was sich in der Praxis vor allem auch wegen des durchgeleiteten Güterverkehrs in keinster Weise bewährt hatte. Nach der 1908 erfolgten Fertigstellung eines neuen von dem Architekten Karl Schellen[14] entworfenen Wartesaalgebäudes neben der Empfangshalle sowie nach dem Einbau weiterer Wartesaalräume unterhalb der Gleisanlagen begann man 1909 mit den Abbruch- und Umbauarbeiten in der Bahnhofshalle. Gleichzeitig wurde an der Maximinenstraße ein von Fritz Beermann entworfener eiserner Steg als Brückenkonstruktion für die Aufnahme eines weiteren Bahngleises errichtet, so dass bis zur endgültigen Fertigstellung im Jahre 1915 die Gleise in zwei Strängen durch den Bahnhof geführt werden konnten, wobei die Gleise 1 bis 4 den Verkehr zur rechten Rheinseite und die Gleise 5 bis 9 vorwiegend den Verkehr zur linken Rheinseite bedienten. Beteiligt waren an diesem Umbau ferner die bei der Reichsbahn tätigen Regierungsbaumeister und Bauräte Ernst Kraft, Hermann Everken[15] und Walter Barschdorff.

1 Deutsche Bauzeitung, Jg. 14, 1880, S. 224
2 Centralblatt der Bauverwaltung, Jg. 5, 1885, S. 185
  Deutsche Bauzeitung, Jg. 19, 1885, S. 232
3 Centralblatt der Bauverwaltung, Jg. 17, 1897, S. 254
4 Centralblatt der Bauverwaltung, Jg. 19, 1899, S. 145
5 Zentralblatt der Bauverwaltung, Jg. 23, 1903, S. 177
6 Zentralblatt der Bauverwaltung, Jg. 25, 1905, S. 173
7 Zentralblatt der Bauverwaltung, Jg. 25, 1905, S. 185
8 Zentralblatt der Bauverwaltung, Jg. 25, 1905, S. 293
9 Unterlagen des NS-Dokumentationszentrums Köln
10 Vom Bau der beiden neuen Rheinbrücken in Köln.
   In: Deutsche Bauzeitung, Jg. 46, 1912, S. 385–388,
   397–401, 409–414
   Baugewerks-Zeitung, Jg. 40, 1908, S. 681–683
   Bauwelt, Jg. 1, 1910, H. 13, S. 9–10
   Fritz Beermann: Die Rheinbrücken bei Cöln. Köln 1911
   Fritz Beermann: Die neuen Rheinbrücken bei Köln.
   In: Zentralblatt der Bauverwaltung, Jg. 28, 1908,
   S. 386–388, 398–401, 406–408
   Fritz Beermann: Baukunst und Ingenieurästhetik und die Eisenbahnbrücken über den Rhein bei Köln.
   In: Der Eisenbau, Jg. 11, 1920, S. 62–68
   Fritz Beermann: Nochmals „Baukunst und Ingenieurästhetik". In: Der Eisenbau, Jg. 11, 1920,
   S. 156–157
   Fritz Beermann: Gegenäußerung zu „Nochmals eine Antwort" des Herrn Dipl. Ing. Wehner. In: Der Eisenbau, Jg. 11, 1920, S. 157–158
   Franz Braun: Die Gestaltung der Kölner Rheinbrücken in Vergangenheit und Zukunft. In: Deutscher Stahlbau-Verband (Hg.): Stahlbauten in Köln und Umgebung. Köln 1984, S. 38–69
   Thomas Buschmann: Die Rhein-Brücken von Köln.
   In: Der Stadtkonservator (Hg.): Köln: 85 Jahre Denkmalschutz und Denkmalpflege 1912–1997, Bd. 2.
   Köln 1998, S. 55–68
   Lothar Hammer: Köln: Die Hohenzollernbrücke und die deutsche Brückenarchitektur der Kaiserzeit.
   Köln 1997

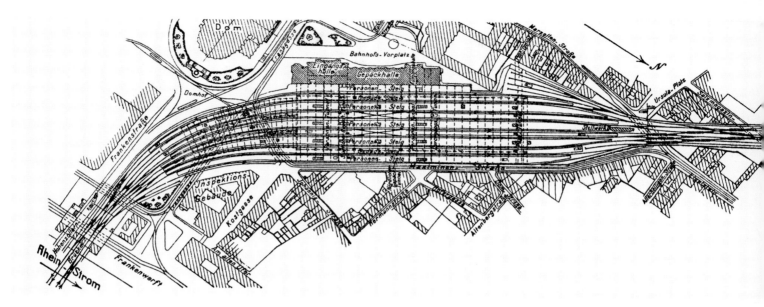

Der Hauptbahnhof und die Gleisanlagen nach dem Umbau. Abb. aus: Köln, Bauliche Entwicklung 1927, Taf. vor S. 253

M. Schumann: Der Bau der Eisenkonstruktion der Südbrücke über den Rhein zu Cöln. In: Der Brückenbau, 1912, S. 14–19, 43–48

Stadt Köln (Hg.): Neue Rheinbrücke Köln-Mülheim. Festschrift zur Eröffnungsfeier am 13. Oktober 1929. Köln 1929

Die Südbrücke über den Rhein in Köln. In: Beton und Eisen, 1908, S. 301–303

Max Woltmann: Die Brückenbauten. In: Köln, Bauliche Entwicklung 1888–1927. Berlin 1927, S. 235–242

11 Geb. 17.1.1874 in Wuppertal-Elberfeld, gest. 17.3.1907 in Köln
Vergl. Zentralblatt der Bauverwaltung, 1907, S. 183

12 Zvi Asaria (Hg.): Die Juden in Köln von den ältesten Zeiten bis zur Gegenwart. Köln 1959, S. 219
Baugewerks-Zeitung, Jg. 40, 1908, S. 681–683
Fritz Beermann: Die Rheinbrücken bei Cöln. Köln 1911
Fritz Beermann: Die neuen Rheinbrücken bei Köln. In: Zentralblatt der Bauverwaltung, Jg. 28, 1908, S. 386–388, 398–401, 406–408
Fritz Beermann: Abbruch der alten Straßenbrücke über den Rhein bei Köln mittels schwimmender Gerüste. In: Zentralblatt der Bauverwaltung, Jg. 29, 1909, S. 381–383
Vom Bau der beiden neuen Rheinbrücken in Köln. In: Deutsche Bauzeitung, Jg. 46, 1912, S. 385–388, 397–401, 409–414
Fritz Beermann: Baukunst und Ingenieurästhetik und die Eisenbahnbrücken über den Rhein bei Köln. In: Der Eisenbau, Jg. 11, 1920, S. 62–68
Fritz Beermann: Nochmals „Baukunst und Ingenieurästhetik". In: Der Eisenbau, Jg. 11, 1920, S. 156–157
Fritz Beermann: Gegenäußerung zu „Nochmals eine Antwort" des Herrn Dipl. Ing. Wehner. In: Der Eisenbau, Jg. 11, 1920, S. 157–158
Franz Braun: Die Gestaltung der Kölner Rheinbrücken in Vergangenheit und Zukunft. In: Deutscher Stahlbau-Verband (Hg.): Stahlbauten in Köln und Umgebung. Köln 1984, S. 38–69
Thomas Buschmann: Die Rhein-Brücken von Köln. In: Der Stadtkonservator (Hg.): Köln: 85 Jahre Denkmalschutz und Denkmalpflege 1912–1997, Bd. 2. Köln 1998, S. 55–68
Lothar Hammer: Köln: Die Hohenzollernbrücke und die deutsche Brückenarchitektur der Kaiserzeit. Köln 1997
Stadt Köln (Hg.): Neue Rheinbrücke Köln-Mülheim. Festschrift zur Eröffnungsfeier am 13. Oktober 1929. Köln 1929
Die Südbrücke über den Rhein in Köln. In: Beton und Eisen, 1908, S. 301–303
Max Woltmann: Die Brückenbauten. In: Köln, Bauliche Entwicklung 1888–1927. Berlin 1927, S. 235–242
Zeitschrift des österreichischen Architekten- und Ingenieur-Vereins, Jg. 64, 1912, S. 417–418

13 Manfred Berger: Historische Bahnhofsbauten, Bd. 2, Berlin 1987, S. 271
A. Eggert: Die Reichsbahnanlagen Kölns in den letzten 25 Jahren. In: Köln, Bauliche Entwicklung 1888–1927. Berlin 1927, S. 253–255
Ernst Kraft: Der Umbau des Hauptbahnhofs Köln (1909 bis 1914). In: Zeitschrift für Bauwesen, Jg. 65, 1915, Sp. 49–86, Taf. 13–17
Ulrich Krings: Der Kölner Hauptbahnhof – ein Baudenkmal des 19. Jahrhunderts. In: Der Stadtkonservator (Hg.): Köln: 85 Jahre Denkmalschutz und Denkmalpflege 1912–1997, Bd. 2. Köln 1998, S. 69–94
Ulrich Krings: Bahnhofsarchitektur. München 1985, S. 353
Ulrich Krings: Der Kölner Hauptbahnhof. Köln 1977 (=Landeskonservator Rheinland Arbeitsheft 22)

14 geb.18.8.1846 in Düsseldorf, gest. 24.8.1917 in Bad Salzschlirf

15 geb.1851 in Paderborn, gest. 3.4.1922 in Köln

KARL BING

Architekt, Geheimer Baurat, Postbaurat, AIV
geb. 1.5.1858 in Köln, gest. 4.11.1930 in Köln

Karl Bing war eines von sechs Kindern des Kaufmanns Adolf Bing (geb. 1817 in Hechingen, gest. 19.7.1862 in Köln) und der Ida Bing, geb. Aron (geb. 1827, gest. 21.9.1890 in Hannover). Seine Großeltern väterlicherseits waren Mayer Bing und Fanny Bing, geb. Levy, die beide aus Hechingen stammten. Adolf und Ida Bing waren Teilhaber der Bandhandlung Gebr. Bing, deren Name heute noch wachgehalten wird durch das 1908/09 von Heinrich Müller-Erkelenz errichtete Geschäftshaus Gebr. Bing, Neumarkt 15–19, das mit der „Arisierung" im „Dritten Reich" in städtischen Besitz kam und heute als Gesundheitsamt dient. Ein Bruder von Karl Bing war der Kaufmann Mayer (Max) Albert Bing (geb. 11.8.1850, gest. 1.10.1918 Köln), der mit Auguste Bing, geb. Cahen (geb. 4.11.1853, gest. 10.8.1933 in Köln) verheiratet war. Ein Sohn von Mayer Albert und Auguste Bing war Adolf Bing (geb. 19.12.1879 in Köln, gest. nach dem 29.1.1943 in Auschwitz), verheiratet mit Alice Bing, geb. Isaacson (geb. 7.7.1887 in Köln, gest. nach dem 29.1.1943 in Auschwitz). Ein anderer Bruder von Karl Bing war der später in New York ansässige Buchhalter Ernst Bing. Seine Schwestern waren Johanna Bing, die in Hannover mit dem Kaufmann Philipp Frensdorff verheiratet war, dann Emilie Bing, in Hannover mit dem Fabrikanten Albert Neuberg verheiratet, und Philippina Bing, die in Aachen mit ihrem Ehemann, dem Kaufmann Leo Cahen, lebte. Karl Bing war verheiratet mit Adele Bing, geb. Rausnitz (geb. 18.6.1865, gest. 26.10.1942 in Theresienstadt). Eine Tochter von Karl und Adele Bing – möglicherweise das einzige Kind – war Margarete Ida Bing (geb. 30.1.1893 in Köln, gest. nach dem 19.10.1942 in Riga), die in Berlin verheiratet war mit Julius Berendt (geb. 28.1.1881 in Danzig/Zoppot, gest. nach dem 19.10.1942 in Riga). Den Holocaust überlebt hat die Enkeltochter von Karl und Adele Bing, Ruth Berendt, verh. Taylor, die 1978 in England lebte.[1]

Zur Zeit seiner Geburt war der elterliche Wohnsitz das aus dem frühen 18. Jahrhundert stammende Wohn- und Geschäftshaus Hohe Str. 63/ Schildergasse 1, das Stammhaus der 1849 gegründeten späteren Firma Gebr. Bing Söhne A.G., einem in Köln, Berlin und Krefeld ansässigen Großhandel für Seidenbänder, Seidenstoffe, Seidensamte und Velvets, der bis 1933 zu den bedeutendsten Kölner Unternehmen des Textilgewerbes zählte. Nach dem Abitur am Gymnasium Kreuzgasse[2] Ostern 1875 war er für ein Jahr Baueleve bei Stadtbaumeister Julius Carl Raschdorff im Kölner Stadtbauamt. 1876–81 folgte das Studium der Architektur an der Bauakademie in Berlin, an der seit dem Jahre 1878 auch sein ehemaliger Kölner Lehrmeister Raschdorff als Professor das Fach Architektur – schwerpunktmäßig die „Baukunst der Renaissance" – lehrte. Die erhaltenen Entwurfszeichnungen, eine Außen- und Innenansicht einer Synagoge vom Dezember 1879, und die beiden Ansichten eines Portals zu einem Hirschpark vom Sommersemester 1880, deren Originale heute im Architekturmuseum der TU Berlin[3] aufbewahrt werden, zeigen, wie eng vertraut Karl Bing mit den künstlerischen Gedanken von Raschdorff war. Karl Bings Entwurf zu einer

Unterschrift von Karl Bing aus dem Jahr 1883. Abb.: Archiv des Architekten- und Ingenieurvereins, AIV, Berlin

Die Grabstätte Karl Bing auf dem Jüdischen Friedhof in Vogelsang. Foto: Wolfram Hagspiel (2009).

linke Seite: Entwurf zu einer Synagoge (Fassade). Abb.: Architekturmuseum TU Berlin, Inv. Nr. 298

Das Geburtshaus von Karl Bing, das Haus Hohe Str. 63/Schildergasse 1, im Jahre 1886. Foto: RBA

Eintrag aus Greven's Kölner Adreßbuch 1906 (fast sämtliche dort aufgelistete Personen mit dem Namen Bing waren miteinander verwandt)

rechte Seite: Entwurf zu einer Synagoge (Schnitt). Abb.: Architekturmuseum TU Berlin, Inv. Nr. 299

Synagoge, den Raschdorff im Jahre 1880 zusammen mit dem Entwurf zu einem Portal für einen Hirschpark in seinem ersten Mappenwerk „Baukunst der Renaissance"[4] veröffentlichte, erscheint wie eine Vorstudie zum 1905 eingeweihten Berliner Dom, mit dessen Planung sich Raschdorff spätestens seit dem Jahr 1884 beschäftigt hat. Auch Raschdorffs Arbeiten bei der Vollendung der Reichsburg Cochem, die im Jahr 1877 wesentlich abgeschlossen waren, scheinen in Karl Bings Portal für einen Hirschpark als aus dem Kontext isoliertes Motiv anzuklingen. Wie sein Vorbild Raschdorff, der zu Studienzeiten von Karl Bing als Experte für Postbauten galt und in jenen Jahren mit den Planungen und Ausführungen der Oberpostdirektionsgebäude in Münster und Braunschweig sowie des Oberpost- und Telegraphengebäudes in Erfurt beschäftigt gewesen war, will auch Karl Bing sich zukünftig mit Postbauten beschäftigen.

Im März 1881 bestand Karl Bing das für seine zukünftige Tätigkeit als Regierungsbaumeister notwendige Bauführerexamen. Von April bis zum Jahresende 1881 war er bei dem Regierungsbaumeister Hubert Stier in Hannover beschäftigt, der zu jener Zeit Lehrer und ab 1883 Professor an der dortigen Technischen Hochschule war. Anschließend bis Ostern 1882 war er bei den Abrechnungen zum Bau des Dortmunder Landgerichtes unter Regierungsbaumeister Adalbert Natorp tätig. Im Herbst 1883 erfolgte in Berlin das Regierungsbaumeisterexamen und am 5.11.1883 die Aufnahme in den Architekten- und Ingenieurverein Berlin, AIV, als heimisches Mitglied.[5] 1885 war er Regierungsbaumeister in Hannover und 1886–88 bei der Oberpostdirektion Erfurt betraut mit dem Postneubau in Sondershausen und 1888–91 in Ratibor, wo er den dortigen Postneubau entwarf und ausführte. Im Dezember 1892 erfolgte in Berlin seine Ernennung zum Postbauinspektor.[6] Von 1895 bis 1899 folgte eine Beschäftigung als Postbauinspektor in Dortmund und er gelangte anschließend als Referent zur Oberpostdirektion nach Köln, wo ihm im Juli 1900 der „Charakter als Baurat"[7] verliehen und wo er im April 1901 zum Postbaurat und 1914 zum Geheimen Baurat ernannt wurde. Mit seiner Ernennung zum Postbaurat wurde Karl Bing Mitglied im hiesigen Architekten- und Ingenieurverein, AIV.[8] Vor dem Jahr 1908 erhielt er zudem als Auszeichnung den Roten Adler Orden IV. Klasse.

> Albert Bing, Agenturgesch., vor St. Martin 6.I ☎ 4732.
> — Carl, Post-Baurat (3—4), Kaiser-Wilhelmring 24.III
> — Franz Friedr., Zuschneidelehrer; Frau, Zuschneidelehrerin, Bismarckstr. 20.I
> — Gebr. Bing Söhne (Pauline geb. Baruch, Ww. Sigm. Bing** u. Otto Götz) (E) (Prok.: A. Götz, A. Rothschild u. C. Bloos), Samt- u. Seidenbandgroßh., Pipinstr. 6. 8. ☎ 410. (Giro-Konto.)
> — Moritz, Dr. jur., Rechtsanwalt, siehe Dr. Sauer II u. Dr. Bing, Hansaring 48.III ☎ 4254.
> — Paul, (E) Rentn., Lindenthal, Fürst Pücklerstr. 8.u
> — Samuel (Henr.) geb. Mainzer, Ww., (E) Rtn., Kamekestr. 18.II ☎ 4254.
> — Siegm., Ww., siehe Gebr. Bing Söhne, Mozartstraße 26.I ☎ 2476.
> — Wilh., o. G., Lindenthal, Dürenerstr. 213.III

Welche genauen Funktionen Karl Bing bei der Reichspost in Köln innehatte und welche Bauten er hier für sie entworfen hat, bleibt offen. Gesichert sind als seine eigenen Entwürfe die heute noch weitgehend erhaltenen Postbauten in Sondershausen, Carl-Schroeder-Str. 11, von 1886–88 und Ratibor/Oberschlesien von 1888/89. Unter der Oberaufsicht von Bauinspektor Baurat Wolff zu Limburg war er 1882/83 in Nassau am Erweiterungsbau des Amtsgerichts nebst Gefängnis be-

links: Entwurf zu einem Portal für einen Hirschpark (Detail). Abb.: Architekturmuseum TU Berlin, Inv. Nr. 300

rechts: Entwurf zu einem Portal für einen Hirschpark. Abb.: Architekturmuseum TU Berlin, Inv. Nr. 301

rechte Seite oben: Der Postneubau in Ratibor. Foto: Postkarte Privatbesitz

rechte Seite unten: Modell des weitgehend zwischen 1921-25 bebauten Markusplatzes. Abb. aus: Bauwarte, Jg. 3, 1927, S. 224

teiligt. Neben seiner Tätigkeit bei der Reichspost in Köln engagierte er sich privat vor allem als Fachberater und Entwerfer für die hiesige Synagogengemeinde. So war er 1903 Mitglied in der Jury zum Wettbewerb des Israelitischen Asyls in der Ottostraße in Neuehrenfeld und 1905–08 technisches Mitglied der Baukommission zur Errichtung des von Wilhelm Winkler entworfenen Israelitischen Asyls, was heißt, das er die Bauausführung mit überwachte.9 Karl Bing, der im Januar 1914 eigentlich nach Hamburg versetzt werden sollte10, wurde im August 1914 in den Ruhestand versetzt11 und wirkte fortan als freischaffender Architekt. Als solcher entwarf er 1917/18 den Gesamtplan für den Jüdischen Friedhof an der Vogelsanger Straße in Vogelsang (früher Bocklemünd).12 Nach komplizierten Verhandlungen mit der Militärregierung konnte die Synagogengemeinde mit Vertrag vom 21.5.1917 das nahe des Militärrings gelegene Areal von der Stadt Köln erwerben. Zu dieser Anlage gehörte auch eine behelfsmäßige, in Holz erstellte Leichenhalle mit Hofraum, die wahrscheinlich ebenfalls von Karl Bing entworfen worden war. Bei der Einweihung des Friedhofs am 8.12. 1918 hieß es jedoch, dass eigentlich an eine imposante, mit dem benachbarten Westfriedhof vergleichbare Eingangssituation gedacht gewesen sei. Ob hierfür von Karl Bing schon Ideen entwickelt worden waren, lässt sich nur vermuten.

Von 1920 bis zu seinem Tod galt sein Hauptinteresse dem genossenschaftlichen Eigenheimwohnungsbau, für den er sich in der von ihm mitbegründeten Genossenschaft „Eigenheim-Siedlungen Kölner Vororte e.G.m.b.H."13 engagierte. Nach seinen Ideen und in Zusammenarbeit mit dem Architekturbüro Herpers & Gassen14 von Wilhelm Herpers und Franz Gassen entstanden zahlreiche Eigenheime und ab 1927 auch Mehrfamilienhäuser um den Brühler Platz, den Markusplatz und entlang der Markusstraße in Raderthal, aber auch in Ostheim an der Rösrather Straße. Die

Das Modell Markusplatz aus einer anderen Sicht. Abb. aus: Bauwarte, Jg. 3, 1927, S. 224

Isometrie des um 1927 im Bau befindlicher Brühler Platzes. Abb. aus: Bauwarte, Jg. 3, 1927, S. 223

Autorenschaft der Entwürfe ist schwierig zu beurteilen, da oft gleiche Pläne unterschiedlich abgezeichnet wurden, so 1921/22 am Markusplatz mit Karl Bing als Architekten und Herpers & Gassen als Mitarbeiter und dann wieder nur Herpers & Gassen als Architekten. Die Bauzeit der einem Gestaltungsprinzip folgenden, aber teilweise unterschiedlich behandelten Häuser reicht von 1921 bis etwa 1930.[15] Auf einem Briefkopf von Karl Bing vom März 1923 firmiert er unter „Karl Bing, Geheimer Baurat. Beeidigter Sachverständiger für die Gerichte des Landgerichtsbezirks Köln". Bis zu seiner Tätigkeit als selbstständiger Architekt lautete seine Privatadresse Kaiser-Wilhelm-Ring 24 und anschließend Göbenstr. 3. Karl Bing, der 1930 auch in dem angesehenen Dresslers Kunsthandbuch[16] Erwähnung gefunden hat, starb am 4.11.1930 in seiner Geburtsstadt. Die „Jüdisch-liberale Zeitung/Jüdisch allgemeine Zeitung" vom 4.12.1930 würdigte ihn in einem kurzen Nachruf: *„Geheimer Postrat Bing ist im Alter von 72 Jahren gestorben. Er gehörte seit vielen Jahren zu den angesehenen Beamten der Oberpostdirektion. Für Baufragen seiner jüdischen Glaubensgemeinschaft war er oft der kluge Berater der Synagogenverwaltung."* Seine Ehefrau zog rund zwei Jahre später nach Berlin zur Familie ihrer Tochter, von wo aus sie während der Kriegszeit zusammen mit ihrer Tochter und ihrem Schwiegersohn zu den Orten ihrer Ermordung deportiert wurde.

1 Yad-Vashem, Gedenkbuch
2 Städtisches Gymnasium und Realgymnasium in der Kreuzgasse zu Köln 1828–1928. Festschrift zur Jahrhundertfeier der Anstalt 13. bis 15. Oktober 1928. Köln 1928, S. 172
3 Architekturmuseum TU Berlin, Inv. Nr. 298–301
4 Julius Carl Raschdorff: Baukunst der Renaissance. Entwürfe von Studierenden. Technische Hochschule Berlin 1880
5 Archiv des Architekten- und Ingenieurvereins, AIV, Berlin (Antrag auf Mitgliedschaft von Karl Bing mit Lebenslauf vom 21.9.1883)
6 Centralblatt der Bauverwaltung, Jg. 12, 1892, S. 553
7 Centralblatt der Bauverwaltung, Jg. 20, 1900, S. 333
8 Stammrolle des Architekten- und Ingenieurvereins, AIV, Köln
9 Barbara Becker-Jákli: Das jüdische Krankenhaus in Köln. Die Geschichte des Israelitischen Asyls für Kranke und Altersschwache 1869–1945. Köln 2004, S. 152–153, 159, 450
B. Auerbach: Das Israelitische Asyl für Kranke und Altersschwach. In: Peter Krautwig (Hg.) Naturwissenschaft und Gesundheitswesen in Cöln. Köln 1908, S. 466–477
10 Zentralblatt der Bauverwaltung, Jg. 34, 1914, S. 49 und 233
11 Zentralblatt der Bauverwaltung, Jg. 34, 1914, S. 497
12 Der vor rund 15 Jahren vom Autor im Historischen Archiv gesichtete Originalplan konnte leider nicht wiedergefunden werden
HAStK Best. 485 / 995
HAStK 750/92
13 Klaus Novy (Hg.): Wohnreform in Köln. Köln 1986, S. 176–177
14 Bauten und Entwürfe der Architekten Willi Herpers und Franz Gassen, Köln-Mülheim, unter Mitarbeit des Architekten Georg Lankau. In: Bauwarte, Jg. 3, 1927, S. 213–228
Stadt-Anzeiger vom 26.7.1927
15 HAStK Best. 485 / 157
HAStK Best. 458, III-6–1981–2
HAStK Best. 420/2, III-6–1484
HAStK Best. 485 / 636
HAStK Best. 440/2, III-6–422
HAStK Best. 440/2, III-6–423
HAStK Best. 440/2, III-6–282
HAStK Best. 485/637
HAStK Best. 458, III-6–970–1
16 Willy Oskar Dressler: Dresslers Kunsthandbuch, Bd. 2. Berlin 1930

Marliese und Heinrich Bresslau im Mai 1984. Foto: NS-Dokumentationszentrum

(ERNST WILHELM) HEINRICH (HENRIQUE) BRESSLAU (BREßLAU)

Architekt
geb. 1912 in Straßburg, gest. (?)

Heinrich Bresslau ist der Sohn des Kölner Universitätsprofessors und Direktors des Zoologischen Instituts Dr. med. und Dr. phil. Ernst Ludwig Bresslau (geb. 10.7.1877 in Berlin, gest. 9.5.1935 in São Paulo) und der Luise Bresslau, geb. Hoff (geb. 1882 in Straßburg, gest. 1966 in São Paulo). Diese wohnten 1924/34 in dem der Stadt Köln gehörenden Wohnhaus Hölderlinstr. 7. Ferner ist er ein Enkel des Historikers Prof. Dr. Harry Bresslau (geb. 22.3.1848 in Dannenberg, gest. 27.10.1926 in Heidelberg) und seiner Ehefrau Karoline. Seine Geschwister sind Dr. Caroline Bresslau-Aust sowie Odilia und Hermann Bresslau. Die Schwester von Louise Bresslau war verheiratet mit dem Amtsgerichtsrat Julius Ferdinand Landsberg (geb. 1868, gest. 1915), einem Bruder des Architekten Richard Carl Landsberg.

Zusammen mit seinem Bruder Hermann ging Heinrich Bresslau auf das städtische Gymnasium Kreuzgasse in Köln, wo er 1928–1930 Vorsitzender des „Schüler-Rudervereins Kreuzgasse Köln" (1928–1929 zusammen mit Ernst Jung) war. Sein Bruder Hermann nahm dieses Amt 1932–1933 ein. Wo und bei wem Heinrich Bresslau seine Architektenausbildung in Deutschland begonnen hat, ist nicht bekannt. Möglicherweise hat er an der Technischen Hochschule zu München studiert, an der er vermutlich auch seinen späteren Geschäftspartner in Brasilien, den ebenfalls emigrierten Architekten Franz L. Bastian (geb. 1910 in München), kennengelernt hat. 1934 emigrierte die Familie Bresslau nach Brasilien und wurde dort in São Paolo ansässig, wo Heinrich Bresslau sein Architekturstudium fortgesetzt und später als Architekt gewirkt hat. In den späten 1940er- und frühen 1950er Jahren hatte er dort ein gemeinsames Büro mit dem Architekten Franz L. Bastian. In Deutschland publiziert wurden drei

für jüdische Familien gebaute Einfamilienhäuser, das in der Nähe von São Paolo stehende Wochenendhaus Dr. Werner Rosenfeld und die beiden in São Paolo errichteten Wohnhäuser Delphina Chiron Levi und Frank Schlössinger. Mit welchen Schwierigkeiten deutsche Architekten damals in Brasilien zu kämpfen hatten, wird deutlich von Franz L. Bastian beschrieben: *„... Die Schwierigkeiten, die einem ausländischen Architekten in Brasilien begegnen, sind sowohl rechtlicher als auch menschlicher Natur. Der Titel Architekt ist gesetzlich geschützt und darf nur von Brasilianern (mit Ausnahme der Ausländer, die schon vor 1933 hier tätig waren, oder*

oben: Wochenendhaus Dr. Werner Rosenfeld. Foto aus: Bauen und Wohnen, 1951, S. 412

links: Haus Delphina Chiron Levi. Foto aus: Bauen und Wohnen, 1951, S. 415

Haus Frank Schlössinger. Foto aus: Bauen und Wohnen, 1951, S. 416

die in Brasilien studiert haben) geführt werden. Das heißt, daß der Ausländer erst in dem Moment, wo er naturalisiert ist unter Vorlage seiner Zeugnisse und Erfüllung gewisser Vorschriften den Antrag auf Zulassung einreichen kann. Trotzdem arbeiten viele ausländische Architekten, die sich entweder mit einem ‚zugelassenen' Kollegen assoziiert haben, oder sich einen Strohmann besorgten, ungehindert. Menschlich ist es in der ersten Zeit schwierig, sich mit dem heterogenen Menschengemisch, überwiegend lateinischer Herkunft, nicht nur der Auftraggeber, sondern auch der Lieferanten, Handwerker und Arbeiter auseinanderzusetzen. Deshalb ist es jedem Architekten zu empfehlen, erst mal einige Zeit als Angestellter zu arbeiten, schon auch um die portugiesische Sprache gründlich zu beherrschen ..."

QUELLEN UND LITERATUR:
- NS-Dokumentationszentrum Köln (Personenkartei und Teilnachlass Bresslau)
- Franz L. Bastian: Wohnhäuser in Brasilien. Erbaut von deutschen Architekten. In: Bauen und Wohnen, Jg. 6, 1951, S. 412–416
- Hans Liebmann: Ernst Bresslau. In: Neue Deutsche Biographie, Bd. 2, Berlin 1955, S. 600
- Peter Rück (Hg.): Erinnerungen an Harry Bresslau (1848–1926) zum 150. Geburtstag. Marburg 1998

JULIUS COHEN

Regierungsbaumeister, Oberregierungs- und Baurat
geb. um 1879 in Köln (?), gest. (?)

> 105.107 E. Cohen Ad., Kfm.
> Cohen J., Reg.=Baumstr.
> HenleinHerm.Schirmhdlg.
> Sachs J.,Hof=Optiker.

Er war der Sohn des Hofoptikers Adolf Abraham Cohen (geb. 19.11.1846, gest. 15.4.1932 in Köln), der sich 1897/98 das Geschäftshaus Hohe Str. 105–107 bauen ließ, und der Zerline Cohen, geb. Sachs (geb. 25.1.1851, gest. 31.10.1925 in Köln). Nach dem Abitur am Gymnasium Kreuzgasse[1] 1892/93 studierte er an einer Technischen Hochschule und schlug anschließend die Laufbahn eines Regierungsbaumeisters ein, zu dem er 1902 in Dortmund[2] ernannt wurde. Danach lebte er in Köln, laut den Adressbüchern 1906 in dem Haus Hohe Str. 105–107 und 1908 in dem Haus Lochnerstr. 1. Im Mai 1907 wurde er offensichtlich kurzzeitig nach Berlin an das Königliche Eisenbahn-Zentralamt versetzt.[3] Im Juni 1909 erfolgte die Ernennung zum Eisenbahnbauinspektor[4] und im Oktober 1910 die Versetzung von Köln an die Eisenbahn-Werkstätteninspektion nach Frankfurt am Main[5], wo er 1928 als Oberregierungs- und Baurat im Haus Bettinastr. 52 lebte. Der elterliche Immobilienbesitz ist nach dem Tod von Adolf Cohen in den Adressbüchern mit dem Eigentümernachweis Erben Cohen angegeben. In den 1950er Jahren findet sich als Eigentümernachweis Erben Cohn, was darauf hindeutet, dass Mitglieder der Familie das „Dritte Reich" überlebt haben, die dann ihren Namen umändern ließen.

Eintrag aus Greven's Kölner Adreßbuch 1906 für das Haus Hohe Str. 105-107

1 Städtisches Gymnasium und Realgymnasium in der Kreuzgasse zu Köln 1828–1928. Festschrift zur Jahrhundertfeier. Köln 1928, S. 178
2 Centralblatt der Bauverwaltung, Jg. 22, 1902, S. 577
3 Zentralblatt der Bauverwaltung, Jg. 27, 1907, S. 271
4 Zentralblatt der Bauverwaltung, Jg. 29, 1909, S. 305
5 Zentralblatt der Bauverwaltung, Jg. 30, 1910, S. 513

SIEGMUND (RICHARD) DEUTSCH

Bauingenieur, Prof., Oberstudienrat, Oberlehrer, AIV-Köln
geb. 9.3.1864 in Neu-Raussnitz/Mähren, gest. 26.10.1942 in Theresienstadt

> Deutsch Felicitas, Mittelschullehrerin, Kaiserstraße 13
> – Herm., Lehrer, Rondorfer Str. 15.
> – Maria, Ww., v. G., Hauptstr. 29.
> – Siegm., Prof., Oberstudienrat i.R., Kaiserstr. 13.

Siegmund Deutsch (auch Sigmund Deutsch) war verheiratet mit Clara Johanna Deutsch, geb. Fleischer (geb. 20.12.1867 in Boskowitz/Mähren, gest. nach dem 28.7.1942 in Theresienstadt). Er ist der Vater von der Mittelschullehrerin Felicitas Deutsch (geb. 9.11.1898 in Hüningen, gest. ?), von Ilse Franziska Deutsch (geb. 23.2.1900 in Wuppertal-Elberfeld, gest. nach dem 28.7.1942 in Theresienstadt) und von Curt Anton Martin Deutsch (geb. 21.10.1905 in Münster i.W., gest. ?). Es ist unbekannt, an welcher Hochschule er als Bauingenieur ausgebildet wurde und was die ersten Stationen seines Werdegangs waren. 1898 lebte er in Hüningen (bei Osnabrück oder im Elsass), von wo aus er wohl 1899 nach Wuppertal-Elberfeld verzog, um dort für rund ein Jahr als Lehrer an der Königlichen Baugewerkschule zu wirken. Lediglich von einer Anzeige, die das Ehepaar Deutsch im Jahre 1900 anlässlich der Geburt ihrer Tochter Ilse Franziska veröffentlichte, ist die Adresse Brüningstraße in Wuppertal-Elberfeld überliefert. Am 21.9.1900 verzog die vom Judentum zur evangelischen Religion konvertierte Familie nach Münster in das Haus Fürstenstr. 14, von dort am 29.3.1914 in das Haus Augustastr. 26a und am 5.7.1907 in das Haus Hammer Str. 12. Der auch hier an der Baugewerkschule tätige, jetzt als Oberlehrer beschäftigte Siegmund Deutsch verfasste in Münster eines der Standartwerke über den Wasserbau, das 1906 zweibändig in Leipzig erschien.

Wegen einer Dozentenstelle an der Kölner Baugewerkschule wechselte die Familie am 26.9.1907

Eintrag aus Greven's Kölner Adreßbuch 1935

Unterschrift von Siegmund Deutsch aus dem Jahr 1906

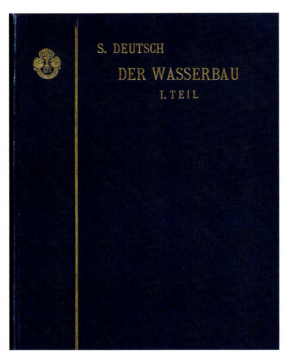

oben: Siegmund Deutsch auf einem Gruppenfoto um 1929. Foto aus: 50 Jahre Staatliche Baugewerkschule in Köln am Rhein 1879-1929, S. 4

oben Mitte: Umschlag des Buches Der Wasserbau

oben rechts: Titel des Buches Der Wasserbau mit einer Widmung von Siegmund Deutsch für Richard Schöler, dem Direktor der Bauschule in Zerbst
Buch: Privatbesitz

ihren Wohnsitz in die Domstadt, wo sie bis 1915 in dem nahe der Baugewerkschule gelegenen Mehrfamilienhaus Salierring 61 und anschließend bis etwa 1932 in dem Mehrfamilienhaus Rolandstr. 70 in der Kölner Südstadt zur Miete wohnte. Die Adressbücher vermerken ihn 1908 als Oberlehrer, 1914 als Oberlehrer und Professor, 1922 als Studienrat und Professor und 1927 als Oberstudienrat und Professor. Bis zu seiner Pensionierung im Jahr 1929 – und danach nebenamtlich – war Siegmund Deutsch Dozent an der hiesigen Baugewerkschule mit den Schwerpunkten Bauphysik und Baumaterialienkunde. Seit 1910 gehörte er als Mitglied dem renommierten Architekten- und Ingenieurverein, AIV, in Köln an, aus dem er mit Datum vom 14.1.1935 aus rassenpolitischen Gründen entlassen wurde. Um 1932 verzog er in das damals außerhalb gelegene Rodenkirchen, wo er das erst wenige Jahre alte Haus Walter-Rathenau-Str. 13 (1933 in Kaiserstraße umbenannt) erworben hatte, in dem er mit seiner Frau, seiner Tochter Ilse Franziska und ab 1935 auch mit der Tochter Felicitas bis 1938 wohnte. Die letzte Adresse von Ehefrau und Tochter Ilse Franziska war ein Haus in der benachbarten Maternusstraße (vermutlich Haus Nr. 6) in Rodenkirchen. Für ihn selbst ist als letzter Wohnort lediglich Rodenkirchen überliefert. Zusammen mit seiner Ehefrau und seiner Tochter Ilse Franziska wurde er am 27.7.1942 vom Bahnhof Deutz nach Theresienstadt deportiert, wo sie alle zu Tode kamen. Die Schicksale von Felicitas und Curt Anton Martin Deutsch sind unbekannt.

QUELLEN UND LITERATUR:
- Yad-Vashem, Gedenkbuch
- Stadtarchiv Münster
- Stadtarchiv Wuppertal
- Stammrolle des Architekten- und Ingenieurvereins, AIV, Köln
- Dieter Corbach: 6.00 Uhr ab Messe Köln-Deutz. Deportationen 1938-1945. Köln 1999, S. 556
- S. Deutsch: Der Wasserbau, I. und II. Teil. Leipzig 1906 (= Handbuch des Bauingenieurs).
- S. Deutsch: Baumaterialienprüfung an der Kölner Baugewerkschule. In: 50 Jahre Staatliche Baugewerkschule in Köln am Rhein 1879-1929. Köln 1929, S. 40-43
- Willy Oskar Dressler: Dresslers Kunsthandbuch, Bd. 2. Berlin 1930, S. 177
- 50 Jahre Staatliche Baugewerkschule in Köln am Rhein 1879-1929. Köln 1929
- Schulamt der Stadt Köln (Hg.): Die Berufsschulen, die Kaufmännischen Fachschulen und Technischen Lehranstalten in Köln.
- Denkschrift zur Eröffnung der Berufsschule Ulrepforte. Köln 1928, S. 168
- Emil Viehweger, Siegmund Deutsch: Schlosserarbeiten. Berlin, Leipzig 1915 (=Sammlung Göschen).
- Michael Werling: Architekturlehrer der FH Köln. Köln 2006, S. 28-29

(WOLF) ALFRED ECKSTEIN

Architekturlehrling
geb 29.11.1921 in Köln, gest. 23.9.1943 in Theresienstadt

Sohn des Kaufmanns Jakob Eckstein (geb. 15.5.1889 in Friesheim, gest. 9.6.1942 im Ghetto Litzmannstadt), der 1941 von Köln nach Litzmannstadt deportiert wurde, und der Theresia Eckstein, geb. Johnen, von der Jakob Eckstein im „Dritten Reich" (?) geschieden wurde. Theresia Eckstein lebte unter ihrem Mädchennamen nach dem Krieg in Köln. Die Großeltern von Wolf Alfred Eckstein väterlicherseits, also die Eltern von Jakob Eckstein, waren Hermann Eckstein (geb. 11.6.1850, gest. 7.9.1928) und Johanna Eckstein, geb. Winter. Ein Bruder von Wolf Alfred Eckstein war Alexander Eckstein, der emigrieren konnte und 1995 in Malmö/Schweden lebte. Im Sprachgebrauch des „Dritten Reiches" galt Wolf Alfred Eckstein als „Halbjude". Er war um 1940 im Büro des Kölner Architekten Paul Pott beschäftigt. Die elterliche Adresse (bzw. die seines Vaters) war 1922 Weißenburgstr. 66 und 1938 Unter Kahlenhausen 11. Am 5.9.1942 (?) wurde er von Köln mit dem Transport III/3 (?) nach Theresienstadt deportiert, wo er am 23.9.1943 verstarb.

QUELLEN UND LITERATUR:
- Mündliche Überlieferung durch Herrn Hanns Schaefer/Köln
- Yad-Vashem, Gedenkbuch

LEOPOLD (LEO) EHRLICH

Architekt
geb. (?), gest. (?)

Sein Antrag auf Mitgliedschaft in der Reichskammer der Bildenden Künste wurde mit dem Hinweis „Volljude" abgelehnt. 1933/34 wohnte er in Köln im Haus Ritterstr. 27 und 1935/39 im Haus Mauritiussteinweg 64. Seine Ehefrau war Schneiderin. Er war verwandt mit dem Schaufensterdekorateur Kurt Ehrlich, der 1938 bis 1941/42 ebenfalls – beziehungsweise dann alleine – in dem Haus Mauritiussteinweg 64 wohnte. Im Adressbuch von 1941/42 ist Leo Ehrlich als Techniker mit der Wohnadresse Jahnstr. 36 eingetragen. Angeblich ist die gesamte Familie Ehrlich nach Brüssel emigriert, wo sie auch nach 1945 gewohnt haben soll. Über das Wirken von Leopold Ehrlich als Architekt ist nichts bekannt.

LITERATUR:
- Myra Warhaftig: Deutsche jüdische Architekten vor und nach 1933 – Das Lexikon. Berlin 2005, S. 121

Eintrag aus Greven's Kölner Adreßbuch 1938

(MANUEL) MANFRED FABER

Architekt, Dipl.-Ing., BDA, DWB, AIV
geb. 26.10.1879 in Karlsruhe, gest. 15.5.1944 in Auschwitz

Manfred Manuel Faber wurde am 26.10.1879 als Sohn des Karlsruher Kaufmanns Salomon Faber (gest. um 1897/98) und seiner Ehefrau Bonette, geb. Maendle, die beide israelitischer Religion waren, im Haus Kaiserstr. 139 in Karlsruhe geboren. In diesem Haus lebten die Eltern seit 1872 zunächst alleine, bis Salomon Faber ab dem Jahre 1880 dort zusammen mit seinem Bruder Hermann das Manufakturwarengeschäft Gebrüder Faber betrieb. Während die Geschäftsadresse beibehalten wurde, verzogen die beide Familien später in das Haus Kaiserstr. 82. Manfred Faber hatte drei Schwestern, die am 30.10.1883 in Karlsruhe geborene, ledig gebliebene und bis zur Verfolgungszeit im Haus Kaiserstr. 82 wohnende Julia Johanna Faber, die zu einem nicht bekannten Zeitpunkt und von einem ebenfalls nicht bekannten Ort nach Auschwitz deportiert wurde und dort als verschollen gilt, und die Sidonia (Sidonie) Faber de Bischof (Bischoff), der während des „Dritten Reiches" die Emigration gelang und die 1954 in La Plata in Argentinien, Calle 25, Nr. 1766, wohnte und ein Jahr später in Argentinien, Villa Elisa, Camina Belgrano. Sie war bis zu ihrer Scheidung verheiratet mit Cornelius Bischof. Die dritte Schwester war die in Düsseldorf lebende und später verwitwete Flora Lazarus, geb. Faber, die mit Ludwig Lazarus verheiratet gewesen war. Sie wurde am 18.5.1877 in Karlsruhe geboren und während des „Dritten Reiches" nach Izbica/Lublin und von dort aus vermutlich nach Auschwitz deportiert, wo sie als verschollen gilt. Da Manfred Faber Zeit seines Lebens unverheiratet war und keine Kinder hatte, war Sidonia Faber de Bischof nach dem Krieg im Rahmen der Wiedergutmachung die einzige Person, die Anspruch auf die Hinterlassenschaften ihres Bruders Manfred und ihrer Schwester Flora hatte.

Nach Erlangung der Reife für die Prima an der Oberrealschule in Karlsruhe studierte Manfred Faber ab dem Wintersemester 1898/99 an der Technischen Hochschule „Fridericiana" in Karlsruhe

Unterschrift von Manfred Faber aus den 1920er Jahren

zunächst zwei Semester Elektrotechnik und dann das Fach der Architektur, das er im Sommersemester 1903 mit dem Diplom und der Prüfungs-Gesamtnote „gut" abschloss. Seine Dozenten waren der Architekt und Oberbaudirektor Josef Durm (geb. 14.2.1837 in Karlsruhe, gest. 3.4.1919 in Karlsruhe), der Kunsthistoriker und Denkmalpfleger Adolf von Oechelhäuser (1852, gest. 1923), der Architekt und Denkmalpfleger Carl Schäfer (geb. 18.1.1844 in Kassel, gest. 5.5.1908 in Carlsfeld), der Architekt Otto Warth (geb. 21.11.1845 in Limbach/Pfalz, gest. 5.11.1918 in Karlsruhe) und der Architekt und Künstler Adolf Weinbrenner (geb. 1836 in Rastatt, gest. 1921 in Rastatt). Den Hauptteil seiner Diplomarbeit absolvierte Manfred Faber bei Josef Durm, der ihm als Aufgabe den Entwurf zu einem Privatgebäude oder einem kleineren öffentlichen Gebäude stellte, das er in allen konstruktiven Einzelheiten sowie mit Zeichnungen und Modellen zu einer Ornamentik zu behandeln hatte. Karlsruhe galt zu jener Zeit sowohl von den hier lehrenden Professoren an der Tech-

linke Seite: Detail der Bebauung von Manfred Faber am „Naumannplatz". Foto: GAG

> **Atelier für Baukunst u. Kunstgewerbe**
> **Hermann Pflaume**
> Inhaber: Dipl.-Ing. Manfred Faber.
> Architekt B. D. A.
> Mitglied des Bundes Deutscher Architekten.
> Bauleitungen, Taxen, Gutachten.
> Lindental, Theresienstr. 60. A 161.

Eintrag aus Greven's Kölner Adreßbuch 1922

> **Dipl.-Ing. Manfred Faber**
> Architekt B. D. A.
> Atelier für Architektur und Raumkunst,
> Bauleitung.
> Köln-Lindental, Theresienstr. 60. Anno 161.

Eintrag aus Greven's Kölner Adreßbuch 1925

nischen Hochschule als auch von den in der Stadt wirkenden Architekten als eines der Zentren moderner Architektur in Deutschland. Zahlreiche prominente Architekten wurden bei den Professoren Manfred Fabers ausgebildet, wie Hermann Billing, Hermann Muthesius, Hans Poelzig, Paul Schmitthenner und Fritz Schumacher. Der nach seinem Studium in Karlsruhe wirkende Hermann Billing (geb. 7.2.1867 in Karlsruhe, gest. 2.3.1946 in Karlsruhe), der eine monumentale und oft sehr plastisch durchformte Architektur vertrat, war kurz nach der Jahrhundertwende überall in der Stadt mit seinen Bauten präsent und wurde bald selbst Lehrer und Vorbild für zahlreiche Architekten der nächsten Generation, wie Max Taut, Oskar Kaufmann, Hans Scharoun und Hans Luckhardt. Ihn dürfte Manfred Faber ebenso verinnerlicht haben wie den überall in Karlsruhe anzutreffenden Klassizismus aus der Ära des Karlsruher Architekten und Stadtplaners Friedrich Weinbrenner (geb. 24.11.1766 in Karlsruhe, gest. 1.3.1826 in Karlsruhe).

Wenige Wochen nach dem Studienabschluss zog Manfred Faber von Karlsruhe nach Düsseldorf, wo er sich am 10.11.1903 mit der Adresse Herzogstr. 46, dem Wohnsitz seiner Schwester Flora und seines Schwagers Ludwig Lazarus, anmeldete. Eigentümer des Hauses war der Kaufmann Simon Lazarus, der Vater seines Schwagers. In welchen Düsseldorfer Architekturbüros Manfred Faber in der folgenden Zeit tätig war, ist nicht bekannt. Am 30.6.1907 meldete er sich ohne Zielangabe mit dem Hinweis „auf Reisen" von Düsseldorf ab. Völlig offen bleiben bis zu seiner An-

siedlung in Köln die nächsten Stationen seines Wirkens. Dass er in renommierten Büros oder Konzernen tätig gewesen war, beweist sein erster von ihm bekannter Auftrag, das 1916/17 errichtete Erftwerk nebst Wohnsiedlung in Grevenbroich. Dieses zugleich auch größte Projekt in seinem Œvre muss als Schlüsselbau für sein späteres Wirken in Köln gewertet werden. Möglicherweise war er bis Anfang 1914 im Essener Raum oder für die Rheinisch-Westfälischen Elektrizitätswerks A.-G. tätig, von der er mit der architektonischen Durchgestaltung des großen Industriekomplexes betraut wurde. Zu Beginn des Jahres 1914, also zu der Zeit, als die Vorbereitungen zur „Werkbund-Ausstellung" voll im Gange waren, zog Manfred Faber nach Köln, wo seine erste Wohn- und Büroadresse das villenartige Wohnhaus Kaesenstr. 9 war. Hier wohnte er laut Adressbuch bis 1916 und 1917/18 dann in dem ebenfalls sehr vornehmen Haus Kaesenstr. 8. Im Jahre 1920/22 hatte er seine Wohnung in dem Wohn- und Geschäftshaus Aachener Str. 1, also mitten in einem der pulsierenden Zentren der Stadt. Mit dem Tod des seinerzeit hochgeschätzten Architekten Hermann Eberhard Pflaume (geb. 16.3.1869 in Aschersleben, gest. 11.12.1921 in Köln) übernahm Manfred Faber auch dessen Büro in der Villa Theresienstr. 60 in Lindenthal, mit dem er von 1922 bis 1925 unter „Atelier für Baukunst u. Kunstgewerbe Hermann Pflaume Inhaber: Dipl.-Ing. Manfred Faber" firmierte. 1925 führte Manfred Faber unter selber Adresse auch noch sein eigenes „Atelier für Architektur und Raumkunst, Bauleitung". In dem Haus befanden sich zu jener Zeit neben seiner auch noch die Wohnung von Alida Pflaume, der Witwe von Hermann Eberhard Pflaume. Offensichtlich bestand zwischen Pflaume und Faber eine enge freundschaftliche Verbindung, die zu der Entscheidung geführt hat, Manfred Faber mit der Fortsetzung des renommierten Architekturbüros zu betrauen und begonnene Projekte zu vollenden. Sehr wahrscheinlich kannte man sich aus Karlsruhe, wo Hermann Eberhard Pflaume bei Josef Durm und Carl Schäfer studiert hatte und wo er in dem renommierten Architekturbüro Curjel & Moser tätig gewesen war. Auffallend ist, dass Manfred Faber, der die Wohn- und Büroadresse bis 1929 beibehielt, in der

Folgezeit keine großen Einträge in den Adressbüchern mehr machen ließ. Ende des Jahres 1929 zog er um in die von der GAG (Gemeinnützige Aktiengesellschaft für Wohnungsbau) neu erbaute Künstlersiedlung am Terrassenweg, in der er zunächst als einziger Mieter das Haus Terrassenweg 6 bezog. Im Jahre 1935 baute er im Anschluss an die Siedlungshäuser für sich und sein Atelier das für mehrere Mietparteien bestimmte Haus Terrassenweg 24, das er bis zu seiner Zwangseinweisung in das „Ghettohaus" Cäcilienstr. 18–22 bewohnte. Vom Messelager Köln-Deutz wurde Manfred Faber am 27.7.1942 nach Theresienstadt deportiert und von dort am 15.5.1944 mit dem Transport Dz in das Konzentrationslager Auschwitz, dessen Häftlinge am selben Tag ermordet wurden.

Hilfreich für den Einstieg in die Kölner Architekturszene war sicherlich die im Februar 1919 im Kölnischen Kunstverein veranstaltete Ausstellung mit Werken der Künstler Heinrich Froitzheim, F. Ferraro (vermutlich der Bildhauer Franz Ferrari), Johann Greferath und Friedrich August Weinzheimer, bei der auch architektonische Entwürfe der beiden Kölner Architekten Manfred Faber und Paul Pott gezeigt wurden. Auch wenn nicht überliefert ist, welche Arbeiten damals ausgestellt worden sind, so waren es bei Manfred Faber mit großer Wahrscheinlichkeit die Entwürfe zu den 1916/17 in Grevenbroich gebauten Erftwerken nebst denen der mit 900 Wohnungen geplanten Erftwerk-Siedlung, mit deren Bau zum Anfang des Jahres 1919 begonnen worden war. Alleine die Größe dieser Siedlung muss fasziniert haben, aber auch der Charme der variantenreichen Typenhäuser, die sich gänzlich von dem unterschieden, was in jenen Jahren von Wilhelm Riphahn in den Siedlungen Bickendorf I und Mauenheim realisiert wurde. Als Aufträge aus dieser Ausstellung resultierten mit großer Sicherheit die Märchensiedlung, die Professorenhäuser in Marienburg und Lindenthal sowie ein Haus für die Besatzung. Möglicherweise ergaben sich in dieser Kunstausstellung auch die Kontakte und die spätere Freundschaft mit dem Ehepaar Wilhelmine und Josef Hanstein, den Eigentümern des seit 1917 am Neumarkt ansässigen Kunstauktionshauses Mathias Lempertz. Fortan wurde Manfred Faber von ihnen mit allen Ausstellungs- und Innengestaltungsaufträgen betraut, aber auch mit allen Erweiterungs- und Neubauprojekten der Familie. Selbst nach den „Nürnberger Rassegesetzen" hielt die Familie Hanstein ihrem „Hausarchitekten" die Treue und beauftragte ihn mit Planungen. Bis heute ist in dieser Familie von Manfred Faber mündlich das Bild eines sehr liebenswerten und kultivierten Menschen tradiert, den insbesondere Wilhelmine Hanstein aufs Allergrößte schätzte. Wegen seiner auch in anderen Fällen „allzu großen Judenfreundlichkeit" wurde Josef Hanstein 1942 von der Geheimen Staatspolizei in dem berüchtigten Gefängniskeller des EL-DE-Hauses inhaftiert, kam nach längerer Zeit aber durch Kontakte zu einflussreichen Persönlichkeiten wieder frei.

Aber schon vor dieser Ausstellung im Kölnischen Kunstverein muss Manfred Faber in Kollegenkreisen ein so hohes Ansehen genossen haben, dass man ihm im Jahre 1918 die Mitgliedschaft in dem renommierten Architekten- und Ingenieurverein, AIV, in Köln, anbot, die bis zu seiner Entlassung aus rassenpolitischen Gründen im Dezember 1936 währte. Wohl zur gleichen Zeit oder wenig später wurde Manfred Faber Mitglied im Bund Deutscher Architekten, BDA, trat aus diesem aber in der zweiten Hälfte der 1920er Jahre wieder aus. Für das Jahr 1930 ist seine Mitgliedschaft im Deutschen Werkbund, D.W.B., belegt. Sein Antrag auf Mitgliedschaft in der Reichskammer der bildenden Künste wurde mit dem Hinweis „Volljude" dagegen abgelehnt. In dem Adressbuch von 1941/42 wird er nur noch mit dem Titel Dipl.-Ing., nicht aber die Berufsbezeichnung Architekt erwähnt. Manfred Faber zählte in den Jahren der Weimarer Republik zur Avantgarde der Kölner Architektenszene. Er war nach Wilhelm Riphahn und Caspar Maria Grod zudem der wichtigste für die GAG arbeitenden Architekt. Entsprechend den Zeitströmungen sind seine frühen Werke, wie die Märchensiedlung, traditionsbezogen, während er in der zweiten Hälfte der 1920er Jahre zu den eifrigen Verfechtern des „Neuen Bauens" zählt, wobei seine Bauten aus diesen Jahren eine sehr eigene, von einer starken Plastizität und Dynamik geprägte Handschrift zeigen.

QUELLEN UND LITERATUR:
- Studienunterlagen von Manfred Faber im Archiv der Universität Karlsruhe, Best. 21015/1001/1–8
- Adressbücher der Technischen Hochschule Karlsruhe im Stadtarchiv Karlsruhe
- Stammrolle des Architekten- und Ingenieurvereins, AIV, Köln
- Yad-Vashem, Gedenkbuch
- Dieter Corbach: 6.00 Uhr ab Messe Köln-Deutz. Deportationen 1938–1945. Köln 1999, S. 556
- Willy Oskar Dressler: Dresslers Kunsthandbuch, Bd. 2. Berlin 1930
- Wolfram Hagspiel: Köln: Marienburg. Bauten und Architekten eines Villenvorortes. Köln 1996
- Wolfram Hagspiel: Manfred Faber. In: Allgemeines Künstlerlexikon, Bd. 36, 2003, S. 44–45
- Wolfram Hagspiel: Marienburg. Ein Kölner Villenviertel und seine architektonische Entwicklung. Köln 2007
- Wolfram Hagspiel: Das Schicksal der jüdischen Mitglieder des AIV. In: Architekten- und Ingenieurverein Köln e.V. (Hg.): Köln – Seine Bauten 2000. Köln 2000, S. 25–28
- Wolfram Hagspiel: Erinnerung an einst vielfältiges Wirken. In: Gemeindeblatt der Synagogen-Gemeinde Köln, Jg. 17, Nr. 12, 2006/07, S. 26–27
- Wulf Herzogenrath (Hg.): Max Ernst in Köln. Die rheinische Kunstszene bis 1922. Ausst.-Kat. Kölnischer Kunstverein 1980, S. 31
- Juden in Karlsruhe. Beiträge zu ihrer Geschichte bis zur nationalsozialistischen Machtergreifung. Karlsruhe 1988 (=Veröffentlichungen des Karlsruher Stadtarchivs Band 8)
- Horst Matzerath (Hg.) Die jüdischen Opfer des Nationalsozialismus aus Köln. Gedenkbuch. Köln 1995
- Stadt-Anzeiger vom 21.2.1919 (Ausstellung KKV)
- Myra Warhaftig: Deutsche jüdische Architekten vor und nach 1933 – Das Lexikon. Berlin 2005, S. 133

KÖLNER BAUTEN

Altstadt, Neumarkt
Büro- und Kaufmannshaus
Planung 1920

Die Planungen zu einem Börsengebäude in Köln reichen zurück in das Frühjahr 1913, als der später in Düsseldorf ansässige Architekt Wilhelm Pipping für den Bereich des heutigen Museums Ludwig die Planungen zu einem großen, um mehrere Höfe gruppierten multifunktionalen Bautenkomplex mit Hotel und Börse vorgelegt hatte. Ein Bauherr für diese Anlage stand zu jener Zeit noch nicht fest. Am 21.12.1917 plädierte Baron Simon Alfred von Oppenheim in Sitzungen der Handelskammer ebenfalls für die Errichtung einer solchen Börse. Knapp vier Monate später legten hierzu der Stadtbauinspektor Alfred Stooß und sein Mitarbeiter Heinz Feill Ideenskizzen vor. Als Grundstück war das des ehemaligen Marzellengymnasiums an der Ecke Marzellenstraße/An den Dominikanern vorgesehen. Später sollte hierzu ein Wettbewerb ausgeschrieben werden. Im Frühjahr 1920 griff Manfred Faber die Idee dieser Börse nochmals auf und ließ sie am 3.5.1920 im Rahmen eines teilweise selbst geschriebenen Artikels im Stadt-Anzeiger veröffentlichen. Hier heißt es unter anderem.: „... *Der von mir hier wiedergegebene Entwurf soll nur eine flüchtige Ideenskizze sein. Die Hauptseite des Gebäudes liegt den alten Patrizierhäusern gegenüber und begrenzt einen Platz von 65:118 Meter, an dem fast durchweg Häuser von gewissem architektonischen Gepräge stehen. Die Lage und vor allem die Breite des Gebäudes dürfte aber erst dann genau festgestellt werden, wenn alle verkehrstechnischen*

links: Ansicht des Büro- und Kaufmannshauses. Abb. aus: Stadt-Anzeiger vom 3.5.1920

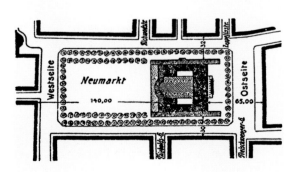

rechts: Lageplan des Büro- und Kaufmannshauses. Abb. aus: Stadt-Anzeiger vom 3.5.1920

Fragen gelöst sind. Gerade der große Kreuzungsverkehr vieler elektrischer Bahnen und vor allem die Durchführung der Bahn durch die Schildergasse dürfte für die Lage des Gebäudes ausschlaggebend sein. Das Gebäude muß selbstverständlich viel niedriger als die umgebenden Neubauten sein. Es ist ein Erdgeschoß, ein Obergeschoß und ein ausgebautes Dachgeschoß angenommen. In den niedrigen Seitenanbauten sollen Depositenkassen hiesiger Banken sowie Läden untergebracht werden. Wer durch das Hauptportal eintritt, gelangt durch die Vorhalle und geräumige Garderoben zum großen Börsensaal von rund 1200 Geviertmeter mit den daran anschließenden zughörigen Räumlichkeiten, vor allem Post, Telegraph, Fernsprecher usw. Hinter dem Börsensaal, gegen die größere Platzseite, ist ein größeres Börsenkaffee vorgelagert. Die übrigen noch verfügbaren Räume können zu Bureauzwecken vergeben werden. Der Neumarkt hat eine außerordentlich günstige und freie Lage; auf ihm als einem der bestgelegenen Plätze der Stadt könnte infolgedessen der Kaufmannschaft Kölns ein ihr gebührendes wirkungsvolles Gebäude erstellt werden ..." Schon bei der Veröffentlichung der Planung Manfred Fabers waren starke Bedenken bezüglich seiner Akzeptanz in der Bürgerschaft geäußert worden, was jedoch in der Folge andere Architekten nicht daran hinderte, Bauten beziehungsweise Hochhäuser auf der Platzfläche des Neumarktes und dann an seinen Randbereichen zu planen, wie Fritz August Breuhaus de Groot mit seinem in drei Varianten überlieferten 23–geschossigen „Europahaus" mitten auf dem Platz und später dann an der Stelle des heutigen Schwerthofes.

LITERATUR:
- Wolfram Hagspiel: Türme, Turmhäuser, Hochhäuser. Hochhausträume der 1920er Jahre in Köln und Düsseldorf. In: NRW-Forum Kultur und Wirtschaft Düsseldorf (Hg.): Der Traum vom Turm. Ostfildern-Ruit 2004, S. 230–243
- Stadt-Anzeiger vom 3.5.1920, 22.9.1920, 23.9.1920, 24.9.1920, 1.10.1920

Riehl, Tiergartenstr. 9
Oberstleutnantshaus
Bj.: 1920/21
Bh.: Reichsvermögensverwaltung Stadt Köln

Nach dem verlorenen Ersten Weltkrieg begann mit dem Einmarsch der ersten britischen Besatzungstruppen im Dezember 1918 überall in den Rheinlanden die Suche nach geeigneten Quartieren für die Militärs, die man, geregelt durch die alten Militärbauämter, meist in aufgelassenen Kasernen und beschlagnahmten Privathäusern fand. Mit Abschluss des Versailler Vertrages stellten die Briten ab dem 1.10.1919 aber Forderungen, die weit über die Regelungen im Rheinabkommen hinausgingen. Für die Unterbringung der zugereisten Familienmitglieder der Besatzung genüg-

oben: Entwurf zum Oberstleutnantshaus Tiergartenstr. 9. Abb. aus: Deutsche Bauzeitung, 1925, S. 414

unten: Das Haus Tiergartenstr. 9 kurz vor dem Abbruch. Foto: Wolfram Hagspiel (2001)

ten jetzt nicht mehr die „standesgemäßen Wohnungen der Zivilbevölkerung", sondern es war an ein luxuriöses Leben in großen, von der Struktur her englisch geprägten Wohnhäusern gedacht. Zuständig für den Bau dieser Unterkünfte, die deutlich nach dem militärischen Grad unterschieden wurden, war die Reichsvermögensverwaltung, die ihre Aufgaben jedoch weitgehend an die Kommunen verteilt hatte. In Köln wurde hierfür eigens das Besatzungsbauamt mit dem Baurat Robert Niggemeyer als Leiter eingerichtet. Das britische Militär, das in Köln zeitweise eine Stärke von 40.000 Mann gehabt haben soll, gab die Anweisungen, wo diese Wohnungen errichtet werden sollten, wobei es nicht interessierte, ob es sich dabei um städtische oder private Grundstücke handelte. Bevorzugt waren Stadtteile nahe Kasernen, wie Marienburg, Bayenthal und Riehl beziehungsweise Stadtteile mit guter Verkehrsanbindung. Für die Quartiere höherer Militärs spielte für ihre villenartigen Anwesen auch das soziale Umfeld eine große Rolle, weshalb in Lindenthal, Braunsfeld, Marienburg, Bayenthal und Riehl besonders viele Besatzungsbauten entstanden. Zusammen mit den Besatzern entwickelte das Besatzungsbauamt zunächst Grundrissrichtlinien, die dann die Planungsgrundlage für die unterschiedlichsten Privatarchitekten waren, eine Art „Arbeitsbeschaffungsmaßnahme für Architekten" in diesen wirtschaftlich schlechten Zeiten. Das von Manfred Faber entworfene Oberstleutnantshaus entstand zusammen mit anderen Besatzungshäusern am Rande eines heute nicht existenten, am Rhein gelegenen Villengebietes in Riehl. Das gut erhaltene, im Krieg unzerstört gebliebene Oberstleutnantshaus wurde Ende Mai 2001 mit weiteren Besatzungshäusern zugunsten einer Wohnanlage abgebrochen.

LITERATUR:
- Robert Niggemeyer: Die Unterbringung der Besatzung im Rheinland. In: Deutsche Bauzeitung, Jg. 59, 1925, S. 413-418, 421-425 u. Taf.
- Werner Heinen, Anne-Marie Pfeffer: Köln: Siedlungen 1888-1938. Köln 1988, S. 70-72

rechte Seite: Lageplan der projektierten Märchensiedlung. Abb. aus: Rheinische Blätter für Wohnungswesen und Bauberatung, 1925, H. 3/4

Holweide, Andersenstr. 61-69, 2-18, 34-52/Aschenbrödelweg 1 u. 2/ Drosselbartstr. 2-30/Dornröschenhecke/ Neufelder Str. 3-17/Rapunzelgäßchen 4/ Rotkäppchenweg 1-29, 2a-32/ Schneewittchenweg 1-17, 2-18/ Siebenrabengasse 1-15/ Märchenstr. 1-57, 2-74
Märchensiedlung
Bj.: 1920-29
Bh.: Gemeinnützige Aktiengesellschaft für Wohnungsbau, GAG
Bebauungsplan: Fritz Hans Kreis

Das Gelände der Märchensiedlung beziehungsweise „Siedlung Iddelsfeld", wie sie anfänglich hieß, gehörte ursprünglich zum Armenstiftungsvermögen der Stadt Köln. Die Planungen zur Siedlung, also Bebauungsplan und Entwurf der Typenhäuser, gehen zurück auf die ersten Monate des Jahres 1920. Vom 27.4.1920 datiert der Fluchtlinienplan, auf dem sämtliche bis 1926 entstandenen Häuser schon so eingetragen sind, wie sie später auch gebaut wurden. In der Öffentlichkeit bekannt wurde das Siedlungsprojekt mit dem von Fritz Hans Kreis aufgestellten Bebauungsplan, der das Datum 4.5.1920 trägt. Auf diesem Plan ist die Siedlung allerdings in einer nie realisierten Größe mit weiterem Baugebiet südöstlich der Kleinbahnstrecke Köln-Bergisch Gladbach und mit insgesamt 257 Einfamilienhäusern dargestellt. Gebaut wurde die 177 Häuser umfassende Siedlung in sieben Bauabschnitten, begonnen 1920/21 mit den insgesamt 25 Häusern Neufelder Str. 3-17, Andersenstr. 2-28 und den von Wilhelm Riphahn entworfenen Häusern Rapunzelgäßchen 1-3 und 2, dann 1922 mit den insgesamt 62 Häusern Rotkäppchenweg 1-29, 2a-32, Rapunzelgäßchen 4, Schneewittchenweg 1-17, 2-18, und Drosselbartstr. 2-22, 28-30, dann 1923/24 mit den insgesamt 23 Häusern Andersenstr. 61-69, 34-52 und Siebenrabengasse 1-15, dann 1924/25 mit insgesamt 13 Häusern Märchenstr. 33-57, dann 1925/26 mit den beiden Häusern Drosselbartstr. 24-26 und ebenfalls 1925/26 mit den 16 Häusern Märchenstr. 1-17 und 19-31. Der siebte Bauabschnitt bedeutete eine Erweiterung des Siedlungsgebietes in östlicher Richtung mit völlig neuen, ganz der damals aktuellen Moderne verpflichteten Bautypen. Es handelt sich um die insgesamt 36 Häuser Märchenstr. 2–74 und Aschenbrödelweg 1 und 2, die 1928/29 errichtet wurden.

Über welche Kontakte Manfred Faber an den Auftrag zur Märchensiedlung kam, ist nicht bekannt. Es ist jedoch sehr wahrscheinlich, dass seine seit 1919 in Grevenbroich im Bau befindliche, mit 900 Wohnungen konzipierte Siedlung für die Mitarbeiter der Erftwerke die GAG veranlasst hat, auf ihn als Architekten zurückzugreifen. Der Märchensiedlung kommt im Œuvre Manfred Fabers eine besondere Stellung zu, einmal, weil sie das erste ihm nachweisbare Werk in Köln ist und dann, weil dieses Werk von einer großen künstlerischen Souveränität und einem starken sozialen und menschlichen Mitempfinden seines Planers Zeugnis ablegt. Wie keine andere Kölner Siedlung – weder die mustergültigen Siedlungen Bickendorf I und Mauenheim von Caspar Maria Grod und Wilhelm Riphahn oder die sehr romantische Milchmädchen-Siedlung – ist sie von Anfang an zu einem Inbegriff einer idealen, traumhaften Wohnwelt geworden, der man seitens der GAG noch 1938, also zu Zeiten, als dem Juden Manfred Faber die Betätigung als Architekt längst verwehrt war, huldigte. So wird die Geschichte der Siedlung in der GAG-Festschrift von 1938 in ein wunderschönes Märchen gehüllt, das von einem in grauen Altstadthäusern wohnenden Ehepaar handelt, welches mit seinen Kindern der Tristesse der Großstadt zu entfliehen versucht: „... *Eines Sonntags, als die Stadt sie gar zu sehr bedrückte, fuhren sie mit ihren Kindern hinaus, dorthin, wo die Felder und Wälder beginnen. Da kamen sie auf einmal an einen Ort, in dem standen Häuser, ganz in Grün gebettet, die sahen genau so aus, wie sie es sich geträumt hatten. Und als sie auf die Schilder blickten, um zu erfahren, wo sie waren, da lasen sie: Rotkäppchenweg, Dornröschenhecke, Rapunzelgäßchen, Schneewittchenweg, Siebenrabengasse, Märchenstraße – wahrhaftig, sie waren ins Märchenland geraten. Und da es ein richtiges Märchenland war, wohnten in den Häusern nicht etwa reiche Leute, sondern Familien, wie sie es waren, die sich nur ein wenig gespart hatten. So geschah es, daß sich dem Manne*

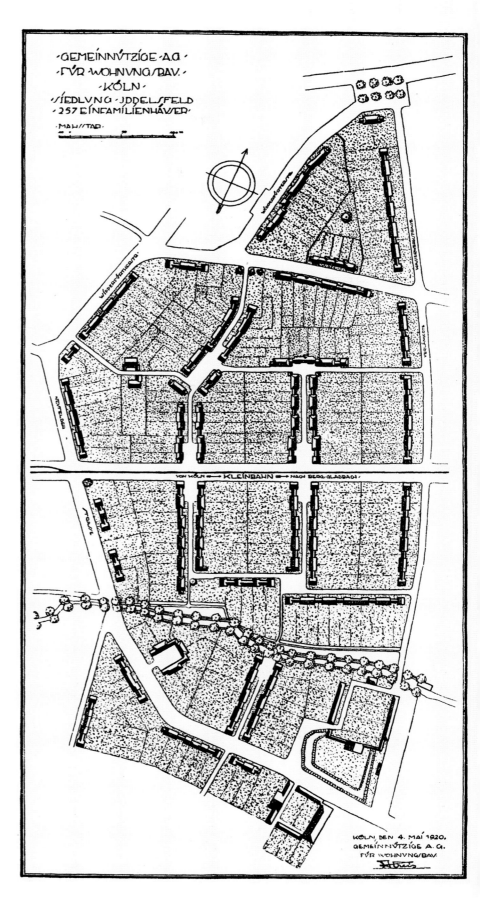

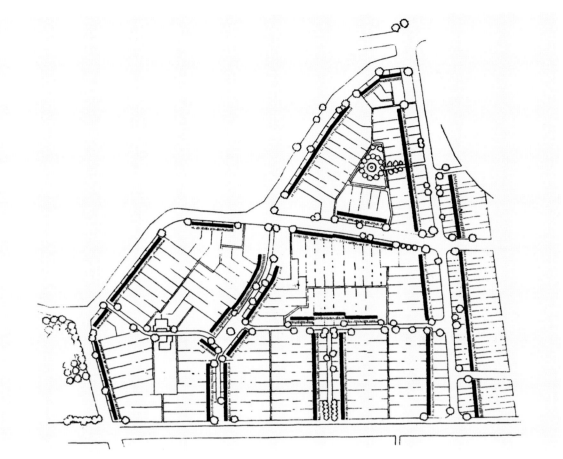

Lageplan der Märchensiedlung. Abb. aus: Gemeinnützige Aktiengesellschaft für Wohnungsbau zu Köln 1913–1938. Köln 1938

Die Märchensiedlung aus der Luft gesehen (im Hintergrund die Märchenstraße). Foto aus: Der Neubau, 1930, S. 278

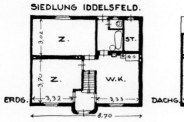
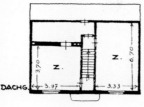
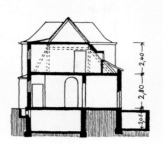

links: Fünfräumiges Einfamilienhaus. Abb. aus: Fritz Schumacher: Entwicklungsfragen einer Groszstadt. Köln 1923, S. 196

Mitte: Fünfräumiges Einfamilienhaus. Abb. aus: Rheinische Blätter für Wohnungswesen und Bauberatung, 1925, H. 3/4

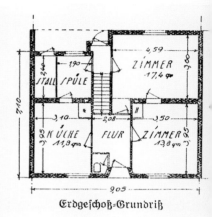

und seiner Frau aus dem hohen grauen Haus der Traum erfüllte; bald wohnten auch sie in der Märchensiedlung, hatten einen großen Garten, in dem Obstbäume, Sträucher und Blumen wuchsen und die Kinder den ganzen Tag spielen konnten. Da lebten sie denn so glücklich und zufrieden, daß sie gewiß noch nicht gestorben sind."

Das romantische Erscheinungsbild der Siedlung wurde sowohl durch den im Gegensatz zu den Riphahn-Siedlungen bewusst unregelmäßig angelegten, von geschwungenen „Gassen" durchzogenen Grundriss erreicht, als auch durch die geschickte Gruppierung verschiedenster kleinteiliger Baukörper in Kombination mit reich gestalteten und oft weit heruntergezogenen, Gruppen- und Einzelarchitekturen zusammenfassenden Dachlandschaften. Trotz aller Romantik handelt es sich um eine stark rationalisierte Typenbauweise, deren potentieller Monotonie durch das geniale Versatz- und Kombinationsspiel der typisierten Baukörper entgegengewirkt wurde. Dieses wusste auch die zeitgenössische Kritik zu würdigen. Nach ihr war mit den beiden Siedlungen in Bickendorf und Mauenheim *„verwandt und zum Teil auf ähnlichen Grundsätzen aufgebaut ... die Siedlung Iddelsfeld der Gemeinnützigen Aktiengesellschaft, nur mit dem Unterschiede, daß noch bewußter im äußeren Aufbau der Häuser eine malerische ja fast romantische Wirkung erstrebt ist, die allerdings besonders durch den Siedlungsplan noch weiter gesteigert wird. So erhält Iddelsfeld einen gewissen dörflichen und kleinstädtischen Charakter. Trotzdem muß man grundsätzlich dieser Siedlung die Gerechtigkeit widerfahren lassen, daß es keine äußerliche altdörfliche Architektur ist, die geradezu romantisch wirkt, sondern daß der Architekt Dipl.-Ing. Faber lediglich durch eine geschickte und feinfühlige Gruppierung der Aufbauten im Ein-*

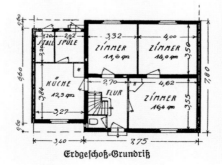

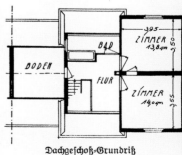

Sechsräumiges Einfamilienhau. Abb. aus: Rheinische Blätter für Wohnungswesen und Bauberatung, 1925, H. 3/4

zelbau und noch mehr durch eine geschickte und feinfühlige Gruppierung der Einzelbauten zueinander dieses architektonisch so liebenswürdige Bild erreicht hat" (Rheinische Blätter, 1925, S. 58). Die Haupttypen waren ein fünfräumiges und ein sechsräumiges Haus, die in unterschiedlichster Weise kombiniert und den städtebaulichen Gegebenheiten angepasst werden konnten. Zu jedem Haus gehörte zusätzlich ein kleiner Stallraum für eine Kleintierhaltung. Laut Baubeschreibung in den Bauhypothekenakten waren das Fundament und die Kellermauern in Zement und das Mauerwerk mit Schwemmsteinen erstellt. Die Kellerdecke bestand aus armierten Beton, die Geschossdecken dagegen aus einer Holzkonstruktion. Das Dach

oben: Die im Bau befindliche Märchensiedlung um 1922. Foto: GAG

Mitte: Blick von der Andersenstraße in das Rapunzelgäßchen um 1922. Foto: GAG

links: Ecksituation Rotkäppchenweg/Rapunzelgäßchen zu Beginn der 1920er Jahre. Foto: GAG

rechts: Situation am Anfang des Rotkäppchenwegs um 1930. Foto: GAG

Platzsituation am Rotkäppchenweg. Foto aus: Gemeinnützige Aktiengesellschaft für Wohnungsbau zu Köln 1913-1938. Köln 1938

war als Holzbalkendach mit verschmierter Hohlfalzziegelung ausgebildet und mit grau gedämpften Falzziegeln gedeckt. Die Fassaden zeigten einen Zementputz mit Spritzbewurf in Trierer Kalk, wobei der Sockel und die Tür- und Fenstergewände in Beton gezogen waren. Der Erwerb der durch städtische Bauhypotheken geförderten Häuser wurde in Art eines Mietkaufsystems überwiegend durch die Gemeinnützige Baugenossenschaft Iddelsfeld, eine Verwaltungsgenossenschaft der GAG, abgewickelt. Die Käufer, die erst nach Abtragung der Hypotheken Eigentümer der Häuser wurden, kamen zum größten Teil aus besserverdienenden Gesellschaftsschichten, waren Angestellte, Beamte, Handwerker, Betriebsleiter, Direktoren oder Architekten. Eine kleine Insel in der Märchensiedlung bildeten die von Wilhelm Riphahn gebauten Häuser Rapunzelgäßchen 1 und 3 sowie 2, das sogenannte „Schlösschen", dessen Bauherr der GAG-Direktor Friedrich Schmidt war. Vom August 1928 datieren die Pläne zu den insgesamt 36 Häusern in der Märchenstraße und am Aschenbrödelweg, die mit einer gänzlich neuen Architektur den avantgardistischen Planungen Manfred Fabers in Zollstock und Riehl, also der Moderne des Bauhauses, verpflichtet sind.

QUELLEN UND LITERATUR:
- HAStK 458, III-6-182
- HAStK 458, III-6-407
- HAStK 458, III-6-1187
- HAStK 458 / 387
- HAStK 458 / 392
- Aus den Siedlungen der Gemeinnützigen Aktiengesellschaft für Wohnungsbau in Köln. In: Bauwarte, Jg. 2, 1926, S. 765-768
- Bauwarte, Jg. 6, 1930, S. 184

Wohnhäuser am Schneewittchenweg Mitte der 1920er Jahre. Foto: GAG

Blick vom Schneewittchenweg auf die Wohnhausgruppe Siebenrabengasse 15-9 Mitte der 1920er Jahre. Foto: GAG

Der Platz am Rotkäppchenweg Mitte der 1920er Jahre. Foto: GAG

Blick in die Märchenstraße um 1929. Foto: GAG

Ecksituation Märchenstraße/ Aschenbrödelweg um 1930. Foto: GAG

Häuserzeile an der Märchenstraße um 1930. Foto: GAG

- Düttmann: Rheinischer Kleinwohnungsbau. Düsseldorf 1927, S. 138, 150
- Festschrift GAG 1921. Köln 1921
- Heinrich de Fries: Die Tätigkeit der Gemeinnützigen A.-G. für Wohnungsbau in Köln 1918 bis 1926. In: Baugilde, Jg. 8, 1926, S. 189–208
- Führer durch die Ausstellung Stadt und Land. Köln 1930, S. 27
- Gemeinnützige Aktiengesellschaft für Wohnungsbau zu Köln 1913–1938. Köln 1938
- Greven: Die Gemeinnützige Aktiengesellschaft für Wohnungsbau in Köln. In: Köln. 3. Aufl. Berlin 1926, S. 249–257 (=Deutschlands Städtebau)
- Albert Gut: Der Wohnungsbau in Deutschland nach dem Weltkriege. München 1928
- Wolfram Hagspiel: Der Kölner Architekt Wilhelm Riphahn – sein Lebenswerk von 1913 bis 1945. Köln 1982
- Werner Heinen, Anne-Marie Pfeffer: Köln: Siedlungen 1888–1938. Köln 1988, S. 121–125
- Mülheimer Zeitung vom 30.3.1922, 18.5.1923
- Robert Niggemeyer: Die Siedlungstätigkeit in Köln. In: Der Neubau, Jg. 12, 1930, S. 270–279
- Klaus Novy (Hg.): Wohnreform in Köln. Köln 1986, S. 204–205
- Rheinische Blätter für Wohnungswesen und Bauberatung, Jg. 21, 1925, H. 3/4
- Rheinische Städte III Von Mainz bis Emmerich. In: Bauwarte, Jg. 5, 1929, S. 201–204
- Der Rhein ist frei. 125 Jahre Kölnische Zeitung. Köln 1930, S. 95
- Fritz Schumacher: Entwicklungsfragen einer Groszstadt. Köln 1923, S. 196
- Helmut Signon: Großstadt in der Großstadt. 50 Jahre GAG in Köln. Köln 1963
- Edgar Wedepohl: Die Siedlungen der Gemeinnützigen Aktiengesellschaft für Wohnungsbau in Köln. In: Der Neubau, Jg. 9, 1927, S. 113–122, 129–130

Marienburg, Wolfgang-Müller-Str. 9–15, 16–30

Professorensiedlung
Bj.: 1921/22
Bh.: Baugenossenschaft Kölner Universität e.G.m.b.H.

Im Rahmen der Neuerrichtung der Kölner Universität im Jahre 1919 und der damit verbundenen Berufung zahlreicher Dozenten, die ihrem Stande entsprechend aber dennoch kostengünstig untergebracht werden mussten, wurde im Jahre 1920 auf der Grundlage des genossenschaftlichen Zusammenschlusses die Baugenossenschaft Kölner Universität e.G.m.b.H. gegründet, deren erster Vorsitzender der Sozialdemokrat und Sozialpolitiker Prof. Hugo Lindemann war, dem 1922 Prof. Eugen Schmalenbach, der „berühmte Vater der Betriebswirtschaftslehre", folgte. Die sozialpolitischen Ambitionen einiger Kölner Dozenten hatten wohl zu dieser ungewöhnlichen Genossenschaftsgründung und auch zur Vergabe der Bauarbeiten an die „sozialistische Bauunternehmung" Bauhütte geführt. Die Häuser wurden in dem Ambi-Massiv-Bauverfahren errichtet, einer Sparbauweise, die sich in ihrem bautechnischen Grundelement auf einen von dem Bauausführenden selbst herzustellenden, aus Kies, Sand beziehungsweise Schlacke und Zement bestehenden Winkelstein stützt. Die insgesamt sechs Doppelhäuser sind in „barocker Art" symmetrisch entlang einer kleinen Stichstraße und einem kleinen Platz gruppiert. *„Sie verleugnen den einheitlichen Zug, aus dem sie entstanden sind, durchaus nicht, entsprechen aber doch in ihrer Grundrißbildung und architektonischen Haltung, wie auch in liebevollen Detailbehandlungen dem Charakter moderner sachlicher Villenbauten."* (Rheinische Blätter für Wohnungswesen und Bauberatung). In der zeitgenössischen Kritik wird auch betont, dass die Häuser den Geist der damals vielfach idealisierten „Zeit um 1800" atmen. 1926/27 wurde die Siedlung um das von Fritz Fuß entworfene Doppelhaus Wolfgang-Müller-Str. 17–19 erweitert. Die Häuser sind bis auf das im Krieg teilzerstörte Doppelhaus Wolfgang-Müller-Str. 13–15 weitgehend original erhalten.

QUELLEN UND LITERATUR:
- HAStK Best. 420/2, III-6-162
- HAStK Best. 420/2, III-6-157
- Wolfram Hagspiel: Köln: Marienburg. Bauten und Architekten eines Villenvorortes. Köln 1996
- Werner Heinen, Anne-Marie Pfeffer: Köln: Siedlungen 1888-1938. Köln 1988, S. 203-205
- Klaus Novy (Hg.): Wohnreform in Köln. Köln 1986, S. 188
- Rheinische Blätter für Wohnungswesen und Bauberatung, Jg. 21, 1925, H. 3/4
- Bauhütte Köln Baugesellschaft m.b.H. Köln 1930
- Alfred Stooss: Die Siedlungs-Baupläne. In: Köln, bauliche Entwicklung 1888-1927. Berlin 1927, S. 100-110

Lindenthal, Weyertal 121–123/ Gyrhofstraße
Doppelwohnhaus
Bj.: 1921/22
Bh.: Baugenossenschaft Kölner Universität e.G.m.b.H.

Lageplan der Professorensiedlung. Abb. aus: Köln, bauliche Entwicklung 1888-1927. Berlin 1927, S. 108

Das für Professoren der Kölner Universität errichtete, im Krieg völlig zerstörte Doppelhaus stellt eine Variante der Marienburger Professorenhäuser dar.

LITERATUR:
- Bauhütte Köln Baugesellschaft m.b.H. Köln 1930
- Hundert Jahre Architektenverein zu Berlin 1824-1924. (Zur Geschichte des Baugewerbes seit 100 Jahren). Berlin 1924, S. 28-29

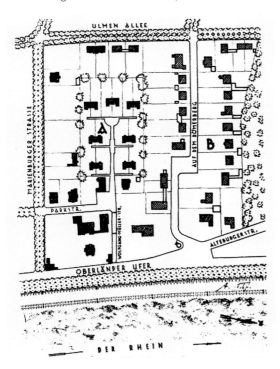

links: Blick in die Professorensiedlung. Abb. aus: Bauhütte Köln Baugesellschaft m.b.H. Köln 1930

rechts: Das Doppelhaus Weyertal 121-123. Foto aus: Hundert Jahre Architektenverein zu Berlin 1824-1924. Berlin 1924, S. 28

Altstadt, Am Domhof/Am Frankenturm/ Bischofsgartenstraße/Frankenplatz
Kaufmannshaus
Wettbewerb: 1922
Bh.: Kaufmannshaus-Aktiengesellschaft
Motto: „Kontrapunkt"
Preis: engere Wahl

Schon 1913 gab es erste Planungen zu einem multifunktionalen Bautenkomplex mit Hotel und Börse auf selbigen Grundstück. 1917 plädierte dann Baron Simon Alfred von Oppenheim in Sitzungen der Handelskammer ausdrücklich für den Bau eines eigenen Börsengebäudes. 1920 projektierte Manfred Faber in Eigeninitiative ein solches „Kaufmannshaus" mit Börse für den Neumarkt. Bedingt durch den unerwartet großen wirtschaftlichen Aufschwung direkt nach dem Ersten Weltkrieg entschlossen sich bald darauf die Stadtverwaltung und die Handelskammer mit einer Ende 1921 von ihnen gegründeten „Kaufmannshaus-Aktiengesellschaft" zur schnellen Realisierung eines solchen Projektes, wobei sie als Bauplatz den Planungsstandort von 1913 wählten. Diese Gesellschaft schrieb im Januar 1922 mit Frist zum 10.5.1922 unter den am 1.10.1921 in Köln ansässigen selbstständigen, nicht das Baugewerbe betreibenden Architekten einen Wettbewerb zur Erlangung von Entwürfen für ein Kaufmannshaus aus. Persönlich eingeladen waren die Kölner Architekten Franz Brantzky, Martin Elsaesser und Carl Moritz und die auswärtigen Architekten Peter Behrens, German Bestelmeyer, Paul Bonatz, Wilhelm Kreis, Bruno Paul und Hans Poelzig. Mit dem ersten Preis bedacht wurde der Entwurf von Theodor Willkens, mit dem zweiten der von Fritz Fuß und mit dem dritten der von German Bestelmeyer. Der erste Ankauf ging an Martin Elsaesser, der zweite an Heinrich Müller-Erkelenz und der dritte an Peter Behrens. In die engere Wahl kamen die Entwürfe von Heinrich Benoit & Johannes Bergerhausen, Paul Bonatz, Manfred Faber, Wilhelm Kamper, Wilhelm Kreis, Carl Kreutzer, Heinrich Mattar & Eduard Scheler, Emil Mewes, Richard Meumann und Heinrich Kürten sowie Hans Poelzig. Insgesamt waren 52 Entwürfe eingegangen. Unterlagen über den Beitrag von Manfred Faber ließen sich nicht ermitteln. Da keiner der Beiträge auch nur einigermaßen für eine Ausführung geeignet schien, beschloss der Auslober anschließend, einen engeren Wettbewerb zwischen den mit Preisen und Ankäufen ausgezeichneten Architekten auszuschreiben, was offensichtlich aber nicht geschah. Zwischen 1925 bis 1929 plante auf dem Areal der Architekt Jakob Koerfer mit mehreren Entwurfsvarianten einen „Börsenhof" mit einer gleichzeitigen Hotel- und Geschäftsnutzung. Da auch diese Planungen offensichtlich nicht ausführbar erschienen, veranstaltete man 1930 einen engeren Wettbewerb zu einem Börsengebäude in Kombination mit der Handelskammer auf dem Grundstück Unter Sachsenhausen 6/Enggasse. Sieger des Wettbewerbs war der Architekt Theodor Merrill, der bis 1932 das Projekt allerdings in gänzlich anderer Form und lediglich als Umbau realisieren durfte.

QUELLEN UND LITERATUR:
- HAStK 902/185/1 (Wettbewerb Kaufmannshaus)
- Deutsche Bauzeitung, Jg. 55, 1921, S. 427 und Jg. 56, 1922, S. 36, 316, 364
- Stadt-Anzeiger vom 17.6.1922, 21.6.1922, 30.6.1922, 4.7.1922
- Fritz Schumacher: Das zukünftige Köln. In: Köln. 1. Aufl. Berlin 1922, S. 28–44
- Hubert Ritter: Der Wettbewerb für Entwürfe zu dem Kaufmannshaus in Köln. In: Zentralblatt der Bauverwaltung, Jg. 42, 1922, S. 509–512

Klettenberg, Petersbergstr. 53–57
3 Mehrfamilienhäuser
Bj.: 1924/25
Bh.: Gemeinnützige Aktiengesellschaft für Wohnungsbau, GAG

Mieter der Wohnungen waren überwiegend Selbstständige sowie höhere Angestellte und Beamte. Auffallend war die abgestufte Farbigkeit der Häuser mit einem hellen Fassadenputz, mit grün verputzten Treppenhausrisaliten und einem sehr dunklen obersten Geschoss, für das man sich ein sehr dunkles Grün, aber auch ein dunkles Rot vorstellen darf. Die Häuser sind bis auf das im Krieg völlig zerstörte Haus Petersbergstr. 57 mit starken Veränderungen erhalten. Nicht mehr vorhanden sind die fast vollplastisch ausgebildeten Reliefs über den Hauseingängen, die in ihrer künstleri-

KÖLNER BAUTEN MANFRED FABER

Die Mehrfamilienhäuser Petersbergstr. 53–57 kurz nach ihrer Fertigstellung. Foto: Postkarte Privatbesitz

LITERATUR:
- Düttmann: Rheinischer Kleinwohnungsbau. Düsseldorf 1927, S. 117
- Greven: Die Gemeinnützige Aktiengesellschaft für Wohnungsbau in Köln. In: Köln. 3. Aufl. Berlin 1926, S. 249–257 (=Deutschlands Städtebau)
- Neue Wohnbauten in den Vororten Kölns. In: Bauwarte, Jg. 2, 1926, S. 255–260
- Klaus Novy (Hg.): Wohnreform in Köln. Köln 1986, S. 196–197
- Edgar Wedepohl: Die Siedlungen der Gemeinnützigen Aktiengesellschaft für Wohnungsbau in Köln. In: Der Neubau, Jg. 9, 1927, S. 113–122, 129–130
- Wohnhausbauten von Architekt Manfred Faber, Köln. In: Bauwarte, Jg. 5, 1929, S. 41–48

Altstadt, Heumarkt
Brückenkopfbebauung mit Hochhaus
Wettbewerb: 1925
Motto: „Kontrapunkt I"
Architekten: Manfred Faber und Fritz Hans Kreis
Preis: kein Preis

schen Gestaltung sehr der Supraporte des heute noch erhaltenen Hauses Kyllburger Str. 14 ähneln, das zur gleichen Zeit nach den Entwürfen der Architekten Gustav Adolf Knappstein und John Lütgens gebaut worden war.

Mit seinen insgesamt 412 Entwürfen beziehungsweise rund 3000 Zeichnungen und 240 Architekturmodellen war der Wettbewerb zu einer Brückenkopfbebauung am Heumarkt einer der größten und spektakulärsten der Weimarer Republik (siehe ausführlicher Text unter Georg Falck). Von dem gemeinsamen Entwurf von Manfred Faber

Detail der Mehrfamilienhäuser Petersbergstr. 53–57. Foto: GAG

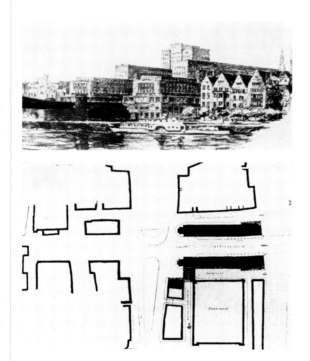

Der Wettbewerbsentwurf „Kontrapunkt I". Abb. aus: Wasmuths Monatshefte für Baukunst, 1926, S. 106

Lageplan des Wettbewerbsentwurfes „Kontrapunkt I". Abb. aus: Wasmuths Monatshefte für Baukunst, 1926, S. 106

und Fritz Hans Kreis, dem Technischen Direktor der GAG, der wohl für das städtebauliche Konzept zuständig war, ließen sich lediglich die in Wasmuths Monatsheften für Baukunst publizierten Ansichten ermitteln. Der Entwurf schied nach der zweiten Runde aus.

LITERATUR:
- Kölner Hochhaus-Carneval. In: Wasmuths Monatshefte für Baukunst, Jg. 10, 1926, S. 90–128
- Niederschrift über das Preisgericht im Wettbewerb für die Bebauung der linksrheinischen Rampe der Kölner Hängebrücke. Köln 1926

Klettenberg, Ölbergstr. 2-4 / Rhöndorfer Str. 114
Mehrfamilienhäuser
Bj.: 1925
Bh.: Gemeinnützige Aktiengesellschaft für Wohnungsbau, GAG

Die Pläne zu den drei Mehrfamilienhäusern datieren vom 8.3.1925. Zusammen mit den drei Mehrfamilienhäusern in der Petersbergstraße gehören diese zu den ersten Bauten Manfred Fabers, bei denen er um eine besondere Plastizität und eine starke Farbigkeit bemüht ist.

QUELLEN UND LITERATUR:
- HAStK 458, III-6-807
- Greven: Die Gemeinnützige Aktiengesellschaft für Wohnungsbau in Köln. In: Köln. 3. Aufl. Berlin 1926, S. 249–257 (=Deutschlands Städtebau)
- Neue Wohnbauten in den Vororten Kölns. In: Bauwarte, Jg. 2, 1926, S. 255–260

Die Mehrfamilienhäuser Ölbergstr. 2-4/Rhöndorfer Str. 114. Foto aus: Bauwarte, 1926, S. 260

Zollstock, Höninger Weg 249–259, 261–265/Walberberger Str. 5 und 6

Siedlungsbauten
Wettbewerb: 1925
Motto: „Frontmeter"
Auslober: Gemeinnützige Aktiengesellschaft für Wohnungsbau, GAG, und Gemeinnützige Baugenossenschaft e.G.m.b.H.
Bj.: 1927/28 u. 1930/31
Bh.: Gemeinnützige Aktiengesellschaft für Wohnungsbau, GAG

Die Eckbauten Höninger Weg/Walberberger Straße. Foto aus: Bauwarte, 1928, S. 321

Zu Beginn des Jahres 1925 erwarb die GAG zusammen mit der Gemeinnützigen Baugenossenschaft e.G.m.b.H. ein größeres, zwischen Vorgebirgstraße und Höninger Weg in Zollstock gelegenes Gelände, für das die Erwerber im Frühjahr 1925 unter zwölf in Köln im Siedlungsbau bewährten Architekten einen Wettbewerb zur Erlangung eines Bebauungsplanes mit Bebauungsvorschlägen ausgeschrieben hatten. Zuvor war man seitens der Veranstalter zusammen mit den eingeladenen Architekturbüros in die Niederlande, mit Schwerpunkt Amsterdam, gereist, um dort die neuesten Beispiele des damals besonders fortschrittlichen niederländischen Siedlungsbaus zu besichtigen. Bei dem im Mai 1925 entschiedenen Wettbewerb gingen die beiden 1. Preise an das Büro Riphahn & Grod, je einen 3. Preis erhielten Emil Mewes und Franz Seuffert (Mitarbeiter Heinrich Oster), während die Entwürfe von Theodor Merrill und Manfred Faber angekauft wurden. Mit der Realisierung des Gesamtbebauungsplanes und dem Bau der meisten Häuser wurde das Büro Riphahn & Grod beauftragt, während die übrigen Architekten, de-

Der farbige Entwurf von Manfred Faber. Abb. aus: Albert Gut: Der Wohnungsbau in Deutschland. München 1928

ren Entwürfe ausgezeichnet oder angekauft wurden, unterschiedlich große Abschnitte der Randbebauung im Rahmen des von Riphahn & Grod entwickelten Bebauungskonzeptes ausführen durften. Insgesamt war die für Beamte und Angestellte konzipierte Siedlung, zu der mit anderen Trägerschaften und separaten Wettbewerben noch eine Evangelische Kirche (Architekt Theodor Merrill) und eine Volksschule (Architekt Helmut

Gesamtmodell der Siedlung Zollstock mit den Häusern von Manfred Faber im Vordergrund. Foto: Archiv der GAG

Die Eckbauten Höninger Weg/Walberberger Straße.
Foto: Wolfram Hagspiel (2008)

Wirminghaus) hinzukamen, im Jahre 1931 fertiggestellt. Die Bauten von Manfred Faber sind in zwei gestalterisch deutlich unterscheidbaren Bauabschnitten entstanden. Die ersten Häuser, zu denen auch die äußerst markanten, sehr plastisch durchformten und aufwendig gestalteten Eckbauten an der Walberberger Straße gehören, entstanden 1927/28. Es handelt sich hierbei um die Häuser Walberberger Str. 5 und 6 sowie Höninger Weg 261–265. Die während der Weltwirtschaftkrise 1930/31 in zwei wesentlich schlichteren Varianten errichteten Häuser haben die Adressen Höninger Weg 249–259.

QUELLEN UND LITERATUR:
- HAStK 458, III-6-2821 u. 2822
- Deutsche Bauzeitung, Jg. 59, 1925, S. 468
- Bauwelt, Jg. 20, 1929, S. 360
- Führer durch die Ausstellung Stadt und Land. Köln 1930, S. 27
- Albert Gut: Der Wohnungsbau in Deutschland nach dem Weltkriege. München 1928
- Werner Heinen, Anne-Marie Pfeffer: Köln: Siedlungen 1888–1938. Köln 1988, S. 219–224
- Kölnische Zeitung vom 23.5.1925
- Neue Mehrfamilienhäuser der Gemeinnützigen Aktiengesellschaft für Wohnungsbau, Köln. In: Bauwarte, Jg. 4, 1928, S. 317–324
- Robert Niggemeyer: Neuere Wohnhausbauten in Köln. In: Der Neubau, Jg. 11, 1929, S. 125–144
- Stadt-Anzeiger vom 23.5.1925
- Wohnhausbauten von Architekt Manfred Faber, Köln. In: Bauwarte, Jg. 5, 1929, S. 41–48

Mülheim/Riehl
Mülheimer Brücke
Wettbewerb: 1926
Motto: „Colonia Magna"
Entwurf: Manfred Faber in Zusammenarbeit mit der Firma Hein, Lehmann & Co. A.-G. (Düsseldorf / Berlin)
Unterbauten: Wayss & Freitag A.-G. (Frankfurt)
Bh.: Stadt Köln
Preis: kein Preis

Zu dem von der Stadt Köln ausgeschriebenen engeren Wettbewerb waren elf auf den Brücken- und Stahlbau spezialisierte Firmen eingeladen, die zusammen mit Architekten insgesamt 38 Entwürfe eingereicht hatten. Bis auf Peter Behrens und Karl Wach waren es ausschließlich Kölner Architekturbüros, die eingeladen waren, so – neben Manfred Faber – Adolf Abel, Georg Falck, Jacob Koerfer, Moritz & Betten, Bruno Paul, Paul Pott mit Hans Mehrtens sowie Hans Verbeek mit Eduard Endler. Der Entwurf von Manfred Faber wurde unter der Kategorie „Bogenbrücken" zusammen mit den Entwürfen von Georg Falck und Jacob Koerfer zunächst in die engere Wahl gezogen. Die in der Deutschen Bauzeitung und der Westdeutschen Bauschau wiedergegebene Kommentierung lautet: *„Von den Bogenbrücken-Entwürfen, die nur die Hauptfahrrinne mit einem großen Bogen überbrücken und dadurch zu einem Pfeiler im Rheinbett kommen, sind die Lösungen ‚Deutschlands Strom', ‚Bogen', ‚Colonia magna' an und für sich folgerichtige und reife Arbeiten. Sie können aber nicht als vollkommene Lösungen der Aufgabe selbst angesprochen werden, weil nach Ansicht des Preisgerichts gerade bei einer Bogenbrücke nur ein das ganze Flussband zusammenfassender Überbau eine in ästhetischer Hinsicht befriedigende Lösung ergeben kann. Außerdem sprechen wirtschaftliche Gründe nicht überzeugend für die Ausführung dieser Art einer Bogenbrücke".* Gustav Lampmann, der in seinem Bericht in der Bauwelt den Entwurf von Peter Behrens lobend kommentierte, kritisierte bei Manfred Faber: *„Die in der Form von einander abweichenden Bögen beeinträchtigen die einheitliche Wirkung jeder Bogenbrücke, die den Strom nicht in einem Bogen*

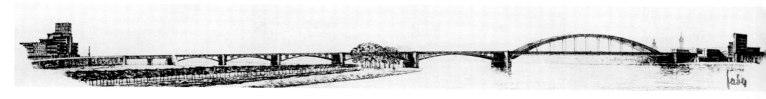

überspannt". Andererseits hebt er ihn unter den Bogenbrücken-Entwürfen wieder sehr lobend hervor: *„Der typischste Entwurf dieser Art, technisch und künstlerisch zu den am sorgsamsten durchgearbeiteten gehörend, ist der Entwurf ‚Colonia magna'* ... *Gerade infolge dieser Vorzüge zeigt er auch deutlich die Schwäche einer derartigen Anordnung. Sie liegt im Widerstreit der verschiedenen Bogenarten, die, in der Form voneinander abweichend, die Wirkung einer Bogenbrücke beeinträchtigen"*. Die Mehrheit des Preisgerichtes, das vom 10. bis 12.1.1927 getagt hatte, zeichnete den Entwurf einer Bogenbrücke von Peter Behrens mit dem Motto „Aus einem Guß" mit dem 1. Preis aus und empfahl diesen auch zur Ausführung. Diesem Urteil schlossen sich nicht der Kölner Oberbürgermeister Konrad Adenauer, der den Vorsitz des Preisgerichtes innehatte, und das Jurymitglied Paul Bonatz an, die beide den Entwurf des Leiters des Kölner Hochbauamtes und ehemaligen Assistenten von Paul Bonatz, Adolf Abel, favorisierten, der mit dem Motto „Von Ufer zu Ufer" eine Hängebrücke mit Strompfeilern vorgeschlagen hatte. Nach einer anschließend heftig in der Öffentlichkeit und Presse geführten Diskussion entschied sich im Mai 1927 die Stadtverordnetenversammlung für den Entwurf von Adolf Abel, der bis 1929 realisiert wurde.

LITERATUR:
- Der Bauingenieur, Jg. 8, 1927, H. 13-23, 39
- Die Bautechnik, Jg. 7, 1929, H. 1
- Der Streit um die Köln-Mülheimer Brücke. In: Bauwarte, Jg. 3, 1927, S. 167-169
- Brückenwettbewerb Köln-Mülheim (Vorbericht). In: Westdeutsche Bauschau, Jg. 1, 1927, H. 10/11, S. 1-6
- Der Brückenwettbewerb Köln-Mülheim. Die Entwürfe im Urteil des Preisgerichts. In: Westdeutsche Bauschau, Jg. 1, 1927, H. 13, S. 5-23
- Gustav Lampmann: Der Wettbewerb für die Köln-Mülheimer Brücke. In: Bauwelt, Jg. 18, 1927, S. 161-163
- Georg Müller: Beitrag zur Köln-Mülheimer Brückenfrage. In: Bauwelt, Jg. 18, 1927, S. 500-501
- Die neue Mülheimer Brücke. In: Bauwarte, Jg. 3, 1927, H. 3, S. 25-32
- Otto Kommerell, Wilhelm Rein: Engerer Wettbewerb um Entwürfe für eine feste Straßenbrücke über den Rhein in Köln-Mülheim. Berlin 1927

- Stadt Köln (Hg.): Neue Rheinbrücke Köln-Mülheim. Festschrift zur Eröffnungsfeier am 13. Oktober 1929. Köln 1929
- Edgar Wedepohl: Der Wettbewerb um die Köln-Mülheimer Rheinbrücke. In: Städtebau, Jg. 23, 1928, S. 124-127
- Wettbewerb Rheinbrücke Köln-Mülheim. In: Wettbewerbe. Beilage der Deutschen Bauzeitung, Jg. 61, 1927, S. 16-20

Marienburg, Unter den Ulmen 23
Villa
Bj.: 1927
Bh.: Wilhelm Schmidding (Fabrikant)

Das Haus zählte schon zur Erbauungszeit zu den ungewöhnlichsten Schöpfungen der Gegenwartsarchitektur in Köln, auffallend durch seine eigenwilligen dynamischen Formen, bei denen schon die Zeitgenossen Verbindungen zum Schiffsbau sahen. Bestimmend war das kupfergefasste dritte Geschoss mit seiner grünen Patina im Kontrast zum strahlenden Weiß des Putzes: Die Dachkante selbst ist gerundet und abgestuft; bänderartig umlaufende Profile, unterbrochen von plastisch hervortretenden Fenstern mit gerundeten Ecken, betonen die Horizontale, deren Schwung an den

oben: Gesamtansicht des Entwurfes „Colonia Magna". Abb. aus: Westdeutsche Bauschau, 1927, S. 11

Detail des Entwurfes „Colonia Magna" mit Blick vom südlichen Mülheimer Rheinufer. Abb. aus: Westdeutsche Bauschau, 1927, S. 12

Detail des Entwurfes „Colonia Magna" mit Blick auf die Altstadt von Mülheim. Abb. aus: Westdeutsche Bauschau, 1927, S. 11

oben: Südansicht der Villa Schmidding. Abb. aus Bauwarte, 1929, S. 43

rechts: Frontalansicht der Villa Schmidding von Westen. Abb. aus Bauwarte, 1929, S. 41

unten: Der nach Norden gelegene Hauseingang und die Garage. Abb. aus Bauwarte, 1929, S. 44

Stirnseiten durch den vertikalen Akzent dynamisch gestalteter Wände kontrapunktisch unterbrochen wird. Die Architektur ist eine ausgetüftelte Komposition von Kraftlinien – ein Bau des späten Expressionismus ebenso wie des „Neuen Bauens". Obwohl sich Assoziationen zur gleichzeitigen Kinoarchitektur aufdrängen – man vergleiche auch die Stützen mit denen in Poelzigs „Großem Schauspielhaus" in Berlin –, ist vieles von großer Sachlichkeit und von Funktionsüberlegungen geprägt. Wünsche des Bauherren waren es, die Atmosphäre des großen, sehr lichten Gartens möglichst weit in das Haus zu tragen und möglichst viele Terrassen zu erhalten. Als Korrespondenz zum Innern und zu den Terrassen ist auch der Garten verstanden, dessen Wegeführung einen Spaziergang von der Terrasse aus um den gesamten Gartens ermöglicht. Das meist am Abend genutzte, nach Westen orientierte Herrenzimmer hat seine überdachte Terrasse mit Blick auf die baumreiche Straße Unter den Ulmen; das Speisezimmer ist durch den fließenden Übergang in einen Wintergarten dicht in das Grün gerückt. Zentrum des Lebens im Haus ist das Musikzimmer;

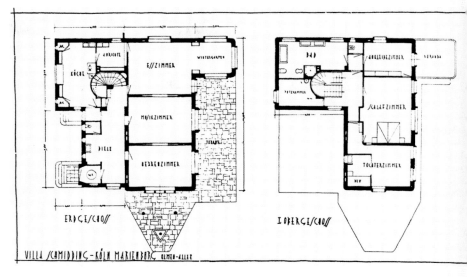

nach Norden sind Küche und Anrichte gelegt. Im Obergeschoss befinden sich Schlaf- und Ankleidezimmer, Tochterzimmer und Bad, während im Dachgeschoss dann Mädchenzimmer, ein Bad und der Trockenspeicher liegen. Das im Krieg unzerstörte Haus wurde 1954/55 im Rahmen eines Umbaus zu einem Dreifamilienhaus bis zur Unkenntlichkeit verändert.

LITERATUR:
- Auftragsbuch des Fotografen Hugo Schmölz (Privatbesitz Walde Huth-Schmölz)
- Führer durch die Ausstellung Stadt und Land. Köln 1930, S. 32–33
- Wolfram Hagspiel: Köln: Marienburg. Bauten und Architekten eines Villenvorortes. Köln 1996
- Wolfram Hagspiel: Marienburg. Ein Kölner Villenviertel und seine architektonische Entwicklung. Fotografien von Hans-Georg Esch. Köln 2007
- Stadt-Anzeiger vom 14.2.1929
- Wohnhausbauten von Architekt Manfred Faber, Köln. In: Bauwarte, Jg. 5, 1929, S. 41–48

„Westdeutsche Küche"

Wettbewerb: 1927/28
Auslober: Gemeinnützige Aktiengesellschaft für Wohnungsbau, GAG

Die in Köln und dem angrenzenden rheinischen Raum traditionelle Wohnküche war ein wesentlicher Bestandteil bei den Grundrissen im sozialen Wohnungsbau dieser Region. Angeregt durch die „Frankfurter Küche" war auch die GAG zunehmend bemüht, in ihren Siedlungen ein zweckmäßiges, den Räumlichkeiten entsprechendes typisiertes Mobiliar anzubieten. Im Rahmen eines engeren Wettbewerbs forderte die GAG deshalb Ende 1927 die für sie damals tätigen Architekten zu Entwürfen für die Einrichtung und Gestaltung einer „Westdeutsche Küche" auf. Überliefert bei diesem schlecht dokumentierten Wettbewerb ist, dass neben Manfred Faber die Architekten Viktor Franck, Fritz Fuß, Adolf Haug, Wilhelm Kamper und Helmuth Wirminghaus, Wilhelm Riphahn und Caspar Maria Grod, Josef Ruff, Otto Scheib, Hans Schumacher und Franz Seuffert. teilgenommen haben. Ob die Entwürfe auch realisiert wurden ist nicht bekannt. Ende des Jahres 1928 schrieb die GAG nochmals einen Wettbewerb aus, der diesmal die gesamte Einrichtung einer Siedlungswohnung umfasste. Ob Manfred Faber an diesem mehrfach und ausführlich publizierten Wettbewerb teilgenommen hat, ist nicht bekannt.

LITERATUR:
- Der Neubau, Jg. 10, 1928, S. 136
- Stadt-Anzeiger vom 25.2.1928

links: Der Musiksalon mit Durchblick zum Herrenzimmer. Abb. aus Bauwarte, 1929, S. 45

rechts: Grundrisse von Erd- und Obergeschoss. Abb. aus Bauwarte, 1929, S. 42

Der Wettbewerbsbeitrag „Westdeutsche Küche". Abb. aus: Stadt-Anzeiger vom 25.2.1928

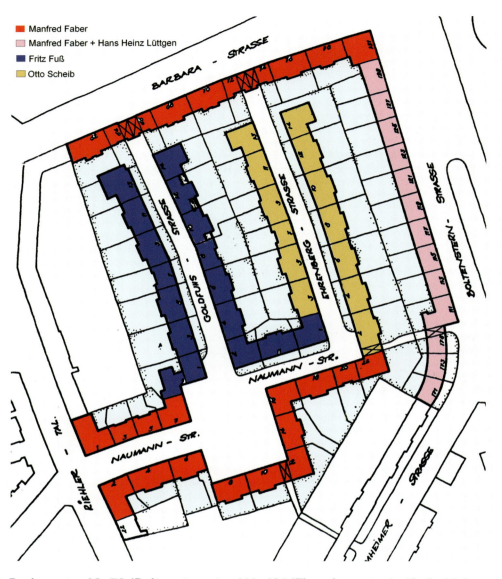

Lageplan der Riehler Siedlung mit Hervorhebung der einzelnen Architekten. Plan: Wolfram Hagspiel (unter Verwendung einer älteren Karte)

Riehl, Barbarastr. 62–78/Boltensternstr. 111–131/Ehrenbergstr. 1–13, 2–14/ Goldfußstr. 1–13, 2–14/Naumannstr. 1–11, 2–22/Stammheimer Str. 171–175
Siedlung
Bj.:   1927–30
Bh.:   Gemeinnützige Aktiengesellschaft für Wohnungsbau, GAG
Architekten: Manfred Faber: Barbarastr. 62–78 (1927/28)/Naumannstr. 1–7, 2–22 (1927–29)
Manfred Faber und Hans Heinz Lüttgen: Boltensternstr. 111–131/ Stammheimer Str. 171–175 (1928–30)
Fritz Fuß: Goldfußstr. 1–13, 2-4/Naumannstr. 9–11/Ehrenbergstr. 1 (1927–29)
Otto Scheib: Ehrenbergstr. 3–13, 2–14 (1927–29)
Bebauungsplan: Wilhelm Arntz
Gesamtentwurf: Manfred Faber
Künstlerische Oberleitung: Manfred Faber

Das Areal der heute als „Naumannviertel" und „Naumann-Siedlung" bekannten Siedlung in Riehl liegt auf dem Treibsandgebiet eines ehemaligen Rheinarmes, dessen Gelände seit der zweiten Hälfte des 19. Jahrhunderts von Ziegeleien und Kiesbaggereien genutzt wurde. Ein Teil dieses Geländes (Riehler Tal 40–52/Barbarastr. 60) war 1919–21 mit von dem Architekten Theodor Ross entworfenen Mehrfamilienhäusern des Erbbauvereins Köln e.G.m.b.H. bebaut worden, ein anderer Teil (Stammheimer Str. 135–169) 1920–22 mit Reihenhäusern der Gemeinnützigen Baugenossenschaft der städtischen Bahnangestellten, für die der Architekt Adolf Engel die Entwürfe geliefert hatte. Für den Bau der Siedlung Riehl, so der damalige Name, hatte die GAG nach Aufstellung eines detaillierten Bebauungsplanes durch das Städtebauamt unter Leitung von Wilhelm Arntz, bei dem die Straßenzüge in ihrer Breite und Höhe festgelegt waren, in den ersten Monaten des Jahres 1927 einen engeren Wettbewerb unter den Architekten Manfred Faber, Fritz Fuß und Otto Scheib ausgeschrieben. Weshalb für den Wettbewerb gerade diese drei Architekten ausgewählt wurden, wirft einige Fragen auf, weil bisher nur Manfred Faber für die GAG tätig gewesen war. Möglicherweise gehörten Fritz Fuß und Otto Scheib – wie auch Manfred Faber – zu den Teilnehmern des 1925 veranstalteten Wettbewerbs zur Siedlung Zollstock, erhielten aber im Gegensatz zu Manfred Faber und anderen Architekten keinen Preis und somit auch keinen Auftrag. Wahrscheinlicher als diese „Wiedergutmachung" einer wohlmöglichen Benachteiligung ist der baukünstlerische Aspekt, unter dem diese drei Architekten ausgewählt wurden, die allesamt nicht zu den „Bauhäuslern" gehörten, wie Wilhelm Riphahn und Caspar Maria Grod, aber auch nicht zu den Konservativen wie die meisten anderen Architekten, von denen zu jenen Jahren einige als ein Gemeinschaftswerk die „Germaniasiedlung" in Höhenberg errichteten. So zählte Manfred Faber zu dieser Zeit zu denjenigen Kölner Architekten, die zwar den Weg der Avantgarde eingeschlagen hatten, dabei aber eine sehr individuelle Handschrift bevorzugten, bei der die Plastizität der Architektur eine ebenso große Rolle spielte wie die Farbe und das Dekor. Vorbilder für ihn können möglicherweise Hans Poelzig oder Erich Mendelsohn gewesen sein. Auch Fritz Fuß ist damals mit seinen oft expressiven und vielfach stark plastischen Bauten einen sehr eigenen Weg gegangen, der gänzlich von der auf Typisierung bedachten Richtung des Bauhauses mit seiner sehr kubischen Architektur abwich. Dieser Auffassung entsprach auch der erst seit 1925 selbstständige Otto Scheib, der großes Aufsehen mit sei-

Das Siedlungsmodell vom Riehler Tal aus gesehen.
Foto: GAG

Das Siedlungsmodell von der Barbarastraße aus gesehen. Foto: GAG

Das Siedlungsmodell von der Stammheimer Straße aus gesehen. Foto: GAG

nem damals im Bau befindlichen Ruhrwachthaus in Oberhausen auf sich lenken konnte. Unter dem Gesichtspunkt individueller Baukunst erklärt sich auch die spätere Beteiligung von dem durch seine Wuppertaler Häuser Dr. Fischer und Dr. Grobel bekannt gewordene Hans Heinz Lüttgen, der zusammen mit Manfred Faber die Bauten entlang der Boltensternstraße geplant hat.

Den 1. Preis im Riehler Wettbewerb erhielt Manfred Faber, der anschließend von der GAG auch mit der Ausarbeitung des Bebauungskonzeptes beauftragt worden war. In einem zweiten Schritt wurden die im Detail noch auszuarbeitenden Häuser unter den drei Architekten aufgeteilt, wobei Manfred Faber den größten Anteil und auch die städtebaulich wichtigsten Häuser zur Realisierung erhielt. Wichtig ist zu betonen, dass sich alle Architekten dem Gesamtkonzept und der künstlerischen Oberleitung von Manfred Faber unterordnen mussten, wodurch das einheitliche

Die Bauten von Manfred Faber mit Blick vom Riehler Tal in Richtung „Naumannplatz". Foto aus: Die Bauschau, 1929, S. 56

Die von Manfred Faber entworfenen Bauten am „Naumannplatz" Platz (links die Naumannstraße in Richtung Ehrenbergstraße).
Foto: GAG

links: Rückseite der Bebauung von Manfred Faber an der Barbarastraße während der Bauzeit. Foto: GAG

rechts: Die Anwendung der Rapid-Betonbauweise an den Bauten am „Naumannplatz". Foto aus: Bauwarte, 1929, S. 78

Mitte rechts: Blick vom „Naumannplatz" mit den Bauten von Manfred Faber (ganz links) und den Eckbauten von Fritz Fuß an der Goldfußstraße. Foto: GAG

Mitte unten: Blick in die Ehrenbergstraße mit den Bauten von Otto Scheib. Foto aus: Martin Richard Möbius: Der Architekt Otto Scheib. Berlin, Leipzig, Wien 1931

Gesamtbild der Siedlung garantiert war. Von dieser Grundplanung wurde durch die Bildhauerwerkstatt von Johann Baptist Schreiner und Carl von Mering ein großes Modell gefertigt, das dann zu der Entscheidung geführt hat, die markanten Eckbauten insbesondere an der Naumannstraße durch die Erhöhung um ein Geschoss noch mehr zu exponieren. Die ersten Ausführungspläne von Manfred Faber datieren vom Juli 1927 und betreffen die zuerst realisierte Zeile entlang der Barbarastraße. Insgesamt umfasst die anfänglich überwiegend von Arbeitern, Angestellten und Handwerkern bewohnte Siedlung 68 meist als Dreispänner ausgebildete Häuser mit 631 Wohnungen von etwa 45 bis 65 Quadratmeter Größe, 13 Ladenlokale und ein von Manfred Faber entworfenes Trafohaus. Von allen bis dahin gebauten mehrgeschossigen GAG-Siedlungen zeigte sie zudem das günstigste Verhältnis von Ausnutzung und Freifläche, was weitgehend durch die konsequente Blockrandbebauung mit ihren teilweisen Erschließungen durch Tordurchfahrten gegeben war. Ein Teil der Bauten – vor allem in der Naumannstraße – wurde in dem wegen seinen raffiniert konstruierten „Rapid-Schalungen" und der Verwendung einer Spezialmischung mit Bims- und Lavarohmaterialien besonders kostengünstigen „Betonbau-Rapid-Verfahren" der Betonbau-Rapid G.m.b.H. erstellt.

Dieses Verfahren hatte zuvor auch bei einigen GAG-Bauten von Wilhelm Riphahn und Caspar Maria Grod in Bickendorf Anwendung gefunden. Als sich die meisten Häuser noch im Bau befanden, wurde in einer zweiten Planungsphase zusätzlich der Architekt Hans Heinz Lüttgen verpflichtet, der zusammen mit Manfred Faber das Konzept zu der Bebauung entlang der Boltensternstraße aufstellte. Da in diesem Bereich mehrere Häuser standen, von denen das 1892 errichtete Mehrfamilienhaus Boltensternstr. 111 zudem eine sehr gute Bausubstanz aufwies, entstand eine

KÖLNER BAUTEN MANFRED FABER

oben: Die von Manfred Faber und Hans Heinz Lüttgen entworfenen Bebauung Boltensternstraße/Stammheimer Straße im Modell. Foto: GAG

links: Die Bebauung entlang der Boltensternstraße. Foto aus: Moderne Bauformen 1932, S. 185

Die Bebauung an der Ecke Stammheimer Straße/ Boltensternstraße. Foto aus: Moderne Bauformen 1932, S. 180

Planung, die dieses Haus integrierte, während die anderen Häuser abgebrochen wurden. Erkennbar ist die Tatsache der Wiederverwendung in dem Vorspringen des kubischen Baukörpers an der Ecke zur Stammheimer Straße, in dessen rechter Hälfte sich – allerdings gestalterisch völlig in den Siedlungsbau integriert – zu großen Teilen das Mauerwerk des an der alten Bauflucht liegenden Altbaus verbirgt. Für den Übergang von diesem markanten Eckbau zu der niedrigeren Bebauung in der Stammheimer Straße existiert eine Vorplanung, die hier statt den in einem eleganten Bogen zusammengefassten Häusern einen kantig konzipierten Baukörper vorsah. Zu den von Manfred Faber und Hans Heinz Lüttgen entworfenen Häusern, die als einzige in einer Bauzeitschrift ausführlicher behandelt wurden, heißt es 1932 in der Zeitschrift Moderne Bauformen: *„Der Wohnblock ... hatte eine Lücke zwischen bestehenden Bebauungen auszufüllen. Der Reihenbau ergab sich aus den vorhandenen Anlagen rechts und links. Die Ostwestlage des Blocks begünstigte die Anordnung von Wohnräumen auf beiden Seiten. Die Wohnungen bestehen aus je einer Wohnküche mit Kochnische und zwei Schlafräumen. Küchengruppe und Bad mit W.C. liegen gemeinsam an einer offenen Laube. Wasch- und Bügelbetrieb samt Speicher liegen jeweils für 4 Wohnungen zusammen im Drempel. Die Gestaltung bedient sich der einfachsten Mittel, die Straßenfront hält trotz beträchtlicher Höhe die wünschenswerte Horizontale und macht dabei von der beruhigenden Wirkung des Drempelgeschosses Gebrauch. Die Westfronten sind lebhafter gegliedert und bewältigen durch Reihung und Regelmäßigkeit die Schwierigkeiten der Rückansichten, insbesondere der offenen Lauben. Die Außenmauern sind in Backsteingemäuer, die Fundamente in stark armiertem Beton hergestellt, da auf Triebsandboden gebaut werden*

Gartenseite der Bebauung an der Boltensternstraße. Foto aus: Moderne Bauformen 1932, S. 185

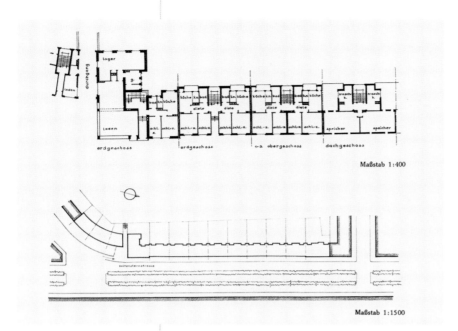

Lageplan und Grundrisse der Bebauung an der Boltensternstraße. Abb. aus: Moderne Bauformen 1932, S. 181

Das Haus Robert-Koch-Str. 59 im Jahr 1974. Foto: Wolfram Hagspiel

mußte. Die Dächer sind teils mit Falzdach, teils mit Dachpappe mit Holzschalung eingedeckt. Die Heizung erfolgt durch Einzelöfen. Der Block enthält 106 Wohnungen und 3 Läden, der Bau erfolgte in den Jahren 1928–29, die Baukosten ergaben einen Preis von rund Mk. 23,– pro cbm einschließlich sämtlicher Bauaufwendungen." Im Bewusstsein der außerordentlichen historischen und künstlerischen Bedeutung dieser Siedlung hat die GAG Immobilien AG seit 2008 begonnen, diese Siedlung nach den heutigen Anforderungen zu sanieren und entsprechend dem ursprünglichen Entwurfskonzept vorbildhaft auch im Detail – insbesondere in Hinblick auf die oft komplizierten Sprossenfenster und die starke Farbigkeit – zu rekonstruieren.

QUELLEN UND LITERATUR:
- HAStK Best. 420/2, III-6-1950-1
- HAStK Best. 420/2, III-6-2571-1
- HAStK Best. 420/2, III-6-2814
- HAStK Best. 458 III-6-2782
- HAStK 458 / 269
- HAStK 458 / 321
- Leo Adler (Hg.): Neuzeitliche Miethäuser und Siedlungen. Berlin 1931, S. 110–112 (Neuauflage mit einem Nachwort von Myra Warhaftig, Berlin 1998)
- Die Bauschau, Jg. 4, 1929, S. 54–60
- Margit Euler: Das Naumannviertel: Eine Siedlung der 20er Jahre. In: Denkmalpflege im Rheinland, Jg. 14, 1997, H. 1, S. 8–14
- Gemeinnützige Aktiengesellschaft für Wohnungsbau zu Köln 1913–1938. Köln 1938
- Werner Heinen, Anne-Marie Pfeffer: Köln: Siedlungen 1888–1938. Köln 1988, S. 232–236
- Kaiser: Die Rapid-Betonbauweise. In: Bauamt und Gemeindebau, Jg. 12, 1930, S. 64
- Kölnische Rundschau vom 4.12.2008
- Hans Heinz Lüttgen: Berlin, Leipzig 1932 (= Neue Werkkunst)
- Reinhold Mißelbeck: Werner Mantz. Architekturphotographie in Köln 1926–1932. Ausst.-Kat. Museum Ludwig Köln 1982, S. 68, 93–94
- Reinhold Mißelbeck, Wolfram Hagspiel: Werner Mantz. Vision vom Neuen Köln. Köln 2000
- Martin Richard Möbius: Der Architekt Otto Scheib. Berlin, Leipzig, Wien 1931 (=Neue Werkkunst)
- Moderne Bauformen, Jg. 31, 1932, S. 180–181, 185
- Adolf Muesmann: Die Bauweise der Beton-Rapid G.m.b.H., Köln. In: Stein Holz Eisen, 1929, S. 188–192
- Rationalisierung durch Betonbau II. In: Bauwarte, Jg. 5, 1929, S. 75–78
- Rheinische Städte III Von Mainz bis Emmerich. In: Bauwarte, Jg. 5, 1929, S. 201–204
- Helmut Signon: Großstadt in der Großstadt. 50 Jahre GAG in Köln. Köln 1963
- Westdeutsche Bauzeitung, Jg. 11, 1928, H. 31, S. 12 (Bautennachweis Trafohaus)

Lindenthal, Robert-Koch-Str. 55–59
Einfamilienhäusergruppe
Bj.: 1928/29 u. 1934/35
Bh.: (55) Max Schweizer (Dipl.-Kaufmann, Fabrikdirektor)
(57) Dr. Karl Eckermann (Oberstudiendirektor)
(59) Dr. Lambertus Büsch (?)

Die aus drei Einfamilienhäusern bestehende Reihenhauszeile, die gestalterisch wie ein großes Haus wirkt, wurde begonnen mit den beiden Häusern Robert-Koch-Str. 55 und 57. Das linke Haus mit der

Adresse Robert-Koch-Str. 59 entstand dagegen 1934/35, wurde aber erst am 10.5.1936 bezogen. Ganz offensichtlich wurde auch für dieses Haus ein Entwurf von Manfred Faber verwendet, der in seiner Modernität gegenüber dem Pendant Robert-Koch-Str. 55 allerdings sehr zurückgenommen wurde. Ob Manfred Faber in diesem Fall noch als Architekt auftreten konnte oder ob ein anderer Architekt unter Verwendung Fabers Entwurfes die Realisierung vorgenommen hat, bleibt offen. 1936 wird dieses Haus als unbewohnt im Adressbuch vermerkt, während 1938 als Eigentümer der Sanitätsrat Dr. Lambertus Büsch eingetragen ist. Möglicherweise ist der ursprüngliche Auftraggeber des Hauses nicht identisch mit dem späteren Eigentümer. Alle Eigentümer bewohnten die Häuser auch in der Nachkriegszeit.

LITERATUR:
- HAStK Best. 485/825
- Auftragsbuch des Fotografen Hugo Schmölz (Privatbesitz Walde Huth-Schmölz)
- Führer durch die Ausstellung Stadt und Land. Köln 1930, S. 32–33 (Nr. 55 u. 57)
- Westdeutsche Bauzeitung, Jg. 11, 1928, H. 34, S. 13 (Bautennachweis)

Altstadt, Neumarkt 3
Umbau und Erweiterung Kunstauktionshaus Mathias Lempertz
Bj.: 1933/34
Bh.: Hans und Josef Hanstein (Kunsthändler)

Im Jahre 1917 erwarben die Kunsthändler Hans und Josef Hanstein das zuletzt der Witwe des Schriftstellers Dr. jur. Johannes Fastenrath gehörende, im Jahre 1841 von dem Architekten Josef Felten gebaute Haus am Neumarkt und verlagerten hierhin das bis dahin im Haus Domhof ansässige Kunstauktionshaus mit Buchhandlung und Antiquariat „Mathias Lempertz". Mit den wohl bald nach dem Erwerb des Hauses begonnenen Sanierungs- und Innenausbaumaßnahmen war offensichtlich von Anfang an Manfred Faber beauftragt worden, dessen künstlerisches Talent bei den Bauherren und insbesondere bei Frau Wilhelmine Hanstein allergrößte Begeisterung hervorrief. Daraus entwickelte sich bald eine enge Freundschaft und eine rund zwanzigjährige Tätigkeit von Manfred Faber für die Familie Hanstein. Durch welche Kontakte Manfred Faber den ersten Auftrag bei der Familie Hanstein erhalten

links: Die Häuserzeile Robert-Koch-Str. 55–59 im Mai 1958. Foto: Privatbesitz

rechts: Der von Manfred Faber entworfene Erweiterungsbau (siehe Pfeil) des Kunsthauses Lempertz auf einer Luftaufnahme von 1937. Foto aus: Henriette Meynen, Werner Schäfke: Köln im Flug durch die Zeit. Köln 2008

Ansicht des Kunsthauses Lempertz um 1940. Foto: Privatbesitz

hat, ist nicht bekannt. Möglich ist, dass dieser Kontakt über Dr. Heinrich G. Lempertz, dem Leiter der Firma J. M. Heberle (H. Lempertz' Söhne) G.m.b.H. entstanden war, dessen Kunsthaus am Friesenplatz im Jahre 1908 durch den Architekten Hermann Eberhard Pflaume umgebaut worden war. Zwischen Hermann Eberhard Pflaume und Manfred Faber hat es offensichtlich eine enge freundschaftliche Verbindung gegeben, denn nach dessen Tod im Jahre 1921 führte Manfred Faber dessen Büro bis zum Frühjahr 1926 unter dessen Namen weiter. Bauliche Maßnahmen am Haus Neumarkt 3 waren im Jahre 1923 (laut Kataster um 1927) die Errichtung eines Ausstellungs- und Auktionssaales in dem hinter dem Haus gelegenen Garten sowie 1933/34 der Umbau und die Erweiterung der aus dem späten 19. Jahrhundert stammenden Remise zu einem viergeschossigen Ausstellungs- und Lagergebäude. Die Ausführung dieses in seiner Gestaltung höchst modernen Gebäudes lag in den Händen der Bauunternehmung Robert Perthel. Ob Manfred Faber auch an dem Entwurf der neuen Fassaden zu Cäcilienstraße beteiligt gewesen war, die im Rahmen des Baues der Ost-West-Achse und den damit verbundenen Abbrüchen von zwei Häusern am Neumarkt notwendig geworden waren, ist zu vermuten, aber nicht belegt. Offiziell wurde diese im Jahre 1940 realisierte Baumaßnahme alleine von dem Architekten Peter Baumann durchgeführt.

QUELLEN UND LITERATUR:
- Freundliche Mitteilungen von Herrn Prof. Henrik Hanstein
- Festschrift Kunsthaus Lempertz 1845–1952. Köln 1952
- Westdeutscher Beobachter vom 17.11.1940
- Archiv Robert Perthel

Ehrenfeld, Terrassenweg 24
Dreifamilienhaus
Bj.: 1935
Bh.: Manfred Faber

Das Haus ist Teil der Künstlerkolonie Terrassenweg, deren erste Häuser von der GAG für die Wohnungsbaugenossenschaft „Künstlerkolonie" e.G.m.b.H. gebaut wurden. Diese Genossenschaft wurde 1926 von 15 Kölner Architekten, Malern und Bildhauern mit dem Zweck gegründet, durch den Bau von Eigenheimen in Siedlungsform, denen Ateliers angegliedert waren, für sich bessere Arbeitsmöglichkeiten zu schaffen. Den Vorsitz im Verein hatten der Architekt Georg Rödel, der Bildhauer Hans Schmitz und der Glasmaler Joseph Scheuer. Gebaut wurden die ersten Häuser, Terrassenweg 2–22, im Jahre 1929 nach den Entwürfen des Architekten Helmuth Wirminghaus (Paul Joseph Cremers: Helmuth Wirminghaus. Berlin, Leipzig, Wien 1930). 1930 wohnten in diesen Häusern neben einigen Nicht-Künstlern unter anderem die Architekten Manfred Faber (Terrassenweg 6),

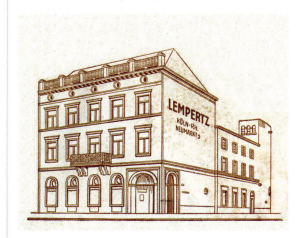

Werbevignette des Kunsthauses Lempertz von etwa 1940. Abb.: Privatbesitz

Fritz Fuß und Eugen Schilling, die Kunstmalerin Flora Jöhlinger, der Musikprofessor Eladio Chao und seine Ehefrau, die Opernsängerin Charlotte Chao-Dahmen, sowie der Bildhauer Wilhelm Albermann. Die Häuserzeile Terrassenweg 2–22 stieß an die 1924/24 von dem Architekten und Immobilienmakler Josef Sürth errichtete Wohnbaracke Terrassenweg 24, die im Jahre 1934 im Rahmen des Verkaufs und der Neubebauung abgebrochen wurde. Von Josef Sürth hatte Manfred Faber auch das Grundstück erworben und anschließend mit einem neuen, sich strukturell den Bauten der Künstlerkolonie anpassenden Wohnhaus bebaut.

Der Bauantrag wurde am 21.1.1935 und mit Änderungen am 5.8.1935 genehmigt. Baubeginn war am 18.5.1935. Die Rohbauabnahme erfolgte am 12.7.1935 und die Gebrauchsabnahme am 4.10.1935. Vorder- und Rückfront des Hauses waren mit Trierer Kalkputz und der Erker mit weißem Edelputz versehen, während der Souterrainbereich mit gefugter Ziegelverblendung ausgeführt war. Das Dach besaß eine Eindeckung mit grauen Rheinlandziegeln. Der Boden des kleinen Vorhofes war mit Grasplatten-Belag versehen. Im Hausflur gab es einen Plattenbelag, Wandplatten und eine in Terrazzo ausgeführte Treppe mit Eisengeländer. Das „hochherrschaftlich" konzipierte Haus besaß ein Kellergeschoss, ein Sockelgeschoss beziehungsweise Souterrain mit zwei Aktenräumen, zwei Atelierräumen, einem Bad mit Klosett, einer kleinen Kochküche, einem Flur und einem Heizkeller. In den beiden Obergeschossen und dem Dach befanden sich jeweils eine Wohnung. Die Wohnung im Hochparterre hatte vier Zimmer, Küche, Diele und Bad sowie drei Terrassen und einen Zugang zum Garten, die darüberliegende, weitgehend identische Wohnung besaß an Stelle der Terrassen einen Balkon, während die Dachwoh-

oben: Die von Helmuth Wirminghaus entworfenen Künstlerhäuser am Terrassenweg. Foto aus: Paul Joseph Cremers: Helmuth Wirminghaus. Berlin, Leipzig, Wien 1930

Mitte: Blick von der Terrasse des damals von Manfred Faber angemieteten Hauses Terrassenweg 6. Foto aus: Paul Joseph Cremers: Helmuth Wirminghaus. Berlin, Leipzig, Wien 1930

unten: Das von Manfred Faber entworfene Privathaus Terrassenweg 24 kurz nach der Fertigstellung. Foto: Hugo Schmölz (Archiv Wim Cox)

Erdgeschossgrundriss des Hauses Terrassenweg 24. Abb.: Privatbesitz

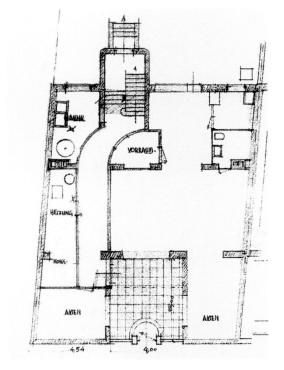

rechte Seite oben: Das barocke Haus Sternengasse 95 vor dem Ersten Weltkrieg. Foto: Privatbesitz

rechts: Antrag Manfred Fabers zum Abbruch von späteren Anbauten des Hauses Sternengasse 95 vom 28.9.1934. Abb.: HAStK Best. 721, Nr. 1551

nung nur drei Zimmer und kein Bad hatte. Konzipiert – und anfänglich wohl auch so genutzt – hatte Manfred Faber das Haus mit einem Souterrain, in dem sein Büro untergebracht war, und einer großen für ihn bestimmten Wohnung im Hochparterre. Vermutlich musste er wenige Monate nach Einzug die Hauptwohnung aufgeben und sich in seinem Büro einen Wohnbereich einrichten. 1936 wohnten neben Manfred Faber in dem Haus der Anstreicher Wilhelm Prinz, der Makler Dr. Karl Reinhardt und der Dipl.-Ing. und Baurat i.R. Karl Schmitz. 1938 war die Wohnung von Dr. Karl Reinhardt von dem Oberpostinspektor Karl Körber bezogen worden. Im Adressbuch von 1941/42 ist Manfred Faber als Eigentümer und Bewohner verzeichnet. Mit ihm wohnen im Haus der Lagerist (jetzt o.G.) Leo Israel Abraham, der Angestellte Erich Bahr, der kaufmännische Angestellte Bruno Sierigk, der Baurat a.D. Karl Schmitz und der Werbeberater Hans Zieger. Ferner befindet sich im Haus das Büro der Werbeberatung Dr. Fritz Enders und Hans Zieger.

Das Haus Terrassenweg 24 und sein Bauherr Manfred Faber werfen eine Vielzahl von Fragen auf, die wohl kaum zu klären sind. Wieso war es Manfred Faber als Juden noch im Jahre 1935 möglich, ein so großes Haus zu bauen? Weshalb investierte er in diese Immobilie und weshalb emigrierte er nicht? Weshalb ist im Eigentümerverzeichnis 1941/42 bei seinem Namen nicht der damals obligate Name Israel beigefügt? Verkauft wurde das später zwangsenteignete Haus am 28.8.1942 an einen der Mieter, also zu einem Zeitpunkt, als Manfred Faber schon nach Theresienstadt deportiert war. Nach dem Krieg wurde das Grundstück mit der Ruine des im Oktober 1944 völlig zerstörten Hauses im Rahmen der Wiedergutmachung an die Schwester Manfred Fabers übertragen, die als einzige der Familie den Holocaust überlebt hatte. Diese veräußerte ihr Erbe dann weiter an die Stadt Köln. Die Straße Terrassenweg wurde Mitte der 1960er Jahre aufgegeben und das Areal als Friedhofsland dem Friedhof Melaten zugeteilt

QUELLEN UND LITERATUR:
- HAStK Best. 485 Nr. 948
- Westdeutscher Beobachter vom 3.2.1935 (Bautennachweis)

Altstadt, Sternengasse 95
Umbau
Bj.: 1935/36
Bh.: Wilhelmine Hanstein

Das um 1780 für den Kölner Ratsherrn Theodor Schweinem errichtete Haus „Zum Hirsch" zählte vor dem Zweiten Weltkrieg zu den noch wenigen weitgehend original erhalten spätbarocken Stadtpalais in Köln. Nach dem Tod des Auktionators und Möbelhändlers Anton Grewe ging das wirtschaftlich sich in keinster Weise mehr tragende Haus in das Eigentum seiner Tochter über, die dieses unter Denkmalschutz stehende Architekturjuwel der Stadt Köln zu einem geringen Preis zum Kauf anbot. Da seitens der Stadt kein Interesse am Erwerb dieser Immobilie bestand, beauftragte sie den mit der Familie befreundeten Architekten Manfred Faber, zunächst einen Abbruchantrag für die baufälligen Gebäude hinter dem alten Palais einzureichen. In diesem am 28.9.1934 eingereichten Antrag wird ausdrücklich erwähnt, dass das unter Denkmalschutz stehende Gebäude vorläufig erhalten bleiben soll, *„bis entschieden ist, ob das*

Gebäude in irgend einer Form noch nutzbringend verwertet werden kann". Tatsächlich wurden Ende 1935 bis spätestens Juli 1936 auf den kurz zuvor geteilten Grundstücken Sternengasse 95 und 95a zwei Wohn- und Geschäftshäuser errichtet. Bauherrin war Wilhelmine Hanstein, geb. von Grewe, die Ehefrau des Kunsthändlers und Auktionators Josef Hanstein, der Inhaber des Kunstauktionshauses Lempertz war. Da der Bautennachweis vom 19.7.1936 lediglich eine Umbaumaßnahme durch Manfred Faber vermerkt, bei der es sich sehr wahrscheinlich um eine nachgereichte Planungsänderung handelt, ist davon auszugehen, dass die planerisch und bildlich nicht überlieferten, im Krieg gänzlich zerstörten Neubauten ebenfalls von ihm entworfen worden sind.

QUELLEN UND LITERATUR:
- Freundliche Mitteilungen von Herrn Prof. Henrik Hanstein
- HAStK Best. 721, Nr. 1551
- Stadt-Anzeiger vom 5.2.1935
- Westdeutscher Beobachter vom 19.7.1936 (Bautennachweis)

Altstadt, Thieboldsgasse 111
Umbau
Bj.: 1937
Bh.: Wilhelmine Hanstein

Über die Umbaumaßnahme in dem gründerzeitlichen Wohn- und Geschäftshaus sind keine Informationen vorhanden.

LITERATUR:
- Westdeutscher Beobachter vom ? 1937 (Bautennachweis)

AUSWÄRTIGE BAUTEN

Grevenbroich, Aluminiumstraße
Erftwerk
Bj.: 1916/17
Bh.: Erftwerk Aktien-Gesellschaft in Grevenbroich
Technische Planung: Ferdinand Ostmann
Architektonische Planung: Manfred Faber

Angesichts des kriegsbedingten Mangels an Aluminium erfolgte Mitte des Jahres 1916 die Bildung besonderer Aluminiumgesellschaften, so der vom Deutschen Reich, der Firma Gebr. Giulini in Ludwigshafen und der Rheinisch-Westfälischen Elektrizitätswerks A.-G. in Essen gegründeten Erftwerk Aktien-Gesellschaft, deren erste größere Anlage das Erftwerk war. Schon Ende Juli 1916 stand das Bauprogramm fest, so dass mit dem Ankauf der Grundstücke begonnen werden konnte, die bis dahin überwiegend einer an der Bahnstrecke Mönchengladbach/Köln und der Kölner Landstraße gelegenen Ziegelei in Allrath und dann zum „Gut Herkenbusch" gehörten. Am 22.8.1916 war die Grundsteinlegung und am 20.12.1917 die Betriebseinweihung. Die technische Gesamtplanung und die Bauleitung der Fabrikanlage einschließlich der Bahnanlagen, Straßen sowie Be- und Entwässerungssysteme lag in den Händen der in Essen ansässigen, unter der Leitung von Ferdinand Ostmann stehenden Bauabteilung der Rheinisch-Westfälischen Elektrizitätswerks A.-G., die dann – den offensichtlich ihnen bekannten – Manfred Faber mit der baukünstlerischen Durchgestaltung und den Entwürfen nichttechnischer Bauten beauftragte. Die Fabrikanlage, die im September 1918 ihre volle Kapazität erreicht hatte, bestand im Jahre 1921 unter anderem aus einer Umformeranlage zur Umformung von Drehstrom in niedergespannten Gleichstrom (einschließlich einer 100.000–Volt-Anlage, einem Blitzgebäude und einem Kühler), einer elektrolytischen Anlage (Ofenhalle) zur Erzeugung des Aluminiums (einschließlich der Exhaustorenhalle), einem Schaumofengebäude, einer Elektrodenfabrik, einer Teerdestillationsanlage, einem Lagerhaus für Petrolkoks (nebst offener Verbindungshalle), einer Gießerei, einem Lagerhaus für Gießereikoks, einem Werkstattgebäude, einem Magazin zur Aufbewahrung der Rohmaterialien, einer Siloanlage für die calcin. Tonerde, einer Gleisanlage, einer Wasserversorgungsanlage,

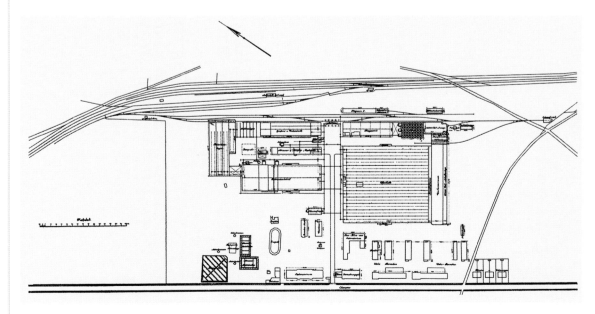

Lageplan des Erftwerks.
Abb. aus: Ostmann, 1921, S. 173

AUSWÄRTIGE BAUTEN   MANFRED FABER

Das Laborgebäude.
Foto: Wolfram Hagspiel
(2009)

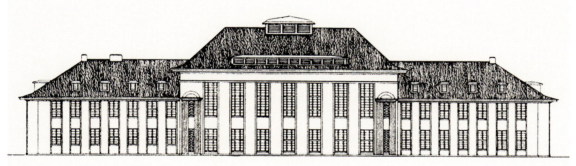

Ansichtszeichnung des
Laborgebäudes. Abb. aus:
Ostmann, 1921, S. 177

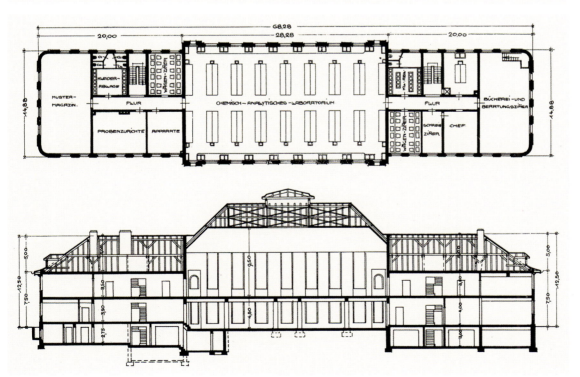

Grundriss Obergeschoss und
Längsschnitt des Laborgebäudes. Abb. aus: Ostmann,
1921, S. 176

Blick auf das Werkgelände. Links das Laborgebäude. Dahinter die nach 1945 in Angleichung an die von Manfred Faber entworfene Elektrodenfabrik entstandenen Werkhallen. Foto: Wolfram Hagspiel (2009)

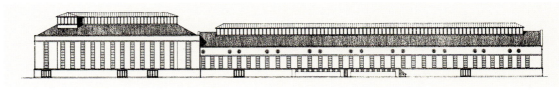

Ansichtszeichnung der Elektrodenfabrik. Abb. aus: Ostmann, 1921, S. 163

Ansicht Elektrodenfabrik. Foto aus: Ostmann, 1921, S. 164

Ansicht von Ofenhalle und Umformerhaus. Foto aus: Ostmann, 1921, S. 151

Nord- und Ostfassade des Umformerhauses. Abb. aus: Ostmann, 1921, S. 153

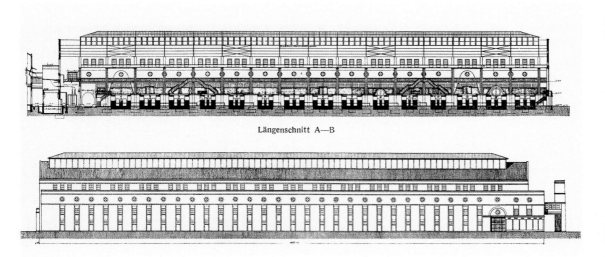

Längsschnitt und Ostansicht des Umformerhauses. Abb. aus: Ostmann, 1921, S. 153

Umformerhaus, 100.000-Volt-Anlage, Blitzschutzanlage; davor Kühler und Brunnenhaus. Foto aus: Ostmann, 1921, S. 160

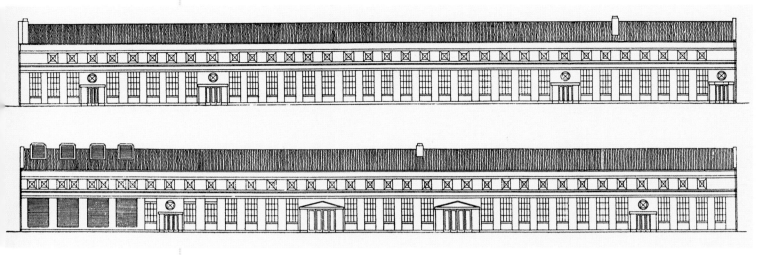

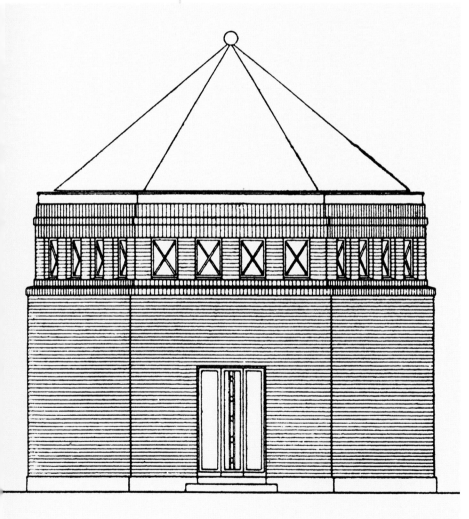

einem Wirtschaftsgebäude, einer Arbeiter-An- und Auskleidebaracke, einer Entwässerungsanlage, einem Verwaltungsgebäude und einem Laborgebäude. Die Stromversorgung erfolgte von den Kraftwerken der Rheinisch-Westfälischen Elektrizitätswerks A.-G., dem Goldenberg-Werk in Hürth und dem Werk in Düsseldorf-Reisholz. Bei den Entwürfen Manfred Fabers fällt besonders in den Zeichnungen der strenge Klassizismus auf, der in vieler Hinsicht an Bauten von Peter Behrens, aber auch von Josef Hoffmann, insbesondere dessen „Österreichisches Haus" auf der Kölner Werkbund-Ausstellung von 1914, erinnert. Bei dem ebenfalls sehr streng gegliederten Laborgebäude sind die gerundeten Eckausbildungen völlig zeituntypisch, so dass man fast geneigt ist, diesen Bau über zehn Jahre später zu datieren. Das im Zweiten Weltkrieg nur geringfügig beschädigte Werk ist trotz späterer Ergänzungen und Umbauten ein für heutige Zeiten sehr seltenes Beispiel

AUSWÄRTIGE BAUTEN   MANFRED FABER

historischer Industriearchitektur von außerordentlicher baukünstlerischer Qualität.

LITERATUR:
- F. Ostmann: Die Neubauten der Erftwerk Aktien-Gesellschaft in Grevenbroich. In: Der Industriebau, Jg. 12, 1921, S. 151–178
- Deutsche Bauzeitung. Mitteilungen über Zement, Beton- und Eisenbetonbau, Jg. 16, 1919, S. 37–39, 41–45, 53–54, 56–57

oben: Zeichnung Manfred Fabers zur Siloanlage für Tonerde (7500 cbm). Abb. aus: Deutsche Bauzeitung, 1919, S. 44

links: Blick ins Umformerhaus. Foto aus: Ostmann, 1921, S. 154

linke Seite oben: Werkstattgebäude. Abb. aus: Ostmann, 1921, S. 171

links: Brunnenhaus. Abb. aus: Ostmann, 1921, S. 174

rechts: Ostansicht der 100.000-Volt-Anlage. Abb. aus: Ostmann, 1921, S. 157

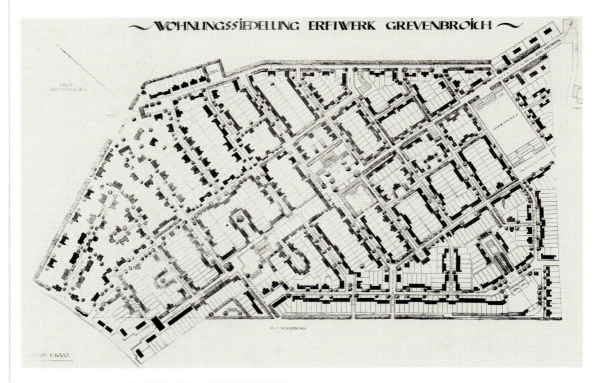

rechts: Lageplan der von Manfred Faber projektierten Wohnsiedlung Erftwerk. Abb.: RBA

Mitte: Blick auf die im Bau befindliche Siedlung. Foto aus: Ostmann, 1921, S. 178

unten: Doppeleinfamilienhäuser für Beamte in der Wöhlerstraße. Foto aus: Ostmann, 1921, S. 178

ganz unten: Doppeleinfamilienhäuser für Beamte in der Wöhlerstraße. Foto: Wolfram Hagspiel (2009)

rechte Seite: oben links: Doppeleinfamilienhäuser für Beamte in der Wöhlerstraße. Foto: Wolfram Hagspiel (2009)

rechts: Doppeleinfamilienhaus für Oberbeamte. Foto aus: Ostmann, 1921, S. 178

Mitte links: Doppeleinfamilienhaus für Beamte in der Von-der-Porten-Straße. Foto aus: Ostmann, 1921, S. 178

Mitte rechts: Doppeleinfamilienhaus für Beamte in der Von-der-Porten-Straße. Foto: Wolfram Hagspiel (2009)

unten links: Blick in die Von-der-Porten-Straße. Foto: Wolfram Hagspiel (2009)

unten rechts: Doppeleinfamilienhaus für Meister und Vorarbeiter in der Von-der-Porten-Straße. Foto: Wolfram Hagspiel (2009)

Grevenbroich, Wöhlerstraße/ Von-der-Porten-Straße/ Gustav-Lück-Straße
Wohnsiedlung Erftwerk
Bj.: 1919–21
Bh.: Erftwerk Aktien-Gesellschaft

Im Rahmen der Errichtung des Erftwerks entstanden für die Arbeiter, Angestellten und Beamten zunächst auf dem Werkgelände Wohnbaracken und seitlich an der Aluminiumstraße drei heute nicht mehr existierende Meister-Doppelhäuser. Wohl gleichzeitig mit der Fabrikanlage war eine große Siedlung mit insgesamt 900 Wohnungen konzipiert, mit deren Bau jedoch erst 1919 begonnen werden konnte. Wegen der stark angestiegenen Baupreise während der Projektbearbeitung wurden jedoch schon 1921 die Arbeiten hierzu eingestellt und die Fertigstellung der Siedlung auf einen unbestimmten Zeitpunkt verschoben. Realisiert wurden von dieser ersten Planungsphase insgesamt 31 Einfamilienhäuser und 36 Mietwohnungen in der Wöhlerstraße (für Oberbeamte, Beamte und Obermeister), der Von-der-Porten-Straße (für Meister, Vorarbeiter und Facharbeiter und

teilweise Mietwohnungen) und der Gustav-Lück-Straße (Mietwohnungen). Heute bilden die weitgehend noch gut erhaltenen Wohnhäuser von Manfred Faber, die an seine wenig später geplanten Kölner Wohnhäuser in der Märchen- und der Professorensiedlung erinnern, die Kernzelle des Grevenbroicher Stadtteils Südstadt.

LITERATUR:
- F. Ostmann: Die Neubauten der Erftwerk Aktien-Gesellschaft in Grevenbroich. In: Der Industriebau, Jg. 12, 1921, S. 151–178

Die Villa Dr. Karl Klute um 1993. Foto aus: Jost Schäfer, 1994

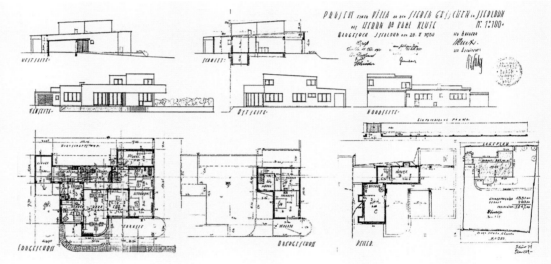

Bauplan der Villa Dr. Karl Klute. Abb. aus: Jost Schäfer, 1994

Iserlohn, An den Sieben Gäßchen 9
Villa Dr. Karl Klute
Bj.: 1930
Bh.: Dr. Karl Klute

Die Pläne zu der höchst eleganten, stromlinienförmig akzentuierten Villa datieren vom 20.2.1930. Laut Baubeschreibung wurde das aufgehende Mauerwerk mit Schwemmsteinen errichtet und mit einem Edelputz versehen. Die Eindeckung der Dächer erfolgte mit teerfreier Pappe auf Schalung. Gegenüber der Ursprungsplanung wurde auf die Neigung der Dächer verzichtet und der Baukörper an der West- und der Ostseite jeweils um eine Achse kürzer ausgeführt. Markant an der fließend in die Gartenlandschaft eingebundenen Architektur sind die hohe, in einem über die Bauflucht reichenden Rund endende Terrassenüberdachung und die über einem Kreissegment entwickelte Wohnraumverglasung, vor die ein horizontal betontes, dekorativ gestaltetes Gitter gesetzt ist. Kontrapunktisch zu diesen dynamischen, offensichtlich von Bauten Erich Mendelsohns und Karl Schneiders inspirierten Elementen steht der vertikale Akzent des zweigeschossigen Hausflügels.

LITERATUR:
- Auftragsbuch des Fotografen Hugo Schmölz (Privatbesitz Walde Huth-Schmölz)
- Jost Schäfer: Neues Bauen in Westfalen – Wohnhäuser der 20er Jahre. In: Westfalen, Bd. 72, 1994, S. 489–51

Bergisch Gladbach-Frankenforst, Buchenallee 16
Villa
Bj.: 1931
Bh.: Manfred Faber

LITERATUR:
- Auftragsbuch des Fotografen Hugo Schmölz (Privatbesitz Walde Huth-Schmölz)
- Stadt-Anzeiger vom 11.10.1931, 24.10.1931 (Werbung)

Das heute stark veränderte Haus Buchenallee 16
Foto: Wolfram Hagspiel (2009)

Die im Jahr 1908 von dem Kölner Architekten Jean Klein mitinitiierte und im Kernbereich vor dem Ersten Weltkrieg bebaute „Waldhaus-Villen-Kolonie Frankenforst" zählte vor allem seit dem Anschluss an die elektrische Vorortbahn im Jahr 1913 zu den begehrtesten der exklusiven Wohngebiete in der Peripherie Kölns, in dem viele wohlhabende Kölner ihren Sommerwohnsitz zu haben pflegten. Das von Manfred Faber geplante, auf eigene Rechnung gebaute und als Verkaufs- beziehungsweise Vermietobjekt gedachte, mitten in den alten Waldbestand hineingesetzte Einfamilienhaus in der Buchenallee kann zu den qualitätsvollsten Beispielen des „Neuen Bauens" in den Rheinlanden gezählt werden, vergleichbar mit den Villen Hans Schumachers in Rodenkirchen, der Villa Dr. Viktor Loewenwarter in Lindenthal, den Villen von Hans Walter Reitz in der Heinestraße und in der „Gartenstadt Stadion" in Junkersdorf oder der Villa Hugo Wolff von Ulrich Pohl in der Gyrhofstraße. Manfred Faber bezeichnete es in seinen Verkaufsinseraten als „*hervorragend schönes und neuzeitlich praktisches neuerbautes Einfamilienhaus mit Garten ... Die Villa ist auf das modernste ausgestattet mit allen Bequemlichkeiten, wie Gas, Elektrizität, Warmwasserleitung, Zentralheizung usw. versehen. Sie enthält 5 Wohn- und Schlafräume sowie Bad, Diele, Küche, Waschküche, Vorratsraum und heizbare Garage*". Nähere Informationen konnte man bei Manfred Faber selbst erhalten oder bei dem in der Villa Waldgürtel 40 wohnenden Kaufmann Cäsar Tensfeldt, der in Köln Mitinhaber der Kurzwarengroßhandlung „Engros-Haus Tensfeldt & Wolff G.m.b.H." und Geschäftsführer des Kaufhauses Carl Peters war. Erworben wurde das Haus von dem Dipl.-Ing. Hans Beck. In der jüngsten Vergangenheit wurde das Haus bis zur Unkenntlichkeit in heimattümelnder Fachwerkmanier umgebaut und aufgestockt.

Inserat Manfred Fabers zum Verkauf beziehungsweise zur Vermietung des Hauses Buchenallee 16. Abb. aus: Stadt-Anzeiger vom 11.10.1931

BIOGRAPHIE GEORG FALCK

GEORG FALCK

Architekt
geb. 10.8.1878 in Landeck/Kreis Schlochau/
Westpreußen, gest. 22.5.1947 in New York

Georg Falck um 1910 (?).
Foto: Privatbesitz Ruth
Scully-Falck

Geboren wurde Georg Falck am 10.8.1878 in dem damals knapp 1000 Einwohner zählenden westpreußischen Landeck als Sohn des wohlhabenden Färbers und Kaufmanns Julius Falck und der Rosa Falck, geb. Baruch, die beide 1908 in Berlin-Charlottenburg und 1914 in Berlin-Wilmersdorf wohnten.[1] Einer der Brüder von Georg Falck war der in Fachkreisen weltbekannte Forstwissenschaftler und Mykologe Prof. Dr. Richard Falck (geb. 7.5.1873 in Landeck, gest. 1.1.1955 in Atlanta).[2] Ein anderer Bruder war der Apotheker und Mykologe Eduard Falck (geb. 15.8.1880 in Landeck, gest. 5.7.1944 in Auschwitz), der in den Jahren um den Ersten Weltkrieg für einige Zeit in Köln lebte, bevor er dann nach Saarbrücken verzog. Wo Georg Falck vor seiner Kölner Zeit gelebt hat und an welcher Hochschule er ausgebildet wurde bleibt völlig offen. Laut der Tochter seines Freundes Emil Frohnert hatte er mit diesem zusammen an der Baugewerkschule in Berlin studiert, während er laut Aussagen seiner beiden Töchter irgendwo in einer norddeutschen Stadt wohnhaft und dort in verschiedenen Architekturbüros tätig gewesen war. Für ein zumindest zeitweises Wirken in Berlin spricht der enge Kontakt zu dem in Berlin aufgewachsenen Emil Frohnert, doch Belege hierfür gibt es nicht. Kurz nachdem der in einer streng jüdischen Familie aufgewachsene Georg Falck am 1.7.1907 in Köln sein Architekturbüro eröffnet hatte, lernte er hier seine spätere, nichtjüdische Ehefrau Else beziehungsweise Elisabeth (geb. 7.9.1887 in Köln-Deutz, gest. 24.3.1951 in New York) kennen, die Tochter des in Köln-Deutz wohnhaften Postbeamten Peter Vogel und seiner Ehefrau Mathilde. Aus dieser Ehe gingen drei Kinder hervor, der Sohn Julius Rudolf (geb. 29.4.1920 in Köln, gefallen am 26.9.1944 in Oosterbeek) und die beiden Zwillingstöchter Ruth (geb. 14.2.1922 in Köln), die in den USA Peter Scully, und Ellen (geb. 14.2.1922 in Köln), die in den USA William Castle[3] (ehemals William Schloss) heiratete.

Von Anfang an präsentierte sich Georg Falck in Köln als ein nicht nur höchst talentierter und auf allen Gebieten der Baukunst sehr vielseitiger und produktiver Architekt, sondern auch als ein begnadeter Kaufmann und Unternehmer, der es verstand, große Projekte in eigener Regie hochzuziehen und zu vermarkten. Dieses geschah in

linke Seite: Else und Georg
Falck während der Jahre des
Ersten Weltkriegs. Foto:
Privatbesitz Ruth Scully-
Falck

links: Georg Falck in den 1930er Jahren. Foto: Privatbesitz Ruth Scully-Falck

rechts: Richard Falck. Foto: Privatbesitz Ruth Scully-Falck

zunehmendem Maße durch die Gründung eigener Gesellschaften und bald auch durch eine eigene Bauunternehmung, wobei sich seine kaufmännischen Talente nicht nur auf den Bau- und Immobiliensektor beschränkten. So war er wenige Wochen nach Eröffnung seines Architekturbüros Mitbegründer und Teilhaber der am 17.8.1907 gegründeten Köln-Ehrenfelder Gummiwerke Aktiengesellschaft, der neu strukturierten Köln-Ehrenfelder Gummiwerke G.m.b.H.[4] Ferner betrieb er zusammen mit seinem Bruder Eduard, der in den Jahren um den Ersten Weltkrieg für einige Zeit in Köln gelebt hatte[5], auf dem Gewerbegrundstück Widdersdorfer Straße 150 die am 1.4.1914 von den beiden Brüdern gegründete „Rheinische Pilzzüchterei und Konservenfabrik G.m.b.H.". Mit der Gründung dieser Gesellschaft hatte Georg Falck einen Teil seiner Anteile an den Polizeibauingenieur Karl Ferdinand Stübing übertragen, der für längere Zeit sein unmittelbarer Nachbar in der Badstraße gewesen war. Nach Aufgabe dieser Firma wurde auf diesem Grundstück, das Ende der 1920er Jahre die Adresse Terrassenweg 150 hatte und in den 1950er Jahren Teil des Friedhofs Melaten wurde, das Lager der von Georg Falck initiierten Rheinischen Bauunternehmung G.m.b.H., der größten seiner Firmen, eingerichtet. Weitere Gesellschaften von Georg Falck waren die Agrippinahaus-Aktiengesellschaft, die Hausbaugesellschaft m.b.H., die Haus Eifelplatz Baugesellschaft m.b.H., die Baugesellschaft Falck m.b.H., die Marienburger Terraingesellschaft m.b.H. und die Baugesellschaft Kielerstr. m.b.H. Ab spätestens 1908 bis zu seiner Emigration war Georg Falck offensichtlich aufgrund – bald sehr enger – privater Kontakte auch der „Hausarchitekt" der Leonhard Tietz A.-G., was ihn durch die Expansion dieses Unternehmens und der ihm angegliederten Firmen zu einem der führenden Kaufhausarchitekten Deutschlands werden ließ. An kulturellen gesellschaftlichen Aktivitäten Georg Falcks ist lediglich für das Jahr 1913 die Mitgliedschaft in der „Vereinigung für Kunst in Handel und Gewerbe Cöln" überliefert, einer dem Deutschen Werkbund nahestehenden Organisation, deren Mitglieder überwiegend Industrielle, Kaufleute, Politiker, Künstler und überwiegend zur Avantgarde zählende Architekten waren. Zu den Stiftern und Patronen zählten ne-

ben der Stadt Köln unter anderem prominente Kölner Bankiers, Industrielle, Verleger und Geschäftsleute, wie Leonhard und Alfred Tietz.[6] Am Anfang seiner Karriere in Köln waren die Privatadresse und die seines Büros identisch, zunächst im Haus Wolfstr. 8 und ab 1909 im Haus Badstr. 1. Mit dem Erwerb des offensichtlich nicht von ihm entworfenen, sondern als Rohbau übernommenen Einfamilienhauses Uhlandstr. 37 in Lindenthal[7] war dieses ab Ende 1912 bis zum Bau seiner Villa Marienburger Str. 8 in Marienburg im Jahre 1924 sein privates Domizil, während das bis 1922 als „Büro für Architektur und Bauausführungen" werbende Büro von nun an separat untergebracht war, bis zum Ende des Ersten Weltkriegs im Haus Hohenstaufenring 63, dann bis 1929 im Haus Schaafenstr. 71, 1930/31 im Haus Unter Sachsenhausen 21–27 und anschließend in den Neubauten der Rheinischen Bauunternehmung in Ehrenfeld, Vogelsanger Str. 187. Im Ersten Weltkrieg war der zum Militär eingezogene Georg Falck zeitweise als „Spion" eingesetzt, der vom Ballon aus die feindlichen Heeresverbände beobachten musste.

Die für Georg Falck wirtschaftlich und baukünstlerisch erfolgreichste Zeit waren die Jahre der Weimarer Republik, in denen er durch seine vermehrte überregionale Bautätigkeit weit über die Grenzen Kölns Anerkennung erhielt. So schrieb Leo Haubrich anlässlich seines 50. Geburtstages im Jahre 1928: *„Schon früh hat sich Falck in besonderem Maße dem Bau von Büro- und Warenhäusern zugewandt, einem Gebiet, von dem die neue Baukunst den hervorragendsten Teil an befruchtenden Elementen empfing. Es sei nur an die bekannten Arbeiten wie Agrippinahaus und Schauburg in Köln, Warenhaus Tietz in Düren u.a.m. aus der Vorkriegszeit erinnert, die, ohne den Stil ihrer Entstehungsjahre zu verleugnen, eine Baugesinnung verraten, der es um Sachlichkeit im rechten Sinne des Wortes, um Materialgerechtigkeit und um Zweckerfüllung an erster Stelle zu tun war. Die Wohnhäuser und Fabrikanlagen, die der Architekt schuf, sind gleichfalls Verwirklichungen dieses Strebens nach den wirklichen baukünstlerischen Werten. Weiteren Kreisen ist Falck als der Erbauer vieler Warenhäuser, vor allem der Bauten für die Firma Leonh. Tietz A.-G. bekannt. Klarheit der Grundrisse, sachlicher ungekünstelter Aufbau und Beherrschung des*

Das Gut Hirschberg in Nettersheim um 1930. Foto: Privatbesitz Ruth Scully-Falck

Die Kinder der Familie Falck am 26.6.1924 am Meer in Belgien. Foto: Privatbesitz Ruth Scully-Falck

Ein Kindermädchen auf Gut Hirschberg in Nettersheim. Foto: Privatbesitz Familie Weber

Drei Hausangestellte auf Gut Hirschberg in Nettersheim. Foto: Privatbesitz Familie Weber

Das Kindermädchen Anna Eck mit den drei Falck-Kindern. Foto: Privatbesitz Familie Weber

Materials wie der Form, zeichnen diese vorbildlichen Bauten aus. Wir beglückwünschen den Architekten zu seinem Geburtsfeste und wünschen ihm noch viele Jahre erfolgreichen Schaffens."[8] Wohl im selben Jahr kaufte Georg Falck für sich und seine Familie als Ort der Entspannung und für das gemeinsame Hobby, den Reitsport, das Gut Hirschberg in Nettersheim[9], das nahe dem Landsitz der mit ihnen befreundeten Familie des Alfred Tietz lag. Während die Familie Tietz in einem nicht sehr großen runden Landhaus, das wohl vor 1933 abbrannte, ihre Freizeit verbrachte, „residierten" die Falcks in einem großen Gutshof, den sie von dem Kölner Kaufmann Eduard Reusch erworben hatten. Dieser hatte sich durch den Kölner Architekten Hubert Dohmen von 1922 bis 1924 in mehreren Abschnitten auf einem bis dahin unbebauten Grundstück ein Landgut errichten lassen, das zunächst als einfaches Landwärterhaus mit Stallungen geplant gewesen war. Im Jahre 1924 erfolgten noch Erweiterungsmaßnahmen beim Hühner- und Kuhstall sowie der Bau einer Backofenanlage.[10] Ob Georg Falck selbst noch Umbauten vorgenommen hat, ist nicht belegt. Nach Erzählungen von Ruth Scully-Falck war Gut Hirschberg auch ein Ort von zahlreichen geselligen Treffen, unter anderem mit der Familie von Opel, die hierhin gerne zum gemeinsamen Ausritt durch die Eifeler Landschaft kam. Nach der Emigration wurde das Gut am 8.8.1935 – abgewickelt über den Kölner Notar Dr. Walter Klein – verkauft. Beim erzwungenen viel zu frühen Ende seiner höchst erfolgreichen Tätigkeit als Architekt umfasste das Werk von Georg Falck über 200 Bauten und Planungen, wie Warenhäuser, Wohnbauten, Gewerbebauten und Bauten für die jüdische Gemeinde. Sein Frühwerk, das sich unter anderem durch eine häufige Verwendung des Materials Werkstein und die Beteiligung von Bildhauern auszeichnet, lässt an eine Beeinflussung durch die Dresdner Schule um Wilhelm Kreis, Fritz Schumacher und andere denken, weist aber auch in den Raum Darmstadt/Karlsruhe. Die Bauten direkt nach dem Ersten Weltkrieg zeigen weiterhin eine Traditionsverbundenheit, sind aber äußerlich oft von einer strengen Sachlichkeit und Zurückhaltung. Ende der 1920er Jahre zählte Georg Falck zu den fortschrittlichen und konsequenten Vertretern des „Neuen Bauens".

Besonders anschaulich spiegeln die Geschichten seiner Firmen seinen Erfolg, aber auch seinen persönlichen, durch das „Dritte Reich" erzwungenen Niedergang wider. Die sich im Besitz der Familie erhaltenen Unterlagen dokumentieren sehr anschaulich auch den „Arisierungsprozess" nach 1933. Geschäftsführer der am 22.11.1924 von Georg Falck gegründeten Baugesellschaft Falck m.b.H., deren Ziel der Erwerb, die Bebauung, der Verkauf und ab 5.3.1931 auch die Verwaltung von Grundstücken war, blieb bis zum 10.10.1933 Georg Falck. Als neuer Geschäftsführer wurde dann sein ehe-

Die Familie Falck vor dem Ausritt auf Gut Hirschberg (von links nach rechts auf den Pferden: Georg, Else, Julius Rudolf und die beiden Zwillingstöchter; ferner zwei unbekannte Personen).
Foto: Privatbesitz Ruth Scully-Falck

maliger Mitarbeiter Franz Ostermann eingesetzt. Mit Datum vom 8.2.1938 wurde der Namen der zwangsverkauften Firma in Baugesellschaft Kremer m.b.H. geändert. Dieses hatte Georg Falck von Amsterdam aus als Bedingung in die Verkaufsverhandlungen einbringen können. Mit Beschluss vom 31.12.1937 war Franz Ostermann nicht mehr Geschäftsführer, sondern der Kaufmann Paul Kremer.[11] Durch Beschluss des Amtsgerichtes vom 11.6.1940 wurde der Wirtschaftsprüfer Dr. Ernst Knorr zum alleinigen Geschäftsführer bestellt, doch dieser Beschluss wurde am 11.6.1942 wieder aufgehoben. Rund zwei Jahre nach Kriegsende wurde Paul Kremer wieder zum alleinigen Geschäftsführer bestellt, weil er glaubhaft nachweisen konnte, sich während der Zeit des Nationalsozialismus nicht antisemitisch verhalten zu haben. Tatsächlich hatte er in dem Häuserblock an der Siebengebirgsallee und dem Klettenberggürtel 15 jüdische Familien ungekündigt weiterwohnen lassen beziehungsweise sie Mietverträge unter den Namen ihrer „arischen" Verwandten abschließen lassen, so bei der Familie des späteren Vorsit-

Werbung. Abb. aus: Martin Richard Möbius: Der Architekt Otto Scheib. Berlin, Leipzig, Wien 1931

Werbung. Abb. aus: Theodor Merrill, Bauten – Entwürfe. Berlin 1927.

Werbung: Abb. aus: Rheinische Bauunternehmung. Köln (um 1930).

zenden der Kölner Synagogengemeinde, Moritz Goldschmidt, dem Vater des Architekten Helmut Goldschmidt. Im Frühjahr 1951 kam es im Rahmen der Rückerstattungsverhandlungen zu einem Vergleich, der mit der Zahlung einer einmaligen Summe abgeschlossen wurde. Am 18.12.1953 wurde die Gesellschaft gelöscht und später in die kirchennahe Paul-Kremer-Stiftung umgewandelt. Heute ist die „Paul und Maria Kremer Stiftung" die einzige Einrichtung, die sich von allen Firmen Georg Falcks – wenn auch mit gänzlich anderen Intentionen – erhalten hat. Bei der am 17.5.1926 gegründeten Marienburger Terraingesellschaft m.b.H. war Georg Falck offiziell bis zum 27.9.1935 Geschäftsführer. Sein Nachfolger war bis zur Auflösung der Firma am 25.10.1937 Franz Ostermann. Mit Datum vom 25.3.1938 war die Firma erloschen. Aus der mit Gesellschaftervertrag vom 1.7.1927 gegründeten Baugesellschaft Kielerstraße m.b.H. schied Georg Falck am 10.10.1933 als Geschäftsführer aus. Franz Ostermann war bis zur Anordnung des Regierungspräsidenten, die Firma abzuwickeln, sein Nachfolger. Am 29.12.1939 war die Firma erloschen. Zur Erschließung und Verwertung des Geländes der ehemaligen Brauerei der Rheinischen Brauerei-Gesellschaft wurde am 17.5.1926 von Georg Falck die Marienburger Terraingesellschaft m.b.H. gegründet, deren alleiniger Geschäftsführer Georg Falck zunächst selbst war. In der Folgezeit wurden die auf dem großen Areal stehenden Brauereigebäude abgebrochen. Am 3.12.1926 kam es zur Sprengung des 60 Meter hohen Kamins. Weil sich zu römischer Zeit in dieser Gegend ein Flottenkastell befunden hat, waren die Abbrucharbeiten mit groß angelegten archäologischen Grabungen verbunden. Das wiederverwertbare Abbruchmaterial der Brauereigebäude ließ Georg Falck im Materiallager seiner Rheinischen Bauunternehmung deponieren. In der Hand dieser Bauunternehmung lagen nicht nur sämtliche Arbeiten bei den auf dem Gelände errichteten Häusern, sondern auch sämtliche Erd-, Abbruch- und Sprengarbeiten, die Arbeiten bei der Ausführung der Straßenkanäle sowie 1930/31 bei der Eisenbeton-Stützmauer an der Straße An der Alteburger Mühle, in die Garagen integriert wurden. Die ersten von Georg Falck geplanten Wohnhäuser entstanden an der Straße Unter den Ulmen mit dem Doppelhaus Nr. 1–3 und den beiden Einzelhäusern Nr. 5 und Auf dem Römerberg 40/Unter den Ulmen. Die Anlegung der Straße Auf dem Römerberg ging auf Initiative von Georg Falck zurück, der hier offensichtlich die Errichtung weiterer Häuser nach seinen Entwürfen vorhatte, was dann aber durch das „Dritte Reich" verhindert wurde. Einige Grundstücke wurden allerdings auch ohne Bindung an ihn als Architekten verkauft, so das Grundstück Auf dem Römerberg 29, für das Julius Schloss, Vorstandsmitglied der Leonhard Tietz A.-G., sich nach Entwürfen von Theodor Merrill sein neues Domizil entwerfen ließ, das dann allerdings von der Rheinischen Bauunternehmung G.m.b.H. ausgeführt wurde. Auch Dominikus Böhm, Auf dem Römerberg 25, zählte zu

Das Büro der Rheinischen Bauunternehmung im Haus Marzellenstr. 1. Foto aus: Rheinische Bauunternehmung. Köln (um 1930).

den wenigen Personen, die ihr Grundstück noch bei Georg Falck erwerben konnten.

Die größte der Firmen von Georg Falck war die Rheinischen Bauunternehmung G.m.b.H., deren Gesellschaftsvertrag am 2.10.1912 abgeschlossen und deren Eintragung am 5.10.1912 erfolgt war. Laut Gründungsurkunde ist der Zweck die *„Übernahme und Ausführung von Bauarbeiten aller Art, alles was damit zusammenhängt und dem dient"*. Der Vorstand und zugleich persönlich haftende Gesellschafter waren der Architekt Franz Volland und der Kaufmann Robert Herz. Im Laufe der Jahre wechselten die Zuständigkeiten innerhalb dieser Firma mehrfach. So wurde am 31.5.1915 Robert Herz als Geschäftsführer abberufen, am 25.9.1915 wurde Georg Falck als Geschäftsführer bestellt und Franz Volland als Geschäftsführer abberufen, am 30.11.1920 erhielt Robert Herz die Prokura und am 15.8.1922 der Architekt Wilhelm Nohl. Am 1.5.1925 erfolgte die Bestellung von Wilhelm Nohl zum Geschäftsführer, und zwar derart, dass er gemeinsam mit dem Geschäftsführer Georg Falck oder einem Prokuristen zur Vertretung der Gesellschaft berechtigt war. Der Geschäftsführer Georg Falck blieb für sich allein vertretungsberechtigt. Zum 31.12.1927 ist vermerkt, dass die Prokura von Hans Sprenger erloschen ist. Der Geschäftsführer Wilhelm Nohl und Hans Sprenger vertreten ab jetzt die Gesellschaft gemeinsam oder jeder mit einem Prokuristen. Georg Falck hat das Amt des Geschäftsführers niedergelegt. Hans Sprenger wurde zu einem weiteren Geschäftsführer bestellt. Am 8.10.1929 erhielt erstmals auch Heinrich Weinand die Prokura, und zwar derart, dass er gemeinsam mit einem Geschäftsführer vertretungsberechtigt war. Am 28.10.1932 heißt

Das Lager der Rheinischen Bauunternehmung in der Widdersdorfer Straße. Foto aus: Rheinische Bauunternehmung. Köln (um 1930).

Das Lager der Rheinischen Bauunternehmung in der Widdersdorfer Straße. Foto aus: Rheinische Bauunternehmung. Köln (um 1930).

Der Architekt Peter Prevoo in den 1950er Jahren. Foto: Privatbesitz Petra Prevoo

Telegramm des Vorstandes der Leonhard Tietz A.-G. anlässlich des 25-jährigen Firmenjubiläums. Foto: Privatbesitz Ruth Scully-Falck

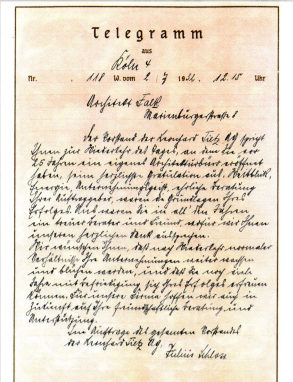

nur vier Namen. Es sind die von Heinrich Fehr, der Büroangestellten Auguste Meys, von dem Architekten und Diplomingenieur Alfons Merzhäuser sowie von Franz Ostermann (geb. 18.2.1901, gefallen 1944 in Bessarabien), der von 1922 bis 1927 kaufmännischer Angestellter und von 1927 bis 1932 kaufmännischer Leiter bei Georg Falck war. Von 1933 bis 1938 war er Geschäftsführer und Vermögensverwalter bei Georg Falck beziehungsweise in dessen ehemaligen Firmen. Zu Franz Ostermann bestand eine sehr enge und vertrauensvolle Verbindung, die auch in den Jahren des Nationalsozialismus und der Emigration nicht abgebrochen war.[21] So hatte sich Franz Ostermann mehrfach mit dem damals in Amsterdam lebenden Georg Falck im belgischen Spa getroffen, um mit ihm wichtige geschäftliche Dinge zu besprechen und ihm Gelder zu überreichen. Auch erhielt er irgendwann in Spa von Georg Falck eine Kassette mit Familienschmuck zur Aufbewahrung, weil diese Wertsachen offensichtlich im Exil nicht mehr sicher aufzubewahren schienen. Während des Krieges wurde dieser Schmuck im Keller des Privathauses Ostermann in Hürth-Efferen eingemauert, nach dem Krieg aus der Ruine geborgen und 1946 durch den Architekten Wilhelm Nohl der Familie Falck überreicht. Die Kontakte zur Familie Falck wurden offensichtlich von einem Mitarbeiter aus einer der ehemals Georg Falck gehörenden Firmen an Verantwortliche bei der Partei verraten, was zur Folge hatte, dass der als „Judengünstling" von Verantwortlichen der NSDAP in Hürth-Efferen beschimpfte Franz Ostermann trotz seiner verantwortungsvollen Position in einem für die Kriegsführung wichtigen Unternehmen in die erste Frontlinie in den Krieg geschickt wurde, aus dem er auch schließlich nicht mehr heimkehrte. In einem am 10.9.1946 geschriebenen Dankesbrief an Frau Ostermann würdigte die Familie Falck ihn als einen der wenigen, *„die den Namen des deutschen Volkes nicht besudelt"* haben.

Georg Falck, der durch den engen Kontakt zur Familie Tietz sehr schnell die Drangsalierungen der Nationalsozialisten mitbekommen und wohl bald auch selbst zu spüren bekommen hatte, gehörte zu den ersten jüdischen Persönlichkeiten Kölns, die in die Emigration gegangen sind. Noch im Frühjahr 1933 verließ die Familie Falck Köln in Richtung Südfrankreich, um dort das geglaubte baldige Ende des „Spuks Hitler" abzuwarten. Als sie merkten, dass sich der Nationalsozialismus immer mehr festigte, kehrten sie nach wenigen Monaten wieder zurück, um die Vorbereitungen für ihre endgültige Emigration zu treffen, unter anderem um Transaktionen von Geldern durchzuführen. Im Jahre 1934 verließen sie Deutschland und siedelten sich in Amsterdam an, wohin sie offensichtlich noch viele Wertgegenstände und Gelder hatten mitnehmen können. Weil Frau Falck das kulturelle Angebot in Amsterdam zu spärlich war, zog man bald weiter in die Gegend von Brüssel, kehrte aber dann wieder nach Amsterdam zurück. Dort studierte die Tochter Ellen, die aus politischen Gründen einem Angebot des Berliner Max-Reinhardt-Seminars nicht folgen konnte, inzwischen das Fach Dramatik bei Ludwig Berger, das sie später an der Universität zu Oxford fortsetzte. In England lebte zu jener Zeit auch der Sohn Rudolf, der sich später dort zum Militär gemeldet hatte und in der Schlacht bei Arnheim fiel. Als die Familie Falck 1939 ihr Domizil in Aerdenhout in der Nähe von Amsterdam hatte, stand schon der Entschluss fest, Europa zu verlassen und eine neue Karriere in New York zu beginnen. Zu jener Zeit fand auch das letzte Treffen von Georg Falck und Franz Ostermann in Spa statt, bei dem Familienschmuck zur Aufbewahrung überreicht wurde. Als nach langer Zeit die Einreisepapiere in die USA in den Niederlanden eingetroffen waren, fanden am 10.5.1940 die Besetzung des Landes durch die deutschen Truppen und am 14.5.1940 die Bombardierung und nahezu völlige Vernichtung von Rotterdam statt, wo die Papiere zum Abholen bereit gelegen hatten. Bald nach der Besetzung der Niederlande begann für die Falcks die lange Zeit des Lebens in Verstecken. Die beiden Töchter Ellen und Ruth wurden bald zu ambitionierten Helfern im Widerstand gegen die deutsche Besatzung, der in jener Gegend vor allem von dem 1919 geborenen, späteren Schriftsteller Tonny van Renterghem angeführt wurde. Die Familie Falck blieb auch nach der Befreiung der Niederlande und dem kurz darauf erfolgten Ende des Zweiten Weltkriegs in Aerdenhout wohnen und verließ die Niederlande erst zur Jahreswende 1946/47. Der erhoffte Neubeginn nach dem Krieg wurde durch seinen raschen Tod rund fünf Monate nach der Ankunft in New York zunichte gemacht. Aus dem einst so agilen Georg Falck war durch die Strapazen des „Dritten Reichs" ein seelisches und körperliches Wrack geworden, das sich in den USA nach schwersten Erkrankungen mehreren Operationen unterziehen musste. Seine letzte Adresse in New York lautete Queens Forest Hills 108–21. 66th Ave. Forest Hills. Er verstarb am 22.5.1947 in New York im LeRoy Sanatorium in Manhatten um 4.15 Uhr. Die ebenfalls an den Strapazen der Kriegszeit stark leidende Elisabeth Falck, die wie ihr Mann in den USA als Staatenlose galt, verstarb am 24.3.1951.

1 Allgemeine Literatur zu Georg Falck: Die Ausbürgerung deutscher Staatsangehöriger 1933–45 nach den im Reichsanzeiger veröffentlichten Listen, Bd. 1, München, New York, London, Paris 1985, S. 448
Willy Oskar Dressler: Dresslers Kunsthandbuch, Bd. 2. Berlin 1930
Wolfram Hagspiel: Köln: Marienburg. Bauten und Architekten eines Villenvorortes. Köln 1996
Wolfram Hagspiel: Georg Falck (1878–1947). Der „Hausarchitekt" der Leonhard Tietz AG. In: Polis, Jg. 13, 2001, H. 1, S. 34–41
Wolfram Hagspiel: Georg Falck. In: Allgemeines Künstlerlexikon, Bd. 36, 2003, S. 337–338
Wolfram Hagspiel: Bauten und Architekten in Braunsfeld von 1900 bis zur Gegenwart. In: Max-Leo Schwering: Köln: Braunsfeld- Melaten. Köln 2004, S. 271–336

Wolfram Hagspiel: Erinnerung an einst vielfältiges Wirken. In: Gemeindeblatt der Synagogen-Gemeinde Köln, Jg. 17, Nr. 12, 2006/07, S. 26–27
Wolfram Hagspiel: Marienburg. Ein Kölner Villenviertel und seine architektonische Entwicklung. Köln 2007
Myra Warhaftig: Deutsche jüdische Architekten vor und nach 1933 – Das Lexikon. Berlin 2005
Rheinische Bauunternehmung G.m.b.H., Köln-Ehrenfeld. Köln o. J. (um 1930)
2 Er studierte an den Universitäten von Göttingen, wo er im Jahre 1899 seine Zulassung als Nahrungsmittelchemiker erhielt, und Breslau, wo er im Jahre 1902 promovierte. Dort war er Assistent bei dem Botaniker und Mykologen Julius Oscar Brefeld (19.8.1839–12.1.1925). Im Jahre 1910 erhielt er, der

Gratulationsurkunde der Mitarbeiter anlässlich des 25-jährigen Bestehens der Firma und des Architekturbüros Georg Falck. Foto: Privatbesitz Ruth Scully-Falck

Franz Ostermann. Foto: Privatbesitz Frau Sitter

Amstetdam 1.9.46

Sehr geehrte Frau Ostermann!

Wir erhielten von Herrn Nohl die traurige Mitteilung, dass Ihr Mann ein Opfer des Krieges geworden ist. Gestatten Sie mir, Ihnen mein tiefst gefühltes Beileid auszusprechen. Wir alle haben Ihren Mann sehr hoch geschätzt er gehörte zu den wenigen, die den Namen des Deutschen Volkes nicht besudelt hat. Wir werden ihm stets ein gutes Andenken bewahren. Sie meiner aufrichtigen Teilnahme versichernd bin ich mit den besten Grüssen

Ihre Frau Else Falck

Sehr geehrte Frau Ostermann!
Auch ich bin sehr erschüttert über das Schicksaal Ihres guten Mannes. Er wurde von mir sehr geschätzt. Gott tröste Sie u. Ihre Kinder in dem tiefsten Schmerz.

Ihr Georgfleuss

Soeben kommt Ihr Brief. Ich kann von hier aus im Augenblick wenig tun, halte aber Ihre Angelegenheiten im Auge u. werde H. Nohl, der mein Bevollmächtigter dort ist, bitten, Ihnen soweit es mir möglich zu helfen. Halten Sie nur guten Mut, auf mir sind, wie H. Nohl Ihnen wohl ergänzt hat, schwere getroffen. Unser hoffnungsvoller Sohn Rudolf ist Sept 44 bei den Kämpfen um Arnheim gefallen. Er war britischer Offizier bei der Airborndivision. Hat auch sein junges Leben für die Befreiung von diesem Wahnsinn geben müssen. Nochmals besten Gruß H. Gfleuss

bis dahin in Breslau lebte, eine Professur für Mykologie an der Forstakademie in Hannoversch Münden und war dort Spezialist für Physiologie und Ökologie der Pilze. Im selben Jahr heiratete er Olga Schenkalowski. Auf seine Forschungen geht das Holzschutzmittel „Xylamon" zurück. Entdeckt wurde von ihm im Jahre 1923 die antibiotische Reaktion eines Pilzes gegen andere Mikroorganismen, was einen Vorgriff auf die spätere Entdeckung des Penicillins als erstem Antibiotikum bedeutete. 1933 emigrierte Richard Falck nach Palästina und 1950 dann in die USA. Literatur von und zu Richard Falck:
Richard Falck: Darstellung und Anwendung consistenter Spiritusseifen zur rationellen Reinigung und Desinfection der Haut, besonders von anklebenden Schimmelpilzsporen. In: Archiv für klinische Chirurgie, Bd. 73, H. 2, Breslau 1900
Richard Falck: Die Cultur der Oidien und ihre Rückführung in die höhere Fruchtform bei den Basidiomyceten. Diss. Universität Breslau 1902
Richard Falck: Ueber Sanierung, Bekämpfung und Verhütung der Schwammkrankheiten. In: Deutsche Bauzeitung, Jg. 43, 1909, S. 523–528, 534–536
Richard Falck: Die Merulius-Fäule des Bauholzes. Jena 1912
Richard Falck: Mykologische Untersuchungen und Berichte. Jena 1913
Richard und Marianne Falck: Die Bedeutung der Fadenpilze als Symbionten der Pflanzen für die Waldkultur. Frankfurt a.M. 1954
Uta Schäfer-Richter, Jörg Klein: Die jüdischen Bürger im Kreis Göttingen 1933–1945, Göttingen 1992
Rudolph Walter: Zum Tode von Richard Falck. In: Mittelrheinische Landeskunde, Jg. 8, 1959, S. 183–184
3 William Castle (geb. 24.4.1914 in New York, gest. 31.5.1977), seit dem 21.3.1948 mit Ellen Falck verheiratet, war ein weltbekannter Schauspieler und Filmregisseur, der berühmt wurde durch seine Gruselfilme, aber auch Filme wie „Die Lady von Shanghai" (mit Orson Welles) und „Rosemary's Baby" (mit Roman Polanski).
4 Laut Adressbuch von 1908 war Vorsteher dieser 1912 in Liquidation befindlichen Gesellschaft Adolf Scholderer und Prokurist Reinhold Rompf.
5 1913/14 lautete seine Privatadresse Flandrische Str. 9 und 1915 Lindenstraße 14
6 Jahrbuch 1913 der Vereinigung für Kunst in Handel und Gewerbe Cöln. Bonn 1913
7 HAStK Best. 485 / 974
8 Bauwarte, Jg. 4, 1928, S. 257
9 Es umfasste die Gemarkungen: Grundbuch Zingsheim, Blatt 308; Grundbuch Engelgau, Bd. IV, Art. 171; Grundbuch Nettersheim, Bd. 11, Art. 511
10 Freundliche Mitteilungen von Dr. Imke Ristow, Abt. Bildung und Kultur, Gemeinde Nettersheim
11 Westdeutscher Beobachter vom 12.2.1938
12 Handelsregister des Amtsgerichts Köln -1871 – HRB 8091
13 1914 wohnte Emil Frohnert in dem von Wilhelm Riphahn entworfenen Haus Scheffelstr. 21. Zu dieser Zeit soll er auch für einige Monate bei der Stadt Köln

tätig gewesen sein. Ein Mitarbeiter von Emil Frohnert war in den späten 1920er Jahren der Architekt Franz Josef Friedrich. Im „Dritten Reich" war er Mitglied der Reichskammer der Bildenden Künste.
Quellen und Literatur:
Freundliche Mitteilungen von Frau Liselotte Frohnert
Bauwarte, Jg. 4, 1928, S. 191 (Lindenhof)
Bauwarte, Jg. 6, 1930, S. 182 (Lindenhof)
Wolfram Hagspiel: Bauten und Architekten in Braunsfeld von 1900 bis zur Gegenwart. In: Max-Leo Schwering: Köln: Braunsfeld – Melaten. Köln 2004, S. 271–336
Rheinische Bauunternehmung G.m.b.H., Köln-Ehrenfeld. Köln o. J. (um 1930)

14 Peter Prevoo war Spross einer hugenottischen Familie, die von Frankreich nach Holland emigriert war. Sohn des Aachener Architekten und Maurermeisters Gerhard Hubert Prevoo, Vetter des französischen Schriftstellers Eugene Marcel Prévost und Vater des Architekten Hans-Joachim Prevoo. Studium der Architektur an der Baugewerkschule Aachen und möglicherweise auch an der Baugewerkschule Wuppertal-Elberfeld. Seit etwa 1910 wohnte er in Köln und war von etwa 1922 bis zum 31.12.1931 Mitarbeiter von Georg Falck. Schwerpunkte seiner Tätigkeiten nach dem Ausscheiden aus dem Büro von Georg Falck waren bis zu seinem Lebensende der Wohnungsbau und vor allem die Sanierung und der Wiederaufbau des Martinsviertels in der Kölner Altstadt.
Quellen und Literatur:
Freundliche Mitteilungen von Petra Prevoo
Geschäfts- und Wohnungsbauten, Architekt Georg Falck, Köln. In: Bauwarte, Jg. 3, 1927, H. 6, S. 53–60
Wolfram Hagspiel: Köln: Marienburg. Bauten und Architekten eines Villenvorortes. Köln 1996
Wolfram Hagspiel: Georg Falck (1878–1947). Der „Hausarchitekt" der Leonhard Tietz AG. In: Polis, Jg. 13, 2001, H. 1, S. 34–41
Hiltrud Kier u. a. (Hg.): Architektur der 30er und 40er Jahre in Köln. Köln 1999, S. 189–219, 451–452 (Höhenhaus)
Kölner Stadt-Anzeiger vom 24.2.1967 (Nachruf)
Reinhold Mißelbeck: Werner Mantz. Architekturphotographie in Köln 1926–1932. Ausst.-Kat. Museum Ludwig Köln 1982, S. 205 (Frankenwerft 7)
Neue Bauten und Entwürfe von Architekt Georg Falck, Köln. In: Bauwarte, Jg. 4, 1928, S. 257–264
Neuere Bauten der Tietz A.G. Architekt Georg Falck, Köln. In: Bauwarte, Jg. 2, 1926, S. 600–602
Rheinische Bauunternehmung G.m.b.H., Köln-Ehrenfeld. Köln o. J. (um 1930)
Städtische und ländliche Bauten in bergischer Bauweise. Wettbewerb 1910 des Ausschusses zur Förderung bergischer Bauweise in Elberfeld. Leipzig o. J.
Hans Vogts: Die Kölner Altstadtgesundung als Aufgabe der Denkmalpflege. In: Rheinische Heimatpflege, Jg. 10, 1938, S. 432–466
Westdeutsche Bauschau, Jg. 1, 1927, H. 21, S. 1–8 (Badeanstalt Ohligs)
Westdeutscher Beobachter vom 22.7.1934, 23.5.1935, 7.6.1936, 9.5.1938, 9.9.1938, 2.3.1939

Wettbewerb: Badeanstalt Ohligs. In: Bauwarte, Jg. 3, 1927, S. 231–235

15 Westdeutsche Bauschau, Jg. 1, 1927, H. 21, S. 1–8
Wettbewerb: Badeanstalt Ohligs. In: Bauwarte, Jg. 3, 1927, S. 231–235

16 Über das Leben und Wirken von Hans Sprenger waren kaum Informationen zu erhalten. Im Adressbuch von 1922 ist er als Ingenieur und Träger des Eisernen Kreuzes I. und II. Klasse mit der Adresse Leostr. 1 eingetragen. 1927/36 wohnte er in dem Georg Falck gehörenden Haus Ölbergstr. 20. 1938 war er Beratender Bauingenieur, VBI, wohnhaft Siebengebirgsallee 105. 1951 wohnte er im Haus Heisterbachstr. 12. 1962 war er Inhaber eines Ingenieurbüros und Beratender Ingenieur VBI, Laudahnstr. 4, mit Wohnung Robert-Blum-Str. 1. 1970 findet sich lediglich ein Eintrag für sein Büro, Laudahnstr. 4, im Adressbuch.

17 Wilhelm Nohl ist erstmals 1906 im Adressbuch eingetragen, mit der Adresse Gereonshof 32. Um 1912 wohnte er anscheinend nicht in Köln. 1914 bis 1931 lautete seine Adresse Steinbergerstr. 23 und 1933–1938 wohnhaft Kitschburger Str. 233. 1938 war er Inhaber einer Bauunternehmung, wohnhaft Clarenbachstr. 190. 1950 wohnte er in Burscheid, Bergstr. 2a.

18 Von etwa 1938 bis zu seinem Tod Ende der 1940er Jahre wohnte er in dem einst Georg Falck gehörenden Haus Klettenberggürtel 11.

19 Ab etwa 1925 bis etwa 1936 war Georg Lankau Mitarbeiter bei den Architekten Willi Herpers und Franz Gassen. Er ist 1938 nicht mehr in Köln nachweisbar. Zu Zeiten seiner Tätigkeit bei Georg Falck wohnte er in dem Haus Schaafenstr. 71.
Literatur:
Bauten und Entwürfe der Architekten Willi Herpers und Franz Gassen, Köln-Mülheim, unter Mitarbeit des Architekten Georg Lankau. In: Bauwarte, Jg. 3, 1927, S. 213–228
Stadt-Anzeiger vom 24.2.1927

20 Willy Felten, gest. 16.12.1930, war bis ca. 1924 in Düsseldorf ansässig und dort unter anderem Mitarbeiter von Peter Behrens. Für einen kurzen Zeitraum im Jahr 1925 war er in Köln mit dem Architekten Josef Linner assoziiert und in den späten 1920er Jahren Mitarbeiter im Architekturbüro Moritz & Betten.

21 Franz Ostermann besuchte 1907–11 die Volksschule in Hürth-Efferen und 1911–17 die Mittelschule in Köln. 1918 war er Kriegsteilnehmer, machte 1918–20 eine kaufmännische Lehre und war 1921/22 kaufmännischer Angestellter in einer nicht bekannten Firma. Von 1922–27 arbeitete er als kaufmännischer Angestellter bei Georg Falck und war von 1927 bis 1932 dessen kaufmännischer Leiter. Von 1933–38 war er Geschäftsführer und Vermögensverwalter bei Georg Falck beziehungsweise in dessen ehemaligen Firmen. 1938 bis zur Einberufung in die Wehrmacht war er selbstständiger Geschäftsführer.
Quellen: Mündliche Überlieferung durch Frau Sitter, geb. Ostermann, und Unterlagen des Stadtarchivs Hürth

linke Seite: Schreiben der Eheleute Falck aus dem Jahr 1946 an die Witwe Ostermann. Abb.: Privatbesitz Frau Sitter

oben links: Blick auf die Hofbauten der Handelsstätte „Mauritius". Foto aus: 50 Jahre Leonhard Tietz 1879–1929. Köln 1929

oben rechts: Der Haupteingang zur Handelsstätte „Mauritius" von der Schaevenstraße aus gesehen. Foto: Archiv der Kaufhof AG

Das Haus Mauritiuskirchplatz 5 in den 1920er Jahren. Foto: Archiv der Kaufhof AG

KÖLNER BAUTEN

Altstadt, Humboldtstr. 48/ Mauritiuskirchplatz 5
Handelsstätte „Mauritius"
Bj.:   1907–09
Bh.:   Theodor Rosenthal und Handelsstätte „Mauritius" G.m.b.H.

Begonnen wurde der aus einem Wohn- und Geschäftshaus und der Kontorhausanlage bestehende Komplex Handelsstätte „Mauritius" mit dem 1907/08 für Theodor Rosenthal gebauten Wohn- und Geschäftshaus Mauritiuskirchplatz 5, welches das erste von Georg Falck in Köln geplante Gebäude ist. Theodor Rosenthal war Generalagent der in Berlin ansässigen Preußischen Zentral Bodenkredit Aktiengesellschaft und später Geschäftsführer der Handelsstätte „Mauritius" G.m.b.H. Von 1908 datieren dann die Planungen zu der

auch als „Passagenbau" bezeichneten großen Kontorhausanlage vom hinteren Bereich des Hauses Mauritiuskirchplatz 5 bis hin zur Badstraße (heute Schaevenstraße) und der Humboldtstraße. Im Januar 1909 starteten Georg Falck und Theodor Rosenthal zahlreiche Inserate in den lokalen Tageszeitungen, mit denen sie um Mietinteressenten warben. Geworben wurde unter anderem mit großen Lagerräumen für Engrosgeschäfte sowie mit Büros in jeder Größe, mit Zentralheizung, elektrischem Licht und Gepäck- und Personen-Aufzügen. Die Anlage war im Jahre 1909 weitgehend fertiggestellt, Baumaßnahmen fanden aber noch bis ins Jahr 1912 statt. Im Jahre 1915 befanden sich unter der Adresse Humboldtstr. 48 die Damenkleiderstoffegroßhandlung H. Bremus, das Einkaufshaus für Beamte G.m.b.H., die Knabenkleiderfabrik Siegbert Frohwein, das Geschäft für Lederhandschuhe Goldmann & Hertz, die Papiergroßhandlung Plock & Blank, die Blumenfabrik Schnog & Co, die Schuhwarengroßhandlung Stern & Isaac und die Knabenkleiderfabrik J. Werner jun. und unter der Adresse Mauritiuskirchplatz 5 die Weißwarengroßhandlung Alexander & Schneider sowie vier geräumige Wohnungen. Nach dem Ersten Weltkrieg war die Handelsstätte „Mauritius" G.m.b.H. in das Eigentum der Leonhard Tietz A.-G. beziehungsweise deren Gesellschafter übergegangen, jedoch erst gegen Ende der 1920er Jahre waren alle bisherigen Mietverträge gekündigt und die Baulichkeiten ausschließlich für Lagerzwecke der Leonhard Tietz A.-G. genutzt worden. Im Krieg wurde der Komplex nahezu gänzlich zerstört.

QUELLEN UND LITERATUR:
- Archiv der Kaufhof AG
- HAStK Abt. 1060 Nr. 6b und Nr. 7 L-M
- 50 Jahre Leonhard Tietz 1879–1929. Köln 1929
- Peter Fuchs: 100 Jahre Kaufhof Köln. Köln 1991, S. 83
- Stadt-Anzeiger vom 31.1.1909, 2.2.1909, 14.2.1909, 4.4.1909, 3.5.1909, 22.8.1909 (Inserate)

rechts: Die Handelsstätte „Mauritius" aus der Luft gesehen um 1930. Foto: Postkarte Privatbesitz

links Inserat. Abb. aus: Stadt-Anzeiger vom 31.1.1909

unten: Inserat. Abb. aus: Stadt-Anzeiger vom 22.8.1909

Büroräume der Einkaufszentrale der Leonhard Tietz A.-G. Foto aus: 50 Jahre Leonhard Tietz 1879-1929. Köln 1929

Das Rohnessellager der Leonhard Tietz A.-G. Foto aus: 50 Jahre Leonhard Tietz 1879-1929. Köln 1929

Die Kleiderstoffzentrale der Leonhard Tietz A.-G. Foto aus: 50 Jahre Leonhard Tietz 1879-1929. Köln 1929

Mustersaal der Exportabteilung der Leonhard Tietz A.-G. Foto aus: 50 Jahre Leonhard Tietz 1879-1929. Köln 1929

rechts: Inserat zur Vermietung. Abb. aus: Stadt-Anzeiger vom 1.10.1908

Neustadt, Volksgartenstr. 13
Mehrfamilienhaus Emil Saß
Planung: 1908
Bh.: Emil Saß (Inhaber eines Maler- und Anstreicherbetriebes)

Über das geplante Mehrfamilienhaus, zu dem Ende 1908 ein Bauantrag eingereicht wurde, liegen außer dem Hinweis keinerlei Unterlagen vor. Das Grundstück selbst wurde erst viele Jahre später bebaut.

LITERATUR:
- Rheinische Baufachzeitung, Jg. 24, 1908, S. 389 (Bautennachweis)

Neustadt, Mozartstr. 19
Mehrfamilienhaus
Bj.: 1908/09
Bh.: Haus Mozart, Immobilien-Gesellschaft m.b.H., Wolfstr. 8

LITERATUR:
- Rheinische Baufachzeitung, Jg. 24, 1908, S. 349 (Bautennachweis)
- Stadt-Anzeiger vom 11.10.1908, 13.10.1908, 14.2.1909, 10.5.1909, 27.10.1909 (Inserate)

Altstadt, Apostelnstr. 15–17/ Große Brinkgasse
Wohn- und Geschäftshaus Fiebig
Bj.: 1908/09
Bh.: Anton Fiebig (Maurermeister und Bauunternehmer)

Das sich weit in die Große Brinkgasse erstreckende Gebäude mit einem weiteren Eingang an dieser Straße war ein multifunktionaler Bau mit mehreren Geschäften, einer Pappschachtelfabrik, Anwaltskanzleien, Büros und Wohnungen. Das im Krieg völlig ausgebrannte Haus wurde unter Verwendung der Außenmauern und bei Abschlagung sämtlichen Putzes und aller Stuckaturen weitgehend einem Neubau gleich wiederhergerichtet.

LITERATUR:
- Rheinische Baufachzeitung, Jg. 24, 1908, S. 349 (Bautennachweis)

Inserat zur Vermietung. Abb. aus: Stadt-Anzeiger vom 14.2.1909

Geschäftsführer der Haus Mozart, Immobilien-Gesellschaft m.b.H., war 1912 Otto Morgenstern. Laut den Inseraten handelte es sich um ein Haus mit „hochherrschaftlichen" Wohnungen. Den Beschreibungen ist zu entnehmen, dass die erste Etage elf große Räume besaß sowie Küche, Anrichte, Bad und Zubehör, ferner große Terrassen und Balkone. Sie war mit *„allem erdenklichen Komfort in hochherrschaftlicher Weise ausgestattet"*. Zum Standard des Hauses gehörten selbstverständlich ein Aufzug, eine Zentralheizung (Dampfheizung), Warmwasser, elektrisches Licht, Gas und eine Staubsauger-Vakuumpumpe. Die vierte Etage, die oberste des Hauses, war ausdrücklich „keine Dachwohnung" und besaß sechs Räume, Küche und Bad. Das Haus wurde im Krieg völlig zerstört.

Wohn- und Geschäftshaus Fiebig (rechts). Foto: Postkarte Privatbesitz

Neustadt, Theodor-Heuss-Ring 19–21/ Sedanstraße
Zwei Villen
Wettbewerb: 1909
Motto: „Groß Köln"
Preis: ein 1. Preis
Bh.: Dr. jur. Max Heimann (Rechtsanwalt) und Johann Heinrich von Stein (Bankier)

Der Ideenwettbewerb zur Erlangung von Skizzen zum Neubau zweier Villen am Deutschen Ring war beschränkt auf in Köln ansässige oder geborene Architekten. Die Entwürfe waren bis zum 20.5.1909 bei Dr. jur. Max Heimann einzureichen. Bauherren waren der Rechtsanwalt beim Oberlandesgericht und Vorstand der Kölner Verlags-Anstalt und Druckerei A.-G. Dr. jur. Max Heimann und der Bankier und Konsul Johann Heinrich von Stein. Im Preisgericht sollten neben den Bauherren der Oberbürgermeister Max Wallraf, der Beigeordnete Carl Rehorst, der Stadtbaurat Friedrich Carl Heimann, der Architekt Wilhelm Kreis aus Düsseldorf und Prof. Georg Wickop aus Darmstadt sitzen. Ab dem 27.6.1909 waren die Wettbewerbsentwürfe 14 Tage lang im Kölner Kunstgewerbemuseum ausgestellt.

Das Preisgericht hat je einen Preis von 1200 Mark dem Entwurf „Groß Köln" von Georg Falck und dem Entwurf „Fiat" der Rheinischen Zweigniederlassung der Saalecker Werkstätten, hinter der sich der Architekt Paul Schultze-Naumburg verbarg, zuerkannt; je einen Preis von 750 Mark erhielten der Entwurf „Illi" von Carl Moritz, der Entwurf „Herrensitz" von Carl Schöne, der Entwurf „Am Rhein" von Clemens Klotz und der Entwurf „Suum cuique" der Architekten Peter Recht und Paul Bachmann. Angekauft wurden die Entwürfe „Deutscher Ring" von Felix Krüger und „Kontrast" von Franz Brantzky. Im Gegensatz zu den übrigen Teilnehmern ist der Entwurf von Georg Falck anscheinend nie publiziert worden. Den Auftrag zu Bau der 1912/13 errichteten Villengruppe erhielt Paul Schultze-Naumburg.

LITERATUR:
- Der Baumeister, Jg. 7, 1909, Beilage S. 93, 128–129
- Konkurrenz-Nachrichten, Beiblatt zu den Deutschen Konkurrenzen, 1909, S. 1149, 1158
- Der Profanbau, Jg. 4, 1909, S. 235

Altstadt, Blaubach 9
Umbau
Bj.: 1909
Bh.: Jakob Meier (Gastwirt)

Vermutlich handelt es sich um einen Umbau der Schenkwirtschaft, die Jakob Meier, der das Haus kurz zuvor erworben hatte, als neuer Gastwirt betrieb. Im Krieg wurde das Haus völlig zerstört.

LITERATUR:
- Rheinische Baufachzeitung, Jg. 25, 1909 (Bautennachweis)

Braunsfeld, Aachener Str. 443
Abraham-Frank-Haus (Israelitisches Waisenhaus)
Bj.: 1909/10
Bh.: Israelitische Waisenstiftung, Roonstr. 50

Mit der später in gedruckter Form erschienen Rede von Georg Falck zur Eröffnung des Waisenhauses ist das einzige erhaltene Textdokument des Architekten überliefert, das hier wegen seiner Einmaligkeit vollständig zitiert sein mag: *„Von dem Curatorium der israelitischen Waisenstiftung wurde mir der ehrenvolle Auftrag, ein Waisenhaus zu bauen* (übertragen). *Der Gedanke, der mich als Architekt bei der Ausführung dieser hochherzigen Idee geleitet hat, war zunächst der, ein Haus zu bauen, welches einmal allen modernen Ansprüchen der Hygiene, der Zweckmässigkeit und des Schönheitsempfindens entspricht, ein andermal aber nach Massgaben der vorhandenen Mittel so gross und geräumig gebaut ist, dass in demselben möglichst viel Waisenkinder Platz finden. Ueber die Details dieses Hauses sind in der vorigen Woche in den hiesigen Tageszeitungen ausführliche Beschreibungen erschienen und darf ich wohl annehmen, dass dieselben von Ihnen gelesen sind, sodass es sich für mich erübrigt, darauf einzugehen. Im Allgemeinen möchte ich erwähnen, dass überall gute und solide Materialien verwendet sind und dass, wenn auch sonst mit der grössten Sparsamkeit gewirtschaftet ist, in dieser Hinsicht eine falsche Sparsamkeit nicht gegriffen hat.*

KÖLNER BAUTEN GEORG FALCK

Sodann will ich noch darauf hinweisen, dass vorerst nur das Souterrain, Parterre und die I. Etage ausgebaut sind und dass das II. Geschoss und das darüberliegende Dachgeschoss späteren Vergrösserungen vorbehalten bleiben. Ich hoffe nun, dass es mir gelungen sein möchte, diese Aufgabe zur Zufriedenheit aller Beteiligten gelöst zu haben. Meinen Auftraggebern aber spreche ich an dieser Stelle meine Freude und meinen Dank darüber aus, dass ich durch ihr Vertrauen in die Lage gesetzt war, einen kleinen Teil dazu beizutragen, den Kindern, die früh ihr Elternhaus verloren, ein behagliches Heim zu schaffen und so ihre Kindheit freundlicher zu gestalten. Indem ich nun allen, die an diesem Werke mitgeholfen, meinen Mitarbeitern, Handwerksmeistern und Arbeitern, meinen Dank ausspreche, übergebe ich Ihnen, Herr Rabiner Dr. Frank, als Vorsitzender des Curatoriums, dieses Haus, mit dem Wunsche, dass es in allen seinen Einrichtungen seiner segensreichen Bestimmung entsprechen möge. Möge es Licht, Luft und Sonne bieten den Verwaisten, Schutz und Schirm den Elternlosen!"

Der Bau des Hauses geht auf die Initiative der 1876 gegründeten Israelitischen Waisenstiftung und die zahlreichen durch den Kölner Rabbiner Dr. Abraham Frank angeregten Geldsammlungen zurück. Mittellose Voll- und Halbwaisen, die jüdischen Ehen entstammten und zur Kölner Synagogengemeinde gehörten, sollten hier betreut und erzogen werden. Im Laufe der Zeit wurden im Haus auch Pflegekinder aufgenommen, die keine Waisen waren. Errichtet wurde das 390 qm Grundfläche beanspruchende dreigeschossige Gebäude mit Souterrain und ausgebautem Dach auf einem von der Stadt Köln erworben Grundstück von 1240 qm. Baubeginn war der 18.8.1909, der Rohbau war am 15.2.1910 fertiggestellt und die Einweihung erfolgte – verzögert durch einen Bauarbeiterstreik – am 19.9.1910. Im Souterrain befanden sich die Waschküche mit Dampf-Wascheinrichtung, Plättstube, Kohlen- und Heizungskeller, mehrere Vorratskeller sowie eine große Diele. Im Seitenflügel war dieser Bereich als großer Raum für Kinderspiele bei Regenwetter gestaltet. Im Stadt-Anzeiger vom 11.9.1910 ist eine detaillierte Beschreibung des heute nicht mehr erhaltenen Innern gegeben: *„... Das Erdgeschoß erhält ein schön*

links: Die Ruine des Abraham-Frank-Hauses im Jahr 1945. Foto aus: Max-Leo Schwering: Köln: Braunsfeld – Melaten. Köln 2004, S. 101

rechts: Entwurfszeichnung des Abraham-Frank-Hauses. Abb. aus: Stadt-Anzeiger vom 11.9.1910

Mädchengruppe im Hof um 1932. Foto aus: Becker-Jákli, 1993, S. 232

ausgestattetes Entree, eine große helle Diele mit Treppenhaus, Arbeitssaal von etwa 100 qm Grundfläche, der so eingerichtet ist, daß er sich durch eine Glastrennwand in zwei Räume zerlegen läßt, ferner einen Betraum, ein Sitzungszimmer, einen Speisesaal, eine Küche mit vollkommen eingebauten Schränken und neben der Küche einen Küchenbalkon, sowie einen Anrichteraum als Verbindung zwischen Küche und Speisesaal und eine Speisekammer. Das erste Obergeschoß enthält außer dem Treppenhaus und der großen hellen Diele wie im Erdgeschoß einen Schlafsaal für Knaben, eingerichtet für 21 Betten, einen solchen für Mädchen für 20 Betten. Neben jedem Schlafsaal ist je ein Waschraum, in dem je eine moderne Wascheinrichtung, je zwei Badewannen und je ein Klosett eingebaut sind. Im ersten Obergeschoß befinden sich außerdem zwei Krankenzimmer, ein Zimmer der Vorsteherin mit Erker, sowie ein Schrankzimmer. An dem hinteren Schlafsaal ist eine große Terrasse, an dem vorderen Schlafsaal ein kleiner Balkon angebracht. Das zweite Obergeschoß und das Dachgeschoß sind vorläufig noch nicht ausgebildet und bleiben späteren Vergrößerungen vorbehalten. Das Dachgeschoß ist als Wohnung für einen verheirateten Vorsteher vorgesehen. Außerdem befinden sich im Dachgeschoß für Dienstmädchen Mansardenzimmer. Über dem Dachgeschoß liegt ein großer Trockenspeicher. ... Die Fassade hat einen Sockel in halber Erdgeschoßhöhe aus massivem Stein (Muschelkalk) erhalten. Darüber ist die Front nach der Straße mit Terranova verputzt. Das Gebäude hat im Innern massive Decken und ist in allen Teilen massiv und feuersicher hergestellt. Desgleichen sind überall solide und gute Materialien verwendet worden. Die Fußböden sind in Linoleum auf Korkestrich und die Treppe ist in Terrazzo hergestellt. Die Dielen und Korridore haben Belag aus Mosaikplatten und als Wandplatten glasierte Ma-

jolikaplatten erhalten. Ebenso sind die Küchen und Baderäume ausgestattet. Wände und Decken sind glatt verputzt, die Decken außerdem mit Gips geglättet. Fenster sind in Pitchpine-Rahmen hergestellt, die Türen in reinem Tannenholz mit Füllungen, alles solid und dem Charakter des Hauses entsprechend hergestellt. Die Decken und Wände sind in Casein-Farbe gestrichen, teils getupft, teil gekämmt und mit Friesen verziert. Die Fenster sind in sämtlichen Räumen in weißer Lackfarbe behandelt, wogegen der Anstrich der Türen und Fußleisten den einzelnen Räumen entsprechen lasiert und lackiert ist. Der Betraum, Speisesaal und Arbeitsraum sind außerdem mit zweckentsprechenden Malereien ausgestattet ..." Überliefert sind bei diesem Bau auch sämtliche Firmen, die ausschließlich in Köln ansässig waren: Die Erd- und Maurerarbeiten stammen von der Bauunternehmung August Kunert, die Steinmetzarbeiten von Heinrich Zorn Söhne, die Treppen von Fritz Heyden, die Zimmerarbeiten von Anton Gilles, die Dachdecker- und Klempnerarbeiten von Christian Windemacher, die Fenster und Rollläden von der Firma Wwe. Peter Richenzhagen, die Installation-, Warmwasser- und Wascheinrichtungen von A. Franken, die Heizung von Alfred Fröhlich, der Fassadenputz der Vorderfront von Hans Hunzinger, die inneren Putz- und Stuckarbeiten vom Stuckgeschäft Johann Brumm und Carl Baumann, die Innentüren, der Innenausbau und die Haustür von Anton Appelbaum, die Möbel von Adolf Prömper, die Elektro-Installationen von W. Dietrich, die Beleuchtungskörper und das Linoleum von Leonhard Tietz, der Korkestrich von Dietrich Deppe, die Anstreicherarbeiten von Emil Saß, die Ausmalungen von Gustav Nitsche und Heinrich Kron, die Wandplatten, das Entree, die Diele und Treppenhaus von den Vereinigten Servaiswerken, die Wandplatten der Küche, Waschräume und die Klosetts sowie sämtliche Fußbodenplatten und Marmorbänke von Heinrich Storp Nachf., die Bleiverglasung von Wilhelm Pütz, die übrigen Verglasungen von Meyer und Hellenthal, die Beschläge von Schmidt und Meldau, die Gartenanlage vom Kunst- und Handelsgärtner Heinrich Schneider, die Herdanlage von der Phönix-A.G. und die Wäschereianlage von Theodor Mongen. Soweit man es heute beurteilen kann, handelt es sich bei wohl allen Unternehmen um Firmen vom besten Ruf, die, wie die Kunstmaler Nitsche und Kron, der Glasmaler Wilhelm Pütz oder die Bildhauer- und Stuckfirma Hans Hunzinger sonst nur bei prominenten Großbauten oder vornehmen Villen anzutreffen waren und die sich nicht selten auch mit eigenen Entwürfen als Künstler auf Ausstellungen präsentierten. Es ist anzunehmen, dass viele dieser Firmen von Georg Falck auch für die Erstellung und Ausstattung seiner zahlreichen Wohnbauten beauftragt worden sind.

Die weitere Geschichte des Hauses ist 1938 im Jüdischen Gemeindeblatt skizziert: *„... Gemischte Gefühle bewegen einen beim Anblick dieses schönen Hauses, wenn man bedenkt, was unsere Väter in vergangenen Tagen haben schaffen können und welche Schwierigkeiten wir Heutigen haben, das Bestehende auch nur aufrecht zu erhalten. Dieses Haus sieht weder nach Waisenhaus noch überhaupt nach einer öffentlichen Anstalt aus. Die 30 Kinder, die hier untergebracht sind, leben vielleicht sogar in einem Zuschnitt, wie ihn das spätere Leben Ihnen kaum bieten wird. Aber darum wollen wir uns freuen, daß sie wenigstens die Jahre der Schulzeit, die sie im Hause verbringen können, in einem so großen und schönen Rahmen verleben. Alle Räume, die wir sehen, Schlaf-, Wasch-, Arbeits- und Spielzimmer sind groß und hell, sauber und hübsch eingerichtet. Da es sich ausschließlich um Schulkinder handelt, ist für eine sinnvolle Freizeitgestaltung gesorgt, die Mädchen lernen Nähen und Waschen, die Jungen erhalten Werkunterricht in verschiedenen Zweigen, ja sie haben sogar eine kleine, mit allem Notwendigen versehene Schreinereiwerkstatt zur Verfügung. Zu unserer Ueberraschung hören wir, daß es kaum jüdische Waisenkinder in den jüdischen Waisenhäusern gibt, daß ihre Zahl minimal ist und das Abraham-Frank-Haus daher ebenso wie andere derartige Anstalten im wesentlichen Pflegekinder betreut, die ihm zugewiesen werden. Um die schönen Räumlichkeiten des Hauses auszunützen, ist ferner eine Haushaltungsschule für schulentlassene Mädchen im Hause untergebracht, die 15 Zöglinge zählt, die teils im Heim wohnen, teils nur zur Ausbildung hinauskommen. Diese Ausbildung gilt als Hachscharah, und die Nachfrage nach Plätzen ist größer als die Möglichkeit der Unterbringung. Die jungen Mädchen erhalten durch die Leiterin des Hauses einen gründlichen Unterricht, und wir können uns davon überzeugen, daß sie gern und willig jede Arbeit anpacken. Große Balkons und ein hübscher Garten geben den Kindern wie Erwachsenen Gelegenheit zu Erholung und zu sportlicher Betätigung. Ein Blick in die modern eingerichtete Küche, in die Waschräume und in den großen gemeinschaftlichen Speisesaal vervollständigen unseren Eindruck von diesem vorbildlichen Hause, dessen Erhaltung bis auf den heutigen Tag – selbstverständlich auf gesetzestreuer Grundlage – jüdischer Gemeinsinn ermöglicht hat."* Rund drei Jahre nach diesem emotionalen und auf Rechtfertigung bedachten Artikel wurden die Kinder dieses Heimes auf Anordnung der Behörden mit denen aus dem jüdischen Kinderheim in der Lützowstraße zusammengelegt und in das jüdischen Gemeindehaus in der Cäcilienstraße zwangseingewiesen. Am 20.7.1942 deportierte man sie zusammen mit ihren Erziehern nach Minsk. Therese Wallach, seit den 1920er Jahren Leiterin des Heims, nahm sich unmittelbar vor der Deportation das Leben.

Im Zweiten Weltkrieg wurde das Haus, das 1943 von der Nationalsozialistischen Volkswohlfahrt, NSV, „erworben" worden war, stark zerstört. Nach dem Krieg erhielt die Synagogengemeinde das Grundstück mit der Ruine zurückerstattet. Sie verpachtete es an die „Schwestern Unserer Lieben

Blick in den Werkraum um 1932. Foto aus: Becker-Jákli, 1993, S. 233

Plan zu Wiederaufbau der Ruine. Abb.: Privatbesitz

Frau", die das ehemalige Waisenhaus 1949/50 in vereinfachten, sehr sachlichen Formen als Ersatz für ihr zerstörtes Mädchengymnasium am Georgsplatz von dem Architekten Karl Band wiederaufbauen ließen. Nach Fertigstellung der Liebfrauenschule in der Brucknerstraße im Jahre 1953 zogen die Schwestern aus dem Gebäude aus. Die Synagogengemeinde veräußerte die Baulichkeiten später an die Stadt Köln, die hier weiter eine Schule unterhält. Heute ist in dem ehemaligen Abraham-Frank-Haus, an dessen Ursprünge eine Gedenktafel erinnert, ebenfalls eine Schule untergebracht.

LITERATUR:
- Allgemeine Zeitung des Judentums vom 23.9.1910, 30.9.1910
- Hannah Levy. In: Barbara Becker-Jákli (Bearb. u. Hg.): Ich habe Köln doch so geliebt. Köln 1993, S. 231–246
- Israelitisches Gemeindeblatt vom 9.1.1920
- Jüdisches Gemeindeblatt für Rheinland und Westfalen vom 18.3.1938
- Jüdisches Schicksal in Köln 1918–1945. Ausst.-Kat. Historisches Archiv der Stadt Köln/NS-Dokumentationszentrum 1989, S. 61–62
- Kölner Stadt-Anzeiger vom 10.3.1986
- Kölnische Zeitung vom 19.9.1910
- Kölnische Rundschau vom 6.3.1986
- Peter Krautwig (Hg.) Naturwissenschaft und Gesundheitswesen in Cöln. Köln 1908, S. 526
- Elfi Pracht: Jüdisches Kulturerbe in Nordrhein-Westfalen. Teil 1: Regierungsbezirk Köln. Köln 1997, S. 278–279
- Eva-Christine Raschke: Die Liebfrauenschule von Karl Band. In: Denkmalpflege im Rheinland, Jg. 13, 1996, S. 135–140
- Reden, gehalten zur Eröffnung des neuen Israelitischen Waisenhauses in Cöln, Aachener Str. 443, am 19. September 1910. Köln 1910
- Rheinische Baufachzeitung, Jg. 25, 1909, S. 325 (Bautennachweis)
- Max-Leo Schwering: Köln: Braunsfeld – Melaten. Köln 2004, S. 100–104, 495
- Stadt-Anzeiger vom 11.9.1910, 19.9.1910

Neustadt, Mozartstr. 17
Mehrfamilienhaus
Bj.: 1910/11
Bh.: Hausbaugesellschaft m.b.H.

Zur Finanzierung des Hauses gründete Georg Falck zusammen mit dem Kaufmann Siegfried Heumann aus Köln im Juni 1910 die Hausbaugesellschaft m.b.H., von deren Gesamtstammeinlage Georg Falck 25.000 Mark einbrachte. Gegenstand des Unternehmens war der Erwerb des Grundstücks und der Bau des Hauses Mozartstr. 17. Ge-

Inserat zur Vermietung von Wohnungen. Abb. aus: Stadt-Anzeiger 5.8.1911

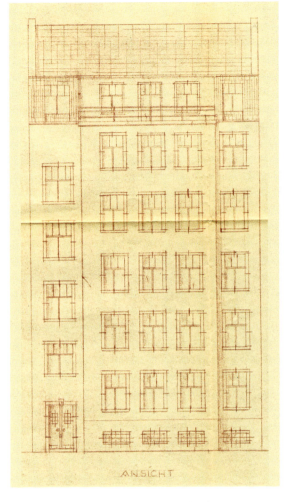

schäftsführer wurde Georg Falck, der im Januar 1917 die GmbH gänzlich übernahm. Im Februar 1919 verkaufte er dann die Gesellschaft an den Kölner Kaufmann Moritz Levy und trat als Geschäftsführer zurück. Laut Inseraten besaßen die mit allem erdenklichen Komfort ausgestatteten Hauptwohnungen des Hauses Küche, Anrichte, Badezimmer, Garderobe, Diele, Terrasse und acht Wohnräume. Die Ruine des im Krieg bis auf die Außenmauern zerstörten Hauses, das nach ersten Plänen wiederaufgebaut werden sollte, wurde Mitte der 1950er Jahre für einen völligen Neubau abgebrochen.

QUELLEN UND LITERATUR:
- Hauptstaatsarchiv Düsseldorf, Best. Gerichte, Rep. 115, Nr. 1330
- Stadt-Anzeiger vom 10.6.1911, 5.8.1911 (Inserate)

KÖLNER BAUTEN GEORG FALCK

links: Die Häuser Remigiusstr. 49–55 kurz nach der Fertigstellung. Foto: Kölnisches
Stadtmuseum, Graphische
Sammlung

oben: Inserat. Abb.
aus: Stadt-Anzeiger vom
30.10.1911

**Sülz, Arnulfstr. 1–19/
Remigiusstr. 35–39, 45–55**
Mehrfamilienhausbebauung
Bj.: 1910–13
  1910/11 (Arnulfstr. 3–13); 1911 (Arnulfstr. 1, 15–19 und Remigiusstr. 49–55);
  1911/12 (Remigiusstr. 35); 1912 (Remigiusstr. 37); 1912/13 (Remigiusstr. 39,
  45–47)
Bh.: Georg Falck (Arnulfstr. 1–19, Remigiusstr. 35–37, 45, 49–55)
  Christian Windemacher (Dachdecker
  und Bauklempner) (Remigiusstr. 39)
  Dr. Leo Leeser (Inhaber einer Firma für
  Zentralheizungen und anderes) (Remigiusstr. 47)
Bauleitung: Emil Frohnert (Remigiusstr. 47)
Bauunternehmung: Rheinische Bauunternehmung G.m.b.H. (Gesamtausführung)

Die Mehrfamilienhausbebauung in der Arnulfstraße und der Remigiusstraße ist das erste große
von Georg Falck geplante, initiierte und teilweise
auch finanzierte Immobilienprojekt. Bei den meis-

Die Häuser in der Arnulf-
straße. Foto aus: Moderne
Bauformen, 1914, S. 309

Von einem größern Baublock

auf welchem bereits nach einheitlicher Idee eine größere Anzahl Neubauten m. Gartenanlagen usw. in moderner Weise errichtet sind, sind noch günst. geschnitt. Baustellen II. Bauklasse mit bereits genehmigtem Baugesuch zu

äusserst billigen Preisen

zu verkaufen.

Auf Wunsch werden schlüsselfertige Häuser zu billigsten Preisen errichtet. Solvente Handwerker können bei Kauf einer Baustelle bei den umfangreichen Bauten entsprech. Arbeiten erhalten. Die Baustellen liegen in Köln-Weißhaus, Remigiusstraße, mit elektrischer Straßenbahnverbindung nach 2 Richtungen.
Bescheid:

Architekt Georg Falck

in Köln, Badstr. 1
Telephon A 5320.

oben: Inserat. Abb. aus: Stadt-Anzeiger vom 17.5.1911

rechts: Die Häuser in der Arnulfstraße unmittelbar nach der Fertigstellung. Foto aus: Rheinische Bauunternehmung. Köln (um 1930)

unten rechts: Grundrisstyp in den Häusern Remigiusstr. 49–55. Abb.: Kölnisches Stadtmuseum, Graphische Sammlung

ten der Häusern trat er zunächst selbst als Bauherr auf und verkaufte diese dann während oder kurz nach der Baufertigstellung, bei einigen wenigen konnte er vor Baubeginn einen Interessenten finden und andere behielt er bis zum Zwangsverkauf im „Dritten Reich" in seinem Besitz. Ein Inserat im Stadt-Anzeiger vom 17.5.1911 vermittelt anschaulich sein kaufmännisches Taktieren: *„Von einem größeren Baublock auf welchem bereits nach einheitlicher Idee eine größere Anzahl Neubauten m. Gartenanlagen usw. in moderner Weise errichtet sind, sind noch günst. geschnitt. Baustellen II. Bauklasse mit bereits genehmigten Baugesuch zu äusserst billigen Preisen zu verkaufen. Auf Wunsch werden schlüsselfertige Häuser zu billigsten Preisen errichtet. Solvente Handwerker können bei Kauf einer Baustelle bei den umfangreichen Bauten entsprech. Arbeiten erhalten ..."* Die Häuser besaßen überwiegend Wohnungen mit drei, vier und fünf Zimmern sowie mit Küche und Bad, einer Zentralheizung und einer Warmwasserbereitung, gehörten damit also zu dem gehobenerem Niveau im damaligen Wohnungsbau. Eine vornehme Ausstattung der Häuser mit Stuck-

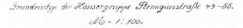

Grundrisstyp der Hausergruppe Remigiusstraße 49–55.
M = 1:100.

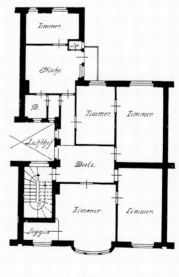

decken in den Hauptwohnräumen und Buntverglasungen im Treppenhaus war für die damalige Zeit selbstverständlich und hat sich bei einigen der Häuser bis heute erhalten. Vermarktet wurden die Häuser über das Büro von Georg Falck in der Badstraße und über seine Schwiegermutter, Mathilde Vogel, die im Haus Arnulfstr. 13 eine Wohnung bezogen hatte. Baukünstlerisch entsprachen die Häuser, die sich durch ein phantasievoll gelöstes Gesamtkonzept mit in Gruppen zusammengefassten, klar strukturierten Häusern mit hohen Dächern und Giebeln auszeichnen, ganz den programmatischen Forderungen des damaligen Technischen Beigeordneten, dem Werkbundmitglied und Mitinitiator der Kölner Werkbund-Ausstellung 1914 Carl Rehorst, der sich äußerst um die Baukultur in Köln bemüht hat. Vor allem sollten bei ihm die Neubauten in modernen Formen an die lokale Vergangenheit anknüpfen, wozu auch die reiche Dach- und Giebellandschaft des alten Köln zählte. Besonders gut gelungene private Projekte wurden auf seine Initiative hin mit einem Preis für „mustergültige Wohnhausfassaden" ausgezeichnet, der im Jahre 1912 auch für Georg Falcks Häusergruppe Arnulfstr. 13–19 und Remigiusstr. 49–55, insbesondere das Haus Remigiusstr. 53, verliehen wurde.

LITERATUR:
- Moderne Bauformen, Jg. 13, 1914, S. 309
- Rheinische Bauunternehmung G.m.b.H., Köln-Ehrenfeld. Köln o.J. (um 1930)
- Stadt-Anzeiger vom 17.5.1911 (Inserat), 10.6.1911 (Inserat), 5.8.1911 (Inserat), 30.10.1911 (Inserat), 18.4.1913 (Prämierung), 3.8.1913 (Inserat)

Altstadt, Brückenstr. 17
Geschäftshaus Salomon
Bj.:   1911/12
Bh.:   Firma Salomon Josef Salomon
         (Kurzwaren-Großhandlung)
Bauunternehmung: Wilhelm Hospelt
(Erd- und Maurerarbeiten)

Eröffnet wurde der Bau am 10.8.1912 zunächst mit der eineinhalbjährigen Zwischennutzung als Geschäftshaus der Leonhard Tietz A.-G., die zu jener Zeit mit den Abbrucharbeiten ihrer Passage in der Hohe Straße und den Vorbereitungen für das neue

Entwurf zum Geschäftshaus Salomon. Abb. aus: Stadt-Anzeiger vom 11.7.1912

Das Geschäftshaus Salomon in den 1930er Jahren. Foto aus: Moderne Stadt (Hg.): Ein Baudenkmal in Köln. Köln 1988

Das leicht verändert wieder-aufgebaute Geschäftshaus Salomon. Foto: Wolfram Hagspiel (2009)

rechte Seite oben: Das Haus Kaesenstr. 28–30 in den 1920er Jahren. Foto: Privatbesitz Ruth Scully-Falck

rechte Seite unten: Inserat. Abb. aus: Stadt-Anzeiger vom 5.6.1912

Kaufhaus in der Hohe Straße/Schildergasse begonnen hatte. Es war gewissermaßen eine „Vermietung" innerhalb der Familie: So war Berta Salomon, die Tochter des Firmengründers Salomon Josef Salomon (Firmengründung 1855) verheiratet mit Louis Eliel, Erich Eliel dann mit Anna Amalia Tietz und Oskar Eliel mit Louise Tietz. Dem Stadt-Anzeiger vom 11.7.1912 ist unter anderem Folgendes zu entnehmen: „... *Der Neubau* ... *gereicht der Firma S. J. Salomon, bisher Steinweg, sowie dem Erbauer des Hauses, dem Kölner Architekten Georg Falck, zur Ehre. Das Grundstück liegt im Zentrum der Stadt Köln zwischen zwei Straßen, an der Brückenstraße neben dem Hotel Disch, mit einer Front von 25m und mit einer nur kleinen Front am Perlenpfuhl. Die Front Brückenstraße mit den Haupteingängen und den großen Schaufenstern tritt infolge ihrer geschwungenen Baufluchtlinie besonders vorteilhaft schon von der Hohen Straße aus in Erscheinung. Die streng gegliederte, strebende Architektur bringt den Zweck des Hauses als einheitliches Geschäftshaus zum Ausdruck, und besonders kommt die Schaufensteranlage zur Geltung. Dem Haupterfordernis eines großen modernen Geschäftshauses, große, übersichtliche zusammenhängende Räume zu schaffen, die ausreichend Licht und Luft erhalten, hat der Architekt in weitestgehendem Maße Rechnung getragen, indem durch Einschieben einer Reihe Lichthöfe diese Bedingung voll erfüllt ist. Tritt man von der Brückenstraße durch das schmiedeeiserne Hauptportal in das Haus, so kommt man zuerst in einen glasgedeckten Prunklichthof, der sozusagen der architektonische Mittelpunkt des Hauses sein wird. Von hier aus geht die monumentale Haupttreppe, ganz in Marmor ausgeführt, bis in die obersten Stockwerke,* und ein Personenaufzug vermittelt hier den Verkehr zwischen ihnen. Es sind überall nur die besten, gediegensten Materialien verwendet worden. Das Haus ist ganz in Eisenbetonkonstruktion erbaut. Die Fassade ist in hellem Mainsandstein gehalten. Die Hoffronten sind architektonisch gegliedert und ganz mit weißglasierten Steinen verblendet. Lasten- und Personen-Aufzüge sind in reichlicher Zahl vorhanden. Marmor-, Bronze- und kunstvolle Schmiedearbeit haben sinngemäße Anwendung gefunden. So ist hier ein Gebäude entstanden, das eine weitere Zierde im Stadtbilde von Köln darstellt. Die gesamten Arbeiten sind zum größten Teile durch Kölner Handwerker ausgeführt worden."* Mieter einiger Büroetagen waren in den ersten Jahren drei Baugesellschaften, bis dann die Firma S. J. Salomon nach Auszug der Leonhard Tietz A.-G. hier alleiniger Nutzer wurde. Sie betrieb hier eine Großhandlung für Kurzwaren, Besatzartikel, Knöpfe, Strümpfen und Trikotagen und stellte zudem noch Damen- und Kinderwäsche her. Laut Adressbuch von 1935 waren jetzt die Eigentümer die Erben Eliel, Bayenthalgürtel 43. Untergebracht waren die Kurzwarenhandlung Diel Erwin & Co. G.m.b.H., die Eifeler Strumpfwarenfabrik G.m.b.H., die Seidenwarengroßhandlung Liebmann & Oehme G.m.b.H., die wesentlich verkleinerte Kurzwarengroßhandlung S.J. Salomon G.m.b.H. und die 1931 gegründete Union Modegroßhandel A.G., die zur späteren, die jüdische Vergangenheit des Hauses negierenden Namensgebung „Haus Modeunion" führte. Das im Krieg stark zerstörte Haus wurde nach 1945 zunächst mit Flachdach und einer purifizierten Fassade wiederhergestellt. 1984/85 stand der Abbruch des Hauses zur Diskussion, bis nach zähen Verhandlungen mit der damaligen Stadtkonservatorin die Gesellschaft „moderne stadt" das Haus mit der Auflage einer weitgehenden Rekonstruktion des Äußeren übernahm und in Verbindung mit dem Architekturbüro HPP Hentrich-Petschnigg u. Partner KG bis zum Jahre 1988 vorbildlich wiederherstellte. Hierbei erhielt die Fassade auch wieder ihre ursprüngliche Struktur einschließlich der Bauplastik, die jedoch in modernen Formen von Studenten der RWTH Aachen unter Leitung des Bildhauers Prof. Wolfgang Binding mit dem Motto „Des Kaisers neue Kleider" neu geschaffen wurde. Im Zuge dieser Wiederherstellung musste jedoch bedauerlicherweise das alte Treppenhaus verlegt werden.

QUELLEN UND LITERATUR:
- HAStK Best. 721, Nr. 111
- Stadt-Anzeiger vom 11.7.1912, 10.8.1912
- Moderne Stadt (Hg.): Ein Baudenkmal in Köln – Modeunion nach der Wiederherstellung. Köln 1988
- Kölner Almanach 1952/53, S. 35
- Kölner Stadt-Anzeiger vom 13.1.1984, 1.8.1986, 13.12.1988

Altstadt, Brückenstr. 19–23/ Herzogstr. 36–54
Planung Umbau Hotel Disch
Planung: 1911/12
Bh.: Hotel Disch, Actien-Gesellschaft

Der Schriftverkehr datiert vom 10.11.1911. Georg Falck wollte das Haus unter anderem durch Aufzüge modernisieren. Die Pläne hierzu haben sich nicht erhalten. Laut Bauwelt bezog sich die Planung auf eine Maschinenhauserhöhung und bauliche Änderungen.

QUELLEN UND LITERATUR:
- HAStK 34/110 (Hotel Disch)
- Bauwelt, Jg. 3, 1912, H. 2, S. 15 (Bautennachweis)
- Bauwelt, Jg. 3, 1912, H. 28, S. 15 (Bautennachweis)

Neustadt, Kaesenstr. 28–30/Eifelplatz
Mehrfamilienhaus
Bj.: 1911/12
Bh.: Haus Eifelplatz Baugesellschaft m.b.H.

Zur Finanzierung des Hauses wurde im Mai 1911 von Georg Falck und seinem damals in Berlin ansässigen Vater Julius Falck die Haus Eifelplatz Baugesellschaft m.b.H. gegründet, deren Geschäftsführer zunächst Georg Falck war. 15.000 Mark der Geschäftseinlagen stellte Julius Falck, 5.000 Mark Georg Falck. Im Dezember 1911 übernahm Georg Falck auch den väterlichen Anteil und wurde somit alleiniger Gesellschafter. Gegenstand des Unternehmens war die Erbauung eines vornehmen Etagenhauses auf dem Grundstück Eifelplatz/Kaesenstraße. Ab 1920 traten wieder verschiedene Gesellschafter auf, bis Georg Falck 1924 gänzlich aus dem Unternehmen austrat. Von 1924–28 war dann der Marienburger Fabrikant Werner Schmidt Hauptgesellschafter und Geschäftsführer und von 1926 an zusätzlich noch Heinrich Abelen, der 1936 dann alleiniger Eigentümer wurde. In einem Inserat von Georg Falck im Stadt-Anzeiger vom 5.6.1912 wird die Vermietung der dritten Etage wie folgt angepriesen: „In dem Neubau ... ist noch die hochherrsch. einger. 3. Etage zu vermieten. Die Etage enthält außer Küche, Anrichteraum, Badezim., einer separ. Garderobe 7 große Wohnräume und ist mit allem erdenklichen Komfort der Neuzeit in luxuriöser Weise ausgestattet. Lift, Zentralheizung, Warmwasserbereitung, Vakuum-Anlage usw. sind vorhanden. Wünsche können noch Berücksichtigung finden. Auskunft bei: Architekt Georg Falck ..." Das ähnlich wie die Mehrfamilienhäuser in Sülz und in der Mozartstraße finanzierte und gestaltete Haus zeugt auch heute noch von dem baukünstlerisch und bautechnisch hohen Anspruch des Architekten. Bis auf leichte Änderungen im Dachbereich ist das Haus weitgehend original erhalten

QUELLEN UND LITERATUR:
- Hauptstaatsarchiv Düsseldorf, Best. Gerichte Rep. 115, Nr. 1452
- Stadt-Anzeiger vom 5.6.1912 (Inserat)

Werbung. Abb. aus: Kölnische Theater-Rundschau, Jg. 3, 1913

Altstadt, Breite Str. 92–98/ Auf dem Berlich 2–6
Büro- und Geschäftshaus Agrippinahaus
Bj.: 1911–13
Bh.: Agrippinahaus-Aktiengesellschaft
Bildhauer: Ernst und William Ohly DWB (Frankfurt und Köln)
Bauunternehmung: Rheinische Bauunternehmung G.m.b.H. (Putz- und Stuckarbeiten)
Allgemeine Hoch- und Ingenieurbau Aktiengesellschaft

Mit Kaufakt vom 5.12.1911 erwarb die am 11.11.1911 gegründete Agrippinahaus-Aktiengesellschaft, deren Ziel der Erwerb, die Bebauung und die Vermietung besagten Grundstückskomplexes war, von der „Haus Hürth Immobilien-Gesellschaft m.b.H." die damals noch bebauten und von dieser kurz zuvor erworbenen Grundstücke an der Ecke Breite Straße/Auf dem Berlich. Zu den auf Abbruch gekauften Häusern gehörte auch das barocke Geyrsche Palais. Aktionäre dieser Gesellschaft waren die „Haus Hürth Immobilien-Gesellschaft m.b.H." mit 500.000 Mark, die „Union-Baugesellschaft m.b.H." mit 425.000 Mark und Georg Falck mit 75.000 Mark. Gesellschafter der ebenfalls am 11.11.1911 gegründeten „Union-Baugesellschaft m.b.H." waren Carl Trosset, Direktor der Düsseldorfer „Aktiengesellschaft für Betonbau Diss & Co." in Düsseldorf, und der in Zürich ansässige Rentner August Schulze. Das Büro- und Geschäftshaus Agrippinahaus war einer der ersten Kölner Geschäftspaläste und einer der beeindruckendsten Neubauten seiner Zeit, das noch im Adressbuch von 1938 als sehenswertes modernes Gebäude gepriesen wurde. Wohl angeregt durch den spektakulären Wettbewerb der Leonhard Tietz A.-G. zu einem neuen Warenhaus in der Hohen Straße im Frühjahr 1911 mit Wettbewerbsentscheidung im September hatte Georg Falck wohl den Entschluss gefasst, ein ähnlich beachtenswertes Gebäude außerhalb des Kernbereiches von Hohe Straße und Schildergasse zu errichten, und zwar dort, wo sich auf Initiative des Kölner Baudezernenten Carl Rehorst nahe des Neumarktes ein neues Geschäftszentrum etablierte. An der neuen Durchbruchstraße Zeppelinstraße und in den umliegenden Straßen entstanden so unter anderem 1910–14 das neue Kaufhaus Peters von Carl Moritz, 1911/12 das Kontorhaus Reifenberg von Paul Bonatz, 1911–13 das Kaufhaus Gebr. Isay von Helbig & Klöckner und Oskar Rosendahl sowie

linke Seite: Ansicht Auf dem Berlich des Agrippinahauses. Foto aus: Rheinische Bauunternehmung. Köln (um 1930)

Blick ins Agrippina-Café.
Foto: Postkarte Privatbesitz

Ansicht Breite Straße des Agrippinahauses. Foto aus: Moderne Bauformen, 1914, S. 292

1912–14 das Gewerbe- und Geschäftshaus „Olivandenhof" von Hermann Eberhard Pflaume. Vielleicht war es auch die Enttäuschung von Georg Falck gewesen, dass die Leonhard Tietz A.-G. ihn nicht bei der Realisierung ihres neuen Kaufhauses beteiligt hatte – wo er doch fast schon zu ihrem „Hausarchitekten" avanciert war – die ihn angetrieben hatte, sein Können mit einer architektonischen Glanzleistung unter Beweis zu stellen. Es ist auch nicht auszuschließen, dass Georg Falck einen der 161 Wettbewerbsbeiträge für das neue Warenhaus Tietz geliefert hatte, sein Beitrag aber – wie so mancher andere auch – aus diversen architektonischen Gründen ohne jegliche Beachtung und Nennung in der Fachpresse blieb.

Wie stolz Georg Falck auf diesen ersten Großbau war, zu dem er auch das Finanzierungskonzept geliefert hatte, zeigte einst eine am Haus angebrachte Tafel mit seinem Porträt und den Hinweis auf ihn als Architekten. Die Hauptfassade des Hauses lag zur Breiten Straße hin, wo eine starke Betonung der mittleren Achsen auffällt, die als Antwort auf ein ähnlich gestaltetes Element beim Kaufhaus Peters auf der gegenüberliegenden Straßenseite zu interpretieren ist. Um den wuchtigen Baukörper des um einen Hof gruppierten Komplexes in seiner Massivität zu mindern und der teilweise niedrigeren Umgebung anzupassen, gliederte Georg Falck die Geschosse in fast eigenständige Bereiche mit eigenen Gliederungselementen auf, wie die beiden ersten, durch eine Monumentalordnung zusammengefassten und von einem kräftigen Gesims abgeschlossenen Geschosse und das darüberliegende, wie ein breites Band wirkende „Hauptgeschoss" mit seinen zahlreichen Reliefs der in Frankfurt und zeitweise auch in Köln ansässigen Bildhauer Ernst und William Ohly. Darüber begann aus architektonischer Sicht eigentlich schon die Dachzone, die jedoch geschickt als etwas aus der Fassadenflucht zurückgenommenes und mit umlaufenden Gittern kaschiertes Vollgeschoss ausgebildet wurde. Erst darüber setzte das abwechslungsreich mit Risaliten und Dacharchitekturen gestaltete, sehr hohe schiefergedeckte Dach an. Eine der attraktivsten Nutzungen im Agrippinahaus waren die am 8.3.1913 eröffneten Agrippina-Lichtspiele beziehungsweise das Kinematographen-Theater von Arthur Hauth und Walter Gordon, deren Kinoraum in den unteren Geschossen des rückwärtigen, parallel zur Breite Straße verlaufenden Flügels lag. Man gelangte zu ihm durch eine 5 m breite und 20 m lange, mit roten Teppichen ausgelegten und mit zahlreichen Schaukästen ausgestatteten Passage, deren Wände luxuriös mit griechischem Marmor verkleidet waren. Auf diese Passage folgte dann eine geräumige, 15 m tiefe Wandelhalle mit marmorverkleideten Böden und Wänden, von der aus man ins Parkett, in eine der sechs Parterrelogen oder – über seitliche Treppen – auf die Empore und in weitere Logen gelangen konnte. Insgesamt hatte das Kino 900 Plätze. Das Erdgeschoss des Agrippinahauses wurde ausschließlich von Läden eingenommen, deren größter das am 13.9.1913 eröffnete Kaufhaus C & A war. Seine Räumlichkeiten nutzte nach dem Umzug von C & A in ein eigenes Geschäftshaus in der Schildergasse die Bekleidungsfirma Bamberger & Hertz, die ihren nach den Entwürfen des Münchner Architekten Max Wiederanders umgebauten Laden am 19.10.1928 eröffnen konnte. Legendär war auch das allerdings nur wenige Jahre existierende Agrippina-Café im ersten Stock, das nach der Inflation zu einem Weinrestaurant umgenutzt wurde. Die übrigen Geschosse des Hauses wurden überwiegend für Kontore und Büros genutzt. Die Ruine des im Krieg stark zerstörten Hauses wurde zu Beginn der 1950er Jahre gänzlich abgetragen. Auf dem Areal befinden sich heute teilweise Bauten des WDR und eine als Platz bezeichnete Freifläche.

Werbung. Abb. aus: Stadt-Anzeiger vom 19.9.1912

Das Foyer der Agrippina-Lichtspiele. Foto: Privatbesitz Ruth Scully-Falck

unten: Der Kinoraum der Agrippina-Lichtspiele. Foto aus: Bruno Fischli (Hg.): Vom Sehen im Dunkeln. Köln 1990, S. 27

LITERATUR:

- Auftragsbuch des Fotografen Hugo Schmölz (Privatbesitz Walde Huth-Schmölz)
- Bauwelt, Jg. 3, 1912, H. 1, S. 15; H. 15, S. 12 (Bautennachweise)
- Bruno Fischli: Das Goldene Zeitalter der Kinematographie (1896–1918). In: Bruno Fischli (Hg.): Vom Sehen im Dunkeln. Köln 1990, S. 7–38
- Köln. 1. Aufl. Berlin 1922, Werbeteil (=Deutschlands Städtebau)
- Kölnische Theater-Rundschau, Jg. 3, 1913 (Sondernummer Alt- und Neu-Cöln)
- Local-Anzeiger vom 18.8.1912
- Peter Lucken: Bauschaffen im Dreiklang. Fünfzig Jahre AHI Bau Allgemeine Hoch- und Ingenieurbau Aktiengesellschaft. Darmstadt 1954, S. 20, 23
- Moderne Bauformen, Jg. 13, 1914, S. 291–292
- Moderne Bauformen, Jg. 28, 1929, S. 349–352 + Beilage (Bamberger & Hertz)
- Elfi Pracht: Jüdisches Kulturerbe in Nordrhein-Westfalen. Teil I: Regierungsbezirk Köln. Köln 1997, S. 270
- Rheinische Bauunternehmung G.m.b.H., Köln-Ehrenfeld. Köln o.J. (um 1930)
- Fritz Rupp: Moderne Bauplastik. In: Neudeutsche Bauzeitung, Jg. 9, 1913, S. 435–436, 439–442
- Adolf Schuhmacher: Ladenbau. Stuttgart 1934, S. 43 (Bamberger & Hertz)
- Adolf Schuhmacher: Ladenbau. 2. Aufl. Stuttgart 1939, S. 53 (Bamberger & Hertz)
- Stadt-Anzeiger vom 19.9.1912, 8.3.1913 (Eröffnung Agrippina-Lichtspiele), 12.9.1913 (Eröffnung C & A)
- Alfred Stooß: Neuzeitliche Baukunst. In: Köln. 1. Aufl. Berlin 1922, S. 90–107 (=Deutschlands Städtebau)
- Alfred Stooß: Neuzeitliche Baukunst. In: Köln. 2. Aufl. Berlin 1925, S. 94–109 (=Deutschlands Städtebau)
- Alfred Stooß: Neuzeitliche Baukunst. In: Köln. 3. Aufl. Berlin 1926, S. 108–124 (=Deutschlands Städtebau)
- Hans Verbeek: Die Hochbautätigkeit in der Alt- und Neustadt von 1888 bis 1918. In: Architekten- und Ingenieurverein (Hg.): Köln. Bauliche Entwicklung 1888–1927. Berlin 1927, S. 21–50

oben links: Blick in die Passage Bamberger & Hertz. Foto aus: Moderne Bauformen, 1929, S. 351

oben rechts: Das Agrippinahaus mit dem Kinosaal in den 1930er Jahren. Foto: Privatbesitz

Mitte rechts: Das Agrippinahaus und seine Umgebung am 1.6.1942. Foto: Privatbesitz

Entwurf zum Geschäftshaus Frank & Lehmann. Abb. aus: Rheinische Bauunternehmung. Köln (um 1930)

Altstadt, Unter Sachsenhausen 37/ Kattenbug 18–24

Geschäftshaus Frank & Lehmann
Bj.: 1911–14
Bh.: Firma Frank & Lehmann
Architekt: Peter Behrens
Mitarbeiter: Walter Gropius
Innenausstattung: Walter Gropius
Bauausführungsplanung: Georg Falck
Bauleitung: Georg Falck
Bildhauer: Eberhard Encke (Berlin)
Bauunternehmung: Rheinische Bauunternehmung G.m.b.H. (Maurer-, Putz und Stuckarbeiten), Peter Bauwens Bauunternehmung

An der Stelle des Geschäftshauses Frank & Lehmann stand bis zum Abbruch das 1866–68 von Josef Felten und Wilhelm Hoffmann gebaute, sehr stattliche Palais von Oppenheim, das zur Straße Unter Sachsenhausen eine klassische „Schlossfassade" mit Mittel- und Eckrisaliten sowie ein hohes Dach in französischer Architektursprache zeigte. Bauherr des am 28.6.1914 eröffneten Neubaus war die Fritz, Louis und Walter Lehmann gehörende, 1848 gegründete Firma Frank & Lehmann, eine bis dahin in dem firmeneigenen, 1889/90 gebauten Haus Hohe Str. 43 ansässige Putz- und Modewarengroßhandlung. Dieses Haus wurde um 1911 an die Leonhard Tietz A.-G. verkauft, die es nach Fertigstellung ihres neuen Warenhauses und nach Auszug der Firma Frank & Lehmann als Verwaltungsgebäude nutze. Der Auftrag zur Planung des Neubaus erhielt Peter Behrens vermutlich über Walter Gropius, der schon seit Jahren mit dem kunst- und architekturinteressierten Walter Lehmann befreundet war, der ursprünglich selbst Architekt werden wollte. Innerhalb der Familie Lehmann gab es teilweise erhebliche Widerstände gegen den von Walter Lehmann forcierten Neubau, vor allem vom Seniorpartner Fritz Lehmann, der den Umzug in das Bankenviertel als überflüssig und den Neubau als zu extravagant fand. Laut Edith Lehmann war die räumliche Ausstattung des Hauses sehr opulent, weil Walter Lehmann von großen Räumen „berauscht" war. Die Firma Frank & Lehmann war zu jener Zeit einer der größten Import- und Exportfirmen für Modewaren Deutschlands und besaß zudem eine Blumenfabrik in Sachsen, Hutfabriken in Böhmen und Florenz und eine Bandfabrik in der Schweiz. Von daher ist es verständlich, dass eine Etage für Seiden, Tüll und Spitze, eine weitere für Federn und eine dritte für Blumen vorgesehen war. Das Erdgeschoss war von Anfang an für eine Filiale der Mitteldeutschen Kreditbank konzipiert, deren Direktor ein Schwager von Walter Lehmann war. Das Chefzimmer von Walter Lehmann wurde mit Mobiliar von Walter Gropius ausgestattet, das noch während des Einzugs auf der Werkbund-Ausstellung zu sehen war. Imposant war auch das mit kobaltblauer Teppichware ausgelegte Treppenhaus, dessen bronzene Geländer während des Ersten Weltkrieges eingeschmolzen werden mussten.

Einen guten Eindruck des Hauses vermittelt ein Artikel im Stadt-Anzeiger vom 10.7.1914, der nach einer Einladung der Firma Frank & Lehmann an Geschäftsfreunde, Stadtverordnete, Mitglieder der Handelskammer und Vertreter der Presse sowie einer Führung von Georg Falck durch den Neubau erschienen war. Gesehen wurde das Gebäude als ein neuer Typ eines Geschäftshauses, *„bei dem der innere Großbetrieb zum Formenausdruck wird, im Gegensatz zu dem öffentlichen Kauf- und Warenhaus".* Ferner heißt es: *„Das Gebäude besitzt wohlabgewogene Verhältnisse. Die Fassade ist in Trachyt und Tuffstein ausgeführt und klingt mit der Schieferdeckung des Daches harmonisch in der Farbe zusammen. Die Lage des Gebäudes ließ im Erdgeschoß die Anordnung einiger Läden erwünscht erscheinen, die für bestimmte Geschäftszweige besonders geeignet sind. Eintretend durch das linke Hauptportal der Straße Unter Sachsenhausen gelangt man durch einen in gelbem Marmor gehaltenen Vorraum zur Treppenhalle, die zum ersten Obergeschoß führt. Bei der Anlage der Haupt- und Nebentreppen ist besonders Wert darauf gelegt, außer der Helligkeit und Treppenbreite ein sehr bequemes Steigungsverhältnis zu erzielen. Die Eingangstreppe setzt sich vom ersten Stockwerk ab in gerader Achsenlinie am andern Ende des Gebäudes fort. Vermöge dieser Anordnung der Führung erhält der Besucher einen Eindruck von der Größe des Unternehmens. Es wird veranlaßt, eine große Halle zu durchschreiten, bei der sein Blick über Waren in weiträumigen Lagern schweift; hingegen können die Besucher des Bureaus durch einen unmittelbar an das Eingangstreppenhaus schließenden Korridor zu den für sie bestimmten Räumen geführt werden, ohne daß ihnen ein Einblick in den Warenbestand möglich ist. Die bedeutende Raumwirkung der Halle, die sich zwischen der Eingangstreppe und der Haupttreppe des ersten Obergeschosses befindet, wird noch durch das Auseinandergehen ihrer Seitenwände vergrößert, das zur Verstärkung des Eindrucks der perspektivischen Längendimension dieser Halle angeordnet ist. Der Grundriß gruppiert sich klar um zwei Lichthöfe. Durch die günstige Anordnung dieser Höfe, verbunden mit der Ecklage des Gebäudes, wird eine reichliche Lichtzuführung für alle Innenräume erzielt, ohne daß deshalb die Fronten eine übermäßig starke Durchbrechung mit Öffnungen zu erleiden brauchten. Eine helle Belichtung wurde in allen Teilen des Gebäudes erstrebt. Aus diesem Grunde sind die in den Lichthöfen notwendigen Fahrstühle, einschließlich ihrer Böden, der Decken und Wände, vollständig aus Glas hergestellt, so daß durch sie den umliegenden Räumen kein Licht entzogen wird. Eine rhythmische Aufteilung der Umfassungswände verleiht den Lichthöfen eine architektonische Raumwirkung. Außer den obengenannten beiden Lichthöfen finden sich noch mehrere weitere Lichthöfe vor. Der größte Teil des Hauses wird von Lägern beansprucht, die durch ihre bis zur Decke hinaufreichenden Schränke und Theken eine einfache und sachgemäße Ausstattung erhielten. Ebenso sind einfach ausgestattet worden die Bureauräume der Angestellten sowie das Kassen- und Wartezimmer. Eine etwas reichere Gestaltung erhielten das Kaufmannszimmer und das Privatbureau, ferner der im dritten Stockwerk befindliche Modellsaal, der durch eine große Glastür von den Lägern abgetrennt und ganz mit*

Das Geschäftshaus Frank & Lehmann kurz nach seiner Fertigstellung. Foto aus: Rheinische Bauunternehmung. Köln (um 1930)

weißem Holz bekleidet ist. Die Konstruktion des Hauses ist in Eisenbeton ausgeführt. Die praktischen Bedingungen des Innern, die die Bauherren aus ihren Erfahrungen zu Grunde legten, typisieren das Gebäude nach außen und geben ihm seinen architektonischen Charakter. Eine gute Massenwirkung des Baues ergibt sich aus den günstigen Verhältnissen von Unterbau und Dach. Auch paßt sich die straffe Linie des einfachen Satteldaches der strengen Linie des Unterbaues an. Zu den Durchbrechungen des Unterbaus ist das Dach in ruhigen Gegensatz gestellt". Das heute noch erhaltene, nach dem Krieg leicht verändert wiederaufgebaute Haus wirft bezüglich der Autorenschaft des Entwurfes einige Fragen auf, vor allem wenn man bedenkt, dass dieser stattliche Bau niemals von Peter Behrens publiziert wurde und lediglich in seiner Werkschau von 1928 notizmäßig erwähnt wird, aber andererseits von Georg Falck in seiner Schrift über die Rheinische Bauunternehmung als ein Gemeinschaftswerk von ihm und Peter Behrens bezeichnet wird. Eine analytische Betrachtung der Architektur lässt in dem Haus Frank & Lehmann sowohl die Verwandtschaft zu dem 1912 fertiggestellten Verwaltungsgebäude der Mannesmannröhren-Werke in Düsseldorf von Peter Behrens und dem ein Jahr später eingeweihten Kölner Agrippinahaus von Georg Falck erkennen, was zumindest auf eine starke Einflussnahme Georg Falcks auf den Entwurf hindeutet.

Die geplante Überbrückung der Straße An St. Agatha. Abb. aus: Stadt-Anzeiger vom 2.7.1912

QUELLEN UND LITERATUR:
- Niederschrift eines Telefonats zwischen Prof. Tilmann Buddensieg und Edith Lehmann am 3.1.1979 (Typoskript)
- Paul Joseph Cremers: Peter Behrens. Sein Werk von 1909 bis zur Gegenwart. Essen 1928, S. 164
- Iris Bury: Peter Behrens. Geschäftshaus Frank und Lehmann, Köln. Seminararbeit Wintersemester 1978/79 bei Prof. Tilmann Buddensieg, Kunsthistorisches Institut Universität Bonn
- Jahrbuch des Deutschen Werkbundes 1915. Jena 1915, S. 54–55
- Offizieller Katalog der Deutschen Werkbund-Ausstellung Cöln 1914. Köln, Berlin 1914, Inseratenteil S. 10
- Rheinische Bauunternehmung G.m.b.H., Köln-Ehrenfeld. Köln o.J. (um 1930)
- Stadt-Anzeiger vom 28.6.1914, 10.7.1914
- Hans Verbeek: Die Hochbautätigkeit in der Alt- und Neustadt von 1888 bis 1918. In: Architekten- und Ingenieurverein (Hg.): Köln. Bauliche Entwicklung 1888–1927. Berlin 1927, S. 21–50

Altstadt, An St. Agatha/Antoniterstraße
Projekt Verwaltungsbau der
Leonhard Tietz A.-G.
Planung: 1912
Bh.: Georg Falck

Neben dem neuen von Wilhelm Kreis aufgrund eines Wettbewerbserfolges errichteten Neubaus des Kaufhauses Tietz an der Hohe Straße/Schildergasse plante die Leonhard Tietz A.-G. zusammen mit Georg Falck auch ein Verwaltungsgebäude. Georg Falck hatte sich Anfang Juni 1912 notariell mit dem Eigentümer der Grundstücke, dem Brauereibesitzer Paul Joseph Winter, dahingehend geeinigt, dass er im Falle einer baupolizeilichen Genehmigung seiner Planung umgehend die Grundstücke erwerben könne. Dieses deutet offensichtlich darauf hin, dass Georg Falck das Gebäude in eigener Regie – vielleicht unter finanzieller Beteiligung der Leonhard Tietz A.-G. in einer noch zu gründenden Gesellschaft – erstellen wollte. Ansichten dieses im Gegensatz zum über-

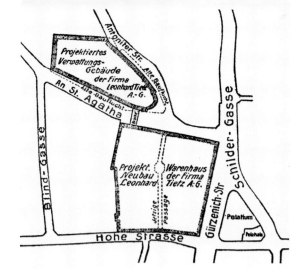

Lageplan mit dem projektierten Verwaltungsbau. Abb. aus: Stadt-Anzeiger vom 2.7.1912

wiegend vertikal gegliederten Gebäude von Wilhelm Kreis stark in der Horizontale betonten, ebenfalls mit Werkstein verkleideten Verwaltungstraktes haben sich nicht erhalten, bildlich überliefert ist jedoch die Zeichnung Georg Falcks zu jenem seinerzeit heftig und kontrovers diskutierten Brückenbau, der nach venezianischem Vorbild die Bauten von Kreis und Falck verbinden sollte. Wohl wegen der ablehnenden Haltung der Stadtverordneten in ihrer Sitzung am 25.7.1912 verzichtete man auf den Ankauf der Grundstücke, die die Leonhard Tietz A.-G. schon teilweise zu Lagerzwecken gemietet hatte. Die Zentralverwaltung wurde aufgrund dieser Ablehnung im – dann größer dimensionierten – neuen Warenhaus Tietz und in dem angekauften Geschäftshaus Hohe Str. 43 untergebracht.

LITERATUR:
• Stadt-Anzeiger vom 26.6.1912, 2.7.1912, 3.7.1912

Sülz, Lotharstr. 14–18
Projekt Fabrik- und Wohngebäude
Strohhutfabrik Silberberg & Mayer
Planung: 1912
Bh.: Firma Silberberg & Mayer

Der Bautennachweis bedeutet, dass Georg Falck zu obigem Gebäude einen Bauantrag eingereicht hatte. Da der Komplex wenig später jedoch nach Entwürfen des Architekten Peter Gaertner und seines Mitarbeiters Jacob Berns errichtet wurde, liegt die Vermutung nahe, dass sich die Bauherren nach weitgehend gediehenen Planungen mit Georg Falck überworfen haben. Eine Bauleitung Georg Falcks oder die Beteiligung der Rheinischen Bauunternehmung scheiden wegen der in der Literatur (Der Industriebau, Jg. 6, 1915, S. 371–376) recht detaillierten Nennung der einzelnen am Bau beteiligten Firmen bei dem realisierten Projekt aus. Die Entwürfe Georg Falcks sind nicht überliefert.

LITERATUR:
• Bauwelt, Jg. 3, 1912, H. 23, S. 16 (Bautennachweis)

Zollstock, Höninger Weg 100
Geschäfts-, Fabrik- und Lagergebäude
Siebenborn & Cie
Bj.: 1912/13
Bh.: Firma Siebenborn & Cie, Kyffhäuserstr. 41
Bauunternehmung: Rheinische Bauunternehmung G.m.b.H. (Maurer-, Putz- und Stuckarbeiten)

Inhaber der 1873 gegründeten Fabrik chemisch-technischer Erzeugnisse (Lederputzmittel) und Großhandlung in Schuhmacherartikeln waren zur Zeit der Errichtung des Zollstocker Neubaus Isidor, Adolf und Dr. Eduard Isaac. Laut der Besprechung im Stadt-Anzeiger gab der Neubau *„wieder einen erfreulichen Beweis von der glücklichen Anpassung der modernen Architektur an die Bedürfnisse der Industrie und des Handels"*. Die auf einem ca. 4.000 qm großen Gelände errichtete Anlage war entsprechend der betrieblichen Abläufe in vier Gebäude gegliedert. *„Das an der Straßenfront*

Das Geschäfts-, Fabrik- und Lagergebäude der Firma Siebenborn & Cie. Foto aus: Rheinische Bauunternehmung. Köln (um 1930)

Werbung der Firma Storp. Abb. aus: Hermann Wieger: Handbuch von Köln. Köln 1925, S. 696

Inserat zur Vermietung von Wohnungen. Abb. aus: Stadt-Anzeiger vom 16.12.1912

errichtete Hauptgebäude, das die Bureaus, Lager sowie den größten Teil der Fabrikationssäle enthält, besteht außer dem Keller und Speicher aus drei Geschossen und einem ausgebauten Dachgeschoß. Das Gebäude, das zum größten Teil unter Verwendung von Eisenbeton errichtet ist, ist mit allen modernen technischen Einrichtungen versehen. Es enthält Niederdruckdampfheizung, zwei elektrische Aufzüge, Sauglufftreinigungs-, Rohrpost-, Telephon- und Signalanlage, und wird mit elektrischem Licht beleuchtet. Die Schauseite aus roten Verblendsteinen mit Hausteinsockel macht einen wuchtigen und zugleich freundlichen Eindruck und belebt das noch etwas eintönige Straßenbild des Höninger Weges in angenehmer Weise." Um 1928 erweiterte Georg Falck den Bau um eine Garagenanlage, deren Gesamtausführung in den Händen der Rheinische Bauunternehmung G.m.b.H. lag. Das im Krieg teilzerstörte Hauptgebäude existiert – einschließlich der mit ihm verbundenen Fabrikationshalle – heute in stark veränderter, kaum noch wiederzuerkennender Form als Haus der Unicef mit der Adresse Höninger Weg 104.

QUELLEN UND LITERATUR:
- Kölnisches Stadtmuseum, Graphische Sammlung
- Bauwelt, Jg. 3, 1912, H. 41, S. 13 (Bautennachweis)
- Jüdisches Schicksal in Köln 1918–1945. Ausst.-Kat. Historisches Archiv der Stadt Köln/NS-Dokumentationszentrum 1989, S. 103
- Stadt-Anzeiger vom 7.9.1913
- Rheinische Bauunternehmung G.m.b.H., Köln-Ehrenfeld. Köln o.J. (um 1930)

Neustadt, Melchiorstr. 14
Wohn- und Geschäftshaus
Bj.: 1912/13
Bh.: Firma Heinrich Storp Nachf. (Baumaterialien-Großhandel)

Das von Heinrich Storp 1870 gegründete Baumaterialien-Geschäft wurde 1892 von Wilhelm Mauelshagen aus Siegburg, dem Besitzer des Tonwerks Niederpleis, übernommen. Mitinhaber war der 1919 verstorbene Hugo Cosmann. Mit dem Geschäftsbau in der Melchiorstraße besaß die Firma, die jahrelang im Agnesviertel in Mietobjekten ansässig war, ein umfangreiches Raumangebot an Geschäfts- und Lagerräumen, die überwiegend in den beiden rückwärtig angefügten Gewerbeflügeln untergebracht waren. Die herrschaftlich eingerichteten Wohnungen besaßen überwiegend drei und vier Zimmer sowie Küchen, eingerichtete Bäder und Zentralheizung. Das im Krieg weitgehend unzerstörte und in vielen Teilen heute noch original erhaltene Haus erhielt vermutlich in den 1960er Jahren im Zusammenhang mit dem Umbau des Daches einen entstellenden Balkonvorbau vor dem Dachgeschoss.

LITERATUR:
- Bauwelt, Jg. 3, 1912, H. 11, S. 21 (Bautennachweis)
- Rheinische Baufachzeitung, Jg. 28, 1912, H. 12, S. 95 (Bautennachweis)
- Hermann Wieger: Handbuch von Köln. Köln 1925, S. 696 (Werbung)

KÖLNER BAUTEN GEORG FALCK

Sülz, Sülzburgstr. 19
Umbau
Bj.: 1913
Bh.: Franz Esser (Fuhrunternehmer)

Über die Baumaßnahme bei dem 1906/07 errichteten Wohn- und Geschäftshaus existieren keine Unterlagen. Möglicherweise handelt es sich um den Umbau des Erdgeschosses zu einem Ladenlokal. Das Haus ist mit starken Veränderungen erhalten.

LITERATUR:
• Rheinische Baufachzeitung, Jg. 29, 1913 (Bautennachweis)

Marienburg, Parkstr. 61
Umbau Villa Tietz
Bj.: 1919/20
Bh.: Alfred Tietz (Mitinhaber der Leonhard Tietz A.-G.)

Kurz nach dem Ersten Weltkrieg erwarb Alfred Tietz, der Sohn von Leonhard Tietz, von dem Zahnarzt Dr. Hervey Cotton Merrill dessen 1907/08 von dem Architekten Carl Alsdorff im angloamerikanischen Stil erbaute Villa und ließ sie 1919/20 von Georg Falck umbauen. Noch während der Umbaumaßnahmen war diese Villa teilweise von der britischen Besatzung beschlagnahmt und von dem Adjutanten des Oberbefehlshabers bewohnt gewesen. Durch Georg Falck wurden unter anderem ein Küchenanbau angefügt und ein neues Treibhaus errichtet. Das Innere wurde teilweise zeitgemäß umgebaut und erhielt in einigen Räumen einen neuen, „expressionistischen" Stuck. Das Mobiliar erwarb die Familie Tietz bei der Firma Georg Fahrbach in der Gürzenichstraße. Eine etwas spätere Baumaßnahme war die Errichtung einer Garage, die von der Rheinischen Bauunternehmung G.m.b.H. ausgeführt wurde. Die Villa blieb bis zu ihrer erzwungenen Zwangsversteigerung nach 1939 im Eigentum der zunächst in die Niederlande emigrierten Familie Tietz. Ihr Marienburger Haus, das bis 1933 zu den wichtigen Orten des Kölner Kulturlebens zählte, war von der aktiv die Kölner Kunstszene unterstützenden und lenkenden Familie Tietz einem hochkarätigen Museum moderner Kunst gleichkommend ausgestattet, mit zahlreichen Gemälden von Georges Braque, Paul Cézanne, Marc Chagall, Lovis Corinth, Max Ernst, Vincent van Gogh, Paul Klee, Oskar

Das in heute in vielen Teilen stark veränderte Haus Melchiorstr. 14. Foto: Wolfram Hagspiel (2009)

Die Villa Tietz Ende der 1920er Jahre. Foto: Privatbesitz Albert U. Tietz

Blick ins Innere der Villa Tietz Mitte der 1920er Jahre. Foto: Privatbesitz Albert U. Tietz

Kokoschka, Max Liebermann, Henri Matisse, Edvard Munch, Pablo Picasso, Auguste Renoir und Max Slevogt. Einen Teil dieser außerordentlichen Sammlung musste die Familie zum Aufbringen des Geldes für die Reichsfluchtsteuer verkaufen, einige Bilder gingen als Geschenk an das damals noch im Aufbau befindliche Museum in Tel Aviv, viele befinden sich aber auch heute noch im Eigentum der Familie Tietz. 1946 wurde die Ruine des Hauses durch den Architekten Arthur Hahn teilweise für Wohnzwecke wiederhergerichtet und dann 1950/51 einem Neubau gleichkommend durch die Architekten Hans Hansen und Karl Friedrich Liebermann für ein Wohnhaus der britischen Besatzung genutzt, das 1993 abgebrochen wurde.

QUELLEN UND LITERATUR:
- Freundliche Mitteilungen und Unterlagen von Herrn Albert U. Tietz/USA
- Freundliche Mitteilungen von Frau Dr. Herta G. Frenkel-Tietz/Niederlande
- Wolfram Hagspiel: Köln: Marienburg. Bauten und Architekten eines Villenvorortes. Köln 1996, S. 596–599
- Rheinische Baufach-Zeitung, Jg. 35, 1919, H. 62 und Jg. 36, 1920, H. 27 u. 32 (Bautennachweise)
- Rheinische Bauunternehmung G.m.b.H., Köln-Ehrenfeld. Köln o.J. (um 1930)

Entwurf der 1899/1900 gebauten Villa. Abb.: HAStK Best. 34/1476

Braunsfeld, Raschdorffstr. 2 und 4/ Friedrich-Schmidt-Straße
Villa und Remisengebäude
Bj.: 1919–23
Bh.: Max Grünbaum (Aufsichtsrats-Mitglied der Leonhard Tietz A.-G.)

Direkt nach dem Ersten Weltkrieg hatte Max Grünbaum die 1899/1900 nach dem Entwurf des Kölner Architekturbüros Louis Schreiber und Nikolaus Van den Arend im englischen Stil erbaute Villa Major Bertram Wilhelm Klein erworben. Das Grundstück umfasste die heutigen Adressen Raschdorffstr. 2–4, Friedrich-Schmidt-Str. 60 und 62 sowie in weiten Teilen die Bebauung an der Johann-Bueren-Straße. Mit Schreiben vom 18.7.1919 beantragte Georg Falck zunächst eine *„kleine bauliche Umänderung"*, die sich jedoch bald zu einer Maßnahme gestaltete, die – obwohl der überwiegende Teil der Bausubstanz bewahrt wurde – optisch fast einem Neubau gleichkam. Wenn Georg Falck in dem Bauantrag bemerkte, dass *„ferner ... das Dachgeschoss umgeändert werden"* soll, *„da es in dem jetzigen Zustande aus praktischen und architektonischen Gründen nicht belassen werden kann"*, dann hieß dieses eine Umformung des erst 20 Jahre alten Gebäudes nach dem neuesten Architekturgeschmack der Zeit. Aus dem „englischen" Anwesen mit reicher Giebellandschaft und Fachwerk wurde bis

KÖLNER BAUTEN **GEORG FALCK**

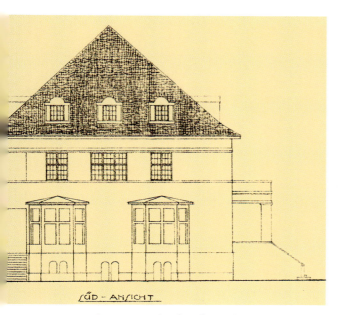

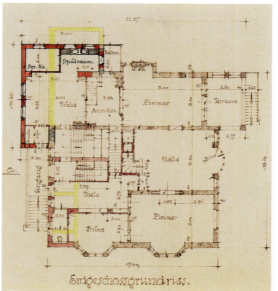

links: Umbauplanung von Georg Falck aus dem Jahr 1919. Abb.: HAStK Best. 34/1476

rechts: Erdgeschossgrundriss in der Umbauplanung von Georg Falck. Abb.: HAStK Best. 34/1476

zum Jahre 1923 ein fast barockes Herrenhaus. Auch die Remise wurde erweitert, zunächst um eine Garage und einen Hühnerstall und 1926 um eine weitere Garage.

Als mit der Machtübernahme der Nationalsozialisten im Jahre 1933 besonders die Leonhard Tietz A.-G. – einschließlich der Mitglieder der weit verzweigten Familie Tietz und den leitenden jüdischen Angestellten – zum ersten großen Ziel der Aggression gegen jüdische Firmen wurde, sah sich Max Grünbaum sehr schnell gezwungen, sein Braunsfelder Domizil zu verkaufen und in die Niederlande zu emigrieren. Am 19.8.1933 machte die Jean Hummelsheim GmbH der Baupolizei die Mitteilung, dass mit dem Abbruch begonnen wurde. Neuer Eigentümer des Grundstücks war jetzt der mit der Familie Tietz befreundete Immobilienhändler Ernst Leybold. Mit welchen Hetzkampagnen die NSDAP damals gegen einzelne Personen der Leonhard Tietz AG öffentlich vorging, erfuhr der Leser des „Westdeutschen Beobachters" durch einen großen Bericht während des Abbruchs der Villa Max Grünbaum. Unter der Überschrift „Verbrecherische Tätigkeit wird aufgedeckt: Das Geheimnis der Judenvilla. Die Spitzhacke brachte es an den Tag" entlud sich der ganze Hass gegen den Warenhauskonzern. Für heutige Betrachter ist ein solcher Artikel über das Schicksal einst jüdischen Mitbürgern gehörenden Wohnhauses wegen seiner äußersten Seltenheit von größtem Interesse. Ferner erfährt man in diesem Zeitungsbericht etwas über das Innere der Villa, man ist dann aber aufgrund der Vielzahl der zurückgelassenen privaten Gegenstände erschrocken darüber, wie schnell sich jüdische Familien auf die Flucht begeben mussten. Erschreckend ist aber auch die Reaktion der Bevölkerung, die sich zu Hunderten in der Raschdorffstraße einfand, um Einrichtungsgegenstände und Abbruchbaumaterialien zu erwerben. Solche und ähnliche Szenarien haben sich ab 1933 fast wöchentlich vor aller Öffentlichkeit bei den unterschiedlichsten Häusern in Braunsfeld abgespielt. Aus Gründen des hohen dokumentarischen Werts dieses Artikels soll der Bericht des Westdeutscher Beobachters vom 4.9.1933 in voller Länge zitiert sein:

„Verbrecherische Tätigkeit wird aufgedeckt: Das Geheimnis der Judenvilla. Die Spitzhacke brachte es an den Tag.

Die sattsam bekannte Kölner Leonhard Tietz A.-G. hatte sich als Finanzgenie (selbstverständlich aus seiner Vetternschaft) den Kaufmann Max Grünbaum verschrieben. Sein für das Gemeinwohl verhängnisvoll spekulatives Denken und sein nur auf rücksichtslosen Erwerb gerichteter Sinn, befähigten diesen kalten Geldmenschen eine ‚allererste Kraft' für die Firma zu sein. Schon nach sehr kurzer Zeit wurde er Vorstandsmitglied. Seine Auffassung und sein Empfinden wurde al-

Max Grünbaum um 1930 in seiner Braunsfelder Villa

Schreiben von Georg Falck zu einem Nachtragsbaugesuch. Abb.: HAStK Best. 34/1476

lein schon durch die Tatsache charakterisiert, daß er seinerzeit trotz ernsthafter Vorstellung des stark bedrängten Kölner Mittelstandes nicht davon abließ, nach amerikanischem Vorbild hier in Köln und auch anderswärts im Rheinland die sogenannten ‚Ehape'-Einheitspreisgeschäfte einzurichten. ‚Wenn wir', sagte er damals, ‚uns diese guten Geschäftsbetriebe entgehen lassen, werden andere sie einrichten und damit gutes Geld verdienen'. Zu einer andern, dem deutschen Mittelstand gemäßen Anschauung konnte sich Direktor Grünbaum nicht verstehen. Es ist selbstverständlich, daß sich dieses Vorstandsmitglied seine Dienste über alles Maß hinaus gut entlohnen ließ. Grünbaum hatte also über Einnahmen verfügt, um die ihn selbst Generaldirektoren ganz großer Industrien mit gutem Recht beneiden konnten. Es war ihm daher auch ein Leichtes, sich den Titel eines ‚Konsuls von Bolivien' zu verschaffen.

Das Fingerspitzengefühl für Konjunkturen und die Voraussicht künftiger Wirtschaftsentwicklung hat diesen sonst unfehlbaren Spekulanten zuletzt doch im Stich gelassen. Das beweist allein die Tatsache, daß er sicher niemals daran gezweifelt hat, sich seine Machtstellung für alle Zeit erhalten zu können. Er war sich seiner Geltung im Warenhauswesen voll bewußt und hielt sie offenbar für unerschütterlich. Diese Auffassung hat ihn auch bewogen, unmittelbar nach seinem Aufstieg im Jahre 1920, einen **Baugrund von dreizehntausend Geviertmetern** in Braunsfeld, Raschdorffstraße, zu erwerben. Dort ließ er sich eine Villa errichten, die übrigens mehrmals in ihrem Innern umgebaut worden ist. Das Haus Pallenberg hat die Wohnräume innenarchitektonisch ausgestaltet, es kam also nur das beste Material zur Verwendung. Zahlreiches Mobiliar aus Edelhölzern wurde eingebaut. Man spricht von einem Kostenaufwand von etwa zwei Millionen Mark. Allein im Musikzimmer hatte man beispielsweise einen echten großen Marmorkamin herstellen lassen, der mit künstlerischen Bronzebeschlägen versehen war und 4500 Goldmark kostete. Etwas abgerückt von dieser herrschaftlichen Villa wurde auf dem gleichen Baugrund noch ein sehr hübsches Landhaus errichtet, das dem Rechtsvertreter der Tietz Akt.-Ges. als Dauerwohnsitz überlassen wurde. Das war allerdings eine schon wesentlich bescheidenere Behausung als die dem Machthaber Grünbaum zur Verfügung stehende.

Grünbaum verschwindet. Nun änderten sich aber für Grünbaum und Genossen nach den Januartagen des Jahres 1933 mit einem Male alle bisherigen Verhältnisse so umgestaltend, wie das von diesen Kreisen wohl nicht erwartet worden ist. Sie kamen überraschend wie ein Blitzschlag bei Sonnenschein. Als dann die Abwehrmaßnahme des durchaus sachlich durchgeführten Boykotts jüdischer Geschäftsbetriebe vor sich ging, verschwand Grünbaum sogleich aus Köln. Er hält sich leider in Amsterdam auf, war inzwischen doch schon mehrfach wieder hier in Köln, um sich in dieser und jener Hinsicht zu unterrichten.

Abbruch der Villa. Daher hat er dann auch in klarer Erkenntnis der Zukunft den Auftrag gegeben, seinen bisherigen Villenbesitz niederzulegen und ebenso das

Die Villa während des Abbruchs. Foto aus: Westdeutscher Beobachter vom 4.9.1933

benachbarte Landhaus. Bestimmend für diesen Entschluß war der Umstand, eine möglichst rasche Verwertung von Grund und Boden zu erzielen, weil sich Gelegenheit bot, das Gelände für die Errichtung von Wohnhäusern los zu werden. Ein Kölner Unternehmer hat für 4780 Mark diesen Abbruch übernommen und inzwischen auch beendet. Es hatten sich Hunderte und aber Hunderte von Kaufliebhabern in der Raschdorffstraße eingefunden, die bereit waren, aus der verschwenderischen Inneneinrichtung des Hauses alles noch Verwendbare zu erwerben. Ebenso konnten die gut erhaltenen Baustoffe zu weiterer Benutzung veräußert werden. Das hat alles seine Richtigkeit und bedürfte eigentlich keiner besondern Erwähnung.

Kriminalpolizei greift ein. Inzwischen hat aber Kriminalkommissar Dr. Böhmer festgestellt, daß die Spitzhacke im Mauerwerk auch auf einen der dort eingebauten Stahlkassenschränke schlug. Als schließlich nach langwieriger Mühe dieses Behältnis gesprengt war, ergab sich, daß in ihm wohl versehentlich wichtige Dokumente zurückgeblieben waren. Es kamen dabei recht interessante Aufschlüsse zutage. Nach einem Verzeichnis, das sich bei diesen Papieren befand, steht ohne Zweifel fest, daß Direktor Grünbaum sich der Kapitalflucht schuldig gemacht hat. Große Goldmarkbeträge sind, wie man aus den hinterlassenen Angaben entnehmen kann, seit Jahr und Tag von Grünbaum ins Ausland geschafft worden, vor allem auch nach Palästina, wo für diese Summen Grund und Boden angekauft worden sind. Der Jude Grünbaum wollte also ganz sicher gehen. Es wird nun amtlich nachgeprüft, wie es mit dieser Kapitalflucht auf sich hat. Namentlich wird man dabei auch erforschen, ob Grünbaum nur für sich allein oder auch noch für andere zum Schaden des Reiches und zum Nachteil der Allgemeinheit große Summen ins Ausland verschoben hat. Leute dieses Schlages, den es übrigens nicht nur unter der Judenschaft gibt, waren unsre Verderber. Ihre Rolle ist ausgespielt. Es wird jeder gestellt werden!"

QUELLEN UND LITERATUR:
- HAStK Best. 34/1476 u. 1477
- Wolfram Hagspiel: Bauten und Architekten in Braunsfeld von 1900 bis zur Gegenwart. In: Max-Leo Schwering: Köln: Braunsfeld – Melaten. Köln 2004, S. 271–336
- Westdeutscher Beobachter vom 4.9.1933

Altstadt, Agrippastr. 86–88
Stallungen
Bj.: um 1920
Bh.: Leonhard Tietz A.-G.
Bauunternehmung: Rheinische Bauunternehmung G.m.b.H. (Gesamtausführung)

Über die Baulichkeiten ließen sich keine Unterlagen ermitteln.

LITERATUR:
- Rheinische Bauunternehmung G.m.b.H., Köln-Ehrenfeld. Köln o.J. (um 1930)

Riehl, Amsterdamer Str. 143
Stallungen
Bj.: um 1920
Bh.: Christian Krutwig (Fuhrunternehmer)
Bauunternehmung: Rheinische Bauunternehmung G.m.b.H. (Gesamtausführung)

Die 1898 als Fuhrunternehmen gegründete Firma Christian Krutwig hatte ab 1908 ihren Sitz in den von ihr neu errichteten Bauten an der Amsterdamer Straße. Die Baulichkeiten bestanden zunächst aus einem Wohn- und Geschäftshaus und im hinteren Bereich des Grundstücks aus einem großen, winkelförmig angelegten Komplex mit Stallungen. Später wurde aus dieser Firma eine Unternehmung für Tief-, Eisenbahn-, Beton- und Eisenbeton-Bau.

LITERATUR:
- Rheinische Bauunternehmung G.m.b.H., Köln-Ehrenfeld. Köln o.J. (um 1930)
- Tief- und Eisenbahnbau-Unternehmung Christian Krutwig, Rheinkies- und Sand-Baggerei 1898–1923. Zum 25jährige Geschäftsjubiläum 1923 in Köln. Köln 1923

Das Lichtspieltheater Schauburg kurz nach seiner Fertigstellung. Foto aus: Köln. Berlin 1922, S. 94 (= Deutschlands Städtebau)

Altstadt, Breite Str. 90
Lichtspieltheater Schauburg
Bj.: 1921/22
Bh.: Alt-Köln G.m.b.H.
Bildhauer: Johannes Knubel (Zuschreibung)

Dem in Berlin ansässigen Maschinenbau-Ingenieur Mathias Josef Kautz gelang es aufgrund eines Gespräches mit Margarete Tietz, das einer Gesellschaft gehörende Grundstück Breite Str. 90 für den Bau eines neuen Großkinos zu erwerben. Zwecks des Erwerbs gründete er die Alt-Köln G.m.b.H. und für die Betreibung des Kinos die Schauburg G.m.b.H. Geschäftsführer beider Gesellschaften war er, im Falle der Schauburg G.m.b.H. jedoch zusammen mit seinem Schwiegersohn, Josef Rösener. Bedingung in den Verkaufsverhandlungen war, dass Georg Falck als Architekt verpflichtet werden musste, der den Bau in leicht modifizierten Formen und dem neuen Zeitgeschmack entsprechend an die Architektur des Agrippinahauses anglich. Der eigentliche Kinosaal mit insgesamt 1868 Plätzen wurde als große Halle hinter dem Geviert des Agrippinahauses errichtet. Die Eröffnung des luxuriös ausgestatteten Kinos „Schauburg" fand am 12.4.1922 statt. Im Stadt-Anzeiger vom 13.4.1922 heißt es unter anderem: *„Unmittelbar neben den Agrippina-Lichtspielen öffnet sich in Stein gehauen ein weiter Flur, mit Reklamevitrinen und kleinen Verkaufsständen ausgestaltet und mit den Kleiderablagen für das Parterre des Theaters, das sich im Hintergrunde öffnet. Ein breiter, weiter Saal mit einer Galerie darüber; keine vertäfelten Logen mehr, alles offen dastehend. Klappsitze unten, bequeme Sessel oben. In Rot und einer fahlen Fleischfarbe, zu hellstem Braun neigend, ist alles gehalten, grünlich die Decke. Die Galeriebrüstung weist in den fast pompejanisch roten Füllungen expressionistische Zeichnungen auf. Zur Galerie führt eine breite Treppe, in hellgrüner Dekoration gehalten, ein Vorraum mit Bildverzierungen in expres-*

Das Lichtspieltheater Schauburg in den frühen 1950er Jahre (rechts das Indanthren-Haus). Foto: Privatbesitz

sionistischem Stil. Grüner Samt deckt die weiße Leinwandfläche, auf der die Bilder abrollen sollen". Bei der Fassade des Hauses war besonders auffällig der höchst kunstvoll gearbeitete expressionistische Bildhauerschmuck, der mit großer Wahrscheinlichkeit von dem mit Georg Falck befreundeten Bildhauer Johannes Knubel geschaffen wurde. 1928 erfuhr das bis dahin als Stummfilmkino betriebene Lichtspieltheater, in dem auch Boxkämpfe und Theateraufführungen stattgefunden hatten, durch Georg Falck eine Modernisierung und eine im Sinne des Zeitgeistes durchgeführte Purifizierung. Am 31.5.1942 wurde beim ersten Bombenangriff auf Köln der eigentliche Kinosaal völlig und das Gebäude an der Breite Straße in großen Teilen zerstört. Das wiederaufgebaute, am 3.12.1948 wiedereröffnete Kino beschränkte sich in seinen Räumlichkeiten auf den Bereich des ehemaligen Foyers, das zu einem 350 Zuschauer fassenden Raum umgebaut worden war. Bemerkenswert beim Wiederaufbau ist die Sorgfalt, mit der die kostbaren, stark beschädigten expressionistischen Fassadenreliefs restauriert wurden. Ende der 1960er Jahre wurde die Schauburg für eine Neubebauung abgerissen.

LITERATUR:
- Bruno Fischli: Das Goldene Zeitalter der Kinematographie (1896–1918). In: Bruno Fischli (Hg.): Vom Sehen im Dunkeln. Köln 1990, S. 7–38
- Bruno Fischli, Anita Post: „Die Zuschauer waren jedenfalls immer im siebten Himmel ..." – die „Schauburg". In: Bruno Fischli (Hg.): Vom Sehen im Dunkeln. Köln 1990, S. 91–96
- Kölnische Rundschau vom 11.4.1987
- Gustav Lampmann: Die Tätigkeit der Kölner Privat-Architekten seit 1918. In: Köln, bauliche Entwicklung 1888–1927. Berlin 1927, S. 152–187
- Reinhold Mißelbeck: Werner Mantz. Architekturphotographie in Köln 1926–1932. Ausst.-Kat. Museum Ludwig Köln 1982, S. 98
- Anita Post: Paläste der Zerstreuung und „Kinos für Jedermann" (1918–1933). In: Bruno Fischli (Hg.): Vom Sehen im Dunkeln. Köln 1990, S. 47–54
- Stadt-Anzeiger vom 13.4.1922
- Alfred Stooß: Neuzeitliche Baukunst. In: Köln. 1. Aufl. Berlin 1922, S. 90–107 (=Deutschlands Städtebau)
- Alfred Stooß: Neuzeitliche Baukunst. In: Köln. 2. Aufl. Berlin 1925, S. 94–109 (=Deutschlands Städtebau)
- Alfred Stooß: Neuzeitliche Baukunst. In: Köln. 3. Aufl. Berlin 1926, S. 108–124 (=Deutschlands Städtebau)
- Michael Wienand (Hg.): 100 Jahre Bilder. Köln im 20. Jahrhundert. Köln 1999

Braunsfeld, Friedrich-Schmidt-Str. 60
Um- und Neubau Villa
Bj.: 1921/22
Bh.: Leopold Katzenstein (Kaufmann)
Bauunternehmung: Rheinische Bauunternehmung G.m.b.H. (Gesamtausführung)

Als Leopold Katzenstein, der Inhaber des Herrenmodeartikel- und Handschuhgeschäftes Hermanns & Froitzheim, zu Beginn der 1920er Jahre die 1903/04 von dem Architekten Stephan Mattar für den Major Bertram Wilhelm Klein errichtete Villa erwarb, ließ er diese nach Plänen von Georg Falck völlig neu gestalten, wobei der Altbau bis auf das Erdgeschoss abgebrochen wurde. Wenige Monate später wurden – ebenfalls nach den Entwürfen von Georg Falck und ausgeführt durch die Rheinische Bauunternehmung G.m.b.H. – Stallungen auf dem Grundstück errichtet. Die im Krieg teilzerstörte Villa wurde 1951 durch den Architekten Hans Baranke für die Königlich Schwedische Mission wiederaufgebaut und später zugunsten des 1968/69 nach Entwürfen von Herbert Baumann errichteten Mehrfamilienhauses Friedrich-Schmidt-Str. 58–60 abgebrochen.

LITERATUR:
- Auftragsbuch des Fotografen Hugo Schmölz (Privatbesitz Walde Huth-Schmölz)
- Wolfram Hagspiel: Bauten und Architekten in Braunsfeld von 1900 bis zur Gegenwart. In: Max-Leo Schwering: Köln: Braunsfeld – Melaten. Köln 2004, S. 271–336
- Rheinische Bauunternehmung G.m.b.H., Köln-Ehrenfeld. Köln o.J. (um 1930)

links: Blick in den Kinosaal um 1928. Foto: Privatbesitz Ruth Scully-Falck

rechts: Die Villa Leopold Katzenstein. Foto aus: Rheinische Bauunternehmung. Köln (um 1930)

Braunsfeld, Vincenz-Statz-Str. 13–15
Doppelvilla
Bj.: 1921/22
Bh.: (Nr.13) Adolf Klipstein (Teilhaber der Modewarengroßhandlung Goldberg & Klipstein)
(Nr.15) Alice Meyer (Witwe, o.G.)

Über die nach teilweisen Kriegszerstörungen verändert wiederaufgebaute und 1970 abgebrochene Doppelvilla ließen sich keine Unterlagen finden.

LITERATUR:
- Westdeutsche Bauzeitung, Jg. 5, 1922, H. 17 (Bautennachweis)

Neustadt, Siegfriedstraße/ Alteburger Wall/Agiloffstraße
„Cigarettenfabrik Fabian"
Wettbewerb: um 1922
Bh.: Sally Fabian
Mitarbeiter: Peter Prevoo

Über den vermutlich nur beschränkt ausgeschriebenen Wettbewerb für eine Zigarettenfabrik mit Lagerhaus ist lediglich bekannt, dass an ihm unter anderem die Kölner Architekten Theodor Merrill und Josef Ruff teilgenommen hatten. Aus ihren Beiträgen erschließt sich auch das Grundstück und in etwa das Jahr der Ausschreibung. Das Grundstück wurde um 1926 durch die Architekten Wilhelm Prinz und Fritz Hammer mit einem großzügigen Wohnblock bebaut, während sich Sally Fabian, der zuvor in der Altstadt, Blaubach 30, seinen Betrieb hatte, 1923/24 in der Koblenzer Str. 65 von dem Architekten Adolf Haug in Bayenthal ein neues Fabrikgebäude errichten ließ.

LITERATUR:
- (Leo Haubrich): Geschäfts- und Wohnbauten. Architekt Georg Falck, Köln, Mitarbeiter Architekt P. Prevoo. In: Bauwarte, Jg. 3, 1927, S. 53–60

Müngersdorf, Junkersdorfer Straße
Zuschauertribüne
Bj.: 1922/23
Bh.: Kölner Reit- und Fahrverein e.V.
Bauunternehmung: Rheinische Bauunternehmung G.m.b.H. (Gesamtausführung)

Der östlich der Haupt-, West- und Ostkampfbahnen gelegene Reitturnierplatz mit Tribünen und Stallungen wurde 1922/23 im Rahmen der Errichtung des neuen Kölner Stadions angelegt.

LITERATUR:
- Rheinische Bauunternehmung G.m.b.H., Köln-Ehrenfeld. Köln o.J. (um 1930)

Marienburg, Am Südpark 49, 51/ Rondorfer Str. 5
Villengruppe
Bj.: 1922–24
Bh.: (Am Südpark 49) Eduard Meyer (Vorst. der Hornimport-Aktiengesellschaft), (Am Südpark 51) Otto Blumenfeld (Vorst. der Hornimport-Aktiengesellschaft), (Rondorfer Str. 5) Siegmund Schöneberg (Teilhaber der Knopf- und Besatzartikelfirma Geschw. Wolff und später auch Vorst. der Hornimport-Aktiengesellschaft)
Bauunternehmung: Rheinische Bauunternehmung G.m.b.H. (Gesamtausführung)

Die drei familiär und beruflich verbundenen Familien, die sich auf dem großen Eckgrundstück Am Südpark und Rondorfer Straße dieses beeindruckende Villenensemble mit einem weiträumigen Park errichteten, stellten hiermit zugleich

Entwurf zur „Cigarettenfabrik Fabian". Abb. aus: Bauwarte, 1927, S. 54

die Bedeutung des gleichzeitig gegründeten Unternehmens „Hornimport-Aktiengesellschaft" zur Schau, für das Georg Falck in Bayenthal auch das Büro- und Lagergebäude entworfen hatte. Die ursprünglich goldocker verputzten und somit sehr dominant wirkenden Häuser sind gestalterisch unterschiedlich behandelt: In ihrer Architektur lediglich leicht variiert sind die beiden mit einem Zwischentrakt verbundenen Häuser Am Südpark, während das Haus in der Rondorfer Straße mit seinem sehr dekorativen und verspielt-expressionistischen Giebel einen gänzlich anderen Charakter besitzt. Vielleicht hängt diese Differenzierung in der Architektursprache damit zusammen, dass der familiär mit den übrigen Bauherren verbundene Siegmund Schöneberg zur Bauerrichtung noch nicht zum Vorstand der Hornimport-Aktiengesellschaft gehörte. Möglicherweise ist das dekorativ im Giebel seines Hauses eingearbeitete Geweih ein demonstrativer Hinweis auf seine baldige Zugehörigkeit zu dieser Firma. Eine besondere Kostbarkeit in diesem Ensemble ist die kleine „Synagoge", das zwischen den beiden Villen Am Südpark architektonisch als kleiner Tempel betonte Bindeglied, in dessen Innerem eine kleine Betstube eingerichtet war, in der am Freitagnachmittag und am Samstagvormittag gemeinsam von allen drei Familien der Sabbat gefeiert wurde. Die Bedeutung dieser kleinen tempelartigen Sakralarchitektur wurde besonders in dem von allen gemeinsam genutzten Park deutlich, der in sei-

ner gartenarchitektonischen Konzeption ganz auf dieses heute in Köln einzigartige private jüdische Gebetshaus ausgerichtet war. 1928/29 ließ Siegmund Schöneberg sein Haus durch Georg Falck um einen seitlichen Flügel in der damals aktuellen Architektursprache erweitern. Zu Beginn des „Dritten Reiches" wurde die Villa Otto Blumenfeld von Robert Stern behutsam zu einem Dreifamilienhaus umgebaut und ein großer Teil des an der Straßenecke gelegenen Parkgrundstückes auspar-

Die Villen Am Südpark 49 und 51. Foto: Wolfram Hagspiel (2009)

Die Villen Am Südpark 49 und 51 vom Garten aus gesehen. Foto aus: Rheinische Bauunternehmung. Köln (um 1930)

Der gemeinsame Gebetsraum zwischen den Villen Am Südpark 49 und 51. Foto: Wolfram Hagspiel (1974)

Die Villa Rondorfer Str. 5 im ursprünglichen Zustand. Foto aus: Rheinische Bauunternehmung. Köln (um 1930)

Die Villa Rondorfer Str. 5. Foto: Wolfram Hagspiel (2009)

Die Villen Rondorfer Str. 5 und Am Südpark 49 und 51 in einer Luftaufnahme von 1929. Foto: Privatbesitz

zelliert und verkauft. 1934 entstanden dort nach den Entwürfen von Albert Klöckner die Häuser Am Südpark 51a–51b und Rondorfer Str. 3. Der genau an der Ecke gelegene Gartenpavillon der Falck'schen Villenanlage wurde bedauerlicherweise 1961 abgebrochen.

LITERATUR:
- Bauwarte, Jg. 5, 1929, H. 27/28 (Bautennachweis)
- Wolfram Hagspiel: Köln: Marienburg. Bauten und Architekten eines Villenvorortes. Köln 1996
- Wolfram Hagspiel: Marienburg. Ein Kölner Villenviertel und seine architektonische Entwicklung. Fotografien von Hans-Georg Esch. Köln 2007
- Rheinische Bauunternehmung G.m.b.H., Köln-Ehrenfeld. Köln o.J. (um 1930)
- Frank Thomas, Sofie Trümper: Bayenthal-Marienburg. 150 Jahre Leben und Arbeiten am Rhein. Köln 1985, S. 137
- Westdeutsche Bauzeitung, Jg. 5, 1922, H. 13 u. 14 (Bautennachweise)
- Westdeutscher Beobachter vom 31.12.1933 (Bautennachweis)

Lindenthal, Stadtwaldgürtel 16
Umbau des Wintergartens der Villa
Bj.: 1924
Bh.: Florian Schefler (Inhaber einer Juwelengroßhandlung)

Errichtet wurde die Halbvilla 1907/08 durch den Architekten Anton Wingen für Theo Klein. 1924 baute Georg Falck den Wintergarten um und erweiterte ihn. Die Baupläne sind von dem Architekten Georg Lankau unterzeichnet. 1936 erfolgte der Abbruch der Villa durch den Architekten Hans Stumpf, der 1936/37 an deren Stelle ein Mehrfamilienhaus errichtet.

QUELLEN UND LITERATUR:
- HAStK Best. 34/1538
- Auftragsbuch des Fotografen Hugo Schmölz (Privatbesitz Walde Huth-Schmölz)

Marienburg, Marienburger Str. 8
Villa Falck
Bj.: 1924
Bh.: Georg Falck
Gartenarchitekt: Josef Buerbaum
Bildhauer: Johannes Knubel
Bauunternehmung: Rheinische Bauunternehmung G.m.b.H. (Gesamtausführung)

KÖLNER BAUTEN **GEORG FALCK**

Straßenseitige Ansicht der Villa Falck. Foto aus: Rheinische Bauunternehmung. Köln (um 1930)

Die Villa Falck vom Garten aus gesehen. Foto: Privatbesitz Ruth Scully-Falck

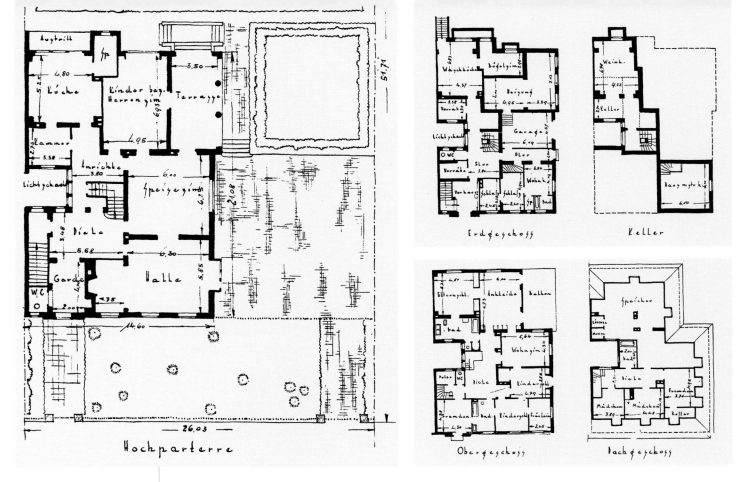

oben links: Grundriss Hochparterre der Villa Falck. Abb.: Privatbesitz Ruth Scully-Falck

oben rechts: Grundrisse vom Erdgeschoss und dem Keller der Villa Falck. Abb.: Privatbesitz Ruth Scully-Falck

unten rechts: Grundrisse vom Ober- und dem Dachgeschoss der Villa Falck. Abb.: Privatbesitz Ruth Scully-Falck

Mit dem Bau des Privathauses von Georg Falck wurde die Häuserzeile Marienburger Str. 8–12 komplettiert. Dachform und Geschosshöhen waren durch die Nachbarn gegeben. Die Architektur entspricht in ihrer sehr knappen Sprache und Schlichtheit den meisten Bauten von Falck – ebenso der bei ihm beliebte Zierbalkon als oft einzige dekorative Zutat. Im Gegensatz zur straßenseitigen Fassade präsentiert sich die Gartenseite der Villa vielgegliedert und formenreiche, was auf den Wunsch des Bauherrn nach einer innigen Verbindung zwischen Haus und Garten schließen lässt. Entsprechend den Nachbarhäusern erhebt sich das Haus Falck über einem hohen, teilweise noch unterkellerten Souterrain, in dem neben der Waschküche, dem Heizungsraum und einer Garage auch noch für das Personal bestimmte Räume untergebracht sind. Insgesamt zwei Treppen führen hier von einem kleinen Vorraum und einem Flur in eine geräumige Diele, zu der nach englischer Art eine große Halle zugeordnet ist, die zur Straße hin liegt. Durch das folgende annähernd quadratische Speisezimmer gelangt man zum „sommerlichen Herzstück" des Hauses, der überdachten Terrasse, deren durch zwei Säulen betonte Symmetrie den Bezug zwischen dem Herrenzimmer und einem großen Gartenbeet herstellen. Das Obergeschoss beherbergt überwiegend Schlaf-, Kinder- und Fremdenzimmer. Im Dachbereich finden sich neben dem Speicher Mädchen- und Fremdenzimmer. 1932 wurde im Rahmen der Erweiterung des Zimmers für den Sohn die Terrasse (Balkon) im Obergeschoss teilweise geschlossen. Die vornehme Zurückhaltung gerade bei der straßenseitigen Ansicht und der ganz nach funktionalen Gesichtspunkten gelöste Baukörper, der viel von der inneren Struktur des Hauses ablesen lässt, spiegeln viel von der Lebenseinstellung dieses sehr erfolgreichen, in der Öffentlichkeit aber eher bescheiden aufgetretenen Architekten wider. Man ist überrascht von den mannigfachen Raumlösungen, die Georg Falck teilweise aus der Vorgabe des etwas ungünstigen, sehr hohen Souterrains entwickeln musste. Ein besonderer Reiz geht von dem „theatralisch" inszenierten Treppenaufgang ins Hochparterre aus, der mit seinen Stuckfeldern und den expressionistischen Konsolen der Handläufe auf die vielen dekorativen Überraschungen der folgenden Geschosse hinleitet. Hervorzuheben sind die Buntverglasungen des Lichtschachtes, die mit ihren Goldtönen ein sehr stimmungsvolles Licht in die verschiedenen Dielenräume werfen. Georg Falck nutzte jede Möglichkeit, in die Wandvertäfelungen Schränke zu integrieren, was ein wenig Erinnerungen an die Ausstattungen damaliger Luxusdampfer hervorruft, die so manchen Architekten jener Jahre zu seinen Schöpfungen inspiriert hat. Die Gesamtausführung des Hauses lag in den Händen der Rheinischen Bauunternehmung. Dem Auftragsbuch des Fotografen Hugo Schmölz ist zu entnehmen, dass sich im vom Düsseldorfer Gartenarchitekten Josef Buerbaum gestalteten Garten des Hauses Falck einst eine Figur und eine Adlerskulptur (Falcke?) befunden hatten, die von dem Düsseldorfer Bildhauer Johannes Knubel (geb. 6.3.1877 in Münster, gest. 3.7.1949 in Düsseldorf) gefertigt waren, der mehrfach auch für die Leonhard Tietz A.-G. an deren großen Kaufhausbauten, unter anderem auch dem Warenhaus in der Hohen Straße, gearbeitet hatte. Am 8.12.1938 erfolgte der Zwangsverkauf des Hauses. 1950 kam es im Rahmen der Rückerstattungsverhandlungen zu einem Vergleich mit dem damaligen Erwerber, der mit der Zahlung einer einmaligen Summe abgeschlossen wurde. Das Haus ist weitgehend original erhalten.

QUELLEN UND LITERATUR:
- Unterlagen und freundliche Mitteilungen von Ruth Scully-Falck und Ellen Castle-Falck, USA
- Auftragsbuch des Fotografen Hugo Schmölz (Privatbesitz Walde Huth-Schmölz)
- Bauwarte, Jg. 8, 1932, H. 1, S. III (Bautennachweis)
- Rheinische Bauunternehmung G.m.b.H., Köln-Ehrenfeld. Köln o.J. (um 1930)
- Wolfram Hagspiel: Köln: Marienburg, Bauten und Architekten eines Villenvorortes. Köln 1996, S. 486–489
- Wolfram Hagspiel: Marienburg. Ein Kölner Villenviertel und seine architektonische Entwicklung. Fotografien von Hans-Georg Esch. Köln 2007

Altstadt, Ehrenstr. 15–17
Umbau Ladenlokal
Bj.: 1924
Bh.: Josef Siefer und Leonhard Tietz A.-G.
Bauunternehmung: Rheinische Bauunternehmung G.m.b.H. (Gesamtausführung)

Die 1898 eröffnete Filiale der Leonhard Tietz A.-G. wurde 1924 umgebaut und 1928 geschlossen.

LITERATUR:
- Peter Fuchs: 100 Jahre Kaufhof Köln. Köln 1991, S. 36
- Rheinische Baufachzeitung, Jg. 40, 1924, H. 6 (Bautennachweis)

Bayenthal, Gustav-Heinemann-Ufer 58/ Fritz-Reuter-Straße
Verwaltungs- und Lagergebäude
Bj.: um 1924
Bh.: Hornimport-Aktiengesellschaft
Bauunternehmung: Joseph & Willy Brandt

Die bis etwa 1900 in der Altstadt ansässige und dann ans Oberländer Ufer nach Bayenthal verzogene, auf die Einfuhr von Horn und ausländische Hölzer spezialisierte, Franz Josef Horn und Otto Horn gehörende Firma N. Horn jr. & Cie. fusionierte um 1922 mit der in der Weißbüttengasse beheimateten Hornhandlung Eduard Meyer, deren Eigentümer Eduard Meyer und Otto Blumenfeld waren, zur Hornimport-Aktiengesellschaft. Zum Vorstand dieser Firma gehörten Eduard Meyer,

Das Verwaltungs- und Lagergebäude der Hornimport-Aktiengesellschaft. Abb. aus: Joseph & Willy Brandt, Bauunternehmung. Berlin o. J. (1931)

Otto Horn, Franz Josef Horn, Otto Blumenfeld und August Goosmann sowie einige Jahre später Siegmund Schöneberg. Prokurist war Heinrich Weigel. Im Zusammenhang mit dieser Fusion wurde um 1924 am alten Standort der Firma N. Horn jr. & Cie. ein neues Verwaltungsgebäude mit Lagebauten errichtet, das gestalterisch an die gleichzeitigen Werkstatt- und Garagengebäude der Leonhard Tietz A.-G. erinnert. Der Architekt der zum Rhein hin gelegenen, 1913/14 erbauten Franz und Otto Horn gehörenden Doppelvilla Oberländer Ufer 54–56, die dem Gewerbebau vorgelagert war, ließ sich nicht ermitteln.

QUELLEN UND LITERATUR:
- HAStK Best. 485 / 751
- Joseph & Willy Brandt, Bauunternehmung. Berlin o. J. (1931)

Altstadt, Heumarkt
Brückenkopfbebauung mit Hochhaus
Planung: 1924/25
Bh.: Leonhard Tietz A.-G.
Architekten: Georg Falck und Fritz Schumacher

Im Jahre 1920 legte Hans Verbeek, der damalige Leiter des Hochbauamtes und spätere Stadtkonservator, der sich seit dem Bau der 1915 eingeweihten Deutzer Brücke mit der Neugestaltung des Heumarktes beschäftigt hatte, Entwürfe zu einem neuen Rathaus vor, das aus einer Brückenkopfbebauung mit einem circa zwölfgeschossigen Hochhaus mitten auf der Platzfläche des Heumarktes bestehen sollte. Über ein Jahr später griff Fritz Schumacher, der von Konrad Adenauer als Beigeordneter für das gesamte Bau- und Planungswesen für den Zeitraum vom 16.12.1920 bis Ende Juli 1923 von Hamburg für Köln „entliehen" worden war, dieses Thema erneut auf. Angeblich ohne die Kenntnis vorheriger Planungen veröffentlichte er im November 1921 einen Vorschlag zur Bebauung der Brückenrampe am Heumarkt. Einen Monat später versuchte er das 49 m hohe Hochhaus als Bereicherung des Rheinpanoramas, aber auch als dankbares Renditeobjekt auf überaus wertvollen Boden zu legitimieren. Die Planung entfachte nicht nur in Köln eine kontroverse Diskussion. Das wegen der Höhenentwicklung für die Ausnahmegenehmigung von der Bauordnung

Hochhausentwurf Variante 1 mit Blick von der Brücke. Abb. aus: Deutsche Bauzeitung, 1925, S. 728

Hochhausentwurf Variante 2 mit Blick von der Brücke. Abb. aus: Deutsche Bauzeitung, 1925, S. 728

Hochhausentwurf Variante 2 mit Blick vom Rhein. Abb. aus: Deutsche Bauzeitung, 1925, S. 725

oben: Zeichnung des Hochhauses im Stadtbild. Abb. aus: Deutsche Bauzeitung, 1925, S. 727

unten: Montage des Hochhauses in ein Rheinpanoramafoto. Abb. aus: Wasmuths Monatshefte für Baukunst, 1926, S. 91

zuständige preußische Staatsministerium betrachtete das Bauvorhaben als störenden Eingriff in das Stadtpanorama Kölns und erhob deshalb die ganze Angelegenheit zu einem Anliegen von „nationaler Bedeutung". In Köln wehrten sich unter anderem der Bund Deutscher Architekten, BDA, und der Architekten- und Ingenieur-Verein, AIV, öffentlich gegen die Entwürfe und erreichten damit, dass städtischerseits im Einvernehmen mit dem Regierungspräsidenten, dem Ministerium für Volkswohlfahrt und dem Preußischen Landeskonservator ein Gutachten namhafter Architekten bestellt wurde, das sich eindeutig gegen diese Planung aussprach. Dennoch genehmigte Wohlfahrtsminister Heinrich Hirtsiefer sehr zum Erstaunen der Kritiker das Bauvorhaben, was nach Meinung vieler auf eine geschickte Intervention durch den eigentlichen Bauherrn, den Kölner Oberbürgermeister Konrad Adenauer, hindeutete.

Nach dieser Genehmigung fanden über Monate dauernde Verhandlungen über die genaue Nutzung und die Finanzierung des Projektes statt, weshalb eine überarbeitete, fast baureife Planung erst im März 1925 vorgelegt werden konnte. Als Bauherr sollte jetzt eine unter erheblicher Mitwirkung der Leonhard Tietz A.-G. zu gründende Baugesellschaft auftreten, die das Bauvorhaben ohne irgendwelche öffentlichen Mittel zur Durchführung bringen wollte. Durch die Verbindung mit der Leonhard Tietz A.-G. war Fritz Schumacher gehalten, die Planungen jetzt gemeinsam mit deren Hausarchitekten, Georg Falck, zu entwickeln. In den oberen Geschossen des Hochhauses sollten die Zentralverwaltung des Kaufhauskonzerns und ferner alle bisher auf ganz Deutschland verteilten Einkaufsorganisationen und Großhandelsabteilungen dieser Firma untergebracht werden. Für einen weiteren, nicht unerheblichen Teil

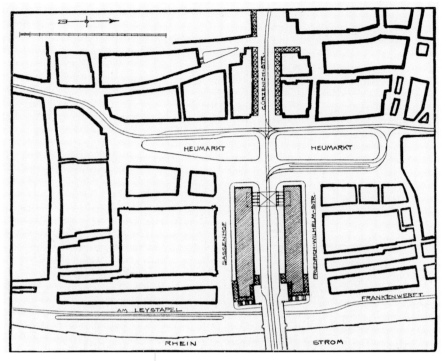

Lageplan. Abb. aus: Deutsche Bauzeitung, 1925, S. 726

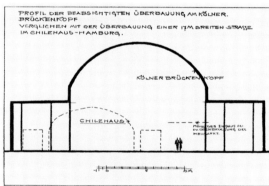

Profile der Tordurchfahrten im Vergleich mit denen beim Chilehaus in Hamburg. Abb. aus: Deutsche Bauzeitung, 1925, S. 726

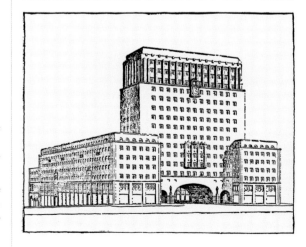

links: Hochhausentwurf Variante 3 mit Blick vom Heumarkt. Abb. aus: Stadt-Anzeiger vom 28.3.1925

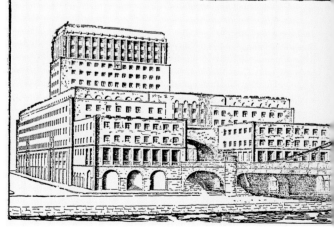

rechts: Hochhausentwurf Variante 3 mit Blick vom Rhein. Abb. aus: Stadt-Anzeiger vom 28.3.1925

erklärte sich die Stadt Köln als Mieter bereit. Der übrige Raum war allgemeiner Büro- und Geschäftsnutzung vorbehalten. An Nutzräumen sollte der Bau 3000 qm Keller- und Lagerflächen, 6180 qm Läden und Zwischengeschosse sowie 23610 qm Büroräume enthalten. Die kalkulierten Baukosten betrugen neun Millionen Mark. Der Wert des Grundstücks, das in Erbbau an die von Leonhard Tietz A.-G. zu gründende Gesellschaft vergeben werden sollte, wurde auf vier bis viereinhalb Millionen Mark geschätzt. Da jedoch die öffentliche Kritik weiter anhielt, trat Fritz Schumacher Ende August von jeglicher Bearbeitung zurück, worauf sich Konrad Adenauer kurzerhand für die Ausschreibung eines offenen Verfahrens entschied. So kam es zu jenem legendären, von der angesehenen Architekturzeitschrift „Wasmuths Monatshefte für Baukunst" als „Kölner Hochhaus-Karneval" bezeichneten Brückenkopf-Wettbewerb, der mit 412 Einreichungen einer der größten in der Weimarer Republik war.

LITERATUR:

- Das zurückgezogene Projekt für den linksrheinischen Brückenkopf der Kölner Hängebrücke. In: Deutsche Bauzeitung, Jg. 59, 1925, S. 725–728
- Wolfram Hagspiel: Hochhausträume. Die Vorkriegszeit in Köln und Düsseldorf. In: Polis, Jg. 13, 2001, H. 3, S. 32–36
- Wolfram Hagspiel: Der Traum vom Wolkenkratzer. Hochhausplanungen der 20er Jahre in Düsseldorf und Köln. In: Architektur Forum Rheinland e.V. (Hg.): Rheinisches Jahrbuch für Architektur 1. Wuppertal 2000, S. 72–85
- Wolfram Hagspiel: Türme, Turmhäuser, Hochhäuser. Hochhausträume der 1920er Jahre in Köln und Düsseldorf. In: NRW-Forum Kultur und Wirtschaft Düsseldorf (Hg.): Der Traum vom Turm. Ostfildern-Ruit 2004, S. 230–243

KÖLNER BAUTEN GEORG FALCK

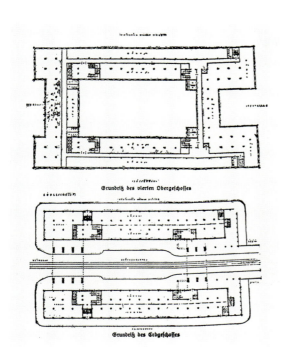

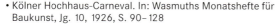

- Kölner Hochhaus-Carneval. In: Wasmuths Monatshefte für Baukunst, Jg. 10, 1926, S. 90–128
- Gustav Lampmann: Hängebrücke und Hochhaus – Grundlagen des Kölner Ideen-Wettbewerbs. In: Städtebau, Jg. 20, 1925, S. 173–175
- Fritz Schumacher: Stufen des Lebens. Stuttgart, Berlin 1935, S. 367
- Stadt-Anzeiger vom 28.3.1925
- Westdeutsche Technische Blätter, 1925, H. 10, S. 2–3

Klettenberg, Siebengebirgsallee 99–105/ Ölbergstr. 20/Klettenberggürtel 7–15

Mehrfamilienhausbebauung
Bj.: 1924–27
Bh.: Baugesellschaft Falck m.b.H.
Mitarbeiter: Peter Prevoo
Bildhauer: Johannes Knubel (Zuschreibung)
Bauunternehmung: Rheinische Bauunternehmung G.m.b.H. (Gesamtausführung)

In seinem Bauvolumen übersteigt diese drei Straßen tangierende Bebauung die von ihren Grundsätzen ähnlich gelagerten Wohnhäuser entlang der Remigiusstraße und Arnulfstraße in Sülz aus der Zeit vor dem Ersten Weltkrieg, nur dass Georg Falck zur Finanzierung jetzt auf das schon mehrfach beim ihm bewährte Modell einer Gesellschaft zurückgriff, die zudem sämtliche Häuser als Eigentum behielt. Mit Gesellschaftsvertrag vom 22.11.1924 wurde am 12.12.1924 die Baugesellschaft Falck m.b.H. eingetragen, deren Zweck der Erwerb, die Bebauung und der Verkauf von Grundstücken war. Georg Falck war anfänglich der einzige Gesellschafter und Geschäftsführer. Für die 1920er Jahre ist dieser Klettenberger Wohnblock eines der ganz wenigen Beispiele eines groß angelegten, frei finanzierten Wohnungsbaus in Köln, der sich im Äußeren gestalterisch jedoch kaum vom genossenschaftlichen Wohnungsbau unterschied. Begonnen wurde die Bebauung in der Ölbergstraße und Siebengebirgsallee, wie man es un-

oben links: Grundrisse des Hochhausentwurfes Variante 3. Abb. aus: Stadt-Anzeiger vom 28.3.1925

oben rechts: Ansicht von der Ecke Klettenberggürtel/ Siebengebirgsallee. Foto: Wolfram Hagspiel (2009)

Mitte: Aufriss der Bebauung am Klettenberggürtel. Abb. aus: Bauwarte, 1926, S. 359

unten: Grundrisse der Bebauung am Klettenberggürtel. Abb. aus: Bauwarte, 1927, S. 56

links: Blick in die Siebengebirgsallee. Foto aus: Köln, bauliche Entwicklung 1888–1927. Berlin 1927, S. 112

rechts: Detail der Bebauung in der Siebengebirgsallee. Foto: Wolfram Hagspiel (2009)

Blick auf die Ecksituation Siebengebirgsallee/Ölbergstraße. Foto aus: Rheinische Bauunternehmung. Köln (um 1930)

schwer auch an der stilistischen Einheit dieser durch expressionistisch-zackige Erker geprägten, grün verputzten Häuser erkennen kann. Später erfolgte dann ein Planungswechsel mit einer eher kubischen, stark in der Horizontale betonten Architektur entlang des Klettenberggürtels, die den Übergang zum „Neuen Bauen" im Werk von Georg Falck markiert. Die sehr geräumigen, meist Vierzimmerwohnungen boten für ihre Zeit einen hohen Standard, den man schon beim Betreten der aufwendig gestalteten Treppenhäuser erahnen kann und der sich in Bezug auf die Mieter in einer Klientel aus gehobenem Mittelstand bis hin zu Direktoren äußerte. Die im Krieg nur wenig beschädigten Häuser befinden sich heute in einem vorbildlichen, weitgehend dem Ursprung entsprechende Zustand. Verändert sind allerdings die Farbwerte bei der Fassade, die ursprünglich aus einem etwas dunkleren Grün im Kontrast zu einem hellen Sandton bestanden. Bei einer jüngst erfolgten Sanierung wurde zudem die farbige Treppenhausverglasung entfernt. Die Bildhauerarbeit dürfte von dem mit Georg Falck befreundeten Düsseldorfer Bildhauer Johannes Knubel stammen.

QUELLEN UND LITERATUR:
- HAStK Best. 485/512
- HAStK Best. 458, III-3-223, III-3-347, III-3-481, III-3-506
- Auftragsbuch des Fotografen Hugo Schmölz (Privatbesitz Walde Huth-Schmölz)
- Bauwarte, Jg. 2, 1926, S. 359
- (Leo Haubrich): Geschäfts- und Wohnbauten. Architekt Georg Falck, Köln, Mitarbeiter Architekt P. Prevoo. In: Bauwarte, Jg. 3, 1927, S. 53–60
- E. Wedepohl: Die architektonische Durchbildung der Siedlungsbauten. In: Köln, bauliche Entwicklung 1888–1927. Berlin 1927, S. 111–118
- Rheinische Bauunternehmung G.m.b.H., Köln-Ehrenfeld. Köln o.J. (um 1930)
- Wie heize ich meine Wohnung? In: Bauwarte, Jg. 3, 1927, S. 187–190
- Führer durch die Ausstellung Stadt und Land. Köln 1930, S. 33

Braunsfeld, Am Morsdorfer Hof
Villa
Planung: 1925
Bh.: Moritz Grünebaum (Teilhaber der Schuhwarengroßhandlung Gebr. Grünebaum)

Entwurf und genauer Standort dieser nicht realisierten Planung ließen sich nicht ermitteln.

LITERATUR:
- Die Bauwirtschaft vom 14.11.1925 (Bautennachweis)

Lindenthal, Robert-Koch-Str. 34 und 36
2 Reihenhäuser
Bj.: 1925 und 1925/26
Bh.: (Nr. 34) Hans Schulze-Gahmen (Stadtbaumeister), (Nr. 36) Moritz Rom (Liegenschaftsdirektor)
Bauunternehmung: Rheinische Bauunternehmung G.m.b.H. (Gesamtausführung)

Die beiden Häuser, deren Bauplan vom April 1925 stammt, bilden den mittleren und von der Entstehung her ersten Teil der Reihenhauszeile Robert-Koch-Str. 32–36 und Gyrhofstr. 27. Auffallend ist die starke Farbigkeit, die man sich als ein kräftiges Goldocker oder sogar Rot vorstellen muss. Die im Krieg bis auf die Außenmauern zerstörten Häuser wurden in Anlehnung an die Ursprungsbauten wiederaufgebaut.

QUELLEN UND LITERATUR:
- HAStK Best. 458, III-3-252 (Robert-Koch-Str. 36)
- HAStK Best. 485 / 825
- Auftragsbuch des Fotografen Hugo Schmölz (Privatbesitz Walde Huth-Schmölz)
- Rheinische Bauunternehmung G.m.b.H., Köln-
- Ehrenfeld. Köln o.J. (um 1930)

Die Häuser Robert-Koch-Str. 34 und 36. Foto aus: Rheinische Bauunternehmung. Köln (um 1930)

Altstadt, Kämmergasse 39–41
Garagenanlage und Werkstattgebäude der Firma Tietz
Bj.: 1925
Bh.: Leonhard Tietz A.-G.
Bauunternehmung: Rheinische Bauunternehmung G.m.b.H. (Gesamtausführung)

Zu Beginn der 1920er Jahre hatte die Leonhard Tietz A.-G. in der Kämmergasse die meist eingeschossigen Häuser Nr. 37–45 erworben. An der Stelle der beiden mittleren Häuser, die weit zurück von der Straßenflucht lagen, wurde 1925 für den Fuhrpark der Leonhard Tietz A.-G. auf insgesamt 1500 qm bebauter Grundfläche eine Garagenanlage mit Werkstattgebäuden für eine Bankschreinerei, Schlosserei und Maschinenschreinerei errichtet. In dem dieser Anlage vorgelagerten zweigeschossigen Bau befanden sich neben den Erschließungsräumen und einigen Werkstatträumen auch eine Wohnung für den Garagenmeister. Der dahinter mittig liegende Baukörper mit zwei Geschossen beherbergte im Erdgeschoss und Keller

Garagen und Werkstattgebäude der Firma Tietz. Foto aus: Rheinische Bauunternehmung. Köln (um 1930)

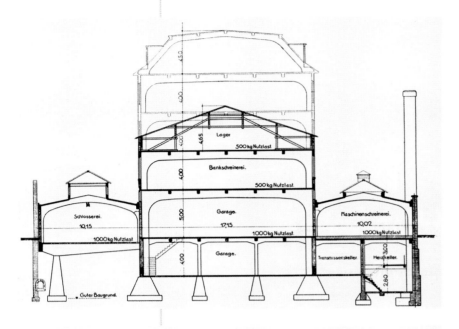

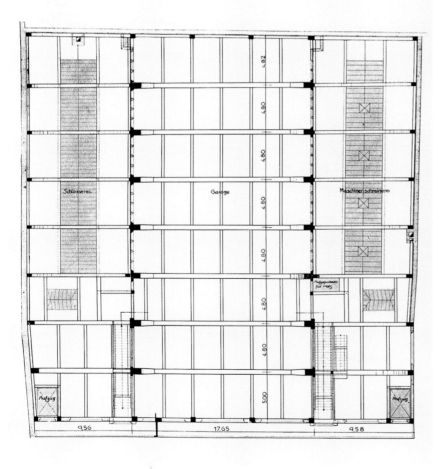

die Räumlichkeiten für die Fahrzeuge, im Obergeschoss die Bankschreinerei und im Dachbereich Lagerräume. Dieser Bauteil war statisch so ausgelegt, dass er bei Bedarf um zwei Geschosse hätte erhöht werden können. Die insgesamt dreigliedrige Anlage fand damals wegen ihrer weite Räume stützenlos überfangenden Stahlbetonkonstruktion viel Beachtung. Leo Haubrich bemerkte 1926: *„Die Architektur der Tietzschen Garage, Köln, erscheint auf* *den ersten Blick vielleicht allzu nüchtern, und doch beruht die Kraft dieses Baues gerade in der Klarheit und Strenge der Anlage. Bemerkenswert ist hierbei besonders auch die Konstruktion, die ebenso wie die statischen Berechnungen von der Rheinischen Bauunternehmung G.m.b.H., Köln, bearbeitet und ausgeführt wurde."* Die nicht gänzlich im Krieg zerstörten Bauten der Anlage wurden nach 1945 durch den Architekten Hermann Wunderlich teilweise wiederhergerichtet, so 1948/49 der Garagenbau als „Großer Ausmusterungssaal" der Kaufhof AG (allerdings Mitte der 1950er Jahre für den neuen Verwaltungsbau abgerissen) und 1950 der zur Kämmergasse hin vorgelagerte Trakt der einstigen Garagenanlage als erster Bauabschnitt der Kaufhof-Hauptverwaltung. Seitlich erweitert und aufgestockt hat sich dieser Bau mit der Adresse Leonhard-Tietz-Str. 1 bis heute erhalten.

LITERATUR:
- Kölner Stadt-Anzeiger vom 24.11.1953
- (Leo Haubrich): Neuere Bauten der Tietz A.G., Architekt Georg Falck, Köln. In: Bauwarte, Jg. 2, 1926, S. 600–602
- Rheinische Bauunternehmung G.m.b.H., Köln-Ehrenfeld. Köln o.J. (um 1930)
- Rheinische Zeitung vom 10.6.1950
- Franz Stern: Ingenieurbautätigkeit und Verkehrsanlagen seit 1888, Ingenieur-Hochbauten. In: Köln, bauliche Entwicklung 1888–1927. Berlin 1927, S. 218–234

**Altstadt, Hohe Str. 43–53/
Gürzenichstr. 2/An St. Agatha 32–42**
Umbau und Einbau einer Rolltreppe im Warenhaus Tietz
Bj.: 1925
Bh.: Leonhard Tietz A.-G.
Bauunternehmung: Rheinische Bauunternehmung G.m.b.H. (Gesamtausführung)

Der im Juli 1925 abgeschlossene Umbau diente der Erweiterung der Verkaufsflächen und dem Einbau einer über fünf Geschosse führenden Rolltreppenanlage, der ersten in Deutschland überhaupt. Für die Neugewinnung von Verkaufsflächen wurden die beiden seitlichen Lichthöfe mit in Eisenbeton erstellten Decken geschlossen, während für die im Gewicht sehr schwere Rolltreppenanlage an anderer Stelle Deckendurchbrüche und aufwendige Verstärkungen der bisherigen Konstruktion unternommen wurden. Großes Lob

galt seinerzeit der Rheinischen Bauunternehmung, weil es ihr gelang, die Baumaßnahmen ohne Störung des Geschäftsbetriebes durchzuführen. Die Rolltreppenanlage wurde im Krieg zerstört.

linke Seite
oben links: Schnitt durch die Gesamtanlage. Foto aus: Rheinische Bauunternehmung. Köln (um 1930)

unten links: Erdgeschossgrundriss der Gesamtanlage. Foto aus: Rheinische Bauunternehmung. Köln (um 1930)

oben rechts: Blick in die Schlosserei. Foto aus: Rheinische Bauunternehmung. Köln (um 1930)

Mitte rechts: Blick in die Autohalle. Foto aus: Rheinische Bauunternehmung. Köln (um 1930)

unten rechts: Blick auf die Baustelle. Foto aus: Rheinische Bauunternehmung. Köln (um 1930)

diese Seite
oben: Das umgebaute Warenhaus Tietz. Foto aus: 50 Jahre Leonhard Tietz 1879–1929. Köln 1929

unten: Blick in den Innenhof des umgebauten Warenhaus Tietz. Foto aus: 50 Jahre Leonhard Tietz 1879–1929. Köln 1929

oben: Einer der seitlichen Lichthöfe während der Schließung. Foto aus: Rheinische Bauunternehmung. Köln (um 1930)

unten: Die hochmoderne Rolltreppenanlage. Foto aus: Rheinische Bauunternehmung. Köln (um 1930)

LITERATUR:
- 50 Jahre Leonhard Tietz 1879–1929. Köln 1929
- Peter Fuchs: 100 Jahre Kaufhof Köln. Köln 1991, S. 83
- Kölnische Rundschau vom 29.12.2000
- Louis Parnes: Bauten des Einzelhandels und ihre Verkehrs- und Organisationsprobleme. Zürich, Leipzig 1935
- Rheinische Bauunternehmung G.m.b.H., Köln-Ehrenfeld. Köln o.J. (um 1930)
- Stadt-Anzeiger vom 21.10.1925 (Rolltreppe)
- Franz Stern: Ingenieurbautätigkeit und Verkehrsanlagen seit 1888, Ingenieur-Hochbauten. In: Köln, bauliche Entwicklung 1888–1927. Berlin 1927, S. 218–234

Altstadt, Heumarkt
Brückenkopfbebauung mit Hochhaus
Wettbewerb: 1925
Motto (1): „Sternenturm am Rhein"
Mitarbeiter: Willi Felten
Preis: zum Ankauf empfohlen
Motto (2): „Zwei Wände"
Mitarbeiter: Willi Felten
Preis: kein Preis

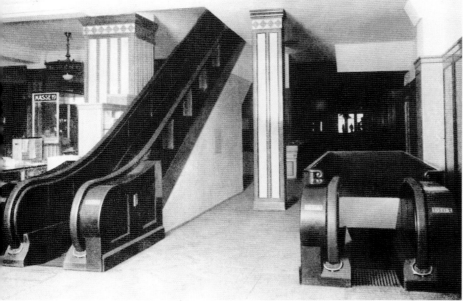

rechts: Der Entwurf „Sternenturm am Rhein". Abb. aus: Baugilde, 1926, S. 138

Am 17.10.1925 erfolgte, nachdem Fritz Schumacher wegen anhaltender öffentlicher Kritik Ende August 1925 von jeglicher Bearbeitung an dem mit Georg Falck gemeinsam bearbeiteten Hochhausprojekt zurückgetreten war, aufgrund einer kurzfristigen Entscheidung von Konrad Adenauer die Ausschreibung eines Wettbewerbs für die Bebauung der linksrheinischen Rampe der Kölner Hängebrücke. Mit Fristsetzung zum 24.12.1925 richtete sich die Ausschreibung an die Architekten Deutschlands einschließlich des Saargebietes, des Freistaats Danzig und der Republik Österreich. Als Bauherr war die Leonhard Tietz A.-G. angekündigt. Das Preisgericht, in dem unter anderem Konrad Adenauer, Peter Behrens, Martin Elsaesser, Emil Fahrenkamp, Josef Hoffmann und Otto Salvisberg saßen, trat erstmals am 11.1.1926 zur Bewertung der insgesamt 412 eingegangenen Entwürfe beziehungsweise rund 3000 Zeichnungen und 240 Architekturmodelle zusammen – einer der größten und vor allem spektakulärsten Wettbewerbe der Weimarer Republik, an dem auch fast die gesamte deutsche Architektenprominenz teilgenommen hatte. Vergeben wurden jedoch lediglich ein 1. und ein 2. Preis. Es gab acht Ankäufe und zwei Ankaufsempfehlungen. Mit dem 1. Preis bedacht wurde der mit dem Motto „Porta Agrippi-

na" eingereichte Beitrag der Düsseldorfer Architekten Wilhelm Pipping und William L. Dunkel – kein extrem moderner, aber auch kein allzu konservativer Entwurf, eher dekorativ-expressionistisch, mit „Zinnenkranz" und gotisierenden „Dachreitern". Das Preisgericht hob die *„hervorragende stadtbaukünstlerische Lösung hervor"*, die *„keine Beeinträchtigung der Kölner Kirchen und vor allem des Domes"* bedeutete. Der 2. Preis mit dem Motto „Gegenüber II" ging an die Hamburger Architekten Alfred Puls und Emil Richter. Georg Falck hatte bei diesem Wettbewerb zwei Beiträge eingereicht, die zusammen mit seinem zuvor in Düsseldorf im Büro von Peter Behrens tätigen Mitarbeiter Willi Felten entwickelt worden waren. Der Entwurf mit dem Motto „Sternenturm am Rhein" wurde vom Preisgericht zum Ankauf empfohlen, *„weil der Verfasser sich grundsätzlich zu der immerhin eigenartigen Auffassung bekannte, den Turm unmittelbar an den Rhein zu setzen"*, während der sehr massige Entwurf mit dem Motto „Zwei Wände" kaum Beachtung gefunden hatte. Nach Ende des Wettbewerbs war das Thema Brückenkopfbebauung am Heumarkt kein Gesprächsthema mehr in Köln, was

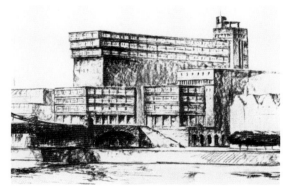

möglicherweise auch damit zusammenhängt, dass Konrad Adenauers neuer Stadtbaumeister, der zuvor in Stuttgart tätig gewesene Adolf Abel, mit viel Ambitionen gänzlich andere städtebauliche Ziele verfolgte und zusammen mit Konrad Adenauer auch realisierte.

oben: Der Entwurf „Sternenturm am Rhein" im Stadtbild. Bauwelt, 1926, S. 103

Mitte: Der Entwurf „Zwei Wände" im Stadtbild. Abb. aus: Wasmuths Monatshefte für Baukunst, 1926, S. 116

links: Der Entwurf „Zwei Wände". Abb. aus: Wasmuths Monatshefte für Baukunst, 1926, S. 116

LITERATUR:
- Gerhard Busse: Der Kölner Wettbewerb. In: Bauwarte, Jg. 2, 1926, S. 41–55
- Kölner Hochhaus-Carneval. In: Wasmuths Monatshefte für Baukunst, Jg. 10, 1926, S. 90–128
- Gustav Lampmann: Wettbewerb zur Bebauung des linksrheinischen Rampengebiets der Hängebrücke in Köln. In: Bauwelt, Jg. 17, 1926, S. 97–105

- Niederschrift über das Preisgericht im Wettbewerb für die Bebauung der linksrheinischen Rampe der Kölner Hängebrücke. Köln 1926
- Stadt-Anzeiger vom 22.1.1926
- E. Wedepohl: Wettbewerb für die Bebauung des linksrheinischen Brückenkopfes der Kölner Hängebrücke. In: Die Baugilde, Jg. 8, 1926, S. 133–140
- Wettbewerb zur Bebauung des Kölner Brückenkopfes. In: Deutsche Bauzeitung, Jg. 60, 1926, Beilage Wettbewerbe und Schwesterkünste, S. 49–56, 60–63

Braunsfeld, Friedrich-Schmidt-Str. 40
Halbvilla
Bj.: 1925/26
Bh.: Edmund Dilthey (Inhaber einer Baumwollspinnerei)
Bauunternehmung: Rheinische Bauunternehmung G.m.b.H. (Gesamtausführung)

Der betont streng gegliederte, im Krieg zerstörte Backsteinbau fand 1926 seine Komplettierung zur Doppelvilla in dem von Dr. Jakob Dondorff entworfenen Haus Friedrich-Schmidt-Str. 40a.

LITERATUR:
- Die Bauwirtschaft vom 5.12.1925 (Bautennachweis)
- Wolfram Hagspiel: Bauten und Architekten in Braunsfeld von 1900 bis zur Gegenwart. In: Max-Leo Schwering: Köln: Braunsfeld – Melaten. Köln 2004, S. 271–336
- Rheinische Bauunternehmung G.m.b.H., Köln-Ehrenfeld. Köln o.J. (um 1930)

Die Halbvilla Friedrich-Schmidt-Str. 40. Foto aus: Rheinische Bauunternehmung. Köln (um 1930)

Klettenberg, Wolkenburgstr. 3–5
Doppelhaus
Bj.: 1926
Bh.: (Nr. 3) Peter Knab (Lehrer),
(Nr. 5) Max Kölling (Kaufmann)
Mitarbeiter: Peter Prevoo
Bauunternehmung: Rheinische Bauunternehmung G.m.b.H. (Gesamtausführung)

Die Hauptwohnräume dieses zweigeschossigen, villenartigen Doppel-Mehrfamilienhauses mit Backsteinfassade liegen zur besonnten Gartenseite, wodurch die Straßenfront infolge der nach hier orientierten Nebenräume mit oft schmalen

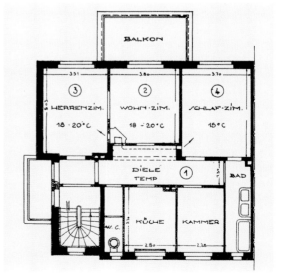

links: Das Haus Wolkenburgstr. 3–5. Foto aus: Bauwarte, 1927, S. 59

rechts: Wohnungsgrundriss im Haus Wolkenburgstr. 3. Abb. aus: Bauwarte, 1927, S. 189

Fenstern einen relativ gleichförmigen Eindruck macht, wie man ihn sonst von Siedlungsbauten kennt. Das Doppelhaus ist nach teilweisen Kriegszerstörungen stark verändert erhalten.

LITERATUR:
- Rheinische Bauunternehmung G.m.b.H., Köln-Ehrenfeld. Köln o.J. (um 1930)
- (Leo Haubrich): Geschäfts- und Wohnbauten. Architekt Georg Falck, Köln, Mitarbeiter Architekt P. Prevoo. In: Bauwarte, Jg. 3, 1927, S. 53–60
- Wie heize ich meine Wohnung? In: Bauwarte, Jg. 3, 1927, S. 187–190

Mülheim/Riehl
Mülheimer Brücke
Wettbewerb: 1926
Motto: „Deutschlands Strom"
Entwurf: Georg Falck in Zusammenarbeit mit der Firma Caspar Heinrich Jucho (Dortmund)
Technischer Mitarbeiter: Baurat Dr.-Ing. Friedrich Voss, Kiel
Unterbauten: Siemens-Bauunion (Berlin)
Bh.: Stadt Köln
Preis: kein Preis

Zu dem von der Stadt Köln ausgeschriebenen engeren Wettbewerb waren elf auf den Brücken- und Stahlbau spezialisierte Firmen eingeladen, die zusammen mit Architekten insgesamt 38 Entwürfe eingereicht hatten. Der Entwurf von Georg Falck wurde unter der Kategorie „Bogenbrücken" zusammen mit den Entwürfen von Manfred Faber und Jacob Koerfer zunächst in die engere Wahl gezogen. Die in der Deutschen Bauzeitung wiedergegebene Kommentierung lautet: „*Von den Bogenbrücken-Entwürfen, die nur die Hauptfahrrinne mit einem großen Bogen überbrücken und dadurch zu einem Pfeiler im Rheinbett kommen, sind die Lösungen ‚Deutschlands Strom', ‚Bogen', ‚Colonia magna' an und für sich folgerichtige und reife Arbeiten. Sie können aber nicht als vollkommene Lösungen der Aufgabe selbst angesprochen werden, weil nach Ansicht des Preisgerichts gerade bei einer Bogenbrücke nur ein das ganze Flussband zusammenfassender Überbau eine in ästhetischer Hinsicht befriedigende Lösung ergeben kann. Außerdem sprechen wirtschaftliche Gründe nicht überzeugend für die Ausführung dieser Art einer Bogenbrücke*". Den 1. Preis im Wettbewerb erhielt der den Rhein von Ufer zu Ufer mit einem einzigen Bogen überspannende Entwurf von Peter Behrens, realisiert wurde jedoch die Hängebrücken-Planung von Adolf Abel.

LITERATUR:
- Die Bautechnik, Jg. 7, 1929, H. 1
- Brückenwettbewerb Köln-Mülheim (Vorbericht). In: Westdeutsche Bauschau, Jg. 1, 1927, H. 10/11, S. 1–6
- Der Brückenwettbewerb Köln-Mülheim. Die Entwürfe im Urteil des Preisgerichts. In: Westdeutsche Bauschau, Jg. 1, 1927, H. 13, S. 5–23
- Die neue Mülheimer Brücke. In: Bauwarte, Jg. 3, 1927, H. 3, S. 25–32
- Stadt Köln (Hg.): Neue Rheinbrücke Köln-Mülheim. Festschrift zur Eröffnungsfeier am 13. Oktober 1929. Köln 1929
- Wettbewerb Rheinbrücke Köln-Mülheim. In: Wettbewerbe. Beilage der Deutschen Bauzeitung, Jg. 61, 1927, S. 16–20

Der Entwurf „Deutschlands Strom" beim Wettbewerb zur Mülheimer Brücke. Abb. aus: Deutschen Bauzeitung, 1927, S. 18

links: Das Haus Robert-Koch-Str. 49. Foto aus: Rheinische Bauunternehmung. Köln (um 1930)

rechts: Das Haus Mommsenstr. 152. Foto aus: Rheinische Bauunternehmung. Köln (um 1930)

QUELLEN UND LITERATUR:
- HAStK Best. 485 / 825.
- Auftragsbuch des Fotografen Hugo Schmölz (Privatbesitz Walde Huth-Schmölz)
- Die Bauwirtschaft vom 9.1.1926 (Bautennachweis)
- Rheinische Bauunternehmung G.m.b.H., Köln-Ehrenfeld. Köln o.J. (um 1930)

Lindenthal, Mommsenstr. 152
Einfamilienreihenhaus
Bj.:   um 1926
Bh.: Felix Ganz (Mitinhaber der M. Lengenfeld'schen Buchhandlung A. Ganz
Bauunternehmung: Rheinische Bauunternehmung G.m.b.H. (Gesamtausführung)

Lindenthal, Robert-Koch-Str. 49
Einfamilienhaus
Bj.:   1926
Bh.: Vereinigte Stahlwerke A.G., Düsseldorf
Bildhauer: Johannes Knubel (Zuschreibung)
Bauunternehmung: Rheinische Bauunternehmung G.m.b.H. (Gesamtausführung)

Das in einigen Details recht verspielte und in seiner Farbigkeit sehr exponierte Haus, das die linke Hälfte eines allerdings nicht von Georg Falck komplettierten Doppelhauses darstellt, erinnert in Teilen sehr an das etwa gleichzeitig entstandene Geschäft der Ehape A.G. für Einheitspreise in Kalk und die Wohnbebauung entlang der Siebengebirgsallee und dem Klettenberggürtel. Vorstellbar ist ein grünlicher Putz, zu dem helle Putzbänder kontrastierten. Die Bildhauerarbeiten dürften von dem mit Georg Falck befreundeten Düsseldorfer Bildhauer Johannes Knubel stammen. Das Haus wurde durch Sprengbomben im Krieg völlig zerstört.

Der Familie Ganz gelang es um 1934 nach Palästina zu emigrieren, wo sie sich in Jerusalem niederließ. Das im Krieg unzerstörte Haus erhielt später im Rahmen einer größeren Umbaumaßnahme ein Satteldach und straßenseitig eine völlig neue Fassade. Erhalten haben sich dagegen die Garage und große Bereiche der Seiten- und Gartenfassade.

LITERATUR:
- Rheinische Bauunternehmung G.m.b.H., Köln-Ehrenfeld. Köln o.J. (um 1930)

Nippes, Neusser Str. 242–246/ Wilhelmstraße
Umbau Warenhaus Tietz
Bj.:   1927
Bh.: Leonhard Tietz A.-G.
Bauunternehmung: Rheinische Bauunternehmung G.m.b.H. (Gesamtausführung)

Zum 1.10.1927 übernahm die Leonhard Tietz A.-G. von Eduard Bluhm mietweise dessen 1905/06 vom Architekten Carl Schöne gebautes Warenhaus Gebrüder Bluhm. Der Umbau umfasste wesentlich

Das Warenhaus Tietz in Nippes. Foto aus: Rheinische Bauunternehmung. Köln (um 1930)

Kalk, Kalker Hauptstr. 112–116
Ladenbau „Ehape"
Bj.: 1927
Bh.: Ehape A.G. für Einheitspreise, Köln
Mitarbeiter: Peter Prevoo
Bauunternehmung: Rheinische Bauunternehmung G.m.b.H. (Gesamtausführung)

Auf dem Grundstück standen zuvor drei schlichte Wohnhäuser aus dem späten 19. Jahrhundert. Der höchst elegante, avantgardistische Neubau von Georg Falck, der vermutlich rot verputzt war und goldockerne Rahmungen und Gesimse zeigte, war offensichtlich als Erdgeschoss eines später aufzustockenden Gebäudes gedacht. Laut Stadt-Anzeiger vom 5.3.1927 ist der Ladenausbau in Köln-Kalk „ein Beispiel für die Auffassung des modernen Architekten und zeigt, wie die neue Zeit und ihre Kunstauffassung vom Baukünstler erfaßt und ausgedrückt wird." Das Gebäude, das den ersten eigenständigen Neubau der Ehape A.G. für Einheitspreise darstellt, wurde im Krieg zerstört.

die Schließung des von einer gläsernen Kuppel bekrönten Lichthofes und die daraus resultierenden Arbeiten zur Schaffung neuer Geschossebenen. Äußerlich bemerkbar wurde der Umbau besonders durch die Entfernung der großen und sehr markanten Bluhm-Werbekugel im Dachbereich über der Gebäudeecke. Die Baumaßnahme war binnen 22 Tagen ohne Störung des Geschäftsbetriebes abgeschlossen. Im Jahre 1930 erfolgten weitere, nicht näher bekannte Umbaumaßnahmen. Um 1938 wurde die Westdeutsche Kaufhof A.-G. im Rahmen der „Arisierung" jüdischen Eigentums Eigentümer der Immobilie. Das im Krieg teilzerstörte Gebäude wurde ab 1947 von dem Architekten Karl Band in neuen Formen wiederaufgebaut.

LITERATUR:
- Herbert Bluhm. In: Barbara Becker-Jákli (Bearb. u. Hg.): Ich habe Köln doch so geliebt. Köln 1993, S. 27–45
- 50 Jahre Leonhard Tietz 1879–1929. Köln 1929
- Peter Fuchs: 100 Jahre Kaufhof Köln. Köln 1991, S. 81
- Rheinische Bauunternehmung G.m.b.H., Köln-Ehrenfeld. Köln o.J. (um 1930)
- Kölnische Rundschau vom 13.12.2007
- Westdeutsche Bauzeitung, Jg. 13, 1930, H. 16, S. 9 (Bautennachweis)

oben: Entwurf zum Ladenbau „Ehape" in Kalk. Abb. aus: Bauwarte, 1927, S. 53

unten: Das Ladenbau „Ehape" am Tage seiner Eröffnung. Foto aus: Vierzig Jahre Kaufhalle. Köln 1965

LITERATUR:
- (Leo Haubrich): Geschäfts- und Wohnbauten. Architekt Georg Falck, Köln, Mitarbeiter Architekt P. Prevoo. In: Bauwarte, Jg. 3, 1927, S. 53–60
- Rheinische Bauunternehmung G.m.b.H., Köln-Ehrenfeld. Köln o.J. (um 1930)
- Stadt-Anzeiger vom 5.3.1927
- Vierzig Jahre Kaufhalle 1925–1965. Köln 1965

Ehrenfeld, Venloer Str. 217
Großgarage
Bj.: um 1927
Bh.: Adler Automobil Verkaufsgesellschaft Willy Bleissem m.b.H.
Bauunternehmung: Rheinische Bauunternehmung G.m.b.H. (Gesamtausführung)

Die mit den Betriebswerkstätten der Firma verbundene Garage war laut Werbung von 1929 die „größte Garagenanlage Westdeutschlands".

LITERATUR:
- Rheinische Bauunternehmung G.m.b.H., Köln-Ehrenfeld. Köln o.J. (um 1930)

Braunsfeld, Hültzstr. 36
Garage
Bj.: um 1927
Bh.: Paul Mark (Kaufmann, Direktor)
Bauunternehmung: Rheinische Bauunternehmung G.m.b.H. (Gesamtausführung)

Die Villa wurde 1922–25 nach den Entwürfen des Architekturbüros Schreiterer & Below errichtet.

LITERATUR:
- Rheinische Bauunternehmung G.m.b.H., Köln-Ehrenfeld. Köln o.J. (um 1930)

Marienburg, Robert-Heuser-Str. 7–7a
Doppelvilla
Bj.: 1927/28
Bh.: Georg Falck
Bauunternehmung: Rheinische Bauunternehmung G.m.b.H. (Gesamtausführung)

Noch während des Baues verkaufte Georg Falck die Doppelvilla an den Oberingenieur Friedrich Dieterich. Das spiegelsymmetrisch angelegte, in einem zarten Grünton verputzte Haus, das stilistisch eine Verbindung von Tradition und Moderne darstellt, fällt durch die den Baukörper umziehende

Die Doppelvilla Robert-Heuser-Str. 7-7a. Foto aus: Rheinische Bauunternehmung. Köln (um 1930)

Horizontale mit „dynamischen" Eckgestaltungen, wie den über Eck gesetzten Fenstergruppen mit Gittern im Erdgeschoss und den Eckloggien im Obergeschoss auf, denen an den Schmalseiten die Treppenhausrisalite als vertikale Akzente antworten.

LITERATUR:
- Baudienst, Jg. 3, 1927, H. 52 (Bautennachweis)
- Wolfram Hagspiel: Köln: Marienburg. Bauten und Architekten eines Villenvorortes. Köln 1996
- Rheinische Baufachzeitung, 1927, H. 29 (Bautennachweis)
- Rheinische Bauunternehmung G.m.b.H., Köln-Ehrenfeld. Köln o.J. (um 1930)

Marienburg, Auf dem Römerberg 40/ Unter den Ulmen 1–3, 5
Villengruppe
Bj.: 1927/28
Bh.: Georg Falck
Mitarbeiter: Peter Prevoo
Bauunternehmung: Rheinische Bauunternehmung G.m.b.H. (Gesamtausführung)

Zur Erschließung und Verwertung des Geländes der ehemaligen Brauerei der Rheinischen Brauerei-Gesellschaft wurde am 17.5.1926 von Georg Falck die Marienburger Terraingesellschaft m.b.H. gegründet, deren alleiniger Geschäftsführer er zunächst selbst war. In der Folgezeit wurden die auf dem großen Areal stehenden Brauereigebäude abgebrochen. Am 3.12.1926 kam es zur Sprengung

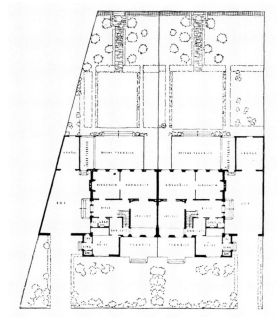

des 60 m hohen Kamins. Weil sich zu römischer Zeit in dieser Gegend ein Flottenkastell befunden hat, waren die Abbrucharbeiten mit groß angelegten archäologischen Grabungen verbunden. Das wiederverwertbare Abbruchmaterial der Brauereigebäude ließ Georg Falck im Materiallager seiner Rheinischen Bauunternehmung deponieren. In der Hand dieser Bauunternehmung lagen nicht nur sämtliche Arbeiten bei den auf dem Gelände errichteten Häusern, sondern auch sämtliche Erd-, Abbruch- und Sprengarbeiten, die Arbeiten bei der Ausführung der Straßenkanäle sowie 1930/31 bei der Eisenbeton-Stützmauer an der Straße An der Alteburger Mühle, in die Garagen integriert wurden. Die ersten von Georg Falck geplanten Wohnhäuser entstanden an der Straße Unter den Ulmen mit dem Doppelhaus Nr. 1–3 und den beiden Einzelhäusern Nr. 5 und Auf dem Römerberg 40/ Unter den Ulmen. Die Anlegung der Straße Auf dem Römerberg ging auf Initiative von Georg Falck zurück, der hier offensichtlich die Errichtung weiterer Häuser nach seinen Entwürfen vorhatte, was dann aber durch das „Dritte Reich" verhindert wurde. Einige Grundstücke wurden allerdings auch ohne Bindung an ihn als Architekten verkauft, so das Grundstück Auf dem Römerberg 29, für das Julius Schloss, Vorstandsmitglied der Leonhard Tietz A.-G., sich nach Entwürfen von Theodor Merrill sein neues Domizil entwerfen ließ, das dann allerdings von der Rheinischen Bauunternehmung G.m.b.H. ausgeführt wurde. Auch Dominikus Böhm, Auf dem Römerberg 25, zählte

oben links: Die Bebauung entlang der Straße Unter den Ulmen kurz nach der Fertigstellung. Foto aus: Rheinische Bauunternehmung. Köln (um 1930)

oben rechts: Entwurf zum Doppelhaus Unter den Ulmen 1–3. Abb. aus: Bauwarte, 1927, S. 60

Mitte links: Grundrisse des Doppelhauses Unter den Ulmen 1–3. Abb. aus: Bauwarte, 1927, S. 60

Mitte rechts: Entwurf zum Haus Unter den Ulmen 5. Abb. aus: Bauwarte, 1927, S. 59

Das Haus Auf dem Römerberg 40. Foto: Wolfram Hagspiel (1974)

oben: Die Häuser Auf dem Römerberg 40 und Unter den Ulmen 5 kurz vor der Fertigstellung. Foto: RBA

rechts: Die erste Planung zur Anlegung der Straße Auf dem Römerberg. Abb. aus: Stadt-Anzeiger vom 31.10.1926

ganz rechts: Gesamtentwurf zur geplanten Bebauung an den Straßen Unter den Ulmen und Auf dem Römerberg. Abb. aus: Bauwarte, 1927, S. 58

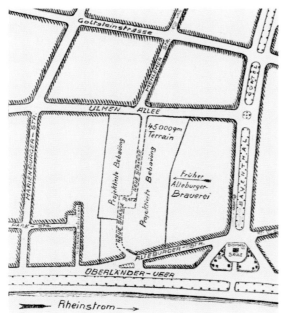

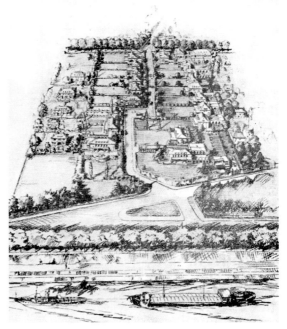

zu den wenigen Personen, die ihr Grundstück noch bei Georg Falck erwerben konnten.

Die Häuser von Georg Falck sind typische Beispiele aus der Übergangszeit von einer noch mit der Tradition verbundenen Moderne hin zur Avantgarde des Bauhauses. So ist bei dem Einzelhaus Unter den Ulmen 5 das Vorbild immer noch das traditionelle Einzelhaus, insbesondere Goethes Weimarer Gartenhaus, während bei dem Doppelhaus Wert auf eine geradezu elegante Linienführung und Betonung der Horizontale Wert gelegt wurde. Bei dem Doppelhaus Unter den Ulmen 1–3 wurde das im Krieg zerstörte Dach bis 1951 wiederhergestellt. Architekt des Wiederaufbaus war beim Haus Nr. 1 Peter Prevoo. 1970 erfolgte der Abbruch der Doppelhaushälfte Nr. 3. Das im Krieg völlig ausgebrannte Haus Nr. 5 wurde zunächst in veränderten Formen wiederaufgebaut, dann aber 1983 abgebrochen. Weitgehend original erhalten ist dagegen das Haus Auf dem Römerberg 40.

QUELLEN UND LITERATUR:
- HAStK Best. 485 / 14
- Auftragsbuch des Fotografen Hugo Schmölz (Privatbesitz Walde Huth-Schmölz)
- Baudienst, Jg. 3, 1927, H. 25/26 (Bautennachweis)
- (Leo Haubrich): Geschäfts- und Wohnbauten. Architekt Georg Falck, Köln, Mitarbeiter Architekt P. Prevoo. In: Bauwarte, Jg. 3, 1927, S. 53–60

Die letzten Sprengarbeiten auf dem ehemaligen Brauereigelände. Fotos aus: Rheinische Bauunternehmung. Köln (um 1930)

- Wolfram Hagspiel: Köln: Marienburg. Bauten und Architekten eines Villenvorortes. Köln 1996
- Rheinische Bauunternehmung G.m.b.H., Köln-Ehrenfeld. Köln o.J. (um 1930)
- Stadt-Anzeiger vom 31.10.1926, 3.12.1926 (Kaminsprengung)

Ehrenfeld, Vogelsanger Str. 187
Wohn- und Bürohaus mit Werkstattgebäude
Bj.: 1927/28
Bh.: Rheinische Bauunternehmung G.m.b.H.
Mitarbeiter: Wilhelm Nohl
Bauunternehmung: Rheinische Bauunternehmung G.m.b.H. (Gesamtausführung)

Auf dem von der Stadt Köln erworbenen Areal, das im Oktober 1925 parzelliert worden war, befand sich noch 1927 der Lagerplatz des Bauunternehmers Heinrich Metzger. Mit den Neubauten auf dem dann von der Rheinische Bauunternehmung erworbenen Areal wollte Georg Falck alle seine beruflichen Aktivitäten an einer Stelle konzentrieren, was bedeutete, dass er hierhin den Firmensitz der Rheinische Bauunternehmung G.m.b.H. verlagerte, der bisher in angemieteten Räumen im Hause Pappermann, Marzellenstr. 1, untergebracht war und dass hier sämtliche seiner Gesellschaften sowie dann auch sein Architekturbüro untergebracht wurden. Auch schuf er hier für die Rheinische Bauunternehmung, deren Lagerplatz sich in der Widdersdorfer Straße befand, weitere Lagermöglichkeiten sowie moderne Werkstattgebäude. Bei den Gebäuden in der Vogelsanger Straße wurden zahlreiche Materialien wiederverwendet, die von den Abbrüchen der Brauereigebäude in Marienburg (Auf dem Römerberg und andere Straßen) stammten. Nach den Adressbüchern gab es in dem Wohn- und Bürohaus Vogelsanger Str. 187 neben der Rheinischen Bauunternehmung G.m.b.H. folgende Bewohner und Firmen: 1930 der Geschäftsführer Otto Herber und der Architekt Edmund Walterscheid; 1931 zusätzlich der Lagerverwalter Heinrich Dung; 1933 noch das Architekturbüro Georg Falck, die Marienburger Terraingesellschaft m.b.H., die Baugesellschaft Kielerstraße m.b.H. und der Architekt Wilhelm Brühl, nicht aber mehr der Lagerverwalter Heinrich Dung; 1934 waren es die Baugesellschaft Falck m.b.H., die Baugesellschaft Kielerstraße m.b.H., die Marienburger Terraingesellschaft m.b.H., der Architekt Edmund Walterscheid, der Architekt Wilhelm Brühl, der Prokurist Franz Weingarten und wohl anstelle des Büros von Georg Falck die Bildnerei Bertold Menkel G.m.b.H. Ab den Eintragungen im Adressbuch

Das Wohn- und Bürohaus mit Werkstattgebäude Vogelsanger Str. 187. Foto aus: Rheinische Bauunternehmung. Köln (um 1930)

Blick ins Innere des Werkstattgebäudes. Foto aus: Rheinische Bauunternehmung. Köln (um 1930)

links: Blick ins Innere des Werkstattgebäudes. Foto aus: Rheinische Bauunternehmung. Köln (um 1930)

unten: Blick ins Innere des Werkstattgebäudes. Foto aus: Rheinische Bauunternehmung. Köln (um 1930)

von 1934 lässt sich bei diesem Haus geradezu beispielhaft die Auflösung und die „Arisierung" des Eigentums von Georg Falck nachvollziehen. 1941/42 ist der Eigentümer Willy Wessel, Inhaber einer Büromöbelfabrik, für die 1938 durch Wilhelm Nohl zahlreiche Umbauten und Erweiterungen im Bereich der Gewerbebauten gemacht wurden. Das im Krieg unzerstörte Wohn- und Geschäftshaus ist heute weitgehend original erhalten, während die hinteren und seitlichen Werkstattgebäude nach teilweise erheblichen Kriegszerstörungen verändert beziehungsweise nicht mehr erhalten sind.

QUELLEN UND LITERATUR:
- HAStK Best. 485 / 1002
- Westdeutsche Bauzeitung, Jg. 11, 1928, H. 37, S. 12 (Bautennachweis)
- Rheinische Bauunternehmung G.m.b.H., Köln-Ehrenfeld. Köln o.J. (um 1930)

oben rechts: Detail der Mehrfamilienhausbebauung Kieler Straße. Foto aus: Bauwarte, 1928, S. 264

oben Mitte: Grundrisstypen. Abb. aus: Bauwarte, 1928, S. 263

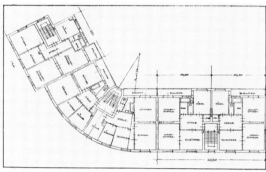

Blick in die Kieler Straße. Foto aus: Rheinische Bauunternehmung. Köln (um 1930)

Mülheim, Kieler Str. 42–56/ Holsteinstr. 24

Mehrfamilienhausbebauung
Bj.: 1927/28
Bh.: Baugesellschaft Kielerstraße m.b.H.
Mitarbeiter: Peter Prevoo
Bauunternehmung: Rheinische Bauunternehmung G.m.b.H. (Gesamtausführung)

Mit Gesellschaftervertrag vom 1.7.1927 hatte Georg Falck die Baugesellschaft Kielerstraße m.b.H. gegründet, deren Zweck die Verwaltung und Verwertung eines Grundstückes an der Kieler Straße war. Geschäftsführer dieser Gesellschaft war ebenfalls Georg Falck. Die in ihrer gestalterischen Qualität mit den großen Siedlungsprojekten der Gemeinnützigen Aktiengesellschaft für Wohnungsbau zu Köln, GAG, messbaren Bauten zählen zu den künstlerisch herausragendsten Leistungen auf diesem Gebiet in Köln und sind vergleichbar mit den Siedlungen „Blauer Hof" und „Weiße Stadt" von Wilhelm Riphahn und Caspar Maria Grod, mit den von Riphahn & Grod und Manfred Faber geplanten Bauten in der Siedlung Zollstock sowie mit der Siedlung um die Naumannstraße in Riehl, die von Manfred Faber, Hans Heinz Lüttgen, Otto Scheib und Fritz Fuß entworfen wurde. Sehr beeindruckend muss auch das in seinen Farbwerten nur analog zu rekonstruierende Farbkonzept der Bautengruppe gewesen sein, bei der die Staffelgeschosse und der vertikale Turmhausakzent weiß verputz waren, während sich die übrigen Fassadenflächen vermutlich in einem satten Grünton wie in der Siebengebirgsallee zeigten. Dazu kontrastierten Fenster mit dunkelgrün oder schwarz gestrichenen Rahmen und weißen Kittfalzen. Im Krieg wurde die Siedlung in einigen Bereichen zerstört und teilweise verändert wiederaufgebaut.

LITERATUR:
- Führer durch die Ausstellung Stadt und Land. Köln 1930, S. 33
- Klaus Honnef, Gregor Kierblewsky: Werner Mantz. Fotografien 1926–1938. Ausst.-Kat. Rheinische Landesmuseum Bonn 1978, S. 72–75
- Reinhold Mißelbeck: Werner Mantz. Architekturphotographie in Köln 1926–1932. Ausst.-Kat. Museum Ludwig Köln 1982, S. 96–97
- Reinhold Mißelbeck, Wolfram Hagspiel: Werner Mantz. Vision vom Neuen Köln. Köln 2000
- (Leo Haubrich): Neue Bauten und Entwürfe von Architekt Georg Falck, Köln, Mitarbeiter Architekt Peter Prevoo. In: Bauwarte, Jg. 4, 1928, S. 257–264
- Rheinische Bauunternehmung G.m.b.H., Köln-Ehrenfeld. Köln o.J. (um 1930)
- Stadt-Anzeiger vom 9.8.1928
- Westdeutsche Bauzeitung, Jg. 10, vom 16.12.1927 (Bautennachweis)

Blick in die Kieler Straße. Foto aus: Bauwarte, 1928, S. 263

Rückseite der Bebauung Kieler Straße. Foto aus: Rheinische Bauunternehmung. Köln (um 1930)

Entwurf zum Haus Kitschburger Str. 233. Abb. aus: Bauwarte, 1927, S. 58

Braunsfeld, Kitschburger Str. 233/ Christian-Gau-Straße

Mehrfamilienhaus
Bj.: 1927/28
Bh.: Baugesellschaft Falck m.b.H.
Mitarbeiter: Peter Prevoo
Bauunternehmung: Rheinische Bauunternehmung G.m.b.H. (Gesamtausführung)

Die drei zwischen der Christian-Gau-Straße und der Wiethasestraße gelegenen Mehrfamilienhäuser mit ihren markanten, mit Kuben und Balkonen gestalteten, sonst nur aus dem Siedlungsbau bekannten Ecklösungen wirken wie nach einem einheitlichen, nur in Teilen variierten Entwurf gebaut. Schon 1921 war von dem Architekten Ernst Scheidt für diesen Bereich eine einheitliche, allerdings gestalterisch völlig andere Bebauung vorgesehen. Erst unter der Ägide von Adolf Abel als Leiter des Hochbauamtes (1925–1930) und der städtischen Bauberatung wurden die Planungen auf diesen Grundstücken konkret. Zunächst legte im Jahre 1927 Georg Falck einen Entwurf zum Eckhaus Kitschburger Str. 233/Christian-Gau-Straße vor, der – inspiriert von den markanten Ecklösungen bei den Siedlungsbauten von Wilhelm Riphahn und Caspar Maria Grod zum Beispiel beim „Blauen Hof" in Buchforst – einen Kubus mit auf Eck gesetzten Fenstern und Balkonen vorsah. Der vertikalen Tendenz des flachgedeckten Baukörpers wurden horizontale Elemente wie Fensterbänder und dem Schiffbau entlehnte „eingehängte" Balkone hinzugefügt. Der große Verdienst der städtischen Bauberatung ist es, die Planungen auf den weiteren Grundstücken der Gesamtkonzeption von Georg Falck für die Baugesellschaft Falck m.b.H unterzuordnen, ohne dass dabei die individuelle Handschrift der einzelnen Architekten verloren ging. So übernimmt der andere Eckbau mit der Adresse Kitschburger Str. 229/Wiethasestraße die wesentlichen Elemente der Betonung von Ecke und Horizontale, während beim mittleren Bau, Kitschburger Str. 231, Wert auf die Zweischichtigkeit der Fassade gelegt wurde, indem man das Motiv eines „Erkers" einführte, was auf einen Vorschlag von Georg Falck zurückging. Das Haus Kitschburger Str. 231 wurde ebenfalls von der Rheinische Bauunternehmung G.m.b.H. ausgeführt, was die starke Einflussnahme von Georg Falck nur bestätigt. Der Eckbau an der Wiethasestraße wurde 1927/28 nach den Entwürfen von Franz Müller und Franz Josef Friedrich für Lea und Ernst Schwarzschild errichtet. Der mittlere Bau stammt aus der gleichen Entstehungszeit und wurde von dem Braunsfelder Architekten Heinz Feill für sich selbst gebaut. Eine Würdigung erfuhr das Haus von Georg Falck schon bei Veröffentlichung des Entwurfes im Stadt-Anzeiger vom 5.3.1927: *"Unter den neuen in Köln geplanten Bauten verdient das Stockwerkhaus an der Kitschburger Straße, das der bekannte Kölner Architekt Georg Falck baut, besondere Beachtung. Der neuzeitliche Baukünstler verzichtet bewußt auf alle Zierate, die nicht aus dem Organismus des Wohnhauses hervorwachsen. Deswegen wendet sich der Architekt heute im stärksten Maße der Anordnung der Räume und ihrem Verhältnis zueinander zu, damit die Wohnungen durch reichliche Lüftung und große Fensteröffnungen, durch die viel Sonnenlicht eindringen soll, gesunde Heimstätten bilden. Ohne die geschmacklosen Putzereien der letzten Vergangenheit erhält das Gebäude allein infolge der Gliederung seine schöne und lebendige architektonische Gestaltung. Hervorzuheben ist bei dem ... Wohnhause der Dachausbau über der Ecke. Um dem Trockenspeicher die gewollte Ausdehnung geben zu können, wird an dieser Stelle der Raum kubisch ausgebaut und mit flachem Dach versehen, wodurch der gesamte Bau eine charakteristische Wirkung erhält."* Die Wiederherstellung des im Krieg beschädigten Hauses erfolgte 1955/56 durch die Architekten Franz Koerfer und Ansgar Linskens.

QUELLEN UND LITERATUR:
- HAStK Best. 458, Neubauhypothekenamt 3, Nr. 553
- Kölnisches Stadtmuseum, Graphische Sammlung
- Auftragsbuch des Fotografen Hugo Schmölz (Privatbesitz Walde Huth-Schmölz)
- Bauschau, Jg. 3, 1928, H. 20, S. 18–20
- Heinz Feill: Köln-Braunsfeld und seine Entwicklung. In: Localanzeiger vom 4.4.1930
- (Leo Haubrich): Geschäfts- und Wohnbauten. Architekt Georg Falck, Köln, Mitarbeiter Architekt P. Prevoo. In: Bauwarte, Jg. 3, 1927, S. 53–60
- Wolfram Hagspiel: Bauten und Architekten in Braunsfeld von 1900 bis zur Gegenwart. In: Max-Leo Schwering: Köln: Braunsfeld – Melaten. Köln 2004, S. 271–336
- Stadt-Anzeiger vom 5.3.1927, 19.2.1928
- Rheinische Bauunternehmung G.m.b.H., Köln-Ehrenfeld. Köln o.J. (um 1930)
- Westdeutsche Bauzeitung, Jg. 10, vom 24.6.1927 (Bautennachweis)

Das Haus Kitschburger Str. 233 kurz nach seiner Fertigstellung. Foto aus: Rheinische Bauunternehmung. Köln (um 1930)

Die Häuser Kitschburger Str. 233 (vorne angeschnitten), 231 und 229. Foto aus: Bauschau, 1928, H. 20, S. 19

links: Der gerade fertiggestellte Um- und Erweiterungsbau der Radium-Gummiwerke. Foto aus: Bauwarte, 1928, S. 264

rechts: Der Um- und Erweiterungsbau der Radium-Gummiwerke mit eingetragenen zusätzlichen Erweiterungen. Foto: Privatbesitz Ruth Scully-Falck

Dellbrück, Grafenmühlenweg 109–113 / Hatzfeldstraße
Um- und Erweiterungsbau der Radium-Gummiwerke
Bj.: 1927/28
Bh.: Radium Gummiwerke G.m.b.H.
Mitarbeiter: Peter Prevoo
Bauunternehmung: Josef Kortlang & Söhne G.m.b.H.

Die 1904 gegründeten Radium-Gummiwerke zählten zu den führenden Spezialfabriken auf dem Gebiete der konfektionierten Gummiwaren. 1908/09 entstanden nach den Entwürfen von Oskar und Walter Lindemann die den Komplex dominierenden dreigeschossigen, in Stahlbetonskelettbauweise errichteten Fabrikbauten mit hohem Mansarddach, die Georg Falck – offensichtlich ganz vom Dessauer Bauhaus beeinflusst – im Bereich der Ecksituation an Hatzfeldstraße und Grafenmühlenweg teilweise entkernte, aufstockte und um einen in den Eckbereich eingefügten kubischen Baukörper erweiterte. In einem zweiten Bauabschnitt sollten später auch die übrigen von den Architekten Lindemann errichteten Baukörper umgebaut, aufgestockt und stilistisch der neuen Situation angepasst werden. Im Stadt-Anzeiger heißt es hierzu: *„Der Erweiterungsbau der Gummiwerke schließt sich an ein altes Fabrikgebäude an, das mit seiner barocken Fassade, den engen und niedrigen Fenstern ein typisches Beispiel für die Mangelhaftigkeit der letzten baukünstlerischen Vergangenheit ist und verdeutlicht, wie man ein Industriegebäude nicht bauen soll. Dieser alte Teil soll demnächst abgerissen und durch einen Neubau ersetzt werden. Bis dahin steht der jetzt vollendete Erweiterungsbau, hart sich im Raume an den andern stoßend, noch scheinbar zusammenhanglos und fremd in der Landschaft. Die Abbildung läßt die große Aufteilung erkennen, die dem Erbauer bei der Verwendung von Beton und Glas ermöglicht, die Räume in der ganzen Ausdehnung der Wand dem Licht zu öffnen. Eisen und Beton sind die Konstruktionsstoffe, deren Beschaffenheit dem Baumeister selbst die schwierigsten Konstruktionen gestatten. Im vorliegenden Falle ist alles auf die Zweckmäßigkeit abgesehen, die zunächst darin bestand, große helle Räume zu schaffen, in denen die Maschinen untergestellt und Lager hergerichtet werden konnten. Aus der Art, wie sich der Architekt hier rein sachlich seiner Aufgabe gegenüberstellte, ergab sich eine Form für das Gebäude, die ohne Beiwerk aus der Kon-*

Die Radium-Gummiwerke vor den Umbauten durch Georg Falck. Abb. aus: Hermann Wieger (Hg.): Handbuch von Köln. Köln 1925, S. 580

Die Radium-Gummiwerke um 1960. Abb. aus: Wirtschaftsraum Köln. Oldenburg 1961, S. 92

struktion und ihren tragenden und aufliegenden Teilen herauswächst." 1930 erfolgte nach Entwürfen von Georg Falck eine Erweiterung mit einer Fabrikhalle und einem Erweiterungsbau. 1931 fanden weitere Erweiterungen statt, unter anderem durch den Bau eines Kompressorhauses. 1935 wurde der Betrieb „arisiert". Seit den späten 1980er Jahren sind die Fabrikbauten zu einer Wohnanlage umgebaut.

LITERATUR:
- Ausgeführte Bauten der Firma Josef Kortlang u. Söhne G.m.b.H., Köln-Mülheim. In: Bauwarte, Jg. 7, 1931, S. 343–346
- Führer durch die Ausstellung Stadt und Land. Köln 1930, S. 48
- Jüdische Allgemeine Zeitung vom 15.1.1936
- Reinhold Mißelbeck: Werner Mantz. Architekturphotographie in Köln 1926–1932. Ausst.-Kat. Museum Ludwig Köln 1982, S. 97
- (Leo Haubrich): Neue Bauten und Entwürfe von Architekt Georg Falck, Köln, Mitarbeiter Architekt Peter Prevoo. In: Bauwarte, Jg. 4, 1928, S. 257–264
- Stadt-Anzeiger vom 9.8.1928
- Westdeutsche Bauzeitung, Jg. 13, 1930, H. 4, S. 9; H. 33, S. 11; Jg. 14, 1931, H. 6, S. 8 und H. 19, S. 8 (Bautennachweise)
- Hermann Wieger (Hg.): Handbuch von Köln. Köln 1925, S. 580–581 (Geschichte Radium-Gummiwerke)

Ehrenfeld, Venloer Straße/Ehrenfeldgürtel
Projekt Warenhaus Tietz
Entwurf: 1928
Bh.: Leonhard Tietz A.-G.

Über das Projekt ist nicht mehr bekannt, als dass die Leonhard Tietz A.-G. in Ehrenfeld nahe der Rheinlandhalle obigen Bauplatz erworben und dort für 1929 den Baubeginn für ein Kaufhaus geplant hatte. Vermutlich wegen der Weltwirtschaftskrise wurde der Bau nicht realisiert.

LITERATUR:
- Stadt-Anzeiger vom 7.1.1928

Altstadt, Hohe Str. 43–53/Gürzenichstr. 2/ An St. Agatha 32–42
Umbau Fleischhalle im Warenhaus Tietz
Bj.: 1928
Bh.: Leonhard Tietz A.-G.
Bauunternehmung: Rheinische Bauunternehmung G.m.b.H. (Gesamtausführung)

Seit der Mitte der 1920er Jahre wurde das Warenhaus Tietz mehrfach umgebaut und modernisiert. Eine der luxuriösten Einrichtungen war die im vierten Stock gelegene Lebensmittelabteilung mit ihren Glaskuppeln und Majolikafriesen. Ein Teil dieser Abteilung war die an die Hauptlebensmittelhalle anschließende Halle für Frischfleisch, die wegen der Kühlbedingungen separiert wurde. Sie war offensichtlich der erste Schritt zur Umgestaltung des Lebensmittelbereiches im Sinne des „Neuen Bauens". Die Fleischhalle wurde im Krieg zerstört.

LITERATUR:
- 50 Jahre Leonhard Tietz 1879–1929. Köln 1929
- Klaus Honnef, Gregor Kierblewsky: Werner Mantz. Fotografien 1926–1938. Ausst.-Kat. Rheinische Landesmuseum Bonn 1978, S. 48–49
- Rheinische Bauunternehmung G.m.b.H., Köln-Ehrenfeld. Köln o.J. (um 1930)
- Stadt-Anzeiger vom 6.4.1928 (Werbung für die Eröffnung in den nächsten Tagen)

Die umgebaute Fleischhalle im Warenhaus Tietz. Foto aus: Rheinische Bauunternehmung. Köln (um 1930)

Die Baustelle des Büro- und Geschäftshauses „Ehape" an der Schildergasse. Foto aus: Rheinische Bauunternehmung. Köln (um 1930)

Entwurf zum Büro- und Geschäftshauses „Ehape" an der Schildergasse. Abb. aus: Bauwarte 1928, S. 259

Altstadt, Schildergasse 94–96/ Brüderstr. 3–7

Büro- und Geschäftshaus „Ehape"
Bj.: 1928
Bh.: Ehape A.G. für Einheitspreise, Köln
Mitarbeiter: Peter Prevoo
Bauunternehmung: Rheinische Bauunternehmung G.m.b.H. (Gesamtausführung)

Bei diesem Gebäude handelt es sich um den ersten Kölner Neubau für die Billigkaufhauskette „Ehape", eine Tochtergesellschaft der Leonhard Tietz A.-G., die bisher in Köln schon mehrere Verkaufsfilialen eingerichtet hatte. Für Geschäftszwecke wurde jedoch lediglich das Erdgeschoss des Neubaus genutzt, während die oberen Etagen von der Stadtverwaltung angemietet wurden, die hier unter anderem das Hochbauamt, das Jugendamt, die Lohnzentrale und die Siedlerberatungsstelle untergebracht hatte. In städtebaulicher Hinsicht orientierte sich der Bau an dem unmittelbaren Nachbarn, dem 1913/14 von den Architekten Leopold Ullmann & Josef Eisenhauer errichteten Haus Weihenstephan, von dem es die Traufhöhe, die Staffelung der Obergeschossbereiche und auch die Verwendung des Materials Werkstein für die Fassade übernahm. An der zur Brüderstraße gelegenen Rückseite war der Bau optisch ein Geschoss niedriger, was durch das Ansetzen der Staffelgeschosse schon über dem dritten Hauptgeschoss und die Verwendung eines Walmdaches auf gleicher Höhe wie das oberste Staffelgeschoss an der Schildergasse gelang. Die rustizierten Quader des Erdgeschosses an der Brüderstraße erinnern stark an Georg Falcks Bauten der Jahre vor dem Ersten Weltkrieg. Erstellt wurde der Bau durch die Rheinische Bauunternehmung binnen viereinhalb Monaten (vom 15.7.1928 bis 1.12.1928) einschließlich der Abbruch- und Ausschachtungsarbeiten, der gesamten Rohbauarbeiten einschließlich aller Fassaden und Hoffronten sowie der eröffnungsfertigen Herstellung des Geschäftes – bei 1420 qm bebauter Fläche und 30100 cbm umbauten Raum ein beachtliches Zeugnis für die Leistungsfähigkeit dieser Bauunternehmung. Die Schaufensteranlagen in Bronze und die Rollgitter wurden ausgeführt von der Firma H. Jos. Trimborn in Bonn-Beuel. Ab 1937 trug das Kaufhaus „Ehape" als letzten Schritt der „Arisierung" den Namen Kaufhalle, nachdem am 5.4.1937 die Gesellschaft in Rheinische Kaufhallen A.G. umbenannt worden war. Das relativ unbeschadet über den Krieg gekommene und dann wiederhergestellte Gebäude wurde um 1970 zugunsten eines Neubaus der Kaufhalle abgebrochen.

LITERATUR:
- (Leo Haubrich): Neue Bauten und Entwürfe von Architekt Georg Falck, Köln, Mitarbeiter Architekt Peter Prevoo. In: Bauwarte, Jg. 4, 1928, S. 257–264
- Bauwelt-Katalog, Jg. 3, 1931, S. 405 (Werbung H. Jos. Trimborn Söhne)
- Führer durch die Ausstellung Stadt und Land. Köln 1930, S. 38
- Rheinische Bauunternehmung G.m.b.H., Köln-Ehrenfeld. Köln o.J. (um 1930)
- Stadt-Anzeiger vom 24.7.1928
- Vierzig Jahre Kaufhalle 1925–1965. Köln 1965

KÖLNER BAUTEN   **GEORG FALCK**

links: Die Schaufensteranlage an der Schildergasse
Foto aus: Bauwelt-Katalog 1931

Mitte links: Die Baustelle des Büro- und Geschäftshauses „Ehape" an der Schildergasse. Foto aus: Rheinische Bauunternehmung. Köln (um 1930)

unten links: Ansicht Brüderstraße Mitte der 1950er Jahre. Foto: Privatbesitz

rechts: Das Büro- und Geschäftshauses „Ehape", Ansicht Schildergasse. Foto aus: Rheinische Bauunternehmung. Köln (um 1930)

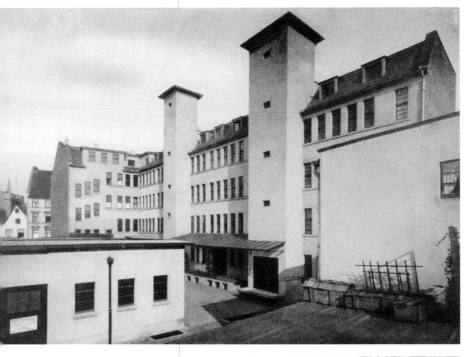

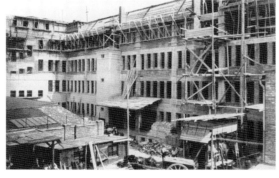

links: Das Büro- und Lagerhaus der Adler & Oppenheimer A.G. Foto aus: Rheinische Bauunternehmung. Köln (um 1930)

rechts: Blick in eine der Etagen des Büro- und Lagerhaus der Adler & Oppenheimer A.G. Foto aus: Rheinische Bauunternehmung. Köln (um 1930)

Mitte: Die Baustelle des Büro- und Lagerhauses der Adler & Oppenheimer A.G. Foto aus: Rheinische Bauunternehmung. Köln (um 1930)

Altstadt, Blaubach 36/ Großer Griechenmarkt 23–25
Umbau und Erweiterung Büro- und Lagerhaus
Bj.: um 1928
Bh.: Adler & Oppenheimer A.G.
Bauunternehmung: Rheinische Bauunternehmung G.m.b.H. (Gesamtausführung)

Die auf Leder und Lederprodukte spezialisiert Firma Adler & Oppenheimer A.G. wurde 1872 in Straßburg-Lingolsheim als Ledergroßhandlung Adler & Oppenheimer OHG gegründet. 1920 erfolgte die Verlegung des Sitzes nach Berlin, nachdem schon vor dem Ersten Weltkrieg Fabriken in Neustadt-Glewe und Neumünster errichtet worden waren. Seit etwa 1911 besaß die Firma auch eine Zweigniederlassung in Köln, zunächst mit der Adresse Mühlenbach 24 und zu Beginn der 1920er Jahre in Teilen der von ihr erworbenen Häuser Blaubach 34–36 und Großer Griechenmarkt 23–31.

Hier vertrieb sie Leder für die Schuh- und Schäftefabrikation und betrieb eine Sattlerei, Riemenfabriken und Lederhandlungen. Die Baumaßnahmen von Georg Falck betrafen die einem Neubau gleichkommenden, mit erheblichen Umbauten verbundenen Aufstockungen des gründerzeitlichen Geschäftshauses am Großen Griechenmarkt sowie der anschließenden, in der Tiefe des Grundstückes liegenden Lager- und Produktionsgebäude.

LITERATUR:
- Rheinische Bauunternehmung G.m.b.H., Köln-Ehrenfeld. Köln o.J. (um 1930)

Kalk, Kalker Hauptstr. 118–122
Umbau und Erweiterung Warenhaus Tietz
Bj.: 1928/29
Bh.: Ewald Höffgen (Architekt und Bauunternehmer) und Leonhard Tietz A.-G.
Bauunternehmung: Rheinische Bauunternehmung G.m.b.H. (Gesamtausführung)

Errichtet wurde das Warenhaus Tietz, bei dem die Leonhard Tietz A.-G. nicht Bauherr, sondern lediglich Mieter war, auf einem ehemals von der Kalker Trieurfabrik genutzten Grundstück. Im März 1927 erwarb der in Kalk seit rund 20 Jahren ansässige Architekt Ewald Höffgen das etwa 6000 qm große Fabrikgelände und errichtete zunächst an der Sieversstraße die nach neuesten amerikanischen Vorbildern gestalteten Ost-Garagen. Genau ein

Jahr nach Kauf des Grundstücks wurden dann die Fabrikbauten entlang der Kalker Hauptstraße niedergelegt und hier mit dem Neubau eines von Ewald Höffgen entworfenen Wohn- und Geschäftshauses mit geplanten sechs Geschäften im Erdgeschoss und modernen Komfortwohnungen in den oberen Etagen begonnen. Konstruktiv handelte es sich um einen Stahlskelettbau mit Betonummantelungen. Als im Dezember 1928 die Leonhard Tietz A.-G. einen langfristigen Mietvertrag für das gesamte Haus unterschrieben hatte, beauftragte diese Georg Falck mit den Umbau- und notwendigen Erweiterungsplanungen, denn in dem teilweise schon fertiggestellten Gebäude sollten jetzt die drei untersten Etagen ausschließlich Kaufhauszwecken dienen. So mussten Zwischenwände entfernt, im Hof ein Anbau mit den Warenhaustreppen und Fahrstühlen errichtet und die feuerpolizeilichen Auflagen berücksichtigt werden. An der Stelle des im Krieg zerstörten Warenhauses steht heute der von Hermann Wunderlich entworfene Kaufhof.

LITERATUR:
- 50 Jahre Leonhard Tietz 1879–1929. Köln 1929
- Peter Fuchs: 100 Jahre Kaufhof Köln. Köln 1991, S. 81
- Reinhold Mißelbeck: Werner Mantz. Architekturphotographie in Köln 1926–1932. Ausst.-Kat. Museum Ludwig Köln 1982, S. 244
- Rheinische Bauunternehmung G.m.b.H., Köln-Ehrenfeld. Köln o.J. (um 1930)
- Stadt-Anzeiger vom 5.5.1929

Altstadt, Weyerstr. 50–52
Um- und Erweiterungsbau Warenhaus Tietz
Bj.: 1929
Bh.: Leonhard Tietz A.-G.
Bauunternehmung: Rheinische Bauunternehmung G.m.b.H. (Gesamtausführung)

Ein Zweiggeschäft der Firma Tietz wurde schon im Jahr 1893 an dieser Stelle in der Weyerstraße eröffnet. 1897 wurden die beiden Einzelhäuser dann durch einen Neubau mit der Adresse Weyerstr. 50–52 ersetzt. Im Rahmen der Hinzumietung von Ausstellungsräumen im Haus Weyerstr. 48 fanden 1929 zahlreiche Umbauten statt. Mit dem Erwerb des Hauses Weyerstr. 48 durch die Leonhard Tietz A.-G. wurden 1931 noch weitere Umbauten durchgeführt.

LITERATUR:
- Peter Fuchs: 100 Jahre Kaufhof Köln. Köln 1991, S. 26–27
- 50 Jahre Leonhard Tietz 1879–1929. Köln 1929
- Rheinische Bauunternehmung G.m.b.H., Köln-Ehrenfeld. Köln o.J. (um 1930)
- Westdeutsche Bauzeitung, Jg. 14, 1931, H. 14, S. 9 (Bautennachweis)

Das Warenhaus Tietz in Kalk. Foto aus: 50 Jahre Leonhard Tietz 1879–1929. Köln 1929

Treppenhaus des Warenhauses Tietz in Kalk. Foto aus: Rheinische Bauunternehmung. Köln (um 1930)

links: Das Warenhaus Tietz in der Weyerstraße. Foto aus: 50 Jahre Leonhard Tietz 1879–1929. Köln 1929

rechts: Das Warenhaus Tietz am Eigelstein. Foto aus: 50 Jahre Leonhard Tietz 1879–1929. Köln 1929

Altstadt, Eigelstein 77–83/Weidengasse 4
Um- und Erweiterungsbau Warenhaus Tietz
Bj.: 1929
Bh.: Leonhard Tietz A.-G.
Bauunternehmung: Rheinische Bauunternehmung G.m.b.H. (Gesamtausführung)

Das Zweiggeschäft der Leonhard Tietz A.-G. am Eigelstein bestand anfangs aus dem 1898 mit einem zentralen Lichthof errichteten Geschäftshaus Eigelstein 81 mit dem Nebeneingangstrakt Weidengasse 4. Um 1910 wurden Geschäftsräume in dem Nachbarhaus Eigelstein 83 und 1929 in dem Haus Eigelstein 77–79 hinzugemietet. Im Rahmen der letzten räumlichen Erweiterung fanden Um- und Erweiterungsbauten sowie die Schließung des Lichthofes statt. Die Gebäude sind kriegszerstört.

LITERATUR:
• Peter Fuchs: 100 Jahre Kaufhof Köln. Köln 1991, S. 36
• 50 Jahre Leonhard Tietz 1879–1929. Köln 1929
• Rheinische Bauunternehmung G.m.b.H., Köln-Ehrenfeld. Köln o.J. (um 1930)

Ehrenfeld, Geisselstr. 82
Montagehalle der Heizungsfirma Philipp Katz
Bj.: 1929
Bh.: Philipp Katz Kommandit-Gesellschaft
Bauunternehmung: Rheinische Bauunternehmung G.m.b.H. (Gesamtausführung)
Entwurf: Architekturabteilung der Rheinische Bauunternehmung G.m.b.H.

Die im Jahre 1900 gegründete Firma war spezialisiert auf Zentralheizungsanlagen, Etagenheizungen, sanitäre Installationen und Wäschereianlagen. Die Firmenadresse lautete im Jahre 1930 Fröbelplatz 13. Versetzt am hinteren Ende dieses Grundstücks lag das Philipp Katz gehörende Mehrfamilienhaus Geisselstr. 82, in dessen ehemaligem Gartenbereich die von der Architekturabteilung der Rheinischen Bauunternehmung G.m.b.H. entworfene Montagehalle errichtet wurde. Während das Haus Geisselstr. 82 im Krieg gänzlich und das Haus Fröbelplatz 13 bis auf die Außenmauern zerstört wurde, blieb die Halle weitgehend unversehrt. Mit Veränderungen ist sie heute noch erhalten.

LITERATUR:
• 50 Jahre Leonhard Tietz 1879–1929. Köln 1929
• Rheinische Bauunternehmung G.m.b.H., Köln-Ehrenfeld. Köln o.J. (um 1930)

Marienburg, Robert-Heuser-Str. 15
Garage
Bj.: 1929
Bh.: Gustav Bredt (Vorst. d. Pfeifer & Langen A.-G.)
Bauunternehmung: Rheinische Bauunternehmung G.m.b.H. (Gesamtausführung)

QUELLEN UND LITERATUR:
• HAStK Best. 485 / 824
• Rheinische Bauunternehmung G.m.b.H., Köln-Ehrenfeld. Köln o.J. (um 1930)

Braunsfeld
Garage
Bj.: um 1929
Bh.: M. R. (Direktor)
Bauunternehmung: Rheinische Bauunternehmung G.m.b.H. (Gesamtausführung)

LITERATUR:
• Rheinische Bauunternehmung G.m.b.H., Köln-Ehrenfeld. Köln o.J. (um 1930)

Blick in die Montagehalle der Heizungsfirma Philipp Katz. Foto aus: Rheinische Bauunternehmung. Köln (um 1930)

Sülz, Blankenheimer Str. 55
Israelitisches Jugendheim mit Kindertagesheim
Bj.: 1930
Bh.: Israelitischer Kinder-Sparverein e.V.
Gartenarchitekten: Carl Reinhard und Bernhard Nepker
Bauleiter: Emil Frohnert
Bauausführung: Rheinische Bauunternehmung G.m.b.H. (Gesamtausführung)

In der Literatur der Nachkriegzeit wird dieses Haus fälschlicherweise stets dem Architekten Robert Stern, teilweise auch dem Architekten Clemens Klotz zugeschrieben. Die Einweihung des nach modernsten Gesichtspunkten gestalteten Jugendheimes und Kindertagesheimes erfolgte am 21.9.1930. Das Haus zeigte – entsprechend den Bedürfnissen an eine solche Einrichtung – mit der Hauptfassade nach Süden, wo sich die sonnigen und luftigen Räume für den Tagesablauf mit den Kindern befanden. Dieser durch zwei gerundete Risalite betonten Front lagerte eine Liegeterrasse vor, von der man in die tiefer gelegene, von dem bekannten Gartenarchitekturbüro Reinhard & Nepker gestalte Gartenanlage mit ihren großen Spielplätzen mit Turngeräten, Sandkästen, Planschbecken und Rasenflächen sowie einem Übungsgarten für die Kinder gelangen konnte. Wie auch im damaligen modernen Wohnungsbau lagen im Innern des Hauses nach Norden hin die Neben- und Wirtschaftsräume. Der Funktionalität der inneren Struktur entsprach Georg Falck auch mit einem an der modernen zeitgenössischen Architektur orientierten Äußeren, dem er durch die starke Betonung der Horizontale und vor allem durch die gerundeten Vorbauten mit den Tagesräumen einen besonderen Ausdruck verlieh. Sämtliche

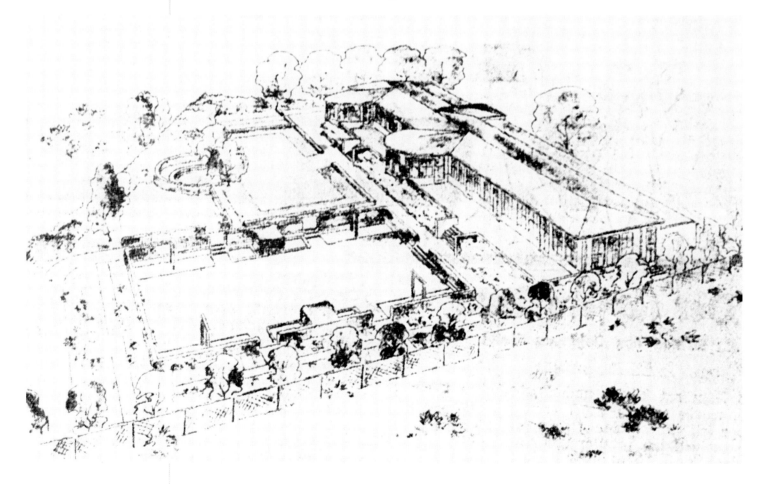

Isometrie des Israelitischen Jugendheims mit der Gartenplanung. Abb. aus: Stadt-Anzeiger vom 28.9.1930

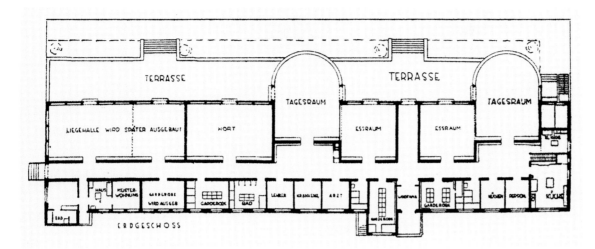

links: Grundriss des Israelitischen Jugendheims. Abb. aus: Stadt-Anzeiger vom 31.1.1930

unten: Der Auerbachplatz mit der Baustelle des Israelitischen Jugendheims im Hintergrund. Foto: Kölnisches Stadtmuseum, Graphische Sammlung

Die Baustelle des Israelitischen Jugendheims vom späteren Garten aus gesehen. Foto aus: Rheinische Bauunternehmung. Köln (um 1930)

Gartenansicht des Israelitischen Jugendheims. Foto aus: Rheinische Bauunternehmung. Köln (um 1930)

Blick auf die Terrasse mit spielenden Kindern. Foto aus: Rheinische Bauunternehmung. Köln (um 1930)

Die Terrasse des Israelitischen Jugendheims. Foto aus: Rheinische Bauunternehmung. Köln (um 1930)

Blick in den Aufenthaltsraum. Foto aus: Becker-Jákli, 2004, S. 250

Rohbau- und Putzarbeiten wurden von der Rheinischen Bauunternehmung ausgeführt. Die Bauleitung lag in den Händen von Emil Frohnert, Georg Falcks Jugendfreund und Schwager. 1934 musste das Haus auf Befehl der NSDAP geräumt werden, damit hier ein Teil des Städtischen Waisenhauses, das Städtisches Waisenhaus II, eingerichtet werden konnte. Das im Krieg weitgehend unversehrte Gebäude wurde nach der Rückerstattung an die Jewish Trust Corporation for Germany von der jüdischen Gemeinde zunächst zu einem Flüchtlingsheim mit Platz für ca. 65 Personen umgerüstet, später erweitert und dann 1964 im Zusammenhang mit dem Neubau eines von Helmut Goldschmidt entworfenen städtischen Altenheims, das ursprünglich für die jüdische Gemeinde konzipiert worden war, abgebrochen.

Entwurf zu einer Wohnanlage in Bayenthal. Abb. aus: Rheinische Bauunternehmung. Köln (um 1930)

LITERATUR:
- Barbara Becker-Jákli: Das jüdische Krankenhaus in Köln. Die Geschichte des Israelitischen Asyls für Kranke und Altersschwache 1869–1945. Köln 2004, S. 249–253, 356–357
- Führer durch die Ausstellung Stadt und Land. Köln 1930, S. 42 (Gartenanlagen Carl Reinhard)
- Monika Grübel: Nach der Katastrophe. Jüdisches Leben in Köln 1945 bis 1949. In: Günther B. Ginzel, Sonja Günther (Hg.): »Zuhause in Köln...«. Jüdisches Leben 1945 bis heute. Köln, Weimar, Wien 1998, S. 42–55
- Jüdisch-liberale Zeitung vom 5.2.1930
- Jüdisches Schicksal in Köln 1918–1945. Ausst.-Kat. Historisches Archiv der Stadt Köln/NS-Dokumentationszentrum 1989, S. 62
- Reinhold Mißelbeck: Werner Mantz. Architekturphotographie in Köln 1926–1932. Ausst.-Kat. Museum Ludwig Köln 1982, S. 112–113
- Elfi Pracht: Jüdisches Kulturerbe in Nordrhein-Westfalen. Teil 1: Regierungsbezirk Köln. Köln 1997, S. 279, 314
- Rheinische Bauunternehmung G.m.b.H., Köln-Ehrenfeld. Köln o.J. (um 1930)
- Stadt-Anzeiger vom 31.1.1930, 28.9.1930
- Zvi Asaria (Hg.): Die Juden in Köln. Von den ältesten Zeiten bis zur Gegenwart. Köln 1959, S. 156

Altstadt, Steinweg 2–6
Umbau
Bj.: 1930
Bh.: Mohr u. Speyer A.-G. (Uniformfabrik)
Bauunternehmung: Rheinische Bauunternehmung G.m.b.H. (Gesamtausführung)

Die schon seit den 1860er Jahren in Köln ansässige Uniformfabrik Mohr u. Speyer A.-G., die um 1930 auf Uniform- und Berufsschuhfabrikation sowie Zivilgarderobe spezialisiert war, hatte ihren Fabrikationsbetrieb am Steinweg. Die nicht näher auszumachende Umbaumaßnahme wurde von der Rheinischen Bauunternehmung ausgeführt.

LITERATUR:
- Westdeutsche Bauzeitung, Jg. 13, 1930, H. 33, S. 11 (Bautennachweis)

Bayenthal, Schönhauser Straße/ Fritz-Reuter-Straße
Wohnanlage
Planung: 1930
Bh.: Cornelius Stüßgen (Vorstand der Cornelius Stüßgen A.-G.) und Georg Falck
Bauunternehmung: Rheinische Bauunternehmung G.m.b.H.

In der Literatur wird diese mehrgeschossige Wohnanlage als „in Ausführung 1930/31" angegeben, gebaut wurde dieser Komplex jedoch nicht. Die Bebauung hätte das Gelände der heutigen Häuser Schönhauser Str. 6–16 und Fritz-Reuter-Str. 1–3 umfasst. Eigentümer des Grundstücks waren Georg Falck und Cornelius Stüßgen, der in jenen Jahren in enger geschäftlicher Verbindung mit der Rheinische Bauunternehmung G.m.b.H. gestanden hat. Es ist sehr wahrscheinlich, dass Georg Falck und Cornelius Stüßgen – möglicherweise mit einer noch zu gründenden Gesellschaft – auch als Bauherren dieser offensichtlich durch die Folgen der Weltwirtschaftskrise nicht realisierten Bebauung auftreten wollten. Die Erben von Georg Falck verzichteten nach dem Krieg auf Rückerstattung ihrer Grundstücksanteile.

LITERATUR:
- Rheinische Bauunternehmung G.m.b.H., Köln-Ehrenfeld. Köln o.J. (um 1930)

Neuehrenfeld, Ottostr. 85/ Nußbaumerstr. o.Nr.
Erweiterung des Jüdischen Krankenhauses
Bj.: 1931/32
Bh.: Kuratorium des Israelitischen Asyls

Wegen der schlechten Aktenlage und der heute nur in Teilen erhaltenen Originalsubstanz des Jüdische Krankenhauses lassen sich keine Rückschlüsse auf einen Erweiterungsbau machen. Es

Das Haus Theophanostr. 19.
Foto: Wolfram Hagspiel (2008)

ist jedoch zu vermuten, dass die 1931 bei der Baubehörde als Antrag eingereichte Planung von Georg Falck wegen den wirtschaftlich schlechten Zeitumständen nicht realisiert wurde.

LITERATUR:
- Barbara Becker-Jákli: Das jüdische Krankenhaus in Köln. Die Geschichte des Israelitischen Asyls für Kranke und Altersschwache 1869–1945. Köln 2004, S. 229, 461
- Westdeutsche Bauzeitung, Jg. 14, 1931, H. 43, S. 6 (Bautennachweis)

Zollstock, Theophanostr. 19/Höninger Weg
Wohn- und Geschäftshaus
Bj.: 1932
Bh.: Cornelius Stüßgen (Vorstand der Cornelius Stüßgen A.-G.)
Bauunternehmung: Rheinische Bauunternehmung G.m.b.H. (Gesamtausführung)

Dem ganz im Sinne des „Neuen Bauens" entworfenen, an die markanten Ecklösungen des damaligen modernen Siedlungsbaus erinnernden Wohn- und Geschäftshaus mit einem Ladenlokal der Cornelius Stüßgen A.-G. im Erdgeschoss kommt eine große Bedeutung zu, weil es offensichtlich das letzte Gebäude darstellt, das Georg Falck in seinem Leben realisieren konnte.

QUELLEN UND LITERATUR:
- HAStK Best. 485 / 953
- Bauwarte, Jg. 8, 1932, H. 16, S. III (Bautennachweis)
- Westdeutsche Bauzeitung, Jg. 15, 1932, H. 16, S. 5 (Bautennachweis)

Zollstock, Theophanostr. 17
Mehrfamilienhaus
Bj.: 1932
Bh.: Heinz Döring (Kaufmann)
Bauunternehmung: Rheinische Bauunternehmung G.m.b.H. (Gesamtausführung)

Das Haus entspricht gänzlich dem Entwurfskonzept des Hauses Theophanostraße 19.

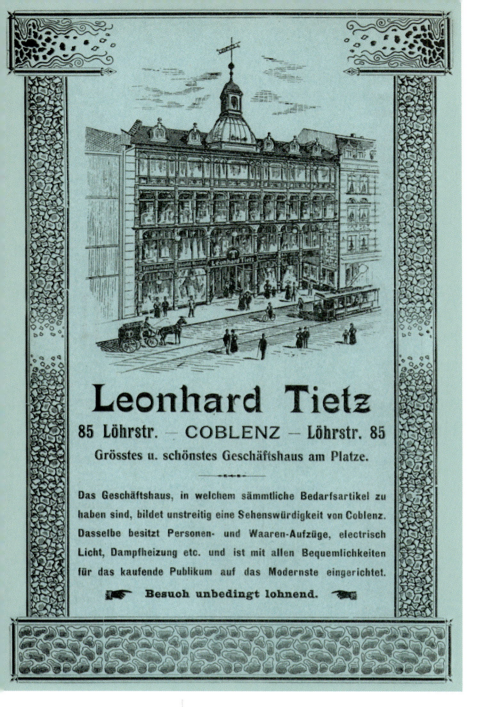

ßeren Laden in dem Haus Löhrstr. 1 umzog. 1900–1902 errichtete die aus Köln stammende Bauunternehmung mit Architekturbüro August Kunert dann den großen Neubau Löhrstr. 85. Die Pläne sind von August und Willy Kunert unterzeichnet, die 1901/02 – also gleichzeitig – zusammen mit ihrem Architekten Philipp Fritz auch die Kölner Tietz-Passage an der Hohen Straße bauten.

links: Inserat der Firma Tietz im Adreßbuch der Stadt Koblenz 1902/03

rechts oben: Der Ursprungsbau des Koblenzer Warenhauses Tietz in der Bauzeichnung. Abb.: Stadtarchiv Koblenz

rechts unten: Das Koblenzer Warenhaus Tietz nach dem Umbau durch Georg Falck Foto aus: 50 Jahre Leonhard Tietz 1879–1929. Köln 1929

AUSWÄRTIGE BAUTEN

Koblenz, Löhrstr. 83–85
Um- und Erweiterungsbau Warenhaus Tietz
Bj.:   1908–11
Bh.:   Leonhard Tietz A.-G.
Bauunternehmung: Allgemeine Hoch- und Ingenieurbau Aktiengesellschaft

Die Firma Tietz war schon seit 1890 in Koblenz in der Löhrstraße ansässig, bis sie 1895 in einen grö-

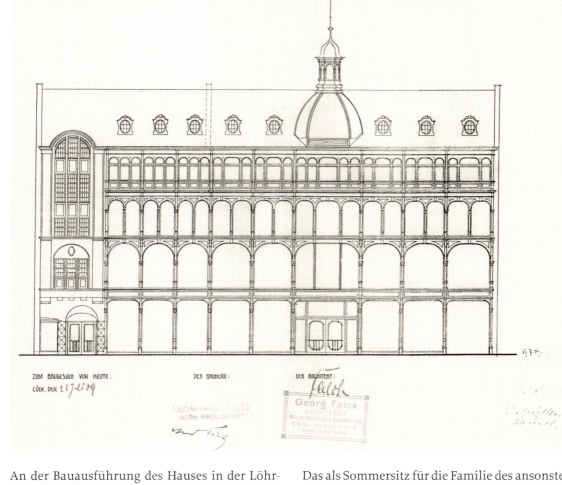

Die Umbau- und Erweiterungsplanungen von Georg Falck aus dem Jahr 1909
Abb.: Stadtarchiv Koblenz

An der Bauausführung des Hauses in der Löhrstraße war auch der Koblenzer Architekt und Bauunternehmer Heinrich Beyerle beteiligt. 1908 legte die Leonhard Tietz A.-G. der Stadt Koblenz Planungen von Georg Falck vor, die einen Umbau dieses Hauses im hinteren Bereich und einen Erweiterungsbau auf dem Nachbargrundstück vorsahen. Nach der grundsätzlichen Zusage für dieses neue Warenhaus wurde das Grundstück Löhrstr. 83 erworben, auf dem der Restaurationsbetrieb „Berliner Hof" der Gebrüder D'Avis stand, der ab dem 28.8.1897 als Union-Restaurant geführt wurde. Im Zweiten Weltkrieg wurde das Warenhaus gänzlich zerstört.

QUELLEN UND LITERATUR:
- Stadtarchiv Koblenz (StAK), Bauakte Löhrstr. 83–85 (Fach 91) und Bauakte Löhrstr. 85 (Fach 96)
- 50 Jahre Leonhard Tietz 1879–1929. Köln 1929

Daun, Philosophenweg 1
„Haus Lina"
Bj.: 1908/09
Bh.: Max Grünbaum (Prokurist der Leonhard Tietz A.-G.)

Das als Sommersitz für die Familie des ansonsten in Köln wohnhaften Max Grünbaum errichtete Holzhaus in Blockbauweise zählt zu den frühesten Bauten, die sich im Werk von Georg Falck nachweisen lassen. Zudem handelt es sich bei diesem in seinem Œuvre am besten erhaltenen Gebäude um das einzige, bei dem sich die familiäre Kontinuität bis heute bewahren konnte. Der seit 1903 in Köln und zuvor in Frankfurt am Main ansässige Bauherr war ein enger Vertrauter der Familie Tietz und Freund – und zeitweise auch Ge-

Straßenseitige Ansicht des Hauses Philosophenweg 1.
Foto: Wolfram Hagspiel (2009)

193

rechts: Gartenseitige Ansicht des Hauses Philosophenweg 1. Foto: Wolfram Hagspiel (2009)

Blick in den Hauptwohnraum. Foto: Wolfram Hagspiel (2009)

Max Grünbaum und Hermann Cohn vor dem „Haus Lina" am 24.3.1951. Foto: Privatbesitz Eva Sönnichsen/Daun

Max Grünbaum und Anna Cohn 1950 im Park von „Haus Lina". Foto: Privatbesitz Eva Sönnichsen/Daun

schäftspartner bei Immobilienprojekten – von Georg Falck, den er vermutlich schon vor dessen Umzug nach Köln im Jahre 1907 kannte. Seine Entstehung verdankt das Haus der Leidenschaft des Bauherrn für die Jagd, die er gerne in den Eifelwäldern, wo er in Weiersbach bei Daun eine Jagd gepachtet hatte, auszuüben pflegte. Weil er auch seine Familie an den mit der Jagd verbundenen gesellschaftlichen Ereignissen und der Erholsamkeit dieser weitgehend noch ursprünglichen Landschaft teilhaben lassen wollte, entschloss er sich ein oberhalb des Liesertals gelegenes großes und waldumgebenes Grundstück auf dem Dauner Wehrbüsch zu erwerben, um dort ein solches hölzernes Sommerhaus zu errichten, wie er es auf seinen Jagdausflügen in Schweden schätzen gelernt hatte. Zusammen mit Georg Falck bereiste er deshalb Schweden, um sich dort mit dieser Architektur und deren Konstruktionsmethoden vertraut zu machen. Danach fertigte Georg Falck die Bauzeichnungen, nach denen dann in Schweden das hölzerne Blockhaus produziert, dort aufgestellt und von Bauherrn und Architekten begutachtet wurde, um anschließend in seine Einzelteile zerlegt nach Daun transportiert zu werden, wo es im Jahr 1909 auf einem weitgehend steinernen, die Unebenheiten der Landschaft ausgleichenden Sockel als geräumiger Zweitwohnsitz der Familie Grünbaum errichtet wurde. Vermutlich griff Georg Falck bei seinen Planungen auf Bausatzentwürfe der namentlich nicht überlieferten schwedischen Blockhausfirma zurück, die er seinen architektonisch-gestalterischen Vorstellungen entsprechend modifizierte. Das Haus wurde wenig später Vorbild für das 1910/11 in Daun auf Initiative von Max Grünbaum errichtete Erholungsheim für weibliche Angestellte der Leonhard Tietz A.-G.

Max Grünbaum (geb. 17.5.1874 in Büdingen, gest. 5.12.1952 in Daun) heiratete – schon in Köln wohnend – im Juli 1903 in Frankfurt am Main Lina Lahnstein (geb. 10.6.1874 in Frankfurt am Main, gest. 9.1.1949 in Brüssel). Einer der Trauzeugen bei der von dem reformerischen Rabbiner Dr. Rudolf Plaut (1843–1914) vorgenommenen Hochzeitszeremonie war Leonhard Tietz, in dessen Kaufhauskonzern Max Grünbaum als Angestellter begann und in dem er bald zum engen Vertrauten der Firmenleitung aufstieg. Mit Gründung der Leonhard Tietz A.-G. im Jahre 1905 wurde er zum Prokuristen ernannt und rund zehn Jahre später gehörte er zum Vorstand der Firma, bei der ihm insbesondere die Leitung des Kölner Hauses und in den frühen 1920er Jahren auch die Leitung der von der Leonhard Tietz A.-G. übernommenen Handelsstätte Mauritius in Köln oblag. Zuständig war er ferner für die Auslandskontakte, insbesondere nach Amerika, weshalb ihn Mitte der 1920er Jahre die Regierung von Bolivien mit dem Titel eines Konsuls ehrte. Aus seinen amerikanischen Auslandskontakten resultierte unter anderem die Gründung der Ehape A.G. für Einheitspreise, Köln, die nach der „Arisierung" in Rheinische Kaufhallen A.G. umbenannt wurde.

Wohl in den 1920er Jahren konvertierte die Familie Grünbaum – mit den beiden Söhnen, dem Diplom-Kaufmann Martin Grünbaum (geb. 14.1.1905 in Köln, gest. 15.4.1926) und dem Dr. med. Arnold Grünbaum (geb. 20.4.1910 in Köln, hingerichtet im April 1944 von der deutschen Wehrmacht in Griechenland) – zum Protestantismus. Als mit der Machtübernahme der Nationalsozialisten die Hetzkampagnen vor allem gegen die einflussreichen jüdischen Wirtschaftsführer begannen, emigrierte das Ehepaar Grünbaum 1933 nach Brüssel und von dort aus 1934 nach London, wo ihr Sohn Arnold lebte. Sie kehrten dann aber – in der Hoffnung auf Besserung der politischen Situation – 1935 wieder kurzfristig nach Deutschland, und zwar nach Daun, zurück, verließen das Land aber 1936 nach einer Warnung eines Beamten des Landratsamtes Daun wieder in Richtung Brüssel, wo sie ab 1941 im Versteck die deutsche Besatzungszeit – trotz mehrfach drohenden Verhaftungen – überleben konnten. Schon direkt nach dem Krieg kehrte Max Grünbaum mehrfach für kurze Aufenthalte nach Daun zurück, wo ihm bald sein weitgehend geplündertes Domizil am Philosophenweg und auch die von ihm 1929 gegründete Firma Dauner Burgbrunnen in der Boverather Straße rückerstattet wurden, während er das übrige 1938 beschlagnahmte und teilweise zwangsversteigerte Eigentum erst nach aufwändigen Prozessen im Rahmen der Restitution durch die französische Besatzungsmacht wiedererhielt. Nach dem Tod seiner Frau zog er endgültig nach Daun zurück, wo er am 5.12.1952 in seinem Wohnhaus – gezeichnet und entkräftet von den Strapazen der Jahre von Flucht, Krieg und Verfolgung – verstarb. Seine Urne wurde neben der seiner Ehefrau auf einer kleinen Familiengrabstätte auf seinem Grundstück gegenüber dem Wohnhaus beigesetzt. *„In Anerkennung seiner langjährigen Verdienste um die Entwicklung und das soziale und wirtschaftliche Aufstreben des Kurortes Daun"* war der bei vielen Teilen der Bevölkerung außerordentlich beliebte Max Grünbaum schon am 17.5.1949 durch den Amtsbürgermeister Josef Drückes zum ersten Ehrenbürger der Gemeinde Daun ernannt worden. In Daun erinnern an ihn neben seinem Privathaus auch die Firma Dauner Burgbrunnen Max Grünbaum & Co. KG und der nach ihm benannte Max-Grünbaum-Weg.

QUELLEN UND LITERATUR:
- Freundliche Mitteilungen und Unterlagen von Frau Eva Sönnichsen / Daun
- Trierischer Volksfreund vom 5.11.2008

Daun, An den Tennisplätzen
Erholungsheim für weibliche Angestellte der Leonhard Tietz A.-G.
Bj.: 1910/11
Bh.: Leonhard Tietz A.-G.

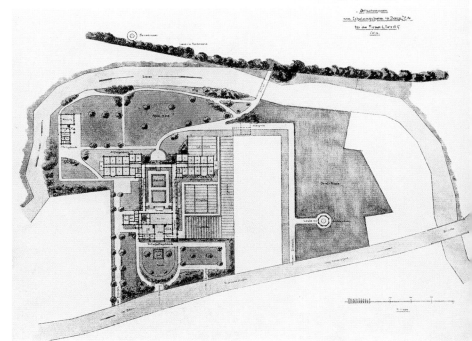

Lageplan des Erholungsheims für weibliche Angestellte der Leonhard Tietz A.-G. Abb. aus: Bauwelt, 1912, H. 7

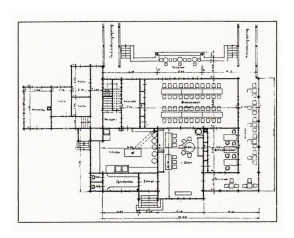

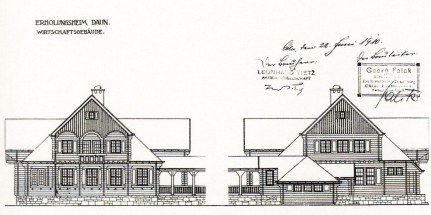

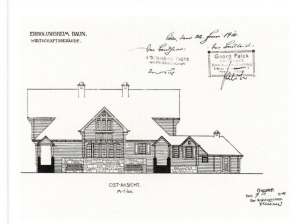

oben links: Das ehemalige Erholungsheim in den 1990er Jahren. Foto: Postkarte Privatbesitz

oben rechts: Erdgeschossgrundriss des Wirtschaftsgebäudes. Abb. aus: Der Baumeister, 1913, S. 49

Mitte: Bauzeichnung mit der Nord- und Südansicht des Wirtschaftsgebäudes. Abb.: Privatbesitz Familie Cagalj/Daun

rechts: Bauzeichnung mit der Ostansicht des Wirtschaftsgebäudes. Abb.: Privatbesitz Familie Cagalj/Daun

Die Anlage ist Zeugnis für das soziale Engagement der Firma Leonhard Tietz, die schon 1899 eine Betriebskrankenkasse eingerichtet und 1906 einen Unterstützungsfond für Notleidende gegründet hatte. Auf dem 1910 erworbenen Grundstück im landschaftlich reizvollen Liesertal am Rande von Daun in der Eifel ließ sie von ihrem „Hausarchitekten" Georg Falck eine Erholungs- und Ferienanlage für ihre weiblichen Angestellten errichten, die dort bei Lohnfortzahlung sowie kostenloser Unterkunft und Verpflegung im Sommer Urlaub machen sollten. Das Konzept war, eine Anlage zu bauen, die allen modernen Anforderungen in Bezug auf die Hygiene, die innere Ausstattung und Zweckmäßigkeit gerecht wird, die der Eigenart der Landschaft Rechnung trägt und die so angeordnet ist, dass sämtliche Räume entsprechend zur Himmelsrichtung liegen, also bei den Schlafräumen eine Süd- oder Ostlage und bei den Wirtschaftsräumen eine Orientierung nach Norden oder Westen. Um einen Kasernencharakter zu vermeiden, entschied sich Georg Falck für mehrere Einzelbauten, und zwar ein zentrales Wirtschaftsgebäude mit Speisesaal und zwei Schlafhäuser, die mittels langer Wandelgänge zu einer Einheit verbunden waren. Etwas isoliert davon entstand ein Waschküchengebäude mit Ställen für Schweine, Hühner, Kaninchen und anderen Funktionen. Das Konzept sah im Falle eines Bedarfs zahlreiche Erweiterungsmöglichkeiten dieses zunächst für 46 Personen bemessenen Komplexes vor. Als Material für den Bau der Häuser wurde das sogenannte Blockhaussystem mit 7 cm starken, verkämmten Bohlen mit geschweiften Überständen gewählt, weil man in ihm gestalterisch die beste Verbindung zur umgebenden Landschaft sah. Ferner war diese Bauweise wegen der nur sommermäßigen Nutzung der Schlafhäuser besonders kostengünstig. Vorbild war das Dauner Haus von Max Grünbaum mit seinem rotbraunen Ölfarbenanstrich, den weißen Fensterrahmen und grünen Schlagläden. Zentraler Raum des von überdachten Liegeterrassen umgebenen Wirtschaftsgebäudes mit eigener Abwässer- und Fäkalien-Kläranlage ist der bis zu 60 Personen fassende Speisesaal, dem sich eine Wohndiele mit eingebauten Bänken und Kachelofen, ein Schreib- und Lesezimmer, eine große Küchenanlage mit Dampfkocheinrichtung, ein Anrichteraum mit eingebautem Eisschrank, ein Garderobenraum, ein Zimmer für die Verwalterin sowie andere Nebenräume angliedern. Im Obergeschoss liegen die Wohnung der Vorsteherin mit fünf Zimmern, Küche, Bad und Diele sowie Schlafräume für das Küchenpersonal und die Dienstmädchen. Im Innern der in künstlerischer Weise ausgemalten Geräume herrschen kassettierte Holzdecken, Wandvertäfelungen, Einbaumöbel und große Kachelöfen vor. Die Schlafgebäude besitzen jeweils elf Zweibettzimmer mit abwaschbarem Innenfarbanstrich, Linoleumfußböden, Einbaubetten mit Schubladen im Unterteil sowie eigenen Waschtoiletten mit Wasser-Zu-und-Abfluss. Großer gartenkünstlerischer Aufwand wurde auch bei den Außenanlagen betrieben, wo sich neben Nutzbereichen zahlreiche Zierbeete, wie z.B. ein Rosengarten, befinden. Der Gesamtkostenaufwand für die im Frühjahr 1911 in Betrieb genommenen Anlage betrug 200.000 Mark. 1919 wurde der Komplex als „Leonhard-Tietz-Stiftung" in die „Deutsche Gesellschaft für Kaufmannserholungsheime" eingebracht. Die im Zweiten Weltkrieg unzerstörte Anlage wurde während des Krieges – und danach von den Amerikanern – unter anderem als Lazarett genutzt. In den 1970er Jahren erfolgte ein in Teilbereichen stark verändernder, aber dennoch den Gesamtcharakter der Anlage respektierender Umbau zu einem Hotel. Der mit viel Liebe fürs Detail unter dem Namen Parkhotel-Restaurant „Anna Maria" genutzte Komplex

Gesamtansicht des Erholungsheimes. Foto aus: Der Baumeister, 1913, S. 49

Blick auf das Wirtschaftsgebäude und eines der Schlafhäuser (rechts). Foto aus: Der Baumeister, 1913, S. 51

Die Hauptküche des Wirtschaftsgebäudes. Foto aus: Bauwelt, 1912, H. 7

Speisesaal im Wirtschaftsgebäude. Foto aus: Bauwelt, 1912, H. 7

Blick in die Wohndiele des Wirtschaftsgebäudes. Foto aus: Bauwelt, 1912, H. 7

Das 1912 eingeweihte Dürener Warenhaus Tietz in den 1920er Jahren. Foto aus: 50 Jahre Leonhard Tietz 1879–1929. Köln 1929

Der Erweiterungsbau an der Schützenstraße. Foto aus: Rheinische Bauunternehmung. Köln (um 1930)

Bauunternehmung: Allgemeine Hoch- und Ingenieurbau Aktiengesellschaft
Bauunternehmung: Rheinische Bauunternehmung G.m.b.H. (Maurer-, Putz- und Stuckarbeiten)
Bauunternehmung (1929): Rheinische Bauunternehmung G.m.b.H. (Gesamtausführung)

Die Geschichte des Warenhauses Tietz in Düren geht zurück auf das Jahr 1894, in dem in der Wirtelstr. 31 ein Geschäft für Kurz-, Manufaktur- und Haushaltswaren eröffnet wurde. Ein wesentlich größeres Geschäft eröffnete man dann im Jahre 1901 in der Wirtelgasse 34. Am 5.12.1912 wurde schließlich der große, von Georg Falck entworfene Neubau eingeweiht, der in seiner Formensprache dem Neuklassizismus jener Jahre verpflichtet ist. Möglicherweise holte sich Georg Falck Anregungen zu diesem Bau von den zahlreichen Wettbewerbsentwürfen zu dem Kölner Warenhaus Tietz. Mit der starken Betonung der Vertikale mittels Lisenen hob er das innere Stützensystem und mit den risalitartigen Eingangsbereichen die damals üblichen Lichthöfe hervor. Bei dem Bau scheint er aber einen bewusst anderen Weg gehen zu wollen, als die damals bekannten Warenhausarchitekten Otto Engler und Wilhelm Kreis, die auch die Fassadenfelder zwischen den Stützen stark vertikalisierten, während Georg Falck in diesen Bereichen auf ausgleichende Formen bedacht war, die auch dem hohen Mansarddach Rechnung trugen. 1929 wurde das Kaufhaus umgebaut und zur Schützenstraße hin zweigeschossig mit Aufbauten und einem großen Dachterrassen-Restaurant erweitert. Das Warenhaus hatte jetzt rund 800 qm Verkaufsraum auf einer Grundfläche von ca. 400 qm. Die Gebäude wurden 1944/45 völlig zerstört.

QUELLEN UND LITERATUR:
- Archiv der Kaufhof AG
- Bauschaffen im Dreiklang. Fünfzig Jahre A.H.I.-Bau, Allgemeine Hoch- und Ingenieurbau Aktiengesellschaft. Darmstadt 1954
- Alexander Mainzer: Das alte Düren im Bild. Aachen 1977
- 50 Jahre Leonhard Tietz 1879–1929. Köln 1929
- Rheinische Bauunternehmung G.m.b.H., Köln-Ehrenfeld. Köln o.J. (um 1930)

wurde durch einen Brand am 21.10.2007 nahezu vollständig zerstört.

QUELLEN UND LITERATUR:
- Der Baumeister, Jg. 11, 1913, S. 49–52
- Soziale Einrichtungen kaufmännischer Grossbetriebe. Erholungsheim für weibliche Angestellte der Leonhard Tietz A.-G. in Daun i. d. Eifel. In: Bauwelt, Jg. 3, 1912, H. 7, Kunstbeilage S. 25–28
- Peter Fuchs: 100 Jahre Kaufhof Köln. Köln 1991, S. 62
- Peter Saget: Führer durch die Eifel, Tour Aachen – Trier. Aachen o.J. (um 1914)
- Trierischer Volksfreund vom 22.10.2007, 23.20.2007, 25.10.2007

Düren, Bismarckstraße/ Wirtelstr. 30–32/ Wirteltorplatz
Warenhaus Tietz
Bj.: 1911/12
Bh.: Leonhard Tietz A.-G.

Bitburg, Mötscher Str. 14
Strickstrumpffabrik der Leonhard Tietz A.-G.
Bj.: 1912/13
Bh.: Leonhard Tietz und Max Grünbaum
Architekt: Georg Falck (Zuschreibung)

Da die Bauakten der Stadt Bitburg im Krieg verbrannt sind, lassen sich über den Architekten dieses heute noch erhaltenen Gebäudekomplexes nur Vermutungen anstellen. Stilistische Gründe und die Tatsache, dass Georg Falck ein enger Freund der Bauherren war, legen nahe, dass er auch diese Strickstrumpffabrik entworfen hat. Das Gelände dieser Fabrik hatte die Leonhard Tietz A.-G. von der Stadt Bitburg im Jahre 1912 erworben, die Firma wurde am 27.11.1912 gegründet.

LITERATUR:
- 50 Jahre Leonhard Tietz 1879–1929. Köln 1929

Brühl, Rodderweg/Liblarer Straße u.a.
Wettbewerb Bergmannssiedlung, Ankauf
Wettbewerb: 1920/21
Motto: „Auf brauner Erde"
Preis: 2. Ankauf
Bh.: Wohnungsbaugesellschaft für das Rheinische Braunkohlenrevier G.m.b.H., Köln
Mitarbeiter: Peter Prevoo

Die Ausschreibung zur Erlangung von Entwürfen zu einem Bebauungsplan der Bergmannssiedlung Brühl war im Dezember 1920 unter den in den Regierungsbezirken Köln, Düsseldorf und Aachen ansässigen Architekten erfolgt. Der nicht bildlich überlieferte Entwurf von Georg Falck mit dem Motto „Auf brauner Erde" war einer der beiden Ankäufe zu 3000 Mark. Weil Georg Falck seine Unterlagen nach Abschluss des Wettbewerbs nicht der Fachpresse zur Verfügung stellte, blieb sein Beitrag unveröffentlicht und unkommentiert. Insgesamt wurden für den auf den 15.2.1921 terminierten Wettbewerb 135 Arbeiten eingereicht. In der Jury saß unter anderem auch Fritz Schumacher. Je einen 2. Preis – ein erster wurde nicht vergeben – erhielten in dem zweiteilig angelegten Wettbewerb, der einen Bebauungsplan und dann architektonische Bebauungsvorschläge forderte, die Kölner Architekten Emil Mewes mit Victor Giorlani als Mitarbeiter und Adolf Engel. Der 3. Preis ging an Theodor Willkens, der 4. an Wilhelm Riphahn, der 5. an Emil Mewes mit Victor Giorlani und der 6. an die Düsseldorfer Architekten Alexander Lantsch-Hötzel und Walter Kremer. Der 2. Ankauf war der Entwurf von Ferdinand Luckas, Georg Rödel und Johannes Schüller.

Die Strickstrumpffabrik der Firma Leonhard Tietz in Bitburg. Foto aus: 50 Jahre Leonhard Tietz 1879–1929. Köln 1929

LITERATUR:
- Bau-Rundschau, Jg. 11, 1920, S. 222 und Jg. 12, 1921, S. 126
- Deutsche Bauzeitung, Jg. 55, 1921, S. 100 (Wettbewerbsnotiz)
- Der Baumeister, Jg. 19, 1921, Beilage 30 vom April (Wettbewerbsnotiz)
- L. Jahn: Der Wettbewerb für die Bergmannssiedlung bei Brühl. In: Rheinische Blätter für Wohnungswesen und Bauberatung, Jg. 17, 1921, S. 85–106, 176–177
- Stadt-Anzeiger vom 1.3.1921

Düsseldorf, Königsallee 1/Theodor-Körner-Str./Heinrich-Heine-Allee
Umbau Warenhaus Tietz
Bj.: um 1925
Bh.: Leonhard Tietz A.-G.
Bauunternehmung: Rheinische Bauunternehmung G.m.b.H. (Gesamtausführung)

Blick in einen der neuen Räume im Obergeschoss nach Schließung des Lichthofes. Abb. aus: Rheinische Bauunternehmung. Köln (um 1930)

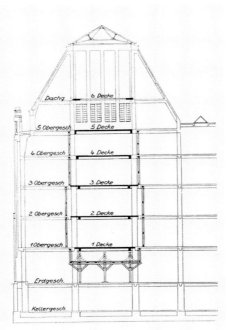

links: Blick in einen der Lichthöfe vor dem Umbau und Plan zur Schließung. Abb. aus: Rheinische Bauunternehmung. Köln (um 1930)

rechts: Das Warenhauses Tietz in Lüdenscheid kurz nach seiner Fertigstellung. Foto aus: 50 Jahre Leonhard Tietz 1879–1929. Köln 1929

Das am 6.8.1909 eröffnete, nach den Plänen von Joseph Maria Olbrich errichtete Düsseldorfer Warenhaus Tietz besaß ähnlich wie das Kölner Haus drei Lichthöfe. Die beiden seitlichen, wesentlich kleineren wurden fast zur gleichen Zeit wie beim Kölner Warenhaus Tietz im Rahmen von Erweiterungsmaßnahmen geschlossen und überwiegend zu Verkaufsflächen umgebaut.

LITERATUR:
- Louis Parnes: Bauten des Einzelhandels und ihre Verkehrs- und Organisationsprobleme. Zürich, Leipzig 1935
- Rheinische Bauunternehmung G.m.b.H., Köln-Ehrenfeld. Köln o.J. (um 1930)

Lüdenscheid, Kölner Str. 1–1a/ Sauerfelder Straße
Umbau und Erweiterung Warenhaus Tietz
Bj.: 1925/26
Bh.: Leonhard Tietz A.-G.
Bauunternehmung: Rheinische Bauunternehmung G.m.b.H. (Gesamtausführung)

Das Warenhaus Tietz in Lüdenscheid war der erste Bau des Konzerns in Westfalen. Georg Falck hatte hierfür das 1913/14 errichtete, von der Leonhard Tietz A.-G. übernommene Textilhaus Simon in einer ähnlichen Architektursprache um drei

Die Baustelle des Warenhauses Tietz in Lüdenscheid. Foto aus: Rheinische Bauunternehmung. Köln (um 1930)

Achsen zum Markt hin erweitert und ihm am Platz eine markante Stirnfront gegeben. Der binnen fünf Monaten erstellte Erweiterungstrakt wurde in Stahlbetonskelettbauweise errichtet. Das im Krieg unzerstörte, sehr qualitätsvolle Gebäude wurde 1955 erheblich umgebaut und Mitte der 1970er Jahren abgebrochen, als auch ein großer Teil der im Krieg unzerstörten Lüdenscheider Innenstadt in äußerst brutaler und hässlicher Weise durch Neubauten und Verkehrsschneisen ersetzt wurde.

QUELLEN UND LITERATUR:
- Archiv der Kaufhof AG
- 50 Jahre Leonhard Tietz 1879–1929. Köln 1929
- Rheinische Bauunternehmung G.m.b.H., Köln-Ehrenfeld. Köln o.J. (um 1930)

Wuppertal-Barmen, Werth/ Kleine Flurstraße/Wegnerstraße
Um- und Erweiterungsbau Warenhaus Tietz
Bj.: 1926
Bh.: Leonhard Tietz A.-G.
Bauunternehmung: Rheinische Bauunternehmung G.m.b.H. (Fassadenarbeiten)

Die Barmer Filiale war eine der ältesten der Leonhard Tietz A.-G. Eröffnet wurde sie im Jahre 1890, dann 1895 erweitert und 1903 durch einen Neubau ersetzt, den Georg Falck wiederum 1926 großzügig umbaute und unter Einbeziehung von Nachbarhäusern auf eine Gesamtnutzfläche von 4500 qm erweiterte. Das ursprünglich vertikal strukturierte Gebäude erhielt dabei eine an die Bauten von Erich Mendelsohn erinnernde Horizontalität, die durch Gesimse und Putzstrukturen noch unterstrichen wurde. Die Barmer Zeitung hob im Rahmen der Neueröffnung die Übersichtlichkeit im Inneren und die schöne Bereicherung des Barmer Stadtbildes hervor. Das Gebäude wurde im Mai 1943 völlig zerstört.

LITERATUR:
- Barmer Zeitung vom 13.11.1926
- (Leo Haubrich): Neuere Bauten der Tietz A.G., Architekt Georg Falck, Köln. In: Bauwarte, Jg. 2, 1926, S. 600–602
- 50 Jahre Leonhard Tietz 1879–1929. Köln 1929
- Hermann J. Mahlberg, Hella Nußbaum (Hg.): Der Aufbruch um 1900 und die Moderne in der Architektur des Wuppertales. Wuppertal 2008, S. 297, 307
- Rheinische Bauunternehmung G.m.b.H., Köln-Ehrenfeld. Köln o.J. (um 1930)

Stralsund, Ossenreyerstr. 19
Umbau und Erweiterung Warenhaus Tietz
Bj.: 1926/27
Bh.: Leonhard Tietz A.-G.
Mitarbeiter: Peter Prevoo
Bauunternehmung: Rheinische Bauunternehmung G.m.b.H. (Gesamtausführung)
Bauunternehmung: Stahlbau Liesegang

Bei dem Warenhaus handelt es sich um einen mit einer Aufstockung verbundenen Umbau des am

oben: Entwurf zum Um- und Erweiterungsbau des Warenhauses Tietz in Wuppertal-Barmen. Abb. aus: Bauwarte, 1926, S. 601

unten: Das umgebaute Warenhaus Tietz in Wuppertal-Barmen. Foto aus: 50 Jahre Leonhard Tietz 1879–1929. Köln 1929

links: Das Stralsunder Warenhaus Tietz im Jahre 1902. Foto aus: Bauwelt, 1928, H. 9, S. 13

rechts: Das Stralsunder Warenhaus Tietz nach dem Umbau. Foto aus: Rheinische Bauunternehmung. Köln (um 1930)

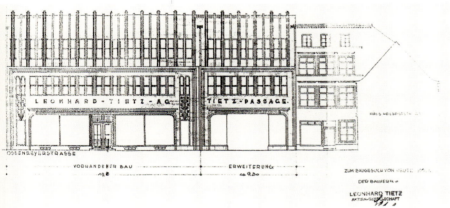

Erweiterungsplanung des Stralsunder Warenhaus Tietz von 1929. Abb. aus: Alexander Kierdorf, 2001, S. 333

Das heute von einer Drogeriemarktkette genutzte ehemalige Stralsunder Warenhaus Tietz. Foto: Wolfram Hagspiel (2009)

11.10.1902 eröffneten zweiten Warenhaus Tietz in Stralsund, einem zweigeschossigen Jugendstilbau mit einer aus Stahl und Glas gestalteten, von einer riesigen Muschel mittig betonten Fassade. In Stralsund entstand in unmittelbarer Nachbarschaft zu diesem Gebäude 1879 das erste Warenhaus von Leonhard Tietz, weshalb man seitens der nun in Köln ansässigen Familie Tietz größte Sorgfalt und auch Traditionsbewusstsein bei dem Umbau durch Georg Falck anwandte. Georg Falck orientierte sich bei der Fassadengestaltung an der norddeutschen Backsteingotik, insbesondere den Gestaltungsprinzipien bei den mittelalterlichen Rathäusern der dortigen Hansestädte. Sein in Köln sicherlich bekannt gewesener Fassaden-Entwurf ist aber auch deshalb von höchstem Interesse, weil er in vielen Details gänzlich den Entwurf Adolf Abels zur Kölner Messe, die 1927/28 gebaut wurde, vorwegnahm. Im Innern ist der Bau klar – entsprechend dem Konstruktionsprinzip des Hauses – strukturiert, was heißt, dass wenige Stützen kaum merkbar einen weiten Raum gliedern, der lediglich in seinem hinteren Bereich durch ein in die Ecke platziertes, nüchtern-kantiges Treppenhaus mit dekorativem Gelände einen Akzent erfährt. Struktur erfahren die Geschosse, insbesondere das oberste, durch die für die 1920er Jahre typische indirekte Beleuchtung mittels gläserner Deckenplatten. Wie alle Kaufhäuser von Georg Falck aus dieser Zeit besaß auch das Stralsunder eine fast luxuriöse Lebensmittelabteilung in Kombination mit einem Erfrischungs-

restaurant, das sich straßenseitig im zweiten Obergeschoss befand. Vom 12.7.1929 datiert ein Bauantrag zur Erweiterung des Kaufhauses, der jedoch durch die Weltwirtschaftskrise und auch den erheblichen Widerstand Stralsunder Geschäftsleute, unter anderem der Firma Wertheim, keine Realisierung zur Folge hatte. 1947 wurde die Stralsunder Filiale enteignet, weil sie „als Konzernunternehmen Machtinstrument der Faschisten und Kriegstreiber" gewesen sei. Zu DDR-Zeiten firmierte hier das Kaufhaus Magnet und nach der Wiedervereinigung und der Rückübertragung an den Mutterkonzern, die Kaufhof AG, die Kaufhalle beziehungsweise das Kaufhaus „Kaufcenter". Dieser Bau zählte bis zu Beginn des zweiten Jahrtausends zu den ganz wenigen Kaufhäusern der 1920er Jahre in Deutschland, die weitgehend original erhalten geblieben waren.

LITERATUR:
- Bauwelt, Jg. 19, 1928, H. 9, S. 13; H. 11, S. 263
- Peter Fuchs: 100 Jahre Kaufhof Köln. Köln 1991, S. 20-22
- 50 Jahre Leonhard Tietz 1879-1929. Köln 1929
- (Leo Haubrich): Neue Bauten und Entwürfe von Architekt Georg Falck, Köln, Mitarbeiter Architekt Peter Prevoo. In: Bauwarte, Jg. 4, 1928, S. 257-264
- Hauszeitung der Leonhard Tietz AG, Jg. 1, 1926, S. 68-69
- Hauszeitung der Leonhard Tietz AG, Jg. 2, 1927, H. 9, S. 136-137
- Alexander Kierdorf: Vom Sichtbaren und Unsichtbaren – Das Stammhaus der Kaufhof AG in Stralsund. In: Stefanie Lieb (Hg.): Form und Stil. Festschrift für Günther Binding zum 65. Geburtstag. Darmstadt 2001, S. 327-335
- Rheinische Bauunternehmung G.m.b.H., Köln-Ehrenfeld. Köln o.J. (um 1930)

Solingen, Klosterwall/Mühlenplatz/ Hauptstr. 55–77
Warenhaus Tietz
Bj.: 1927/28
Bh.: Leonhard Tietz A.-G.
Mitarbeiter: Peter Prevoo
Bauunternehmung: Rheinische Bauunternehmung G.m.b.H. (Gesamtausführung)

Zu den künstlerisch ausgereiftesten Bauten Georg Falcks im Sinne des „Neuen Bauens" gehört das Solinger Warenhaus Tietz, das mit seiner dynamischen Formengebung und der starken Betonung der Horizontale in Verbindung mit kontrapunktisch eingesetzten Vertikalakzenten nicht ohne die Bauten von Erich Mendelsohn zu verstehen ist. Andererseits nahm Georg Falck mit der sich dramatisch an einer Ecke des Gebäudes entwickelnden, in einer Leucht- und Reklamesäule gipfelnden Gebäudestaffelung Gestaltungstendenzen der niederländischen Architektur vorweg beziehungsweise fand gleichzeitig zu ihnen. Als Vergleichsbeispiele genannt sein das OLVEH-Gebäude in Den Haag aus dem Jahre 1930/31 von Jan Wils, Willem Marinus Dudoks Kaufhaus „De Bijenkorf" in Rotterdam von 1929/30 und „De Volharding" in Den Haag von Jan Willem Eduard Buys und Joan B. Lürsen von 1927/28. Welche Bedeutung Georg Falck gerade dieser Ecksituation beimaß, lässt sich aus dem Vergleich von realisiertem Bau und dem im Februar 1927 publizierten „Ausführungsentwurf" erkennen, dem bei al-

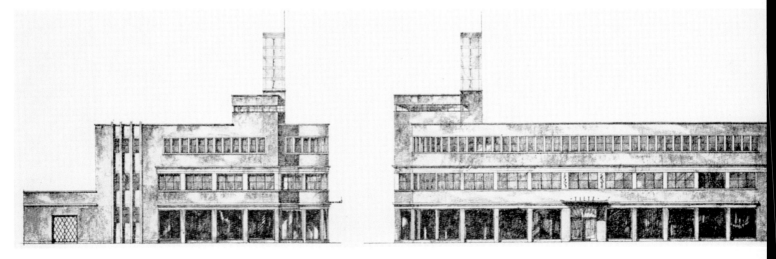

Fassadenentwürfe zum Solinger Warenhaus Tietz. Abb. aus: Bauwarte, 1927, S. 55

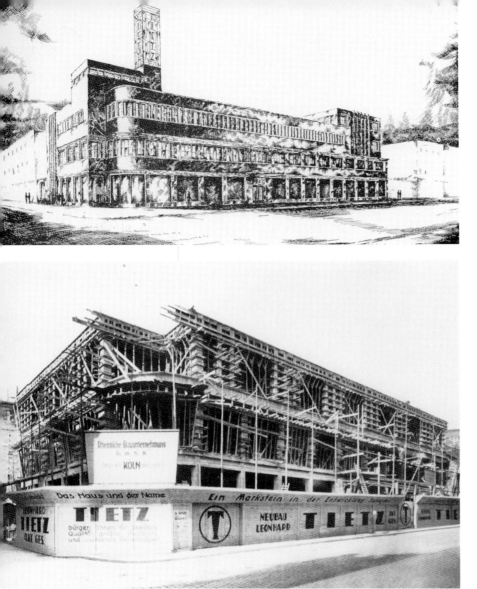

links: Entwurf zum Solinger Warenhaus Tietz. Abb. aus: Bauwarte, 1927, S. 55

Mitte: Die Baustelle des Warenhauses Tietz in Solingen. Foto aus: Rheinische Bauunternehmung. Köln (um 1930)

ler Ähnlichkeit das wichtige Element einer fast bauklotzartigen Staffelung, Verschachtelung und Aufbrechung der Ecke noch weitgehend fehlt. Für die Realisierung des Kaufhauses wurden die Fluchtlinien auf dem innerstädtischen Grundstück verbreitert und mehrere dort stehende Fachwerkhäuser abgerissen. Der ab Mitte 1927 in nur 36 Wochen errichtete Stahlbeton-Skelettbau mit einer Grundfläche von ca. 1200 qm und einer Gesamtverkaufsfläche von über 3000 qm erhielt mittels unterschiedlich hart gebrannter Klinker eine lebhaft strukturierte Backsteinfassade, die durch die Fassungen und Gesimse aus Muschelkalk sowie die dunklen Fensterrahmen in ein graphisch-plastisches Kunstwerk verwandelt wurde. Wie alle Kaufhausbauten Georg Falcks aus diesen Jahren war auch das Solinger Warenhaus auf eine Abend- und Nachtwirkung hin konzipiert worden, war das Licht, für das „Lampenkränze" sogar in den Gesimsen eingebaut wurden, ein entscheidendes Kalkül bei der Planung gewesen. Die dann fast abstrakte „Lichtplastik Warenhaus" gipfelte in einer 15 m hohen, von dem Schriftzug Tietz begleiteten, mehrfarbig strahlenden Leuchtsäule, in der man 1928 sogar das neue Wahrzeichen Solingens sah. Als eine besondere Attraktion galt der im Staffelgeschoss untergebrachte, für 100 Personen konzipierte Erfrischungsraum mit angegliederter, rund 200 Personen fassende Dachterrasse, von der man einen wunderbaren Blick über die Altstadt bis hin ins Bergische Land genießen konnte. Große Beachtung fand seinerzeit auch die dem Erfrischungsraum angegliederte Lebensmittelabteilung mit ihren Verkaufstischen und Regalen in weißem Schleiflack, den Marmorverkleidungen und den weißen Alabasterplatten an den Wänden sowie den hochmodernen Kühlanlagen. In der Grundrissanordnung war das Haus klar und übersichtlich gestaltet. In der Flucht zu dem axial in der Fassade angeordneten Haupteingang, der durch ein vorkragendes, abends hell erleuchtetes Transparent besonders betont wurde, lag das große Treppenhaus mit Aufzug, flankiert von zwei Lichthöfen mit anschließenden Rolltreppenhäusern. Im Innern des Gebäudes wurde – bis auf das Erdgeschoss, wo man für besondere Warenauslagen direktes Licht benötigte – fast

Das Warenhauses Tietz in Solingen kurz nach seiner Fertigstellung. Foto aus: 50 Jahre Leonhard Tietz 1879–1929. Köln 1929

AUSWÄRTIGE BAUTEN   GEORG FALCK

QUELLEN UND LITERATUR:
• Nachlass Oskar Jansen, Solingen
• Auftragsbuch des Fotografen Hugo Schmölz (Privatbesitz Walde Huth-Schmölz)
• (Leo Haubrich): Geschäfts- und Wohnbauten. Architekt Georg Falck, Köln, Mitarbeiter Architekt P. Prevoo. In: Bauwarte, Jg. 3, 1927, S. 53–60
• (Leo Haubrich): Neue Bauten und Entwürfe von Architekt Georg Falck, Köln, Mitarbeiter Architekt Peter Prevoo. In: Bauwarte, Jg. 4, 1928, S. 257–264
• Helga Behn: Die Architektur des deutschen Warenhauses von ihren Anfängen bis 1933. Diss. Köln 1984
• 50 Jahre Leonhard Tietz 1879–1929. Köln 1929
• Leif Hallerbach: Das Warenhaus Tietz in Solingen. In: Polis, Jg. 8, 1998, H. 2/3, S. 38–39
• Elfi Pracht-Jörns: Jüdisches Kulturerbe in Nordrhein-Westfalen. Teil II: Regierungsbezirk Düsseldorf. Köln 2000, S. 281
• Rhein-Echo vom 6.5.1950, 28.9.1950
• Rheinische Bauunternehmung G.m.b.H., Köln-Ehrenfeld. Köln o.J. (um 1930)
• Rheinische Post vom 29.5.1950
• Solinger Tageblatt vom 8.4.1927, 3.3.1928, 13.3.1928, 14.3.1928, 6.5.1950
• Der Westbau, Jg. 3, 1930, H. 2, S. 12–14

Das Warenhaus Tietz am Tage seiner Einweihung. Foto: Nachlass Oskar Jansen, Solingen

Krefeld, Friedrichstraße
Umbau und Erweiterung Warenhaus Tietz
Bj.: 1927/28
Bh.: Leonhard Tietz A-G.
Mitarbeiter: Peter Prevoo
Bauunternehmung: Rheinische Bauunternehmung G.m.b.H. (Gesamtausführung)

Der höchst originelle, mit reichen plastischen und dekorativen Elementen versehene, aus dem Jahre 1904 stammende Kaufhausbau im reinen Jugendstil wurde durch den Umbau von Georg Falck fast gänzlich „geglättet". Neben diesem purifizierten Altbau entstand ein durch Fensterbänder geglie-

links: Blick auf die Dachterrasse des Warenhauses Tietz in Solingen. Foto aus: 50 Jahre Leonhard Tietz 1879–1929. Köln 1929

unten: Das Krefelder Warenhaus Tietz vor dem Umbau. Foto: Archiv der Kaufhof AG

gänzlich auf die Ausbildung eines Lichthofes verzichtet, was den Vorteil voll nutzbarer Obergeschosse mit sich brachte. Bei der feierlichen, teilweise auch volksfestartigen Eröffnungsfeier am 13.3.1928 hob Georg Falck in seiner Ansprache die besondere Gestaltung des Gebäudes sowie die nach rationellen Gesichtspunkten vorgenommene Grundrisskonzeption hervor. Am 5.11.1944 wurde das Haus durch Bomben total zerstört. Die Ruine wurde ab Ende April 1950 zugunsten eines Kaufhof-Neubaus an gleicher Stelle abgetragen.

Das Krefelder Warenhaus Tietz nach dem Umbau. Foto aus: 50 Jahre Leonhard Tietz 1879–1929. Köln 1929

Das Krefelder Warenhaus Tietz mit Abendbeleuchtung. Foto aus: 50 Jahre Leonhard Tietz 1879–1929. Köln 1929

Blick auf die Dachterrasse des Warenhauses Tietz. Foto aus: 50 Jahre Leonhard Tietz 1879–1929. Köln 1929

Das kriegszerstörte Warenhaus kurz nach dem Zweiten Weltkrieg. Foto: Archiv der Kaufhof AG

derter, von einem seitlichen Treppenhausturm mit Werbeschrift vertikal akzentuierter Neubau ganz im Sinne der avantgardistischen Architektur der späten 1920er Jahre. Auf ihm befand sich die für viele Kaufhäuser von Georg Falck obligate Dachterrasse. Das im Krieg teilzerstörte Gebäude wurde durch einen Neubau ersetzt.

QUELLEN UND LITERATUR:
- Archiv der Kaufhof AG
- Auftragsbuch des Fotografen Hugo Schmölz (Privatbesitz Walde Huth-Schmölz)
- Hauszeitung Leonhard Tietz A.-G., J. 3, 1928, H. 9
- (Leo Haubrich): Neue Bauten und Entwürfe von Architekt Georg Falck, Köln, Mitarbeiter Architekt Peter Prevoo. In: Bauwarte, Jg. 4, 1928, S. 257–264
- 50 Jahre Leonhard Tietz 1879–1929. Köln 1929
- Eberhard Grunsky: Otto Engler. Geschäfts- und Warenhausarchitektur 1904–1914. Köln 1979
- Rheinische Bauunternehmung G.m.b.H., Köln-Ehrenfeld. Köln o.J. (um 1930)

Mülheim/Ruhr, Wallstraße/Löhberg

Umbau und Erweiterung Warenhaus Tietz
Bj.: 1927–29
Bh.: Leonhard Tietz A.-G.
Bauunternehmung: Rheinische Bauunternehmung G.m.b.H. (Gesamtausführung)

1927 übernahm die Leonhard Tietz A.-G. das 1909/10 nach den Entwürfen von Eugen Korthäuser errichtete Kaufhaus Hammonia und ließ es nach modernen Gesichtspunkten umbauen und bis 1929 in zwei Bauabschnitten erweitern. Die Eröffnung des ersten Bauabschnittes fand am 17.10.1928 statt. Beim Umbau wurde der aus wechselnden Höhen bestehende Fassadenrhythmus unter Wahrung der vertikalen Grundstruktur und möglichst vieler alter Werksteinteile zugunsten einer gleichmäßigen viergeschossigen Fassade aufgegeben. Hierbei erhielt die Ecke über ihrem eingeschossigen Erker eine markante Reklamestele als wichtigen werbewirksamen und künstlerischen Akzent. Der kubische, ganz im Sinne des „Neuen Bauens" gestaltete Erweiterungsbau entstand als Gemeinschaftsarbeit von Georg Falck und dem aus Mülheim stammenden Architekturbüro Gebr. Kraemer (Friedrich und Wilhelm Kraemer). Der bei einem Bombenangriff in November 1943 stark beschädigte Bau wurde 1947 abgerissen.

AUSWÄRTIGE BAUTEN   GEORG FALCK

LITERATUR:
- Eberhard Grunsky: Otto Engler. Geschäfts- und Warenhausarchitektur 1904–1914. Köln 1979
- Eberhard Grunsky: Beispiele früher Waren- und Kaufhausbauten im Ruhrgebiet und ihre großen Vorbilder. In: Westfalen. Hefte für Geschichte, Kunst und Volkskunde, Bd. 72, 1994, S. 406–488
- 50 Jahre Leonhard Tietz 1879–1929. Köln 1929
- Rheinische Bauunternehmung G.m.b.H., Köln-Ehrenfeld. Köln o.J. (um 1930)

Mayen, Marktplatz
Warenhaus Tietz
Bj.: 1927–29
Bh.: Leonhard Tietz A.-G.
Mitarbeiter: Peter Prevoo
Bauunternehmung: Rheinische Bauunternehmung G.m.b.H.

Blick ins Treppenhaus. Foto aus: Rheinische Bauunternehmung. Köln (um 1930)

oben Mitte: Rückseite des kriegszerstörten Warenhauses. Foto: Archiv der Kaufhof AG

unten Mitte: Das kriegszerstörte Warenhaus. Foto: Archiv der Kaufhof AG

oben rechts: Das Warenhaus J. Herz/Leonhard Tietz in Euskirchen. Foto aus: Bauwelt, 1931, H. 15, S. 13

Seite 207:
oben links: Die Baustelle des Warenhauses Tietz in Mülheim. Foto aus: Rheinische Bauunternehmung. Köln (um 1930)

oben rechts: Der Mayener Marktplatz vor dem Bau des Warenhauses Tietz. Foto: Archiv der Kaufhof AG

Mitte links: Das Warenhaus Tietz in Mülheim kurz nach seiner Fertigstellung. Foto aus: 50 Jahre Leonhard Tietz 1879–1929. Köln 1929

Mitte rechts: Entwurf zum Mayener Warenhaus Tietz. Abb. aus Bauwarte, 1927, S. 54

unten: Das Warenhaus Tietz in Mayen. Foto aus: 50 Jahre Leonhard Tietz 1879–1929. Köln 1929

Die Leonhard Tietz A.-G. betrieb in Mayen schon seit dem Jahr 1905 eine Filiale. Der Neubau an dem von vielen historischen Bauten geprägte Marktplatz musste aus ortsbildpflegerischen Gründen strukturell und in der Dachform an die Nachbarbebauung angepasst werden. Nach dem Krieg wurde das teilzerstörte Haus weitgehend in den alten Formen wiederaufgebaut.

LITERATUR:
- (Leo Haubrich): Geschäfts- und Wohnbauten. Architekt Georg Falck, Köln, Mitarbeiter Architekt P. Prevoo. In: Bauwarte, Jg. 3, 1927, S. 53–60
- 50 Jahre Leonhard Tietz 1879–1929. Köln 1929
- Rheinische Bauunternehmung G.m.b.H., Köln-Ehrenfeld. Köln o.J. (um 1930)
- Der Westbau, Jg. 3, 1930, H. 2, S. 12–14

Euskirchen, Bahnhofstr. 6–8/ Veybachstraße

Warenhaus J. Herz / Leonhard Tietz
Bj.: 1928
Bh.: Einkaufshaus G.m.b.H. Joseph Herz – Leonhard Tietz

Das binnen weniger Monate – laut Aussage des Euskirchener Stadtarchivs wohl ohne richtige Baugenehmigung – errichtete klinkerverkleidete Haus mit seiner weit ausholenden gerundeten Ecke und den zu Bändern zusammengefassten Fenstern erinnert in seiner Gestaltung – auch mit den Staffelgeschossen und den vertikalen Akzenten – sehr an das Kölner Disch-Haus von Bruno Paul und Franz Weber, weshalb man fast glauben möchte, es handle sich bei dem Euskirchener Haus um eine Miniatur des heute in Köln noch existenten Gebäudes. Da die Einweihung des Euskirchener Warenhauses im Oktober 1928 stattgefunden hat, liegt es jedoch sehr nahe, dass Bruno Paul und Franz Weber ihren im Juli 1928 erreichten Erfolg beim Wettbewerb Disch-Haus ihrer Kenntnis der Pläne beziehungsweise der Baustelle des Euskirchener Kaufhauses zu verdanken haben. Eine besondere Attraktion im Einkaufshaus J. Herz / Leonhard Tietz, das später als Eifel-Kaufhaus firmierte, war der Fahrstuhl. Mit den erzwungenen Zwangsverkäufen ging das Haus 1936 in das Eigentum der Firma Teitge über, die es unter ihrem Namen bis zum Abbruch der Baulichkeiten betrieb. Das im Krieg zerstörte und dann verändert wiederaufgebaute Haus wurde 2004–06 durch das Veybach-Center ersetzt.

LITERATUR:
- Architekt Georg Falck, Köln. In: Bauwelt, Jg. 22, 1931, H. 15, S. 9–13
- Hubert Meyer: Euskirchen so wie es war. Düsseldorf 1974, S. 62

Bonn, Wenzelgasse 45–47/ Kesselgasse 3, 11
Wohn- und Geschäftshaus „Ehape"
Bj.: 1928
Bh.: Ehape A.-G. für Einheitspreise, Köln
Bauunternehmung: Rheinische Bauunternehmung G.m.b.H.

Der über die ursprüngliche Grundstückstiefe hinaus auch auf mehreren Gartengrundstücken von Häusern entlang der Kesselgasse errichtete Stahlbeton-Skelettbau besaß im Erdgeschoss die Ladenräume des Kaufhauses und in den Obergeschossen Wohnungen. Die insgesamt viergeschossige, durch das Staffelgeschoss mit Satteldach aber nur dreigeschossig wirkende Hauptfassade entlang der Wenzelgasse war bis auf das mit Muschelkalkplatten verkleidete Erdgeschoss verputzt. An zwei Stellen in der Kesselgasse gab es weitere mit dem Kernbereich des Kaufhauses verbundene Häuser, die sich hier ebenfalls betont schlicht und zurückhaltend in die historische Häuserzeile einfügten. Zur Eröffnung des Hauses am 28.8.1928 musste wegen des großen Kundenandranges berittene Polizei eingesetzt werden. Das Gebäude wurde am 10.10.1944 völlig zerstört.

QUELLEN UND LITERATUR:
- Stadtarchiv Bonn, Pr 24/900, Baupolizei-Acten der Stadt Bonn
- Bonner Anzeigenblatt vom 26.8.1988
- Bonner Rundschau vom 5.11.1953, 26.8.1988
- Rheinische Bauunternehmung G.m.b.H., Köln-Ehrenfeld. Köln o.J. (um 1930)

Kleve
Warenhaus Tietz
Planung: 1928
Bh.: Leonhard Tietz A.-G.
Mitarbeiter: Peter Prevoo

Die Planung zu diesem hochmodernen Kaufhaus im Zentrum der Stadt Kleve war im Jahre 1929 mit der Übernahme des 1911/12 von den Düsseldorfer Architekten Walter Klose und Georg Schäfer gebauten Warenhauses Gebr. Weyl in der Große Straße durch die Leonhard Tietz A.-G. überholt.

LITERATUR:
- (Leo Haubrich): Neue Bauten und Entwürfe von Architekt Georg Falck, Köln, Mitarbeiter Architekt Peter Prevoo. In: Bauwarte, Jg. 4, 1928, S. 257–264

Das Wohn- und Geschäftshaus „Ehape" in Bonn. Foto aus: Rheinische Bauunternehmung. Köln (um 1930)

Entwurf zu einem neuen Warenhaus Tietz in Kleve. Abb. aus: Bauwarte, 1928, S. 261

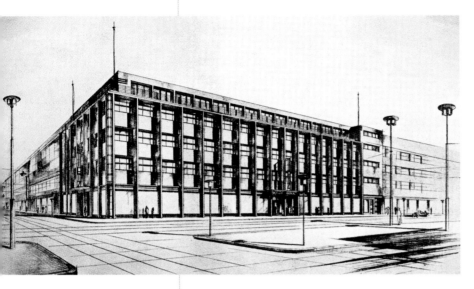

links: Entwurf zu einem neuen Warenhaus Tietz in Hamm. Abb. aus: Bauwarte, 1928, S. 260

oben rechts: Die Baustelle des Wohn- und Geschäftshauses „Ehape" in Duisburg-Hamborn. Foto aus: Rheinische Bauunternehmung. Köln (um 1930)

Mitte: Das Wohn- und Geschäftshauses „Ehape" in Duisburg-Hamborn. Foto aus: Rheinische Bauunternehmung. Köln (um 1930)

rechte Seite:
oben: Entwurf zum Warenhaus Tietz in Duisburg-Hamborn. Abb. aus: Bauwarte, 1928, S. 261

Mitte: Die Baustelle des Warenhauses Tietz in Duisburg-Hamborn. Foto aus: Rheinische Bauunternehmung. Köln (um 1930)

unten: Das Warenhauses Tietz in Duisburg-Hamborn. Foto aus: Bauwelt, 1931, H. 15, S. 12

Hamm
Warenhaus Tietz
Planung: 928
Bh.: Leonhard Tietz A.-G.
Mitarbeiter: Peter Prevoo

Leo Haubrich schrieb 1928 zu der nie realisierten Planung: *„Versuch eines in unverkleidetem Beton auszuführenden Warenhausbaues. Die Eisenkonstruktion tritt an den mächtigen Vertikalen kraftvoll zu Tage und zeigt, wie sich aus dem ungekünstelt und werkgerecht behandelten Material eine Architektur von großer Bedeutung bilden läßt, wenn die an sich unwahre Verkleidung der Betonkonstruktion mit anderem Material unterbleibt."*

LITERATUR
• (Leo Haubrich): Neue Bauten und Entwürfe von Architekt Georg Falck, Köln, Mitarbeiter Architekt Peter Prevoo. In: Bauwarte, Jg. 4, 1928, S. 257-264
• Stadt-Anzeiger vom 31.8.1928

Duisburg-Hamborn, Jägerstr. 65/ Weidmannstraße
Wohn- und Geschäftshaus „Ehape"
Bj.: 1928
Bh.: Ehape A.-G. für Einheitspreise, Köln
Bauunternehmung: Rheinische Bauunternehmung G.m.b.H. (Gesamtausführung)

Das Haus entspricht – trotz seiner geneigten Dächer – ganz der Moderne jener Jahre, die kubische Elemente bei der baukünstlerischen Gestaltung favorisierte. Geschickt wird die schwierige Ecksituation und Nahtstelle zwischen unterschiedlichen Gebäudehöhen durch einen fast würfelförmigen, aus der Bauflucht zurückversetzten Baukörper gelöst – ein dem damaligen avantgardistischen Siedlungsbau entlehntes Gestaltungselement, das unter anderem auch das in jenen Jahren in Duisburg tätige Kölner Architekturbüro Riphahn & Grod gerne anwendete. Hervorzuheben als wichtiges Gestaltungselement ist auch die Betonung der Horizontalen, die erreicht wurde durch das Einbinden der Fenster in bänderartige Backsteinfelder und die Akzentuierung des Ladengeschosses durch ein umlaufendes breites, für die Aufnahme der Werbung bestimmtes Gesims. Das im Krieg unzerstörte Gebäude ist äußerlich bis auf die Ladenzone und die Fenster weitgehend original erhalten.

QUELLEN UND LITERATUR:
• Denkmalamt der Stadt Duisburg
• Rheinische Bauunternehmung G.m.b.H., Köln-Ehrenfeld. Köln o.J. (um 1930)

**Duisburg-Hamborn, Duisburger Str. 226/
August-Thyssen-Straße**
Warenhaus Tietz
Bj.: 1928/29
Bh.: Leonhard Tietz A.-G.
Mitarbeiter: Peter Prevoo
Bauausführung: Rheinische Bauunternehmung G.m.b.H.

Bei dem am 3.10.1929 eröffneten Warenhaus Tietz, einem Stahlbetonskelettbau mit einer Verkleidung aus Tuff und Muschelkalk, hob die damalige Fachpresse hervor, dass hier im Gegensatz zu den Karstadt-Warenhäusern jede Übersteigerung vermieden und die Architektur auf den einfachen innenräumlichen Sachverhalt zurückgeführt ist (Der Westbau, 1930). Städtebaulich sollte es einen wichtigen Akzent in dem damals gerade in der Entwicklung begriffenen Stadtviertel entlang der Duisburger Straße darstellen. Betont zurückhaltend, aber höchst kunstvoll in ein werbewirksames Gesamtkonzept eingebettet ist die Reklame, die mit dem in Glasflächen aufgelösten, nach oben von einem Lichtgesims abgeschlossenen Erdgeschoss beginnt und mit dem Leuchtschriftzug „Tietz" des Treppen-Aufzugsturmes signifikant endet. Auf den bisher üblichen Lichthof ist bis auf einen kleinen Erdgeschossbereich für besondere Warenauslagen völlig verzichtet worden. Stattdessen wurde dem Haupttreppenhaus ein größerer Raum zugeordnet. Ein besonderer Aufwand wurde – wegen seiner Werbewirksamkeit für die Kundschaft – mit dem Erfrischungsraum im Staffelgeschoss getrieben, dem wie bei vielen Kaufhäusern von Georg Falck noch eine Dachterrasse zugeordnet ist. Im Nachrichtendienst der Bauschau 1930 heißt es: *„Die von Architekt Georg Falck erbauten Warenhäuser erfüllen ohne monumentale Geste die architektonische Platzvorschrift im Städtebau, da die konstruktive Fügung im architektonischen Dasein des Bauwerkes fühlbar ist. Noch ist der ‚Horizontalismus' der befeindete Begriff in der Sprache der Architektur. Doch heute überbaut man die Grundstücksfläche anders als in den Zeiten Olbrichs. Volle Geschoßfläche überdeckt das Erdgeschoß. Die Blockierung eines Grundstücks durch drei oder vier Haupttrakte ist Vergangenheit, damit aber auch der das Innere mit verti-*

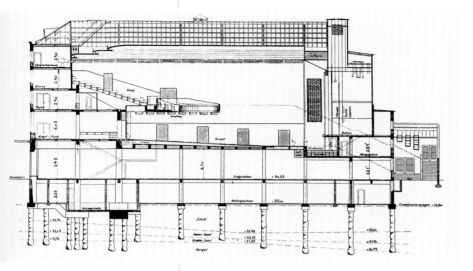

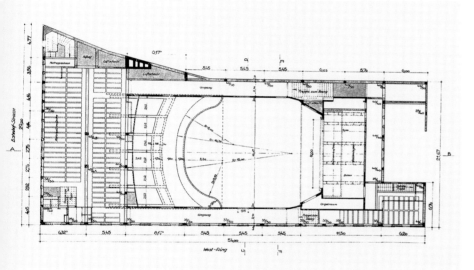

oben: Schnitt durch den Kinoraum. Abb. aus: Rheinische Bauunternehmung. Köln (um 1930)

unten: Grundriss des Kinos. Abb. aus: Rheinische Bauunternehmung. Köln (um 1930)

rechts: Das Kaufhaus Abraham um 1908. Foto aus: Elfi Pracht-Jörns: Jüdisches Kulturerbe in Nordrhein-Westfalen. Köln 2000, S. 220

leuchtung, zu der rund 2500 elektrische Glühlampen von roter, blauer und orange Farbtönung verwandt werden. Bühne und Filmvorführungsgerät sind nach dem neuesten Stande der Technik ausgerüstet; letztere besitzen neben der Tonfilmeinrichtung die Voraussetzungen für den Breitfilm und werden vom Netzanschluß aus betrieben. Eine ausgedehnte Be- und Entlüftungsanlage führt dem Raum je Platz und je Stunde 30 m² Luft zu." Nach teilweiser Kriegszerstörung wurde das heute noch in Teilen erhaltene Haus mit erheblichen Umbauten im Innern und Neubautrakten im hinteren Bereich wiederaufgebaut.

LITERATUR:
- Deutsche Bauhütte, Jg. 35, 1931, S. 227–228
- Architekt Georg Falck, Köln. In: Bauwelt, Jg. 22, 1931, H. 15, S. 9–13
- Klaus Honnef, Gregor Kierblewsky: Werner Mantz. Fotografien 1926–1938. Ausst.-Kat. Rheinische Landesmuseum Bonn 1978, S. 23, 56–59
- Reinhold Mißelbeck: Werner Mantz. Architekturphotographie in Köln 1926–1932. Ausst.-Kat. Museum Ludwig Köln 1982, S. 99–100
- Rheinische Bauunternehmung G.m.b.H., Köln-Ehrenfeld. Köln o.J. (um 1930)
- Vierzig Jahre Kaufhalle 1925–1965. Köln 1965

Mönchengladbach, Hindenburgstr. 125
Umbau und Erweiterung Warenhaus Tietz
Bj.: 1929
Bh.: Leonhard Tietz A.-G.

Im Rahmen der Übernahme des Kaufhauses Adolph und Julius Abraham, das 1905/06 nach den Entwürfen von Otto Engler errichtet worden war, ließ die Leonhard Tietz A.-G. den Bau gänzlich modernisieren und erweitern. Auffallend beim neuen Äußeren des Hauses waren die Purifizierung der Fassade und die Betonung der Ecksituation durch einen Schriftzug, einen abgetreppten turmartigen Eckaufbau mit Werbezeichen und ein gänzlich in Glasflächen aufgelöstes Erdgeschoss anstelle eines massiven Pfeilers. Für Georg Falck typisch ist auch das ganz auf die Werbewirksamkeit der Architektur abgestimmte „dynamische" Lichtkonzept. Im

AUSWÄRTIGE BAUTEN   GEORG FALCK

Krieg wurden der Altbau weitgehend und die Erweiterung von Georg Falck total zerstört. An alter Stelle wurde am 22.10.1954 ein völliger Neubau der Kaufhof AG eingeweiht.

LITERATUR:
- Eberhard Grunsky: Otto Engler. Geschäfts- und Warenhausarchitektur 1904–1914. Köln 1979
- 50 Jahre Leonhard Tietz 1879–1929. Köln 1929
- Elfi Pracht-Jörns: Jüdisches Kulturerbe in Nordrhein-Westfalen. Teil II: Regierungsbezirk Düsseldorf. Köln 2000, S. 220

Breslau, Schweidnitzer Straße/ Schlossplatz
Planung Warenhaus Tietz
Entwurf.: 1929
Bh.: Leonhard Tietz A.-G.

Im Rahmen der vielfach rigorosen Umgestaltungsplanung für die Breslauer Innenstadt, bei der viele historische Bauten durch Neubaukomplexe und Hochhäuser ersetzt werden sollten, entwickelte der beim Breslauer Stadterweiterungsamt beschäftigte Architekt Rudolf Stein 1927/28 in mehreren Varianten Entwürfe für eine Neubebauung des weiträumigen Terrains zwischen der St.-Dorotheen-Kirche, dem Graben und dem Schlossplatz. Bei allen Varianten sind außer der Kirche sämtliche Bauten, so auch das Opernhaus, niedergelegt. 1928 ist die Leonhard Tietz A.-G. als potentieller Investor für eine Teilbebauung des Areals gewonnen, die als planenden Architekten den mit den Breslauer Verhältnissen bestens vertrauten Hans Poelzig beauftragte. Dieser lieferte ebenfalls mehrere Varianten für eine Bebauung des schon von Rudolf Stein umrissenen Geländes, bei der ein großes Warenhaus der Leonhard Tietz A.-G. das zentrale Gebäude bilden sollte. In der 1929 erschienenen Jubiläumsfestschrift des Unternehmens wird Hans Poelzigs „kleinere Lösung" nur mit einem Kaufhaus als das „Neubauprojekt" der Leonhard Tietz A.-G. publiziert. In diesem Fall wären das Mosse-Haus und das Opernhaus erhalten geblieben. Weshalb sich der Konzern nach seiner Entscheidung für das Poelzig-Projekt von diesem Architekten trennte und dann Georg Falck für eine Neuplanung beauftragte, bleibt unerklärt. Die vom 30.9.1929 bis 21.10.1929 datierenden sehr detaillierten Pläne Georg Falcks, die Grundrisse und einen Schnitt, nicht aber Fassadenansichten umfassen, zeigen ein gegenüber den Entwürfen von Poelzig gänzlich anders strukturiertes Kaufhaus. Grundrisslich und innenräumlich markant ist die zentrale zweigeschossige Eingangshalle, der in den beiden Geschossen unterhalb des Staf-

Das Kaufhaus Abraham nach dem Umbau zum Warenhaus Tietz. Foto aus: 50 Jahre Leonhard Tietz 1879–1929. Köln 1929

Das Mönchengladbacher Warenhaus Tietz am späten Abend. Foto aus: 50 Jahre Leonhard Tietz 1879–1929. Köln 1929

Entwurf von Hans Poelzig zu einem neuen Warenhaus Tietz in Breslau. Abb. aus: 50 Jahre Leonhard Tietz 1879–1929. Köln 1929

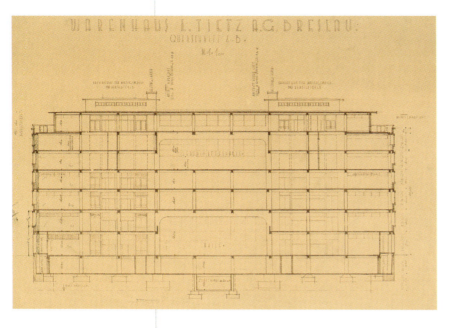

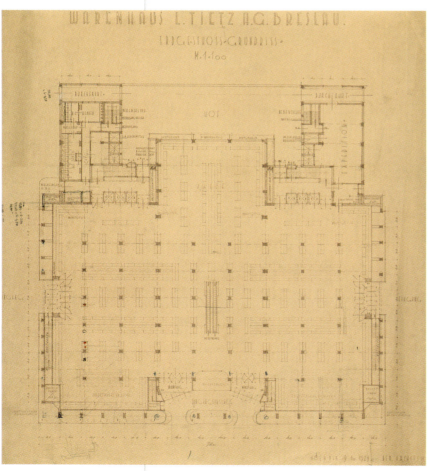

felgeschosses eine ebenfalls zweigeschossige Lebensmittelhalle entspricht. Die Fassade lässt sich anhand des Schnittes und in Analogie zu anderen zeitgleichen Tietz-Projekten Georg Falcks weitgehend mit durchgehenden Fensterbändern rekonstruieren, die im Gegensatz zu Poelzigs Entwurf plastisch hervortreten. Poelzig sah stattdessen die Plastizität – und somit das dynamische Gestaltungselement – in den Brüstungsfeldern. Nicht realisiert wurde das Warenhaus vermutlich wegen den damaligen schlechten Wirtschaftsverhältnissen.

QUELLEN UND LITERATUR:
- Architekturmuseum TU Berlin, Inv. Nr. 19300–19308 (Warenhaus Tietz Georg Falck)
- Architekturmuseum TU Berlin, Inv. Nr. 3881–3916, F 1952, HP 030,001–030,009 (Warenhaus Tietz Hans Poelzig)
- 50 Jahre Leonhard Tietz 1879–1929. Köln 1929, S. 71 (Warenhaus Tietz Hans Poelzig)
- Jerzy Ilkosz, Beate Störtkuhl: Hochhäuser für Breslau 1919–1932. Delmenhorst 1997, S. 164–168 (Planung Rudolf Stein)

Bonn, Münsterplatz/Remigiusstraße
Planung Umbau und Erweiterung Warenhaus Tietz
Entwurf.: 1929
Bh.: Leonhard Tietz A.-G.

Schon 1927 erwarb die Leonhard Tietz A.-G. in unmittelbarer Nachbarschaft zu ihrem Kaufhaus, das auf verschiedene, aus unterschiedlichen Zeiten stammende Gebäude verteilt war, Grundstücke, um auf dem Gesamtkomplex einen einheitlichen Neubau – mit Integration einiger älterer

Bauten, die unter anderem eine neue Fassade erhielten – zu errichten. Der Entwurf von Georg Falck zeigt einen für damalige Zeiten höchst modernen Geschäftsbau in Anlehnung an die Architektur von Erich Mendelsohn und Bruno Paul. Interessant scheint bei dem leicht geschwungen Bau mit gerundeter Ecke, mit bänderartiger Geschossgliederung und einer gestaffelten Dachzone der große zweigeschossige, völlig verglaste Baukörper im Bereich der Staffelgeschosse, hinter dem sicher ein luxuriöses Panoramarestaurant mit Blick auf das Münster geplant war.

LITERATUR:
- Helga Behn: Die Architektur des deutschen Warenhauses von ihren Anfängen bis 1933. Diss. Köln 1984
- 50 Jahre Leonhard Tietz 1879–1929. Köln 1929

Ludwigshafen, Ludwigstraße/ Berliner Platz
Warenhaus Tietz
Bj.: 1929/30
Bh.: Leonhard Tietz A.-G.
Bauunternehmung: Rheinische Bauunternehmung G.m.b.H.

Das an der neuen, während des Baues durchbrochenen „Durchbruchstraße" beziehungsweise „Jubiläumsstraße" errichtete Warenhaus Tietz war der erste moderne Neubau in diesem Bereich der damals jüngsten Großstadt Deutschlands, die nach Ansinnen der Ludwigshafener Stadtplanung hier einen großstädtischen Charakter erhalten sollte. Ohne das Engagement der Leonhard Tietz A.-G., die mit dem Kauf der Grundstücke auch einen großen Teil der Straßenbaukosten getragen hatte, wäre seitens der Stadt diese Modernisierung Ludwigshafens wohl kaum realisiert worden. Das ganz im Sinne der Moderne des Bauhauses gestaltete, als Eisenbeton-Skelettbau errichtete Kaufhaus besaß als Besonderheiten eine Rolltreppenanlage und ein Restaurant mit Dachterrasse. Die Eröffnung des Hauses am 10.4.1930 war für Ludwigshafens ein ganz besonderes Ereignis, über das einen Tag später der General-Anzeiger wie folgt berichtete: *„Wohl selten dürfte hier in Ludwigshafen der Eröffnung eines Hauses ein solch großes Interesse entgegengebracht worden sein, als es gestern Nachmittag bei der offiziellen Übergabe des Warenhauses Tietz*

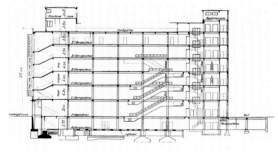

Von oben nach unten:
Entwurf zum Warenhaus Tietz in Ludwigshafen. Abb aus: 50 Jahre Leonhard Tietz 1879–1929. Köln 1929

Die Baustelle des Warenhauses Tietz. Foto aus: Rheinische Bauunternehmung. Köln (um 1930)

Das Ludwigshafener Warenhaus Tietz kurz nach seiner Fertigstellung. Foto aus: Rheinische Bauunternehmung. Köln (um 1930)

Schnitt durch das Warenhaus Tietz. Abb. aus: Rheinische Bauunternehmung. Köln (um 1930)

linke Seite:
oben links: Schnitt durch das von Georg Falck geplante Warenhaus Tietz in Breslau. Abb.: Architekturmuseum TU Berlin, Inv. Nr. 19308

unten links: Erdgeschossgrundriss des von Georg Falck geplanten Warenhauses Tietz in Breslau. Abb.: Architekturmuseum TU Berlin, Inv. Nr. 19301

rechts: Entwurf zu einem neuen Warenhaus Tietz am Bonner Münsterplatz. Abb. aus: 50 Jahre Leonhard Tietz 1879-1929. Köln 1929

Blick von der Dachterrasse des Warenhauses Tietz auf Ludwigshafen. Foto aus: Rheinische Bauunternehmung. Köln (um 1930)

der Fall war. Schon um 2 Uhr sammelte sich vor dem Neubau und in den Zufahrtstraßen die Menschenmenge. Eine halbe Stunde später war der Fahrzeugverkehr so gut wie lahmgelegt ..." Nach teilweisen Kriegszerstörungen fand die Wiedereröffnung des Kaufhauses am 17.9.1948 statt. Im Rahmen des radikalen, mit dem Bau einer Hochstraße verbundenen Neugestaltungsplanes „Projekt Visitenkarte" fiel das Kaufhaus der Spitzhacke zum Opfer.

QUELLEN UND LITERATUR:
- Archiv der Kaufhof AG
- Stefan Mörz, Klaus J. Becker (Bearb.).: Geschichte der Stadt Ludwigshafen am Rhein. Bd. 2. Ludwigshafen 2003
- 50 Jahre Leonhard Tietz 1879–1929. Köln 1929
- General-Anzeiger vom 29.3.1930, 11.4.1930
- Rheinische Bauunternehmung G.m.b.H., Köln-Ehrenfeld. Köln o.J. (um 1930)
- Louis Parnes: Bauten des Einzelhandels und ihre Verkehrs- und Organisationsprobleme. Zürich, Leipzig 1935

Frankfurt/Main, Große Eschenheimer Gasse
Erweiterungsbau Warenhaus Tietz
Planung: 1931
Bh.: Leonhard Tietz A.-G.

1929 übernahm die Leonhard Tietz A.-G. an der Zeil ein kurz zuvor errichtetes Büro- und Geschäftshaus und nutzte es in Teilen für seine neue Frankfurter Filiale. Schon bei der Übernahme bestand die Absicht, das Haus gänzlich zu einem Kaufhaus umzubauen. Offensichtlich sollte dieser Umbau mit einer Erweiterung bis hin zur Großen Eschenheimer Gasse verbunden werden, in der schon 1929 Grundstücke gesichert waren.

LITERATUR:
- 50 Jahre Leonhard Tietz 1879–1929. Köln 1929
- Westdeutsche Bauzeitung, Jg. 14, 1931, H. 15, S. 9 (Bautennachweis)

Hürth-Efferen, Lortzingstr. 17
Einfamilienhaus
Bj.: um 1931
Bh.: Franz Ostermann (Geschäftsführer mehrerer Baugesellschaften von Georg Falck)
Architekt: Georg Falck (Zuschreibung)
Bauunternehmung: Rheinische Bauunternehmung G.m.b.H. (Zuschreibung)

Die Unterlagen zu dem im Krieg völlig zerstörten Haus, das bis etwa 1936 die Adresse Altstädter Str. 13 und anschließend Altstädter Str. 17 hatte, sind nicht mehr vorhanden, so dass es keinen Beleg mehr für den entwerfenden Architekten gibt. Stilistische Übereinstimmungen und die Tatsache, das Franz Ostermann ein enger Mitarbeiter von Georg Falck war, lassen es als äußerst wahrscheinlich erscheinen, dass der Entwurf zu dem Haus von Georg Falck stammt und die Bauausführung in den Händen der Rheinischen Bauunternehmung G.m.b.H. lag.

QUELLEN UND LITERATUR:
- Mündliche Überlieferung durch Frau Sitter, geb. Ostermann
- Stadtarchiv Hürth

Das Haus Franz Ostermann in Hürth-Efferen. Foto: Privatbesitz Frau Sitter

BAUTEN DER RHEINISCHEN BAUUNTERNEHMUNG, DEREN ENTWURF NICHT VON GEORG FALCK STAMMT

Köln-Altstadt, Hohe Str. 43–53/ Gürzenichstr. 2/An St. Agatha 32–42
Warenhaus Tietz
Bj.: 1913/14
Bh.: Leonhard Tietz A.-G.
Architekt: Wilhelm Kreis
Arbeiten: Maurer-, Putz- und Stuckarbeiten

LITERATUR:
- Rheinische Bauunternehmung G.m.b.H., Köln-Ehrenfeld. Köln o.J. (um 1930)
- Stadt-Anzeiger vom 25.9.1913
- Das neue Haus der Firma Leonhard Tietz A.-G. in Köln. Architektur von Professor Wilhelm Kreis, Düsseldorf. Berlin 1914

Köln-Braunsfeld, Hültzstr. 36
Halbvilla
Bj.: 1922
Bh.: Paul Mark
Architekt: Schreiterer & Below
Arbeiten: Maurer-, Putz- und Stuckarbeiten

LITERATUR:
- Wolfram Hagspiel: Bauten und Architekten in Braunsfeld von 1900 bis zur Gegenwart. In: Max-Leo Schwering: Köln: Braunsfeld – Melaten. Köln 2004, S. 271–336
- Rheinische Bauunternehmung G.m.b.H., Köln-Ehrenfeld. Köln o.J. (um 1930)
- Schreiterer & Below. Berlin, Wien 1927
- Sabine Simon: Schreiterer & Below, ein Kölner Architekturbüro zwischen Historismus und Moderne. Diss. RWTH Aachen 1997

Köln-Marienburg, Robert-Heuser-Str. 15
Villa
Bj.: 1922/23
Bh.: Gustav Bredt
Architekt: Paul Pott
Arbeiten: Gesamtausführung

LITERATUR:
- Wolfram Hagspiel: Köln: Marienburg. Bauten und Architekten eines Villenvorortes. Köln 1996
- Rheinische Bauunternehmung G.m.b.H., Köln-Ehrenfeld. Köln o.J. (um 1930)

Köln-Marienburg, Am Südpark 5
Villa
Bj.: 1922–24
Bh.: Erich Eliel
Architekt: Paul Pott
Arbeiten: Gesamtausführung

LITERATUR:
- Wolfram Hagspiel: Köln: Marienburg. Bauten und Architekten eines Villenvorortes. Köln 1996
- Hugo Koch: Der Garten. Berlin 1927
- Rheinische Bauunternehmung G.m.b.H., Köln-Ehrenfeld. Köln o.J. (um 1930)
- Wasmuths Monatshefte für Baukunst, Jg. 11, 1927, S. 124–130

Köln-Braunsfeld, Maarweg 3–9
Mehrfamilienhausbebauung
Bj.: 1923
Bh.: Wohnungsbaugesellschaft für das Rheinische Braunkohlenrevier
Architekt: Baubüro der Wohnungsbaugesellschaft für das Rheinische Braunkohlenrevier (Geschäftsführer Richard Carl Landsberg).
Arbeiten: Gesamtausführung

LITERATUR:
- Wolfram Hagspiel: Bauten und Architekten in Braunsfeld von 1900 bis zur Gegenwart. In: Max-Leo Schwering: Köln: Braunsfeld – Melaten. Köln 2004, S. 271–336
- Rheinische Bauunternehmung G.m.b.H., Köln-Ehrenfeld. Köln o.J. (um 1930)

Das Haus Hültzstr. 36. Foto aus: Schreiterer & Below. Berlin, Wien 1927

Düsseldorf, Tiergartenstr. 36
Villa
Bj.: 1923–25
Bh.: Julius Schloss
Architekt: Theodor Merrill
Arbeiten: Gesamtausführung

LITERATUR:
- Baukunst, Jg. 4, 1928, H. 4
- Herbert Hoffmann: Neue Villen. Stuttgart 1929, S. 67–68
- Innendekoration, Jg. 37, 1926, S. 435–439 Monatshefte für Baukunst, Jg. 10, 1926, S. 177–187
- Neue Bauten und Entwürfe von Architekt Theodor Merrill, Köln. In: Bauwarte, Jg. 5, 1929, S. 17–24
- Rheinische Bauunternehmung G.m.b.H., Köln-Ehrenfeld. Köln o.J. (um 1930)

Köln-Marienburg, Parkstr. 2
Villa
Bj.: 1924
Bh.: Dr. h.c. Franz Ott
Architekt: Paul Pott
Arbeiten: Gesamtausführung

LITERATUR:
- Wolfram Hagspiel: Köln: Marienburg. Bauten und Architekten eines Villenvorortes. Köln 1996
- Der Neubau, Jg. 9, 1927, S. 212–215
- Paul Pott, Architekt B.D.A., D.W.B. Berlin 1926
- Rheinische Bauunternehmung G.m.b.H., Köln-Ehrenfeld. Köln o.J. (um 1930)

Köln-Marienburg, Parkstr. 20
Villa
Bj.: 1924/25
Bh.: Willy Bleissem
Architekt: Paul Pott
Arbeiten: Gesamtausführung

LITERATUR:
- Wolfram Hagspiel: Köln: Marienburg. Bauten und Architekten eines Villenvorortes. Köln 1996
- Hugo Koch: Der Garten. Berlin 1927
- Die Kunst, Bd. 56, 1927, S. 153–160 u. Taf. vor S. 153
- Gustav Lampmann: Die Tätigkeit der Kölner Privat-Architekten seit 1918. In: Köln, bauliche Entwicklung 1888–1927. Berlin 1927, S. 152–187
- Der Neubau, Jg. 9, 1927, S. 212–215
- Paul Pott, Architekt B.D.A., D.W.B. Berlin 1926
- Rheinische Bauunternehmung G.m.b.H., Köln-Ehrenfeld. Köln o.J. (um 1930)

Köln-Niehl, Amsterdamer Str. 192
Fabrikgebäude
Bj.: um 1925
Bh.: Rheinischen Draht- und Kabelwerke
Architekt: Baubüro der Rheinischen Draht- und Kabelwerke
Arbeiten: Beton- und Eisenbetonfundierungen

LITERATUR:
- Rheinische Bauunternehmung G.m.b.H., Köln-Ehrenfeld. Köln o.J. (um 1930)

Köln-Lindenthal, Lindenhof 11–13, 4–14
Villengruppe „Lindenhof"
Bj.: 1925/26
Bh.: verschiedene Privatleute
Architekt: Emil Frohnert
Arbeiten: Gesamtausführung

Die Villengruppe „Lindenhof". Foto aus: Rheinische Bauunternehmung. Köln (um 1930)

LITERATUR:
- Bauwarte, Jg. 4, 1928, S. 191
- Bauwarte, Jg. 6, 1930, S. 182
- Rheinische Bauunternehmung G.m.b.H., Köln-Ehrenfeld. Köln o.J. (um 1930)

Köln-Altstadt, Breite Str. 4
Umbau und Erweiterung Ladenlokal „Ehape"
Bj.: 1925/26
Bh.: Ehape A.-G. für Einheitspreise, Köln
Architekt: Baubüro „Ehape"
Arbeiten: Gesamtausführung

LITERATUR:
- Peter Fuchs: 100 Jahre Kaufhof Köln. Köln 1991, S. 82
- Kölner Stadt-Anzeiger vom 27.9.1995
- Rheinische Bauunternehmung G.m.b.H., Köln-Ehrenfeld. Köln o.J. (um 1930)
- Vierzig Jahre Kaufhalle 1925-1965. Köln 1965

Köln-Ehrenfeld, Venloer Str. 377
Umbau und Erweiterung Ladenlokal „Ehape"
Bj.: 1926
Bh.: Ehape A.G. für Einheitspreise, Köln
Architekt: Baubüro „Ehape"
Arbeiten: Gesamtausführung

LITERATUR:
- Rheinische Bauunternehmung G.m.b.H., Köln-Ehrenfeld. Köln o.J. (um 1930)
- Vierzig Jahre Kaufhalle 1925-1965. Köln 1965

Köln-Altstadt, Breite Str. 120
Umbau Ladenlokal „Ehape"
Bj.: 1926
Bh.: Ehape A.G. für Einheitspreise, Köln
Architekt: Baubüro „Ehape"
Arbeiten: Gesamtausführung

LITERATUR:
- Rheinische Bauunternehmung G.m.b.H., Köln-Ehrenfeld. Köln o.J. (um 1930)

Hürth-Knapsack
Meister-Wohnhäuser
Bj.: um 1926
Bh.: AG für Stickstoffdünger
Architekt: Baubüro der AG für Stickstoffdünger
Arbeiten: Gesamtausführung

LITERATUR:
- Rheinische Bauunternehmung G.m.b.H., Köln-Ehrenfeld. Köln o.J. (um 1930)

Hürth-Knapsack
Carbid-Schuppen
Bj.: um 1926
Bh.: AG für Stickstoffdünger
Architekt: Baubüro der AG für Stickstoffdünger
Arbeiten: Gesamtausführung

LITERATUR:
- Rheinische Bauunternehmung G.m.b.H., Köln-Ehrenfeld. Köln o.J. (um 1930)

Köln-Altstadt, Bayenstr. 45-47
Umbau Lagergebäude
Bj.: um 1926
Bh.: Leonhard Tietz A.-G.
Architekt: Technische Zentrale der Leonhard Tietz A.-G.
Arbeiten: Gesamtausführung

LITERATUR:
- 50 Jahre Leonhard Tietz 1879-1929. Köln 1929
- Rheinische Bauunternehmung G.m.b.H., Köln-Ehrenfeld. Köln o.J. (um 1930)

Mannheim
Umbau und Erweiterung Geschäftshaus „Ehape"
Bj.: um 1926
Bh.: Ehape A.G. für Einheitspreise, Köln
Architekt: Wilhelm Bergbold
Arbeiten: Gesamtausführung

LITERATUR:
- Rheinische Bauunternehmung G.m.b.H., Köln-Ehrenfeld. Köln o.J. (um 1930)
- Vierzig Jahre Kaufhalle 1925-1965. Köln 1965

Köln-Marienburg, Auf dem Römerberg/ An der Alteburger Mühle
Straßenkanäle
Bj.: 1927
Bh.: Stadt Köln
Architekt: Tiefbauamt der Stadt Köln
Arbeiten: Gesamtausführung

LITERATUR:
- Wolfram Hagspiel: Köln: Marienburg. Bauten und Architekten eines Villenvorortes. Köln 1996
- Rheinische Bauunternehmung G.m.b.H., Köln-Ehrenfeld. Köln o.J. (um 1930)

Eröffnung des Ladenlokal „Ehape", Breite Str. 4. Foto aus: Vierzig Jahre Kaufhalle. Köln 1965

Die Eilguthallen am Güterbahnhof Gereon. Foto aus: Rheinische Bauunternehmung. Köln (um 1930)

Köln-Neustadt, Güterbahnhof Gereon
Eilguthallen
Bj.: um 1927
Bh.: Deutsche Reichsbahn
Architekt: Baubüro des Eisenbahn-Betriebsamtes I
Arbeiten: Gesamtausführung

LITERATUR:
- Rheinische Bauunternehmung G.m.b.H., Köln-Ehrenfeld. Köln o.J. (um 1930)

Köln-Marienburg, Am Südpark 17
Garage
Bj.: um 1927
Bh.: Dr. Otto Baier
Architekt: Paul Pott
Arbeiten: Gesamtausführung

LITERATUR:
- Rheinische Bauunternehmung G.m.b.H., Köln-Ehrenfeld. Köln o.J. (um 1930)

Köln-Marienburg, Auf dem Römerberg 29
Villa
Bj.: 1927/28
Bh.: Julius Schloss
Architekt: Theodor Merrill
Arbeiten: Gesamtausführung

LITERATUR:
- Baugilde, Jg. 17, 1934, S. 229–231
- Bauwarte, Jg. 5, 1929, H. 3, S. 17–23
- Bauwelt, Jg. 21, 1930, H. 8, S. 1–16
- Wolfram Hagspiel: Köln: Marienburg. Bauten und Architekten eines Villenvorortes. Köln 1996
- Herbert Hoffmann: Neue Villen. Stuttgart 1929, S. 34
- Moderne Bauformen, Jg. 28, 1929, S. 34–35

- Rheinische Bauunternehmung G.m.b.H., Köln-Ehrenfeld. Köln o.J. (um 1930)
- Helmut Richter: Landhäuser, Gärten und Hausrat. Berlin o.J. (um 1936)
- Wasmuths Monatshefte für Baukunst und Städtebau, Jg. 15, 1931, S. 82–87
- J. G. Wattjes: Moderne Villa's en Landhuizen in Europa en Amerika. Amsterdam 1930
- Heinrich Fr. Wiepking-Jürgensmann: Garten und Haus. 1. Das Haus in der Landschaft. Berlin 1927, S. 131–133
- Hans Josef Zechlin: Landhäuser. Berlin 1939

Oberhausen, Langemarkstraße/ Paul-Reuch-Straße
Haus „Ruhrwacht" mit Warenhaus Tietz (Bert-Brecht-Haus)
Bj.: 1925/26 (1. Bauabschnitt = Haus „Ruhrwacht"), 1927/28 (2. Bauabschnitt = Warenhaus Tietz)
Bh.: Vereinigte Verlagsanstalten A.-G., Oberhausen
Architekt: Otto Scheib
Arbeiten: Gesamtausführung (2. Bauabschnitt)

Das Warenhaus Tietz in Oberhausen. Foto aus: Rheinische Bauunternehmung. Köln (um 1930)

BAUTEN DER RHEINISCHEN BAUUNTERNEHMUNG, GEORG FALCK
DEREN ENTWURF NICHT VON GEORG FALCK STAMMT

LITERATUR:
- Deutsche Bauzeitung, Jg. 63, 1929, S. 561–566
- 50 Jahre Leonhard Tietz 1879–1929. Köln 1929
- Ruth Mader: Das ehemalige Ruhrwachthaus in Oberhausen. Magisterarbeit Kunsthistorisches Institut der Universität Bonn 1998
- Martin Richard Möbius: Der Architekt Otto Scheib. Berlin, Leipzig, Wien 1931 (=Neue Werkkunst)
- Rheinische Bauunternehmung G.m.b.H., Köln-Ehrenfeld. Köln o.J. (um 1930)
- Elfi Pracht-Jörns: Jüdisches Kulturerbe in Nordrhein-Westfalen. Teil II: Regierungsbezirk Düsseldorf. Köln 2000, S. 253
- Rainer Stommer: Hochhaus. Der Beginn in Deutschland. Marburg 1990 (Oberhausen)

Köln-Altstadt, Severinstr. 152
Umbau und Erweiterung Ladenlokal „Ehape"
Bj.: um 1928
Bh.: Ehape A.G. für Einheitspreise, Köln
Architekt: Baubüro „Ehape"
Arbeiten: Gesamtausführung

LITERATUR:
- Rheinische Bauunternehmung G.m.b.H., Köln-Ehrenfeld. Köln o.J. (um 1930)

Köln-Braunsfeld, Stolberger Str. 82
Büro- und Lagerhaus
Bj.: 1928/29
Bh.: Cornelius Stüßgen A.-G.
Architekt: Ferdinand Pasman und Friederich Bonn
Arbeiten: Rohbau sowie Putz- und Stuckarbeiten

LITERATUR:
- 50 Jahre Staatliche Baugewerkschule in Köln am Rhein 1879–1929. Köln 1929
- Wolfram Hagspiel: Bauten und Architekten in Braunsfeld von 1900 bis zur Gegenwart. In: Max-Leo Schwering: Köln: Braunsfeld – Melaten. Köln 2004, S. 271–336
- Reinhold Mißelbeck: Werner Mantz. Architekturphotographie in Köln 1926–1932. Ausst.-Kat. Museum Ludwig Köln 1982, S. 236–243
- Rheinische Bauunternehmung G.m.b.H., Köln-Ehrenfeld. Köln o.J. (um 1930)
- Eduard Schneider: Ein Lebensmittel-Lagerhaus. In: Deutsche Bauhütte, Jg. 34, 1930, S. 285–286
- Alex Waldmann: Cornelius Stüssgen Akt. Ges. Düsseldorf 1929

links oben: Die Baustelle des Warenhauses Tietz in Oberhausen. Foto aus: Rheinische Bauunternehmung. Köln (um 1930)

rechts oben: Das fertiggestellte Büro- und Lagerhaus der Cornelius Stüßgen AG. Foto aus: Rheinische Bauunternehmung. Köln (um 1930)

rechts unten: Die Baustelle des Büro- und Lagerhauses der Cornelius Stüßgen AG. Foto aus: Rheinische Bauunternehmung. Köln (um 1930)

links: Geschäftshaus „Ehape" Auf dem Berlich 1. Foto aus: Vierzig Jahre Kaufhalle. Köln 1965

rechts: Die Rolltreppenanlage im Geschäftshaus „Ehape". Foto aus: Vierzig Jahre Kaufhalle. Köln 1965

Die Bar im Geschäftshaus „Ehape". Foto aus: Vierzig Jahre Kaufhalle. Köln 1965

Köln-Altstadt, Auf dem Berlich 1/ Breite Straße

Umbau Geschäftshaus „Ehape"
Bj.: 1929
Bh.: Ehape A.G. für Einheitspreise, Köln
Architekt: Baubüro „Ehape"
Arbeiten: Gesamtausführung

LITERATUR:
- Wolfram Hagspiel: Das „St.-Claren-Viertel" – seine bauliche und städtebauliche Entwicklung bis zur Gegenwart. In: Werner Schäfke (Hg.): Am Römerturm. Zwei Jahrtausende eines Kölner Stadtviertels. Köln 2006, S. 204–252 (=Publikationen des Kölnischen Stadtmuseums Band 7)
- Rheinische Bauunternehmung G.m.b.H., Köln-Ehrenfeld. Köln o.J. (um 1930)
- Stadt-Anzeiger vom 24.10.1929 (Werbung)
- Vierzig Jahre Kaufhalle 1925–1965. Köln 1965

Köln-Neustadt, Kaiser-Wilhelm-Ring 17–21

Erweiterung Bürohaus
Bj.: 1931
Bh.: Westdeutsche Bodenkreditanstalt
Architekt: Jacob Koerfer
Arbeiten: (?)

LITERATUR:
- Klemens Klemmer: Jacob Koerfer (1875–1930). München 1982
- Westdeutsche Bauzeitung, Jg. 14, 1931, H. 21, S. 10 (Bautennachweis)

(JOSEF) PHILIPP FRITZ

Architekt, Dipl. Baumeister
geb. 29.11.1878 in Budapest, gest. (?)

Philipp (auch Filip) Fritz studierte das Fach Architektur an der Polytechnischen Universität in Budapest. Folgt man dem Hinweis im Stadt-Anzeiger vom 9.12.1902, dann war Philipp Fritz 1901/02 in der Kölner Bauunternehmung August Kunert tätig. Diese Bauunternehmung warb 1904 – offensichtlich mit Bezug auf den gelungenen Großauftrag Tietz-Passage in Köln – als „Baugeschäft für Hoch- und Tiefbau, Warenhäuser". Verwunderlich ist, dass sich für Philipp Fritz in jenen Jahren kein Eintrag in den Kölner Adressbüchern findet, die ihn erstmals im Jahre 1907 mit der Adresse Flandrische Str. 7 vermerken. Möglicherweise lebte er in einer anderen Stadt, vielleicht wohnte er aber in Köln zu jener Zeit auch nur zur Untermiete.

Für das Jahr 1909 ist belegt, dass Philipp Fritz in Köln Mitarbeiter der wesentlich größeren Bauunternehmung und des Architekturbüros von Robert Perthel war. Diese Baufirma errichtete gerade in jenen Jahren zahlreiche Großbauten nach den Entwürfen von externen Architekten für die unterschiedlichsten Bauherren, baute aber auch auf eigene Rechnung und gemäß Auftrag eine Vielzahl von Wohnhäusern und Geschäftsbauten nach den Entwürfen des eigenen, offensichtlich hochkarätig besetzten Planungsbüros. Vermutlich war Philipp Fritz schon wenige Monate nach Vollendung der Tietz-Passage in diese Bauunternehmung eingetreten und war hier für den architektonisch-baukünstlerischen Entwurf mehrerer Gebäude zuständig, wie 1904/05 für den „Antoniterhof" (Zuschreibung), 1906 für das Büro- und Geschäftshaus Hohe Str. 124, 1907 für das Landhaus Philipp Richard, Leyboldstr. 33 in Köln-Marienburg (Zuschreibung), 1907/08 für das Wohnhaus Bernhard Giffels (Zuschreibung) und 1909 für das Geschäfts- und Wohnhaus Café Palant. Es ist zu vermuten, dass er die Position eines Chef-Architekten innehatte, denn alle wichtigen Projekte des Büros jener Jahre sind von ihm entworfen beziehungsweise sind aus stilistischen Gründen ihm eindeutig zuzuordnen. Sein Erfolg mit dem Café Palant ist für ihn wohl der Anlass gewesen, sich selbstständig zu machen. Als Mitglied des Kölner Männer-Gesang-Vereins, der damals – wie auch heute – zu den renommierten gesellschaftlichen Einrichtungen der Stadt gehörte, erhielt er 1911 von diesem den Auftrag zum Umbau und der Erweiterung der „Wolkenburg", der berühmten Heimstätte des Vereins. Mit seiner Selbstständigkeit verlagerte er auch seinen Wohnsitz in das vornehme und repräsentative gründerzeitliche Wohnhaus Kaiser-Wilhelm-Ring 12, in dem er offensichtlich bis zu seinem Wegzug aus Köln lebte. Zu Beginn der 1920er Jahre zog Philipp Fritz nach Berlin, wo er in den Adressbüchern bis 1943 nachweisbar ist. Dort wohnte er von 1922 bis 1930 in dem Haus Freiligrathstr. 8 und anschließend bis 1935 in dem ihm seit 1922 gehörenden, nahe dem Kurfürstendamm gelegenen großen Wohn- und Geschäftshaus Küstriner Str. 2 (heute Damaschkestraße). Nach 1936 war Philipp Fritz zum Verkauf des Hauses Küstriner Str. 2 gezwungen. Ab dieser Zeit lebte er in dem Haus Michaelkirchstr. 30, das die Berliner Adressbücher auch noch für das Jahr 1943 als seinen Wohnsitz angeben. Nach den Adressbüchern soll er um 1939/42 zeitweise auch in dem Haus Wusterhausener Str. 30 gewohnt haben. Über sein Wirken in Berlin und sein Schicksal während des „Dritten Reiches" – beziehungsweise die Zeit danach – ist nichts bekannt. Nach 1933 wurde sein Antrag auf Mitgliedschaft in der Reichskammer der bildenden Künste mit dem Hinweis „Volljude" abgelehnt. Möglicherweise waren die Kölner Jahre die produktivsten in seinem Leben, über das sich viel zu wenig ermitteln ließ. Seine Tietz-Passage war ein großer Auftakt, mit dem er den österreichischen Jugendstil – in seiner ungarischen Variante – in Köln mit Bravour etablierte. Auch seine

Eintrag aus Greven's Kölner Adreßbuch 1908

Aquarellierte Zeichnung der Ansicht An St. Agatha, signiert mit F. Fritz, Arch. Abb.: Kölnisches Stadtmuseum, Graphische Sammlung

folgenden Bauten bleiben mit ihrer Dekorationsfreude dieser Tradition verpflichtet, wobei stets zu bemerken gilt, dass über das Werk dieses offensichtlich begnadeten und künstlerisch hoch talentierten Architekten nur allerspärlichste Informationen existieren.

LITERATUR:
- Wolfram Hagspiel: Köln: Marienburg. Bauten und Architekten eines Villenvorortes. Köln 1996
- Myra Warhaftig: Deutsche jüdische Architekten vor und nach 1933 – Das Lexikon. Berlin 2005, S. 162

KÖLNER BAUTEN

**Altstadt, Hohe Str. (45) 47–49/
An St. Agatha 36–38 u. o.Nr.**
Tietz-Passage
Bj.:   1901/02
Bh.: Firma Leonhard Tietz
Entwurf (Fassaden?): Philipp Fritz

Entwurf (Grundrisse?): Jean Schlapper
technische und architektonische Beratung: Gustav Päffgen
Bauunternehmung: August Kunert
Ladeneinrichtung: Gebr. Schöndorff A.G. (Düsseldorf)

KÖLNER BAUTEN PHILIPP FRITZ

Die Geschichte des Warenhauses Tietz in der Kölner Altstadt beginnt 1891 mit der Gründung einer Filiale in dem angemieteten Haus Hohe Straße 23–25/Blindgasse. Im Oktober 1895 fand dann der Umzug in das neue eigene Haus Hohe Str. 45 statt, ein dreigeschossiger Bau mit anschließendem großen viergeschossigen Galeriebau, der von einer weitgehend gläsernen Tonne überdacht wurde. 1898 wurde dieses Haus erweitert und zudem noch die Grundstücke Hohe Str. 47–49 und An St. Agatha 32–36 für spätere Erweiterungen hinzugekauft. Im Jahre 1901 fand der Abbruch der Gebäude auf den neu erworbenen Grundstücken statt, die bis Ende 1902 mit dem von Philipp Fritz entworfenen neuen Kaufhaus bebaut wurden, das eine Grundfläche von ca. 3.000 qm besaß. Dieses erste richtige Kaufhaus der Firma Tietz in Deutschland erhielt seinen neuen Haupteingang in direkten Anschluss an das erst rund sieben Jahre alte Gebäude Hohe Str. 45, während die legendäre Passage Tietz, die bis zur Straße An St. Agatha durchging, an der Hohe Straße auf das Grundstück Nr. 49, also in direkter Nachbarschaft zu dem 1897 gebauten neugotischen Warenhaus Gustav Cords der Berliner Architekten Kayser & von Groszheim, gelegt wurde. Bis November 1903 war auch die Fassade des Hauses Hohe Str. 45 der Neubebauung angeglichen worden. Die Idee zum Bau einer Passage war Leonhard Tietz zuvor bei einem Besuch der „Galleria" in Mailand gekommen.

Ausführlich berichtete der Stadt-Anzeiger vom 9.12.1902 von der Eröffnung der Passage am 6.12.1902: *„Einen neuen Kunstpalast hat am Samstag-Mittag die Firma Leonhard Tietz als notwendig gewordenen Erweiterungsbau ihres seit 1895 bestehenden Geschäftshauses auf der Hohen Straße eröffnet. Vollständig aus dem Rahmen althergebrachter, früherer Geschäfte solcher Art üblichen baulichen Anordnungen heraustretend, hat die Firma in der Anlage einer das Grundstück in seiner ganzen Tiefe durchschneidenden Passage dem Verkehr eine ganz neue Verbindung zwischen Hohe Straße und St. Agatha – in weitem Zuge als eine neue Verbindung zwischen Heumarkt und Neumarkt, den beliebtesten Punkten der Kölner Altstadt – erschlossen und dadurch zugleich bewirkt, daß die monumentale Gestaltung des Gebäudes sowohl an der Hohen Straße als auch an*

Passagen-Ansicht Hohe Straße. Foto aus: Peter Fuchs, 100 Jahre Kaufhof Köln

Hohe Straße. Blick in die Passage. Foto: Postkarte Privatbesitz

Erfrischungsraum in der Passage. Foto: Postkarte Privatbesitz

Blick in den Galeriebau. Foto aus: Peter Fuchs, 100 Jahre Kaufhof Köln

nen äußerst gefälligen Eindruck, so daß der großartige Bau die geschäftsreiche Hohe Straße um eine Zierde vermehrt hat. Das ganze Gebäude erstreckt sich über den gewaltigen, über 90 Meter tiefen Komplex von Hohen Straße bis nach St. Agatha hin und ist durch geschickte Anordnung zweier, in der Längsachse liegenden, die Obergeschoßdecken durchbrechenden Lichthöfe als Galeriebau gestaltet. Etwa in der Mitte des Gebäudes, zwischen den beiden Lichthöfen ist die dreiläufige, breite, ganz in Eisen konstruierte Haupttreppe angeordnet, deren Läufe rechts und links je einen elektrisch betriebenen Personenaufzug umschließt. Im ersten OG ist ein Erfrischungsraum eingerichtet. Für die architektonische Gestaltung des Gebäudes wurde eine Stilrichtung in gemäßigt moderner Richtung gewählt, und diese Stilart ist auch bei der ganzen inneren Einrichtung streng zur Durchführung gelangt. Mit der Planausarbeitung und der Ausführung des Baues wurde die Firma A. Kunert in Köln betraut, welche hierbei von den Architekten dieser Firma J. Schlapper und Philipp Fritz unterstützt wurde. Als Beirat für die technische und architektonische Behandlung der ganzen Anlage stand dem Bauherren Baumeister Gustav Päffgen in Köln zur Seite. Die Lieferung der gesamten inneren Ladeneinrichtung war der Firma Gebr. Schöndorff in Düsseldorf übertragen, welche auch den Erfrischungsraum geschaffen hat. Die umfangreichen elektrischen Licht- und Telephonanlagen hat die Firma Oertel u. Prümm in Köln ausgeführt, während die Anlage der Zentralheizung der Firma Gebr. Mickeleit, Köln-Zollstock, übertragen war. Die elektrischen Personen-Fahrstühle und Lastaufzüge stammen von der Maschinenfabrik Wiesbaden." In einem zeitgenössischen Inserat heißt es: "Von einem breiten Menschenstrom läßt es sich in die Passage treiben, die von der Hohestraße bis St. Agatha das Gebäude durchbricht und schon äußerlich den ungewöhnlichen Umfang dieses Geschäftes erkennen läßt. Eine Verbindung schafft zwischen Altstadt und Neustadt, durch das Grundstück der Firma hindurch zu führen, um Raum zu gewinnen für große, einladende Auslagen – wahrhaftig ein kühner Gedanke! Und wie glücklich, wie originell, wie gediegen ist er zur Ausführung gebracht! Man betrachte nur die sezessionistisch stilisierten Schaukästen rechts, man sehe die praktische, aber natürlich kostspielige Einrichtung des Glasdaches, das sich zur Einführung frischer

der Passage in ihrer ganzen großartigen Wucht vollkommen zur Geltung kommt. Wohl nicht als letztes muß hervorgehoben werden, daß durch die Passage die Blindgasse entlastet wird. Trotz der geringen, an der Hohen Straße zulässigen Gebäudehöhe macht die bis jetzt zur Hälfte fertiggestellte, ganz in Werkstein ausgeführte Fassade durch geschickte Gruppierung ei-

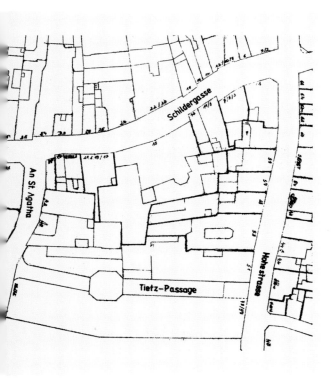

Lageplan der Passage. Abb. aus: Ute-Beatrix Sardemann

Luft in seiner ganzen Länge und in halber Breite öffnen läßt, man bewundere den vornehmen Kuppelbau in der Mitte" (zitiert nach Helga Behn).

Auffällig bei dem neuen Warenhaus Tietz ist die unterschiedliche Behandlung der Fassaden, die sich an der Straße An St. Agatha fast in einem reinen Jungendstil und an der Hohe Straße dagegen in einem Jugendstil mit starken Bezügen zur Gotik präsentieren. Möglicherweise hat sich Philipp Fritz an der Hauptgeschäftsstraße von dem damals als sehr fortschrittlich angesehenen und viel beachteten Geschäftshaus Gustav Cords, an das die Passage direkt anschloß, inspirieren lassen und von ihm die gotisierende Attikazone übernommen, vielleicht war es aber auch der Wunsch des Bauherrn, an dieser auf den Dom zuführenden Straße einen weiteren gotischen Akzent zu setzen. Ungeklärt bleibt auch der Anteil der anderen genannten Architekten bei dem Projekt Warenhaus Tietz, das zumindest in Bezug auf die Fassaden eindeutig als Werk des damals erst 22-jährigen Philipp Fritz belegbar ist. Jean Schlapper und auch der Bauunternehmer August Kunert, die beide zu Beginn der 1910er Jahre verstarben, waren dagegen schon ältere und im Baugewerbe erfahrene Herren. Allerdings sind von ihnen keine größeren und baukünstlerisch beachteten Leistungen bekannt, ganz im Gegensatz zu Gustav Paeffgen, der im letzten Viertel des 19. Jahrhunderts zu den renommierten Kölner Architekten zählte, der aber nur eine beratende Funktion eingenommen hatte.

LITERATUR:

- Helga Behn: Die Architektur des deutschen Warenhauses von ihren Anfängen bis 1933. Diss. Köln 1984, S. 67–69 u. Abb. 51
- Peter Fuchs: 100 Jahre Kaufhof Köln. Köln 1991, S. 37–43 (Tietz-Passage)
- Kölner Localanzeiger vom 7.4.1907
- Kölner Tageblatt vom 7.12.1902, 18.11.1903
- Neue Architektur. Eine Auswahl der beachtenswerten Neubauten moderner Richtung aus Deutschland und Österreich. Wien, Leipzig. o. J., Serie III, Taf. 34 (Tietz-Passage)
- Ute-Beatrix Sardemann: Der Durchbruch der Gürzenichstraße in Köln. Eine städtebauliche Massnahme zu Beginn des 20. Jahrhunderts. Magisterarbeit Kunsthistorisches Institut Universität Köln 1993 (bei Prof. Udo Mainzer)
- Werner Schäfke, Peter Ditgen (Hg.): Köln auf alten Ansichtskarte. Kölner Stadtbild. Aus der Sammlung Peter Ditgen. Köln 1996, S. 55 (Tietz)
- Werner Schäfke (Hg.): Eine Stadt vor 100 Jahren. Köln, Bilder und Berichte. München 1996, S. 37 (Tietz-Passage)
- Stadt-Anzeiger vom 9.12.1902
- Leonhard Tietz A.-G. (Hg.): Bilder aus Köln. 37 Ansichten nach neuesten künstlerischen Aufnahmen. Köln o.J. (um 1905)

Altstadt, Schildergasse 72–74

Geschäfts- und Bürohaus „Antoniterhof"
Bj.: 1904/05
Bh.: Westdeutsche Immobilien-Gesellschaft m.b.H., Hansaring 57
Architekt: Philipp Fritz (Zuschreibung)
Bauunternehmung: Robert Perthel

Bauherr war die Westdeutsche Immobilien-Gesellschaft m.b.H., deren Geschäftsführung in den Händen von Robert Perthel lag. Auffällig bei dem großen, weitgehend in Eisenbeton-Skelettbauweise errichteten Gebäude ist die vertikal strukturierte, nach unten hin zunehmend in Glas aufgelöste steinerne Fassade mit einer sehr bewegten Dachlandschaft und üppigsten Jugendstildekorationen. Zwangsläufig wird man bei diesem Großbau, der in seinem hinteren Bereich die Zollabfertigungsstelle für Poststücke beherbergte, an

links: Der „Antoniterhof" um 1914. Foto aus: Robert Perthel, Architekt

rechts: Der „Antoniterhof" kurz vor der Fertigstellung. Foto aus: 100 Jahre Bauunternehmung Robert Perthel

Eingang zum „Antoniterhof". Foto aus: Robert Perthel, Architekt

die nur wenig ältere Tietz-Passage erinnert, deren überreiche Pracht ebenso wie die des Antoniterhofes stilistisch in eine der Jugendstilmetropolen, nämlich nach Budapest, verweist. Auch wenn die Architekturzeitschrift Der Profanbau im Jahre 1907 Robert Perthel als Architekten nennt, so ist eher anzunehmen, dass der Entwurf – zumindest der Fassade – von seinem Mitarbeiter Philipp Fritz stammt, der – zumindest teilweise – bei den beiden folgenden Großbauten Robert Perthels in der Altstadt als Entwerfer der Fassaden genannt wurde. Die Namensnennung Robert Perthel im Jahre 1907 kann sich nur auf dessen Büro beziehen, denn durch seine florierende bauunternehmerische und allgemeine geschäftliche und gesellschaftliche Tätigkeit wird es ihm wohl kaum möglich gewesen sein, sich einem solchen planungsintensiven Großprojekt in allen Details zu widmen. Zudem entspricht dieser Bau in stilistischer Hinsicht und in der architektonischen Auffassung in keinster Weise den vorherigen Bauten des Büros Robert Perthel. Das im Krieg teilzerstörte Gebäude wurde für den Bau der Nord-Süd-Fahrt abgebrochen und 1961/62 durch den Neubau „Antoniterhof" des Architekten Wilhelm Riphahn ersetzt.

LITERATUR:
- Ute Fendel, Wolfram Hagspiel: 100 Jahre Bauunternehmung Robert Perthel und die Entwicklung der modernen Architektur in Köln. Köln 1987 (=Kleine Schriften zur Kölner Stadtgeschichte 6)
- Der Profanbau, Jg. 2, 1907, S. 138
- Robert Perthel, Architekt, Köln. Köln o. J. (um 1914)

KÖLNER BAUTEN PHILIPP FRITZ

Altstadt, Hohe Str. 124/Salomonsgasse
Büro- und Geschäftshaus
Bj.: 1906
Bh.: Peter Weiler (Rentner)
Bildhauer: Mathias Färber
Entwurf Grundrisse: Robert Perthel
Bauunternehmung: Robert Perthel

Der Entwurf von Fassade und Innenausbau stammen von Philipp Fritz, während die Grundrissgestaltung und die Bauausführung dieses auf einem wenig tiefen Grundstück errichteten Hauses in den Händen von Robert Perthel lagen. Die Baukosten für das binnen fünf Monaten errichteten Gebäudes betrugen 55.000 Mark. Die stark vertikal gegliederte Fassade ist aus weißem Mainsandstein gearbeitet, zu dem die aus Durana-Bronze hergestellten Fensterrahmungen und Fensterteilungen kontrastieren. Das schiefergedeckte Dach wird zur Straßenecke hin durch eine in Metall gefasste Kuppel akzentuiert. Im Innern auffällig sind der stützenlose, völlig ungegliederte Verkaufsraum und die diesem Prinzip entsprechenden Büroetagen. Die Figurengruppen zu Seiten der Kuppel stammen von dem Kölner Bildhauer Mathias Färber. Das Haus wurde im Krieg zerstört.

LITERATUR:
- Die Architektur des XX. Jahrhunderts, Jg. 8, 1908, S. 35 u. Taf. 63
- Robert Perthel, Architekt, Köln. Köln o. J. (um 1914)

Marienburg, Leyboldstr. 33
Landhaus Philipp Richard
Bj.: 1907
Bh.: Philipp Richard (Teilhaber der Firma Richard & Schreyer)
Architekt: Philipp Fritz (Zuschreibung)
Bauunternehmung: Robert Perthel

Das in dem für Marienburg damals sehr typischen englischen Landhausstil gestaltete Anwesen bestand aus der eigentlichen Villa und dem mit ihr durch einen Verbindungstrakt verbundenen Gärtner-, Chauffeurs- und Garagenhaus. Auf die Handschrift von Philipp Fritz deuten die starken vertikalen Akzente, die er in diesem Fall durch das Fachwerk erreichte, und die mehrfachen Übereinstimmungen mit Fassaden-, Giebel- und Detailbehandlungen bei der Villa der Mehlemer Str. 8,

Das Geschäftshaus Hohe Str. 124. Foto aus: Robert Perthel, Architekt

Das Landhaus Philipp Richard. Foto aus: Robert Perthel, Architekt

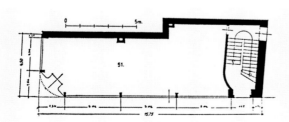
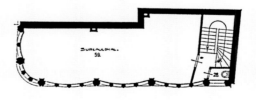

Grundrisse EG und 1. OG. Abb. aus: Architektur des XX. Jahrhunderts, 1908, S. 35

bei der seine Autorenschaft belegt ist. Die Villa wurde 1935 abgebrochen.

QUELLEN UND LITERATUR:
- Archiv Robert Perthel GmbH & Co., Köln
- Wolfram Hagspiel: Köln: Marienburg. Bauten und Architekten eines Villenvorortes. Köln 1996, S. 334–337
- Robert Perthel, Architekt, Köln. Köln o. J. (um 1914)

Neustadt, Sudermanstr. 3
Mehrfamilienhaus
Bj.: 1907/08
Bh.: Bernhard Giffels (Maler)
Architekt: Philipp Fritz (Zuschreibung)
Bauunternehmung: Robert Perthel

Bauherr war Bernhard Giffels, der 1912 mit einem Inserat im Adressbuch als *„Atelier für Kunst- und Dekorationsmalerei, Innenarchitektur-Ausstattung, Anstreichergeschäft. Beste Referenzen u. Entwürfe ausgeführter Arbeiten zur Einsicht"* warb. In seiner reichen Verwendung von Baudekorationen und seiner starken Betonung der Vertikale fällt dieses Haus völlig aus dem Rahmen der übrigen von Robert Perthel publizierten Häuser. Aufgrund der stilistischen Eigenheiten und der zeitlichen Nähe zu weiteren Projekten von Philipp Fritz im Büro von Robert Perthel ist die Autorenschaft von Philipp Fritz kaum anzuzweifeln. Das Haus wurde im Zweiten Weltkrieg weitgehend zerstört und ist heute nicht mehr erhalten.

LITERATUR:
- Robert Perthel, Architekt, Köln. Köln o. J. (um 1914)

Altstadt, Hohe Str. 117–119/ Minoritenstraße
Geschäfts- und Wohnhaus Café Palant
Bj.: 1909
Bh.: Wilhelm Hünnes (Restaurateur und Inhaber einer Kartoffel-, Kolonialwaren- und Produkten-Großhandlung)
Bildhauer: Johann Baptist Schreiner (Entwurf und Modell Figurengruppen); Jean Donhuysen (Ausführung Figurengruppen); Hugo Rothe (musizierende Putten an den Schlusssteinen)
Holzarbeiten: Heinrich Rauch
Malereien: Bernhard Giffels
Entwurf Grundrisse: Robert Perthel
Bauunternehmung: Robert Perthel

Im Jahre 1848 wurde von dem Konditor Georg Palant im Haus Hohe Str. 119 Kölns erstes Kaffeehaus im modernen Stil eröffnet und später mehrfach erweitert. 1909 wurde das vermutlich aus dem 16./17. Jahrhundert stammende Haus abgebrochen und durch den prachtvollen Neubau ersetzt, zu dem Philipp Fritz die Entwürfe für die Fassade und den Innenausbau und Robert Perthel die Entwürfe für die Grundrisse geliefert hatte. Die Kosten für das binnen acht Monaten errichtete Haus betrugen rund 250.000 Mark. Im Stadt-Anzeiger vom 12.10.1909 heißt es: *„Das Café Palant in der Hohen Straße ist Ende der vorigen Woche im Rohbau fertiggestellt, und damit ist wieder ein Bauwerk der Vollendung nahegebracht worden, das einen besonderen Schmuck für die Hauptverkehrsader unserer Stadt bilden wird. Die Baugerüste sind beseitigt und der prächtige Neubau zieht die allgemeine Aufmerksamkeit auf*

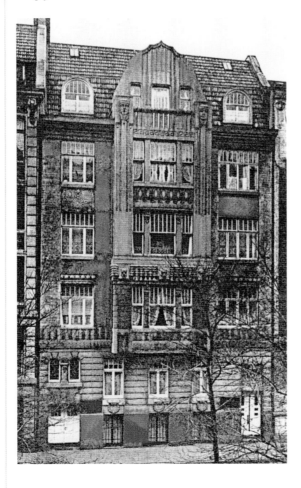

Das Mehrfamilienhaus Sudermanstr. 3. Foto aus: Robert Perthel, Architekt

sich. Noch nicht sechs Monate sind verflossen, seit man in der Woche nach Ostern mit der Niederlegung des alten Gebäudes begonnen hat, und nach etwas mehr als sieben Monaten, anfangs Dezember d. J., wird, trotz schwieriger Fundierung und trotz des lebhaften Straßenverkehrs, der Neubau seiner Bestimmung übergeben werden können. Diese schnelle Ausführung ist ein ehrendes Zeugnis für den Architekten Robert Perthel, in dessen Händen der Entwurf und die Gesamtausführung liegt; sein Mitarbeiter ist der Architekt Ph. Fritz – Köln. Das neue Gebäude hat ein Souterrain und vier Stockwerke; außer dem Erdgeschoß ein erstes und ein zweites Obergeschoß und ein ausgebautes Mansardengeschoß. Das in drei Räume geteilte Erdgeschoß dient vollständig zum Betriebe des Café-Restaurants, im Obergeschoß befindet sich der Billardsaal. Vom Billardsaal gelangt man auf die auf 20 Jahre zugemieteten Räume des Nebenhauses, der Firma Sahler & Buchenau gehörig. Diese Räume sollen hauptsächlich als Spielräume, u.a. auch für den Schachklub dienen. Um im Erdgeschoß viel Platz zu gewinnen, sind die Damen- und Herrentoiletten in das Souterrain verlegt und durch breite, getrennt angeordnete Treppen vom Restaurant zu erreichen. Die Küchenanlagen und die Konditorei mit zugehörigen Nebenräumen sind im zweiten Obergeschoß untergebracht. Dem Küchenbetriebe dienen sechs elektrische Aufzüge. Der Zugang zum Obergeschoß erfolgt durch eine dreiarmige bequeme und zentral gelegene Treppe. Im zweiten Obergeschoß befindet sich außer dem schon erwähnten Küchenraum die Wohnung für den Besitzer. Im Mansardengeschoß sind die Räume für das Personal sowie Waschküche, Bügel- und Wäschezimmer untergebracht. – Das Souterrain enthält die direkt mit dem Büffet verbundenen Weinkeller, den Silberraum, Bierkeller, Heizung und Garderoberaum für die Kellner. Die Straßenfront ist in weißem Mainsandstein ausgeführt und mit hohem Granitsockel verkleidet. Die Architektur in moderner Richtung ist äußerst ruhig und fein gehalten und entspricht dem Charakter eines großen städtischen Caférestaurants. Die aufwärts strebenden Pfeiler, die das breit ausladende Hauptgesims mit dem hohen Schieferdach tragen, sind abwechselnd doppelt angeordnet, um die Aufnahme figürlicher Gruppen zu ermöglichen. Der ornamentale Fries wie auch die Umrahmungen der figürlichen Gruppen neigen zur orientalischen Ornamentik. Eigenartig und belebend wirken die in den Schlußsteinen des Obergeschosses angebrachten musizierenden

Das Café Palant in einer zeichnerischen Ansicht. Abb. aus: Stadt-Anzeiger vom 12.10.1909

links: Das Café Palant kurz nach seiner Fertigstellung. Foto aus: Architektur des XX. Jahrhunderts, 1912, Taf. 59

unten: Figurengruppe an der Fassade. Foto aus: Robert Perthel, Architekt

Putten. Besonders gut ist die Ausbildung des Hauptgesimses mit den Pfeilerkapitälen sowie der Dachflächen mit den eingebauten Dachfenstern. Was den Blick des Beschauers besonders fesselt, das sind drei große, figürliche Gruppen, die die Zweckbestimmung des Hauses deutlich machen, von dem Bildhauer B. Scheiner, dem Schöpfer des Kolping-Denkmals modelliert, von dem Bildhauer W. Donhuysen – Köln ausgeführt und von dem Schriftsteller Gust. Delpy mit Sinnsprüchen versehen worden sind. Die erste Gruppe von drei Figuren in Lebensgröße, die Geselligkeit, ist in der Hohen Straße angebracht mit dem Spruch: Geselligkeit würz´uns den Labetrunk! An der Minoritenstraße verkörpern zwei Gruppen von je zwei Figuren das Billardspiel und die Lektüre unter dem Motto: Stunden der Muße verschöne das Spiel! und: Lies und belausche die Welt! Im übrigen sind bei der Ausgestaltung der Fassaden auch die von der städtischen Verwaltung durch den Beigeordneten Rehorst geäußerten Wünsche berücksichtigt worden. Endlich ist noch folgendes zu bemerken: Die Fenster im Erdgeschoß sind nach unten versenkbar eingerichtet, um für den Sommer recht luftige Räume schaffen zu können. Im Billardraum sind Schiebefenster angeordnet. Die Ventilation der gesamten Restaurationsräume erfolgt durch im Winter vorgewärmte Druckluft mit Ozonmischung ..."

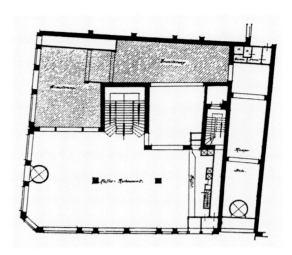

Grundriss Erdgeschoss. Abb. aus: Robert Perthel, Architekt

Der große Café- und Speisesaal. Foto aus: Robert Perthel, Architekt

LITERATUR:
- Die Architektur des XX. Jahrhunderts, Jg. 12, 1912, S. 26–27 u. Taf. 59 (Café Palant)
- Ute Fendel, Wolfram Hagspiel: 100 Jahre Bauunternehmung Robert Perthel und die Entwicklung der modernen Architektur in Köln. Köln 1987 (=Kleine Schriften zur Kölner Stadtgeschichte 6)
- Robert Perthel, Architekt, Köln. Köln o. J. (um 1914)
- Erhard Schlieter, Rudolf Barten: Köln, Café, Kuchen. Köln 1987
- Stadt-Anzeiger vom 12.10.1909 (Café Palant)

Altstadt, An der Wollküche 1–3
Umbau und Erweiterung der „Wolkenburg" zum Heim des Männergesangvereins
Bj.:   1911/12
Bh.: Kölner Männer-Gesangs-Verein

Der einst mauerumwehrte, über römischen Ruinen errichtete Hof Wolkenburg existierte schon um das Jahr 1200. Um 1456 wurde der imposante romanische Bau weitgehend niedergelegt und durch einen dem Gürzenich ähnlichen Neubau in gotischen Formen ersetzt, der im Volksmund lange auch der „kleine Gürzenich" hieß. 1863 wurde das weitgehend heruntergekommene Gebäude durch den Architekten Wilhelm Kühn in ein Konzert- und Ausstellungsgebäude mit Bierlokal umgestaltet, das in diesem Zustand dann im Jahre 1872 vom 1842 gegründeten Kölner Männergesangsverein erworben wurde, der es bis 1873 durch den renommierten Architekten Heinrich Nagelschmidt für die Zwecke des Vereins im Sinne der Neugotik umbauen ließ. Durch die Baumaßnahmen jener Jahre waren allerdings fast

KÖLNER BAUTEN PHILIPP FRITZ

sämtliche mittelalterlichen Spuren beseitigt worden und Köln damit um ein *„altes Bauwerk mit malerischem Aussehen"* ärmer geworden, wie es 1864 der damalige Stadtbaumeister Bernhard Wilhelm Harperath bemerkte. Am 8.4.1911 fasste der Verein nach vielen Überlegungen zu einem Neubau an anderer Stelle den Entschluss, doch die alte und für die Bedürfnisse viel zu klein gewordene Wolkenburg im Innern komplett umzubauen und zu erweitern. Eine umfassende Erläuterung des Gebäudes gab der Stadt-Anzeiger am 16.6.1912 anlässlich der Einweihung: *„Zehn Monate hat der Bau gewährt, ohne Unfall ist er verlaufen, tagtäglich sah man Mitglieder auf der Baustelle; alle wollten sehen, wie das herrliche Werk wuchs und ward, zu dem sie durch eine freiwillige Sammlung wertvolle Bausteine herbeischaffen halfen ... Heute steht das stolze Haus vollendet da, schön, vornehm, mit allem modernen Komfort ausgestatte, traulich und anheimelnd für alle, die seine Schwelle beschreiten. Das Vereinsmitglied, Architekt Philipp Fritz, hat es verstanden, jeden Quadratzentimeter des verfügbaren Grundstücks vom Keller bis unter das Dach auszunutzen, um eine Menge neuer Räume zu schaffen. Ebenso vortrefflich ist die Außenarchitektur des neuerbauten Teiles mit den vorhandenen Formen in Übereinstimmung gebracht worden, so daß wir ein harmonisch wirkendes Ganzes vor uns sehen, bei dem*

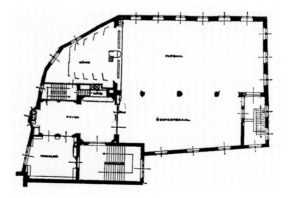

oben links: Die Abbrucharbeiten für die Erweiterung der Wolkenburg im Jahre 1911. Foto: RBA

oben rechts: Die Wolkenburg mit dem neuen Erweiterungstrakt. Foto: Postkarte Privatbesitz

Mitte: Die Wolkenburg nach der Freilegung im Rahmen des Baues der Ost-West-Achse, um 1941. Foto aus: Hundert Jahre deutscher Männergesang. 1942

unten: Grundriss Saalgeschoss. Abb. aus: Kölner Tageblatt vom 15.6.1912

auch im Innern mittelalterliche Gotik mit der Kunstrichtung der neuen Zeit aufs glücklichste verbunden erscheint. Das neue Haus. Man betritt durch das neue Hauptportal am Cäcilienkloster das geräumige Vestibül. Seine Wände sind auf Lysenen und glatten Flächen geteilt und in Muschelkalk ausgeführt. In zwei gegenüberliegenden Nischen haben die Büsten des Kaisers und der Kaiserin Aufstellung gefunden. Von hier aus gelangt man in den Gesellschaftssaal, ins Klubzimmer und in das prächtige Treppenhaus. Die Haupttreppe hat Stufen aus gestocktem Fichtelgebirgegranit erhalten und ein Geländer aus Komblanchienmarmor mit Einlagen. Die Podestunteransichten und Decken sind in Stuck kassettiert. Von dem ersten Podest kommt man geradeaus in das Lese- und Schreibzimmer und weiter in die 115qm große Garderobe, die auch von der Nebentreppe zugänglich ist. Diese, in den großen Festsaal führend und in den frühern Haupteingang mündend, ist neu erbaut worden, damit Gegenströmung vermieden wird. Vom nächsten Podest gelangt man durch zwei Doppelpendeltüren in den erweiterten kleinen Festsaal (123qm), der mit dem in seinen Raumverhältnissen unverändert gebliebenen großen Festsaale durch eine Säulenstellung verbunden ist und mittels einer 16 1/2 Meter langen Harmonikawand von diesem abgetrennt werden kann. Decke und Wandpaneel sind antikweiß bemalt, die Wandflächen goldgelb abgestimmt. Die alte gotische Decke des großen Saales hat eine vollständig neue dezente, dabei sehr stimmungsvoll wirkende Ausmalung in blaugrüner Abtönung erhalten. Die Wände zeigen Holzbekleidung in Steingrau, darüber grüne gemalte Flächen. Die Bühne hat bedeutend an Tiefe gewonnen und ist mit den neuesten Einrichtungen für elektrische Beleuchtung versehen. Das Orangegelb des neuen Vorhangs paßt zur Farbenstimmung der beiden Säle. In der Verlängerung des kleinen Saales liegt die Wandelhalle. Sie ist als Oktogon ausgebildet mit Kreuzgewölbe in Glattstuck und stößt an den Wandelgang, der ein Tonnengewölbe erhalten hat. Die hohe Wandbekleidung ist aus profiliertem Eichenholz mit Füllungen in Nußbaum, unterbrochen durch zwei Facettspiegel. Die Türen sind in derselben Art behandelt und von Kristallscheiben durchbrochen. Im Erker hat ein Marmorbrunnen Aufstellung gefunden, dessen Hintergrund ein farbschönes Glasfenster von Aug. Unger bildet, die hl. Cäcilia darstellend. Als Erweiterung der Wandelhalle kann der anstoßende Teesalon gelten. Die Decke bildet einen großen ovalen Stuckspiegel, die Wandbekleidung ist aus poliertem, afrikanischem Birnbaum mit Intarsien, nebst eingebauten Glasschränken für die Bibliothek und Nischen zur Aufnahme von Klubsofas. Das Mobiliar besteht aus kleinen Tischen und Sesseln. Die hier gereichten Erfrischungen werden dem im Oktogon eingebauten Büfett entnommen. Der Fußboden in sämtlichen neuen Räumen des Saalgeschosses ist Parkett. Das Zimmer über dem Teesalon ist als vereinsgeschichtliches Museum eingerichtet. Im Erdgeschoß befindet sich als Hauptraum, vom Vestibül aus zugänglich, der Gesellschaftssaal in seiner frühern Ausdehnung. Die neue Decke ist flach gewölbt und leicht bemalt im Gegensatz zu der in Dunkelrot ausgeführten gotisierten Holztäfelung aus Gabboon-Mahagoni. Die anstoßenden Räume, Billard- und Vorstandszimmer, zeigen eine übereinstimmende Ausstattung, desgleichen die nebenliegende Sängergarderobe. Ein neuer, an das Vestibül anstoßender, 60qm großer Raum ist das Klubzimmer mit Balkendecken, gemalten Fenstern, mittelalterlicher Täfelung und charakteristischen Kronleuchtern aus Schmiedeeisen. Im Keller, auf schöner, breiter Treppe zugänglich, ist eine 21 Meter lange Kegelbahn angelegt worden. Die Kegelstube ist gemütlich und mit charakteristischen Malereien versehen. So muß man schon gestützt auf das, was die Festschrift erzählt, zu dem Urteil gelangen, daß das neue Haus der Sänger ein schönes Haus geworden ist und wir sind sicher, daß man heute in Köln ganz allgemein ihm wünschen wird, daß der Kölner Männer-Gesang-Verein mit seinem alten Geist in das neue Haus zieht und aus dem neuen Bau der Erfolg für den Verein wie für die Allgemeinheit herauswachse, den wir in der Vergangenheit kennen und der verbürgt ist durch den Wahrspruch: Durch das Schöne stets das Gute."* Das Kölner Tageblatt vom 15.6.1912 sprach über „die durch den Architekten Philipp Fritz meisterhaft bewerkstelligte Verjüngung und Erweiterung des Gesellschaftshauses". Das Vereinsmitglied Philipp Fritz war selbstverständlich auch am Tage der Einweihung bei den Festlichkeiten dabei und übergab im illustren Kreis das fertiggestellte Gebäude dem Vorstand des Vereins. Noch 1942 bemerkte Hans Vogts, voll des Lobes über die Maßnahmen von 1911/12: *„Fritz verstand es, neben einer geschickten Raumausnutzung der neuen Fassade am Cäcilienkloster und den neuen Innenräumen bei aller Anpassung an das alte Bauwerk einen neuzeitlichen Charakter und Ausdruck zu geben."* Von dem im Krieg zerstörten Gebäude ist heute nur noch das translozierte, zwischen den Kirchen St. Peter und St. Cäcilien aufgestellte romanische Portal erhalten.

QUELLEN UND LITERATUR:
- HAStK Best. 1336 (Archiv des Männergesangvereins)
- Holger A. Dux: Heinrich Nagelschmidt. Leben und Werk eines Kölner Privatbaumeisters 1822–1902. Diss. RWTH Aachen 1992, S. 585–593
- Eberhard Illner (Bearb.): „Gold der Kehlen". 150 Jahre Kölner Männer-Gesang-Verein. Ausst.-Kat. Historisches Archiv der Stadt Köln 1992
- Eberhard Illner, Katrin John, Monika Scherer, Inka Schneider: Lieder für Köln. 150 Jahre Kölner Männergesangverein. Köln 1992
- Köln, bauliche Entwicklung 1888–1927. Berlin 1927, S. 46–47 (Wolkenburg)
- Kölner Tageblatt vom 13.6.1912, 15.6.1912 (Wolkenburg)
- Stadt-Anzeiger vom 16.6.1912 (Wolkenburg), 26.7.1940 (Wolkenburg)
- Hans Verbeek: Die Hochbautätigkeit in der Alt- und Neustadt von 1888 bis 1918. In: Architekten- und Ingenieurverein (Hg.): Köln. Bauliche Entwicklung 1888–1927. Berlin 1927, S. 21–50
- Hans Vogts: Die Heimstätten des Kölner Männer-Gesang-Vereins. In: Josef Klefisch (Hg.): Hundert Jahre deutscher Männergesang dargestellt am Werden und Wirken des Kölner Männer-Gesang-Vereins 1842–1942. Köln 1942, S. 209–230
- Hans Vogts: Das Kölner Wohnhaus bis zur Mitte des 19. Jahrhunderts. Neuss 1966, S. 12, 17–19, 36, 295, 311, 351, 427
- Westdeutscher Beobachter vom 3.7.1939 (Wolkenburg)

Neustadt, Hansaring 80/Weidengasse 72
Anbauten
Bj.: 1912/13
Bh.: Carl A. Juhl (Kaufmann und Gutsbesitzer)

Über die Baumaßnahmen bei den beiden Carl A. Juhl gehörenden Gründerzeithäusern, deren Grundstücke im hinteren Bereich aneinanderstießen, lassen sich keine näheren Aussagen machen. Das Haus am Hansaring ist durch einen Neubau ersetzt, während das Haus in der Weidengasse mit starken Veränderungen erhalten ist.

LITERATUR:
- Bauwelt, 1912, H. 28, S. 14 (Bautennachweis)

Gegenüber:
Großer Saal. Foto aus: Hundert Jahre deutscher Männergesang. 1942

Kasino-Saal. Foto aus: Hundert Jahre deutscher Männergesang. 1942

Mehlemer Str. 8. Foto: Postkarte Privatbesitz

Marienburg, Mehlemer Str. 8
Villa
Bj.: 1913 / 14
Bh.: Bernhard Rüther (Inhaber einer Putz- und Modewarenhandlung)

Prägnant sind bei der zweigeschossigen Villa der hohe, mit Holzschindeln verkleidete Giebel, der mit seinen Betonungen der Horizontale eine Fachwerkbauweise suggeriert. Bei dem betont scharfkantig ausgebildeten Baukörper kontrastiert ein roter Klinker mit einem Dolomit-Sandstein, weißen Fenstern und grünen Schlagläden. Insgesamt entspricht das Haus der damals gerade im Kölner und niederrheinischen Raum wiedererwachten Vorliebe für die traditionelle Backsteinarchitektur, wie sie, wenn man an die Werkbund-Ausstellung 1914 denkt, auch von Teilen des Deutschen Werkbundes gefördert wurde. Mitte der 1930er Jahre wurde das Haus von der NSDAP als „Mannschaftshaus des Rasse- und Siedlungshauptamtes" genutzt und 1938 durch den Architekten Rolf Distel zur Gauschule der NS-Frauenschaft umgebaut. Die Villa ist weitgehend im Zustand der späten 1930er Jahre erhalten.

LITERATUR:
- Wolfram Hagspiel: Köln: Marienburg. Bauten und Architekten eines Villenvorortes. Köln 1996, S. 527–528
- Rheinische Baufach-Zeitung, Jg. 29, 1913, S. 151 (Bautennachweis)

WALTER FROHWEIN

Bautechniker
geb. 6.2.1883, gest. nach dem 13.6.1942 in Majdanek

Vermutlich war Walter Frohwein der Sohn von Max Frohwein, dem Inhaber eines Tuch- und Maßgeschäftes. Ostern 1901 machte er das Abitur am Friedrich-Wilhelm-Gymnasium in Köln.[1] Ab den 1920er Jahren soll er in Berlin ansässig gewesen sein. Da sein Name sich aber nicht in den Berliner Adressbüchern ermitteln ließ, liegt die Vermutung nahe, dass er wohlmöglich in der nahen Umgebung von Berlin lebte. Er wurde mit dem Transport vom 13.6.1942 von Berlin in Richtung Osten deportiert. Ermordet wurde er im Konzentrationslager Majdanek.[2]

1 Karl Beckmann: Das Staatliche Friedrich-Wilhelm-Gymnasium und Realgymnasium zu Köln 1825–1925. Köln 1925
2 Freie Universität Berlin. Zentralinstitut für sozialwissenschaftliche Forschung (Hg.): Gedenkbuch Berlins der jüdischen Opfer des Nationalsozialismus. Berlin 1995
Yad-Vashem, Gedenkbuch

ADOLF FRUCHTLÄNDER

Bauingenieur, Dipl.-Ing., Dr.-Ing., Bauunternehmer, AIV-Köln
geb 12.1.1883, gest. nach 1964 (in London?) (nach 1970?)

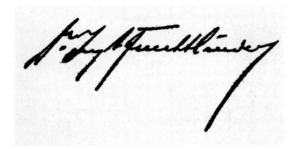

Unterschrift von Adolf Fruchtländer im Jahr 1930

rechts: Inserat der Firma Lincke & Cie. aus Greven's Kölner Adreßbuch 1930

Adolf Fruchtländer, der zuvor in namhaften Firmen Anstellung gehabt haben soll, ist – wie auch sein Geschäftspartner Ernst Lincke – erstmalig 1922 in Köln nachweisbar. In diesem Jahr war er mit Regierungsbaumeister Ernst Lincke Geschäftsführer der Firma Lincke & Cie sowie Geschäftsführer der bald aufgegebenen Hoch-, Tief-, Beton- und Eisenbetonbau-Unternehmung „Elkobau". Seine Firmen- und Privatadresse lautete Hohenstaufenring 25. Wohl auf Grund des wirtschaftlichen Erfolgs, der sich unter anderem in neu gegründeten Zweigniederlassungen in Duisburg und Worms widerspiegelte, konnte Adolf Fruchtländer um 1924 das 1907 von dem Architekten Felix Schlösser erbaute Mehrfamilienhaus Ehrenfeldgürtel 138 in Neuehrenfeld nebst umgebenden Grundstücken erwerben, das jetzt zu seinem privaten Domizil wurde, während die Firma weiterhin am Hohenstaufenring blieb. Spätestens 1928, als die Bauunternehmung auch eine Niederlassung in Düsseldorf eröffnet hatte, war Adolf Fruchtländer nicht nur Geschäftsführer, sondern mit gleichen Anteilen wie Ernst Lincke auch Gesellschafter der Firma Lincke & Cie, deren Sitz sich jetzt im Schwerthof in der Zeppelinstraße befand. Seit dem 13.1.1930 war er zudem Mitglied in dem höchst angesehenen Architekten- und Ingenieurverein, AIV, in Köln.[1]

Seit 1925 hatte Adolf Fruchtländer versucht, die sein Ehrenfelder Privathaus umgebenden Grundstücke mit drei Mehrfamilienhäusern nach Entwürfen des Architekturbüros Volberg & Philippson (Josef Volberg und Walther und Kurt Philippson) zu bebauen. Verzögerungen bei den Genehmigungen dieser durch städtische Bauhypotheken mitfinanzierten Häuser ergaben sich zunächst durch die Erstellung eines neuen Fluchtlinienplanes, auf Grund dessen die Neubauten weiter von der Straße zurückversetzt werden mussten, und dann durch eine zeitweise langwierige Bearbeitung der Bauhypotheken. Zusammen mit dem von Fritz Thissen für Peter Vosen entworfenen Mehrfamilienhaus Ehrenfeldgürtel 132 entstanden 1927/28 für Adolf Fruchtländer das von Volberg & Philippson geplante Haus Ehrenfeldgürtel 134[2] und 1930/31 das Haus Ehrenfeldgürtel 136[3], die alle drei – entsprechend den Vorgaben der damaligen Kölner Baubehörde – gestalterisch aufeinander abgestimmt sein mussten. Im Jahre 1931 folgte dann der rückseitig an das Haus Ehrenfeldgürtel 138 angrenzende Neubau Fridolinstr. 39[4], der in seiner Architektur den Bauten am Ehren-

Inserat aus dem (Jüdischen) Gemeindeblatt Nr. 11 vom 16.3.1934

links: Die Baustelle Ehrenfeldgürtel 134 im Dezember 1927. Foto: Privatbesitz

rechts: Die Mehrfamilienhäuser Ehrenfeldgürtel 134 und 136. Foto: Wolfram Hagspiel (2009)

Das Mehrfamilienhaus Fridolinstr. 39. Foto: Wolfram Hagspiel (2009)

feldgürtel entsprach. Die bauausführende Firma der drei Häuser von Adolf Fruchtländer war die Bauunternehmung Lincke & Cie.

Überliefert ist, dass die Firma Lincke & Cie vor allem für verschiedene Kommunen und die Reichsbahn tätig gewesen war. In Köln war sie 1926/27 zudem beteiligt bei der Ausführung der Kuppel der von Robert Stern entworfenen Ehrenfelder Synagoge, Körnerstr. 93.[5] Um 1932 beendete diese einst so erfolgreiche Bauunternehmung – wohl ein Opfer der Weltwirtschaftskrise – ihre Tätigkeit. Bald nach der Machtübernahme durch die Nationalsozialisten wurde der Wirkungskreis von Adolf Fruchtländer radikal auf eine jüdische Bauherrenschaft begrenzt, wie ein Inserat im Jüdischen Gemeindeblatt vom 16.3.1934 anschaulich verrät, in dem er mit „Bauausführungen, Umbauten, Wohnungsteilungen usw." wirbt. Die letzte bekannte Baumaßnahme, an der Adolf Fruchtländer beteiligt gewesen war, betraf 1935 den zusammen mit Robert Stern und H. Hans Krebs durchgeführten Umbau der Rheinlandloge als „Gemeindehaus" der Synagogengemeinde.[6] Im Jahre 1939 emigrierte er zusammen mit seiner Frau (Familie?) nach England, wo er laut Aussagen des Architekten Helmut Goldschmidt in London Verwandte hatte. Hier publizierte er seit den 1940er Jahren in mehreren Fachzeitschriften zu bautechnischen Themen. In London lebte Adolf Fruchtländer laut den Akten auch 1964 und laut dem Kölner Adressbuch auch noch 1970. Nach dem Krieg wurden ihm die Mehrfamilienhäuser Ehrenfeldgürtel 134 und 136 und Fridolinstr. 39 zurückerstattet, von denen er gegen Ende der 1950er Jahre die beiden Häuser am Ehrenfeldgürtel veräußerte, während das Haus in der Fridolinstraße noch 1970 sein Eigentum war. Adolf Fruchtländer verstarb vermutlich in London.

1 Stammrolle des Architekten- und Ingenieurvereins, AIV, Köln
 Wolfram Hagspiel: Das Schicksal der jüdischen Mitglieder des AIV. In: Architekten- und Ingenieurverein Köln e.V. (Hg.): Köln – Seine Bauten 2000. Köln 2000, S. 25–28
2 HAStK Best. 485 / 280
 HAStK Best. 485 / 224
 HAStK Best. 458 / 549
3 HAStK Best. 485 / 280
 HAStK Best. 485 / 224
 HAStK Best. 458 / 512
4 HAStK Best. 485 / 280
5 Franz Stern: Ingenieurbautätigkeit und Verkehrsanlagen seit 1888, Ingenieur-Hochbauten. In: Köln, bauliche Entwicklung 1888–1927. Berlin 1927, S. 218–234
5 Gemeindeblatt der Synagogengemeinde vom 19.7.1935 und 26.7.1935

HUGO GERNSBACHER

Bauingenieur, Dipl.-Ing., AIV-Köln
geb. 23.8.1881 in Bühl, gest. nach dem 31.7.1956 (?)

Hugo Gernsbacher ist erstmals 1922 in den Kölner Adreßbüchern nachweisbar, zunächst als Inhaber eines Ingenieurbüros für Bauwesen mit der Adresse Antwerpener Str. 37 und 1925/27 mit der Adresse Metzer Str. 1. Seit 1924 war er Mitglied in dem renommierten Architekten- und Ingenieurverein, AIV, in Köln.[1] Um 1926 gründete er zusammen mit Johann Reuß die Elasto-Fußboden-G.m.b.H., die auf fugenlose Elastolith-Fußböden und Elastolith-Estriche für Wohn- und Industriebauten spezialisiert war. Ab etwa 1928 befanden sich die Wohnung von Hugo Gernsbacher und die in separaten Räumen untergebrachte Verwaltung der Firma im Haus Titusstr. 24 und ab etwa 1932 im Haus Trajanstr. 25. Der gewerbemäßige Teil der Gesellschaft wurde von Johann Reuß, dem zweiten Geschäftsführer der Firma, in Höhenberg unter der Adresse Olpener Str. 80–92 betrieben. Ab 1934 lebte in der Wohnung von Hugo Gernsbacher auch der Kaufmann Alfred Gernsbacher (geb. 21.10.1848 oder 21.10.1868 in Bühl), bei dem es sich, wenn das ältere Geburtsjahr stimmt, um seinen Vater gehandelt haben müßte, im anderen Fall um einen nahen Verwandten. Hugo und Alfred Gernsbacher sind letztmalig 1936 in den Kölner Adreßbüchern nachweisbar. Während Hugo Gernsbacher offensichtlich emigrieren konnte, wurde Alfred Gernsbacher am 27.7.1942 vom Lager Fort V in Köln-Müngersdorf nach Theresienstadt[2] und von dort am 19.9.1942 nach Treblinka und später nach Minsk deportiert, wo er als verschollen gilt. Wenn der 1956 in Jerusalem leben-

Inserat aus Greven's Kölner Adreßbuch 1922

Inserat aus Greven's Kölner Adreßbuch 1927

de Hugo Zwi Gernsbacher identisch mit dem Hugo Gernsbacher aus Köln ist, dann war ein Bruder von ihm der Frankfurter Kaufmann Friedrich Gernsbacher (geb. 27.11.1888 in Baden, gest. 11. oder 15.11.1943 in Theresienstadt). Laut des Eintrags von Hugo Zwi Gernsbacher vom 31.7.1956 in das Gedenkbuch von Yad-Vashem waren die Eltern Gustav und Charlotte Gernsbacher. Die von Hugo Gernsbacher mitgegründete Elasto-Fußboden-G.m.b.H. existierte noch nach dem Zweiten Weltkrieg unter der Höhenberger Adresse.

1 Stammrolle des Architekten- und Ingenieurvereins, AIV, Köln
2 Dieter Corbach: 6.00 Uhr ab Messe Köln-Deutz. Deportationen 1938–1945. Köln 1999, S. 558

HELMUT GOLDSCHMIDT

Architekt, Musiker, Komponist
geb. 16.10.1918 in Magdeburg,
gest. 6.8.2005 in Köln

Helmut Goldschmidt im Jahr 1944. Foto aus: Becker-Jákli, 1993, S. 135

Helmut Goldschmidt war der Sohn des jüdischen Kaufmanns Moritz Goldschmidt (geb. 1897 in Essen, gest. 4.8.1954 in Köln) und der aus einer nichtjüdischen Familie stammenden Maria Goldschmidt, geb. Nett (geb. 1894 in Hirten, gest. 1974 in Köln). Die seit etwa 1910 in Köln und zuvor in Essen ansässigen, sehr orthodoxen Eltern von Moritz Goldschmidt waren der aus Ostpolen, dem damaligen Russland, stammende Handelsreisende und Kaufmann Salomon Gusick (geb. 13.5.1870, gest. 6.7.1923 in Köln) und die aus Westpreußen stammende Friederike (Rika) Gusick (nach dem Tod ihres Mannes nannte sie sich Gusik), geb. Goldschmidt (geb. 24.3.1876, gest. 27.3.1937 in Köln). Moritz Goldschmidt besaß vier jüngere Brüder und eine Schwester. Dieses waren Jakob Goldschmidt (geb. 1906, gest. 1994), Louis Goldschmidt (geb. 27.12.1898, gest. 28.9.1968), Joachim Goldschmidt (geb. 24.11.1903, gest. 21.9.1967), ? Goldschmidt (gest. im Holocaust) und Berthe Goldschmidt (geb. 5.3.1910, gest. 19.11.1964). Die zunächst mit dem Namen Gusick aufgewachsenen Kinder, die wie der Vater die russische Staatsbürgerschaft besaßen, erhielten zu Beginn des Ersten Weltkrieges, als nahezu der gesamten Familie wegen ihrer russischen Staatszugehörigkeit die Internierung drohte, den Nachnamen der Mutter. Der Vorschlag hierzu kam von dem Justizrat Dr. Max Bodenheimer, in dessen Kanzlei Moritz Goldschmidt bzw. Moritz Gusick als Bürovorsteher tätig war, denn nach seiner Auffassung galten die Kinder von Salomon und Friederike Gusick als unehelich, da die Eltern nur vor einem Rabbiner geheiratet hatten. Bei nicht vor dem Standesamt geschlossenen Ehen mussten die Kinder, die als unehelich galten, den Mädchennamen der Mutter tragen, was in diesem Fall hieß, dass sie Deutsche waren und den Namen Goldschmidt zu tragen hatten. Moritz Goldschmidt lernte bei Dr. Max Bodenheimer auch seine spätere Frau, die dort als Sekretärin arbeitende Maria Nett kennen, die er im Jahre 1918 heiratete. Zwei Jahre später verließ er die Kanzlei und übernahm eine Vertretung für die Firma Pelikan, die er Zeit seines Lebens behielt. Zu Beginn des „Dritten Reiches" bot ihm diese Firma für den Fall einer Emigration als sichere Existenz

linke Seite:
Helmut Goldschmidt am Konzertflügel ca. 1952. Foto: Archiv Helmut Goldschmidt

links: Oswald Mathias Ungers (links) und Helmut Goldschmidt an der Kegelbahn ca. 1952. Foto: Archiv Helmut Goldschmidt

rechts: Helmut Goldschmidt in den 1950er Jahren. Foto: Archiv Helmut Goldschmidt

eine Generalvertretung für die Niederlande an. Auch Ende der 1930er Jahre, als Juden weitgehend der Handel untersagt war, unterstützte sie ihren Handelsvertreter, indem sie dessen Vertrag auf den seines „arischen" Schwiegervaters umschrieb, wohlwissend, dass Moritz Goldschmidt – selbst als er sich in Hirten versteckt hielt – weiterhin ihre Waren vertrieb.

Helmut Goldschmidt sollte eigentlich in Berlin das Licht der Welt erblicken, weil seine Eltern dort eine neue Existenz geplant hatten, was sich jedoch später zerschlug. Auf einer der Fahrten von Köln nach Berlin musste Maria Goldschmidt unerwartet in Magdeburg den Zug verlassen, um in einem dortigen Krankenhaus ihr Kind zu gebären. Erzogen wurde er, obwohl seine aus einer streng katholischen Familie stammende Mutter nie zum Judentum konvertiert war, jüdisch, was auch hieß, dass in der Familie bis auf Weihnachten nur jüdische Festtage gefeiert wurden. Ab 1925 besuchte er die jüdische Volksschule in der Lützowstraße und ab 1929 das in der Gyrhofstraße in Lindenthal gelegene Realgymnasium, das er 1935 mit dem Einjährigen verlassen musste, weil Juden nicht mehr zum Abitur zugelassen waren. Mit dem Ziel, einmal Architekt zu werden, begann er im selben Jahr eine rund zweijährige Lehre in dem Architekturbüro des jüdischen Architekten H. Hans Krebs. Danach ging er bis zum August 1938 zur weiteren Ausbildung nach Berlin, um dort „illegal" unter dem Namen seines „arischen" Großvaters Architektur-Vorlesungen unter anderem bei Prof. Peter Behrens zu hören. Nebenbei nahm er – zunächst zwei Monate auf Probe – Privatunterricht bei dem jüdischen Architekten, Fachschriftsteller und ehemaligen Dozenten für Kunstgeschichte, Architektur und Stadtplanung Prof. Dr. Paul Zucker, der eine eher konservative Architekturrichtung vertrat, und dem jüdischen Architekten und Statiker Dr. Robert Hauer, der den Ideen des Bauhauses zugeneigt war. Helmut Goldschmidt bemerkte darüber später in einem Gespräch: *„Ich weiß heute noch nicht, wie mein Vater das bezahlte. Mein Studium dauerte fast zwei Jahre und die Stunde kostete damals 20 Reichsmark. Und ich musste ja auch in Berlin wohnen, das kostete noch mal 200 Reichsmark im Monat."* Seine Wohnung hatte er zeitweise bei einem alten Freund der Familie, dem ehemaligen SPD-Reichstagsabgeordneten und späteren Ministerpräsidenten der DDR Otto Grotewohl, der ihm auch eine Nebentätigkeit im Büro des Architekten Hugo Constantin Bartels vermitteln konnte. Der „Nenn-Onkel" Otto Grotewohl war es auch, der im Jahre 1930 bei einem Besuch in Köln bei Helmut Goldschmidt das Interesse für den Beruf des Architekten geweckt hatte. Auch in den ersten Jahren nach 1945 besuchte er mehrfach die Familie Goldschmidt in ihrer Wohnung in der Siebengebirgsallee und Helmut Goldschmidt blieb Zeit seines Lebens eng mit dessen Sohn Hans verbun-

Helmut Goldschmidt. Foto: Archiv Helmut Goldschmidt

den, der bald zu den prominenten Baukünstlern der DDR zählte. Die Schrecken der Reichspogromnacht im November 1938 erlebte er in Köln, wo er im Agrippinahaus in der Breite Straße ein Volontariat in dem Architekturbüro von Max August Breuer absolvierte, der einst Mitarbeiter und Bauleiter des jüdischen, nach England emigrierten Architekten Robert Stern war. Unter dem Eindruck der Ereignisse und durch die Unmöglichkeit, als Jude überhaupt eine Anstellung zu bekommen, wurde Helmut Goldschmidt 1939 von seinen Eltern in die Gegend von Berlin auf „Hachschara", also auf eine vor allem landwirtschaftlich ausgerichtete Vorbereitung für ein späteres Leben in Palästina geschickt. Er kam auf das „arisierte", ursprünglich Simon Schocken und jetzt einem strammen Parteigenossen der NSDAP und ranghohen Mitglied der SS gehörende, von Martin Gerson geleitete Gut Winkel bei Spreehagen. Als der Eigentümer, ein „Herr Kl.", eines Tages erfuhr, dass Helmut Goldschmidt Architekt war, ließ er ihn aus dem landwirtschaftlichen Bereich herausholen und übergab ihm statt dessen verschiedene Bauplanungen. Nach Kriegsbeginn erhielt der Eigentümer von Gut Winkel ein weiteres Gut in Rothenburg an der Oder übertragen, auf dem der jetzt dorthin abgeordnete Helmut Goldschmidt mehrere für den landwirtschaftlichen Betrieb notwendige Silos planen und realisieren musste, was jedoch bald den Argwohn der Gestapo von Gleiwitz hervorrief, die mit seiner Verhaftung drohte, weil er für Juden eine zu qualifizierte Arbeit verrichtete. Helmut Goldschmidt wurde deshalb von Herrn Kl. umgehend wieder nach Gut Winkel zurückgebracht, verließ dieses aber 1941 wegen der Aussichtslosigkeit auf eine Auswanderung nach Palästina und kehrte zurück zu seinen Eltern nach Köln.

Von nun an bestand das Leben für den musikbegeisterten Helmut Goldschmidt fast ausschließlich aus dem offiziell verbotenen Jazz, den er als begnadeter Pianist und „Experte für Swing" zusammen mit seinen beiden jüdischen Freunden Helmut Berg (geb. 1920 in Köln, gest. 1943 in Auschwitz) und K. H. Wagner sowie mehreren nichtjüdischen Jugendlichen – von denen einer sogar der Sohn eines hohen Gestapo-Manns war – in Lokalen öffentlich zum Besten gab. Sein großes Talent bestand nicht nur in der Virtuosität seines Klavierspiels, sondern vor allem in der Gabe, selbst Stücke zu arrangieren und Schlager zu komponieren. Zu seinen Kompositionen aus dieser Zeit zählen mehrere Filmmusiken für italienische Filme und ein später von zahlreichen Sängern und Gruppen interpretierter Welthit. Alle diese Stücke, die nach seiner Verhaftung und teilweise auch noch in der Nachkriegszeit erschienen, wurden – bedingt durch die politischen Verhältnisse und die unklare rechtliche Situation für jüdisches Gedankengut – ohne Nennung des wahren Autors, sondern nur mit dem Namen des ersten Interpreten veröffentlicht. In der Nachkriegszeit hat Helmut Goldschmidt seine Urheberrechte niemals eingeklagt, er wollte aber auch nicht, dass die Titel dieser seiner Kompositionen jemals mit seinem Namen in Verbindung gebracht würden. Als sich die Razzien in den diversen Kölner Tanzbars während der Kriegszeit häuften und in Köln die ersten Deportationen von Juden begannen, beendete er die gemeinsamen Musikauftritte mit seinen Freunden und auch mit anderen Musikern, so der damals in Köln gastierenden italienischen Gruppe CASADEI. Seine Freiheit endete im November 1942, als die Gestapo auf der Suche nach seinem Freund Helmut Berg, den man für den Anführer einer Widerstandsgruppe hielt, auch nach ihm fahndete und die Wohnung seiner Familie in

links: Rabbiner Dr. Benjamin Gelles (links) und Helmut Goldschmidt ca. 1992. Foto: Archiv Helmut Goldschmidt

rechts: Briefkopf des Kölner Büros von Helmut Goldschmidt und Willi Veiler aus dem Jahr 1946

Klettenberg durchsuchte. Da er selbst nicht zuhause war, wurde vorerst nur sein Vater verhaftet. Wenige Tage später forderte die Gestapo telefonisch Helmut Goldschmidt zum Erscheinen im berüchtigten EL-DE-Haus auf und inhaftierte ihn nach langen Verhören zunächst in den dortigen Gefängniszellen und später dann auch in dem Polizeigefängnis Klingelpütz. Die grausamen Verhörmethoden blieben ihm aber erspart, weil bei einer der Transportfahrten zwischen den beiden Gefängnisorten per Zufall der gesuchte und zur Deportation bestimmte Helmut Berg gefangen genommen werden konnte. Im März 1943 wurde Helmut Goldschmidt in einem an normale Personenzüge angehängten Gefängniswagen nach Auschwitz deportiert. Wegen zahlreichen Unterbrechungen, die durch das Anhängen an immer neue Züge und jeweilige Gefängnisaufenthalte in Städten wie Kassel, Dresden, Leipzig, Chemnitz und Breslau bedingt waren, dauerte die Fahrt insgesamt drei Wochen. Glück hatte dagegen sein Vater gehabt, den man offensichtlich wegen seines forschen Auftretens nach acht Tagen wieder aus der Haft entließ. Moritz Goldschmidt nutzte dann diese Gunst der Stunde und floh nach Hirten, den Heimatort seines Schwiegervaters, wo dessen Bruder eine Gastwirtschaft betrieb. Bei der bald danach erfolgten Nachfrage der Gestapo in Köln, wo ihr Mann geblieben sei, tat die zuhause gebliebene Maria Goldschmidt unwissend und äußerte sogar die Vermutung, dass er sich das Leben genommen habe. Von dem anfänglich geheimen Versteck in Hirten wusste bald das gesamte Dorf, insbesondere als Monate später Maria Goldschmidt mit großen Teilen des Kölner Hausrats nachgezogen war.

In dem 1993 publizierten Interview mit Dr. Barbara Becker-Jákli beschrieb Helmut Goldschmidt ausführlich seine Zeit in Auschwitz und den Umstand, dass er dort unerwartet eines Tages in den Block 10 verlagert wurde, in dem sich eine Abteilung für sogenannte Abgangsquarantänen befand. Tatsächlich wurde er von dort im Juli 1943 mit einem gestreiften Häftlingsanzug über Breslau in das Konzentrationslager Buchenwald „überstellt". Nach der Zeit in Auschwitz empfand der bis auf 35 Kilogramm abgemagerte Helmut Goldschmidt die Verlagerung in das Konzentrationslager Buchenwald als die Rettung seines Lebens. Nach seinen Worten war Buchenwald *„gemessen an Auschwitz ... ein Sanatorium"*. Bei der besonderen Situation des Buchenwalder Lagers mit seiner von inhaftierten Kommunisten aufgebauten, bis ins Detail durchorganisierten zweiten Lagerstruktur waren seine Talente von größter Wichtigkeit. Als Architekt war er an den Planungen zu der Gewehr- und Geschützfabrik Gustloff-Werke und der Eisenbahnlinie Weimar-Buchenwald beteiligt, beides Projekte, bei denen die Sabotage-Taktik der Häftlinge aufs genialste angewandt wurde. In seiner Abteilung befanden sich unter anderem technische Ingenieure aus Polen, das in der Buchhaltung eingesetzte ehemalige KPD-Mitglied Theo Eckertz (geb. 1896, gest. 1984) aus Köln und zwei Niederländer, von denen einer, ein Rechtsanwalt, die Schreibarbeiten zu erledigen hatte. Von größter Bedeutung für das eigene Überleben erwies sich aber seine große Musikalität. So unterstand er als Jazz-Musiker dem tschechischen Sozialisten und Musiker Jiri Zak (geb. 11.11.1917, gest. 29.1.1986), der auch für die Außentransporte zuständig war. In dessen Hand lag die Entscheidung, ob einer als Musiker seines Orchester im Lager bleiben durfte oder ob er nach draußen zur Arbeit in die Außenlager oder gar in andere Kon-

HELMUT GOLDSCHMIDT / ARCHITEKT / MAYEN / GENOVEVABURG

HELMUT GOLDSCHMIDT · ARCHITEKT · KÖLN · HOHENZOLLERNRING 11

HELMUT GOLDSCHMIDT
ARCHITEKT

KÖLN, Hansaring 123
Telefon 7 46 23

Briefkopf des Mayener Büros von Helmut Goldschmidt aus dem Jahr 1946

Briefkopf des Kölner Büros von Helmut Goldschmidt aus dem Jahr 1947

Briefkopf des Büros von Helmut Goldschmidt aus dem Jahr 1950

zentrationslager geschickt wurde. Besonders bedrückend war die Situation in Buchenwald um die Zeit des Jahreswechsels 1944/45, als einerseits in der Gegend um das Konzentrationslager alliierte Bombenangriffe stattfanden und andererseits die mit Todesmärschen verbundene Deportation in andere Lager drohte. Als dann Buchenwald am 11.4.1945 befreit wurde, gab das Lagerorchester den Amerikanern ein Befreiungskonzert mit überwiegend von Helmut Goldschmidt geschriebenen Jazz-Arrangements. Die Amerikaner feierten ihn als einen neuen Glen Miller und baten ihn wenig später, für sie die musikalischen Truppen-Veranstaltungen im Staatstheater Weimar zu übernehmen. Helmut Goldschmidt kehrte also nicht sofort nach Hirten zu seinen Eltern zurück, sondern verließ Weimar erst, als eines Tages seine Eltern, die ihn mehrfach in Köln bei den Heimkehrtransporten erwartet hatten, vor ihm standen, um ihn abzuholen.

Es ging nach Hirten bei Mayen, wo seine Eltern trotz Denunziation die Zeit des Nationalsozialismus überlebt hatten. Dort bat ihn der Pastor, der seinen Vater über die Jahre mitbehütet hatte, der Bevölkerung über die Konzentrationslager zu berichten. Fasziniert von dem jungen Helmut Goldschmidt, der mit diesen Vorträgen die Säle der ganzen Umgebung füllte, bot ihm der Mayener Bürgermeister Schwindenhammer noch 1945 an, auf der Genovevaburg oberhalb der zu 90 Prozent zerstörten Stadt Mayen ein Architekturbüro einzurichten. Ein großer Erfolg war dem ersten und zunächst einzigen Wiederaufbauarchitekten Mayens und seiner Umgebung aber erst dann beschieden, als Mayen zur französischen Besatzungszone kam und ein französischer Kommandant in der Stadt Einzug hielt, der als Buchenwalder Häftling zu den Bewunderern der Musik Helmut Goldschmidts im Konzentrationslager gezählt hatte. Durch diesen bald sehr engen Kontakt zur Militärregierung bekam er nahezu alles genehmigt und zugeteilt, was dem normalen Antragsteller bis zur Währungsreform vorenthalten wurde. So erhielt Mayen bald nach Kriegsende am Hotel Sterngarten wieder einen großen Festsaal, der unter dem Deckmantel, ein französisches Offizierskasino einzurichten, genehmigt worden war. Das Baumaterial, das nicht in der Umgebung von Mayen besorgt werden konnte, beschaffte er sich in Köln im Tausch gegen Naturalien und Heizmaterial, *„im Tausch von Pferdemist gegen Steine und Wuppermann-Binder gegen Butter"* oder *„man verkloppte die Schuhe von Schmalkokes in Köln und finanzierte so den Neubau der Schuhmacherfamilie in Mayen"*. Gewünscht war von dem bis 1938 bei der Kölner Stadtplanung und ab 1938 als Leiter des Mayener Stadtbauamtes tätigen Architekten Fritz Braun ein konservativer Wiederaufbau, der aus heutiger Sicht – trotz einiger Bedenken Helmut Goldschmidts über den erzwungenen Konservatismus – Mayen vor der Uniformität anderer deutscher Wiederaufbaustädte bewahrt hat. In seinem völlig überlasteten, bis in die Nächte arbeitenden Mayener Büro hatte er stets drei bis vier Mitarbeiter und eine Sekretärin, von denen 1947 für rund ein halbes Jahr der in dem kleinen Dorf Kaisersesch bei Mayen geborene Oswald Mathias Ungers war, der anschließend an der Technischen Hochschule Karlsruhe unter anderem bei Egon Eiermann Architektur studierte. Weitere Mitarbeiter in Mayen waren Werner Steffens, der nach seiner Ausbildung bei Helmut Goldschmidt ebenfalls zu Egon Eiermann ging, dann der aus Boos in der Eifel stammende Bauingenieur und Statiker Willi Schmidt sowie der Bauzeichner Steffen. In einem Festakt am 19.4.2002 anlässlich der Ausstellungseröffnung über sein Mayener Werk würdigte der Mayener Oberbürgermeister Günter Laux Helmut Goldschmidt als denjenigen Architekten, der in der unmittelbaren Nachkriegszeit das Stadtbild Mayens entscheidend geprägt hat.

Da seine Eltern zu Beginn des Jahres 1946 nach Köln in ihre alte Wohnung in der Siebengebirgsallee zogen und Moritz Goldschmidt Ende 1946 zum Zweiten und später zum Ersten Vorsitzenden der Synagogengemeinde gewählt wurde, knüpfte auch Helmut Goldschmidt bald wieder Kontakte zu seiner Heimatstadt, vor allem weil sein Vater ihn, den zu jener Zeit einzigen jüdischen Architekten weit und breit, für dringende Baumaßnahmen der jüdischen Gemeinde benötigte. So verband er sich Ende des Jahres 1946 mit dem Architekten und Bauingenieur Willi Veiler in Köln zu einem Zweigbüro, mit Sitz im weitgehend erhaltenen Ringhaus von Riphahn & Grod, Hohenzollernring 22–24. Anlass für die Gründung dieses anfangs wohl weitgehend von Willi Veiler geführten Büros waren die Sicherungsarbeiten an der Synagoge in der Roonstraße. Wenige Monate später firmierte Helmut Goldschmidt alleine und jetzt mit der Büroadresse Hohenzollernring 11, war aber überwiegend noch in Mayen tätig. Erst als im Jahre 1948 in Köln der große Auftrag zum Wiederaufbau des ehemaligen „Israelitisches Asyls" und der Bau der dortigen Synagoge anstanden, verlagerte er seinen Haupt-Büro- und -Wohnsitz nach Köln, behielt aber bis zum Jahr 1950 sein Mayener Büro, das ab 1947 im Haus Alleestr. 14 untergebracht war, bei. Mit den ersten Privataufträgen im Jahre 1950 zog er mit seinem Büro und zunächst auch mit seiner Wohnung in das gerade wiederaufgebaute Wohn- und Geschäftshaus Hansaring 123. In der Folgezeit wechselten die Adressen mehrfach, da in seinem bald äußerst florierenden Büro zeitweise bis zu zehn Mitarbeiter tätig waren. Auch seine beiden ehemaligen Mayener Mitarbeiter Werner Steffens und Oswald Mathias Ungers nahmen nach Abschluss ihres Studiums in Karlsruhe zu Beginn des Jahres 1951 wieder Kontakt zu ihrem „alten Lehrmeister" auf, unter anderem weil sie in den wirtschaftlich immer noch sehr schlechten Zeiten sonst keine Chance gesehen hatten, so schnell selbstständig arbeiten zu können. Mit äußerster Großzügigkeit und aus freundschaftlicher Verbundenheit bot Helmut Goldschmidt ihnen sofort eine gleichberechtigte Partnerschaft an, und das, obwohl gerade die geschäftliche Basis des Büros zu jener Zeit und auch später ausschließlich in den Händen von Helmut Goldschmidt lag. Das jetzt unter „Goldschmidt Steffens Ungers" firmierende Büro existierte in dieser Form weniger als ein Jahr, weil Werner Steffens aufgrund erheblicher Differenzen mit Oswald Mathias Ungers seine Mitarbeit und Partnerschaft aufgekündigt hatte. Fortan lautete der Firmenname „Goldschmidt + Ungers". Mitarbeiter in diesen Jahren und teilweise auch noch nach dem Ausscheiden von Oswald Mathias Ungers waren unter anderem Otto Bosbach und die beiden Egon-Eiermann-Schüler Günther Frank und Rolf Hahn. Die Aufträge kamen von jüdischen und nichtjüdischen Bauherren sowie teilweise von Familienmitgliedern, ab 1952 in zunehmenden Maße vor allem von eigens für das jeweilige Projekt von Helmut Goldschmidt gegründeten Wohnungsbaugesellschaften. Mit den Schülern von Egon Eiermann kamen neue Impulse in das Büro, die von Helmut Goldschmidt, der in seinen Jugendjahren zu den Bewunderern der avantgardistischen Moderne eines Le Corbusier oder Erich Mendelsohn zählte, schnell adaptiert wurden. Wie wohl in allen Architekturbüros ist es vor allem bei Goldschmidt + Ungers höchst schwierig, das Maß der Beteiligung des Einzelnen am Entwurf auszumachen. In den Jahren der Bürogemeinschaft war anscheinend die gegenseitige Beeinflussung so groß, dass sich bei Helmut Goldschmidt die Trennung von Oswald Mathias Ungers zum 1.1.1955 in den Planungen nach dieser Zeit kaum oder gar nicht wiederfinden lässt. Vergleicht man das zusammen mit Steffens und Un-

GOLDSCHMIDT STEFFENS UNGERS ARCHITEKTEN DIPL. ING.

Briefkopf des Büros von Helmut Goldschmidt, Werner Steffens und Oswald Mathias Ungers aus dem Jahr 1951

gers entworfene „Moulin Rouge" in der Maastrichter Straße von 1950/51, die mit Ungers entworfene Kleiderfabrik Jobi von 1952/53 oder das für Maria Bäcker-Frey zusammen mit Ungers geplante Wohn- und Geschäftshaus Kaiser-Wilhelm-Ring 10 von 1953/54 mit dem jüdischen bzw. städtischen Altenheim in der Blankenheimer Straße von 1957–66 oder dem jüdischen Altenheim in der Berrenrather Straße von 1965/66, wird man das gleiche hohe Niveau in der baukünstlerischen und stilistischen Behandlung der Architektur wiederfinden, das auch die gemeinsamen Entwürfe mit Steffens und Ungers auszeichnet. Es verwundert heute sehr, wenn in der zahlreichen Ungers-Literatur der Name Helmut Goldschmidt vergeblich zu suchen ist, geradezu bewusst totgeschwiegen zu sein scheint. Der darüber sehr verbitterte Helmut Goldschmidt sah den Grund hierfür darin, dass er Oswald Mathias Ungers wider dessen Vorstellungen in die Selbstständigkeit gedrängt hatte, als dieser für das Büro Goldschmidt + Ungers den Auftrag zum Bau des Oberhausener Instituts zur Erlangung der Hochschulreife herangezogen hatte. Für Helmut Goldschmidt bedeutete dieser erste selbstständige Auftrag von Oswald Mathias Ungers dessen große Chance, für Ungers dagegen war es vorerst der Verlust eines wirtschaftlich und menschlich höchst angenehmen Lebens, das sein Geschäftspartner ihm mit Unterkunft, Essen, Familienanschluss und besonderen Geschenken, wie einem Sportwagen, gestaltet hatte.

In stilistischer und baukünstlerischer Hinsicht präsentiert sich das reichhaltige Werk von Helmut Goldschmidt äußerst heterogen und teilweise auch widersprüchlich, was darin begründet ist, das er sich nicht als Architekturtheoretiker und missionarischen Architekt verstand, sondern als ein Mensch, der seinen persönlichen Geschmack hinter alle Wünsche des Bauherren stellte. Mayen bildete den Auftakt seiner ungewöhnlichen Architektenkarriere. Mit größter Sensibilität für die Historie der stark zerstörten Stadt begann er fast im Alleingang den Wiederaufbau. Die Bauten waren und sind nicht spektakulär und sollten es auch nicht sein. Helmut Goldschmidt schwebte nicht die ultramoderne Stadt der Zukunft vor, sondern die romantische Kleinstadt, die Mayen vor dem Krieg einmal war. Er dachte nicht an die zahlreichen damals diskutierten und später auch realisierten Wiederaufbauprojekte deutscher Großstädte, sondern wagte – wie damals auch die Stadt Münster in Westfalen – einen konservativen Weg. Getragen wurde das Wiederaufbaukonzept von dem ursprünglich in Köln tätigen, seit 1938 in Mayen wirkenden Architekten und Leiter des

GOLDSCHMIDT + UNGERS ARCHITEKTEN DIPL.-ING.
KÖLN, HANSARING 123, RUF 7 46 23

Briefkopf des Büros von Helmut Goldschmidt und Oswald Mathias Ungers aus dem Jahr 1953

HELMUT GOLDSCHMIDT ARCHITEKT KÖLN KAISER-WILHELM-RING 10

Briefkopf des Büros von Helmut Goldschmidt aus dem Jahr 1957

PLANUNGSBÜRO GOLDSCHMIDT GMBH
BAUPLANUNG · BAUBETREUUNG · VERWALTUNG · FINANZIERUNG · VERMITTLUNGEN · BERATUNG

5000 KÖLN 40 (WEIDEN)
HÖLDERLINSTRASSE 81
RUF: (02234) 7 34 53

Briefkopf des Büros von Helmut Goldschmidt aus dem Jahr 1984

dortigen Stadtbauamtes Fritz Braun. In Köln gab sich Helmut Goldschmidt – den eigenen Gesetzen dieser weitgehend zerstörten Großstadt folgend – überwiegend modern. Dennoch gibt es auch hier viele Privathäuser, bei denen ihm das Wohlbefinden und persönliche Glück des Auftraggebers näher lagen als die „reine Lehre". Die „großen Aufgaben" ist er dagegen stets kompromisslos und mit größtem Engagement zur Findung einer gültigen, für ihn völlig befriedigenden Lösung angegangen. Seine Synagogen, voran die in der Roonstraße in Köln, sind in diesem Sinne wahre Meisterwerke. Zweifelsohne nimmt er auf dem Gebiete des jüdischen Sakralbaus der Nachkriegszeit bundesweit eine ähnliche Stellung ein wie Gottfried Böhm und Rudolf Schwarz für den katholischen und Heinrich Otto Vogel für den evangelischen Kirchenbau. Nach Entwürfen von Helmut Goldschmidt wurden 1948/49 die Synagoge in der Ottostraße in Köln-Ehrenfeld, 1950 die Synagoge mit Gemeindezentrum in Koblenz, 1955/56 die Synagoge mit Gemeindezentrum und Altenheim in Dortmund, 1958/59 die Synagoge mit Gemeindezentrum in Bonn, 1960/61 die Synagoge mit Gemeindezentrum in Münster, 1962 die Synagoge in Wuppertal und 1966/67 die Synagoge mit Gemeindehaus in Mönchengladbach errichtet. Hinzu kommen eine Vielzahl von Bauten für die verschiedenen nordrhein-westfälischen Gemeinden. Es sind wahre Meisterwerke moderner Sakralarchitektur, vielfach Kleinodien, auf die so manche Stadt heute stolz in ihren Architektur- und Kunstführern verweist.

Als Helmut Goldschmidt, der in erster Ehe mit Marlies Goldschmidt (geb. 1925, gest. 21.2.1985) und in zweiter Ehe mit Ria Goldschmidt verheiratet war, am 30.3.1998 von Bundespräsident Roman Herzog auf Vorschlag des Ministerpräsidenten das Verdienstkreuz 1. Klasse des Verdienstordens der Bundesrepublik Deutschland verliehen bekam, wurde sein reiches, vielfältiges Lebenswerk mit den zahlreichen stadtbildprägenden Gebäuden und den vielen Bauten für die jüdischen Gemeinden von Köln und anderen nordrhein-westfälischen Städten ebenso gewürdigt wie sein engagiertes Eintreten für den jüdisch-christlichen Dialog und seine außerordentliche Bereitschaft, als Zeitzeuge über die dunkelsten – für ihn verhängnisvollen – Jahre der deutschen Geschichte zu berichten. Gelobt wurde der von ihm unternommene *„Brückenschlag der Versöhnung",* mit dem er *„gerade für junge Menschen ein Beispiel für eine positive Auseinandersetzung mit der Vergangenheit"* geworden ist. Die Aushändigung der Auszeichnung fand am 27.8.1998 durch Oberbürgermeister Norbert Burger im Hansasaal des Historischen Rathauses zu Köln statt. Helmut Goldschmidt stand mehreren deutschen Fernsehsendern in zahlreichen Dokumentationen über den Holocaust, Konzentrationslager, jüdisches Leben und das jüdische Köln als Interviewpartner zur Verfügung und war einer der Förderer des NS-Dokumentationszentrums in Köln. Materialien von ihm sind auch in der Gedenkstätte in Weimar-Buchenwald zu sehen.

QUELLEN UND LITERATUR:
- Allgemeine Deutsche Wochenzeitung der Juden in Deutschland vom 4.8.1954 (Nachruf Moritz Goldschmidt)
- Helmut Goldschmidt. In: Barbara Becker-Jákli (Bearb. u. Hg.): Ich habe Köln doch so geliebt. Lebensgeschichten jüdischer Kölnerinnen und Kölner. Köln 1993, S. 125–154
- Helmut Goldschmidt wurde geehrt. Er gab Mayen das Gesicht wieder. In: Mayener Stadtzeitung vom 20.4.2002
- Wolfram Hagspiel: Egon Eiermann. In: Bauwelt, Jg. 85, 1994, S. 2376
- Wolfram Hagspiel: Köln: Marienburg. Bauten und Architekten eines Villenvorortes. Köln 1996
- Wolfram Hagspiel, Ruth Mader: Helmut Goldschmidt. Porträt eines ungewöhnlichen Kölner Architekten. In: Polis, Jg. 12, 2000, H. 2, S. 34–39
- Wolfram Hagspiel: Bauten und Architekten in Braunsfeld von 1900 bis zur Gegenwart. In: Max-Leo Schwering: Köln: Braunsfeld – Melaten. Köln 2004, S. 271–336
- Wolfram Hagspiel: Erinnerung an einst vielfältiges Wirken. In: Gemeindeblatt der Synagogen-Gemeinde Köln, Jg. 17, Nr. 12, 2006/07, S. 26–27
- Wolfram Hagspiel: Helmut Goldschmidt. In: Allgemeines Künstlerlexikon, Bd. 57, 2008, S. 297–298
- Kölnische Rundschau vom 7.11.1992
- Ruth Mader: „Wir tauschten Pferdemist gegen Steine". Der jüdische Architekt Helmut Goldschmidt und der Wiederaufbau von Mayen. In: Mayener Beiträge zur Heimatgeschichte, H. 10, 2001, S. 63–79
- Kölner Stadt-Anzeiger vom 28.8.1998 (Bundesverdienstkreuz), 10.8.2005 (Nachruf)
- Kölnische Rundschau vom 7.11.1992 (Interview), 28.8.1998 (Bundesverdienstkreuz), 10.8.2005 (Nachruf)
- Myra Warhaftig: Deutsche jüdische Architekten vor und nach 1933 – Das Lexikon. Berlin 2005

AUSWÄRTIGE BAUTEN

Spreehagen, Gut Winkel
Baracken, Klärgruben und ander Bauten auf dem Landgut
Bj.: 1939–41
Bh.: Kl.

LITERATUR:
- Helmut Goldschmidt. In: Barbara Becker-Jákli (Bearb. u. Hg.): Ich habe Köln doch so geliebt. Lebensgeschichten jüdischer Kölnerinnen und Kölner. Köln 1993, S. 125–154

Rothenburg an der Oder
Silos auf einem Landgut
Bj.: 1939–41
Bh.: Kl.

LITERATUR:
- Helmut Goldschmidt. In: Barbara Becker-Jákli (Bearb. u. Hg.): Ich habe Köln doch so geliebt. Lebensgeschichten jüdischer Kölnerinnen und Kölner. Köln 1993, S. 125–154

Mayen, Habsburgerring 32
Wiederaufbau Wohn- und Geschäftshaus mit Automontagehalle
Bj.: 1945/46
Bh.: Karl Scherer

Die heute nicht mehr existierenden Bauten waren eines der ersten Projekte Helmut Goldschmidts in Mayen.

LITERATUR:
- Ruth Mader: „Wir tauschten Pferdemist gegen Steine". Der jüdische Architekt Helmut Goldschmidt und der Wiederaufbau von Mayen. In: Mayener Beiträge zur Heimatgeschichte, H. 10, 2001, S. 63–79

Mayen, Im Burgfrieden 20
Wiederaufbau Wohn- und Geschäftshaus
Bj.: 1945–49
Bh.: Heinrich Nebinger (Inhaber eines Schuhhauses)

Die ersten Pläne datieren vom Oktober 1945, gebaut wurde das Haus mit Schuhgeschäft aber erst 1949.

Entwurfszeichnung zum Schuhhaus Nebinger von 1945. Abb.: Planarchiv Stadtbauamt Mayen

Das Schuhhaus Nebinger im Jahr 1949. Foto: Heinrich Pieroth/Stadtarchiv Mayen

QUELLEN UND LITERATUR:
- Planarchiv Stadtbauamt Mayen
- Ruth Mader: „Wir tauschten Pferdemist gegen Steine". Der jüdische Architekt Helmut Goldschmidt und der Wiederaufbau von Mayen. In: Mayener Beiträge zur Heimatgeschichte, H. 10, 2001, S. 63–79

Kottenheim, Hochstr. 42
Festsaal und Umbau Restaurant Müller
Bj.: 1946
Bh.: Müller

Die Baumaßnahme betraf die Errichtung eines Festsaales sowie die Neugestaltung der Straßenfront.

LITERATUR:
- Ruth Mader: „Wir tauschten Pferdemist gegen Steine". Der jüdische Architekt Helmut Goldschmidt und der Wiederaufbau von Mayen. In: Mayener Beiträge zur Heimatgeschichte, H. 10, 2001, S. 63–79

Das Sudhaus der Mayener Löwenbrauerei. Foto: Wolfram Hagspiel (2009)

Mayen, Koblenzer Str. 95
Klavierwerkstatt und Ladenlokal
Bj.: 1946
Bh.: Franz Geiermann

Zeichnung von Helmut Goldschmidt zum Haus Koblenzer Str. 95 aus dem Jahr 1946. Abb.: Planarchiv Stadtbauamt Mayen

LITERATUR:
- Ruth Mader: „Wir tauschten Pferdemist gegen Steine". Der jüdische Architekt Helmut Goldschmidt und der Wiederaufbau von Mayen. In: Mayener Beiträge zur Heimatgeschichte, H. 10, 2001, S. 63–79

Hatzenport, Moselstr. 48
Kelterhaus der Mostkelterei Pauly-Rath
Bj.: 1946
Bh.: Fa. Pauly-Rath

Mayen, Koblenzer Str. 1/Eichstraße
Wohn- und Geschäftshaus
Bj.: 1946–48
Bh.: Gebrüder Schmalkoke

QUELLEN UND LITERATUR:
- Planarchiv Stadtbauamt Mayen
- Ruth Mader: „Wir tauschten Pferdemist gegen Steine". Der jüdische Architekt Helmut Goldschmidt und der Wiederaufbau von Mayen. In: Mayener Beiträge zur Heimatgeschichte, H. 10, 2001, S. 63–79

Mayen, Neustr. 16
Wiederaufbau Sudhaus Brauerei Graessl
Mayener Löwenbrauerei
Bj.: 1946
Bh.: Max Graessl

Variante des ersten Entwurfes zum Haus Koblenzer Str. 1. Abb.: Planarchiv Stadtbauamt Mayen

Die ersten Anträge zu dem durch den Verkauf von Schuhen in Köln finanzierten Haus nebst Werkstattgebäude für eine Orthopädische Schuhmacherei wurden 1946 bei der französischen Militärregierung eingereicht.

QUELLEN UND LITERATUR:
- Planarchiv Stadtbauamt Mayen

Mayen, Koblenzer Straße
Hotel Sterngarten
Bj.: 1946–48
Bh.: Wilhelm Colmie

Helmut Goldschmidt erhielt von der Besatzungsbehörde die Genehmigung zu dem Hotel mit Festsaal für 365 Personen und Cabaret-Bar nur deshalb, weil er glaubhaft versichern konnte, dass hier ein französisches Offizierskasino eingerichtet würde.

QUELLEN UND LITERATUR:
- Planarchiv Stadtbauamt Mayen
- Ruth Mader: „Wir tauschten Pferdemist gegen Steine". Der jüdische Architekt Helmut Goldschmidt und der Wiederaufbau von Mayen. In: Mayener Beiträge zur Heimatgeschichte, H. 10, 2001, S. 63–79

Rothenbach (Ortsgemeinde Kelberg)
Katholische Kirche St. Maria Himmelfahrt
Bj.: 1946–50
Bh.: Kirchengemeinde Rothenbach/ Müllenbach
Bauunternehmung: Paul Kolb (Mayen/Köln)

Schon 1939 bestand die Absicht, die alte aus dem Jahre 1773 stammende, offensichtlich sehr baufällige Kirche abzubrechen und durch einen Neubau zu ersetzten, was jedoch durch den Krieg verhindert wurde. Am 26.5.1946 fasste der Kirchenvorstand Müllenbach, dem Rothenbach als Filiale zugeordnet war, erneut den Beschluss zu einem Kirchenneubau. Im Beschluss des Kirchenvorstand heißt es: *„Ferner bittet der Kirchenvorstand den Plan des Herrn Architekten Goldschmidt, der nach persönlichen Vorschlägen des Vorsitzenden entworfen ist, wenn notwendig, mit Änderungen und Vorschlägen zu genehmigen, da dieser Architekt uns von großem Vorteil ist."* Der Vorteil bestand vor allem darin, dass der von dem Pfarrer des Ortes Hirten empfohlene Hel-

Bauzeichnung zum Hotel Sterngarten. Abb.: Planarchiv Stadtbauamt Mayen

Außenansicht des Hotels Sterngarten. Foto: Helmut Goldschmidt

Festsaal des Hotels Sterngarten. Foto: Helmut Goldschmidt

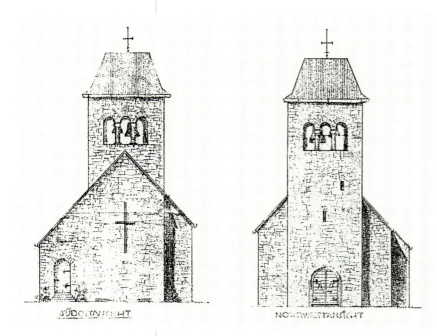

links: Bauzeichnung mit der Südostansicht der Kirche. Abb.: Archiv Helmut Goldschmidt

rechts: Bauzeichnung mit der Nordwestansicht der Kirche. Abb.: Archiv Helmut Goldschmidt

Außenansicht der Katholischen Kirche in Rothenbach. Foto: Wolfram Hagspiel (2009)

Innenansicht der Katholischen Kirche in Rothenbach. Foto: Wolfram Hagspiel (2005)

mut Goldschmidt die allerbesten Beziehungen zur französischen Militärregierung besaß, was einen schnellen Baubeginn und die Zuteilung der Baumaterialien garantierte. In Hirten hielt sich übrigens in den letzten Jahren des Krieges der Vater von Helmut Goldschmidt im Versteck auf. Bald nach der Vorstandssitzung reichte die Gemeinde beim Bischöflichen Generalvikariat in Trier zwei Entwürfe des Architekturbüros von Helmut Goldschmidt ein, von denen einer weitgehend von Oswald Mathias Ungers gefertigt worden war. Genehmigt wurde der Entwurf von Helmut Goldschmidt mit der Auflage, Änderungen bei der Anordnung der Fenster vorzunehmen und den Turm um 1,50 m in der Höhe zu reduzieren, weil er so „wuchtiger und dorfmäßiger" wirkt. Allgemein bescheinigte das Bischöfliche Generalvikariat, dass „*die beiden eingereichten Vorschläge ... nach der gottesdienstlichen wie nach der künstlerischen Seite hin gute Lösungen der Aufgabe*" darstellen.

Am 4.8.1946 fand rund 200 m östlich der alten Kapelle die Grundsteinlegung für die neue Kirche in Rothenbach statt. Der „offizielle" Baubeginn war jedoch erst nach der nachträglichen Genehmigung des Bauantrages am 19.1.1949. Am 30.11.1950 erfolgte die Einweihung des Gotteshauses, das von der etwa gleichzeitig abgebrochenen alten Kapelle das Patrozinium übertragen bekommen hatte. Der schlichte, innen flachgedeckte Saalbau mit hohem mit Zementpfannen gedecktem Satteldach und einem leicht gedrungenen Glockenturm, der weitgehend von den Bewohnern des Dorfes errichtet wurde, passt sich durch seine etwas unregelmäßige Form und die Verblendung mit Bruchsteinen gekonnt in die Landschaft und die regionale Bautradition ein. Das in seiner dezenten Farbigkeit mit roten, grauen und gelben Akzenten rekonstruierte Kircheninnere beherbergt einige Ausstattungsstücke der alten Kapelle und der von Meisenthal.

LITERATUR:
- Ruth Mader: „Wir tauschten Pferdemist gegen Steine". Der jüdische Architekt Helmut Goldschmidt und der Wiederaufbau von Mayen. In: Mayener Beiträge zur Heimatgeschichte, H. 10, 2001, S. 63–79
- Johann Emmerichs: Die Rothenbacher Kapellen. In: Katholische Kirchengemeinde St. Servatius und St. Dorothea, Müllenbach (Hg.): Menschen und Kirche im Wandel der Zeit. Chronik der Pfarrgemeinde Müllenbach. Daun 1994, S. 203–219

Mayen, Habsburgerring/ Am Wittbender Tor

Wohn- und Geschäftshaus
Bj.: 1947
Bh.: Kaiser

Die Idee zu dem Laubengang ging auf den Mayener Stadtbaumeister Fritz Braun zurück, der an dieser Stelle an die ähnlich gelöste Situation der Vorkriegszeit erinnern wollte.

LITERATUR:
- Ruth Mader: „Wir tauschten Pferdemist gegen Steine". Der jüdische Architekt Helmut Goldschmidt und der Wiederaufbau von Mayen. In: Mayener Beiträge zur Heimatgeschichte, H. 10, 2001, S. 63–79

Mayen, Marktplatz 7

Wiederaufbau Wohn- und Geschäftshaus
Bj.: 1947
Bh.: Oetz

Die Baumaßnahme betraf überwiegend die Wiederinstandsetzung des Daches.

LITERATUR:
- Ruth Mader: „Wir tauschten Pferdemist gegen Steine". Der jüdische Architekt Helmut Goldschmidt und der Wiederaufbau von Mayen. In: Mayener Beiträge zur Heimatgeschichte, H. 10, 2001, S. 63–79

Mayen, Marktstr. 11–13

Wohn- und Geschäftshaus
Bj.: 1947
Bh.: Josef Leimbach

QUELLEN UND LITERATUR:
- Planarchiv Stadtbauamt Mayen
- Ruth Mader: „Wir tauschten Pferdemist gegen Steine". Der jüdische Architekt Helmut Goldschmidt und der Wiederaufbau von Mayen. In: Mayener Beiträge zur Heimatgeschichte, H. 10, 2001, S. 63–79

Das Haus Marktplatz 7 in den 1980er Jahren. Foto: Helmut Goldschmidt

Das Haus Kaiser im Jahr 1947. Foto: Heinrich Pieroth/ Stadtarchiv Mayen

Planzeichnung zum Haus Marktstr. 11–13. Abb.: Planarchiv Stadtbauamt Mayen

Bad Neuenahr-Ahrweiler, Kalvarienbergstr. 50
Wiederaufbau des Musikhauses des Kloster Calvarienberg
Bj.: 1947
Bh.: Ursulinenkongregation Calvarienberg

Mayen, Am Brückentor 2
Wiederaufbau Wohn- und Geschäftshaus
Bj.: 1947/48
Bh.: Viktor Kaifer

Im Krieg war das historische Haus bis auf den Keller und das Hinterhaus zerstört worden. Der Wiederaufbau erfolgte weitgehend in Anlehnung an den Ursprungsbau.

QUELLEN UND LITERATUR:
- Planarchiv Stadtbauamt Mayen
- Ruth Mader: „Wir tauschten Pferdemist gegen Steine". Der jüdische Architekt Helmut Goldschmidt und der Wiederaufbau von Mayen. In: Mayener Beiträge zur Heimatgeschichte, H. 10, 2001, S. 63–79

Mayen, Brückenstr. 13
Wohn- und Geschäftshaus mit Café
Bj.: 1947/48
Bh.: Jakob Geisbüsch

Wiederaufbaupläne vom Mai 1947 zum Haus Am Brückentor 2. Abb.: Planarchiv Stadtbauamt Mayen

Situation am Brückentor. Foto: Wolfram Hagspiel (2009)

links: Das Haus Am Brückentor 2 während des Wiederaufbaus. Foto: Helmut Goldschmidt

rechts: Das Haus Jakob Geisbüsch im Jahr 1948. Foto: Richter/ Stadtarchiv Mayen

AUSWÄRTIGE BAUTEN — HELMUT GOLDSCHMIDT

LITERATUR:
- Ruth Mader: „Wir tauschten Pferdemist gegen Steine". Der jüdische Architekt Helmut Goldschmidt und der Wiederaufbau von Mayen. In: Mayener Beiträge zur Heimatgeschichte, H. 10, 2001, S. 63–79

Mayen, Koblenzer Str. 173a–175
Fischkonservenfabrik
Bj.: 1948
Bh.: Hamburger Handelsgesellschaft

Andernach-Bad Tönisstein
Landhaus Dr. Hohmann
Bj.: 1948/49
Bh.: Dr. Paul Hohmann

Das Haus zählte zu den Lieblingsobjekten von Helmut Goldschmidt aus seiner Mayener Zeit.

Mayen, Bachstr. 8
Hotel Ganser
Bj.: 1948/49
Bh.: Theodor Ganser

Die bestehende, auf einem Felsen gelegene Terrasse des Restaurationsbetriebes Ganser wurde zwecks Errichtung eines Hotelbetriebes mit Gasträumen und Fremdenzimmern überbaut. Der Bau, der sich in der Gebäudehöhe an dem alten Haus Ganser orientierte, wurde zwischen zwei vorhandenen Giebelwänden hochgezogen, wobei die sich teilweise an den Felsen anlehnende Rückseite lotgerecht mit Bruchsteinen aufgemauert wurde. In dem Antrag zur Baugenehmigung begründete Helmut Goldschmidt die Notwendigkeit dieses Vorhabens wie folgt: *„In einer so zerstörten Stadt wie Mayen erhoffe ich, daß auch die Behörde mich an meinem Vorhaben unterstützen wird, da mit der Fertigstellung dieses Gebäudes in aller Kürze Fremdenzimmer zur Verfügung stehen werden mit entsprechenden Gasträumen, die es in der Stadt Mayen wieder ermöglichen, Gäste (Ferienaufenthalt, Gesellschaftsreisen und Unterbringung hoher Gäste der Behörde) zu beherbergen."*

LITERATUR:
- Ruth Mader: „Wir tauschten Pferdemist gegen Steine". Der jüdische Architekt Helmut Goldschmidt und der Wiederaufbau von Mayen. In: Mayener Beiträge zur Heimatgeschichte, H. 10, 2001, S. 63–79

Das Haus Koblenzer Str. 173a–175 in den 1980er Jahren. Foto: Helmut Goldschmidt

Mayen, Bachstraße
Wohnhaus
Bj.: 1949
Bh.: Dr. Hausmann

Mayen, Alleestraße
Wohnhaus
Bj.: 1949
Bh.: Pierre Wagner (Kaufmann)

Das Landhaus Dr. Hohmann. Foto: Helmut Goldschmidt

Entwurfszeichnung zum Haus Goebelstr. 21. Abb.: Planarchiv Stadtbauamt Mayen

Baustelle des Landhauses Mayan im Jahr 1949. Foto: Helmut Goldschmidt

Landhaus Mayan. Foto: Wolfram Hagspiel (2009)

Mayen, Brückenstr. 2
Wiederaufbau Wohn- und Geschäftshaus
Bj.: 1949
Bh.: Meurer

LITERATUR:
- Ruth Mader: „Wir tauschten Pferdemist gegen Steine". Der jüdische Architekt Helmut Goldschmidt und der Wiederaufbau von Mayen. In: Mayener Beiträge zur Heimatgeschichte, H. 10, 2001, S. 63–79

Weibern
Wohnhaus
Bj.: 1949
Bh.: Thelen

Wanderath
Raiffeisenkasse Wanderath
Bj.: 1949
Bh.: Raiffeisenkasse Wanderath

LITERATUR:
- Erich Bungarten: Die Gründung und die Geschichte der Raiffeisen- und Volksbank Wanderath. In: Wanderather Geschichtsblätter, 2002, H. 1, S. 7–13

Virneburg
Lampenschirmfabrik Mayan
Bj.: 1949
Bh.: Margarete und Ottmar Mayan

Die Lampenschirmfabrik Majan wurde 1929 von dem Techniker Ottmar Mayan in Köln gegründet und nach dem Krieg in Virneburg neu gegründet. 1979 ist das Unternehmen endgültig erloschen, wobei die gewerbliche Tätigkeit schon einige Jahre zuvor eingestellt worden war.

QUELLEN UND LITERATUR:
- Stiftung Rheinisch-Westfälisches Wirtschaftsarchiv, Abt. 343 (Nachlass Mayan)

Mayen, Goebelstr. 21
Wohn- und Geschäftshaus
Bj.: 1949/50
Bh.: Wilhelm Münzel

QUELLEN UND LITERATUR:
- Planarchiv Stadtbauamt Mayen

Virneburg, Hauptstr. 39
Landhaus Mayan
Bj.: 1949/50
Bh.: Margarete und Ottmar Mayan

AUSWÄRTIGE BAUTEN   HELMUT GOLDSCHMIDT

links: Der Festsaal des „Felsenkellers". Foto: Richter/Archiv des Geschichts- & Altertumsvereines Mayen

rechts: Blick vom Festsaal des „Felsenkellers" auf Mayen. Foto: Richter/Archiv des Geschichts- & Altertumsvereines Mayen

Mayen, Bachstraße
Festsaal „Felsenkeller"
Bj.: 1949–53
Bh.: Theodor Ganser

LITERATUR:
• Ruth Mader: „Wir tauschten Pferdemist gegen Steine". Der jüdische Architekt Helmut Goldschmidt und der Wiederaufbau von Mayen. In: Mayener Beiträge zur Heimatgeschichte, H. 10, 2001, S. 63–79

Basel, Eisengasse/Tanzgässlein
Projekt Kaufhaus
Planung: um 1954
Architekturbüro: Goldschmidt + Ungers (?)

Geplant war ein Neubau an der Stelle des Geschäftshauses Merkur.

Niederkassel-Lülsdorf
Siedlung
Bj.: 1960/61
Architekturbüro: Helmut Goldschmidt

Die Siedlung besteht aus 24 Eigenheimen.

Krefeld-Oppum
Siedlung Krefeld-Oppum
Bj.: 1960–62
Architekturbüro: Helmut Goldschmidt

Die Siedlung besteht aus 24 Eigenheimen.

links: Modellansicht des geplanten Kaufhauses in Basel. Foto: Archiv Helmut Goldschmidt

rechts: Das Kaufhaus Merkur in der Basler Altstadt in den frühen 1950er Jahren. Foto: Archiv Helmut Goldschmidt

Kürten-Weiden
Siedlung Weiden
Bj.: 1960–62
Architekturbüro: Helmut Goldschmidt

Die Siedlung besteht aus 62 Eigenheimen.

Monheim-Hitdorf
Siedlung Hitdorf
Bj.: 1961/62
Bh.: Bayer AG Leverkusen
Architekturbüro: Helmut Goldschmidt

Die Siedlung umfasst 108 Eigenheime.

Langenfeld
Siedlung
Bj.: 1961/62
Bh.: Bayer AG
Architekturbüro: Helmut Goldschmidt

Die Baumaßnahme umfasst insgesamt 44 Eigenheime.

Zeilenbauten in der Siedlung in Langenfeld. Foto: Archiv Helmut Goldschmidt

Leverkusen-Rheindorf, Peenestraße/Warnowstraße u.a.
Siedlung
Bj.: 1961–63
Bh.: Bayer AG Leverkusen
Architekturbüro: Helmut Goldschmidt

Die Siedlung besteht aus drei Wohnhochhäusern und zeilenförmig angeordneten Mehrfamilienhäusern.

Hanau
Wohnhaus
Bj.: 1962
Bh.: Dr. Michel
Architekturbüro: Helmut Goldschmidt

Rösrath-Forsbach
Landhaus
Bj.: 1963
Bh.: Fischer
Architekturbüro: Helmut Goldschmidt

Dormagen, Im Daubenthal
Mehrfamilienhäuser
Bj.: 1963
Bh.: Bayer AG Leverkusen
Architekturbüro: Helmut Goldschmidt

Kerpen-Sindorf, Berliner Ring
Wohn- und Geschäftshaus
Bj.: 1963/64
Architekturbüro: Helmut Goldschmidt

Das Wohn- und Geschäftshaus besitzt 40 Wohnungen und einen Supermarkt.

Monheim-Hitorf, Langenfelder Straße u.a.
Siedlung Hitdorf
Bj.: 1964/65
Architekturbüro: Helmut Goldschmidt

Die Siedlung umfasst insgesamt 28 Eigenheime.

Monheim, Niederstraße/Brombeerhecke
Siedlung
Bj.: 1965/66
Architekturbüro: Helmut Goldschmidt

Die Siedlung besteht aus insgesamt 54 Eigenheimen.

Die Siedlung in Leverkusen Rheindorf in den 1980er Jahren. Foto: Helmut Goldschmidt

Zeilenbauten der Siedlung in Monheim. Foto: Archiv Helmut Goldschmidt

Monheim, Schießhecke 2–24
Siedlung „Am Driesch"
Bj.: 1967
Architekturbüro: Helmut Goldschmidt

Dieser Abschnitt der Siedlung besteht aus 12 Eigenheimen.

Monheim, Schießhecke 43–71
Siedlung „Am Driesch"
Bj.: 1968
Architekturbüro: Helmut Goldschmidt

Dieser Abschnitt der Siedlung besteht aus 9 Bungalows.

Kaarst-Holzbüttgen
Siedlung Holzbüttgen
Bj.: 1968
Architekturbüro: Helmut Goldschmidt

Die Siedlung umfasst 70 Eigenheime.

Dormagen-Rheinfeld, Am Margarethenhof u.a.
Siedlung
Bj.: 1968/69
Bh.: Bayer AG
Architekturbüro: Helmut Goldschmidt

Die Wohnbebauung, die Helmut Goldschmidt auch als „Siedlung Lillienskiold" bezeichnete, umfasst 106 Eigenheime und 70 Mehrfamilienhäuser.

Blick von der Moselstraße auf das an der Salm-Reifferscheidt-Allee gelegene Wohnhochhaus. Foto: Wolfram Hagspiel (2009)

Kaarst-Büttgen
Siedlung Büttgen
Bj.:　1970
Architekturbüro: Helmut Goldschmidt

Die Siedlung umfasst 86 Eigenheime.

**Dormagen-Hackenbroich,
Salm-Reifferscheidt-Allee u.a.**
Siedlung
Bj.:　1972–76
Bh.:　Bayer AG
Architekturbüro: Helmut Goldschmidt

Der Beschluss zum Bau des Großprojektes Hackenbroich-Süd wurde im Jahre 1967 gefasst. Ein großer Teil des Stadtteils wurde nach Entwürfen von Helmut Goldschmidt gebaut. Es handelt sich um meist in Plattenbauweise errichtete Mehrfamilienhäuser mit 600 Wohnungen.

Mannheim
Bürohochhaus
Bj.:　1973/74
Bh.:　Schaller AG
Architekturbüro: Helmut Goldschmidt

KÖLNER BAUTEN

Altstadt, Kattenbug 18–24 / Unter Sachsenhausen 37
Umbau
Bj.: 1934/35
Bh.: Progress-Textilbetriebe G.m.b.H.
Architekturbüro: H. Hans Krebs

Zeichnerische Tätigkeit im Jahre 1935 im Büro von H. Hans Krebs beim Umbau beziehungsweise der Verkleinerung der Räume der Firma Progress-Textilbetriebe G.m.b.H.

Marienburg, Pferdmengesstr. 16
Umbau
Bj.: 1935
Bh.: Jenny Joseph (Mitinhaberin des Schuhhauses A. M. Joseph)
Architekturbüro: H. Hans Krebs

Es handelt sich um Zeichnungen, die er im Büro von H. Hans Krebs fertige, der den Auftrag erhalten hatte, die Villa in ein Zweifamilienhaus umzubauen.

QUELLEN UND LITERATUR:
- HAStK Best. 485 / 335
- Wolfram Hagspiel: Köln: Marienburg. Bauten und Architekten eines Villenvorortes. Köln 1996

Marienburg, Pferdmengesstr. 5
Umbau Villa
Bj.: 1937/38
Bh.: Albert Mayer (Geschäftsführer der Fa. Hoffmann & Co. G.m.b.H.)
Architekturbüro: Max August Breuer

Die Baumaßnahme bei der 1923/24 durch den Architekten Robert Stern errichteten Villa betraf den Umbau zu einem Mehrfamilienhaus. Planer war Robert Sterns ehemaliger Bauleiter Max August Breuer, bei dem Helmut Goldschmidt 1937/38 tätig war.

QUELLEN UND LITERATUR:
- Mündliche Überlieferung durch Helmut Goldschmidt
- HAStK Best. 485 / 332

Altstadt, Schildergasse 106–108
Büro- und Geschäftshaus
Bj.: 1950
Bh.: Gebr. (Jakob und Moritz) Goldschmidt & (Peter) Heymann Gesellschaft bürgerlichen Rechts, Apostelnstr. 32
Architekturbüro: Helmut Goldschmidt
Bauunternehmung: Allgemeine Hoch- und Ingenieurbau-Aktiengesellschaft, Niederlassung Köln

Die ersten Nutzer des Hauses, einem Stahlskelettbau mit Bimshohlblocksteinausfachung und verputzter Fassade, waren die Uhrengroßhandlung Jakob Goldschmidt, die Textilwarengroßhandlung Heymann & Goldschmidt G.m.b.H. und das Gardinengeschäft von Herbert Thomassen. Das Haus wurde schon wenige Jahre nach seiner Fertigstellung meist durch Helmut Goldschmidt mehrfach verändert. So gab es 1955 erste Umbauten bei dem Ladenlokal Gardinen Thomassen. 1957 erfolgte im Bereich des Staffelgeschosses eine Erweiterung in Angleichung an den linken Nachbarn und 1961 erhielt das Haus eine Natursteinfassade. Ein Jahr zuvor waren Teile des Ladenbereiches und vor allem der Schaufensteranlage durch den Kölner Architekten Heinrich May

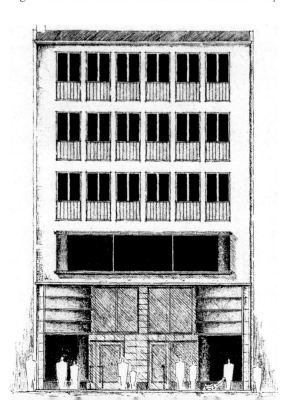

Fassadenansicht des Hauses Schildergasse 106-108 vom Januar 1950. Abb.: Archiv Helmut Goldschmidt

oben: Das Haus Schildergasse 106–108 in den frühen 1950er Jahren. Foto: Archiv Helmut Goldschmidt

Mitte links: Die Ladenfront in den frühen 1950er Jahren. Foto: Archiv Helmut Goldschmidt

Mitte rechts: Plan der Südostseite des Hauses Am Reinholdsberg. Abb.: Archiv Helmut Goldschmidt

Sülz, Remigiusstr. 53
Wiederaufbau Mehrfamilienhaus
Bj.: 1950/51
Bh.: Helmut Goldschmidt
Architekturbüro: Helmut Goldschmidt

Es handelt sich um den in veränderten Formen erfolgten Wiederaufbau eines 1911 von Georg Falck gebauten Mehrfamilienhauses.

Dünnwald, Am Reinholdsberg 3
Einfamilienhaus
Bj.: 1950/51
Bh.: Theodor Eckertz (Verlagsvertreter)
Architekturbüro: Helmut Goldschmidt

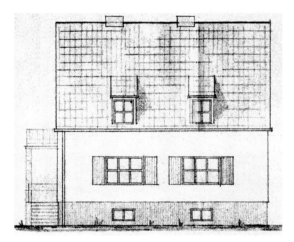

Klettenberg, Luxemburger Str. 356
Mehrfamilienhaus mit Tankstelle
Bj.: 1950/51
Bh.: Mathias Kolvenbach (Autogaragenbetreiber)
Architekturbüro: Helmut Goldschmidt

Das Haus Luxemburger Str. 356 in den 1980er Jahren. Foto: Helmut Goldschmidt

für das „Kunstgewerbehaus Firma Roosen GmbH", das die Firmen WMF und Rosenthal vertrat, umgebaut worden. Im Jahre 1962 bekam bei einem weiteren Umbau, den diesmal der Bonner Architekt Ernst Meier durchführte, der Ladenbereich moderne Schaufenstervitrinen.

Neustadt, Maastrichter Str. 6–8
Mehrfamilienhaus mit Gaststätte
Bj.: 1950/51
Bh.: Louis Goldschmidt (Restaurateur)
Architekturbüros: Helmut Goldschmidt und
Goldschmidt Steffens Ungers

Das Haus Maastrichter Str. 6–8 kurz nach der Fertigstellung. Foto: Archiv Helmut Goldschmidt

Einen Tag vor der Eröffnung, die am Sonntag, den 23.12.1951 stattfand, schrieb die Rheinische Zeitung zu diesem damals offensichtlich ungewöhnlichen Bau: *„Dem Kreis Kölner Vergnügungsstätten ist mit ‚Moulin Rouge' in der Mastrichter Straße eine neue Blüte zugefügt worden. Der frühere Inhaber von St. Pauli, Louis Goldschmidt, wird in Zukunft seinen Gästen nicht nur eine neuzeitliche, nach Pariser Vorbild gestaltete Gaststätte, sondern unter der künstlerischen Leitung von Joachim Limann auch ein Programm bieten, das erste europäische Varietéklasse darstellt. Wenn bei der inoffiziellen Eröffnung (die offizielle Eröffnung ist am Sonntag) ein Vertreter des Gaststättengewerbes die Worte prägte: ‚Möge der Wind in der Mühle der Moulin Rouge nicht alle werden und möge der Goldschmidt wirklich zur Goldschmiede werden', so können wir uns diesem ‚frommen Wunsch' nur gern anschließen. Ist doch mit diesem Lokal in Köln eine Stätte geschaffen, die unserer Vaterstadt wirklich nur dienlich sein kann. Neben einem architektonisch wunderbar ausgestalteten Varietéraum mit Barbetrieb besitzt ‚Moulin Rouge' eine Schenke und eine Kegelbahn. Darüber hinaus haben junge Kölner Künstler die Möglichkeit, in wöchentlichem Auswechslungsprogramm Werke moderner junger Kunst vor die Öffentlichkeit zu bringen. Alles in allem: eine Vergnügungsstätte, die ihrem Architekten – einem Neffen des Inhabers – zur Ehre gereicht und ein Anziehungspunkt für alle werden wird, die sich in ihrer Ausspannung ‚westlich orientieren' wollen."* Bis zum Neubau standen auf dem Grundstück die im Krieg lediglich ausgebrannten Ruinen der beiden um 1888 von dem Architekten Wilhelm Vehring gebauten Mehrfamilienhäuser Maastrichter Str. 6 und 8. Nachfahren dieses Architekten und einstigen Bauherren beabsichtigten zu Beginn der 1950er Jahre die beiden Häuser unter Verwendung der Ruinen durch den Architekten Hans Schulten in veränderter Form mit einem Ladenlokal und einem Restaurationsbetrieb im Erdgeschoss wiederaufzu-

HELMUT GOLDSCHMIDT

Blick ins Moulin-Rouge in den frühen 1950er Jahren. Foto: Archiv Helmut Goldschmidt

Die Tanzfläche im Moulin-Rouge in den frühen 1950er Jahren. Foto: Archiv Helmut Goldschmidt

links: Einer der Bar-Bereiche im Moulin-Rouge in den frühen 1950er Jahren. Foto: Archiv Helmut Goldschmidt

rechts: Ein weiterer Bar-Bereich im Moulin-Rouge. Foto: Archiv Helmut Goldschmidt

Briefkopf des Moulin-Rouge aus den frühen 1950er Jahren. Abb: Archiv Helmut Goldschmidt

bauen. Es war beabsichtigt, nach der Genehmigung der Planung die beiden Grundstücke an einen Interessenten, bei dem es sich offensichtlich um den Restaurateur Louis Goldschmidt handelte, weiterzuverkaufen. Trotz der mehrfachen Ablehnung der diversen Wiederaufbauplanungen im Umfange der alten Gebäude durch die Stadt Köln erwarb Louis Goldschmidt die Grundstücke einschließlich der Planung von Hans Schulten, machte aber dann zur Bedingung, dass sein Neffe Helmut Goldschmidt an der Überarbeitung der Pläne und der Ausführungsplanung partnerschaftlich beteiligt wird. Daraus entstand die Arbeitsgemeinschaft Schulten und Goldschmidt, deren überarbeitete Planung Mitte November 1950 ebenfalls abgelehnt wurde, was schließlich zur Auflösung dieser AG führte. Ende Dezember 1950 konnte Helmut Goldschmidt Skizzen zu einem völligen Neubau vorlegen, die dann die Grundlage zu dem später genehmigten und realisierten Projekt, einem Mehrfamilienhaus mit 16 Wohneinheiten und dem Gaststättenbetrieb „Moulin Rouge", bildeten. Dieser bestand aus einer Tagesschänke mit Restaurationsbetrieb und dann den dahinterliegenden Etablissements für die Nacht: Bar und Kabarett mit rund 70 Plätzen. Der Keller diente dem männlichen Sport, dem Boxen und vor allem dem Kegeln.

LITERATUR:
- Kölnische Rundschau vom 17.8.1951 (Richtfest)
- Rheinische Zeitung vom 17.8.51 (Richtfest), 22.12.51 (Einweihung)
- Oswald Mathias Ungers. Architektur 1991–1998. Stuttgart 1998, S. 240

Neuehrenfeld, Eisheiligenstr. 48
Mehrfamilienhaus
Bj.: 1950–52
Bh.: Helmar Metzen (Inhaber einer Firma für Rohrleitungsbau u. Kühl- und Pumpenanlagen)
Architekturbüro: Helmut Goldschmidt und Goldschmidt Steffens Ungers

Das Haus Eisheiligenstr. 48 kurz nach der Fertigstellung. Foto: Archiv Helmut Goldschmidt

Altstadt, Brüderstr. 19
Büro- und Geschäftshaus
Bj.: 1951/52
Bh.: Herbert Thomassen (Inhaber gleichnamigen Gardinengeschäftes)
Architekturbüro: Goldschmidt Steffens Ungers
Bauunternehmung: Richard Rehfus

Das rückwärtig mit dem von Helmut Goldschmidt gebauten Haus Schildergasse 106–108 verbundene Gebäude stellte überwiegend eine Erweiterung der Verkaufsflächen des Ladens an der Schildergasse dar. In ihnen befanden sich Schauräume des Geschäftes sowie eine Wohnung. Das viergeschossige Haus mit Staffelgeschoss wurde 1957/58 im Rahmen der Errichtung des Opernhauses von Helmut Goldschmidt für Maria Täterow als Bauherrin um zwei Geschosse aufgestockt, wobei das Staffelgeschoss in Angleichung an die bisherige Fassade vorgezogen und die beiden neuen Geschosse in einer flächigen Struktur davon unabhängig entwickelt wurden.

Lindenthal, Gleueler Str. 111–113
Mehrfamilienhaus
Bj.: 1951/52
Bh.: Jakob Grein (Inhaber eines Dachdeckergeschäftes)
Architekturbüro: Goldschmidt Steffens Ungers

Es handelt sich um den Wiederaufbau eines bis auf die Außenmauern zerstörten Hauses, bei dem der Bereich ab dem zweiten Obergeschoss komplett neu errichtet wurde.

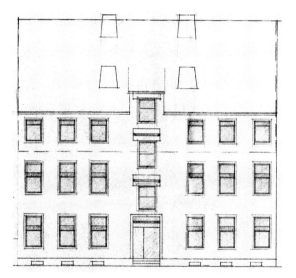

Altstadt, Severinstr. 97
Wohn- und Geschäftshaus
Bj.: 1951/52
Bh.: Sally Kessler (Inhaber gleichnamiger Textilwarenhandlung und Stadtverordneter)
Architekturbüro: Goldschmidt Steffens Ungers (?)

oben links: Rückseitige Ansicht des Hauses Brüderstr. 19 in den 1950er Jahren. Foto: Archiv Helmut Goldschmidt

oben Mitte: Das Haus Gleueler Str. 111–113 in den 1980er Jahren. Foto: Helmut Goldschmidt

oben rechts: Straßenansicht des Hauses Brüderstr. 19 in den 1950er Jahren. Foto: Archiv Helmut Goldschmidt

links: Wiederaufbauplan des Hauses Gleueler Str. 111–113. Abb.: Archiv Helmut Goldschmidt

Braunsfeld, Raschdorffstr. 12
Dreifamilienhaus
Bj.: 1952/53
Bh.: Moritz Goldschmidt
Architekturbüro: Goldschmidt + Ungers

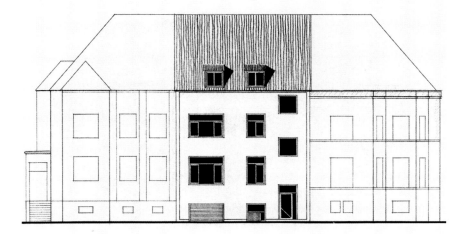

Wiederaufbauplan zum Haus Raschdorffstr. 12 vom Februar 1953. Abb.: Archiv Helmut Goldschmidt

Die im Krieg bis zur Souterraindecke ausgebrannte, um 1910 gebaute Villa (Teil der Häuserzeile Raschdorffstr. 10–14) sollte vom damaligen Eigentümer, der das Haus während des „Dritten Reiches" im Rahmen der Arisierung erworben hatte, schon 1946 im alten Stil wiederaufgebaut werden. Als zu Beginn der 1950er Jahre das ursprünglich jüdischen Eigentum an die rechtmäßigen Eigentümer beziehungsweise deren Rechtsnachfolger rückübertragen wurde, erwarb der Vater von Helmut Goldschmidt im Jahre 1952 die Immobilie. Das Büro Goldschmidt + Ungers baute dann das Haus unter Verwendung der Ruine zu einem Dreifamilienhaus wieder auf, wobei dieses durch das Abschlagen der Stuckfassade weitgehend das Aussehen eines Neubaus erhielt. Seit Ende der 1950er Jahre war für mehrere Jahre auch Helmut Goldschmidt Eigentümer dieses Hauses. Das Haus machte 2003/04 Schlagzeilen in der Presse, weil sein damaliger Eigentümer wegen des vor seinem Haus in Erinnerung an das Schicksal des hier einst wohnenden und ermordeten jüdischen Fabrikantenehepaares Martha und Dr. Richard Katzenstein installierten „Stolpersteine" des Künstlers Gunter Demnig Klage gegen die Stadt Köln eingereicht hatte. Angesichts der Androhung, bis zum Verfassungsgericht gehen zu wollen, wurde kurz vor Prozessbeginn außergerichtlich ein Kompromiss gefunden, der die Verlegung der Steine etwas weiter im Straßenbereich zur Folge hatte.

LITERATUR:
- Kölner Stadt-Anzeiger vom 24.7.2003, 12.11.2003, 28.1.2004
- Kölnische Rundschau vom 12.11.2003, 28.1.2004

Dünnwald, Oderweg
Einfamilienhaus
Bj.: 1952/53
Architekturbüro: Goldschmidt + Ungers
Mitarbeiter: Rolf Hahn u. Otto Bosbach

Für die Bauherren, ein älteres kinderloses Ehepaar, wurde ein ebenerdiges Haus entworfen mit einer von der Eingangsseite aus dreiteiligen Struktur: einem Mitteltrakt (technischer Teil des Hauses) mit Nasszellen, Küche, Diele und Essplatz, rechts davon ein länglicher Wohnraum und links von der Mittelachse der Schlaftrakt. Helmut Goldschmidt führt in seinem Werkverzeichnis dieses Haus nicht auf und hat sich in Gesprächen von dieser Architektur distanziert, an der er als Entwerfer nicht beteiligt gewesen war. Nach seinen Aussagen haben sich die Bauherren darin nie wohlgefühlt und aus diesem Grunde auch das Haus später abbrechen lassen.

LITERATUR:
- Baukunst und Werkform, Jg. 6, 1953, S. 409–412
- Heinrich Klotz (Einl.): O. M. Ungers, 1951–1984, Bauten und Projekte. Braunschweig, Wiesbaden 1985; S. 37
- Oswald Mathias Ungers. Architektur 1991–1998. Stuttgart 1998, S. 240

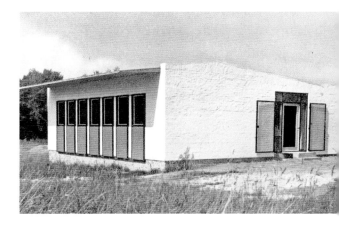

Das Einfamilienhaus am Oderweg. Abb. aus: Baukunst und Werkform, 1953

KÖLNER BAUTEN   HELMUT GOLDSCHMIDT

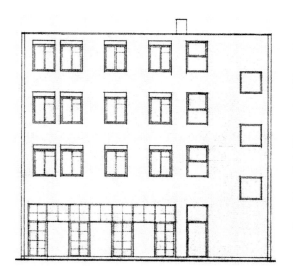 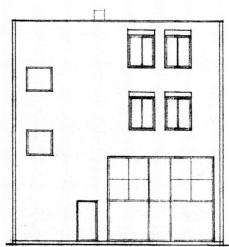 

Altstadt, Mühlenbach 8–10/ Georgstr. 5
Wohn- und Geschäftshäuser
Bj.: 1952–54
Bh.: Wilhelm Müller (Inhaber eines Möbellagers)
Architekturbüro: Goldschmidt + Ungers

Die ersten Planungen zu den beiden hofseitig durch eine komplette Überbauung miteinander verbundenen Häusern, die im erdgeschossigen und rückwärtigen Bereich ein Möbelgeschäft aufnehmen sollten, datieren vom Juli 1952. Im selben Monat wurde in der Georgstraße – allerdings ohne Baugenehmigung – mit dem Bau begonnen. Von dem am Mühlenbach projektierten Haus sollte dagegen zunächst nur das Erdgeschoss errichtet werden. Beide Häuser waren in der ersten Planung als kubische Bauten mit Flachdach vorgesehen. In einer abgeänderten Planung vom Februar 1954, die sehr an das Haus Hültzstr. 10 erinnert, erhielten sie Satteldächer und waren insgesamt ruhiger gestaltet. Doch auch dieser Bauantrag wurde seitens der Stadt nicht genehmigt, weil offensichtlich noch Unstimmigkeiten über das zukünftige Aussehen der Straßenzüge und deren Baufluchten bestanden. Wegen Unstimmigkeiten wurde spätestens im September 1954 das Vertragsverhältnis zwischen dem Bauherren und den Architekten aufgelöst. Die Planung übernahm ab dann der Architekt Karl-Heinz Nitsche, der das Haus in der Georgstraße und den Erdgeschossbereich am Mühlenbach im Jahre 1956 – mit genehmigter Planung – in gänzlich anderer Form fertigstellen konnte. Die übrigen Geschosse am Mühlenbach wurden 1965–67 nach den Entwürfen von Franz und Franz-Josef Leisten errichtet.

Neustadt, Riehler Str. 63–65
Mehrfamilienhaus
Bj.: 1952–54
Bh.: Wohnbaugesellschaft Riehler Str. 63–65 m.b.H.
Architekturbüro: Goldschmidt + Ungers
Bauunternehmung: Richard Rehfus

Der jüdische Eigentümer des im Krieg zerstörten Mehrfamilienhauses Riehler Str. 63, Adolf Juda, war 1937 zum Verkauf der Immobilie gezwungen. Der neue Eigentümer, dem das Grundstück mit der Ruine auch noch in den ersten Nachkriegs-

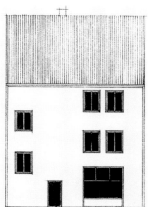

oben links: Erster Entwurf zum Haus Mühlenbach 8–10. Abb.: Archiv Helmut Goldschmidt

oben Mitte: Erster Entwurf zum Haus Georgstr. 5. Abb.: Archiv Helmut Goldschmidt

oben rechts: Zur Ausführung bestimmter Entwurf zum Haus Mühlenbach 8–10. Abb.: Archiv Helmut Goldschmidt

Mitte: Zur Ausführung bestimmter Entwurf zum Haus Georgstr. 5. Abb.: Archiv Helmut Goldschmidt

links: Die Baustelle des Hauses Georgstr. 5. Foto: Archiv Helmut Goldschmidt

Fassadenzeichnung des Hauses Riehler Str. 63–65. Abb.: Archiv Helmut Goldschmidt

Das Haus Riehler Str. 63–65 kurz nach der Fertigstellung. Foto: Archiv Helmut Goldschmidt

Die Mehrfamilienhausbebauung Balthasarstr. 91–95/Hülchrather Str. 1. Foto: Wolfram Hagspiel (2009)

mit 20 Eigentumswohnungen wurde seitens der Stadt wegen grober Verstöße gegen die Bauordnung und sonstige Bestimmungen abgelehnt, in einer stark überarbeiteten Variante aber dann im Juli 1953 genehmigt.

Neustadt, Balthasarstr. 91–95/ Hülchrather Str. 1
Mehrfamilienhäuser
Bj.: 1952–54
Bh.: Wohnbaugesellschaft m.b.H.
Architekturbüro: Goldschmidt + Ungers
Bauunternehmung: Richard Rehfus

Fünfgeschossige Wohnbebauung als reiner Mauerwerksbau, der in der ersten Planung eine Abschrägung an der Straßenecke zeigen sollte.

Sülz, Zülpicher Str. 174–176/ Universitätsstr. 25/Kerpener Str. 1–1a
Wohn- und Geschäftshausbebauung mit Eigentumswohnungen
Bj.: 1952–54
Bh.: Wohnungsbaugesellschaft Zülpicher Straße/Universitätsstraße/Kerpener Straße
Architekturbüro: Goldschmidt + Ungers

jahren gehörte, war 1951 nicht in der Lage und vielleicht auch nicht willens, die Enttrümmerung des Grundstücks zu finanzieren. Im Rahmen der bald danach erfolgten Rückerstattung an den ursprünglichen Eigentümer wurde das Grundstück von diesem zu Ende des Jahres 1952 an die von Helmut Goldschmidt gegründete Wohnbaugesellschaft Riehler Str. 63–65 m.b.H. veräußert, die gleichzeitig auch das Nachbargrundstück Riehler Str. 65 erworben hatte. Die erste, noch von 1952 datierende Planung zu einem Mehrfamilienhaus

Lindenthal, Theresienstraße 25
Haus Goldschmidt
Bj.: 1953/54
Bh.: Helmut Goldschmidt
Architekturbüro: Goldschmidt + Ungers
Statiker: Richard Bartsch u. Werner Heinrich Forthmann

Die ausgebrannte Ruine des ehemaligen, in den frühen 1890er Jahren errichteten Einfamilienhauses, das mit dem Haus Nr. 27 einst eine Doppelvilla darstellte, wurde zu Beginn der 1950er Jahre von Helmut Goldschmidt zwecks Wiederaufbau zum eigenen Wohnhaus erworben. Noch Ende Dezember 1949 war der Abbruch des stra-

oben: Die Wohn- und Geschäftshausbebauung an der Universitätsstraße. Foto: Wolfram Hagspiel (2009)

Mitte links: Das Haus Theresienstr. 25 kurz nach der Fertigstellung. Foto: Helmut Goldschmidt

unten links: Blick in die Wohnhalle des Hauses Theresienstr. 25. Foto: Helmut Goldschmidt

unten Mitte: Gartenseitige Ansicht des Hauses Theresienstr. 25. Foto: Helmut Goldschmidt

Die erste Wiederaufbauplanung zum Haus Theresienstr. 25. Abb.: Archiv Helmut Goldschmidt

oben: Gartenansicht des Hauses Wilhelm Camps kurz nach der Fertigstellung. Foto: Archiv Helmut Goldschmidt

Mitte: Straßenansicht des Hauses Wilhelm Camps. Foto aus: Baukunst und Werkform, 1954, S. 415

ßenseitigen Giebels wegen Einsturzgefahr erfolgt. In der ersten Planung des Büros Goldschmidt + Ungers sollte die Fassade mit ihren reichen Gliederungen komplett erhalten bleiben, realisiert wurde jedoch eine glatte Verputzung nach Abschlagung aller Stuckelemente – die damals beliebteste Variante. Auch wenn Helmut Goldschmidt das Haus zunächst mit seiner Familie alleine bewohnte, so hatte er es als Zweifamilienhaus konzipiert, bei dem die beiden Wohnungen eine gemeinsam genutzte große Wohnhalle mit Treppe zum Obergeschoss besaßen.

Altstadt, Humboldtstr. 46
Mehrfamilienhaus
Bj.: 1953–55
Bh.: Maria Täterow (Kauffrau)
Architekturbüro: Goldschmidt + Ungers und Helmut Goldschmidt
Statiker: Ernst Rudolf Kahn

Die ursprünglichen Eigentümer des Grundstücks wollten noch im Jahre 1952 die auf dem Grundstück befindliche Ruine für den Wiederaufbau nutzen, wurden aber seitens der Stadt gezwungen, diese gänzlich abzubrechen. Die neue Eigentümerin errichtete daraufhin ein Mehrfamilienhaus im Rahmen des sozialen Wohnungsbaus, ein Stahlbetonskelettbau, weiß-grau eingeschlämmt, mit Verblendungen der Brüstungen mit roten Spaltklinkern im Prüssverband. Insgesamt entstanden neun Dreiraumwohnungen mit straßenseitigem Wohnzimmer und rückwärtig mit Schlafraum und Küche. Durch einen späteren Dachaufbau wurde das Haus in seiner kubischen Wirkung stark beeinträchtigt.

Müngersdorf, Belvederestr. 100–102
Einfamilienhaus
Bj: 1953/54
Bh.: Wilhelm Camps (Inhaber gleichnamiger Fleischwarenfabrik und Fleischimportfirma)
Architekturbüro: Goldschmidt + Ungers
Mitarbeiter: Günter Frank, Otto Bosbach
Bauunternehmung: Josef Kortlang u. Söhne GmbH

Der Wunsch der Bauherren, einem jungen Ehepaar mit drei kleinen Kindern, war ein repräsentatives Haus mit der Eignung für größere private und geschäftliche Treffen. Entstanden war ein Wohnhaus mit Garage, Schwimmbad und Terras-

unten links: Straßenansicht des Hauses Humboldtstr. 46 kurz nach der Fertigstellung. Foto: Archiv Helmut Goldschmidt

unten rechts: Hofansicht des Hauses Humboldtstr. 46 kurz nach der Fertigstellung. Foto: Archiv Helmut Goldschmidt

se sowie kompletter, weitgehend vom Büro Goldschmidt + Ungers entworfener Inneneinrichtung. Bei weitgehend offenen Grundrissen mit ineinanderfließenden Zimmern gab es lediglich eine Trennung zu den abgeschlossenen Schlafräumen. In der Zeitschrift Baukunst und Werkform heißt es unter anderem: *„Man betritt das Haus in einer großen Eingangshalle, die sich im Erdgeschoß durch den Wohnraum auf eine überdeckte Terrasse fortsetzt und im Obergeschoß den Kinderspielplatz bildet, der auf eine offene Terrasse führt. Diese wird durch eine dicke Mauer begrenzt. Die einzelnen Räume sind großzügig miteinander verbunden, können aber durch einfache Schiebewände abgeschlossen werden, so daß der Arbeitsraum, der Wohnraum, der hauptsächlich der Raum der Hausfrau sein soll, und der Eßraum voneinander unabhängig sind. Dem Arbeitsraum ist nochmals eine Terrasse mit einer weit ausladenden Markise vorgelagert. Im Obergeschoß sind die Schlafräume, sowohl die der Eltern mit Ankleide und Bad, als auch die der Kinder, die in der Halle und auf der Terrasse ihren Spiel- und später ihren Arbeitsplatz haben. Das Haus ist zur Straße durch die Garage und einen Bretterzaun mit quergestellten Brettern abgeschlossen. So ist ein Küchenhof vor der Küche und ein kleiner Innenhof gebildet worden."* Hervorzuheben als wesentlicher Teil des baukünstlerischen Konzeptes sind auch die Kontraste der Materialien und die Farbigkeit. Über einem Sockel in Sichtbeton erhebt sich das zweimal weiß geschlämmte Ziegelmauerwerk mit sichtbar gelassenen Fensterstürzen in Fertigbeton. Gelb ist die Verklinkerung des Kamins, dunkelblau sind die Garagentore und der Holzzaun, mit farbigen Unterbrechungen die weitgehend grün gehaltene Verbretterung der balkonartigen Terrasse. Einem noch kräftigerem Farbkonzept folgt die Innenraumgestaltung.

LITERATUR:
- L'architecture d'aujourd'hui, 1954, H. 9, S. 53, 81
- Martin Kieren: Berühmte Lehrer – berühmte Schüler. Egon Eiermann und Oswald Mathias Ungers. In: Bauwelt, Jg. 85, 1994, S. 2132–2135
- Die Kunst und das schöne Heim, Jg. 54, 1955/56, S. 192–195
- Baukunst und Werkform, Jg. 7, 1954, S. 415–421

Das Haus Kaiser-Wilhelm-Ring 10 kurz nach der Fertigstellung. Foto: Archiv Helmut Goldschmidt

Neustadt, Kaiser-Wilhelm-Ring 10/ Gereonshof
Wohn- und Geschäftshaus
Bj.: 1953/54
Bh.: Maria Bäcker-Frey (Kauffrau)
Architekturbüro: Goldschmidt + Ungers

Eigentümer des im Krieg zerstörten Wohn- und Geschäftshauses an gleicher Stelle war Carl Bäcker, der hier eine Tabakwarenhandlung betrieb. Auf ausdrückliches Anraten von Helmut Goldschmidt, der der verwitweten Ehefrau von Carl Bäcker auch das Finanzierungskonzept erarbeitete, wagte diese – mit dem Grundstück als einzigem Kapital – den Neubau, ein in Stahlbetonskelettbauweise mit Fertigteilen (H-Elementen) errichtetes Mehrfamilienhaus mit 14 Wohnungen und zwei Ladenlokalen. In diesem Haus hatte über Jahre auch Helmut Goldschmidt sein Büro.

LITERATUR:
- Martin Kieren: Berühmte Lehrer – berühmte Schüler. Egon Eiermann und Oswald Mathias Ungers. In: Bauwelt, Jg. 85, 1994, S. 2132–2135

Entwurfsplan zum Haus Eisheiligenstr. 15. Abb.: Archiv Helmut Goldschmidt

rechts: Das Haus Venloer Str. 196 in den 1980er Jahren. Foto: Helmut Goldschmidt

Neuehrenfeld, Eisheiligenstr. 15
Mehrfamilienhaus
Bj.: 1953–56
Bh.: Hubertine Veiler (Ehefrau des Bauingenieurs Willi Veiler)
Architekturbüro: Goldschmidt + Ungers
Bauunternehmung: Richard Rehfus

Die Planungen zu dem Sechsfamilienhaus mit Garagen im Kellergeschoss, das sich in seiner Gestaltung der Nachbarbebauung anpassen musste, gehen zurück auf das Jahr 1953. Im Januar 1954 wurde der Bauantrag von dem Büro Goldschmidt + Ungers eingereicht. Nachgereichte Pläne vom 25.6.1954 sind dagegen von dem Büro Helmut Goldschmidt abgestempelt. Die Gebrauchsabnahme war im Februar 1957.

Ehrenfeld, Venloer Str. 196/ Franz-Geuer-Straße
Wohn- und Geschäftshaus
Bj.: 1953–58
Bh.: Wilhelm Meinardus (Inhaber der Hauptagentur Köln-Nord der Kölnischen Rundschau)
Architekturbüro: Goldschmidt + Ungers und Helmut Goldschmidt
Bauleiter: Otto Bosbach
Statiker: Ernst Rudolf Kahn
Bauunternehmung: Max August Breuer

Im Jahre 1951 wurde von dem damaligen Eigentümer die Ruine des Hauses bis auf den Keller abgetragen. Zwei Jahre später beauftragte Wilhelm Meinardus als neuer Eigentümer Helmut Goldschmidt mit der Planung zu einem Wohn- und Ge-

Entwurfsplan vom Januar 1955 zum Haus Venloer Str. 196. Abb.: Archiv Helmut Goldschmidt

schäftshaus. Verhängnisvoll war jedoch der Beschluss der Städtebaukonferenz, für dieses vor dem Krieg zu 100% überbaute Grundstück in einem Teilbereich an der Venloer Straße nur eine zweigeschossige Bebauung mit Flachdach zu genehmigen. Nach langen harten Verhandlungen wurde hier eine Dreigeschossigkeit mit Satteldach zugelassen. Diese dann genehmigte Planung stellt auch eine völlige Abkehr von dem ersten, sehr konventionellen Entwurf dar. Ursprünglich besaß das Haus dunkle Fenster, die ein großes quadratisches Feld und einen schmalen Streifen zeigten, der horizontal in der Mitte geteilt war.

Braunsfeld, Wiethasestr. 58/ Hermann-Pflaume Straße
Bj.: 1954
Bh.: Wohnungsbaugesellschaft Wiethasestr. 58 m.b.H.
Architekturbüro: Goldschmidt + Ungers

Von dem 1919/20 für Sally Löwenberg errichteten Mehrfamilienhaus waren nach dem Krieg nur noch die Außenmauern übrig geblieben. 1953 gab es seitens der Stadt eine an den damaligen Eigentümer gerichtete Abbruchverfügung, die Ruine des Hauses, in deren Kellern noch notdürftig Menschen lebten, wegen Einsturzgefahr bis zur Oberkante des Erdgeschosses abzubrechen. Mit Hinweis auf das sich ankündigende Verfahren der Rückerstattung des Hauses über die „Jewish Trust Corporation Mülheim/Ruhr" an die ursprünglichen Eigentümer weigerte sich der Noch-Eigentümer irgendwelche Maßnahmen zu ergreifen. Zu Beginn des Jahres 1954 war Helmut Goldschmidt Eigentümer der Immobilie, der auch sofort mit Sicherungsmaßnahmen begann. Sein Konzept war eine Wiederherstellung des Hauses in modernen Formen unter Verwendung der Ruine. An Stelle der ehemaligen Mansardendachkonstruktion sollte das dritte Obergeschoss als Vollgeschoss ausgebaut werden. Projektiert war der Wiederaufbau mit insgesamt zwölf Eigentumswohnungen.

Das wiederaufgebaute Haus Wiethasestr. 58 im Jahr 1954. Foto: Archiv Helmut Goldschmidt

links: Die Ruine des Hauses Wiethasestr. 58. Foto: Archiv Helmut Goldschmidt

LITERATUR:
- Wolfram Hagspiel: Bauten und Architekten in Braunsfeld von 1900 bis zur Gegenwart. In: Max-Leo Schwering: Köln: Braunsfeld – Melaten. Köln 2004, S. 271–336

Ehrenfeld, Subbelrather Str. 15/ Innere Kanalstraße
Israelische Mission
Planung: 1954
Architekturbüro: Goldschmidt + Ungers mit Munio Weinraub + Alfred Mansfeld (Israel)

Die zusammen mit den beiden israelischen Bauhausschülern durchgeführte Planung, mit der überwiegend Oswald Mathias Ungers beschäftigt war, ist nicht überliefert. Offensichtlich durch das Ausscheiden von Ungers aus dem Büro ging der Auftrag an den Architekten Hanns Koerfer, der die heute nicht mehr existenten Bauten der Mission 1955/56 errichtete.

Lindenthal, Virchowstr. 5–7
Mehrfamilienhaus
Bj.:   1954/55
Bh.: Moritz Goldschmidt
Architekturbüro: Helmut Goldschmidt
Statiker: Ernst Rudolf Kahn

Für den Bau des Sechsfamilienhauses, dessen Bauherr der Vater von Helmut Goldschmidt war, der hier auch mit seiner Frau lebte, wurden zwei ursprünglich getrennte, einst mit einer Doppelvilla von 1904/05 bebauten Grundstücke zusammengezogen.

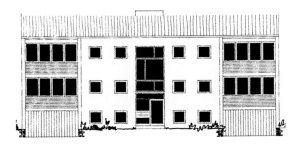

Entwurfsplan zum Haus Virchowstr. 5-7. Abb.: Archiv Helmut Goldschmidt

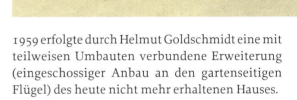

links: Das Haus Gutenbergstr. 40–42 in den 1980er Jahren. Foto: Helmut Goldschmidt

rechts: Grundriss des Hauses Spangenberg. Abb.: Archiv Helmut Goldschmidt

Ehrenfeld, Gutenbergstr. 40–42
Wohn- und Geschäftshaus
Bj.: 1954/55
Bh.: Mathias Kropmanns (Kaufmann)
Architekturbüro: Helmut Goldschmidt

Junkersdorf, Steyrer Weg 3/Donauweg
Einfamilienhaus
Bj.: 1954/55
Bh.: Alfred Spangenberg (Ingenieur)
Architekturbüro: Helmut Goldschmidt

Straßenansicht des Hauses Spangenberg im Jahr 1955. Foto: Archiv Helmut Goldschmidt

Gartenansicht des Hauses Spangenberg im Jahr 1955. Foto: Archiv Helmut Goldschmidt

1959 erfolgte durch Helmut Goldschmidt eine mit teilweisen Umbauten verbundene Erweiterung (eingeschossiger Anbau an den gartenseitigen Flügel) des heute nicht mehr erhaltenen Hauses.

Neustadt, Wevelinghovener Str. 12–20
Mehrfamilienhäuser
Bj.: 1954–56
Bh.: Wohnungsbaugesellschaft Wevelinghovener Str. m.b.H.
Architekturbüro: Goldschmidt + Ungers und Helmut Goldschmidt
Bauunternehmung: Richard Rehfus

Es handelt sich um eine Mehrfamilienhausbebauung mit Eigentumswohnungen, bei der aus Gründen einer besseren Besonnung die Häuser in der Zeile versetzt angeordnet wurden. Den ersten Planungen nach sollten die verputzten Fassaden mit den natürlich belassenen Fenstern und dem Rot der Tonziegeln des Daches kontrastieren. Rückseitig waren die Loggien und der Sockel in Sichtbeton gedacht. Der Baubeginn bei den fünf Häusern war erst nach dem Ausscheiden von Oswald Mathias Ungers aus dem Büro.

KÖLNER BAUTEN HELMUT GOLDSCHMIDT

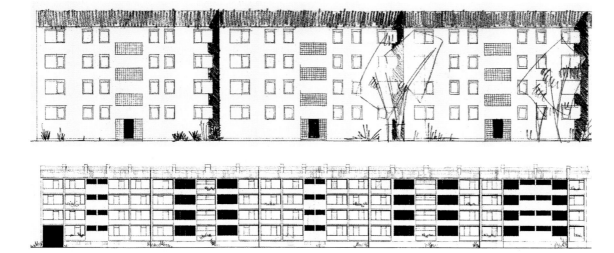

Plan mit der Straßenansicht der Häuser Wevelinghovener Str. 12–20 vom 1.4.1954
Abb.: Archiv Helmut Goldschmidt

Plan mit der Gartenansicht der Häuser Wevelinghovener Str. 12–20 vom 2.5.1954.
Abb.: Archiv Helmut Goldschmidt

Altstadt, Zeppelinstr. 9/Am Alten Posthof
Wohn-, Büro- und Geschäftshaus Lobbenberg, Blumenau u. Ganz
Bj.: 1954–56
Bh.: Therese Ganz (London) und Hans Blumenau (London)
Architekturbüro: Helmut Goldschmidt

Der von Helmut Goldschmidt geplante Bau ist ein Teil des im Krieg teilweise stark zerstörten, in Bereichen dann aber nach der Währungsreform im ursprünglichen Sinne wiederhergestellten „Olivandenhofes", der 1912–14 nach den Entwürfen von Hermann Eberhard Pflaume für die Max Lobbenberg sowie Emil und Hans Blumenau gehörenden Firma Lobbenberg & Blumenau errichtet wurde. Bis zur „Arisierung" während des „Dritten Reiches" befanden sich in dem Haus unter anderem die Miederwarenfabrik Lobbenberg & Blumenau und die M. Lengenfeld'sche Buchhandlung A. Ganz. Helmut Goldschmidt setzte mit der Schließung der totalzerstörten Ecke einen bewusst modernen Akzent. 1957 befanden sich in dem Haus neben einer Wohnung und einer Arztpraxis die Ski-Mieder-Fabrik Wendling & Co. und das Damenmodengeschäft Joppich. In den Jahren nach 1983 kam es nach dem Verkauf der Immobilie zum gänzlichen Abbruch des Gebäudetraktes von Helmut Goldschmidt und zum Abbruch des alten „Olivandenhofes" bis auf die Außenmauern. Unter Verwendung der erhalten gebliebenen Bau-

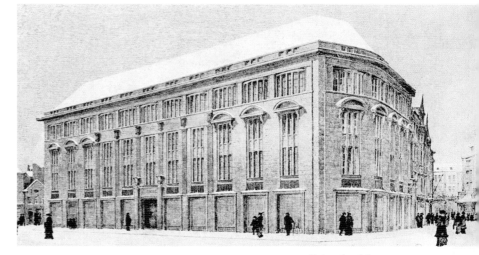

Entwurfszeichnung zum „Olivandenhof" von Hermann Pflaume aus dem Jahr 1912.
Abb. aus: Neuere Arbeiten des Herrn Architekten B.D.A. Hermann Pflaume. Berlin o. J. (um 1914)

Die modern wiederaufgebaute Ecke vom „Olivandenhof" in den 1950er Jahren. Foto: Archiv Helmut Goldschmidt

substanz entstand auf dem Areal und auf dem Gelände des ehemaligen Geschäftshauses Schürmann beziehungsweise später May nach den Entwürfen des Architekturbüros HPP ein Einkaufszentrum, bei dem der ehemalige „Olivandenhof" in Bezug auf seine Außenfassade weitgehend original rekonstruiert wurde.

Weidenpesch, Neusser Str. 573/ Schmiedegasse
Umbau und Erweiterung Wohn- und Geschäftshaus
Bj.: 1954–59
Bh.: Heinz Falderbaum (Verwaltungsangestellter i.R.)
Architekturbüro: Helmut Goldschmidt

Die sich über mehrere Jahre hingezogene Baumaßnahme umfasste den Wiederaufbau des im Krieg teilzerstörten Eckhauses und eine Erweiterung auf einem bisher unbebauten Grundstück an der Neusser Straße. In diesem Rahmen wurde der Altbau gestalterisch dem Neubautrakt angepasst.

rechts: Detail des Hauses Neusser Str. 573 vor der Umgestaltung. Foto: Archiv Helmut Goldschmidt

Umbauplanung des Hauses Neusser Str. 573. Abb.: Archiv Helmut Goldschmidt

Braunsfeld, Hültzstr. 6–8
Bürohaus der Kleiderfabrik „Jobi"
Bj.: 1955/56
Bh.: Josef Zahler (Kaufmann)
Architekturbüro: Helmut Goldschmidt

Rückseite des Hauses Hültzstr. 6–8. Foto: Archiv Helmut Goldschmidt

Das Haus Hültzstr. 6–8 mit dem Haus Nr. 10 im Hintergrund. Foto: Archiv Helmut Goldschmidt

Das Haus war im November 1955 als Mehrfamilienhaus mit insgesamt 21 Wohnungen und einer Hausmeisterwohnung geplant, wurde dann aber als Bürohaus für die Verwaltung der Kleiderfabrik „Jobi" errichtet, dem rückwärtig ein Trakt zur Vorführung der neuesten Modelle angegliedert war.

LITERATUR:
- Wolfram Hagspiel: Bauten und Architekten in Braunsfeld von 1900 bis zur Gegenwart. In: Max-Leo Schwering: Köln: Braunsfeld – Melaten. Köln 2004, S. 271-336

Neustadt, Neusser Wall 13/ Niehler Straße
Wohn- und Geschäftshaus
Bj.: 1955-57
Bh.: Martha Büchel (Kauffrau)
Bauunternehmung: Robert Utsch
Architekturbüro: Helmut Goldschmidt

Das Mehrfamilienhaus mit einem Ladenlokal in einem Teil des Erdgeschosses und einem später erweiterten Anbau an der Niehler Straße war ursprünglich konzipiert mit einer Verputzung des sichtbar konstruktiven Gerüstes von Stützen und Decken, bei dem die Wandflächen an der Niehler Straße verklinkert werden sollten, während die Flächen am Neusser Wall mit einem farbigen Putz gedacht waren. Die dort angebrachten Balkone sollten Eisenstabgeländer, Blechverkleidungen und Blumenkästen erhalten.

Niehl, Nesselrodestr. 32-36/ Amsterdamer Str. 233-237, 239-243 u. 245-249/Pohlmannstraße
Mehrfamilienhausbebauung
Bj.: 1955-58
Bh.: Wohnungsbaugesellschaft Amsterdamer Straße/Nesselrodestraße m.b.H.
Architekturbüro: Helmut Goldschmidt

Blick in den Vorführraum im Haus Hültzstr. 6-8. Foto: Archiv Helmut Goldschmidt

Die insgesamt vier Mehrfamilienhauszeilen von unterschiedlicher Länge und mit unterschiedlich großen Eigentumswohnungen sind in klassischer Zeilenbauweise angeordnet. Zur Amsterdamer Straße liegen die Schmalseiten der mit ihren Rückfronten nach Süden orientierten Häuser. Zwischen den Zeilen angeordnete Garagenzeilen schotten die Gartengrundstücke von der Hauptverkehrsstraße ab.

Entwurfszeichnung zur Bebauung an der Amsterdamer Straße vom 5.8.1955. Abb.: Archiv Helmut Goldschmidt

Entwurfszeichnung zur Bebauung an der Amsterdamer Straße (Rückseite). Abb.: Archiv Helmut Goldschmidt

Braunsfeld, Hültzstr. 9
Dreifamilienhaus
Bj.: 1956/57
Bh.: Leo Sachs (Inhaber einer Textilwarengroßhandlung)
Architekturbüro: Helmut Goldschmidt

Die erste Planung vom 7.11.1956 sah eine Abwalmung des Daches an der Schmalseite sowie eine Verzahnung der Balkonanlage an der straßensei-

Entwurfszeichnung zum Haus Neusser Wall 13. Abb.: Archiv Helmut Goldschmidt

links: Das Haus Hültzstr. 9 in den 1950er Jahren. Foto: Archiv Helmut Goldschmidt

rechts: Das Haus Vogteistr. 2. Foto: Wolfram Hagspiel (2009)

tigen Fassade vor. Die realisierte Planung datiert vom 18.1.1957. Das Haus steht mit seiner strengen Gestaltung ganz in der Tradition der Bauten des Büros Goldschmidt + Ungers.

LITERATUR:
- Wolfram Hagspiel: Bauten und Architekten in Braunsfeld von 1900 bis zur Gegenwart. In: Max-Leo Schwering: Köln: Braunsfeld – Melaten. Köln 2004, S. 271–336

Altstadt, Domstr. 22
Hotel mit Tanzbar „Jonny Plum"
Bj.: 1957–59
Bh.: Josef Plum (Gastwirt) und Marlene Plum, geb. Zeininger
Architekturbüro: Helmut Goldschmidt

Bei dem mit einer Tanzbar kombinierten Hotel mit 50 Betten dürfte es sich mit aller Wahrscheinlichkeit um ein Stundenhotel gehandelt haben. Ende 1980 wurde der Bau für die Erweiterung der REWE-Zentrale abgebrochen.

Altstadt, Vogteistr. 2/Plankgasse
Mehrfamilienhaus mit Gaststätte David Lewkowiecz
Bj.: 1957/58 und 1959
Bh.: Henni Frind (Ehefrau des Druckers Willy Frind)
Architekturbüro: Helmut Goldschmidt
Statiker: Ernst Rudolf Kahn
Bauleiter: Ernst Rudolf Kahn

Das Haus mit einer farbig abgesetzten Edelputzfassade wurde in Angleichung an das kurz zuvor errichtete Haus Nr. 4 wiederaufgebaut. Auf dem

Entwurfszeichnung zum Haus Domstr. 22 vom 6.1.1959. Abb.: Archiv Helmut Goldschmidt

später hinzugekauften Grundstück Nr. 6 entstand im Jahre 1959, ebenfalls nach den Entwürfen von Helmut Goldschmidt, das Haus Vogteistr. 6, allerdings nicht als selbstständiges Haus, da dieses aus baurechtlichen Gründen nicht möglich war, sondern als Erweiterung des Hauses Vogteistr. 2–4.

Altstadt, Hahnenstr. 16
Wohn- und Geschäftshaus
Bj.: 1957/58 u. 1961/62
Bh.: Hans Kaspers (Kaufmann)
Architekturbüro: Helmut Goldschmidt
Bauleiter: Willy Garde
Bauunternehmung: Josef Kortlang & Söhne G.m.b.H. (2. Bauabschnitt)

Das in zwei Bauabschnitten errichtete, mit äußerstem Komfort ausgestattete Haus war von der Planungsidee her ein sechsgeschossiger Bau mit zweigeschossiger, weitgehend transparenter Erdgeschosszone (Erd- und Zwischengeschoss) und vier darauffolgenden Wohnetagen, bei denen die beiden mittleren (4. und 5. Geschoss) zu einer Maisonettewohnung zusammengezogen wurden, was deutlich durch die gänzlich anders verschachtelte Fassade in diesem Bereich erkennbar ist. Der Kölner Stadt-Anzeiger bemerkte zu diesem Haus am 11.4.1957: *„Mietwohnhausbau mit Pfiff. Neu für Köln: Zweigeschossige Wohnungen ... Mit einem Einfall besonderer Art – Corbusier und andere Baugestalter haben ihm draußen bereits verwirklicht – wartet jetzt Architekt Helmut Goldschmidt (Köln) auf, der sich in seinem Entwurf für ein Geschäfts- und Wohnhaus in der Hahnenstraße der zwei-*

HELMUT GOLDSCHMIDT

Das Haus Hahnenstr. 16. Foto: Wolfram Hagspiel (2009)

Modell des Hauses Hahnenstr. 16. Foto: Archiv Helmut Goldschmidt

geschossigen Wohnungsgestalt bedient. Durch das Einbeziehen von Loggien und balkonartigen Nischen wirkt die Hausfront sehr plastisch ... Zwei Geschäfte werden das Erd- und Zwischengeschoß beanspruchen. Dem Schaufenster des Zwischenstocks ist eine Passantengalerie vorgesetzt, die man über rechts und links angeordnete Treppenläufe erreicht. Der Erdgeschoßabschnitt wurde als Passage geplant. Die konstruktiven Teile bleiben als Sichtbeton erkennbar. Das plastische Gefüge der Wohnfassade ... erfährt durch farbigen Verputz bzw. durch Mosaikverblendungen eine weitere Betonung ... Die Rückfront ist als Laubenganghaus entwickelt." Realisiert wurde 1957/58 zunächst die rechte Hälfte des Hauses und 1961/62 in einem

Hofseite des Hauses Hahnenstr. 16. Foto: Wolfram Hagspiel (2009)

Das Haus „Minden am Ring" in der Entwurfszeichnung. Abb.: Archiv Helmut Goldschmidt

zweiten Bauabschnitt der linke Teil. Außergewöhnlich für die Zeit war auch die stark farbige Fassade in einem Goldockerton.

LITERATUR:
• Kölner Stadt-Anzeiger vom 11.4.1957

Neustadt, Hohenzollernring 42/ Palmstraße
Wohn- und Geschäftshaus „Minden am Ring"
Bj.:   1957–64
Bh.:   Luigi Casal und Rudi Minden
Architekturbüro: Helmut Goldschmidt
Statiker: Ernst Rudolf Kahn

Das Haus „Minden am Ring" im Jahr 1982. Foto: Helmut Goldschmidt

Im Jahre 1949 stellte der Architekt Wilhelm Hilscher für Luigi Casal und Rudi Minden den Antrag zum Neubau des bis zum Keller im Krieg zerstörten Hauses als Konfektionshaus mit 20 Wohnungen. Von den insgesamt sechs geplanten Geschossen wurden noch im selben Jahr die ersten beiden Geschosse errichtet. Die ersten Nutzer dieses Hauses, das anfänglich gänzlich der Rheinisch-Westfälischen Bank gehörte, waren das Herrenbekleidungsgeschäft Rudi Minden, die Eisdiele Luigi Casal und der Schneider Wilhelm Hambusch. Seit dem Dezember 1957 war Helmut Goldschmidt der Architekt von Rudi Minden, der für ihn zunächst eine Änderung der Schaufensteranlage in eine Passage mit Schaukästen plante, die verbunden war mit der Verlegung des Hauseingangs in die Palmstraße. Ob diese Planung realisiert wurde, lässt sich nicht mehr nachvollziehen. Erst mit dem Übergang des Hauses in das Eigentum von Rudi Minden begann Helmut Goldschmidt mit der schon 1957 angekündigten Planung zum kompletten Umbau und zur Aufstockung des Hauses. Ab August 1961 geplant und bis 1964 ausgeführt, wurden der komplette Umbau der ersten beiden Geschosse, wobei die bis dahin abgeschrägte Ecke zugunsten einer kubischen Gesamtgestaltung des Hauses aufgegeben wurde. Nach einem völlig neuen Entwurf wurde die Aufstockung auf insgesamt sechs Vollgeschosse und ein Staffelgeschoss realisiert. Nach der Aufgabe des renommierten Herrenbekleidungsgeschäftes „Minden am Ring" wurde das Gebäude mehrfach umgenutzt und bis zur Unkenntlichkeit umgebaut und umgestaltet.

Neustadt, Beethovenstr. 23
Wohn- und Geschäftshaus
Bj.:   1958/59
Bh.:   Franz Schäfer (Kaufmann)
Architekturbüro: Helmut Goldschmidt
Statiker: Richard Muck
Bauunternehmung: Gebrüder Pfaff & Comp. GmbH Köln

Das weitgehend klinkerverblendete Wohn- und Geschäftshaus mit Wohnungen in den oberen Etagen und Gewerberäumen im Erdgeschoss sollte ursprünglich eine farbig abgesetzte Edelputzfassade mit Klinkerbändern erhalten.

Stammheim, Stammheimer Ring/ An der Joch
Siedlung der Bayer AG
Bj.: 1959–61
Bh.: Bayer AG Leverkusen
Architekturbüro: Helmut Goldschmidt

Die Siedlung besteht aus einem Wohnhochhaus, Mehrfamilienhäusern und 40 Eigenheimen.

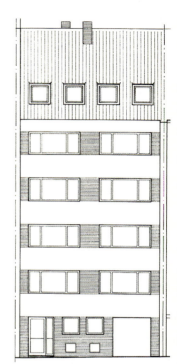

links: Das Haus Beethovenstr. 23. Foto: Wolfram Hagspiel (2009)

rechts: Bauzeichnung zum Haus Beethovenstr. 23. Abb.: Archiv Helmut Goldschmidt

Mitte: Hochhaus in der Stammheimer Siedlung. Foto: Archiv Helmut Goldschmidt

Die Siedlung in Stammheim in den 1960er Jahren. Foto: Archiv Helmut Goldschmidt

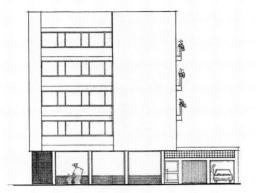

Bauzeichnung zum Haus Domstr. 89. Abb.: Archiv Helmut Goldschmidt

Das Haus Joseph-Stelzmann-Str. 70. Foto: Archiv Helmut Goldschmidt

Altstadt, Domstr. 89/Thürmchenswall
Wohn- und Geschäftshaus
Bj.: 1962–64
Bh.: Oskar Feldmann (Inhaber eines Bekleidungsgeschäftes)
Architekturbüro: Helmut Goldschmidt

Neustadt, Roonstr. 71/Moltkestraße
Wohn- und Geschäftshaus
Bj.: 1964/65
Bh.: Goldschmidt-Wohnungsbau KG
Architekturbüro: Helmut Goldschmidt

In dem Wohn- und Geschäftshaus, in dem Helmut Goldschmidt zeitweise auch sein Architekturbüro betrieb, befanden sich drei Büroetagen, acht Wohnungen und eine Gaststätte.

Das Haus Roonstr. 71. Foto: Archiv Helmut Goldschmidt

Lind, Im Linder Bruch 11–71, 22–64/Sieglarer Str. 1–15, 2–18
Siedlung
Bj.: 1964/65
Architekturbüro: Helmut Goldschmidt

Eigenheimsiedlung mit insgesamt 70 Häusern.

Lindenthal, Joseph-Stelzmann-Str. 70
Mehrfamilienhaus
Bj.: 1965/66
Bh.: Goldschmidt-Wohnungsbau K.G.
Architekturbüro: Helmut Goldschmidt

Im Jahre 1962 plante der Architekt Franz-Josef Bürsgens für die Eheleute Johann Michael Lames auf dem Grundstück ein zweigeschossiges Mehrfamilienhaus mit Staffelgeschoss und Fensterbändern. Zwei Jahre später plante er dann für das Ehepaar Franz Schäfer ein konventionelleres Wohnhaus mit Arzt-Praxis, das statt des Staffelgeschosses ein hohes Satteldach erhalten sollte. Im Oktober 1965 übernahm Helmut Goldschmidt als Architekt und Bauherr den schon begonnenen Bau, ändert ihn äußerlich im Bereich der Fenster und im Bereich des Daches, das jetzt wieder ein Staffelgeschoss erhält, um. Die Wohnungen wurden durch seine Firma als Eigentumswohnungen verkauft.

Neustadt, Erftstr. 6
Mehrfamilienhaus
Bj.: 1965/66
Bh.: Helmut Goldschmidt
Architekturbüro: Helmut Goldschmidt
Statiker: Ernst Rudolf Kahn
Bauunternehmung: Johann Schmitz/
Hürth-Efferen

1948 erfolgte ein Teilabbruch und 1954 der endgültige Abbruch der auf dem Grundstück stehenden Ruine. Neuer Eigentümer war Helmut Goldschmidt, der hier einen sechsgeschossigen Bau mit sieben Eigentumswohnungen errichtete. Die Fassade war weitgehend mit Fliesen verkleidet, die sich in den 1980er Jahren jedoch teilweise lösten.

Lindenthal, Dürener Straße
Wohn- und Geschäftshaus
Bj.: 1966
Bh.: Seidmann
Architekturbüro: Helmut Goldschmidt

Die genaue Adresse des im Werkverzeichnis von Helmut Goldschmidt enthaltenen Hauses ließ sich nicht ermitteln. Das Max Seidmann gehörende Wohn- und Geschäftshaus Dürener Str. 178 wurde 1959–62 nach den Entwürfen von Kurt Eisemuth errichtet.

Lind, Im Linder Bruch 66–68/ Sieglarer Str. 17–51, 20–30
Siedlung
Bj.: 1968–70
Architekturbüro: Helmut Goldschmidt

Eigenheimsiedlung mit insgesamt 26 Bungalows.

Pesch, Heinering/Kleistring/ Kästnerstraße/Franz-Grillparzer-Ring u.a.
Siedlung mit Eigenheimen
Bj.: 1969–74
Architekturbüro: Helmut Goldschmidt

Die Siedlung besteht aus 136 Eigenheimen und 42 Bungalows.

Pesch, Mengenicher Straße/Heinering/ Kleistring
Siedlung mit Eigentumswohnungen
Bj.: 1970–74
Architekturbüro: Helmut Goldschmidt

Seeberg, Balsaminenweg 16
Einfamilienhaus
Bj.: 1972/73
Bh.: Ber Warzager (Maler, Künstler)
Architekturbüro: Helmut Goldschmidt
Statiker: Ernst Rudolf Kahn

Der zuvor im Haus Beethovenstr. 12 wohnhafte Ber Warzager (geb. 18.9.1912 in Tomaszów/Polen, gest. 19.2.1985) war 1948 stellvertretender Direktor des Museums Modern Art in Haifa und ein angesehner Maler und Künstler. Er hatte den Holocaust als Häftling in Buchenwald überlebt und kannte mit großer Wahrscheinlichkeit von daher auch Helmut Goldschmidt, der ihn 1959 mit der künstlerischen Ausgestaltung der Synagoge in der Roonstraße beauftragt hatte. Bevor Ber Warzager Helmut Goldschmidt mit der Planung beauftragte, hatte er sich 1971 von dem Architekten Rolf Klubertz einen Entwurf fertigen lassen. Für den Bau der Doppelgarage wurde der Architekt Walter Colombo verpflichtet.

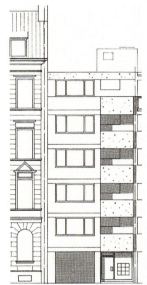

ganz oben: Die Bebauung am Heinering. Foto: Wolfram Hagspiel (2009)

oben: Bauzeichnung zum Haus Erftstr. 6. Abb.: Archiv Helmut Goldschmidt

Der Bungalow Ber Warzager. Foto: Wolfram Hagspiel (2009)

KÖLNER BAUTEN UND WERKE FÜR DIE JÜDISCHE GEMEINDE

Das Ehrenmal auf dem Jüdischen Friedhof in Vogelsang. Foto: Wolfram Hagspiel (2008)

Vogelsang, Venloer Str. 1152–1154
Ehrenmal für die unter der nationalsozialistischen Gewaltherrschaft umgekommenen Kölner Juden
Bj.: 1947/48
Bh.: Synagogengemeinde Köln
Architekturbüro: Helmut Goldschmidt

Die Entwürfe zu dem sehr tektonisch gestalteten, am 6.6.1948 eingeweihten Mahnmal gehen laut Unterlagen von Helmut Goldschmidt auf das Jahr 1947 zurück. Mit seinem prägnanten mittigen, ca. 5 m hohen Pfeiler, dessen Stirnseite vier scharfkantige Rippen gliedern, die im oberen Bereich durch ein Kreismotiv mit Davidstern unterbrochen werden, erinnert das Mahnmal an avantgardistische Bauten der 1920er Jahre, bei denen – so bei Kaufhäusern – von der Mittelsäule aus werbewirksam Inhalte vermittelt wurden. Helmut Goldschmidt dürfte bei der Planung vor allem den von Robert Stern entworfenen symbolträchtigen, von einem Davidstern bekrönten Pavillon der „Jüdischen Sonderschau" auf der Kölner Ausstellung „Pressa" des Jahres 1928 vor Augen gehabt haben, auf dessen Mitteltrakt zudem die mit Streifen und dem Davidstern gestaltete Flagge des späteren Staates Israel wehte. Die Wirkung des Mahnmals wäre für den heutigen Betrachter noch beeindruckender, wenn man für das spätere Anbringen der Gedenktafeln für den Kölner Rabbiner Dr. Isodor Caro eine andere Lösung gefunden hätte. Das in einem tuffimitierenden Kunststein errichtete Mahnmal erhebt sich über einem flachen dreistufigen Unterbau aus Basaltlavagestein. Zu beiden Seiten des Mittelpfeilers befinden sich gerahmte quadratische Wandflächen, in deren Mitte jeweils quadratische Metalltafeln eingelassen sind, auf denen – links in Hebräisch und rechts in Deutsch – zu lesen ist: ZUM ANDENKEN AN DIE UEBER 11000 / SCHWESTERN UND BRUEDER UNSERER GEMEINDE / DIE ALS OPFER DES NATIONAL- / SOZIALISTISCHEN RASSENWAHNS / FUER DAS JUDENTUM IN DEN JAHREN / 1933–1945 / GEFALLEN SIND / SYNAGOGEN GEMEINDE KOELN. Auf der wenige Jahre nach der Einweihung in Hebräisch und Deutsch angebrachten Gedenktafel für den Rabbiner Dr. Isodor Caro heißt es: UNSEREM LETZTEN VON 1908–1942 / AMTIERENDEN RABBINER DR. ISIDOR CARO / DER MIT VIELEN GEMEINDEMITGLIEDERN DEN MÄRTYRERTOD IN THERESIENSTADT FAND / IN DANKBARER VEREHRUNG / SYNAGOGEN GEMEINDE KÖLN. Finanziert wurde das von der Kölner Synagogengemeinde initiierte Mahnmal weitgehend mit eigenen Geldern und durch Zuschüsse des Landes Nordrhein-Westfalen.

LITERATUR:
- Zvi Asaria (Hg.): Die Juden in Köln. Von den ältesten Zeiten bis zur Gegenwart. Köln 1959, S. 291, 295
- Günther B. Ginzel, Sonja Günther: Jiskor – Gedenke! In der Erinnerung leben die Toten weiter. In: Günther B. Ginzel, Sonja Günther (Hg.): »Zuhause in Köln...«. Jüdisches Leben 1945 bis heute. Köln, Weimar, Wien 1998, S. 118–121
- Juden in Köln von der Römerzeit bis ins 20. Jahrhundert. Ausst.-Kat. Kölnisches Stadtmuseum 1984, S. 306–307
- Elfi Pracht: Jüdisches Kulturerbe in Nordrhein-Westfalen. Teil I: Regierungsbezirk Köln. Köln 1997, S. 289, 320
- Jürgen Zieher: Im Schatten von Antisemitismus und Wiedergutmachung. Kommunen und jüdische Gemeinden in Dortmund, Düsseldorf und Köln 1945–1960. Berlin 2004, S. 148ff.

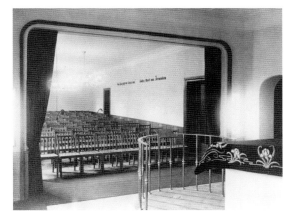

Neuehrenfeld, Ottostr. 85/ Röntgenstraße
Synagoge
Bj.: 1948/49
Bh.: Synagogengemeinde Köln
Architekturbüro: Helmut Goldschmidt

Im Rahmen des teilweisen Wiederaufbaus des einstigen „Israelitischen Asyls für Kranke und Altersschwache" zu einem jüdischen Krankenhaus und dem ersten jüdischen Gemeindezentrum der Nachkriegszeit wurde 1949 in der Ruine des an der Ecke Ottostraße/Röntgenstraße gelegenen ehemaligen Schwesternheims ein dort erhaltener und seit etwa 1947 auch als Beetraum genutzter Saal zu einer würdevollen Synagoge umgebaut. Rund neun Monate vor der Einweihung der neuen Synagoge hatte sich die Gemeinde an das Kultusministerium mit der Bitte um Unterstützung für dieses Projekt gewandt: *„Die zahlreichen Besucher aus dem Ausland sind entsetzt darüber, daß wir in den drei Jahren seit unserer Befreiung unsere Gottesdienste noch immer in dieser notdürftigen Form abhalten müssen. Wir hoffen deshalb, daß Sie unsere vorstehende Bitte als einen Notschrei aufnehmen und uns recht bald einen zusagenden Bescheid zukommen lassen."* Mit dem von

links: Der Toraschrein der neuen Synagoge. Foto: Archiv Helmut Goldschmidt

rechts: Eingang zur neuen Synagoge in Neuehrenfeld im Jahr 1949. Foto aus: Becker-Jákli: Das jüdische Krankenhaus in Köln. Köln 2004, S. 366

Mitte: Inneres der Synagoge in Richtung Toraschrein. Foto: Archiv Helmut Goldschmidt

Inneres der Synagoge mit Blick vom Toraschrein. Foto: Archiv Helmut Goldschmidt

Tuffstein umrahmten Toraschrein, der deutlich neoislamische Formen zeigte, wollte Helmut Goldschmidt an den Aron Hakodesch der Synagoge Glockengasse erinnern. Das Problem der Trennung zwischen Männern und Frauen wurde wegen Fehlens einer Frauenempore durch eine gespannte Schnur im hinteren Bereich des Saales gelöst. Einen besonderen Stellenwert bei der Gestaltung der Synagoge erhielt die Schrift, angefangen bei den Gesetzestafeln und einem darüber geführten Band mit den Anfangsworten des Gebetes „Höre Israel". Weitere Gebete und Sprüche waren an den Wänden, teils in Hebräisch, teils in Deutsch zu lesen. Bei der feierlichen Einweihung der Synagoge am 6.4.1949, über die ausführlich in der Presse berichtet wurde, nahmen unter anderem teil der Sozialminister Rudolf Amelunxen als Vertreter der Landesregierung, der Regierungspräsident Wilhelm Warsch, Oberbürgermeister Robert Görlinger, Prälat Gustav Meinertz als Vertreter der katholischen und Superintendent Hans Encke als Vertreter der evangelischen Kirche. 1959 wurde der Betsaal zugunsten weiterer Bauten des Belgischen Militärkrankenhauses abgerissen.

LITERATUR:
- Der Anfang vom Ende. In: Günther B. Ginzel, Sonja Günther (Hg.): »Zuhause in Köln...«. Jüdisches Leben 1945 bis heute. Köln, Weimar, Wien 1998, S. 92–98
- Zvi Asaria (Hg.): Die Juden in Köln. Von den ältesten Zeiten bis zur Gegenwart. Köln 1959, S. 150–152, 197–198, 216, 397–398
- Aufbau vom 27.5.1949
- Barbara Becker-Jákli: Das jüdische Krankenhaus in Köln. Die Geschichte des Israelitischen Asyls für Kranke und Altersschwache 1869–1945. Köln 2004, S. 356–369
- Helmut Goldschmidt. In: Barbara Becker-Jákli (Bearb. u. Hg.): Ich habe Köln doch so geliebt. Lebensgeschichten jüdischer Kölnerinnen und Kölner. Köln 1993, S. 125–154
- Monika Grübel: Nach der Katastrophe. Jüdisches Leben in Köln 1945 bis 1949. In: Günther B. Ginzel, Sonja Günther (Hg.): »Zuhause in Köln...«. Jüdisches Leben 1945 bis heute. Köln, Weimar, Wien 1998, S. 42–55
- Kölnische Rundschau vom 7.4.1949, 9.4.1949
- Salomon Korn: Synagogenarchitektur in Deutschland nach 1945. In: Hans Peter Schwarz (Hg.): Die Architektur der Synagoge. Frankfurt 1988, S. 287–343 (294, 297, 431)
- Elfi Pracht: Jüdisches Kulturerbe in Nordrhein-Westfalen. Teil I: Regierungsbezirk Köln. Köln 1997, S. 272–274
- Rheinische Zeitung vom 9.4.1949
- Volksstimme vom 8.4.1949
- Jürgen Zieher: Der mühsame Aufbau der Gemeinde nach 1945. In: Gemeindeblatt der Synagogen-Gemeinde Köln, 2000, H. 10, S. 13–14

Sülz, Blankenheimer Str. 55
Umbau und Erweiterung des ehemaligen Israelitisches Jugendheims mit Kindertagesheim zu einem Altenheim
Bj.: 1948–51
Bh.: Synagogengemeinde Köln
Architekturbüro: Helmut Goldschmidt

Das im Krieg weitgehend unversehrte Gebäude des 1930 nach den Entwürfen von Georg Falck gebauten ehemaligen Israelitischen Jugendheims mit Kindertagesheim wurde unmittelbar nach der Befreiung Kölns von der jüdischen Gemeinde als Flüchtlingsheim für die aus den Konzentrationslagern heimkehrenden Kölner Juden genutzt. Nach der 1945 erfolgten Wiederinbesitznahme der zu Beginn des „Dritten Reiches" beschlagnahmten Immobilie kam es im Jahre 1953 im Rahmen eines Rückerstattungsverfahrens zunächst zu einer Übereignung an die Jewish Trust Corporation for Germany, von der es die Synagogengemeinde Köln 1957 als Rechtsnachfolger des ursprünglichen Eigentümers, des Israelitischen Kinder-Sparvereins e.V., als Eigentum übertragen bekam. Über die Situation in dem Gebäude schrieb im Dezember 1946 in der Jüdischen Rundschau der Vorsitzende der Kölner Synagogengemeinde, Moritz Goldschmidt, der Vater des Architekten Helmut Goldschmidt: *„Wenn man berücksichtigt, daß Köln zu ca. 80% durch Fliegerangriffe total zerstört worden ist, so kann man sich vorstellen, daß es nicht leicht war, für alle Zurückkehrenden Wohnraum, Möbel etc. zu beschaffen. Etwas zustatten kam der ehemalige Kindergarten Köln-Sülz, Blankenheimer Str. 55, der noch ziemlich benutzbar war, weshalb der Vorstand diesen sofort beschlagnahmen ließ und dort ein Flüchtlings- und Altersheim unter Leitung des heute noch amtierenden Jakob Marx einrichtete. In diesem Heim konnten ca. 65 Menschen untergebracht werden"* (zitiert nach Monika Grübel). Da das Heim mit seinen Schlafplätzen auf den Fluren und den mit bis zu acht Betten ausgestatteten Zimmern völlig überbelegt war, erbat sich Moritz Goldschmidt im Dezember 1947 beim Stadtkämmerer eine finanzielle Unterstützung für einen Erweiterungsbau, die im Februar des folgenden Jahres auch bewilligt wurde. Aus dieser Zeit datieren auch die Planungen von Helmut Goldschmidt, das Gebäude zu einem reinen Altenheim umzubauen und mit einem neuen eingeschossigen, 40 Heimplätze umfassenden Trakt zu erweitern. Dieser dem südlichen Bereich des Altbaus angeschlossene Flügel, der erst im Sommer/Herbst 1951 gebaut wurde, reichte bis fast an die Blankenheimer Straße und lag damit, wie man seitens der Stadt bei der Baugenehmigung nicht gemerkt hatte, auf städtischem Bauland. Als diese Genehmigungspanne im Jahr 1954 der Stadtverwaltung aufgefallen war, kam es zu Verkaufsverhandlungen mit der Synagogengemeinde, die jedoch bald abgebrochen werden mussten, weil laut Satzung die Jewish Trust Corporation for Germany keine Grundstücke ankaufen durfte. Die Lösung wurde in einem symbolischen Pachtzins von 1 DM gefunden, der seitens der Gemeinde ab 1957 an die Stadt zu entrichten war. Abgebrochen wurden die Baulichkeiten Ende 1964.

LITERATUR:
- Barbara Becker-Jákli: Das jüdische Krankenhaus in Köln. Die Geschichte des Israelitischen Asyls für Kranke und Altersschwache 1869–1945. Köln 2004, S. 356–369
- Monika Grübel: Nach der Katastrophe. Jüdisches Leben in Köln 1945 bis 1949. In: Günther B. Ginzel, Sonja Günther (Hg.): »Zuhause in Köln...«. Jüdisches Leben 1945 bis heute. Köln, Weimar, Wien 1998, S. 42–55

Neuehrenfeld, Ottostr. 85/Nußbaumerstraße/Ehrenfeldgürtel/Röntgenstraße
Wiederaufbau ehemaliges „Israelitisches Asyl"
Bj.: 1948–51
Bh.: Synagogengemeinde Köln
Architekturbüro: Helmut Goldschmidt (Goldschmidt Steffens Ungers ?)

Nach der Ruine der Synagoge in der Roonstraße und dem weitgehend erhaltenen ehemaligen Israelitischen Jugendheim in der Blankenheimer Straße war das stark zerstörte ehemalige Israelitische Asyl in Neuehrenfeld der dritte Ort, an dem sich die Überlebenden des Holocaust in Köln wieder zusammenfanden und ein neues jüdisches Gemeindeleben begründeten. Anfang Mai 1945 forderte der neu gewählte Gemeindevorsitzende Friedrich Jacoby die Stadtverwaltung auf, das Gelände der Gemeinde für die Einrichtung eines

Der Gebäudetrakt Nußbaumerstraße (Gartenseite) während des Wiederaufbaus. Foto: Archiv Helmut Goldschmidt

Raumes für Gottesdienste und für Verwaltungsräume zurückzugeben. Am 11.5.1945 erfolgte dann die einen Tag zuvor von der Militärregierung beschlossene Übergabe. Um den 1.6.1945 hatte die Synagogengemeinde offiziell ihren Sitz in die Ottostraße verlegt und rund zwei Wochen später fanden in dem provisorisch hergerichteten Gebetsraum die ersten Gottesdienste statt. Zunächst begann man mit einem notdürftigen Herrichten von einigermaßen erhaltenen Räumlichkeiten, thematisierte aber im August 1946 den kompletten Wiederaufbau aller Baulichkeiten als zukünftiges jüdisches, allen Religionen und Gesellschaftsgruppen offenstehendes Krankenhaus, ein Projekt, dem auch Konrad Adenauer und sein Nachfolger, Dr. Hermann Pünder, positiv gegenüberstanden. Zu Beginn des Jahres 1947, als die Synagogengemeinde den offiziellen Entschluss zum Wiederaufbau des gesamten Komplexes gefasst hatte, wurde von ihr der Kölner Architekt Fritz Ruempler, ein ehemaliger Mitarbeiter und Partner des emigrierten Architekten Theodor Merrill, mit den Wiederaufbauplanungen beauftragt. Nach seiner Bestandsaufnahme sollte der an der Nußbaumerstraße gelegene, relativ gut erhaltene ehemalige Krankenhaustrakt wieder als Krankenhaus dienen; das ihm gegenüberliegende, in den Obergeschossen völlig zerstörte ehemalige Altersheim an der Röntgenstraße sollte zu einem Ärzte- und Pflegepersonalhaus wiederaufgebaut werden; das nur noch im Erd- und Kellergeschossbereich nutzbare ehemalige Schwesternheim an der Ecke Ottostraße/Röntgenstraße sollte der Synagoge und der Verwaltung der jüdischen Gemeinde vorbehalten sein; das stark zerstörte

Ostflügel des Hauptgebäudes an der Ecke Ottostraße / Nußbaumerstraße. Foto: Archiv Helmut Goldschmidt

ehemalige Küchen- und Kesselhaus, das nahe dem Ehrenfeldgürtel lag, sollte zunächst provisorisch wiederhergerichtet werden. Die Vorstellungen der Gemeinde gingen in Richtung einer Wiederherstellung mit den gleichen Kapazitäten wie in der Vorkriegszeit und dem Ausbau zu dem jüdischen Hauptkrankenhaus in der gesamten britischen Zone. Da jedoch seitens der Stadt und der britischen Behörde keine Gelder hierfür bereitgestellt werden konnten, beschränkte man sich seitens der jüdischen Gemeinde zunächst auf ein sukzessives Wiederherrichten von nicht gänzlich zerstörten Teilen des alten Asyls. Mit diesen Aufgaben wurde ab 1948 Helmut Goldschmidt beauftragt, der als erste Maßnahmen die Überdachung des Haupthauses, die Wiederherstellung des Kesselhauses und die Umgestaltung des Betsaales in Angriff nahm. Eine völlig überraschende Wende nahm die Entwicklung, als im Januar 1950 die britische Militärregierung zusammen mit den belgischen Militärbehörden den Beschluss gefasst hatte, den größten Teil des Areals für die Zwecke eines belgischen Standortlazaretts zu beschlagnahmen. Der Gemeinde blieben nach dieser Entscheidung zur Teilung in zwei unabhängige Grundstücke nur noch das ehemalige Schwesternhaus und das ehemalige Altersheim, also die Synagoge und das Verwaltungsgebäude. Der rechtliche Eigentümer des beschlagnahmten Geländes wurde die Bundesrepublik Deutschland, die durch ihr Finanzneubauamt die Stadt anwies, unverzüglich den gesamten Bereich zu entschutten. Wohl als Konzession an die jüdische Gemeinde wurde mit der Planung dieses Militärkrankenhauses der mit den Baulichkeiten eng vertraute Helmut Goldschmidt beauftragt, der stets davon ausging, dass dieses Krankenhaus irgendwann wieder der jüdischen Gemeinde zur Verfügung stehen würde.

In der Schrift zur Eröffnung des Krankenhauses schrieb er 1951: „... *Der Kernpunkt des Wiederaufbaus bildet naturgemäß das eigentliche Krankenhaus, das mit seinem neu erstellten Ostflügel in neuzeitlicher Form an die bestehenden restlichen vier Geschosse angegliedert wurde. Jedes zweite Zimmer des neuen Ostflügels hat eine weitauskragende Liegeterrasse, etagenweise versetzt, sodaß für die Zimmer kein Sonnenverlust entsteht. In Verlängerung des Haupthauses entstanden neue Gebäude, im Augenblick zwar Unterkünfte und Aufenthaltsräume für Offiziere und Mannschaften darstellend, sowie ein neues Schwesternhaus, die aber derart aufgeteilt sind, daß bei der Zuführung an den zivilen Sektor sofort als Krankenhaus belegt werden können. Die elektrische und sanitäre Installation ist ebenfalls bereits für Krankenhauszwecke angelegt. Als völlig neues Gebäude entstand ein Isolierhaus mit 60 Betten, mit allen erforderlichen Einrichtungen modernster Art ausgestattet. An Stelle des alten Kesselhauses wurde ein neues errichtet. Die bestehende Kesselanlage, die mit Kohlen beheizt wurde, auf Ölfeuerung umgestellt. Aus diesem zentral gelegenen Kesselhaus führen durch unterirdische Kanäle hindurch die Versorgungsleitungen in die einzelnen Gebäudetrakte, überragt von dem 30m hohen Schornstein. An Stelle des alten Empfangsgebäudes entstand ein einstöckiger Gebäudetrakt, der augenblicklich der An- und Abmeldung und entsprechenden Registratur dient, später aber teilweise als Hausmeisterwohnung eingerichtet werden kann. Das Krankenhaus hat ein Aufnahmevermögen von 250 Kranken. Es ergibt sich also für späterhin die Möglichkeit, einen Krankenhausbetrieb mit 700 Betten einzurichten. In einem Zeitraum von*

HELMUT GOLDSCHMIDT

Die Bebauung entlang des Ehrenfeldgürtels. Foto aus: Moritz Goldschmidt (Hg.): Jüdisches Krankenhaus Köln-Ehrenfeld. O.O., o.J. (Köln 1951)

nur 9 Monaten wurden die gesamten Gebäude erstellt und konnten betriebsfertig eingerichtet übergeben werden. Wenn auch im Augenblick die Kölner Bevölkerung keinen Nutzen des neuen Krankenhauses hat, so wird doch in den späteren Jahren, nach Beendigung der Besatzung in Deutschland, die jüdische Gemeinde Kölns und damit auch die gesamte Bevölkerung um ein neuzeitliches, umfangreiches Krankenhaus reicher sein."

Mit Vertrag vom 29.12.1960 wurde zum 1.1.1961 das von der Synagogengemeinde genutzte, ihr aber nie gehörende Areal von der Jewish Trust Corporation an den Jüdischen Gemeindefont Nordwest-Deutschland e.V. übertragen. Zu diesem Zeitpunkt hatte die Synagogengemeinde weitgehend ihre Einrichtungen im Komplex der Synagoge Roonstraße untergebracht, nutze aber die Baulichkeiten weiter, unter anderem als Altersheim. Der Jüdische Gemeindefont Nordwest-Deutschland e.V. verkaufte mit Vertrag vom 8.11.1974 zum 1.1.1975 das Gelände mit seinen Bauten an die Bundesrepublik Deutschland, die dieses dann dem belgischen Militär zur Verfügung stellte. Als die Belgier 1995 das Areal des ehemaligen Israelitischen Asyls aufgaben, erwarb die Synagogengemeinde einen kleinen Teil des Geländes und ließ unter weitgehender Beibehaltung der historischen Bausubstanz den Hauptbau nach den Entwürfen von Ulrich Coersmeier und Alfred Jacoby zu dem „Jüdischen Wohlfahrtszentrum" umbauen. In diesem ist auch der von Helmut Goldschmidt entworfene Ostflügel erhalten geblieben. Abgebrochen wurden dagegen sämtliche andere von Helmut Goldschmidt geplanten Gebäude auf den nicht von der Synagogengemeinde erworbenen Grundstücken.

LITERATUR:
- Der Anfang vom Ende. In: Günther B. Ginzel, Sonja Günther (Hg.): »Zuhause in Köln...«. Jüdisches Leben 1945 bis heute. Köln, Weimar, Wien 1998, S. 92–98
- Zvi Asaria (Hg.): Die Juden in Köln. Von den ältesten Zeiten bis zur Gegenwart. Köln 1959, S. 150–152, 216, 397–398
- Barbara Becker-Jákli: Das jüdische Krankenhaus in Köln. Die Geschichte des Israelitischen Asyls für Kranke und Altersschwache 1869–1945. Köln 2004, S. 356–369
- Johannes Ralf Beines: Das Israelitische Asyl in Neuehrenfeld. In: Günther B. Ginzel, Sonja Günther (Hg.): »Zuhause in Köln...«. Jüdisches Leben 1945 bis heute. Köln, Weimar, Wien 1998, S. 58–63
- Helmut Goldschmidt: Ein neues jüdisches Krankenhaus entstand in Köln. In: Moritz Goldschmidt (Hg.): Jüdisches Krankenhaus Köln-Ehrenfeld. O.O., o.J. (Köln 1951)
- Moritz Goldschmidt: Das jüdische Krankenhaus in Köln. Geschichte des ehem. Israelitischen Asyls bis zum heutigen Neubau 1869–1951. In: Moritz Goldschmidt (Hg.): Jüdisches Krankenhaus Köln-Ehrenfeld. O.O., o.J. (Köln 1951)
- Monika Grübel: Nach der Katastrophe. Jüdisches Leben in Köln 1945 bis 1949. In: Günther B. Ginzel, Sonja Günther (Hg.): »Zuhause in Köln...«. Jüdisches Leben 1945 bis heute. Köln, Weimar, Wien 1998, S. 42–55
- Antje Hansen: Kölner Synagogen. In: Köln, Jg. 35, 1990, H. 4, S. 4–7

Luftaufnahme von ca. 1951 mit den Bauten des ehemaligen Israelitischen Asyls und des neuen Militärkrankenhauses. Foto: Archiv Helmut Goldschmidt

- Kölner Stadt-Anzeiger vom 6.3.1990, 17.10.1995
- Kölnischer Kurier vom 3.10.1945
- Salomon Korn: Synagogenarchitektur in Deutschland nach 1945. In: Hans Peter Schwarz (Hg.): Die Architektur der Synagoge. Frankfurt 1988, S. 287-343 (294, 297, 431)
- Elfi Pracht: Jüdisches Kulturerbe in Nordrhein-Westfalen. Teil I: Regierungsbezirk Köln. Köln 1997, S. 272-274

Neustadt, Roonstr. 50
Wiederaufbau Synagoge und Gemeindezentrum
Sicherungsarbeiten
Bj.: 1946-48
Architekturbüros: Goldschmidt & Veiler (Helmut Goldschmidt und Willi Veiler) und Helmut Goldschmidt
Bauunternehmung: Hans-Alfred Dortmann und Anton Feierfeil
Wiederaufbauplanung: 1954
Architekturbüro: Helmut Goldschmidt
Bj.: 1957-59
Bh.: Synagogengemeinde Köln
Architekturbüro: Helmut Goldschmidt
Gartenplanung (Hof): Helmut Goldschmidt
Statiker: Ernst Rudolf Kahn
Bauleitung: Willi Lohmar
Bauunternehmung: Josef Kortlang & Söhne G.m.b.H.
Künstler: Ber Warzager, Bernhard Hartmann, Olaf Höhnen, Fritz Deutsch, Hubert Benatzky, Hanns Kirchner, Egbert Lammers

Die in der Reichspogromnacht vom 10./11. November 1938 in Brand gesteckte, verwüstete und bis in die Kriegsjahre mehrfach geplünderte Synagoge wurde im Gegensatz zu den meisten anderen jüdischen Gotteshäusern nicht abgebrochen, sondern blieb als Ruine bestehen. Bei den späteren Bombenangriffen erlitt sie zwar weiteren Schaden, konnte aber im Gegensatz zu vielen anderen Kölner Sakralbauten den Krieg relativ gut überstehen. Entworfen wurde die 1899 eingeweihte Synagoge von dem renommierten Kölner Architekturbüro Schreiterer & Below (Emil Schreiterer und Bernhard Below), das den Auftrag zum Bau des Gotteshauses im Jahre 1894 aufgrund des Sie-

Die Synagoge Roonstraße Ende des 19. Jahrhunderts. Foto: Archiv Helmut Goldschmidt

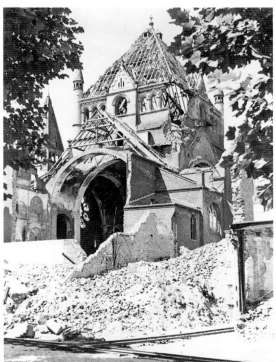

links: Besichtigung der ausgebrannten Synagoge durch die Baukommission und Abgesandte der Regierung. Foto: Archiv Helmut Goldschmidt

rechts: Die Synagoge Roonstraße nach dem Ende des Zweiten Weltkriegs. Foto: Archiv Helmut Goldschmidt

Rückseite der teilzerstörten Synagoge kurz nach Kriegsende. Foto: Archiv Helmut Goldschmidt

ges in einem 1893 ausgeschriebenen Wettbewerb erhalten hatte. Stilistisch hatten sich die Architekten an der damals modernsten Architektur der U.S.A. orientiert, insbesondere an den Bauten des über Architekturzeitschriften auch in Deutschland sehr populären Architekten Henry Hobson Richardson, der aus der Romanik verschiedener europäischer Länder eine neue, viele Architekten beeinflussende Architekturrichtung entwickelt hatte, den „Richardsonian Romanesque" Style. Das direkte Vorbild für die Synagoge in der Roonstraße ist die verblüffend ähnliche, 1889–91 gebaute, von den in der Tradition Richardsons stehenden Architekten George D. Mason und Zachariah Rice entworfene First Presbyterian Church in Detroit/Michigan.

In der Ruine der Synagoge, die mit der Befreiung Kölns zur ersten Anlaufstelle der Überlebenden und Heimkehrenden geworden war, fanden ab dem 29.4.1945 erstmalig nach der Reichspogromnacht wieder Gottesdienste statt, die aber eingestellt wurden, als man im ehemaligen Israelitischen Asyl in Neuehrenfeld Mitte Juni 1945 einen Betsaal hergerichtet hatte. Lediglich zu Gedenkfeiern fand man sich in den folgenden Jahren in der Ruine des Gotteshauses wieder ein. Im Dezember 1946 stellte das Helmut Goldschmidt und Willi Veiler gehörende Architekturbüro Goldschmidt & Veiler bei der Stadt Köln den Antrag zur Durchführung von Sicherungsmaßnahmen, um

oben: Wiederaufbauplan vom 5.11.1954. Abb.: Archiv Helmut Goldschmidt

unten: Die wiederaufgebaute Synagoge direkt nach ihrer Fertigstellung. Foto: Archiv Helmut Goldschmidt

den weiteren Verfall der Synagoge zu verhindern und sie winterfest zu machen. Die Pläne hierzu wurden im November 1946 von Willi Veiler gefertigt. Zu den Maßnahmen gehörten unter anderem die Beseitigung von den Schuttmassen, der Abbruch von gefährdeten Mauerteilen, die Stabilisierung der Konstruktion, die Wiederherstellung des Dachstuhles und die Schließung der Fensteröffnungen. Mit den erst im März 1947 genehmigten Maßnahmen wurde allerdings schon vorher begonnen. Beauftragt mit den Sicherungsmaßnahmen war vom Vorstand der Synagogengemeinde die Bauunternehmung von Hans-Alfred Dortmann und Anton Feierfeil. Spätestens Anfang 1947 war seitens der Stadt Köln der Synagogengemeinde der Wunsch des Kulturamtes unterbreitet worden, die Ruine der Synagoge für kulturelle Zwecke zu nutzen. Die daran durchaus interessierte Gemeinde trat darauf hin mit der Rheinischen Theater-G.m.b.H. in Vorverhandlungen über eine Verpachtung der Immobilie, die nach Abschluss der Instandsetzungsarbeiten in Kraft treten sollte. Vorgabe war jedoch, in ihr kein Operettentheater, sondern eher ein Konzert- und Vergnügungslokal einzurichten. Entschuttung, Sicherung und Vorbereitungen für die neue Nutzung liefen von jetzt an parallel, wobei sich die Synagogengemeinde nur für die Entschuttungs- und Sicherungsarbeiten verantwortlich fühlte, die sie von der Regierung auf Anordnung des Wiederaufbauministeriums genehmigt bekommen hatte. Als die für das Genehmigungsverfahren nicht verantwortliche Stadt Köln bemerkte, dass auch andere Baumaßnahmen in der Ruine vorgenommen wurden, richtete der Beigeordnete Dr. Carl Schweyer am 10.3.1947 ein Schreiben an den Regierungspräsidenten, in dem es unter anderem heißt: *„... Zwischenzeitlich ist bekannt geworden, dass an eine Instandsetzung der Synagoge zu kultischen Zwecken nicht gedacht wird ... Es liegt demnach eindeutig eine Täuschung der Verwaltung vor. Nicht unerwähnt bleiben soll, dass der Pächter auf die Frage warum die Synagoge nicht mehr eingerichtet würde antwortete, dass in Köln nur 650 Juden wohnten von denen ca. 450 bereits die Ausreiseerlaubnis nach anderen Ländern hätten. Für den Rest, ca. 200 Personen, wäre es nicht notwendig die Synagoge als Tempel wieder aufzubauen. Im übrigen sei die Synagoge kein Gotteshaus im Sinne des kath. Kultus, sondern sie sei nur eine Unterrichtsstätte. Daraufhin wurde die Entschuttung eingestellt. Unter diesen Umständen sind die Voraussetzungen für die Durchführung der Instandsetzungsarbeiten an der Synagoge entfallen und bitte das Wiederaufbauministerium – Herrn Dr. Fütterer – zu veranlassen die Genehmigung zurückzuziehen."* Die

Sicherungsarbeiten gingen kurze Zeit darauf weiter, bis die Baubehörde erneut dem Theater dienende Tätigkeiten feststellte. Darauf hin verfügte die Stadt im Oktober 1947 eine an die Synagogengemeinde gerichtete Stillegung der Baustelle, die diese dann an den Pächter weiterreichte. Inwieweit Helmut Goldschmidt an dieser Theaterplanung beteiligt war ist unklar, auf jeden Fall betreute er – jetzt ohne Willi Veiler – noch Anfang 1948 die Sicherungsarbeiten. 1951 mussten wegen Einsturzgefahr zudem Mauerteile der im Hof gelegenen ehemaligen Schule abgerissen werden. Da die Realisierung des Theaters keine Chance hatte, vermietete die Synagogengemeinde fortan die verschiedensten Räumlichkeiten, so an die Metallwarengroßhandlung von Dr. Hanns Busch, an die Damenstrümpfefabrik A. Hamann K.G. und den Künstler Georg Meistermann.

Spätestens seit dem Spätsommer 1954 trug man sich in der Gemeinde wieder mit dem Gedanken, die Synagoge mit ihren Annexen wiederaufzubauen. Die von Helmut Goldschmidt gefertigten Entwürfe tragen das Datum 8.10.1954 und 5.11.1954. Der dann erst am 16.4.1957 gestellte Bauantrag zum Wiederaufbau war seitens der Stadt am 12.12.1957 genehmigt worden. Im Antrag heißt es: *„Es ist beabsichtigt, die frühere Synagoge Roonstrasse in Köln wieder aufzubauen und so zu gestalten, daß sich das gesamte jüdische Leben hier konzentriert. Demnach soll dieser Synagogenbau nicht nur den religiösen Zwecken dienen, sondern auch kulturellen Veranstaltungen, tägliche Aufenthaltsräume, Bibliothek usw. enthalten, sowie die gesamte Verwaltung und Wohnungen für Rabbiner und Kantor aufnehmen. Dieser Umbau wird unter Verwendung aller vorhandenen Gebäudeteile durchgeführt. Durch das Einziehen einer Decke über Erdgeschoß in Höhe des ehemaligen ersten Ranggeschoßes wird eine deutliche Trennung der Funktionen des Hauses erreicht. Es ergibt sich hieraus die Möglichkeit das gesamte Erdgeschoß den kulturellen und verwaltungstechnischen Zwecken zuzuführen und das Obergeschoß mit seinem Kuppelbau als Synagoge in der ursprünglichen Form zu erhalten."* Abweichend von dieser Planung wurden die beiden Seitenflügel – Mitte 1957 ohne Baugenehmigung begonnen – um ein Geschoss aufgestockt, weil sich herausgestellt hatte, dass

Inneres der Synagoge um 1900. Foto aus: Schreiterer & Below, Architecten in Cöln, ausgeführte Bauten und Entwürfe. Mönchengladbach o. J. (um 1905)

die dortigen Giebelaufbauten nicht mehr standfest und die Dachkonstruktionen nur Notdächer waren. Der im April 1958 begonnene Wiederaufbau der Synagoge war in keinster Weise gesichert, wie Helmut Goldschmidt später in einem Gespräch mit Günther B. Ginzel äußerte: *„Die Roonstraße war ein Trümmergrundstück. Damals hieß es zuerst: Das wird man nie mehr brauchen, und man soll das auch gar nicht wieder aufbauen. Es stand im Raum, das zu verkaufen. Da war eine Theatergesellschaft, die wollte das gerne kaufen und wollte dort ein Theater bauen, weil es in Köln ja auch kein Theater mehr gab. Aber wer prompt dagegen war, das war*

Inneres der wiederaufgebauten Synagoge direkt nach ihrer Fertigstellung. Foto: Archiv Helmut Goldschmidt

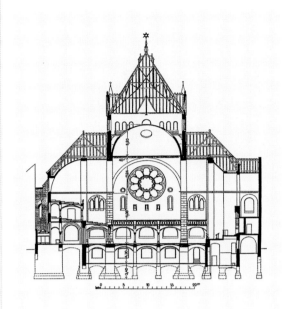
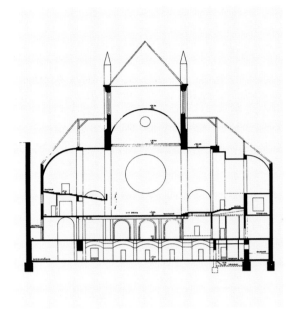

links: Schnitt durch die historische Synagoge. Abb. aus: Centralblatt der Bauverwaltung, 1899, S. 306

rechts: Gleicher Schnitt durch die wiederaufgebaute Synagoge. Abb. aus: Salomon Korn: Synagogenarchitektur. Frankfurt 1988, S. 331

Adenauer. Der hat gesagt, auf keinen Fall wird so ein Grundstück verkauft. Ich dachte, ich reiße das alles ab und baue ein modernes Gemeindezentrum. Und da hat Adenauer angerufen und gesagt: Nein, das wird wieder so aufgebaut, wie es war, das gehört zum Kölner Stadtbild, und ich möchte, daß das so wieder aufgebaut wird, wie es war. Da war er schon Bundeskanzler. Da habe ich gesagt, Herr Bundeskanzler, wer soll denn das überhaupt bezahlen? Dann sagt er: Das lassen Sie mal meine Sorge sein. Na ja, habe ich gesagt. So war es dann auch, die Regierung hat das bezahlt, ohne zu fragen, was das kostet, daß muß ich ehrlich sagen. Und nun habe ich dann die Roonstraße auch wieder aufgebaut. Ich habe sie etwas vergrößert, weil wir mehr Platz brauchten…" (Günther B. Ginzel, Sonja Günther (Hg.): »Zuhause in Köln …«, S. 113).

Eine beeindruckende, sehr detaillierte Baubeschreibung ist mit dem Redemanuskript von Helmut Goldschmidt anlässlich der Wiedereinweihung der Synagoge am 20.9.1959 erhalten, das auch von dem Rabbiner Zvi Asaria für sein Buch über die Juden in Köln in großen Teilen verwendet wurde. Wegen des großen historischen Wertes soll dieser Text in großen Passagen zitiert werden:
„… *Es ist unumgänglich, daß sich der Synagogenbau im heutigen Deutschland nach der Mentalität der einzelnen Gemeinden bzw. ihrer Mitglieder richten muß. Hierin liegt eine gewisse Schwierigkeit, da Menschen von der strengsten Orthodoxie bis zur liberalen Auffassung in einer kleinen Gemeinschaft zusammenleben. Es gilt also in der Gestaltung und Formgebung der einzelnen Dinge allen Anschauungen gerecht zu werden. Unverkennbar ist der Hang der älteren Generation an die Vorbilder der großen zerstörten Synagogen der Jahrhundertwende, ihrer ‚demonstrativen' Architektur und ihrer malerischen Gestaltung. Auch die Kölner Gemeinde entschied sich für einen Wiederaufbau in alter Form und verneinte den Vorschlag des Abbruches und zeitgenössischen Aufbaues. Ich habe versucht, mit der bestehenden Architektur Räume zu schaffen, die dennoch Ausdruck unserer Zeit sind. Es ist das Wollen der heutigen Baukunst eine Aufgabe von ihrem inneren Wesen her anzufassen und in strenger Entsprechung dieses Wesens zu lösen. Die zeitgemäße Anlage ist wohl das Gemeindezentrum, das allenthalben angestrebt wird. Dies bedeutet die Bildung einer Lebenseinheit; ein nebeneinander von Gotteshaus, Gemeindesaal, Verwaltung, Jugendheim, Kindergarten und gegebenenfalls Altersheim, also eine lebendige organische Einheit. In unserem Falle mußten wir uns aus den Gegebenheiten heraus mit der Schaffung eines Kulturzentrums begnügen, Gotteshaus, Gemeindesaal, Verwaltung, Bibliothek und Jugendraum. Um die Möglichkeit zu erwirken diese Räume zu schaffen, wurde in Höhe des früheren ersten Emporengeschosses eine Decke eingezogen, die zwar dem Synagogenraum Höhe entzog, die-*

sen aber in seiner ursprünglichen Form einschließlich der Kuppel beließ und heute architektonisch geschlossener macht. In dem somit neugewonnenen Erdgeschoß entstand unterhalb der Synagoge ein ca. 500qm großer Gemeindesaal, der mit einer ausgedehnten Bühnenanlage allen kulturellen Veranstaltungen einer Gemeinde entspricht, sei es für Versammlungen, Konzerte, Theater oder Film. Die gesamte Wandverkleidung ist in grauem Senholz gehalten, entsprechend Tische und Stühle, letztere sind in kräftigem blau und rot bezogen. Angegliedert an den Gemeindesaal liegen die Klubräume, in denen sich die Mitglieder der Gemeinde zwanglos treffen können. Diese Räume, durch eine Faltwand vom Gemeindesaal getrennt, können bei festlichen Veranstaltungen dem Gemeindesaal hinzugefügt werden. Für die Bewirtung der etwa 400 Festgäste ist eine entsprechende Küchenanlage eingerichtet.

Man betritt das Gemeindezentrum durch den vorgelagerten Westflügel und gelangt in eine geräumige Treppenvorhalle. Von hier aus erreicht man über das Foyer den Gemeindesaal bzw. die Vorstand- und Sitzungsräume. Diesen ist eine große Halle vorgelagert, die den Besuchern in dort aufgestellten Vitrinen alte jüdische Kultgegenstände zeigen. Ein von dem Kölner Maler Hanns Kirchner ausgeführtes Wandbild zeigt die lokale jüdische Geschichte in bildlicher Statistik. Über die Eingangstreppe gelangt man in eine Vorhalle mit der Haupttreppe, die zur Synagoge führt. Der Synagoge vorgelagert liegt eine Gedenkhalle, die den Umgekommenen 11 000 jüdischen Bürgern Kölns und den 6 Millionen Opfern in der Welt geweiht ist. In hebräischer und deutscher Schrift ist dieser Opfer in dem durch seine Kreuzgewölbe besonders betonten alten Raum an den schieferverkleideten Wänden gedacht. Steinbänke dienen zum Verweilen stillen Gedenkens. Der Vorraum der Synagoge ist durch eine völlig verglaste Wand von der Gedenkhalle getrennt, optisch also ein Ganzes. Ein Broncebrunnen dient zum Händewaschen vor dem Eintritt in die Synagoge (ein Kunstwerk des Kölner Bildhauers Olaf Höhnen). Durch zwei mächtige Broncetüren, welche die Embleme der jüdischen Stämme zeigen, betritt man die Synagoge. Die erhalten gebliebene Architektur bildet den ehrwürdigen Rahmen der zeitgemäßen Ausstattung dieses Raumes. Terrassenförmig führen die Stufen zum heiligen Schrein, dem religiösen Mittelpunkt. Der Struktur des Gebäudes angepaßt, steht dieser Thoraschrein, inmitten sich wie-

Ein Gesellschaftsraum. Foto: Archiv Helmut Goldschmidt

Die Gedenkhalle in der Synagoge. Foto: Archiv Helmut Goldschmidt

derholender Bögen, die gleichzeitig eine würdige Umrahmung bilden. Die Ehrenplätze sind in schwarzen Natursteinen gebildet, mit blauen Lederkissen belegt. Über dem heiligen Schrein, mit einer Sternenwand als Hintergrund, steht die Gesetzestafel in Bronceguß, umrahmt von einem mächtigen „Schin" (Schadai = Allmächtiger), in Verbindung mit dem Ewigen Licht. Dieses Kunstwerk, sowie die siebenarmigen Leuchter und die vorerwähnten Broncetüren sind ein Werk des Bildhauers Bernd Hartmann, Wiedenbrück. Jede der individuell gestalteten Thorakronen und Schilde ist ein Kunstwerk für sich, eine zeitgemäße Formgebung nach alten Überlieferungen (Goldschmiedemeister Fritz Deutsch, Juwelier E. Bräckerbohm, Köln). Die Beleuchtung des Raumes erfolgt indirekt aus der Kuppel, ebenfalls wird der heilige Bezirk nur indirekt bzw. von Deckenstrahlern erleuchtet. Die Anzahl der Männerplätze beträgt 400. Es wurde auf die gewohnte Sitzordnung langer Bankreihen verzichtet und jeweils Bänke mit lediglich vier Sitzen angeordnet. Hierdurch entstehen zwar einige Gänge mehr, aber die Störung

oben: Modellansicht des Altenheimes in der Blankenheimer Straße. Foto: Archiv Helmut Goldschmidt

unten: Modell des Altenheimes vom Auerbachplatz aus gesehen. Foto: Archiv Helmut Goldschmidt

seitens der Kirche aber für die Beibehaltung des alten Standortes in Lindenthal. Auf dem der Kirche angebotenen Grundstück baute 1972/73 die Synagogengemeinde die drei Mehrfamilienhäuser Kyllburger Str. 5, 5a, 7.

Nach dem positiven Bescheid durch die Stadt für das neue jüdische Gemeindezentrum mit einem Altenheim wurde die Planung mit Datum vom 28.3.1958 konkretisiert. Ferner war zuvor schon ein Modell gefertigt worden, das in beeindruckender Weise die geschickte Einbindung der differenziert gestalteten Baukörper in die Grünfläche des Grundstücks verdeutlicht. Hier sind dem dominanten Baukörper des eigentlichen Altenheims zur Blankenheimer Straße hin ein Speisehaus und eine Synagoge vorgelagert, während sich hinter ihm der langgestreckte Baukörper mit Kindergarten und Kinderhort befindet. Im Mai 1958 konnte der Erwerb der städtischen Grundstücke notariell besiegelt werden. Wenige Monate nach Beginn der ersten Abbrucharbeiten, die zunächst einmal die als Kinderhort genutzte Baracke der Wohlfahrtskreisstelle betrafen, wurde mit Datum vom 9.7.1959 der Bau einer Synagoge aufgegeben und statt ihrer ein Wohnhaus mit Garagen und einer Trafostation im Keller geplant. In der von Helmut Goldschmidt gefertigten Baubeschreibung vom 9.5.1960 besteht die Gesamtanlage *„aus dem Altersheim mit dem zur Straßenecke Jünkerather Straße/Blankenheimer Straße hin gelegenen Speisehaus und dem südwestlich gelegenen Gebäudetrakt mit Kindergarten, Kinderhort und Speiseraum. Sämtliche Bauteile sind versorgungsmäßig miteinander verbunden"*.

Da man seitens der Synagogengemeinde bald bemerkte hatte, dass die Anzahl der Rückwanderer weit hinter den Schätzungen zurückbleiben würde, überredete Helmut Goldschmidt die Synagogengemeinde, das Projekt in der Blankenheimer Straße nicht weiter zu verfolgen und statt dessen ein kleineres Altenheim an anderer Stelle zu errichten. Aus diesem Grunde wurde vorerst von dem Abbruch des von Georg Falck errichteten und später erweiterten Gebäudes abgesehen. Gleichzeitig trat man mit der Stadt Köln in Verkaufsverhandlungen, die 1964 dahinführend besiegelt wurden, dass die Synagogengemeinde für das Gesamtgrundstück mehrere Grundstücke erhielt, unter anderem das an der Berrenrather Straße, auf dem 1965/66 das neue Altenheim gebaut wurde. Bis zum Eigentumswechsel nutzte die jüdische Gemeinde weiterhin die alten Baulichkeiten als Altenheim, ließ aber sukzessive die Bewohner in angemietete Wohnungen und provisorisch in das alte Israelitische Asyl in der Ottostraße umziehen, wo ein Behelfsgebäude errichtet worden war, zu dem Helmut Goldschmidt 1958 den Bauantrag gestellt hatte. Erst mit dem Eigentumswechsel Ende 1964 wurden seitens der Stadt die alten Gebäude in der Blankenheimer Straße abgebrochen und mit dem Neubau des nun städtischen Altenheims begonnen, für das man die komplette Planung von Helmut Goldschmidt übernahm und mit ei-

links: Fassadendetail des Altenheimes kurz nach der Fertigstellung. Foto: Archiv Helmut Goldschmidt

rechts: Fassadendetail des Altenheimes kurz nach der Fertigstellung. Foto: Archiv Helmut Goldschmidt

Der Kindergarten in der Jünkerather Straße. Foto: Wolfram Hagspiel (2009)

Das Jüdische Altenheim von der Berrenrather Straße aus gesehen. Foto aus: Der Kreis Köln. Oldenburg 1969, S. 122

nigen geringfügigen Änderungen auch weitgehend von ihm ausführen ließ. Eingeweiht wurde das insgesamt 150 Wohnplätze umfassende Heim im Februar 1966. Die als Ein- und Zweibettzimmer eingerichteten Wohnräume des Altenheimes waren – jeweils mit einem Balkon – weitgehend nach Südwesten orientiert, während an der zur Blankenheimer Straße liegenden Nordostseite die Nebenräume wie Bäder, Schwesternzimmer, Teeküchen, Arbeitszimmer, Clubzimmer und Krankenzimmer lagen. Helmut Goldschmidt hatte mit diesem Altenheim geradezu einen Musterbau für die international orientierte Architektur der avantgardistischen Moderne in der 1950er/1960er Jahren geschaffen, ein Bau, der auch seine Begeisterung insbesondere für Erich Mendelsohn und Le Corbusier bestens verstehen lässt. Die luftige Leichtigkeit der Architektur fand ihre Unterstützung durch eine starke Farbigkeit bei den Fassaden und vielen Details. So waren die Rasterfassaden mit grau-blauen Spaltriemchen und die Brüstungsfelder mit blauen Glasplatten verkleidet. Dazu kontrastierend gab es Sichtbeton, Bruchsteine und gelbe Flächen. Dieses spätere „Seniorenzentrum Dr. Ernst Schwering" wurde 2003 abgebrochen und 2004/05 durch den nach den Entwürfen von Stefan Busch errichteten Neubau des Wohn- und Seniorenzentrum „Sülzerbucht" ersetzt. Erhalten blieb dagegen der Kindergarten nebst Kinderhort und Speiseraum.

LITERATUR:

- Ulrich Brisch: Hilfe für die alten Mitbürger in Köln. In: Kölner Almanach 1967/68, S. 162–171
- Monika Grübel: Nach der Katastrophe. Jüdisches Leben in Köln 1945 bis 1949. In: Günther B. Ginzel, Sonja Günther (Hg.): »Zuhause in Köln...«. Jüdisches Leben 1945 bis heute. Köln, Weimar, Wien 1998, S. 42–55
- Kölnische Rundschau vom 2.4.1958, 21.12.2004
- Kölner Stadt-Anzeiger vom 27.5.1999, 11.7.2006
- Verwaltungsbericht der Stadt Köln 1965, S. 90
- Verwaltungsbericht der Stadt Köln 1966, S. 93 und Abb. nach S. 96

Sülz, Berrenrather Str. 480

Jüdisches Altenheim
Bj.: 1965/66
Bh.: Synagogengemeinde Köln
Architekturbüro: Helmut Goldschmidt
Bauunternehmung: Johann Schmitz (Hürth-Efferen)
Künstler: Josepha von Fürstenberg

links: Detail der Gartenansicht des Jüdischen Altenheims. Foto: Archiv Helmut Goldschmidt

rechts: Gartenansicht des Jüdischen Altenheims. Foto: Archiv Helmut Goldschmidt

Blick in den Speisesaal des Jüdischen Altenheims. Foto: Archiv Helmut Goldschmidt

Die Wohnbebauung Kyllburger Str. 5, 5a und 7 kurz nach der Fertigstellung. Foto: Archiv Helmut Goldschmidt

Die Planungen zu dem neuen für 60 Betten konzipierten Altenheim, das im Vergleich mit dem aufgegebenen Altenheim in der Blankenheimer Straße wesentlich kleiner war, gehen zurück auf das Frühjahr 1965, nachdem rund ein halbes Jahr zuvor das ehemals städtische Grundstück parzelliert worden war. Bei dem winkelförmig angelegten, aus zwei Flügen bestehenden Komplex beherbergte der eingeschossige an der Straße gelegene Trakt neben der Eingangshalle auf der einen Seite den Speisesaal (mit einem Glasfenster von Josepha von Fürstenberg), die Anrichte sowie Club- und Leseräume und auf der anderen Seite Wohnräume und Zimmer der Heimleitung sowie eine medizinische Ambulanz. Der im rechten Winkel mit dem straßenseitigen Trakt verzahnte dreigeschossige Wohnflügel wurde durch einen mittig angelegten Flur erschlossen, an dem die in der Größe leicht variierten Zimmer der Heimbewohner lagen. Die zu jedem Wohnraum gehörenden Loggien verstand Helmut Goldschmidt zu einem konsequent an einem Raster orientierten, durchgängig angewandten Motiv zu gestalten. Das Grundmodul dieses sehr von der Architekturschule Egon Eiermanns beeinflussten Gebäudes war das Quadrat, das sich in vielen Fensterformaten und vor allem der keramischen Mosaikverkleidung wiederfand. Abgebrochen wurde diese höchst beachtenswerte Architektur im Winter 2003/04, nachdem die Synagogengemeinde das Altenheim zur Finanzierung des Wohlfahrtszentrums in Neuehrenfeld verkauft hatte.

LITERATUR:
- Der Kreis Köln. Geschichte, Kultur, Wirtschaft, Verwaltung. Oldenburg 1969, S. 122 (Altenheim Berrenrather Str.)

Sülz, Kyllburger Str. 5, 5a, 7
3 Mehrfamilienhäuser
Bj.: 1972/73
Bh.: Synagogengemeinde Köln
Architekturbüro: Helmut Goldschmidt

Die aus drei in der Tiefe des Grundstücks gestaffelten Mehrfamilienhäusern bestehende Wohnanlage besitzt insgesamt 36 Zwei- und Dreizimmerwohnungen mit Küche und Bad von jeweils ca. 60, 74 und 80 qm Größe.

AUSWÄRTIGE BAUTEN FÜR DIE JÜDISCHEN GEMEINDEN

links: Die Koblenzer Synagoge in den 1980er Jahren. Foto: Helmut Goldschmidt

rechts: Das Innere der Koblenzer Synagoge um 2008. Foto: Ulrich Knufinke

Koblenz, Schlachthofstr. 5
Synagoge und Gemeindezentrum
Bj.: 1949–52
Bh.: Synagogengemeinde Koblenz

1925 wurde auf dem 1303 angelegten jüdischen Friedhof die neue von dem in Köln und zeitweise auch in Koblenz ansässigen Architekten Carl Schorn entworfene Trauerhalle errichtet, die nach den Verwüstungen beim Novemberpogrom 1938 – unter Aufsicht der Gestapo – als provisorische Synagoge und Schulsaal umgestaltet wurde. Unter der französischen Besatzung begannen im Jahre 1947 durch den Architekten Otto Schönhagen die ersten Umbauten und Erweiterungen dieses Gebäudes, die aber nur ansatzweise ausgeführt wurden. 1949 lieferte dann Helmut Goldschmidt von seinem Mayener Büro aus eine neue Umbauplanung zu einem zeitgemäßen Gotteshaus für die jüdische Gemeinde, die jedoch erst im Jahre 1951 zur Genehmigung eingereicht und ein Jahr später realisiert worden war. Von dem Bau aus dem Jahr 1925 beibehalten wurden die seitlichen, lediglich in den Fensteröffnungen veränderten Anbauten, während bei dem höheren, als Gebetsraum genutzten Mitteltrakt die friedhofsseitige Vorhalle abgebrochen wurde. Die neue Eingangssituation lag jetzt, hervorgehoben durch ein großes Glasfenster und eine dreiteilige Eingangstür, an der Schlachthofstraße. Im betont schlicht gehaltenen Innenraum ist der heilige Bereich auf Toraschrein, Bima und Ewiges Licht reduziert – die Ostwand als stilisiertes Zelt für den Aron Hakodesch. Ihr gegenüber befindet sich die Frauenempore. Die offizielle Gebrauchsabnahme dieser Umgestaltung war am 26.1.1955. 1960/61 erfolgte durch den Koblenzer Architekten Willy Freund eine Erweiterung mit einem Gemeindesaal und Nebenräumen.

LITERATUR:
- Ulrich Knufinke: Bauwerke jüdischer Friedhöfe in Deutschland. Petersberg 2007, S. 266–267, 320
- Salomon Korn: Synagogenarchitektur in Deutschland nach 1945. In: Hans Peter Schwarz (Hg.): Die Architektur der Synagoge. Frankfurt 1988, S. 287–343 (297)
- Landesamt für Denkmalpflege Rheinland-Pfalz, Staatliches Konservatoramt des Saarlandes und Synagogue Memorial Jerusalem (Hg.): Synagogen Rheinland-Pfalz – Saarland. Mainz 2005, S. 216–218

AUSWÄRTIGE BAUTEN FÜR DIE JÜDISCHE GEMEINDE HELMUT GOLDSCHMIDT

Dortmund, Prinz-Friedrich-Karl-Str. 9
Synagoge mit Gemeindezentrum und Altenheim
Bj.: 1955/56
Bh.: Synagogengemeinde Dortmund

LITERATUR:
- Salomon Korn: Synagogenarchitektur in Deutschland nach 1945. In: Hans Peter Schwarz (Hg.): Die Architektur der Synagoge. Frankfurt 1988, S. 287–343 (297–298, 320)
- Elfi Pracht-Jörns: Jüdische Kulturerbe in Nordrhein-Westfalen. Teil 5: Regierungsbezirk Arnsberg. Köln 2005, S. 93–94, 116–124

links: Modell der Dortmunder Synagoge. Foto: Archiv Helmut Goldschmidt

rechts: Detailansicht des Modells der Dortmunder Synagoge. Foto: Archiv Helmut Goldschmidt

Die einst prächtige im Jahre 1900 fertiggestellte, von Eduard Fürstenau entworfene Synagoge am Hiltropwall, dem heutigen Standort des Dortmunder Stadttheaters, wurde in der Reichspogromnacht zerstört und wenig später gänzlich abgebrochen. In den ersten Nachkriegsjahren hatte die neu gegründete jüdische Gemeinde diverse provisorische Domizile und hielt ihre Gottesdienste zumeist in Privatwohnungen ab. Gegen Mitte der 1950er Jahre erwarb die Gemeinde das Grundstück in der Prinz-Friedrich-Karl-Straße, auf dem sie den multifunktionalen Gebäudekomplex eines Gemeindezentrums mit Synagoge bauen ließ, der am 2.9.1956 feierlich eingeweiht wurde. Zum Raumprogramm des etwa 600 qm großen Komplexes gehören ein Altenheim (1978 geschlossen), Wohnungen für den Rabbiner und den Gemeindesekretär, Büros, Klubzimmer, ein Unterrichtsraum, eine Dachterrasse, ein Gemeindesaal und die Synagoge mit 112 Plätzen im Parterre für die Männer und 70 Plätzen auf der Empore für die Frauen. 1998 wurde im Garten des Gemeindezentrums ein durch die stark angewachsene Mitgliederzahl notwendig gewordener Erweiterungsbau mit Mehrzweckfunktion eingeweiht.

Die Dortmunder Synagoge kurz nach ihrer Fertigstellung. Foto: Archiv Helmut Goldschmidt

Der Innenraum der Dortmunder Synagoge von der Empore aus gesehen. Foto: Archiv Helmut Goldschmidt

links: Modell der Bonner Synagoge und des Gemeindezentrums. Foto: Archiv Helmut Goldschmidt

rechts: Die Apsis der Bonner Synagoge im Modell. Foto: Archiv Helmut Goldschmidt

Die Bonner Synagoge kurz nach ihrer Fertigstellung. Foto: Archiv Helmut Goldschmidt

Bonn, Tempelstr. 2–4
Synagoge und Gemeindezentrum
Bj.: 1958/59
Bh.: Synagogengemeinde Bonn
Statiker: Ernst Rudolf Kahn

Bei den zu einem Komplex zusammengefassten Bauten von Synagoge und Gemeindezentrum mit Verwaltung ist jedes Bauteil in besonderem Maße in seiner Eigenständigkeit betont und architektonisch behandelt. Als Bindeglied zwischen den beiden Baukörpern ist die zweigeschossige, fast gänzlich in Glas aufgelöste Eingangshalle gesetzt, deren Portal durch ein weit auskragendes, bis in die Halle reichendes Vordach sowie bronzene Menora-Leuchtern an den seitlichen Wandflächen akzentuiert ist. Die Synagoge selbst wirkt durch die Verschachtelung und Staffelung der weitgehend aus weiß getünchten Stahlbetonscheiben bestehenden Wandsegmenten wie eine „kubistische" Großplastik, die in der gerundeten Form der in ein Rahmenmotiv eingestellten Apsis ihren Kontrapunkt findet. Ein besonderes Raffinement stellen die Abschrägungen der Wandflächen dar, durch die der Fassade ein schattenreiches Relief und dem

Innenraum eine raffinierte Belichtung mit Streiflicht in Richtung Ostwand gegeben wurde. In künstlerischer Hinsicht stellt die Bonner Synagoge eine Weiterentwicklung der 1957 geplanten, aber nicht realisierten Synagoge des Altenheims Blankenheimer Straße in Köln dar. Das Innere der Synagoge betritt man über die Eingangshalle, wo

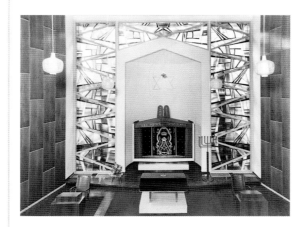

links: Blick ins Innere der Bonner Synagoge. Foto: Archiv Helmut Goldschmidt

rechts: Gemeinschaftsraum im Verwaltungstrakt. Foto: Archiv Helmut Goldschmidt

erdgeschossig der Zutritt zu den 80 Plätzen der Männer und obergeschossig der zu den 40 Plätzen auf der Frauenempore erfolgt. Zentrum des nach Osten in der Höhe ansteigenden Raumes ist die Apsis mit dem Aron-Hakodesch, dem Heiligen Schrein. Die Decke ist mit weißen Akustikplatten verkleidet und der Fußboden überwiegend mit schwarzen Platten belegt. Nussbaum- und Ahornhölzer finden sich beim Schrein, beim Gestühl und in Teilbereichen der Fußböden. Eingeweiht wurden Synagoge und Gemeindezentrum am 26.5.1959.

LITERATUR:
- Festschrift zur Einweihung der neuen Synagoge in Bonn, 26. Mai 1959. Bonn 1959
- Helmut Goldschmidt: Neubau der Synagoge in Bonn. In: Allgemeine Wochenzeitung der Juden in Deutschland vom 29.5.1959
- Salomon Korn: Synagogenarchitektur in Deutschland nach 1945. In: Hans Peter Schwarz (Hg.): Die Architektur der Synagoge. Frankfurt 1988, S. 287–343 (297–298, 316)
- Oberstadtdirektor der Stadt Bonn (Hg.): Bonn 1956–1964. Verwaltungsbericht. Bonn 1964, S. 302
- Elfi Pracht: Jüdisches Kulturerbe in Nordrhein-Westfalen. Teil I: Regierungsbezirk Köln. Köln 1997, S. 469–475
- Ursel und Jürgen Zänker (Bearb.): Bauen im Bonner Raum 49–69. Düsseldorf 1969, S. 183 und Abb.

Münster, Klosterstr. 8/9
Synagoge und Gemeindezentrum
Bj.: 1960/61
Bh.: Synagogengemeinde Münster
Statiker: Ernst Rudolf Kahn (als Berater)

Die 1879/80 von dem Herborner Architekten Carl Hofmann erbaute Synagoge in der Klosterstraße wurde am 10. November 1938 durch Brandstiftung weitgehend zerstört und deren Ruine im März 1939 abgebrochen. Ende der 1950er Jahre beschloss die Jüdische Kultusgemeinde Münster, nachdem die Jewish Trust Corporation for Germany ihr das Grundstück übertragen hatte, an gleicher Stelle wieder ein Gotteshaus mit Gemeindezentrum zu errichten. Am 15.5.1960 fand die Grundsteinlegung und am 12.3.1961 die feierliche Einweihung statt. Von Helmut Goldschmidt ist ein ausführlicher Bericht über den Neubau in der Festschrift zur Weihe der Synagoge abgedruckt: „*An der gleichen Stelle, an der einst die alte Synagoge der Gemeinde Münster stand, wurde, nunmehr 22 Jahre nach der Zerstörung, ein neues Gotteshaus errichtet. Lediglich ein Gedenkstein wies auf einem leeren Grundstück bisher darauf hin, daß hier einmal eine Synagoge stand, die Jahrzehnte der Stolz dieser Gemeinde war. Um die Entscheidung, ein neues, würdiges Gotteshaus zu erbauen, wurde von Vorstand und Repräsentanz lange gerungen, denn die Errichtung eines solchen Gebäudes und dessen Unterhaltung ist für die heutigen kleinen Restgemeinden ein ernstes Problem. Auch die äußere Form und Einrichtung ist bei der heutigen Zusammenstellung der Gemeinden, orthodox und liberal, immer eine schwierige Frage, die gut ausgewogen wer-*

oben: Synagoge und Gemeindezentrum von Münster kurz nach ihrer Fertigstellung. Foto: Archiv Helmut Goldschmidt

unten: Synagoge und Gemeindezentrum von Münster kurz nach ihrer Fertigstellung. Foto: Archiv Helmut Goldschmidt

Innenhof mit dem Zugang zur Synagoge. Foto: Archiv Helmut Goldschmidt

Der Synagogenraum mit Blick auf den Toraschrein. Foto: Archiv Helmut Goldschmidt

Der Synagogenraum mit Blick in Richtung Frauenempore. Foto: Archiv Helmut Goldschmidt

den muß. Als Architekt ergab sich für mich nicht allein die Forderung, ein Gotteshaus, sondern gleichzeitig alle Räumlichkeiten zu schaffen, die zur Erfüllung der Aufgaben der jüdischen Gemeinden erforderlich sind: ein Gemeindezentrum, bestehend aus Synagoge, kleinem Betraum, Rabbinat, Gemeindesaal, Unterrichtsraum, Jugendraum, rituelles Bad (Mikwa) und Verwaltung. Das Grundstück, das von der Klosterstraße (Eingangsseite) in eine städtische Grünanlage reicht, mußte naturgemäß der allgemeinen Bebauungsmöglichkeit angepaßt werden. Trotz der generellen Bausperre für dieses Grünanlagengebiet wurde von der Stadtverwaltung eine Sondergenehmigung erteilt und so konnte an alter Stelle der Neubau errichtet werden. Gemäß den einzelnen Funktionen wurden die Gebäudeteile eingeschossig um einen Innenhof angeordnet, angelehnt an den dominierenden Synagogentrakt. Nur über diesen Innenhof werden die einzelnen Institutionen erreicht. Es gibt gleichzeitig das Gefühl innerer Abgeschlossenheit, losgelöst vom allgemeinen Straßenverkehr. Ein Gittertor bildet den Abschluß des Zuganges, durch das man über einige überdachte Stufen den Innenhof erreicht. Von diesem überdachten Zugang führt der Haupteingang zum Synagogenbau in eine geräumige Treppenhalle, aus der die Zugänge im Erdgeschoß zur Synagoge, im Obergeschoß zur Frauenempore und im Souterrain zum Gemeindesaal und den Garderoben führen. In der Vorhalle wurde die bisherige Gedenktafel für die Opfer der Gemeinde Münster aus den alten Räumen wieder angebracht. Die Synagoge selbst bildet einen Raum von etwa 200 Quadratmeter Grundfläche und einer Höhe von 8 Metern, mit einer weitauskragenden, stufenförmig ansteigenden Empore. Es sind insgesamt für 96 Männer und 50 Frauen Sitzplätze mit Gebetpulten angeordnet. Der Aron Hakodesch steht einige Stufen erhöht frei in einer Apsis, eingegliedert an die Ornamentik der Holzvertäfelung. Die Apsis ist umrahmt von großen buntverglasten Fenstern, – eine Arbeit der Werkstatt von der Forst, Münster –. Diese bunten Fenster bilden eine wirkungsvolle Ausschmückung der Ostwand in bezug zu den Grundfarben des Raumes – graublau der Akustikdecke, grau der Holzverkleidung und Betstühle –. Die Lage der Kanzel entspricht der heutigen Art der Predigt – Gespräch mit der Gemeinde. Unterhalb des Synagogenraumes liegt der Gemeindesaal, der etwa 160 Personen bei Tischanordnung faßt. Eine Bühne für Theateraufführungen, Vorträge und Filmvorführungen er-

möglicht eine vielseitige Verwendung des Saales. Zur Bewirtung der Gäste ist eine entsprechende Küche mit Nebenräumen vorhanden. Zur Erfüllung der religiösen Aufgaben sollte die Mikwa, das rituelle Bad, trotz des verhältnismäßig kleinen Gebäudeumfanges und der beschränkten finanziellen Mittel nicht fehlen und so wurde diese Anlage mit den erforderlichen Nebenräumen den Vorschriften entsprechend eingebaut. Eine kleine Synagoge, im wesentlichen unter Verwendung der bisherigen Einrichtung des Nachkriegsbetraumes wurde für den täglichen Gebrauch vorgesehen. Unterrichtsraum für 20 Kinder und dem darunterliegenden Jugendraum bieten die Möglichkeit, die Erziehung und Erfassung der Jugend in eigenen Gemeinderäumen zu bewirken. Bautechnisch ist der Synagogenbau eine Betonrahmenkonstruktion (Sichtbeton) und mit roten Klinkern ausgefacht. In Form und Farbe gliedert sich das Gebäude in die heute allgemein übliche örtliche Bauweise ein. Mit dieser neuen Synagoge dürfte die Jüdische Gemeinde in Münster ein würdiges und neuzeitliches Gotteshaus erstellt haben, auf das sie mit Recht stolz sein darf. Alle am Bau beteiligten Unternehmer und Handwerker bemühten sich, ihr Bestes zu geben und ein jeder machte es sich zur Ehre, bei der Errichtung des neuen Gotteshauses mit Hand anzulegen."

LITERATUR:
- Aliza Cohen-Mushlin, Harmen Thies (Hg.): Synagogenarchitektur in Deutschland. Petersberg 2008
- Jüdische Kultusgemeinde Münster (Hg.): Festschrift zur Weihe der neuen Synagoge in Münster/Westf., 12. März 1961. Adar 5721. Düsseldorf-Benrath 1961
- Salomon Korn: Synagogenarchitektur in Deutschland nach 1945. In: Hans Peter Schwarz (Hg.): Die Architektur der Synagoge. Frankfurt 1988, S. 287–343 (297–298, 335)
- Elfi Pracht-Jörns: Jüdisches Kulturerbe in Nordrhein-Westfalen. Teil IV: Regierungsbezirk Münster. Köln 2002, S. 25–32, 52–54

Wuppertal-Elberfeld, Friedrich-Ebert-Str. 73/Aue 82
Gemeindezentrum mit Synagoge
Bj.: 1962
Bh.: Synagogengemeinde Wuppertal

Im Jahre 1913 richtete die jüdische Gemeinde Elberfeld in dem zuvor von ihr erworbenen, aus den 1840er Jahren stammenden Wohnhaus Friedrich-Ebert-Str. 73 ein Altenheim ein. Der Speisesaal dieses im Zweiten Weltkrieg unzerstörten Hauses

Blick ins Innere der Wuppertaler Synagoge. Foto: Ulrich Knufinke

diente seit 1945 der wiedergegründeten Gemeinde Wuppertal als Synagoge und wurde nach der 1959 erfolgten Rückübereignung im Jahre 1962 durch Helmut Goldschmidt zu einem würdevollen Gottesdienstraum umgestaltet. Im Rahmen dieses Umbaus erfolgte rückwärtig eine Erweiterung und straßenseitig eine Verkleidung des Erdgeschosses mit Natursteinplatten.

LITERATUR:
- Salomon Korn: Synagogenarchitektur in Deutschland nach 1945. In: Hans Peter Schwarz (Hg.): Die Architektur der Synagoge. Frankfurt 1988, S. 287–343 (297)
- Elfi Pracht-Jörns: Jüdische Kulturerbe in Nordrhein-Westfalen. Teil II: Regierungsbezirk Düsseldorf. Köln 2000, S. 291

Mönchengladbach, Albertusstr. 54
Gemeindezentrum mit Synagoge
Bj.: 1966/67
Bh.: Synagogengemeinde Mönchengladbach

Das im Krieg beschädigte, zur Straße hin aber weitgehend unversehrte ehemalige Gemeindehaus der Mönchengladbacher Synagogengemeinde, eine ehemalige, 1902 errichtete Fabrikantenvilla, die im Februar 1935 durch die jüdische Gemeinde von dem Gladbacher Fabrikanten Franz Müller-Hoberg erworben wurde, musste 1962/63 bis auf den Keller und Teile des Erdgeschosses dem

links: Straßenseitige Fassade der Synagoge zu Mönchengladbach in den 1980er Jahren (?). Foto: Archiv Helmut Goldschmidt

rechts: Gartenansicht der Synagoge zu Mönchengladbach in den 1980er Jahren (?). Foto: Archiv Helmut Goldschmidt

unten links: Der Speisesaal im Gemeindezentrum. Foto: Archiv Helmut Goldschmidt

Mitte rechts: Das Innere der Synagoge. Foto: Archiv Helmut Goldschmidt

zweckmäßigen Neubau des Mönchengladbacher Architekten Werner Weichert weichen. Dieses Mehrfamilien- und Gemeindehaus der Synagogengemeinde wurde 1966/67 durch Helmut Goldschmidt durch einen an der Gartenseite als Baukörper hervortretenden Anbau ergänzt, der in sich unter anderem die Synagoge und den Speisesaal beherbergt.

LITERATUR:
- Salomon Korn: Synagogenarchitektur in Deutschland nach 1945. In: Hans Peter Schwarz (Hg.): Die Architektur der Synagoge. Frankfurt 1988, S. 287–343 (297)
- Elfi Pracht-Jörns: Jüdisches Kulturerbe in Nordrhein-Westfalen. Teil II: Regierungsbezirk Düsseldorf. Köln 2000, S. 190, 213
- David Boms, Eckhard Goldberg, Horst A. Kesseler, Gerd Lamers: Jüdisches Leben in Mönchengladbach gestern und heute. Mönchengladbach 1998 (=Beiträge zur Geschichte der Stadt Mönchengladbach 37)

Bad Sobernheim, Janusz-Korczak-Str. 15
Erholungsheim der Synagogengemeinde Köln
„Max-Willner-Heim"
Bj.: 1960
Bh.: Synagogengemeinde Köln

Das Gebäude wurde in den 1920er Jahren vom „Vaterländischen Frauenverein" als „Haus Waldesruh" übernommen und diente in den 1930er Jahren als „Rotes-Kreuz-Heim". Mit Kriegsende wurde es zu einem Erholungsheim für Kriegsgefangene aus dem Kriegsgefangenenlager Bretzenheim bei Bad Kreuznach ausgebaut. Um 1957 übernahm die Synagogengemeinde Köln die Baulichkeiten und baute sie 1960 zu einem Erholungsheim für jüdische Familien und Kindern um. Später wurde dieses Heim von der „Zentralwohlfahrtsstelle der Juden in Deutschland e.V." mit Sitz in Frankfurt am Main übernommen. Der heutige Eigentümer ist der Zentralrat der Juden in Deutschland, der dieses Heim bis 2008 zu einem jüdischen Bildungszentrum umbauen und erweitern ließ.

QUELLEN UND LITERATUR:
- Freundliche Mitteilungen von Herrn Bernd Ramlow von der Verbandsgemeinde Bad Sobernheim
- Allgemeine Zeitung vom 26.1.2008

(HERMANN) JOSEF HARF

Architekt, Bautechniker
geb. 28.3.1889 Bonn-Vilich, gest. 6.7.1958 in Brotdorf

Der laut Geburts- und Sterbeurkunde katholische Josef Harf war der Sohn des Vilicher Schreinermeisters und Inhaber eines Sargmagazins Hermann Harf, der, so ist zu vermuten, mit seiner Ehefrau von der jüdischen zur katholischen Religion konvertiert war. Der Antrag von Josef Harf auf Mitgliedschaft in der Reichskammer der Bildenden Künste zu Beginn des „Dritten Reiches" wurde mit dem Hinweis „Volljude" abgelehnt. Das Studium der Architektur (Tiefbauabteilung), das er im Sommersemester 1920 abgeschlossen hatte, absolvierte er an der Baugewerkschule in Köln. Am 22.10.1920 heiratete er in Vilich, das wie der Geburtsort seiner Ehefrau seinerzeit zu Beuel gehörte, Anna Maria Korf (geb. 10.4.1890 in Bonn-Combahn, gest. 1978 in Bonn-Beuel). Trauzeugen waren die Schreiner Peter Harf aus Beuel und Josef Schlimgen aus Troisdorf. Seit den 1920er Jahren bis etwa 1953 wohnte er in dem Haus Kirchstr. 15 in dem zu Beuel gehörenden Ort Ramersdorf und anschließend bis zu seinem Tod in dem Haus Gottfried-Claren-Str. 32 in Beuel. Über das Leben und Wirken von Josef Harf, der mit seiner Ehefrau vermutlich im Versteck das „Dritten Reich" überstanden hat, ist nichts bekannt.

Unterschrift von Hermann Josef Harf

QUELLEN UND LITERATUR:
- Freundliche Mitteilungen von Angelika Belz/Bonn
- 50 Jahre Staatliche Baugewerkschule in Köln am Rhein 1879–1929. Köln 1929, S. 26
- Willy Oskar Dressler: Dresslers Kunsthandbuch, Bd. 2. Berlin 1930
- Myra Warhaftig: Deutsche jüdische Architekten vor und nach 1933 – Das Lexikon. Berlin 2005, S. 218 (dort allerdings teilweise verwechselt mit einem aus Eschweiler stammenden Josef Harf, der Postbetriebsassistent war)

THEODOR HEIDEGGER

Architekt, Geheimer Baurat, AIV
geb. 7.1.1834 , gest. 8.5.1914 in Köln

Eintrag aus Greven's Kölner Adreßbuch 1912

Theodor Heidegger war verheiratet mit Friederike Heidegger, geb. Steinert (geb. 27.12.1846, gest. 17.8.1918 in Köln). Bevor er 1908 nach Köln zog, war er als Geheimer Baurat Kreisbauinspektor in Metz, wo seine Adresse im Jahre 1907 Gefängnisstr. 25 lautete. Dort wurde ihm im August 1890 der „Charakter als Baurath" verliehen.[1] In Köln wohnte er im Haus Hülchrather Str. 1. Seine früheste nachweisbare Tätigkeit war in Ägypten, wo er an der Ausführung des 1859–69 nach den Entwürfen von Alois Negrellis, unter der Leitung von Ferdinand de Lesseps gebauten Suezkanals beteiligt gewesen war.[2] Als Auszeichnung trug er den Kronenorden III. Klasse. Theodor Heidegger war Mitglied im Architekten- und Ingenieurverein, AIV, und gehörte nach seinem Umzug nach Köln selbstverständlich auch dessen Kölner Ortsgruppe an.[3] Die gemeinsame Grabstätte des Ehepaars Heidegger befindet sich auf dem Jüdischen Friedhof in Köln-Deutz, Flur L Nr. 424. Möglicherweise handelt es sich bei dem Kaufmann Emil Heidegger, der etwa zeitgleich nach Köln gezogen war, um einen Sohn des Ehepaars.

1 Centralblatt der Bauverwaltung, Jg. 10, 1890, S. 321
2 Theodor Heidegger: Einiges aus der Geschichte und dem Bau des Suezkanals. In: Deutsche Bauzeitung, Jg. 43, 1909, S. 314, 318–320, 323, 326f.
3 Stammrolle des Architekten- und Ingenieurvereins, AIV, Köln

ERNST HOFF

Architekt, Baumeister
geb. 24.12.1876 in Breslau , gest. 14.7.1942 in Sachsenhausen

Vor dem Studium der Architektur an der Baugewerkschule in Köln, das er im Wintersemester 1896 abgeschlossen hatte, war Ernst Hoff in Wuppertal-Elberfeld ansässig. Anschließend studierte er das Fach Architektur an der Technischen Hochschule Berlin-Charlottenburg. Seit 1910 ist er in den Berliner Adressbüchern nachweisbar, so 1910/14 als Architekt und Baumeister, wohnhaft in Berlin-Schöneberg, Luitpoldstr. 35, 1920 wohnhaft in Berlin-Schöneberg, Freiherr-vom-Stein-Str. 16 und 1925/39 wohnhaft in Berlin-Wilmersdorf, Xantener Str. 15. 1940/43 war er wohnhaft in Berlin, Bayrischer Platz 3. Er galt nach der Definition der Nationalsozialisten als „Volljude", was im „Dritten Reich" eine Ablehnung des Antrages auf Mitgliedschaft in der Reichskammer der bildenden Künste zur Folge hatte. Erfolglos war auch der Antrag von Ernst Hoff beim Flüchtlingskomitee des Royal Institutes of British Architects, RIBA, auf Übersiedlung nach Großbritannien. Er kam zu Tode im Konzentrationslager Sachsenhausen in Oranienburg-Sachsenhausen, dem Konzentrationslager der Reichshauptstadt.

QUELLEN UND LITERATUR:
- Yad-Vashem, Gedenkbuch
- 50 Jahre Staatliche Baugewerkschule in Köln am Rhein 1879–1929. Köln 1929, S. 18
- Willy Oskar Dressler: Dresslers Kunsthandbuch, Bd. 2. Berlin 1930
- Myra Warhaftig: Deutsche jüdische Architekten vor und nach 1933 – Das Lexikon. Berlin 2005, S. 233–234

ERNST KAHN

Regierungsbaumeister, Dipl.-Ing., AIV-Köln
geb. 28.9.1891 in Wuppertal-Elberfeld, gest. 9.9.1966 in Köln

Ernst Kahn in den 1950er Jahren. Foto: Josef Josuweck, Privatbesitz Ernst Rudolf Kahn

Ernst Kahn war der Sohn von Henriette Kahn, geb. Mombert (gest. 1922), und dem bei den Bayerwerken in Wuppertal-Elberfeld und – ab 1912 im Rahmen der Firmensitzverlegung – bei den Bayerwerken in Leverkusen tätigen, in Fachkreisen hoch geachteten Chemiker Dr. Myrtil Kahn. Dieser starb – seit den Ereignissen vom November 1938 an geistiger Verwirrung leidend – im Frühjahr 1939 auf dem Heumarkt durch einen Unfall mit einer Straßenbahn, vor die er gelaufen war. Die aus der jüdischen Gemeinde ausgetretene Familie Kahn wohnte seit ihrem Wegzug von Wuppertal in Köln in dem großen Mehrfamilienhaus Deutscher Ring 28 (alte Zählung 44). Nachdem ihr Sohn Ernst, den sie evangelisch taufen ließen, um 1924 die elterliche Wohnung verlassen hatte, erwarb Dr. Myrtil Kahn um 1926 in Riehl das Einfamilienhaus Bodinusstr. 5, bezog dieses aber nicht, sondern baute sich 1927/28 auf dem angrenzenden freien Grundstück mit direktem Anschluss an das Haus Bodinusstr. 5 den modernen Neubau Bodinusstr. 7, in den er mit seiner zweiten Frau, Johanna Kahn, und der gemeinsamen Tochter, die später den Namen Zabelberg trug, einzog.

Ernst Kahn absolvierte an der Technischen Hochschule Hannover das Studium des Eisenbahn- und Straßenbahnwesens mit dem Diplom als Abschluss. Sein Ziel war es, Eisenbahnbaumeister zu werden, also Bahnhöfe, Bahnhofsanlagen, Bahnstrecken als auch Wohnbauten für die Eisenbahn zu planen. Die dafür notwendige Laufbahn eines Regierungsbaumeisters durfte er zu jener Zeit nach dem Ersten Weltkrieg jedoch nur unter der Voraussetzung einschlagen, wenn er zuvor schriftlich auf eine spätere Anstellung beim Staat verzichtet hatte. Diese Regelung wurde vom Staat angesichts des Überangebots an Regierungsbaumeistern getroffen, die jetzt – bedingt durch die enormen Bevölkerungsverschiebungen im Rahmen des Versailler Vertrags – aus den ehemals deutschen Gebieten in das Reich kamen und hier vom Staat übernommen werden mussten. Daraus resultierte, dass Ernst Kahn im April 1922 zwar den Titel eines Regierungsbaumeisters erhielt, aber nie in seinem erlernten Beruf tätig werden konnte. Seit etwa 1924 bis in die Nachkriegszeit verdiente er statt dessen seinen Unterhalt als – in Fachkreisen sehr erfolgreicher und anerkannter – Vertreter für diverse Baufirmen und Baumaterialienhersteller, so 1925 für die „Niederrheinischen Steinholz-Industrie C. Conrads m.b.H., Crefeld" und die „Bergischen Dachpappen-Teerprodukte u. Asphaltfabrik Hergesell & Co., Bergisch-Gladbach". Später waren es die Vertretungen für die auf Warmdächer spezialisierte Firma Max de Bour, und die Firma Enso. Als Anerkennung für sein Wirken und seine Persönlichkeit ist die Aufnahme in den AIV, den Architekten- und Ingenieurverein Köln, im Jahre 1929 zu werten, den er im Dezember 1935 wegen seiner jüdischen Herkunft allerdings wieder verlassen musste.

Zu Beginn der 1920er Jahre heiratete Ernst Kahn die Katholikin Leonie Elisabeth von Halberg

links: Ernst Rudolf Kahn um 1989. Foto: Privatbesitz Ernst Rudolf Kahn

rechts: Ernst Rudolf Kahn im November 2008. Foto: Wolfram Hagspiel

ERNST RUDOLF KAHN

Bauingenieur, Dipl.-Ing.,
Beratender Ingenieur, BDB
geb. 9.7.1925 in Köln

Ernst Rudolf Kahn ist der Sohn des Regierungsbaumeisters Ernst Kahn und seiner Ehefrau Leonie, geb. von Halberg. Nach vier Jahren an der Volksschule Klingelpütz in Köln ging er an das naturwissenschaftlich ausgerichtete Städtische Reformrealgymnasium in der Spiesergasse. Da er nach der Definition der Nationalsozialisten als „Halbjude" galt, musste er Ostern 1942 die Schule mit der Mittleren Reife abschließen. Sein Ziel war das für „Halbjuden" noch erlaubte Studium des Bauingenieurswesens an der Staatlichen Ingenieurschule in Köln, für das die Mittlere Reife und eine abgeschlossene Lehre Voraussetzung waren. Durch einen Untermieter seiner Großmutter mütterlicherseits, dem Geschäftsführer der Baugewerks-Innung für den Stadtkreis Köln, Dr. Welter, bekam er 1942 eine Stelle als Maurerlehrling bei der in Bayenthal ansässigen Bauunternehmung Jopp & Co. G.m.b.H. vermittelt, die laut Ernst Rudolf Kahn zahlreiche „Belastete", wie Kommunisten, wehrunwürdige Sozialisten und ältere Bürger beschäftigt hatte. Am 12.9.1944 begann für Ernst Rudolf Kahn zusammen mit seinen Eltern und seinen beiden Schwestern die Zeit des Versteckens vor den Nationalsozialisten (beschrieben in der Biographie von Ernst Kahn). Direkt nach Kriegsende arbeitete Ernst Rudolf Kahn bei dem Bauunternehmer Johann Christian Sesterhenn, bei dem sein Vater während des Krieges zeitweise zur Arbeit verpflichtet gewesen war. Im Sommer 1946 nahm er dann an der gerade wiedereröffneten Ingenieurschule in Köln das lang ersehnte Studium des Bauingenieurwesens auf, das er rund zwei Jahre später als Bauingenieur abschloss. Während dieses Studiums machte er nebenher auch noch seine Gesellenprüfung im Maurerhandwerk, die ihm durch die Ereignisse in den letzten Kriegsjahren verwehrt gewesen war. Mit dem 1.9.1948 begann eine rund vierjährige Anstellung in dem Ingenieurbüro Walter Kuhlmeyer. Darauf folgte für ein Jahr eine Anstellung bei dem renommierten Statiker Dr. Felix Varwick.

Vom 1.3.1953 bis zum 31.12.2008 war Ernst Rudolf Kahn selbstständiger Bauingenieur und Beratender Ingenieur. Seit 1948 ist er Mitglied im Bund Deutscher Baumeister, BDB, der ihn am 12.3.2008 in seiner Jahres-Hauptversammlung für seine 60-jährige Mitgliedschaft mit einer Urkunde und der großen BDB-Plakette ehrte. Er zählt zu den engagiertesten Mitgliedern dieser Standesvereinigung, bei der er am 1.3.1961 von seinem Kollegen Klaus Opladen das Fachreferat Beratende Ingenieure übernommen hatte. Ernst Rudolf Kahn hat bei insgesamt 1470 Bauten die Statik berechnet, so bei zahlreichen Bauten des Architekten Helmut Goldschmidt und vor allem des Architekten Heinrich

Preusser (geb. 13.12.1919 in Köln, gest. 30.4.1979 in Köln), der eine Vielzahl von Siedlungsbauten für den Erbbauverein Köln e.G.m.b.H. und die Gemeinnützige Siedlungsgesellschaft „Am Bilderstöckchen" m.b.H. entworfen hat. Ferner war er beteiligt bei der Planung zahlreicher Altenheime, Wohnheime, Krankenhäuser, Sanatorien, Hotels und Geschäftshäuser. Auch das 1955 fertiggestellte Einfamilienhaus von Ernst Rudolf Kahn in Müngersdorf ist ein Gemeinschaftswerk von Heinrich Preusser und dem Bauherrn.

LITERATUR:
- Freundliche Mitteilungen und Unterlagen von Herrn Ernst Rudolf Kahn
- Aufbau vom 12.4.1945 (Liste der Juden, die in Köln überlebt haben)
- 75 Jahre Naturwissenschaftliches Gymnasium Spiesergasse. Festschrift 1878–1953. Köln 1953, S. 35
- Mitgliederverzeichnis BDB Bezirksgruppe Köln 1984/85 (mit Porträtfoto)
- BDB Köln Nachrichten, 1989, H. 1, S. 17 (Bericht mit Porträtfoto)

JAKOB AUGUST KAUFMANN

Architekt, Architekturschriftsteller
geb in Köln (?), gest. nach 1857 in Paris (?)

Laut Johann Jacob Merlo war Jakob August Kaufmann, der sich in Paris Jacques-Auguste Kaufmann nannte, der „*Sohn eines um 1856 in Köln verstorbenen Israeliten.*"[1] Bei diesem handelt es sich um den Felix August Kaufmann (gest. 5.5.1856), der Inhaber der Papierhandlung und lithographischen Anstalt Felix Kaufmann & Comp. war, die sich 1855 im Hause Marzellenstr. 21 befand. Sein Grab, dessen Grabstein nicht mehr erhalten ist, befindet sich auf dem Jüdischen Friedhof in Deutz. Jakob August Kaufmann war der Bruder des mit Heinrich Heine befreundeten Literaten und Übersetzers Maximilian Kaufmann (gest. 1851). Wie viele junge Kölner Kulturinteressierte der Zeit des frühen 19. Jahrhunderts zog es wohl auch Jakob August Kaufmann von der damals völlig provinziellen, fast noch mittelalterlichen, zeitweise zu Frankreich gehörenden Stadt Köln in die pulsierende Metropole Paris. Zum Studium und teilweise für das ganze Leben hatte es zu jener Zeit viele Kölner Künstler und Intellektuelle nach Paris gezogen, wie den späteren Kölner Stadtbaumeister Johann Peter Weyer (geb. 19.5.1794 in Köln, gest. 25.8.1864 in Köln), den Architekten Jakob Ignaz Hittorff (geb. 20.8.1792 in Köln, gest. 25.3.1867 in Paris) oder den Sohn des Kantors der Kölner Synagogengemeinde, den Komponisten Jacques Offenbach (geb. 20.6.1819 in Köln, gest. 5.10.1880 in Paris). Der in Paris zu großem Ruhm gelangte Architekt Jakob Ignaz Hittorff, der für deutsche Studenten Seminare in ihrer Heimatsprache abhielt, wurde zum Lehrmeister von Jakob August Kaufmann, der sich durch Publikationen für den Zeitraum von 1837 bis 1840 mit Sicherheit in Paris nachweisen lässt. In jenen Jahren war er der Herausgeber der „Architectonographie des Théâtres de Paris ou parallèle hist. et crit. de ces édifices. Commencé par Alexis Donnet et Orgiazzi et continué par Jacques-Auguste Kaufmann, architecte. 2 vol. Paris L. Mathias 1837–1840". Hierbei handelt es sich um zwei Oktavbände, von denen der erste mit 25 und der zweite mit 44 Kupferstichen in kleinem Folio meist nach eigenen Zeichnungen illustriert war. Ferner war er 1857 zusammen mit dem Architekten Charles Duval (geb. 1800, gest. 1876) Herausgeber des Buches „Architecture rurale et communale. Petites maisons de plaisance et d'habitation choisies aux environs de Paris et dans les quartier."

1 Johann Jacob Merlo: Kölnische Künstler in alter und neuer Zeit. 2. erweiterte Auflage Düsseldorf 1895, Sp. 478
Thieme/Becker: Allgemeines Lexikon der bildenden Künstler, Bd. 20, 1927, S. 10

Jüdische Künstler in Köln
Der Architekt H. Hans Krebs

Mein zweiter Besuch gilt einem jungen jüdischen Architekten. Absichtlich wähle ich meine Atelierbesuche so, daß in möglichst bunter Reihe alle Künste in ihren Vertretern dem Leser vermittelt werden können. So werden unsere Betrachtungen abwechslungsreich und vielseitig sein, eben ein kleines Abbild der Universalität der Künste. Man wird fragen: Ja, ist denn ein Architekt auch ein Künstler? Was hat denn so ein Mann zu produzieren? Darauf wäre von vornherein zu sagen, daß die Architektur ein Raumgebilde ist, in dem alle andren Künste ihr Heim haben. Das Bauwerk kann nicht von ungefähr entstehen. Es hat seine eigenen Gesetze, seine schwingende Harmonie; es ist Ausdruck der Zeiten, es überdauert die Generationen und die Jahrhunderte. Es ist die Mutter der Künste, denn in seinem Innern wachsen diese und sind geborgen. Der Architekt muß den Blick haben für Schönheiten aller Art, er muß Gefühl haben für Raum und Landschaft. Sein Werk — ausgeführt durch die Baumeister und die Bauleute — spricht zu den Menschen in ungleich verständlicherer Weise als die Werke der Bildhauerei und Malerei. Sein Name ist zumeist nicht genannt. Der Aufgabenkreis eines modernen Architekten erscheint dem Laien überraschend groß.

Ich habe mich mit H. Hans Krebs unterhalten und mir von seinen vielseitigen Arbeiten berichten lassen. Als ich ihn besuchte, traf ich ihn in seinem Atelier am Zeichentisch an. Auf einem großen Zeichenbogen entstand gerade, säuberlich konstruiert, ein moderner Zweckbau. Präzision der Zeichnung steht neben der Schönheit und Monumentalität des Entwurfes. Auf meine Frage nach der Art seiner Arbeiten erklärt Hans Krebs, daß er eine „Verbindung der Praxis des Alltages mit den Grundgesetzen der Kunst" zum Ziele habe. Um mir das zu beweisen, holt er aus Schränken und Truhen seine Schätze: Zeichnungen aller Art, in Tusche mit der Feder, in Aquarell, mit dem Stift. Seine Skizzenbücher bergen tausend Ideen; Fotos und Blaupausen berichten von ausgeführten Werken. Unter den Rissen fällt ein ebenfertiggestellter besonders auf: in riesigen Dimensionen ist ein Getreidesilo ausgeführt. Der Zweckbau ist mit den Erfordernissen der Technik und der architektonischen Gestaltung zu baulicher Schönheit geeint. Daneben finde ich Entwürfe zu Tapetenmustern, Ideen zu Stoffen und zur Aufteilung moderner Innenräume. Lampen, Kleinmöbel, Keramik, Teppiche, das alles hat ein Architekt zu entwerfen. Diese Dinge stehen in engem Zusammenhang mit dem heute erweiterten Arbeitsgebiet der Wohnungsteilung. Da sind u. a. die Pläne zu Wohnungsumbauten und zu Läden, die alten Häusern ein neues, zeitgemäßes Aussehen geben. Hierbei ist es jedoch nicht schon mit der Idee zur baulichen Lösung allein getan, vielmehr sind alle Dinge der Inneneinrichtung zweckmäßig mit einzubeziehen, wobei die Lösung wirtschaftlicher und rationeller Fragen mit den künstlerischen konform gehen muß.

Ein Landhausprojekt, der großangelegte Bau einer Stadthalle, die Gestaltung eines Bahnhofsvorplatzes nach städtebaulichen Prinzipien, eine langgeschwungene Brücke in Eisenbeton und vieles andere fällt mir beim Betrachten der Arbeiten von Hans Krebs besonders auf. Alles ist auf die große Linienführung und auf das Erfassen des Raumkörpers abgestellt. Beschwingt und großzügig sind alle diese Bauwerke. Nie ist jedoch neben dem Zweckvollen die Harmonie der Proportionen — das schöne Ebenmaß — übersehen. Immer ist der Bau als Kunstwerk das Endergebnis der Ueberlegung und des Entwurfs.

Die Auseinandersetzung mit künstlerischen Problemen vollzieht sich bei Krebs in den verschiedensten Entwürfen und Techniken. Modelle in Gips und Ton werden erstellt; diese Art der Arbeit führt den schöpferischen Architekten dann weiter zu anderweitigen Plastiken, die schon ganz in der bildenden Kunst stehen. Neben der rein geometrischen Projektarbeit entstehen künstlerische Entwürfe, oft phantasiemäßig ins Malerische und Farbige übertragen. Hierzu erläutert mir Hans Krebs auf meine Fragen: „Das abstrakte, rein künstlerische Arbeiten zeigt sich in sogenannten Ideal-Projekten, die sich bis zur Vision von Form und Farbe verlieren können. Der Vorwurf und Anlaß zu solchen Arbeiten sind zumeist die Ausschreibung nationaler und internationaler Wettbewerbe. — Im Einklang mit dem Zeichenstift berühren auch kritische Ueberlegungen, Themen wie Siedlungsbau, Städteplanung und Fragen des Kultbaues."

Auf dem Gebiete der Reklame und Gebrauchsgraphik wurden die vielfältigen Arbeiten von Hans Krebs für die Jüdische Winterhilfe weiten Kreisen bekannt. Alle Werbungsbilder und -Montagen für die Jüdische Winterhilfe in Köln wurden von ihm ausgeführt. Im Zusammenhang mit diesen graphischen Arbeiten stehen seine Entwürfe zur Gestaltung eines Ausstellungsraumes, zu Dekorationen für Schaufenster, zu Bühnenbildern usw. — So nebenbei befaßt sich Hans H. Krebs mit den Fragen des Films. Seine (geheime) Neigung geht zur Film-Regie. Unter seinen schriftlichen Studien fand ich eine längere Ausführung: „Betrachtungen zum Film." Was ich beim Blättern in seinen Skizzenbüchern alles antreffe, ist sehr interessant, jedoch schwer zu schildern. Da ist in sprühendem Kunterbunt eine unbeschreibliche Vielfalt von Ideen beisammen. Sentenzen und Aufsätze beschäftigen sich mit Problemen der bildenden Kunst.

SCHUHHAUS A. M. JOSEPH
Köln, Schildergasse 59 · Frankfurt, Rossmarkt 8 · Bonn, Remigiusstr. 12
Winter-Schluß-Verkauf 31. 1. bis 12. 2. 1938

Zum Abschluß sei eine willkürlich herausgegriffene Stelle aus den Skizzen zitiert: „Mensch sein ist höchste Kunst. Künstler im Sinne des Wortes sein, ist das Produkt der Einsetzung des angeborenen Talents und der virtuosen Begabung. Der Ausgleich der Verhältnisse bedeutet alles."

Wir taten heute einen Blick in die Werkstatt des jungen Architekten. Bei aller Vielfalt der Arbeitsgebiete darf sich nie der persönliche Stil des verantwortungsbewußten Kunstschaffenden verleugnen. Diese Aufgabe weiß Hans H. Krebs in jeder Hinsicht zu lösen.
Dr. Martin Herbert Strauß.

Die Weihe der Marranen-Synagoge

In Oporto (Portugal) fand kürzlich die Einweihung der neuen Marranen-Synagoge statt. Das Gotteshaus war gefüllt von den Angehörigen der jungen Gemeinde, Mitgliedern anderer Gemeinden und zahlreichen Ehrengästen. Unter den Thorarollen für den Aron hakodesch befand sich eine, die von der Berliner Gemeinde gestiftet worden ist. Der Gründer und Vorsitzende der Gemeinde Oporto, der um die Wiedererweckung der Marranen und ihre Verbindung mit dem Judentum besonders verdiente Kapitän Barros Basto hielt eine Rede, in der ein Bekenntnis zur jüdischen Religion ablegte. — Der Bau der Synagoge ist vor allem durch eine Spende von Sir Ely Kadoorie ermöglicht worden. Die portugiesische Presse hat lebhaften Anteil an dem Ereignis genommen und viele Artikel und Bilder veröffentlicht.

Prof. Alexander Marx, Dozent für Geschichte und Literaturgeschichte am Jewish Theological Seminary in New York und Leiter dieser berühmten Anstalt, beging am 27. Januar seinen 60. Geburtstag. Besondere Verdienste hat sich der Gelehrte um den Ausbau der Bibliothek des Instituts erworben, die mit ihren 100 000 Druckwerken, fast nur Judaica und Hebraica, mehr als 7000 Manuskripten und rd. 100 Inkunabeln quantitativ und qualitativ zu den bedeutendsten jüdischen Bibliotheken gehört.

WINTER-SCHLUSS-VERKAUF 31.1.–12.2.

BAMBERGER & HERTZ
Köln/Rhein, Breite Straße · Berlin

H. (HELMUT) HANS KREBS

Architekt
geb. 20.10.1906, gest. 1943 in Palästina

H. Hans Krebs war der Sohn des Ingenieurs und Kaufmanns Georg Krebs und dessen Frau Margarete, geb. Cohn, die von etwa 1913 an bis zu ihrer Emigration in Köln-Klettenberg in dem 1908/09 erbauten, ihnen gehörenden Einfamilienhaus Nassestr. 28 wohnten.[1] Georg Krebs war zusammen mit Hugo Reyersbach und ab spätestens 1918 zusammen mit Alfred Proskauer einer der Direktoren der Kölner Abteilung der Firma Orenstein & Koppel AG, einer „Fabrik für Feld- und Industrie-Bahnen, Weichen- und Waggonbauanstalt, Lokomotivfabrik und Baggerbauanstalt. Bau und Lieferung von Anschlußgleisen". Die Familie lebte seit etwa 1907 in Köln, zunächst in dem Mehrfamilienhaus Lupusstr. 38 und kurz vor ihrem Umzug nach Klettenberg in dem Mehrfamilienhaus Weißenburgstr. 61.

Über das Leben und Wirken von H. Hans Krebs, der mit Else Krebs, geb. Samuel, verheiratet war, ist wenig bekannt. Offen bleibt so auch, wo er geboren wurde und wo er das Studium der Architektur bzw. seine Ausbildung zum Architekten absolviert hat. Als Architekt müsste er um 1931/32 fertig ausgebildet gewesen sein, denn um 1932 eröffnete er in dem elterlichen Haus in der Nassestraße sein erstes Architekturbüro. Sein Büro war im Februar 1934 spezialisiert auf Bau- und Umbau, speziell Wohnungsteilung, Umzug und Inneneinrichtung, Reklame, Entwurf und Beratung für das gesamte Kunstgewerbe. Im Juni 1934 – jetzt mit der neuen Büroadresse Hohenstaufenring 58 – warb er mit Wohnungsteilung, Reklame und Kunstgewerbe. Dieses Büro dürfte nur wenige Wochen existiert haben, denn im Adressbuch von 1935 ist er dort nicht mehr verzeichnet. 1938 lautete sein Eintrag „Hans Helmut Krebs, Bautechniker, Nassestr. 28", was darauf hindeutet, dass er auch nicht mehr berechtigt war, mit der Berufsbezeichnung Architekt für sich zu werben. Einige – allerdings sehr dürftige – Informationen über sein Schaffen sind durch den Architekten Helmut Goldschmidt überliefert, der 1935/36 bei ihm als Zeichner beschäftigt gewesen war. Weitere Informationen zu Projekten von ihm entstammen der Literatur, so der 1934/35 durchgeführte Umbau der Geschäftsräume der Firma Progress-Textilbetriebe G.m.b.H., die in dem 1911–14 von Peter Behrens und Georg Falck errichteten Haus Frank & Lehmann, Kattenbug 18–24/Unter Sachsenhausen 37, untergebracht war.[2] 1935 war H. Hans Krebs dann zusammen mit Robert Stern und dem Bauunternehmer Dr.-Ing. Adolf Fruchtländer an dem mit einer gründlichen Renovierung verbundenen Umbau der Rheinlandloge zum „Israelitischen Gemeindehaus" Cäcilienstraße 18–22 beteiligt.[3] Für das Jahr 1935 ist ferner ein kleinerer Umbau mit Einrichtung einer separaten Wohnung für Artur Joseph in der Villa Pferdmengesstr. 16 in Marienburg überliefert, die Jenny Joseph, geb. Erlanger, der Witwe von Adolf Joseph gehörte, die zusammen mit Artur Joseph Inhaber des re-

Inserat aus dem Gemeindeblatt der Synagogengemeinde zu Köln vom 9.2.1934

linke Seite: Artikel über H. Hans Krebs im Jüdischen Gemeindeblatt für Rheinland und Westfalen vom 4.2.1938, S. 43

links: Die elterliche Wohnung von H. Hans Krebs in der Nassestraße. Foto: NS-Dokumentationszentrum Köln

rechts: Inserat aus dem Gemeindeblatt der Synagogengemeinde zu Köln vom 29.6.1934

nommierten Schuhhauses A. M. Joseph, Schildergasse 59, war.[4] Einen beeindruckenden Bericht über das Wirken von H. Hans Krebs und die künstlerische Qualität seiner Arbeit schrieb der Kölner Kunsthistoriker Dr. Martin Herbert Strauß im Jüdisches Gemeindeblatt für Rheinland und Westfalen vom 4.2.1938, der das einzige umfassendere Dokument seiner Tätigkeit als Architekt darstellt und sehr viel von den künstlerischen Ambitionen sowie von der Vielfältigkeit seiner Planungstätigkeit verrät, wobei die dort angegebenen Projekte wohl fast alle aus der Zeit vor 1934 stammen dürften. Die einzige konkret benannte Tätigkeit ist die für die Jüdische Winterhilfe in Köln, für die er wohl fast alle Werbungsbilder und Werbungsmontagen gefertigt hat. 1938 emigrierte H. Hans Krebs zusammen mit seiner Ehefrau Else nach Palästina, wo er 1943 verstarb. Angeblich sind auch seine Eltern, die im Adressbuch von 1939 noch verzeichnet sind, wenig später nach Palästina emigriert. In dem Georg Krebs gehörenden Haus Nassestr. 28 wohnte laut den Adressbüchern von 1938 und 1941/42 auch eine Witwe Alfred Krebs, wohl die Ehefrau des verstorbenen Bruders von Georg Krebs. Es handelt sich um Elisabeth Krebs (geb. 13.1.1878 in Ratibor, gest. 12.5.1942 in Kulmhof). Sie war die Tochter von Hermann Cohn und Rosalie Cohn, geb. Siefer. Am 22./23 10.1941 wurde sie nach Litzmannstadt deportiert, wo sie die Ghettoadressen Zimmerstr. 26/2 und Zimmerstr. 26/24 hatte. Am 12.5.1942 wurde sie ins benachbarte Kulmhof weiterverschleppt und dort am selben Tag vergast. Möglicherweise war Elisabeth Krebs eine Schwester von Margarete Krebs, der Ehefrau von Georg Krebs.

1 Einige wenige Informationen zur Familie Krebs sind den Unterlagen des NS-Dokumentationszentrums der Stadt Köln entnommen
Jüdisches Schicksal in Köln 1918–1945. Ausst.-Kat. NS-Dokumentationszentrum Köln 1988, 117–118
Myra Warhaftig: Deutsche jüdische Architekten vor und nach 1933 – Das Lexikon. Berlin 2005, S. 282–283
Zvi Asaria (Hg.): Die Juden in Köln von den ältesten Zeiten bis zur Gegenwart. Köln 1959, S. 234

2 Westdeutscher Beobachter vom 12.8.1934 (Bautennachweis)

3 Gemeindeblatt der Synagogengemeinde vom 19.7.1935, und 26.7.1935
Ausführlich behandelt in dem Kapitel über Robert Stern

4 HAStK Best. 485 / 335 (Die Pläne datieren vom Juli 1935)
Wolfram Hagspiel: Köln: Marienburg. Bauten und Architekten eines Villenvorortes. Köln 1996
Hiltrud Kier u. a. (Hg.): Architektur der 30er und 40er Jahre in Köln. Köln 1999, S. 367

RICHARD (CARL) LANDSBERG

Architekt, Regierungs- und Baurat, AIV-Köln
geb. 3.12.1873 in Stolberg, gest. 26.1.1940 in Spa/Belgien
(Freitod)

Richard Landsberg als Student. Foto: R. Jarmer, Aachen/NS-Dokumentationszentrum Köln

Unterschrift von Richard Landsberg im Jahre 1937

Richard Landsberg und seine Ehefrau Hedwig Thusnelda im Jahre 1903. Foto: Heinrich Eilender (Köln, Komödienstr. 7, vorm. Westendorp)/NS-Dokumentationszentrum Köln

Richard Landsberg war der dritte Sohn der jüdischen Eheleute Abraham gen. Adolph Landsberg (geb 18.1.1836 in Fürfeld/Hessen, gest. 3.4.1926 in Köln-Braunsfeld) und Louise Landsberg, geb. Lorch (geb. 6.7.1839 in Mainz, gest. 24.10.1924 in Köln). Sein Vater war der bedeutende Hüttendirektor der sogenannten „Stolberger Gesellschaft", einer im Jahre 1845 gegründeten Aktiengesellschaft für Bergbau, Blei- und Zinkfabrikation zu Stolberg und Westfalen. Dieser Unternehmensverband vereinigte zahlreiche Bergwerke, Zink-, Blei- und Glashütten sowie alle abbauwürdigen Gruben im Aachener Raum und in Westfalen. Seine Brüder waren Julius Ferdinand Landsberg (geb. 29.4.1868 in Stolberg, gest. 20.4.1915 in Köln) und Adolph Landsberg (geb. 22.7.1870 in Stolberg, gest. 1.12.1928 in London-Tottenham). Verwandt war Richard Carl Landsberg mit den Bonner Professoren Ernst Landsberg (geb. 12.10.1860 in Stolberg, gest. 29.9.1927 in Bonn) und Paul Ludwig Landsberg (geb. 3.12.1901 in Bonn, gest. 2.4.1944 im Konzentrationslager Oranienburg-Sachsenhausen).[1]

Seine Jugend verbrachte er in Stolberg, wo die Eltern in dem villenähnlichen, der „Stolberger Gesellschaft" gehörenden Haus Schellerweg 14 lebten. 1881 erfolgte die Einschulung an der Höheren Schule in Stolberg, dem späteren Goethe-Gymnasium, das Abitur legte er jedoch Ostern 1892 am Marzellengymnasium in Köln ab. Anschließend folgten ein Semester Studium in Bonn und dann acht Semester Studium der Architektur an der Technischen Hochschule Aachen unter anderem bei Prof. Ludwig Schupmann. Aus seiner Studienzeit sind die Entwürfe zu einem Rathaus und einem Jagdschloss überliefert, die beide in den „Autographen des Academischen Architekten-Vereins in Aachen"[2] publiziert wurden. Sie offenbaren ihn als virtuosen, detailsicheren Entwerfer, der seine baukünstlerische Ausbildung schwerpunktmäßig offenbar auf dem Gebiete der späten Gotik beziehungsweise Neugotik erfahren hatte. Nach der Absolvierung der Hochschule schlug er die Laufbahn eines Regierungsbaumeisters ein, in deren Rahmen er am 24.12.1896 die erste Staatsprüfung ablegte, was zwangsläufig mit der Ernennung zum Regierungsbauführer verbunden war. Wenige Tage später verzog er von Stolberg nach Straßburg, wo sein Onkel, der Amtsgerichtsrat Karl Landsberg, lebte. Hier wurde er am 4.1.1897 mit der Baustelle der Katholischen Garnisonskirche betraut, deren Entwurf von dem Mainzer Architekten Ludwig Becker stammt. Von hier aus stellte er am 18.1.1897 den Antrag zur Aufnahme in den Architekten- und Ingenieurverein, AIV, Berlin, dem am 27.1.1897 stattgegeben wurde.[3] Laut Adressbuch der Stadt Straßburg aus dem Jahre 1899, das sich in seinen Angaben sehr wahrscheinlich auf den Zeitraum 1897/98 bezieht, war er Regierungsbauführer, wohnhaft im Haus Kalbsgasse 20. Nach den Unterlagen des AIV in Berlin wirkte er vom April 1898 bis April 1899 als Regierungsbauführer in Bonn. Im Oktober 1899 verzog

Richard Landsberg (zweiter von links zwischen Vater und Bruder) auf Jagd um 1900. Foto: Ulrich Flecken/Stolberg

er von dort nach Aachen, wo seine inzwischen zur evangelischen Konfession konvertierten Eltern seit der Ruhestandsversetzung des Vaters aufgrund eines Unfalls in dem Haus Kupfergasse 16 am Lousberg lebten. Hier wohnte Richard Landsberg, der im Juni 1901 zum Regierungsbaumeister ernannt wurde[4], bis ca. 1902.

Am 5.2.1902 heiratete er in Köln die evangelische Bürgerin Hedwig Thusnelda Becker (geb. 26.6.1881 in Köln, gest. 11.11.1940 in Bonn), die Tochter des Kölner Oberbürgermeisters Hermann Heinrich Becker, dem „Roten Becker". Zu dieser Zeit konvertierte vermutlich auch er zum evangelischen Glauben. Wohl von Aachen aus wurde er nach Lüttringhausen versetzt und von dort aus im Mai 1906 nach Werl[5], wo ihm zwei Monate später der Königliche Kronenorden IV. Klasse[6] verliehen wurde. Im Mai 1908 erfolgte die Versetzung als Landesbauinspektor an das Regierungspräsidium in Arnsberg[7], wo er mit seiner Familie im Haus Ruhrstr. 17 lebte und wo er nach zwei Monaten die Kreisinspektorenstelle[8] verliehen bekam. Für wenige Monate zu Beginn des Jahres 1910 lebte er dann in Berlin-Schöneberg, kehrte dann aber wieder nach Arnsberg zurück, von wo aus er im Juli 1910 nach Posen[9] versetzt wurde. Vier Jahre später wurde er nach Osnabrück zum Vorstand des Hochbauamtes versetzt. Seine dortige Ernennung zum Regierungs- und Baurat im August 1918 war mit seiner Versetzung nach Köln verbunden[10], wo Richard Carl Landsberg in dem damals außerhalb des Stadtgebietes gelegenen Ort Weiden das Haus Schillerstr. 7 erwarb, dessen Eigentümer er bis 1937 blieb.[11] Offensichtlich bevorzugte die Familie aber das Leben in der Stadt, wo sie spätestens seit 1919 in dem Haus Lothringer Str. 119 lebte, in dem auch 1924 die Mutter von Richard Carl Landsberg verstarb. Wenige Monate nach deren Tod verzog die Familie zusammen mit dem verwitweten Vater in das von Richard Landsberg entworfene und für sich selbst 1924/25 gebaute Haus Am Morsdorfer Hof 37[12] in Braunsfeld, ein damals vornehmer, von vielen Villen geprägter Stadtteil. In diesem Haus, das er 1935 verkaufte, wohnten zeitweise auch Musikstudenten, mit denen der äußerst musikalische Hausherr gerne gemeinsame Konzerte auf zwei Flügeln zu geben pflegte. Unweit von seinem neuen Privatdomizil entstand 1925 nach seinen Entwürfen für seinen Schwager Dr. Hermann Becker das villenartige Wohnhaus Aachener Str. 683[13], dessen Ehefrau Frieda Becker, geb. Müller, ihr ganzes väterliche Vermögen in dieses Haus gesteckt hatte. Der ursprüngliche Besitzer des Grundstücks war die Stadt Köln, von der es die „Wohnungsbaugesellschaft für das Rheinische Braunkohlenrevier m.b.H." erwarb und von dieser dann der Bauherr. Im Gegensatz zum Haus Landsberg ist dieses Haus stark verändert.

Seit 1919 war der Regierungs- und Baurat Richard Landsberg auch Mitglied in dem renommierten Architekten- und Ingenieurverein zu Köln.[14] Ein Jahr später wurde er zusammen mit dem zeitweisen Stadtverordneten und Mitglied des Provinziallandtages Friedrich Hoff Geschäftsführer der neu gegründeten „Wohnungsbaugesellschaft für das Rheinische Braunkohlenrevier m.b.H.", ein Amt, das er wenige Monate vor seinem Ausscheiden sogar ganz alleine innehatte. In diesem Zusammenhang wurde der bisher beurlaubte „Bezirks-Wohnungsaufsichtsbeamte" aus dem Staatsdienst entlassen.[15] Die Adressen der Gesellschaft war bis 1930 Volksgartenstr. 70 und danach Benesisstr. 44. Sein Aufgabengebiet war vor allem organisatorischer und struktureller Art. Es umfasste die Standortfragen und Neuanlegung von großen und kleineren Siedlungen für die Bergleute in dem damals im Kölner Umland – vor allem dem Großraum Brühl/Erftstadt/Frechen/Bergheim – expandierenden Braunkohlebergbau. So entwickelte er 1920 das Konzept für die über 1000 geplanten Bergarbeiterheime bei Erftstadt-Köttingen und Hürth-Gleuel. Sämtliche auszuführenden Siedlungs- und Wohnhausprojekte liefen über seinen Schreibtisch, lagen in seiner Kontrolle und tragen als Letztes fast immer seine Unterschrift. Er war zuständig für die Wahl der Architekten, die für Projekte der Gesellschaft herangezogen wer-

Richard Landsberg als Soldat auf einer Postkarte, die am 19.3.1917 gelaufen ist. Foto: NS-Dokumentationszentrum Köln

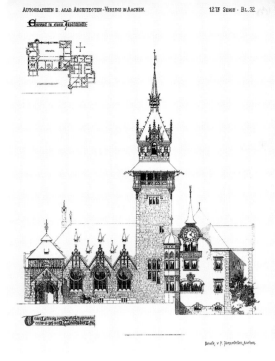

den sollten, oder für die Ausschreibung von Wettbewerben für Bergarbeitersiedlungen, wie 1920 für die Bergarbeitersiedlung in Brühl. Auch den Wohnungsbau seiner Gesellschaft in Köln steuerte er und lieferte möglicherweise auch so manchen Entwurf selbst beziehungsweise die Ideenskizzen zu den Entwürfen. Unter seiner Regie entstanden in Braunsfeld 1923 die Mehrfamilienhäuser Maarweg 3–9[16], die drei Einfamilienhäuser Paulistr. 19–23[17] das Einfamilienhaus Burtscheider Str. 32[18] und 1924/25 die drei Einfamilienhäuser Burtscheider Str. 2–6[19]. Bei den beiden 1922/23 gebauten Einfamilienhäusern Paulistr. 4 und 6[20] hatte Richard Landsberg als Architekten Martin Elsaesser verpflichtet, der zu jener Zeit Leiter der Kunstgewerbe- und Handwerkerschule in Köln war. In Riehl entstanden unter der Regie von Richard Landsberg im Jahre 1923 die Einfamilienhäuser Mathias-Schleiden-Str. 2–20[21], Theodor-Schwann-Str. 11–25[22] und Amsterdamer Str. 92–102[23].

1933 wurde Richard Landsberg, weil er Jude war, kurz vor seiner Pensionierung seines Amtes enthoben. Mit seiner Familie zog er am 3.8.1935 nach Bad Godesberg in das kurz zuvor erworbene Haus Wendelstadtallee 16. Angesichts der Ereignisse in der Reichspogromnacht, in deren Rahmen er zusammen mit zwölf weiteren Godesberger Juden verhaftet wurde, beschloss er Deutschland zu verlassen. Am 14.4.1939 erfolgte dann die Emigration der Familie nach Spa in Belgien, wo er sich – noch vor dem Einmarsch der Deutschen Truppen – in tiefer Enttäuschung über die Ereignisse in

Deutschland – am 26.1.1940 in Spa das Leben nahm. Die letzte Adresse, die zugleich der Ort seines Todes war, lautete Rue de la Sauvenière 62. Seine nichtjüdische Ehefrau zog gut fünf Monate nach dem Einmarsch der Deutschen Truppen im Mai 1940 am 19.9.1940 wieder nach Deutschland, wo sie in Königswinter im Hause Hauptstr. 21 eine Wohnung mietete. Sie verstarb am 11.11.1940 eines natürlichen Todes im Bürgerhospital zum Heiligen Johannes dem Täufer in Bonn, Kölnstr. 54. Die beiden Söhne, die als „Halbjuden" galten, haben das „Dritte Reich" überlebt. Es sind Lothar Wolfgang Landsberg (geb. 16.6.1908 in Arnsberg, gest. 21.7.1954 in der Anstalt Bethel zu Gadderbaum/Landkreis Bielefeld) und Klaus Landsberg (geb. 7.2.1911 in Posen, gest. 1987 in Berlin). Dr. Erika Landsberg (geb. 1904, gest. 1995 in Remscheid-Lennep), die Tochter von Julius Ferdinand Landsberg und seiner Ehefrau Maria, geb. Hoff, also eine Nichte von

links: Entwurf zu einem Jagdschloss. Abb. aus: Autographen d. Acad. Architekten-Vereins in Aachen, Serie 12, Bl. 32

rechts: Entwurf zu einem gotischen Rathaus. Abb. aus: Autographen d. Acad. Architekten-Vereins in Aachen, Serie 12, Bl. 12

Das Haus Landsberg, Am Morsdorfer Hof 37, im Jahre 2005. Foto: Wolfram Hagspiel

Das Haus Landsberg, Am Morsdorfer Hof 37, um 1930. Foto aus: Bauwarte, 1931, S. 276

Das Haus Aachener Str. 683. Foto aus: Bauwarte, 1931, S. 275

Bauzeichnungen zum Haus Aachener Str. 683. Abb.: HAStK Bauhypothekenakten III-3-299

Richard Landsberg, hat dem NS-Dokumentationszentrum in Köln und der Stadt Stolberg zahlreiches Informationsmaterial und persönliche Dokumente zur Familie Landsberg überlassen.

1 Stadtverwaltung Stolberg (Teilnachlass Landsberg) (erschlossen durch Ulrich Flecken)
   NS-Dokumentationszentrum Köln (Teilnachlass Landsberg)
   Zusammenfassende Literatur:
   Wolfram Hagspiel: Das Schicksal der jüdischen Mitglieder des AIV. In: Architekten- und Ingenieurverein Köln e.V. (Hg.): Köln – Seine Bauten 2000. Köln 2000, S. 25–28
   Wolfram Hagspiel: Erinnerung an einst vielfältiges Wirken. In: Gemeindeblatt der Synagogen-Gemeinde Köln, Jg. 17, Nr. 12, 2006/07, S. 26–27
   Myra Warhaftig: Deutsche jüdische Architekten vor und nach 1933 - Das Lexikon. Berlin 2005, S. 298
2 Autographen d. Acad. Architekten-Vereins in Aachen, Serie 12, Bl. 12 (Entwurf Rathaus), Bl. 32 (Entwurf Jagdschloss)
3 Archiv des Architekten- und Ingenieurvereins, AIV, Berlin
4 Centralblatt der Bauverwaltung, Jg. 21, 1901, S. 313
5 Zentralblatt der Bauverwaltung, Jg. 26, 1906, S. 227
   Kölnische Zeitung vom 7.5.1906
6 Zentralblatt der Bauverwaltung, Jg. 26, 1906, S. 383
7 Zentralblatt der Bauverwaltung, Jg. 28, 1908, S. 150
8 Zentralblatt der Bauverwaltung, Jg. 28, 1908, S. 369
9 Zentralblatt der Bauverwaltung, Jg. 30, 1910, S. 365
10 Zentralblatt der Bauverwaltung, Jg. 38, 1918, S. 317
11 Uwe Griep: Köln: Lövenich, Weiden und Junkersdorf. Siedlungsgeschichte bis 1950. Köln 2003, S. 382–383
12 Bauwarte, Jg. 7, 1931, S. 273–276
   Wolfram Hagspiel: Das Schicksal der jüdischen Mitglieder des AIV. In: Architekten- und Ingenieurverein Köln e.V. (Hg.): Köln – Seine Bauten 2000. Köln 2000, S. 25–28
   Wolfram Hagspiel: Bauten und Architekten in Braunsfeld von 1900 bis zur Gegenwart. In: Max-Leo Schwering: Köln: Braunsfeld – Melaten. Köln 2004, S. 271–336
13 HAStK Bauhypothekenakten III-3–299
   Bauwarte, Jg. 7, 1931, S. 273–276
   Wolfram Hagspiel: Bauten und Architekten in Braunsfeld von 1900 bis zur Gegenwart. In: Max-Leo Schwering: Köln: Braunsfeld – Melaten. Köln 2004, S. 271–336
14 Stammrolle des Architekten- und Ingenieurvereins, AIV, Köln
15 Zentralblatt der Bauverwaltung, Jg. 40, 1920, S. 617
16 HAStK Best. 485 / 618
17 HAStK Best. 485 / 782
18 HAStK Best. 485 / 166
19 HAStK Best. 485 / 166
20 HAStK Best. 485 / 782
21 HAStK Best. 485 / 633
22 HAStK Best. 485 / 952
23 HAStK Best. 485 / 46

MAX LOEB

Architekt, Dipl.-Ing., Fachschriftsteller
geb. 29.10.1901 in Kassel, gest. 26.10.1962 in Haifa/Israel

Porträtfoto Max Loeb. Foto: Privatbesitz Myra Warhaftig

Max Loeb absolvierte das Studium der Architektur an den Technischen Hochschulen in München, Dresden und Darmstadt, wo er im Jahre 1925 mit dem Diplom abschloss.[1] Anschließend besuchte der in einer zionistischen Familie aufgewachsene Max Loeb Palästina. Nach Deutschland zurückgekehrt erwarb er seine Praxiserfahrung anscheinend ausschließlich in dem Büro des Kölner Architekten Hans Schumacher, bei dem er 1927/28 Mitarbeiter war. In dieser Zeit entwickelte sich dieses Büro zu einer der wichtigsten Adressen für avantgardistische Architektur in den Rheinlanden. Hervorzuheben ist das international beachtete „Haus der Arbeiterpresse" auf der internationalen Presseausstellung „Pressa" in Köln im Jahre 1928, dessen Planung und Realisierung in den Zeitraum fallen, als Max Loeb in Köln tätig war. Als Mitarbeiter bei Hans Schumacher ist er belegt durch den Wettbewerb „Deutsche Bauausstellung Berlin 1930" im Jahre 1928, bei dessen Entwürfen er auch namentlich genannt wurde.[2] Nach seiner Arbeit bei Hans Schumacher wanderte er nach Palästina aus – zunächst in Jerusalem und ab 1934 in Haifa ansässig – und wurde dort einer der wichtigsten Vertreter des maßgeblich vom Bauhaus beeinflussten modernen Baustils und einer der führenden Architekten des Staates Israel. Ihm hat zum Beispiel die Stadt Haifa entscheidend ihr städtebauliches und architektonisches Gepräge zu verdanken. Bei einigen seiner Bauten in Israel, so bei dem 1937 errichteten Druckereigebäude N. Warhaftig am Hafen von Haifa, scheinen die Eindrücke aus dem Kölner Büro von Hans Schumacher, insbesondere das „Haus der Arbeiterpresse", nachgewirkt zu haben.

1 Myra Warhaftig: Sie legten den Grundstein. Leben und Wirken deutschsprachiger jüdischer Architekten in Palästina 1918–1948. Berlin 1996, S. 116–125
Myra Warhaftig: Deutsche jüdische Architekten vor und nach 1933 – Das Lexikon. Berlin 2005, S. 331

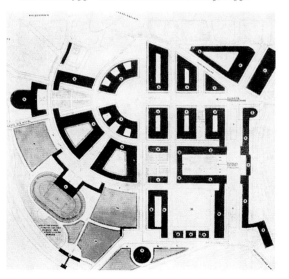

unten links: „Haus der Arbeiterpresse" auf der „Pressa". Foto aus: Moderne Bauformen, 1928, S. 398

rechts: Wettbewerbsbeitrag „Deutsche Bauausstellung Berlin 1930". Abb. aus: Städtebau, 1928, S. 146

Druckereigebäude N. Warhaftig am Hafen zu Haifa. Foto: Privatbesitz Myra Warhaftig

2 W. Arntz: Aus dem Erläuterungs-Bericht des Kölner Baudirektors W. Arntz. In: Städtebau, Jg. 23, 1928, S. 149–150
Werner Hegemann: „Aufruf zur Kritik am Wettbewerb für die Bau-Ausstellung Berlin 1930". In: Städtebau, Jg. 23, 1928, S. 135–148
Zum „Wettbewerb zur Erlangung von Vorentwürfen für die städtebauliche Gestaltung der Deutschen Bau-Ausstellung 1930". In: Städtebau, Jg. 23, 1928, S. 150–152
Susanne Willen: Der Kölner Architekt Hans Schumacher. Sein Lebenswerk bis 1945. Köln 1996 (Diss. phil 1995)

PAUL LÖWENDAHL

Architekt, Dipl.-Ing.
geb. 31.12.1906 in Köln, gest. nach dem 7.12.1941 in Riga

Eintrag aus Greven's Kölner Adreßbuch 1933

Paul Löwendahl (Loewendahl) war der Sohn des Fabrikanten und Kaufmanns Hugo Löwendahl (geb. am 10.2.1871 in Köln, gest. nach dem 7.12.1941 in Riga) und der Anna Löwendahl, geb. Feder (geb. 20.3.1882 in Magdeburg, gest. nach dem 7.12.1941 in Riga). Sein Vater war in den 1920er Jahren zusammen mit Abraham (Arthur) und Franz Leffmann Inhaber der Korsettfabrik „Löwenstern & Leffmann", Probsteigasse 15. Die Großeltern von Paul Löwendahl väterlicherseits waren Adolf (Abraham) Löwendahl (gest. 11.11.1898) und Adele Löwendahl, geb. Rothschild. Die Großeltern mütterlicherseits waren Hugo Feder und Paula Feder, geb. Steinthal. Ein Bruder seines Vaters, Richard Josef Löwendahl, war Teilhaber der auf die Herstellung von Handschuhen, Strümpfen und Strickmoden spezialisierten Firma „Rollmann & Rose". Richard Josef Löwendahl (geb. 15.7.1866 in Köln, gest./Selbstmord am 14.6.1942 in Stolberg-Mausbach) war verheiratet mit Tony Löwendahl, geb. Ullmann (geb. 26.9.1882 in Frankfurt am Main, gest./Selbstmord am 14.6.1942 in Stolberg-Mausbach). Einer der Brüder von Paul Löwendahl war Hans Adolf Löwendahl (geb. 17.2.1905 in Köln, Deportationsziel, Todesdatum und Todesort unbekannt), ein anderer war der Rechtsanwalt Dr. jur. Ernst Löwendahl, der sich später Ernst Dale nannte (geb. 2.10.1905 in Köln, gest. 19.3.1975 in Johannesburg/Südafrika).

Seit seiner Kindheit wohnte Paul Löwendahl im zweiten Stock des Hauses Gilbachstr. 17. Ab 1932/33 finden sich als Eintrag im Adressbuch neben seinem Vater auch sein Bruder Dr. jur. Ernst Löwendahl und er als Dipl.-Ing. und Architekt. Über den Werdegang von Paul Löwendahl und sein Wirken als Architekt ist nichts bekannt. Sein Antrag auf Mitgliedschaft in der Reichskammer der Bildenden Künste wurde abgelehnt. Offensichtlich hatte er vor, nach England zu emigrieren, was sich jedoch erledigte, als um 1938 sein Antrag beim „Refugee Committee" des Royal Institute of British Architects (RIBA) zwecks Arbeit in England ohne Erfolg blieb. Paul Löwendahl, der 1941 als Arbeiter registriert war, wurde zusammen mit seinen Eltern am 6.12.1941 nach Riga deportiert und gilt dort als verschollen. Die letzte Adresse der Familie war Roonstr. 71.

QUELLEN UND LITERATUR:
- Yad-Vashem, Gedenkbuch
- Dieter Corbach: 6.00 Uhr ab Messe Köln-Deutz. Deportationen 1938–1945. Köln 1999, S. 409
- Klaus Luig: „...weil er nicht arischer Abstammung ist." Jüdische Juristen in Köln während der NS-Zeit. Köln 2004, S. 260–265
- Myra Warhaftig: Deutsche jüdische Architekten vor und nach 1933 – Das Lexikon. Berlin 2005, S. 332–333

JOHN (EDUARD) LÜTGENS

Architekt, BDA
geb. 24.3.1875 in Hamburg, gest. 22.3.1950 in Köln

Unterschrift von John Lütgens aus dem Jahre 1927

Laut der in New York erscheinenden, von jüdischen Emigranten gegründeten Zeitung Aufbau vom 13.4.1945 gehörte John Lütgens zu den am 24.3.1945 von den Amerikanern registrierten Juden, die in Köln das „Dritte Reich" überlebt hatten. John Lütgens, der laut Sterbeurkunde evangelischer Religion war, stammte aus Hamburg und hat vermutlich auch dort studiert. Am 24.11.1898 meldete er sich als Lediger von Hamburg ab und verzog nach Gelsenkirchen in das Haus Kampstr. 6, wo er bei dem Gelsenkirchener Architekten Fidel Kindle eine Anstellung gefunden hatte. In Berlin, wo er mit einer eigenen Wohnung nicht nachweisbar ist, heiratete er am 1.4.1902 die möglicherweise ebenfalls aus einer jüdischen Familie stammende Tiene Baer. Seit etwa 1907 lebte er in Köln – zunächst als angestellter Architekt – in dem Haus Antwerpener Str. 13 und verzog nach der Eröffnung eines eigenen Architekturbüros in das Haus Neue Maastrichter Str. 3. Seine ersten ihm nachweisbaren Bauten entstanden in Sülz in der Arnulfstraße direkt gegenüber der von Georg Falck entworfenen, sich bis zur Remigiusstraße hin erstreckenden Wohnbebauung. Da John Lütgens bemüht war, in ähnlicher Weise wie Georg Falck größere Grundstücke mit mehreren Mehrfamilienhäusern meist zunächst für sich selbst zu bebauen, liegt – unterstützt durch die unmittelbare Nachbarschaft – die Vermutung nahe, dass es Berührungspunkte zwischen beiden Architekten gegeben hat, die möglicherweise aus den Jahren vor ihrer Kölner Zeit stammen. Zu Beginn der 1920er Jahre bezog John Lütgens das Einfamilienreihenhaus Kendenicher Str. 6 in der neu von der Gemeinnützigen Baugenossenschaft e.G.m.b.H. Klettenberg erbauten „Siedlung am Südfriedhof", das er anfänglich als Mieter und später als Eigentümer bewohnte. Seine unmittelbaren Nachbarn und möglicherweise auch Freunde waren der etwa gleichaltrige Architekt Fritz Salz und der Bildhauer Carl Muschard. 1924 schloss sich John Lütgens mit dem rund neun Jahre jüngeren Architekten Gustav Adolf Knappstein[1] zu einem gemeinsamen Büro zusammen, das unter „Knappstein & Lütgens" firmierte, aber offensichtlich nur bis zum Ende des Jahres 1925 existierte.

Von den vor dem Ersten Weltkrieg entstandenen Häusern von John Lütgens hat sich am besten das 1912/13 für sich selbst gebaute Mehrfamilienhaus Arnulfstr. 6 erhalten.[2] Auch das im Krieg teilzerstörte, 1912/13 für den Kunst- und Bauschlosser Heinrich Konzen gebaute Mehrfamilienhaus Arnulfstr. 12 vermittelt trotz stärkerer, kriegsbedingter Veränderungen einen Eindruck vom ursprünglichen Aussehen.[3] Nicht mehr erhalten sind dagegen das 1912 für sich selbst gebaute Mehrfamilienhaus Arnulfstr. 8 und das gleichzeitig für den Anstreichermeister Johann Fendel errichtete Mehrfamilienhaus Arnulfstr. 10, die bei-

Eintrag aus Greven's Kölner Adreßbuch 1914

Briefkopf des Büros Knappstein & Lütgens von 1925. Abb.: Privatbesitz

Eintrag aus Greven's Kölner Adreßbuch 1925

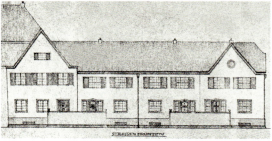

links: Das in veränderten Formen wiederaufgebaute Haus Arnulfstr. 6. Foto: Wolfram Hagspiel (2008)

oben rechts: Die stark veränderten Häuser Mathiaskirchplatz 11 und 13. Foto: Wolfram Hagspiel (2008)

Mitte rechts: Vorplanung zu der Bebauung am Mathiaskirchplatz von 1924. Abb.: Privatbesitz

Das in veränderten Formen wiederaufgebaute Haus Arnulfstr. 12. Foto: Wolfram Hagspiel (2008)

de nach dem Krieg durch Neubauten ersetzt wurden.[4] Auch das 1912–14 für den Ofenhändler Jean Brockmans gebaute große Mehrfamilienhaus Arnulfstr. 14 wurde im Krieg gänzlich zerstört[5], während das im selben Baublock stehende, 1912/13 für den Dachdecker Johann Jakobs gebaute Mehrfamilienhaus Konradstr. 3 unter Nutzung der vorhandenen Bausubstanz mit Veränderungen wiederaufgebaut wurde.

Eine sehr produktive Zeit waren die rund zwei Jahre des gemeinsamen Büros mit Gustav Adolf Knappstein, für die sich mehrere Projekte nachweisen ließen. So entstand 1924/25 in Bayenthal das Mehrfamiliendoppelhaus Mathiaskirchplatz 11 und 13, für das eine Vorplanung vom April 1924 existiert, die in diesem Bereich von einer Gruppe von vier Einfamilienhäusern, wohl mit den Hausnummern 11–17, ausging.[6] Bauherren der dann gänzlich anders gebauten, heute stark veränderten Häuser waren der Bankbetreuer Johann Konrads und der Kolonialwaren- und Feinkosthändler Paul Vonderhagen. Gefördert mit städtischen Bauhypotheken bauten die beiden Architekten 1924/25 für sich selbst als Anlageobjekte in der Kyllburger Straße in Sülz zwei größere Mehrfamilienhäuser; Bauherr des Hauses Nr. 14 war Gustav Adolf Knappstein und des Hauses Nr. 16 John Lütgens.[7] Einer der Bauherren des Büros Knappstein & Lütgens war der Klettenberger Bauunternehmer Heinrich Hirnstein, der sich 1925 von ihnen das Wohn- und Geschäftshaus Breibergstr. 6 in Klettenberg bauen ließ, in dem auch seine 1902 gegründete Firma ihren Sitz erhielt.[8] Die weiteren Projekte Heinrich Hirnsteins entstanden später allerdings nur noch mit Gustav Adolf Knappstein. Eine gemeinsame Planung sind auch die Entwürfe zu den beiden für den Schlosser Heinrich Schmitz und den Dreher Mathias Schmitz gebauten Mehrfamilienhäusern Hardtgenbuscher Kirchweg 123 und 125 in Ostheim, bei denen die Entwurfszeichnungen vom Juli 1924 datieren.[9] Allerdings wechselten die beiden Bauherren offensichtlich während der Bauphase das Architekturbüro und ließen die Häuser mit veränderten Entwürfen durch den Architekten August Liesenfeld bis 1926 fertigstellen. Aufgrund der schlechten Quellenlage ist es kaum möglich, sich einen repräsentativen Überblick über das Werk von John Lütgens zu verschaffen, der sich in der damaligen Fachliteratur nur in dem renommierten „Dresslers Kunsthandbuch"[10] finden ließ. Seine dargestellten Bauten stellen nur Zufallsfunde aus einem sicher wesentlich größeren Werk dar und sind auch in baukünstlerischer Hinsicht wegen der schlechten Quellenlage nur bedingt zu bewerten. Alle seine bekannten Häuser zeugen von einem sicheren, künstlerisch ausgewogenen Entwurf, sind eher traditionsverbunden als avantgardistisch. Auch das für sich selbst im Jahre 1927 gebaute Mehrfamilienhaus Lotharstr. 32 in Sülz, das er stolz mit seinem Namen und der Verbandsbezeichnung „V.R.A.", „Verbands Rheinischer Architekten", signierte, ist eher unauffällig, weil es sich dem größeren städtebaulichen Konzept einer von mehreren Architekten geschaffenen Häusergruppe anpassen musste.[11] Gebaut haben soll John Lütgens 1927/28 für die Vingster Terraingesellschaft m.b.H. ein oder mehrere Häuser in der Homarstraße in Vingst und 1928/29 für den Steuerinspektor Peter Büllesbach das Mehrfamilienhaus Guilleaumestr. 15 in Bucheim. John Lütgens, der 1930 Eigentümer der Häuser Kendenicher Str. 6, Arnulfstr. 8, Kyllburger Str. 16 und Lotharstr. 32

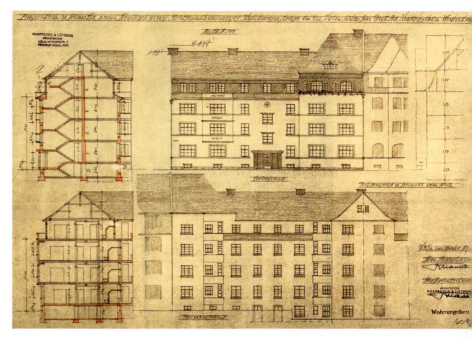

oben: Bauzeichnung zum Haus Kyllburger Str. 14. Abb.: HAStK 440/2 III-3-204

unten: Die Bebauung Kyllburger Str. 14 (rechts), 16ff. im Jahre 1973. Foto: RBA

Das Haus Breibergstr. 6 in einer Werbung der Bauunternehmung Heinrich Hirnstein. Abb. aus: Köln, bauliche Entwicklung 1888–1927. Berlin 1927

HEINRICH HIRNSTEIN, KÖLN-KLETTENBERG
BREIBERGSTRASSE 6

BAUUNTERNEHMUNG FÜR HOCH-, TIEF- U. EISENBETONBAU

Die Firma wurde vom jetzigen Inhaber, Herrn Heinrich Hirnstein, 1902 gegründet. Ihr Hauptbetätigungsfeld ist der Hochbau. Das Unternehmen hat einen guten Ruf und beschäftigt durchschnittlich 100 Arbeiter. Es ist mit einem großen Geräte- und Maschinenpark ausgerüstet, und in der Lage, jeden größeren Auftrag in kurzer Zeit durchzuführen.

BIOGRAPHIE JOHN LÜTGENS

war, gehörte – vergleicht man ihn z.B. mit dem damals sehr bekannten Architekten Wilhelm Riphahn, der in jenen Jahren ein Privathaus oft nur für einen relativ kurzen Zeitraum halten konnte – offensichtlich zu den besser situierten Architekten. Um 1935 verkaufte er sein Einfamilienhaus in der Kendenicher Straße und zog erstmals in seinem Leben in eine von ihm entworfene Immobilie, das Haus Lotharstr. 32. Wo und wie John Lütgens die letzten Jahre des „Dritten Reiches" in Köln im Versteck überlebt hat bleibt völlig offen. Seine Adresse bei der Registrierung durch die Amerikaner war das ihm gehörende Haus Kyllburger Str. 16, in dem er bis zu seinem Tod und danach seine Ehefrau bis zu ihrem Fortzug nach Berlin um 1958 gelebt hat. Ein Sohn des Ehepaars Lütgens war der Stuckateur Hans Lütgens.

oben links: Eingangssituation des Hauses Kyllburger Str. 14. Bei der im Giebelrelief dargestellten Person handelt es sich möglicherweise um John Lütgens. Foto: Wolfram Hagspiel (1974)

oben rechts: Das Haus Lotharstr. 32 auf einer Luftaufnahme um 1930. Abb.: Postkarte Privatbesitz

links: Das Haus Lotharstr. 32. Foto: Wolfram Hagspiel (2008)

Inschrifttafel in der Fassade des Hauses Lotharstr. 32. Foto: Wolfram Hagspiel (2008)

1 geb. 6.3.1884 in Essen, gest. um 1955
  Selbständig seit 1914. 1927 Geschäftsführer des „Verbands Rheinischer Architekten", in dem auch John Lütgens Mitglied war.
2 HAStK Best. 485 / 70
  Bauwelt, Jg. 3, 1912, H. 25, S. 14 (Bautennachweis)
3 HAStK Best. 485 / 70
  Bauwelt, Jg. 3, 1912, H. 25, S. 14 (Bautennachweis)
4 HAStK Best. 485 / 70
  Bauwelt, Jg. 3, 1912, H. 5, S. 14 (Bautennachweis)
  Bauwelt, Jg. 3, 1912, H. 7, S. 13 (Bautennachweis)
5 Bauwelt, Jg. 3, 1912, H. 36, S. 15 (Bautennachweis)
6 HAStK Best. 485 / 531
  HAStK Best. 485 / 632
  HAStK 458, III-3-102-1
7 HAStK Best. 440/2, III-3-204
8 HAStK Best. 485 / 151
  Köln, bauliche Entwicklung 1888–1927. Berlin 1927, Anhang (Werbung Heinrich Hirnstein)
9 HAStK Best. 458, III-6-716-1
  HAStK Best. 485 / 67
10 Willy Oskar Dressler: Dresslers Kunsthandbuch, Bd. 2. Berlin 1930, S. 631
11 HAStK Best. 485 / 604
  Auftragsbuch des Fotografen Hugo Schmölz (Privatbesitz Walde Huth-Schmölz)

SIGMUND MÜNCHHAUSEN

Architekt, Baumeister, Bauingenieur
geb. 5.4.1858 in Paderborn, gest. 11.5.1924 in Köln

Sigmund Münchhausen war der Sohn des im Jahre 1842 als Paderborner Bürger aufgenommenen Kaufmanns Salomon Münchhausen (geb. in Herlinghausen/Kreis Warburg) und seiner Ehefrau Amalie, geb. Bamberger (nach der Paderborner Bevölkerungsliste von 1864 auch Koppel) (geb. 5.7.1820 in Ahlen/Kreis Hamm, gest. 23.3.1906 in Paderborn). Seine Geschwister waren laut der Paderborner Bevölkerungsliste von 1864[1] Karl (geb. 1844), Helene (geb. 1846), Rosa (geb. 1848), Jettchen (geb. 1850), Louis (geb. 1851), Hermine (geb. 1852), Fanny (geb. 1855), Sally (geb. 1859), Max (geb. 1860) und Hermann (geb. 1864). Von der Ausbildung Sigmund Münchhausens ist nur bekannt, dass er für das Studienjahr 1877/78 mit der Matrikel-Nr. 6921 an der heutigen Technischen Hochschule Hannover als Zuhörer eingetragen wurde und die Fächer Praktische Geometrie 1, Aquarellieren, Grundzüge der Physik, Ornamentzeichnen, Baukonstruktionslehre 1, Darstellende Geometrie und Mechanik 1 belegt hatte. Abweichend von seinem Grabstein ist in den Unterlagen der Technischen Hochschule Hannover als Geburtsdatum der 7.4.1858 angegeben.[2] Verheiratet war er mit der am 28.5.1870 in Bocholt geborenen, aus einer reichen Kaufmanns- und Fabrikantenfamilie stammenden Bertha Münchhausen, geb. Weinholt, die am 15./16.6.1942 mit dem Transport III/1 von Köln nach Theresienstadt deportiert und dort am 21.1.1943 verstarb.[3] Ihre letzten Adressen in Köln waren das Ghettohaus Salierring 48 und dann das Lager Müngersdorf. Ihre Eltern waren Philipp und Hella Weinholt, geb. Cohen (gest. 30.12.1921 in Köln). Sigmund Münchhausen ist bestattet auf dem Jüdischen Friedhof in Köln-Deutz. Seinen Grabstein zieren Zirkel und Winkelmaß, Symbole für seinen Architektenberuf.

Von dem wohl umfangreichen Werk Sigmund Münchhausens, der auch im bekannten Dresslers Kunsthandbuch[4] aufgeführt wird, ließen sich bis auf drei Kölner Profanbauten lediglich seine in verschiedenen Städten errichteten Synagogen nachweisen, die zur Zeit ihrer Errichtung zu den ausgeprägtesten Beispielen des jüdischen Sakralbaus in Deutschland zählten und sich durch eine starke Abstraktion und Stilgenauigkeit auszeichneten[5]. Zudem soll er auch der Entwerfer zahlreicher Warenhäuser in verschiedenen Städten gewesen sein.[6] Mit der jüdischen Gemeinde seiner Heimatstadt blieb er auch nach seinem Wegzug verbunden, wie der Grundsteinurkunde zum Neubau der Paderborner Synagoge zu entnehmen ist, in der er als einer der Repräsentanten bei den Feierlichkeiten der Grundsteinlegung genannt wird. Die Entwürfe zu dieser 1881/82 errichteten Synagoge stammen allerdings nicht von ihm, sondern von dem späteren Regierungs- und Baurat Friedrich Keil, der die Bauausführung dem Paderborner Stadtbaumeister August Baumann übertragen hatte. Erstmalig ist Sigmund Münchhausen in Köln in dem Adressbuch von 1890 aufgeführt. Zu jener Zeit wohnte er in der Altstadt in dem Haus Im Klapperhof 48, ab 1892 wohnte er dann in der damals im Bau befindlichen Neustadt

Eintrag aus Greven's Kölner Adreßbuch 1908

Der Grabstein von Sigmund Münchhausen auf dem Deutzer Friedhof. Foto: Wolfram Hagspiel (2008)

linke Seite: Die Einbecker Synagoge. Foto aus: Hammer-Schenk: Synagogen in Deutschland. Hamburg 1981

335

oben: Das Haus Unter Käster 5–7 (ganz links) im Jahre 1938. Foto: RBA

links: Todesanzeige aus der Zeitung Aufbau vom 12.7.1946

rechts: Todesanzeige aus der Zeitung Aufbau vom 27.12.1946

in dem Haus Kaiser-Wilhelm-Ring 8 und 1898/99 für knapp ein Jahr in dem Haus Hansaring 103, von dem aus er zum 1.7.1899 das von ihm entworfene und ihm gehörende villenartige Haus Kamekestr. 29 bezog, in dem er bis zu seinem Lebensende und seine Ehefrau bis zu ihrer Einweisung in ein Ghettohaus wohnten. Er firmierte 1892/98 als Architekt und Bauingenieur, dann bis etwa 1912 als Baumeister und anschließend bis zu seinem Tod als Architekt. An Immobilien besaßen er bzw. seine Frau von 1896 bis etwa 1923 das Haus Unter Käster 5–7, von 1899 bis zur „Arisierung" durch die Nationalsozialisten das Haus Kamekestr. 29 und ab etwa 1903 bis zur „Arisierung" die Häuser Hansaring 109 und Buchheimer Str. 26–28.

Die drei Bauten von Sigmund Münchhausen in Köln, die sich als seine Werke nachweisen lassen, sind denkbar schlecht dokumentiert. 1895/96 baute er für sich in den engen Gassen der Altstadt das Wohn- und Geschäftshaus Unter Käster 5–7, für das er die vermutlich noch spätmittelalterliche Vorgängerbebauung, die er von dem jüdischen Metzgerehepaar Max und Bertha Wolff, geb. Blumenthal, erworben hatte, abbrechen musste. Im Jahre 1896 befanden sich im Haus in den beiden unteren Geschossen die Verkaufsstelle eines Metzgers und die einer Drogeriehandlung, während in den beiden oberen Geschossen zwei Wohnungen waren, die, ungewöhnlich in dieser Altstadtgegend, sich äußerlich mit dekorativen Balkonen präsentierten. Das Haus wurde im Krieg völlig zerstört. Während von dem Haus Unter Käster 5–7 Abbildungen vage Vorstellungen vermitteln, ließen sich von seinem 1898/99 in der Neustadt nahe dem Stadtgarten gebauten villenartigen Reihenhaus Kamekestr. 29 keine Ansichten ermitteln. Die Parzellierung des Grundstücks datiert vom 30.6.1898. Sigmund Münchhausen erwarb die Baustelle mit Vertrag vom 15.7.1898 von dem Architekten Louis Schreiber.[7] Man muss sich das Haus als zweigeschossigen Bau mit einem ausgebauten, vermutlich von einem kleinen Giebel oder Türmchen akzentuierten Dachgeschoss vorstellen. 1912/14 wohnten in dem Haus neben dem Ehepaar Münchhausen auch die verwitwete Mutter von Frau Münchhausen. 1930 hatte Bertha Münchhausen einen Teil des Hauses an die „Kölner Genossenschaft für die Vertretung elektrischer Apparate ‚Kagea' e.G.m.b.H." vermietet. 1938 gab es in dem Haus, das im Krieg völlig zerstört wurde, neben Frau Münchhausen vier weitere Wohnparteien sowie das Ingenieurbüro von Gustav Hentschel. Das Wohn- und Geschäftshaus Buchheimer Str. 26–28 in der damals noch nicht zu Köln gehörenden Stadt Mülheim hatte Sigmund Münchhausen um 1903 von Joseph Spanke erworben, der hier unter anderem eine Destillerie und Likörfabrik eingerichtet hatte. Das aus der Zeit vor 1860 stammende Haus war um 1860 im Hof um ein großes, wohl gewerblichen Zwecken dienendes Gebäude erweitert worden. 1885/86 ließ Joseph Spanke dieses Hofgebäude mit dem Haupthaus zu einer Einheit verbinden. Mit dem Erwerb des Gebäudes durch Sigmund Münchhausen erfolgte durch diesen ein Umbau zu

SIGMUND MÜNCHHAUSEN

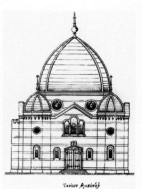

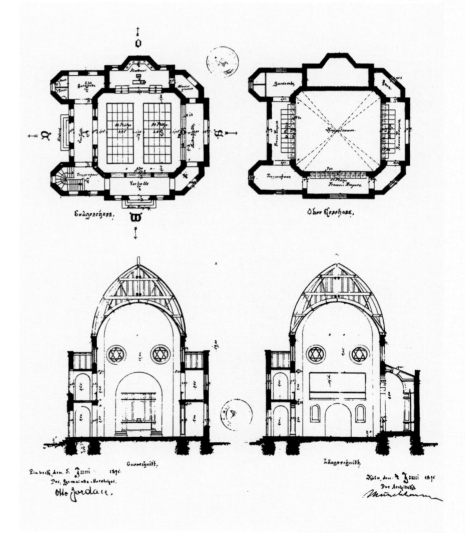

einem Warenhaus der Gebr. Alsberg, dessen Eigentümer damals die beiden jüdischen Geschäftsleute Siegfried Alsberg und Otto Fried waren. 1912/30 befand sich dann darin ein Zweiggeschäft der Leonhard Tietz A.-G. Nach dem Auszug dieser Firma ließ Bertha Münchhausen im Jahre 1931 das Gebäude durch den Architekten Robert Stern für Dr. A. B. Cotta zu einem Wohn- und Geschäftshaus mit Kino, Bierkeller und Café umbauen. 1933 befanden sich in dem Haus, das im Krieg völlig zerstört wurde, zusätzlich eine Verkaufsstelle der Mülheimer Brotfabrik Josef Müller G.m.b.H. sowie Wohnungen.

Von den Synagogen, die Sigmund Münchhausen entworfen hat, ließen sich die in Einbeck, Höchst, Königstein i.T. und Osnabrück sowie eine Planung zu einer Synagoge in Ibbenbüren ermitteln. Auch hier ist zu vermuten, dass er für verschiedene jüdische Gemeinden in ganz Deutschland noch weitere Baulichkeiten entworfen hat, wie zum Beispiel Friedhofsgebäude oder Schulen, wohlmöglich aber auch noch weitere Synagogen. Zugleich auch das erste nachweisbare Gebäude von Sigmund Münchhausen ist die 1894–96 in der Bismarckstraße in Einbeck errichtete Synagoge.[8] Die am 1.9.1896 eingeweihte Synagoge ersetzte einen in einem Wohnhaus untergebrachten Gebetsraum an anderer Stelle. Der Bau war möglich geworden durch eine großzügige Spende des in Braunschweig ansässigen, vermutlich aus Einbeck stammenden Bernhard Meyerfels. Trotz ihrer geringen Größe suggeriert sie dank des fast

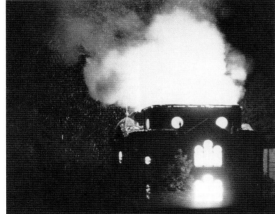

oben: Die Einbecker Synagoge in ihrer städtebaulichen Umgebung. Foto aus: Jüdisches Leben in Einbeck. Oldenburg 1998

Mitte: Die brennende Synagoge von Einbeck am 9. November 1938. Foto aus: Jüdisches Leben in Einbeck. Oldenburg 1998

unten: Die nach dem Novemberpogrom von 1938 ausgebrannte Synagoge von Höchst. Foto aus: Beck, Fenzl, Krohn: Juden in Höchst. Frankfurt 1990

Vorhergehende Seite:
oben links: Das Haus Buchheimer Str. 26-28 (Pfeil) kurz nach 1900. Foto: Postkarte Privatbesitz

oben rechts: Fassadenansicht der Synagoge von Einbeck. Abb. aus: Hammer-Schenk: Die Architektur der Synagoge von 1780 bis 1933. Frankfurt 1988

unten: Grundrisse und Schnitte der Synagoge. Abb. aus: Jüdisches Leben in Einbeck. Oldenburg 1998

kompletten Kanons der großen städtischen Synagogen einen viel größeren Bau, von dem die — in diesem Fall fast überdimensionierte – Kuppel ebenso entlehnt wurden wie die polygonalen Fassadenecktürme an der aufwendig gestalteten Eingangsfassade. Die Fassade ist durch farblich wechselnde Backsteinschichten in Kombination mit hellen Steingliederungen bei den Fenstern und Portalen gestaltet. Am 9. November 1938 wurde die Synagoge niedergebrannt und noch im selben Jahr abgebrochen.

Die am Marktplatz gelegene Synagoge in Frankfurt-Höchst entstand 1904/05.[9] Für das Jahr 1778 ist den Quellen zufolge erstmals eine Synagoge in Höchst belegt, die 1806 und 1816 durch neue Baulichkeiten ersetzt wurde. Gegen Ende des 19. Jahrhunderts stand dann aufgrund der erheblich angewachsenen Mitgliederzahl der Gemeinde eine Erweiterung der alten Synagoge bzw. gar ein Neubau zur Diskussion. Seitens der Gemeindevertretung entschloss man sich im Oktober 1904 für den Abbruch des alten Gotteshauses und für die Errichtung eines Neubaus an gleicher Stelle, für den schon am 31.1.1905 die von Sigmund Münchhausen gefertigten Pläne als Bauantrag eingereicht wurden. Die Grundsteinlegung war am 16.5.1905 und am 14.12.1905 erfolgte dann die feierliche Einweihung, über die von der „Allgemeinen Zeitung des Judentums" in ihrer Ausgabe vom 29.12.1905 wie folgt berichtet wurde: *„... Am 14. d. Mts. fand in einem feierlichen Gottesdienste in Anwesenheit von Vertretern der königlichen und städtischen Behörden die Einweihung der hiesigen neuen Synagoge statt. Das nach den Plänen des Baumeisters S. Münchhausen in Köln im romanischen Stile erbaute Gotteshaus war mit Blumen reich geschmückt und bis auf den letzten Platz mit zahlreich erschienenen Gästen gefüllt. Die Bewohner der umliegenden Straßen hatten ihre Häuser reich beflaggt. Abends fand ein Festbankett statt. Die Teilnehmer gehörten allen Konfessionen an, und gestaltete sich die Feier zu einem recht erhebenden Fest. Herr Bürgermeister Palleske ergriff das Wort, wies in seiner Rede hin auf das in Höchst bestehende gute Einvernehmen aller Konfessionen und brachte der Kultusgemeinde als Festgabe das Versprechen der gesamten Bürgerschaft, treu zu ihr zu stehen in der Betätigung wahrer Nächsten und Menschenlie-*

Die Synagoge von Königstein im Ortsbild. Foto: Privatbesitz

be. Der Verlauf der ganzen Feier war ein derartiger, daß alle Teilnehmer und vor allem die ganze jüdische Gemeinde mit hoher Befriedigung auf den Tag ihrer Synagogeneinweihung zurückblicken dürfen." Die von Sigmund Münchhausen entworfene Synagoge war ein backsteinsichtiger kapellenähnlicher Saalbau mit Gliederungen aus Sandstein und einer Dacheindeckung in Schiefer. Besonders hervorgehoben ist die wegen der Frauenempore zweigeschossig angelegte Fassade zum Markt hin mit ihrem hohen spitzbogigen Giebel und den beiden flankierenden zwiebelbekrönten Türmchen. Auf der Rückseite der Synagoge, in der 84 Männer und 54 Frauen Platz finden konnten, lagen die vom Grundwasser des Liederbaches gespeiste Mikwe und ein Raum für den Vorbeter. In den frühen Morgenstunden des 10. November 1938 wurde die Synagoge von SA-Leuten aus Höchst und anschließend von Höchster Bürgern angezündet, so dass von ihr kurz nach der Mittagszeit nur noch eine Ruine stand. Im März 1939 kam es zu einem „Kaufvertrag" zwecks Erwerbs des Grundstücks zwischen der Stadt Höchst und der Kultusgemeinde, in dem diese gezwungen wurde, auch die Abbruchkosten der Ruine zu übernehmen. Wenig später wurde die Ruine abgebrochen und an ihrer Stelle im Jahre 1942 ein Luftschutzbunker errichtet, an dem heute eine Gedenktafel an die alte Synagoge erinnert.

Indirekt wohl als Folgeauftrag ist der Bau der Synagoge in dem von Frankfurt nicht allzu weit entfernten Königstein zu werten, der dort, mit der Adresse Seilerbahnweg 9, 1905/06 entstand.[10] Seit 1861 war es das Anliegen vieler jüdischer Familien in Königstein, die zum Gottesdienst die Synagoge in Falkenstein besuchen mussten, eine eigene Synagoge zu errichten, die auch den Ansprüchen der zahlreichen, vor allem aus Frankfurt angereisten jüdischen Sommergäste dieses Kurortes gerecht würde. Acht Jahre später erwarb man dank der großzügigen Unterstützung des Königsteiner Ehrenbürgers Sigismund Kohn-Speyer einen Bauplatz, der zur Jahrhundertwende jedoch wieder verkauft wurde, weil die notwendigen Gelder für den Bau der Synagoge fehlten. Erst eine Stiftung der Baronin Hannah Mathilde von Rothschild ermöglichte dann den von Sigmund Münchhausen entworfenen Bau, dessen Ausführung 1905/06 in

„Die beiden Juden". Inneres der Osnabrücker Synagoge. Gemälde von Felix Nussbaum (1926). Kulturgeschichtliches Museum Osnabrück. Abb. aus: Felix Nussbaum. Bramsche 1990

Einweihung am 13.9.1906. Die Bauleitung lag ebenfalls in den Händen von Sigmund Münchhausen. Gegenüber dem ersten Entwurf, der wesentlich strenger war und zur Straße hin eine aus einem Achteck entwickelte turmartige Kuppel besaß, zeigte der Ausführungsentwurf eine sehr stark romanisierende, fast einem „Westwerk" mittelalterlicher Kirchen entlehnte Fassade, die in Details auch an den Speyrer Dom als auch an Synagogen von Edwin Oppler erinnerte. Der eigentliche Kultbau lag, geostet und mit Apsis, als Zentralraum mit hoher Lichtkuppel hinter dieser Fassadenarchitektur. Der Gottesdienstraum zeigte, gestalterisch unterstrichen durch die Emporen, die traditionelle Trennung von Frauen und Männern. Ferner besaß er eine große Orgel und über dem Eingang die zwei Tafeln des Bundes. Einen Eindruck vom Innern vermittelt anschaulich das im Osnabrücker Felix-Nussbaum-Haus aufbewahrte Gemälde „Die beiden Juden", das der jüdische Osnabrücker Künstler Felix Nussbaum (geb. 1904 in Osnabrück, gest. 1944 in Auschwitz) im Jahre 1926 gemalt hat. Die „Allgemeine Zeitung des Judentums" berichtete am 18.9.1906 wie folgt: *„Osnabrück, 14. September. Gestern vormittag um 11 Uhr fand die Einweihung unserer neuen Synagoge statt, in Anwesenheit von Vertretern der königlichen und städtischen Behörden sowie der Synagogengemeinde und zahlreicher Gäste. Die begleitenden Gesänge, deren textlicher Inhalt Psalmen nachgedichtet ist, wurden vom Oberkantor und dem Sängerchor der Gemeinde Hannover unter Orchesterbegleitung gesungen. Die Feier begann mit dem Eingangslied ‚Wie schön sind deine Zelte, Jakob', die Festpredigt hielt Landrabbiner Dr. Loeb aus Emden; hieran schloß sich das Weihegebet für das Haus und das vorher angezündete ewige Licht, sodann folgte die Fürbitte für die Gemeinde, die Stadt und die kaiserliche Familie. Abends fand im Vereinshause bei einer Beteiligung von 400 Personen ein Festbankett statt. Aufführungen von bezüglichen Theaterstücken und ein Tanz beschlossen die schöne Feier. Daß es dabei an Ansprachen von den verschiedenen Seiten nicht fehlte, versteht sich von selbst. Der Vorsteher der Osnabrücker Synagogengemeinde, Herr Carl Blumenfeld, dankte in herzlichsten Worten dem anwesenden Baumeister S. Münchhausen aus Köln für die Erbauung des trefflich gelungenen Werkes, welches nach dem Ausspruch zahlreicher Sachverständiger eine der schönsten Synagogen Deutschlands sei; es sei ein groß angelegtes, monumentales Bauwerk und eine Zierde der altehrwürdigen Stadt Osnabrück. Der Verlauf des ganzen Festes war ein derartiger, daß alle Teilnehmer, aber vor allem die ganze jüdische Gemeinde, mit hoher Befriedigung auf den Tag der Einweihungsfeier zurückblicken dürfen."* Die Synagoge und Schule wurden in der Reichspogromnacht am 9. November 1938 in Brand gesteckt und zerstört, ihr zwei Tage später erfolgter Abriss war von dem damaligen Oberbürgermeister Erich Gaertner aber schon Wochen zuvor geplant gewesen. Seit dem 9.11.2004 erinnert auf der Grundmauer der alten jüdischen Schule das „Mahnmal Alte Synagoge" an die Vernichtung des Europäischen Judentums.

1. Stadtarchiv Paderborn
   Die Geburtsjahre sind allerdings mit Vorsicht zu übernehmen; so ist dort als Geburtsjahr für Sigmund Münchhausen 1857 angegeben.
2. Den Hinweis verdanke ich Frau Dr. Saskia Rohde
   Herbert Mundhenke (Bearb.): Die Matrikel der höheren Gewerbeschule, der Polytechnischen Schule und der Technischen Hochschule zu Hannover, Bd. 1: 1831–1881. Hildesheim 1988, S. 252 (Veröffentlichungen der Historischen Kommission für Niedersachsen und Bremen IX)
3. Yad-Vashem, Gedenkbuch und Dieter Corbach: 6.00 Uhr ab Messe Köln-Deutz. Deportationen 1938–1945. Köln 1999, S. 476
4. Willy Oskar Dressler: Dresslers Kunsthandbuch, Bd. 2. Berlin 1930
5. Harald Hammer-Schenk: Die Architektur der Synagoge von 1780 bis 1933. In: Hans Peter Schwarz (Hg.): Die Architektur der Synagoge. Frankfurt 1988, S. 257
6. Der Hinweis auf die Warenhäuser entstammt dem knappen, ohne Quellenangaben geschriebenen Artikel von Klemens Klemmer in: Klemens Klemmer: Jüdische Baumeister in Deutschland. Stuttgart 1998, S. 267
7. HAStK, Best. 480, Nr. 113
8. Harald Hammer-Schenk: Die Architektur der Synagoge von 1780 bis 1933. In: Hans Peter Schwarz (Hg.): Die Architektur der Synagoge. Frankfurt 1988, S. 157–268 (256–259)
   Herbert Obenhaus u.a. (Hg.): Historisches Handbuch der jüdischen Gemeinden in Niedersachsen und Bremen, Bd. 1. Göttingen 2005
   Frank Bertram, Susanne Gerdes, Susanne Mosler-Christoph, Wiebke Kirleis, Werner Prieß: Verloren aber nicht vergessen. Jüdisches Leben in Einbeck. Oldenburg 1998
   Harald Hammer-Schenk: Synagogen in Deutschland. Geschichte einer Baugattung im 19. und 20. Jahrhundert (1780–1933). Hamburg 1981
9. Institut für Stadtgeschichte Höchst, 1.070, Baupolizeiakte
   Waltraud Beck, Josef Fenzl, Hega Krohn: Juden in Höchst. Frankfurt 1990
   www.alemannia-judaica.de
   www.ffmhist.de
   Allgemeine Zeitung des Judentums vom 22.12.1905, 29.12.1905
   Frankfurter Israelitisches Familienblatt vom 22.12.1905
   Paul Arnsberg: Die jüdischen Gemeinden in Hessen. Bilder – Dokumente. Darmstadt 1973, S. 92
10. www.alemania-judaica.de/koenigstein-synagoge.htm
    www.koenigstein.de
    Frankfurter Rundschau vom 13.9.2006
    Allgemeine Zeitung des Judentums vom 5.10.1906
    Harald Hammer-Schenk: Synagogen in Deutschland. Geschichte einer Baugattung im 19. und 20. Jahrhundert (1780–1933). Hamburg 1981
    Harald Hammer-Schenk: Die Architektur der Synagoge von 1780 bis 1933. In: Hans Peter Schwarz (Hg.): Die Architektur der Synagoge. Frankfurt 1988, S. 157–268 (256–259)
    Heinz Sturm-Godramstein: Juden in Königstein. Leben, Bedeutung, Schicksale. Königstein 1983 (2. leicht veränderte Auflage 1998)
11. Harald Hammer-Schenk: Synagogen in Deutschland. Geschichte einer Baugattung im 19. und 20. Jahrhundert (1780–1933). Hamburg 1981
    Elfi Pracht-Jörns: Jüdisches Kulturerbe in Nordrhein-Westfalen. Teil IV: Regierungsbezirk Münster. Köln 2002, S. 359–363, 414–416
    Willi Feld: Synagogen im Kreis Steinfurt. Steinfurt 2004, S. 21–25, 88–90, 92, 97, 105
12. Allgemeine Zeitung des Judentums vom 18.9.1906
    Harald Hammer-Schenk: Die Architektur der Synagoge von 1780 bis 1933. In: Hans Peter Schwarz (Hg.): Die Architektur der Synagoge. Frankfurt 1988, S. 157–268 (256–259)
    Ludwig Hoffmeyer: Chronik der Stadt Osnabrück. 4. von Heinrich Koch bearbeitete und erweiterte Aufl. Osnabrück 1982, S. 476–478, 570–571

Die ausgebrannte Osnabrücker Synagoge am 9. November 1938. Foto aus: Chronik der Stadt Osnabrück. Osnabrück 1982, S. 570

ALBERT OPPENHEIM

Architekt, Dipl.-Ing., Regierungsbaurat, Reichsbahnoberrat, AIV
geb. 31.10.1882 in Coburg, gest. nach 1945 in England (?)

Unterschrift Albert Oppenheims von 1908
Abbildung: Archiv des Architekten- und Ingenieurvereins, AIV, Berlin

Nach dem Abitur am Humanistischen Gymnasium in Coburg studierte Albert Oppenheim das Fach Architektur an den Technischen Hochschulen von Dresden, München und Berlin-Charlottenburg, wo er auch die Diplomprüfung abgelegte. 1908 war er in Berlin Regierungsbauführer bei der Königlichen Bauinspektion IV unter der Leitung des Königlichen Baurats Ernst von Bandel. Von 1912 an wirkte er als Regierungsbaumeister bei der Eisenbahndirektion in Saarbrücken. Im April 1921 erfolgte in Trier seine Ernennung zum Regierungs- und Baurat. Ab 1927 lebte er in Köln, wo er zunächst in dem Mehrfamilienhaus Richard-Wagner-Str. 29 und ab 1928 bis zu seiner Emigration in dem Wohn- und Geschäftshaus Aachener Str. 567/Ecke Voigtelstraße in dem vornehmen Stadtteil Braunsfeld wohnte. Albert Oppenheim, der von 1930 bis 1936 den Titel Reichsbahnoberrat trug, war in Köln Direktionsmitglied bei der Reichsbahndirektion, Konrad-Adenauer-Ufer 3. Seit 1908 zählte er zudem zu den Mitgliedern des Architekten- und Ingenieurvereins, AIV, zunächst in Berlin, dann in Saarbrücken und ab 1927 in Köln. Von seiner Entwurfstätigkeit ließ sich lediglich ein Wettbewerbsbeitrag zu einem Einfamilienhaus für die Monatskonkurrenz Januar 1912 ermitteln. Der Schwerpunkt seiner Tätigkeit in Köln lag offensichtlich auf dem Gebiet des Wohnungsbaus für Mitglieder der Reichsbahn. Im Jahre 1939 emigrierte Albert Oppenheim nach England, wo er nach 1945 in Wembley wohnte.

QUELLEN UND LITERATUR:
- Unterlagen NS-Dokumentationszentrum der Stadt Köln
- Architekturmuseum TU Berlin, Inv. Nr. MK 73, 2-072 (Monatskonkurrenz 1912)
- Stammrolle des Architekten- und Ingenieurvereins, AIV, Köln
- Archiv des Architekten- und Ingenieurvereins, AIV, Berlin (Antrag auf Mitgliedschaft von Albert Oppenheim vom 16.4.1908 mit Lebenslauf vom 14.3.1908)
- Oppenheim: Bauten der Reichsbahn-Siedlungsgesellschaft Köln. In: Zentralblatt der Bauverwaltung, Jg. 52, 1932, S. 397–403

Das Wohn- und Geschäftshaus Aachener Str. 567
Foto: Archiv der Koerfer'schen Verwaltung, Köln

OSKAR VAN PERLSTEIN (SHLOMO PASHTAN)

Architekturstudent
geb. 16.1.1910 in Köln, gest. 18.6.2004 in Israel

Oskar van Perlstein/ Shlomo Pashtan in den 1930er Jahren. Foto: Privatbesitz Reuven Pashtan

Unterschrift von Shlomo Pashtan in einem Brief aus dem Jahre 1996 an den Autor

Oskar van Perlstein war der Sohn des Kaufmanns Alfred van Perlstein (gest. 1918), der zusammen mit seinem Vater, Salomon Philipp van Perlstein, das Lotterie- und Bankgeschäft S. P. van Perlstein besaß. Die Mutter von Oskar van Perlstein war Alice van Perlstein, geb. Kaul (geb. 27.7.1877 in Berlin, gest. Mai 1942 in Kulmhof), die am 30.10.1941 von Köln nach Litzmannstadt deportiert und im Mai 1942 in Kulmhof vergast wurde. Ihre Eltern waren Magnus und Fanny Kaul. Ein Bruder von Alfred van Perlstein war der Kölner Sanitätsrat Dr. med. Gabriel van Perlstein (geb. 1862, gest. 1927), der mit Ella van Perlstein, geb. Israel (geb. 7.12.1868 in Bad Pyrmont, gest. in einem Konzentrationslager) verheiratet war, deren Deportationsziel und Ort ihrer Ermordung nicht bekannt sind. Ein Bruder von Oskar van Perlstein war der in Köln und in Bremen wirkende Schauspieler Walter Perlstein (geb. 12.3.1901 in Köln, gest. 6.12.1941 im Konzentrationslager Mauthausen). Eine Schwester von ihm war Margot van Perlstein (geb. 13.4.1905, gest. 8.8.1906), die auf dem Jüdischen Friedhof in Deutz bestattet ist.

Oskar van Perlstein, er war ein Neffe des jüdischen Architekten Robert Stern, begann nach seinem Abitur im Jahre 1929 zunächst eine Tätigkeit als Baueleve bei seinem Onkel, bei dem zu jener Zeit auch der Architekt Ludwig Ahlfeld beschäftigt war. Zu dieser Zeit waren das Hauptprojekt im Büro Robert Sterns die Friedhofsbauten in Vogelsang. Ein Jahr später begann er an der Technischen Hochschule zu Stuttgart das Studium der Architektur, musste dieses aber bald nach der Machtübernahme durch die Nationalsozialisten abbrechen. 1934 gelang ihm, weil er zu jener Zeit auch ein aktives Mitglied in der Zionistischen Bewegung war und selbst andere junge Juden auf die Emigration vorbereitete, mit „Zertifikat" der Britischen Mandatsregierung die Ausreise nach Palästina, wo er sich fortan Shlomo Pashtan (im Briefverkehr mit Deutschland: Schlomo Paschtan) nannte. Ein solches limitiertes „Zertifikat" hatte er vergeblich versucht auch für seine Mutter zu bekommen. Er erreichte Haifa im Oktober 1934 mit einem in Triest ausgelaufenen Schiff. Seine Tätigkeit in Palästina begann als Arbeiter, zunächst im Kibbuz Maoz Haim im Beit Shean-Tal und dann in Gedera. 1936 schloss er sich dem Kib-

links: Miryam und Shlomo Pashtan während eines England-Aufenthaltes in den 1980er Jahren. Foto: Privatbesitz Reuven Pashtan

Mitte: Alice van Perlstein um 1930 in Köln. Foto: Privatbesitz Reuven Pashtan

rechts: Alice van Perlstein in den 1930er Jahren (?). Foto: Privatbesitz Reuven Pashtan

buz an, in dessen Rahmen er sechs Jahre im Süden des Toten Meeres für die Palestine Dead Sea Potash Company arbeitete. 1943 erfolgte die Arbeit in dem im Norden des heutigen Israel neu errichteten Kibbuz Kfar Szold, das in einer sehr isolierten, felsigen und klimatisch äußerst extremen Gegend lag. Hier half er bei der Urbarmachung des Landes, unter anderem durch das manuelle Wegtragen von tausenden von Felssteinen. Im Jahr 1946 heiratete er die in Bratislava/Pressburg aufgewachsene Magda Hermann (geb. 16.11.1919 in Budapest, gest. 14.9.1992 in Israel), die mit der Eheschließung Miryam (Miriam) Pashtan hieß. Sie war die Tochter von Alexander Hermann und seiner Ehefrau Selma, geb. Menczer, die beide aus Sombor im damaligen Ungarn stammten. Im Jahre 1944 fand sie Anschluss an den „Kastner-Transport", dessen proklamierte Absicht es war, nach Spanien zu fahren. Von dort sollten die Transportierten die Möglichkeit haben, nach Palästina zu gelangen. Der Transport wurde jedoch in das Konzentrationslager Bergen-Belsen gebracht, wo die Beteiligten bis zu ihrer Befreiung gefangen waren. Von der Schweiz aus gelangte sie im Jahr 1945 nach Palästina in den Kibbuz Kfar Szold, wo sie Shlomo Pashtan traf. Im Jahr 1958 verließ das Ehepaar Pashtan den Kibbuz. Von 1959 bis 1977 war Shlomo Pashtan als Oberbuchhalter in der 1870 vom Osmanischen Sultan gegründeten Landwirtschaftlichen Schule Mikveh Israel angestellt, arbeitete dort aber bis zum hohen Alter von 90 Jahren ehrenamtlich. Aus der Ehe entstammen die drei Kinder Yair, Aliza und Reuven. Seine Liebe zu Köln und die enge Verbundenheit zu den Geschehnissen in der jüdischen Gemeinde seiner Heimatstadt drückte sich in dem von ihm mitbegründeten „Verband ehemaliger Kölner und Rheinländer in Israel" aus, dessen Vorsitz er bis ins hohe Alter auch innehatte. Seine letzte Adresse in Israel war 6 Rehov Mikveh Israel in Holon. Zeit seines Lebens hat er für sich auch das Interesse an Architektur und Archäologie bewahrt, obwohl er den ursprünglich geplanten Beruf niemals ausführen durfte.

QUELLEN UND LITERATUR:
- Schriftliche Überlieferung durch Shlomo Pashtan von 1993 bis 1996
- Freundliche Mitteilungen von Lynda Bashan und Reuven Pashtan

GUSTAV PHILIPP

Architekt, Maurermeister
geb. (?), gest. 29.2.1884 in Köln

Verheiratet war Gustav Philipp mit Adele Philipp, die letztmalig im Kölner Adressbuch von 1893 in Köln unter der Adresse Johannisstr. 44 nachweisbar ist. Gustav Philipp wird erstmalig im Adressbuch von 1867 erwähnt, wo er als Mieter des honorigen Hofmalers Otto Ernst Friedrich Grashof (geb. 1812, gest. 1876) im Haus Albertusstr. 43 verzeichnet ist. Ein Jahr später erwarb und bezog er das vornehme Nachbarhaus Albertusstr. 45, das er im Jahre 1869 an den Fabrikanten Otto Reusch veräußerte. Jetzt lebte er für rund ein Jahr als Mieter in dem Haus Am Klingelpütz 74. 1870 bis 1872 war er Mieter in dem älteren Haus Johannisstr. 59 und 1872 auch noch in dem Haus Johannisstr. 39.

Philipp Gust., Architect, Johannisstr. 59.

Im Jahre 1873 bezog er dann das von ihm selbst entworfene, bildlich allerdings nicht überlieferte, an der Ecke Goldgasse gelegene Zweifamilienhaus Johannisstr. 44. Gustav Philipp, über dessen Wirken kaum Informationen vorliegen, ist bestattet auf dem Jüdischen Friedhof in Deutz, Flur C Nr. 19. Das Grabmal ist allerdings nicht mehr erhalten. Die beiden von ihm nachweisbaren, für sich selbst gebauten Wohnhäuser Albertusstr. 45 von 1867/68 und Johannisstr. 44/Goldgasse von 1873 existieren ebenfalls nicht mehr.

Eintrag aus Adreßbuch für Köln, Deutz und Mülheim am Rhein sowie die Umgebung Köln's 1871

ALEXANDER PINTHUS

Architekt, Dipl.-Ing., Dr.-Ing., Prof.
geb. 30.7.1893 in Nordhausen/Kreis Erfurt, gest. 1981 in Haifa/Israel

Vermutlich entstammt Alexander Pinthus jener jüdischen Familie Pinthus, die später Mitinhaber des Nordhausener Kaufhauses „Pinthus & Ahlfeld" von Flora Ahlfeld, geb. Pinthus, und Richard Ahlfeld war. Vermutlich ist er verwandt mit dem Schriftsteller Kurt Pinthus (geb. 29.4.1886 in Erfurt, gest. 11.7.1975 in Marbach am Neckar). Nach der Mittelschule besuchte er das Realgymnasium in Nordhausen, an dem er Ostern 1912 die Reifeprüfung ablegte. Von 1912 bis 1914 folgte das Studium des Hochbaus, der Volkswirtschaft und des Städtebaus an der Technischen Hochschule Aachen. Von 1914 bis 1918 war er dann Soldat im Ersten Weltkrieg. 1919 begann er an der Technischen Hochschule Hannover das Studium der Architektur, das er dort als 27-Jähriger mit dem Diplom abschloss. Von 1923 bis 1929 war er angestellt bei der Stadt Köln; von 1925 bis 1930 wohnte er in Köln-Sülz in dem Mehrfamilienhaus Konradstr. 5. 1929/30 folgte eine Anstellung als Architekt bei der Stadt Berlin. 1929 promovierte er an der Technischen Hochschule Hannover zum Dr.-Ing. mit der Dissertation *„Die Judensiedlungen der Deutschen Städte. Eine Stadtbiologi-*

Pinthus Alex., Dipl.-Ing., Architekt, Sülz, Konradstr. 5.¹

sche Studie". Kurz nach der Machtübernahme Hitlers emigrierte er im Jahre 1933 nach Palästina und siedelte sich dort in Haifa an. Hier war er bis zu seiner Emeritierung Professor für das Fach Städtebau am Technion (Israel Institute of Technology) Haifa.

LITERATUR:
- Klemens Klemmer: Jüdische Baumeister in Deutschland. Stuttgart 1998, S. 272
- Barbara Mattes: Jüdisches Alltagsleben in einer mittelalterlichen Stadt. Responsa Des Rabbi Meir Von Rothenburg. Berlin, New York 2003 (=Studia Judaica 24)
- Alexander Pinthus: Die Judensiedlungen der Deutschen Städte. Eine Stadtbiologische Studie. Berlin 1931 (Diss. TH Hannover 1929)
- Alexander Pinthus: Studien über die bauliche Entwicklung der Judengassen in den deutschen Städten. In: Zeitschrift für die Geschichte der Juden in Deutschland, Jg. 2, 1930, S. 101–130, 197–217, 284–300
- Alexander Pinthus: „Die Wohnungsnot der Großstadtjuden." In: Zeitschrift für jüdische Wohlfahrtspflege, 1929
- Myra Warhaftig: Sie legten den Grundstein. Leben und Wirken deutschsprachiger jüdischer Architekten in Palästina 1918–1948. Berlin 1996, S. 383
- Myra Warhaftig: Deutsche jüdische Architekten vor und nach 1933 – Das Lexikon. Berlin 2005, S. 388 (einige Angaben zur Person sind allerdings falsch)

Eintrag aus Greven's Kölner Adreßbuch 1930

KURT ROSENBLUM

Architekt, Kaufmann
geb. 9.8.1887 in Königsberg, gest. 30.6.1942 in Köln (Freitod)

Eintrag aus Greven's Kölner Adreßbuch 1925

Rosenblum Jak., Kfm., Ubierring 5.^{II}
– Kurt, Architekt, Lupusstr. 7.^{II} M 1639. PSK 21724.

Kurt Rosenblum war verheiratet mit Käthe (Catharina) Rosenblum, geb. Heinemann (geb. 18.10.1888, gest. 30.6.1942 in Köln / Freitod). Seine Schwester war Hella Rosenblum (geb. 26.7.1895 in Königsberg, deportiert 1942 nach Theresienstadt, wo sie ermordet wurde), die zuletzt in dem Ghettohaus Beethovenstr. 16 lebte. 1922 ist er erstmals in Köln nachweisbar, allerdings mit dem falschen Eintrag „Kurt Rosenbaum", wohnhaft Lupusstr. 7. 1925/26 wohnhaft Lupusstr. 7. 1926 betrieb seine Ehefrau eine Kaffee- und Teehandlung im Haus Bobstr. 13, die 1927 auch unter seinem Namen lief und im Jahre 1931 von Mathilde Stöcker übernommen worden war. 1927 wohnte das Ehepaar Rosenblum im Haus Nohlstr. 12. 1929 lautete der Berufseintrag im Adressbuch nicht mehr Architekt, sondern Geschäftsführer, 1930/31 Prokurist und 1934/38 Kaufmann. 1929/36 war das Ehepaar wohnhaft im Haus Brandenburger Str. 25 und 1938 im Haus Altenberger Str. 17. 1941/42 findet sich kein Eintrag im Kölner Adressbuch. Kurt Rosenblum lebte zuletzt im Ghettohaus St.-Apern-Str. 29–31 und Käthe Rosenblum zuletzt im Ghettohaus Neusser Str. 592 in Köln-Weidenpesch. Beide nahmen sich am 30.6.1942 das Leben und wurden auf dem Jüdischen Friedhof in Vogelsang bestattet. Über das Wirken von Kurt Rosenblum als Architekt ist nichts bekannt.

QUELLEN UND LITERATUR:
- Unterlagen NS-Dokumentationszentrum der Stadt Köln
- Yad-Vashem, Gedenkbuch

OSKAR ROSENDAHL

Architekt
geb. 27.12.1876 in Witten/Ruhr, gest. 8.4.1941 in Huizen/Niederlande

Oskar (Oscar) Rosendahl war der Sohn des Kaufmanns Josef Rosendahl, der 1889 in Düsseldorf Inhaber einer „Dampf-Kaffeebrennerei" und „Kaffeehandlung en gros" sowie Inhaber der Firma „Holländische Kaffee-Niederlage Josef Rosendahl" war. Sein Bruder war der Düsseldorfer Architekt Willy Rosendahl. Die Eltern waren 1878 von Witten nach Düsseldorf verzogen. Seit dem 6.8.1878 wohnten sie dort im Haus Karl-Anton-Str. 28 und ab dem 28.2.1879 in dem Haus Neustr. 25. Am 3.11.1893 meldete sich Oskar Rosendahl nach Köln ab, wo er – mit Abschluss im Wintersemester 1895 – an der Baugewerkschule das Fach Architektur studierte. Seit dem 10.4.1895 war er wieder unter der elterlichen Adresse in Düsseldorf gemeldet, verzog von dort aber am 7.8.1896 nach Dortmund, wo er für rund fünf Monate in einem nicht bekannten Architekturbüro tätig war. Seit dem 14.1.1897 wohnte er dann wieder im elterlichen Haus, verließ dieses aber für den Zeitraum vom 29.9.1897 bis zum 28.1.1898 für Reisen nach Belgien, Frankreich und England. Am 20.8.1898 meldete er sich offensichtlich wegen einer Anstellung nach Köln ab, kehrte am 27.10.1898 aber wieder zurück nach Düsseldorf, um am 3.12.1898 dann für rund elf Monate wieder nach Köln zu ziehen. Am 2.11.1899 wohnte er wieder bei seinen Eltern, meldete sich aber am 31.12.1899 wieder nach Köln ab, wo er jetzt für fast zwei Jahre in einem Architekturbüro Anstellung gefunden hatte. Nach Düsseldorf kehrte er am 9.12.1902 zurück und bezog diesmal eine eigene Wohnung in dem Haus

Scheurenstr. 15. Die weiteren Düsseldorfer Adressen waren Ellerstraße 115 ab dem 21.4.1903, Graf-Adolf-Straße 60 ab dem 22.2.1908, Oststraße 115 ab dem 30.4.1909 und Oststraße 20 von dem 28.6.1911 bis 1936. Vom 17.7.1936 bis zu seiner Emigration lebte er im Haus Wagnerstraße 40. Am 30.4.1937 erfolgte die Abmeldung in Düsseldorf mit Emigrationsziel Amsterdam. Nach Definition der Nationalsozialisten galt er als „Volljude", was Grund zur Ablehnung seines Antrages auf Mitgliedschaft in der Reichskammer der bildenden Künste war. In den Niederlanden hat er vermutlich Selbstmord begangen.

Der Schwerpunkt seiner anfänglichen Tätigkeit in Düsseldorf betraf die Errichtung von meist herrschaftlichen Mehrfamilienhäusern und Villen in dem ab 1898 bebauten und im Jahre 1909 nach Düsseldorf eingemeindeten Oberkassel, für das er bis zu den Jahren des Ersten Weltkriegs einer der wichtigsten Architekten war. Möglicherweise gibt es eine Verbindung zwischen seinem Engagement für Oberkassel und seiner mehrfachen Tätigkeit in Kölner Architekturbüros, denn die Träger des ersten und dritten Preises bei dem im März 1899 entschiedenen, in der damaligen Fachpresse mehrfach besprochenen und ausführlich publizierten Wettbewerbs zu Entwürfen für „herrschaftliche Wohnhäuser in Oberkassel" waren die Kölner Architekten Franz Thyriot und Franz Brantzky. Ein Beleg über seine Tätigkeit in einem dieser beiden Büros gibt es allerdings nicht. Ebenso lassen sich die Kölner Adressen nicht über die Adressbücher ermitteln, was darauf hindeutet, dass er in Köln zur Untermiete gewohnt hat. Das einzige Kölner Projekt, an dem Oskar Rosendahl beteiligt war, ist das heute noch existierende Büro- und Geschäftshaus Gebr. Isay, das er zusammen mit dem renommierten Kölner Architekturbüro von Rolf Helbig und Albert Klöckner entworfen hat. Weitgehend offen bleibt, was Oskar Rosendahl in der Zeit der Weimarer Republik gebaut und wo er überall gewirkt hat. Anscheinend besaß er schon vor seiner Emigration Kontakte in den Niederlanden, wo 1934/35 zusammen mit dem niederländischen Architekten Jan Wils (geb. 22.2.1891 in Alkmaar, gest. 11.2.1972 in Voorburg), einem ehemaligen Mitarbeiter von Hendrik Petrus Berlage, das viel bewunderte, am 29.10.1935 eröffnete City Theater in Amsterdam entstand. Der Anteil von Oskar Rosendahl betraf bei diesem 1350 Sitze umfassenden Kino vor allem den Innenausbau. Mit Jan Wils baute er 1935/36 auch das Swinden Theater in Amsterdam. Die letzte belegbare Tätigkeit ist der zusammen mit A. Krijgsman durchgeführte Umbau des Lichtspieltheater Lumière in Rotterdam, das rund ein Jahr nach seiner Eröffnung durch den verheerenden deutschen Luftangriff am 14.5.1940 zerstört wurde. Ende Februar 1941 begannen in den Niederlanden die ersten großen Razzien der Deutschen Besatzung gegen die jüdischen Bewohner, auf die am 25.2.1940 in Amsterdam und Nordholland die gesamte Bevölkerung mit einem Generalstreik reagierte. Oskar Rosendahl starb am 8.4.1941 in Huizen. Wohl in Anbetracht der blutigen Niederschlagung dieses Streiks und der Aussichtslosigkeit seiner Situation hat Oskar Rosendahl offensichtlich seinem Leben selbst ein Ende gesetzt.

KÖLNER BAUTEN

1911–13 Altstadt, Zeppelinstr. 4–6/Am Alten Posthof, Büro- und Geschäftshaus Gebr. Isay (mit Helbig & Klöckner)

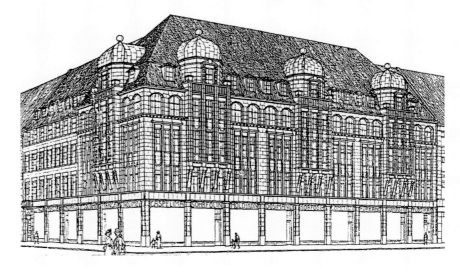

Vorentwurf zum Haus Gebr. Isay. Abb. aus: Helbig und Klöckner, ausgeführte Bauten 1910–1915

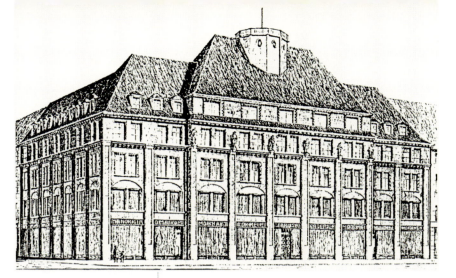

oben: Vorentwurf zum Haus Gebr. Isay. Abb. aus: Helbig und Klöckner, ausgeführte Bauten 1910–1915

darunter: Das Haus Gebr. Isay um 1914. Foto aus: Helbig und Klöckner, ausgeführte Bauten 1910–1915

oben rechts: Wohn- und Geschäftshaus Dominikanerstr. 2. Foto: Wolfram Hagspiel (2008)

Mitte rechts: Die Häuser Dominikanerstr. 12 und 10 (von links nach rechts). Foto: Wolfram Hagspiel (2008)

unten rechts: Die Häuserzeile Düsseldorfer Str. 16 bis 8 (von links nach rechts). Foto: Wolfram Hagspiel (2008)

AUSWÄRTIGE BAUTEN

1903	Düsseldorf-Oberkassel, Dominikanerstr. 2/Luegallee, Wohn- und Geschäftshaus
1904	Düsseldorf-Oberkassel, Dominikanerstr. 12, Wohn- und Geschäftshaus
1904/05	Düsseldorf-Oberkassel, Barbarossaplatz 4/Dominikanerstraße, Wohn- und Geschäftshaus
1904/05	Düsseldorf-Oberkassel, Düsseldorfer Str. 6, Mehrfamilienhaus Peter Grohmann
1905	Düsseldorf-Oberkassel, Kaiser-Wilhelm-Ring 10, Villa Lauf
1905	Düsseldorf-Oberkassel, Steffenstr. 33 Mehrfamilienhaus

AUSWÄRTIGE BAUTEN   OSKAR ROSENDAHL

1905/06	Düsseldorf-Oberkassel, Düsseldorfer Str. 12, Mehrfamilienhaus
1906	Düsseldorf-Oberkassel, Columbusstr. 11, Mehrfamilienhaus Fritz Peckhaus
1906	Düsseldorf-Oberkassel, Dominikanerstr. 10, Mehrfamilienhaus
1906	Düsseldorf-Oberkassel, Düsseldorfer Str. 10, Mehrfamilienhaus Peter Grohmann
1906/07	Düsseldorf-Oberkassel, Dominikanerstr. 5, Wohn- und Geschäftshaus
1906/07	Düsseldorf-Oberkassel, Dominikanerstr. 7, Wohn- und Geschäftshaus
1906/07	Langenfeld, Rheindorfer Str. 3, Villa Julius Isaak Berger
1907/08	Düsseldorf-Oberkassel, Glücksburger Str. 3, Einfamilienhaus
1908	Düsseldorf-Bilk, Witzelstr. 48, Mehrfamilienhaus
1908/09	Düsseldorf-Oberkassel, Brend'amourstr. 78, Einfamilienhaus
1908/09	Düsseldorf-Oberkassel, Brend'amourstr. 80, Einfamilienhaus
1908–10	Düsseldorf-Oberkassel, Brend'amourstr. 76, Einfamilienhaus
1909	Düsseldorf-Oberkassel, Düsseldorfer Str. 14, Mehrfamilienhaus
1909	Düsseldorf-Oberkassel, Düsseldorfer Str. 16/Markgrafenstraße, Mehrfamilienhaus
1909/10	Düsseldorf-Friedrichstadt, Gustav-Poensgen-Str. 5–15, Mehrfamilienhäuser
1909/10	Düsseldorf-Bilk, Ludgerusstr. 5, Mehrfamilienhaus
1909/10	Düsseldorf-Bilk, Ludgerusstr. 7, Mehrfamilienhaus

links: Das Haus Steffenstr. 33. Foto: Wolfram Hagspiel (2008)

rechts: Das Haus Glücksburger Str. 3. Foto: Wolfram Hagspiel (2008)

darunter: Detail des Hauses Glücksburger Str. 3. Foto: Wolfram Hagspiel (2008)

Die Häuserzeile Brend'amourstr. 76-78 (von links nach rechts. Foto: Wolfram Hagspiel (2008)

links: Das Haus Kaiser-Wilhelm-Ring 10. Foto aus: Baugewerks-Zeitung, 1908, S. 622

rechts: Grundrisse und Schnitt des Hauses Kaiser-Wilhelm-Ring 10. Abb. aus: Baugewerks-Zeitung, 1908, S. 622

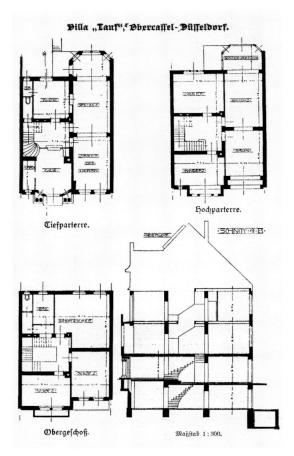

Diele des Hauses Kaiser-Wilhelm-Ring 10. Foto aus: Baugewerks-Zeitung, 1908, S. 621

Die Villa Berger in Langenfeld. Foto aus: Baugewerks-Zeitung, 1908, Taf. nach S. 592

1910	Düsseldorf-Innenstadt, Königsallee 38–40, Wohn- und Geschäftshaus mit Lichtspieltheater
1911	Düsseldorf-Innenstadt, Oststr. 20, Umbau Mehrfamilienhaus
1911–14	Düsseldorf-Oberkassel, Siegfriedstr. 5–23, Reihenhausbebauung
1927/28	Düsseldorf, Worringer Platz 4 (Kölner Str. 68), Lichtspieltheater E. Neuhaus „Capitol"
1931	Düsseldorf, Am Werhahn 26, Umbau I. Schieren
1932	Düsseldorf, Flinger Straße/Schneider-Wibbel-Gasse, Umbau Warenhaus Gebr. Hartoch A.G.

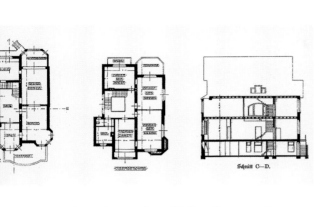

1934/35	Amsterdam, Kleine Gartmanplantsoen 15–19, City Theater (mit Jan Wils)
1935/36	Amsterdam, 1e Van Swindenstraat 72–76, Swinden Theater (mit Jan Wils)
1939	Rotterdam, Coolsingel 83, Umbau und Renovierung des Lichtspieltheaters Lumière (mit A. Krijgsman)

QUELLEN UND LITERATUR:
- Freundliche Mitteilungen von Herrn Dr. Jörg Heimeshoff / Düsseldorf
- Baugewerks-Zeitung, Jg. 40, 1908, S. 591 u. Taf. nach S. 592 (Villa Berger), 621–623 (Villa Lauf)
- Bouwkundig Weekblad, 1936, S. 165, 388 (Amsterdam)
- 50 Jahre Staatliche Baugewerkschule in Köln am Rhein 1879–1929. Köln 1929, S. 18
- Helbig und Klöckner, ausgeführte Bauten 1910–1915. O.O., o. J. (Isay)

links: Grundrisse und Schnitt der Villa Berger in Langenfeld. Abb. aus: Baugewerks-Zeitung, 1908, S. 591

rechts: City Theater Amsterdam. Foto aus: Bouwkundig Weekblad, 1936

- Jörg Heimeshoff: Denkmalgeschützte Häuser in Düsseldorf mit Garten- und Bodendenkmälern. Essen 2001
- Jörg Heimeshoff: Denkmalgeschütze Häuser – Band 2: Das linksrheinische Düsseldorf. Essen 2006
- Köln. 1. Aufl. Berlin 1922, S. 238–239 (=Deutschlands Städtebau) (Isay)
- NRZ, Ausgabe Langenfeld, vom 24.6.2008
- Stadt-Anzeiger vom 20.10.1912 (Isay)
- Myra Warhaftig: Deutsche jüdische Architekten vor und nach 1933 – Das Lexikon. Berlin 2005, S. 413
- Westdeutsche Bauzeitung, 1928, H. 20, S. 9 (Bautennachweis Lichtspieltheater E. Neuhaus „Capitol"); 1931, H. 11, S. 4 (Bautennachweis Am Werhahn 26); 1932, H. 11, S. 4 (Bautennachweis Warenhaus Gebr. Hartoch A.G.); 1932, H. 17, S. 7 (Bautennachweis Warenhaus Gebr. Hartoch A.G.)

WILLY (WILHELM) ROSENDAHL

Architekt
geb. 15.3.1881 in Düsseldorf, gest. nach 1939

Willy Rosendahl war der Sohn des Kaufmanns Josef Rosendahl, der 1889 in Düsseldorf Inhaber einer „Dampf-Kaffeebrennerei" und „Kaffeehandlung en gros" sowie Inhaber der Firma „Holländische Kaffee-Niederlage Josef Rosendahl" war. Sein Bruder war der weitgehend in Düsseldorf tätige Architekt Oskar Rosendahl. Die Adresse seiner Eltern zur Zeit seiner Geburt lautete Neustr. 25 in Düsseldorf. Willy Rosendahl hat das Fach Architektur an der Kölner Baugewerkschule studiert und im Sommersemester 1903 abgeschlossen.[1] Er lebte in den 1920er/1930er Jahren in Düsseldorf.[2]

Seine letzte Adresse war am 4.11.1939 Adersstr. 8 in Düsseldorf. Unter dieser Adresse wurde er von Amtswegen als unbekannt verzogen gemeldet, was darauf hindeutet, dass er emigriert ist. Er soll unverheiratet gewesen sein. Über sein Wirken als Architekt ist nichts bekannt.

1 50 Jahre Staatliche Baugewerkschule in Köln am Rhein 1879–1929. Köln 1929, S. 20
2 Willy Oskar Dressler: Dresslers Kunsthandbuch, Bd. 2. Berlin 1930

BERTHA (REGINA) SANDER

Innenarchitektin, Malerin, Fachschriftstellerin
geb. 7.3.1901 in Köln, gest. 23.7.1990 in London

Sie war die Tochter des Rechtsanwalts und Justizrats Gustav Sander (gest. im Spätsommer 1928 kurz vor seinem 65. Geburtstag in Bad Reichenhall) und seiner Ehefrau Klara (geb. 1.2.1871 in Frankfurt am Main, gest. 9.6.1958 in London).[1] Die Großeltern der Mutter waren der 1811 in Ehrenbreitstein geborene, später in Koblenz einen Manufakturladen betreibende Götz Mayer und Rosalie Mayer, geb. Hirsch, die älteste Tochter des wohlhabenden Cochemer Bürgers Wolfgang Hirsch (auch Wolfgang Cochem). Aus der Ehe von Götz und Rosalie Mayer gingen sieben Kinder hervor, von denen Bertha, die älteste von insgesamt drei Töchtern, die Mutter von Klara Sander war. Bertha Mayer (gest. Anfang 1926 in Cap Ferrat) heiratete am 20.11.1867 den 13 Jahre älteren Saarlouiser Kaufmann Gabriel Loeser (geb. 2.5.1833 in Dusemond [seit 1925 Brauneberg/Mosel], gest. 1902 in Lüttich), mit dem sie die beiden Kinder Pauline (später verheiratet mit Gustav Straus) und Klara hatte. Klara Sander heiratete am 14.1.1897 in der alten, damals sehr renovierungsbedürftigen Lütticher Synagoge ihren einige Jahre älteren Vetter und Jugendfreund, den ursprünglich aus Erpel stammenden Rechtsanwalt Gustav Sander, der ein Neffe ihres Vaters war. Ihr Vater, der kurz vor der Hochzeit zum Vorsteher der Lütticher Synagogengemeinde gewählt worden war, regte nach der Hochzeit den Bau einer neuen Synagoge in Lüttich an, die auch – wie dort auf einer Inschrifttafel zu lesen war – zu großen Teilen von ihm finanziert worden war. Aus der Ehe von Klara und Gustav Sander gingen drei Kinder hervor, der Sohn Otto (geb. 1898, gest. 10.8.1924 in Neuenburg/Schwarzwald) und die Töchter Gabriele und Bertha. Die Konzertsängerin und Musiklehrerin Gabriele Sander[2] heiratete Mitte der 1920er Jahre den Juristen Dr. jur. Walter Speyer, einen Teilhaber der Webwarengroßhandlung Rosenberg & Speyer, Breite Str. 159. Über das Schicksal dieses Ehepaares, das noch 1938 in Köln lebte, ist allerdings nichts bekannt.

> **INNENARCHITEKTIN**
> **BERTHA SANDER**
> K.-Lindenthal, Jos.-Stelzmann-Str. 60, Tel. 4 27 80
> Wohnungsteilungen — Einrichtungen — Einzelmöbel
> Möbeländerungen bei Umzügen unter sparsamster Verwendung des Vorhandenen

Inserat von Bertha Sander im Jüdischen Gemeindeblatt vom 9.2.1934

Die Familie wohnte zunächst in der Kölner Altstadt in den angemieteten Wohnhäusern Mohrenstr. 6 (1892), Mohrenstr. 2 (1896) und Mohrenstr. 3 (1898–1904). Um 1905 erwarb Gustav Sander das stattliche Wohnhaus Hildeboldplatz 26, das von der Familie bis 1912 bewohnt wurde. Die Ernennung zum Justizrat war wohl der Grund für den Umzug in den vornehmen Stadtteil Lindenthal im Jahre 1912, in dem die Familie den linken Teil einer gerade fertiggestellten Doppelvilla zur Miete bezog, während das Haus am Hildeboldplatz als Privateigentum blieb und jetzt lediglich der Kanzlei und mehreren Mietern als Domizil diente. Eigentümer und Bauherr des Hauses Joseph-Stelzmann-Str. 22a, das 1926 die Hausnummer 60 bekam, war Fritz Winkelmann, der Inhaber eines Gärtnereibetriebes, der dieses Haus einige Jahre später an den Rechtsanwalt Dr. Felix Schmitz veräußerte. Im Jahre 1924 erwarb Gustav Sander dann von diesem das Haus, in dem laut Adressbuch als weitere Bewohner Gabriele und Bertha Sander (Innenarchitektin) genannt werden. Mit der Emigration im Jahre 1936 veräußerte die Witwe das Haus, das im Krieg völlig zerstört wurde, an Lore Becker aus Bremen.

Prägend für den Werdegang von Bertha Sander war vor allem ihre in Lüttich aufgewachsene Mutter, die Sozialreformerin, Schriftstellerin und studierte Musikerin Klara Sander[3], die in den Jahren vor dem Ersten Weltkrieg bis in die Zeit der Weimarer Republik insgesamt 16 Jahre lang zusammen mit ihrer Freundin Else Wirminghaus, einer ebenfalls studierten Musikerin und Klavierlehrerin, Herausgeberin der in Karlsruhe erschienenen programmatischen, den Reformbewegungen des

linke Seite:
Bertha Sander 1921.
Foto: Elsbeth und Hedwig Unverdruß (NS-Dokumentationszentrum Köln)

links: Klara Sander 1933
Foto: Meta und Tina Ehrlich
(NS-Dokumentations-
zentrum Köln)

rechts: Gabriele Sander
1932. Foto: Meta und Tina
Ehrlich (NS-Dokumentationszentrum Köln)

Deutschen Werkbundes nahestehenden Frauenzeitschrift „Neue Frauenkleidung und Frauenkultur"4 war. Else Wirminghaus5 (geb. 29.4.1867 in Oldenburg i.O., gest. 13.8.1939 in Köln) war die Vorsitzende des Verbandes „Frauenkleidung und Frauenkultur" in der Nationalen Frauengemeinschaft und Gattin von Prof. Dr. phil. Alexander Wirminghaus (geb. 15.5.1863 in Schwelm, gest. 3.10.1938 in Köln). Ihr Mann, Professor an der Kölner Handelshochschule und ab 1919 an der neu gegründeten Universität, war unter anderem Syndikus der Handelskammer und ein aktives Mitglied im Deutschen Werkbund sowie der regionalen „Vereinigung für Kunst in Handel und Gewerbe Cöln". Klara Sander hatte Else Wirminghaus zunächst als Klavierlehrerin ihrer beiden Töchter und der Tochter einer Freundin kennengelernt. Auch der Sohn des Ehepaars Wirminghaus, Helmuth Wirminghaus6 (geb. 9.9.1891 in Oldenburg i.O., gest. 27.5.1968), war ein begnadeter Musiker, der dem kulturellen Klima des Elternhauses entsprechend zunächst Philosophie und Kunstgeschichte in Bonn und dann Architektur an den Hochschulen zu München und Aachen studierte. Für Bertha Sander sind es neben ihren Eltern sicher auch dieser Sohn ihrer mütterlichen Freundin, der sie mit in das Architekturfach gelenkt und ihren Sinn für das künstlerische Gestalten geweckt hat. In ihrer Familie war es vor allem ihr Großvater Gabriel Loeser, der als in höchstem Maße architekturinteressiert galt, den Bertha Sander allerdings nur von Erzählungen her kannte. Von ihrem im Gegensatz zu ihrer Mutter sehr introvertierten Vater, einem Kenner der Botanik und seltener heimischer Pflanzen, soll sie die Vorliebe für die Pflanzenwelt geerbt haben, der sie besonders in ihren Tapetenentwürfen und nach der Emigration in einem eigenen Garten huldigte.

Bertha Sanders Karriere begann als die einer hochbegabten Schülerin. Nach ihren eigenen Worten galt sie nach Abschluss ihrer Ausbildung als die „begabteste junge Innenarchitektin in

Fragment einer von Bertha Sander um 1926 entworfenen Tapete. Eigentum: NS-Dokumentationszentrum Köln

Deutschland"[7]. Als 13–Jährige besuchte sie im Jahre 1914, also in dem Jahr, als in Köln die „Deutsche Werkbund-Ausstellung Cöln 1914" stattfand, zweimal wöchentlich für jeweils drei Stunden die Schülerklasse an der von Emil Thormälen geleiteten Kunstgewerbe- und Handwerkerschule. Ihr Lehrer dort war der Architekt und Kunstgewerbler Philipp Häusler[8] (geb. 7.11.1887 in Pancsova/Ungarn, gest. 1966 in Frankfurt am Main), ein ehemaliger Assistent von Josef Hoffmann in der Fachklasse für Architektur an der Kunstgewerbeschule in Wien, der 1914 Mitglied im Ausschuss für Architektur der Werkbund-Ausstellung war und hier in Köln auch die Bauleitung für Josef Hoffmanns „Österreichisches Haus" auf dieser Ausstellung übernommen hatte. Auch Klara Sander wirkte auf der Kölner Werkbund-Ausstellung, in dem sie Vorträge in dem von Margarete Knüppelholz-Roeser entworfenen „Haus der Frau" hielt. Die Wahl für diesen Dozenten, der von 1913–24 Lehrer für Architektur und Formenzeichnen war und die Fachklasse für Architektur (Innenausbau) unterhielt, war sicherlich nicht zufällig, denn Philipp Häusler besaß durch seine Ämter bei der Werkbund-Ausstellung enge Kontakte zu dem Ehepaar Wirminghaus und wohnte zudem in jenen Jahren in der Joseph-Stelzmann-Straße in unmittelbarer Nachbarschaft zur Familie Sander.

Im Jahre 1917 schloss Bertha Sander die Höhere Töchterschule in der St.-Apern-Straße in Köln ab und absolvierte dann von 1918 bis 1920 – mit dem Ziel, später Innenarchitektin zu werden – eine Schreinerlehre bei dem Tischlermeister Heinrich Adam Nix[9], der im Haus Gertrudenstr. 16 die „Werkstätten für vornehme Wohnungseinrichtungen, Kunstmöbel und den gesamten Innenausbau" betrieb. In den Abendstunden nahm sie zusätzlich Unterricht im Fach Werkzeichnen an der Kunstgewerbe- und Handwerkerschule. Nach Beendigung der Lehre wurde sie als Zeichnerin im Atelier von Philipp Häusler fest angestellt, wechselte 1921 aber dann – ebenfalls als Zeichnerin – für gut ein Jahr in das kurz zuvor eröffnete Kölner Atelier von Bruno Paul, der dieses gemeinsam mit seinem Schwager Franz Weber im gerade von ihm umgebauten Haus Cäcilienstr. 3 führte. In die Zeit ihrer Tätigkeit bei Bruno Paul und Franz Weber fallen als Kölner Projekte die Villa Dr. Karl Grosse, Deutz-Mülheimer-Str. 24, die Villa Max Philipp, Friedrich-Schmidt-Str. 57, der Wettbewerb Kaufmannshaus am Frankenplatz und die Villa Otto Kaufmann, Gustav-Heinemann-Ufer 120.[10] Als sie hier wegen fehlender Aufträge entlassen werden musste, ging sie 1922 nach Berlin, um dort eine Stelle im Atelier von Paul Schultze-Naumburg anzunehmen. 1923/24 wurde sie dann Künstlermitglied bei den „Wiener Werkstätten" in Wien, in denen sie sich hauptsächlich mit Textildesign beschäftigte. Hier lernte sie Dagobert Peche (geb. 3.4.1887 in St. Michael im Lungau, gest. 15.4.1923) kennen, den damals führenden Mitarbeiter Josef Hoffmanns, der bei Arbeitsaufenthalten in Köln, die kurz vor seinem frühen Tod stattfanden, Quartier im elterlichen Haus von Bertha Sander fand.

Von Wien zurückgekehrt machte sie sich 1924 in Köln – mit Wohnung und Büro in ihrem El-

Unbekannter Wohnraum 1933. Foto: Meta und Tina Ehrlich (NS-Dokumentationszentrum Köln)

Schlafzimmer. Foto: Meta und Tina Ehrlich 1933 (NS-Dokumentationszentrum Köln)

Babyzimmer. Foto: Meta und Tina Ehrlich 1933 (NS-Dokumentationszentrum Köln)

ternhaus – als Innenarchitektin selbstständig und war nebenher Lehrerin der Schülerklasse an der jetzt von Martin Elsaesser geleiteten „Kunstgewerbe- und Handwerkerschule der Stadt Köln". Diese Nebentätigkeit musste sie aber 1925 aufgeben, weil sie durch ihren eigentlichen Beruf zu sehr gefordert war. Zu ihren Tätigkeiten gehörten Innenausbauten von Bibliotheken, Kinderzimmern und Einpersonenwohnungen, Metallarbeiten und Entwürfe zu Mobiliar, Stoffen und Tapeten, die von führenden deutschen Tapetenherstellern zur Ausführung gebracht wurden. Zur Propagierung der modernen Wohnkultur schrieb sie ferner in verschiedenen Fachzeitschriften Aufsätze, so regelmäßig für die Zeitschrift „Frau und Haus".[11] In dieser Zeit arbeiteten für sie bis zu vier Tischler, ein Dekorateur und ein Maler. Ihr erfolgreiches Wirken wurde 1927 durch eine wiederholte, diesmal aber sehr dramatische Tuberkulose-Erkrankung unterbrochen, die sie zwang, sich drei Jahre lang zur Heilung in Hospitälern in Arosa und Davos aufzuhalten. Als sie 1930 nach Köln zurückgekehrt war, halfen ihr die guten gesellschaftlichen Verbindungen aber schnell wieder zu Aufträgen in den ersten Kreisen der Stadt.

Mit der Machtergreifung der Nationalsozialisten änderte sich diese Situation jedoch sehr schnell. Weil sie Jüdin war, folgten Schikanierungen aller Art und 1934 dann das allgemeine Arbeitsverbot, das ihr nur noch gestattete, für jüdische Auftraggeber tätig zu sein. 1934 konnte sie noch als Innenarchitektin firmieren, wie dem Adressbuch und einem Inserat im Jüdischen Gemeindeblatt[12] zu entnehmen ist, in dem es heißt: *„Wohnungsteilungen, Einrichtungen, Einzelmöbel. Möbeländerungen bei Umzügen unter sparsamster Verwendung des Vorhandenen".* Ein Jahr später lautete der Eintrag im Adressbuch: *„Bertha Sander (Wohnungsberatung)".* 1935 erhielt sie auch den letzten großen Auftrag in ihrem Leben: Die Neugestaltung der Krankenzimmer für Privatpatienten im Israelitischen Asyl in der Ottostraße in Neuehrenfeld.[13] Chefarzt und Leiter dieses Krankenhauses war Dr. Benjamin Auerbach (1855–1940), der zusammen mit seiner Frau Ida, geb. Kohn (1869–1942), zu den engen Freunden der Familie Sander gehörte.

Ende 1935 beschloss Bertha Sander unter dem Druck der Ereignisse, zusammen mit ihrer kranken Mutter Köln zu verlassen und nach England zu emigrieren. Über den Umweg Monaco, wo Pauline Straus (gest. Juni 1936 in Monaco), die Schwester ihrer Mutter lebte, verließen sie im Januar 1936 Köln. Bei der Ankunft in England unterstützen Bertha und Klara Sander alte Bekannte von Klara Sander aus der Zeit um 1895, als diese sich für län-

links: Klara und Bertha Sander auf einer 1951 als Weihnachtsgruß verschickten Postkarte. Foto: NS-Dokumentationszentrum Köln

rechts: Bertha Sander vor ihrem Haus in London. Foto: NS-Dokumentationszentrum Köln

gere Zeit in England aufgehalten hatte. Trotz Inseraten in englischen Zeitungen gelang es Bertha Sander nicht, in ihrem alten Beruf tätig zu werden und überhaupt eine feste Anstellung zu finden, da ihr als „Ausländerin" dieses weitgehend verboten war. Um finanziell durchzukommen, betätigte sie sich in verschiedenen Hilfsjobs, so als Buchhalterin in kleinen Fabriken, als Mitarbeiterin einer Buchbinderin und als Blumenverkäuferin. Von dem Geld, das beide mit in die Emigration nehmen konnten, hatten sie sich bald nach ihrer Ankunft in der Gartenvorstadt Hampsteadt im Nordwesten Londons das Reihenhaus 43 Litchfield Way gekauft, auf das sie allerdings kurz nach Kriegsausbruch Hypotheken aufnehmen mussten, weil es Bertha Sander als jetzt „feindliche Ausländer" verboten war, irgendeinem Erwerb nachzugehen. Zudem hatte sich der gesundheitliche Zustand ihrer Mutter erheblich verschlechtert.

Die Bande zu ihrer alten Heimat waren offensichtlich nie ganz abgebrochen. So gelang es noch vor Ende des Krieges dem einst mit ihr freundschaftlich verbundenen, in britische Gefangenschaft geratenen Kölner Künstler und Absolventen der Kölner Werkschule Joseph Fassbender (geb. 14.4.1903 in Köln, gest. 5.1.1974 in Köln) über Kassiber mit ihr in London Kontakt aufzunehmen.[14] Nach 1945 schrieb Bertha Sander – wohl an einen Neubeginn ihrer Kariere glaubend – auch Briefe an ihren ehemaligen Lehrer Philipp Häusler. Die ihr Leben lang unverheiratet gebliebene Bertha Sander verstarb 1990 verarmt und verbittert in einem Londoner Altenheim. Ihren Nachlass mit Schriftstücken und Entwürfen von 1917 bis 1936 sowie einige Gemälde aus der Zeit um 1963 bewahrt schon seit 1986 und 1988 das renommierte Victoria & Albert Museum in London auf. Ein kleiner Teilnachlass mit wenigen Dingen aus ihrem Besitz befindet sich zudem im NS-Dokumentationszentrum in Köln. Einen wohl in den ersten Jahren der Emigration verfassten Lebenslauf[15] schloss Bertha Sander, die ihre Heimatstadt Köln nie vergessen hatte und auch hier nie vergessen werden wollte, wie ein von ihr im Mai 1988 an das Historische Archiv der Stadt Köln geschickter handschriftlicher Brief[16] verrät, mit folgendem Satz ab: *„Rückblickend muss ich feststellen, dass ich durch die unglückseligen Entwicklungen seit*

1933 schuldlos aus meiner beruflichen Laufbahn geworfen wurde und die daraus gefolgten schweren Schädigungen mir jede Hoffnung nehmen, jemals wieder das zu werden, was ich vor 1933 war."

1. Zur Biographie von Bertha Sander u.a.:
   NS-Dokumentationszentrum Köln, Teilnachlass Bertha Sander
   Barbara Becker-Jákli: Das jüdische Krankenhaus in Köln. Die Geschichte des Israelitischen Asyls für Kranke und Altersschwache 1869–1945. Köln 2004, S. 278, 471
   Clara Sander: Alte Geschichten, Erinnerungen, begonnen in London 1953. Ungedrucktes Typoskript London um 1970
2. Zvi Asaria (Hg.): Die Juden in Köln von den ältesten Zeiten bis zur Gegenwart. Köln 1959, S. 234
3. Klara Sander: Die Mode im Spiegel des Krieges. Essen 1915
   Susanne Omran: Frauenbewegung und „Judenfrage". Diskurse um Rasse und Geschlecht nach 1900. Frankfurt am Main, New York 1999
4. Daniela Richter-Wittenfeld: Die Arbeit des Verbandes für Deutsche Frauenkleidung und Frauenkultur auf dem Gebiet der Frauenkleidung von 1896 bis 1935. Hamburg 2006
5. Robert Steimel: Kölner Köpfe. Köln 1958
   Despina Stratigakos: Women and the Werkbund: Gender Politics an German Design Reform, 1907–14. In: The Journal of the Society of Architectural Historians, Vol. 62, No. 4, Dec. 2003. S. 490–511
6. Wolfram Hagspiel: Köln: Marienburg. Bauten und Architekten eines Villenvorortes. Köln 1996
7. Laut einem im Mai 1988 von Bertha Sander an das Historische Archiv der Stadt Köln geschickten handschriftlichen Lebenslauf (Kopie NS-Dokumentationszentrum Köln, Teilnachlass Bertha Sander)
8. Wienbibliothek im Rathaus Wien, ZPH 833 (Nachlass Philipp Häusler)
9. Nach dem Lebenslauf von Bertha Sander handelte es sich um einen Tischlermeister G. Nix, den es jedoch nie gab.
10. Wolfram Hagspiel: Die Kölner Bauten. In: Alfred Ziffer (Hg.): Bruno Paul. Deutsche Raumkunst und Architektur zwischen Jugendstil und Moderne. Ausst.-Kat. Stadtmuseum München 1992
11. Bertha Sander: Ueber zeitgemäße Möbel. In: Kölner Baugenossenschaftsblatt, Jg. 2, 1927, S. 8off.
12. Jüdisches Gemeindeblatt, Nr. 6, vom 9.2.1934
13. Barbara Becker-Jákli: Das jüdische Krankenhaus in Köln. Die Geschichte des Israelitischen Asyls für Kranke und Altersschwache 1869–1945. Köln 2004, S. 278, 471
14. www.josephfassbender.de
15. Der als Kopie im NS-Dokumentationszentrum Köln, Teilnachlass Bertha Sander, aufbewahrte Lebenslauf stammt möglicherweise noch aus den Kriegsjahren.
16. siehe Anmerkung 6

ALEXANDER (XANTI) SCHAWINSKY

Architekt, Bühnenbildner, Fotograf, Industriedesigner, Maler
geb 26.3.1904 in Basel, gest. 11.9.1979 in Locarno

Alexander Schawinsky war der Spross einer jüdischen Basler Familie. Nach seiner Schulausbildung in Basel und 1915–21 an einem Gymnasium in Zürich begann er 1921–23 eine Architektenausbildung im Architekturbüro von Theodor Merrill in Köln. Nach kurzzeitigem Besuch der Berliner Kunstgewerbeausstellung im Jahre 1923 begann er 1924 das Studium am Bauhaus in Weimar und nach dessen Schließung 1925 dann in Dessau. Sein Schwerpunkt war jetzt die experimentelle Fotografie. 1927 wurde er Assistent von Oskar Schlemmer in dessen Bühnenwerkstatt und 1929–31 Leiter der Grafikabteilung des von Johannes Göderitz geleiteten städtischen Hochbauamtes Magdeburg. Anschließend arbeitete er als freiberuflicher Grafiker in der Stadt Berlin, die er aufgrund antisemitischer Ausschreitungen im Jahre 1933 in Richtung Mailand verließ, wo er unter anderem für die Firma Olivetti tätig war. Von dort aus emigrierte er 1936 in die USA und wurde 1939 amerikanischer Staatsbürger. Auf Vermittlungen des ehemaligen Bauhauskünstlers Josef Albers wurde er 1936 Dozent am Black Mountain College in North Carolina. Von 1941 lebte er in New York, wo er ab 1950 vorwiegend als Maler tätig war. Seine Arbeiten wurden dort unter anderem im Museum of Modern Art ausgestellt. Er starb in Locarno, wo er seit der Nachkriegszeit eine Zweitwohnung besaß.

LITERATUR:

- Olaf Gisbertz: Bruno Taut und Johannes Göderitz in Magdeburg. Berlin 2000
- Hans M. Wingler: Das Bauhaus. 3. verbesserte Auflage Osnabrück 1975

ERNST (JOSEPH) SCHRAGENHEIM

Architekt, Baumeister
geb. 12.3.1894 in Verden, gest. 10.4.1979 in London

Ernst Schragenheim stammt aus einer seit Generationen in Verden an der Aller ansässigen jüdischen Familie, von der mehrere Mitglieder in den Konzentrationslagern umgebracht wurden. Bis zu seinem Studium der Architektur an der Baugewerkschule in Köln, das er im Wintersemester 1912 abgeschlossen hatte, lebte er ebenfalls in Verden. Kurz nach Ausbruch des Ersten Weltkrieges meldete er sich als Freiwilliger zum Militär, wurde als Offizier zweimal schwer verletzt und später mit dem Eisernen Kreuz ausgezeichnet. Von 1920 an war er Leiter der Bauverwaltung der Israelitischen Gemeinde in Frankfurt am Main, zuständig vor allem für Bauunterhaltungen und Umbauten. Einen Tag nach der „Reichspogromnacht", am 11. November 1938, wurde er mit zahlreichen anderen Frankfurter Juden verhaftet und in ein nicht überliefertes Konzentrationslager deportiert (Buchenwald, Dachau oder Sachsenhausen), aber nach vier Wochen Haft wieder entlassen. Im Juni 1939 flüchtete er zusammen mit seiner Frau und seinem Sohn (Heinrich/Henry, geb. 1925) nach England. Eine Anstellung fand er in London aber erst im Juni 1944. Für die United Synagoque London stellte er kriegsbeschädigte Synagogen wieder her und plante neue Friedhöfe. Später entwarf er mehrere Mikwen.

LITERATUR:
- 50 Jahre Staatliche Baugewerkschule in Köln am Rhein 1879–1929. Köln 1929, S. 24
- Willy Oskar Dressler: Dresslers Kunsthandbuch, Bd. 2. Berlin 1930
- Myra Warhaftig: Deutsche jüdische Architekten vor und nach 1933 – Das Lexikon. Berlin 2005, S. 437
- Frankfurter Israelitisches Gemeindeblatt, 1933, S. 113–114 und 1934, S. 120–130

EMIL SELIGMANN

Architekt, Regierungsbaumeister, Baurat, AIV
geb. 26.10.1852 in Köln, gest. 28.1.1909 in Kassel

Emil Seligmann war der Sohn des Kaufmanns und Inhabers eines Kommissionsgeschäftes Siegmund Seligmann (gest. 3.1.1888; bestattet auf dem jüdischen Friedhof in Deutz) und der Rosa Seligmann, geb. Heilbronn (gest. 9.6.1904; bestattet auf dem jüdischen Friedhof in Deutz). Nach dem Abitur am Gymnasium Kreuzgasse[1] in Köln im Jahre 1870 war er zunächst tätig als Baueleve im Kölner Stadtbauamt unter Julius Raschdorff. Anschließend folgte ein dreijähriges Studium der Architektur an der Berliner Bauakademie mit Ablegung des Bauführer-Examens im Januar 1875. Ab 1875 war er als Bauführer tätig bei den Vorarbeiten des Baus der Eisenbahnstrecke Friedberg-Hanau, dann bei den Universitätsbauten in Bonn und schließlich bei der Militärbauverwaltung in Saarbrücken. Im Januar 1878 nahm er in Berlin das Studium zur Baumeisterprüfung wieder auf. Zu dieser Zeit, als er auch Aufnahme in den Berliner Architekten- und Ingenieurverein, AIV, fand, wohnte er in Berlin im Haus Körnerstr. 17.[2] Die Baumeisterprüfung bestand er im Dezember 1880. Danach war er unter anderem in Oppeln und 1881–87 als Regierungsbaumeister in Köln tätig, wo er in dem elterlichen Wohnhaus Alexianerstr. 8 wohnte. In dieser Zeit war er Mitglied des Architekten- und Ingenieurvereins, AIV, in Köln.[3] 1888 lebte er in Halle an der Saale und 1888/89 in Merseburg. 1889–94 war er Kreisbauinspektor in Cosel/Ober-

Unterschrift unter seinem handgeschriebenen Lebenslauf von 1878: Abb.: Archiv des AIV Berlin

rechts: Verwaltungsbauten des ehemaligen Militärgefängnisses am Bonner Wall. Foto: Privatbesitz (um 1975)

unten links: Polizeidienstgebäude in Kassel. Foto aus: Zentralblatt der Bauverwaltung, 1908, S. 463

rechts: Haupttreppe im Polizeidienstgebäude zu Kassel. Foto aus: Zentralblatt der Bauverwaltung, 1908, S. 464

nen Verwaltungs- und Wohngebäude überliefert. Der bekannteste Bau von Emil Seligmann ist das heute mit Veränderungen noch erhaltene Polizeidienstgebäude in Kassel, Königstor 31, das in den Jahren 1904 bis 1907 entstand.5 Für seine Planung lagen ihm Skizzen des Geheimen Oberbaurats Oskar Launer (geb. 1843 in Schildberg/Provinz Posen, gest. 31.12.1912 in Berlin) vor, der Vortragender Rat im Ministerium für öffentliche Arbeiten in Berlin war. Im Entwurf orientierte sich Emil Seligmann, der auch die Bauausführung betreute, an barocken Gebäuden Kassels und seiner Umgebung, insbesondere dem Schloss Wilhelmsthal in Calden, dem Lust- und Jagdschloss der Landgrafen von Hessen-Kassel. Weitere Vorbilder waren Bauten von Balthasar Neumann, insbesondere der Dikasterialbau in Koblenz-Ehrenbreitstein Die Bauleitung beim Polizeidienstgebäude lag – unter Oberaufsicht des Kreisbauinspektors Baurat Max Trimborn (geb. 4.6.1856 in Köln, gest. 31.8.1934 in Köln) – in den Händen von Regierungsbaumeister Julius Kallmeyer (geb. 20.9.1875 in Erfurt).

schlesien und danach Landesbauinspektor und ab Oktober 1896 Baurat bei der Regierung in Kassel, wohnhaft Parkstr. 17.

Von seiner Tätigkeit in Köln ist nur der zwischen 1882 und 1886 durchgeführte, mit erheblichen Erweiterungen verbundene Umbau des Forts III, Bonner Wall 114–120, zum Militärgefängnis überliefert, bei dem ihm die Bauleitung unter der Oberleitung des Garnisonsbauinspektors Johann Adam Hauck übertragen war.4 In Abbildungen sind lediglich Teile der heute nicht mehr erhalte-

1 Städtische Gymnasium und Realgymnasium in der Kreuzgasse zu Köln 1828 – 1928. Köln 1928, S. 170
2 Archiv des Architekten- und Ingenieurvereins, AIV, Berlin
3 Stammrolle des Architekten- und Ingenieurvereins, AIV, Köln
4 Heinrich Wiethase: Militärbauten. In: Köln und seine Bauten. Köln 1888, S. 479–482
5 Das neue Polizeidienstgebäude in Kassel. In: Zentralblatt der Bauverwaltung, Jg. 28, 1908, S. 462–464
Berthold Hinz, Andreas Tacke: Architekturführer Kassel. Berlin 2002

MAX STERN

Architekt, Kaufmann
geb. 16.9.1878 in Köln, gest. 28.9.1942 in Kulmhof

Max Stern war der Sohn von Emanuel Stern und Wilhelmine Stern, geb. Großmann. Verheiratet war er mit Regina Stern, geb. Vasen (geb. 25.1.1879 in Neuss, gest. 28.9.1942 in Kulmhof). Er war der Vater von Alice und Walter Stern, der 1969 in den USA lebte, und Bruder des Kaufmanns Joseph Stern (geb. 21.10.1879 in Köln, gest. 1942 in Kulmhof?), der am 22.10.1941 nach Litzmannstadt und von dort später nach Kulmhof (?) deportiert wurde. Max Stern studierte an der Baugewerkschule in Köln das Fach Architektur, das er im Sommersemester 1897 abschloss. Seit etwa 1907 war er zusammen mit seinem Bruder Joseph Inhaber der von seinen Eltern gegründeten, auf Lagerkasten spezialisierten Kartonagenfabrik Emanuel Stern mit der Adresse Thieboldsgasse 71, die später unter Emanuel Stern & Söhne firmierte. Im Ersten Weltkrieg wurde er mit dem Eisernen Kreuz II. Klasse ausgezeichnet. Ob Max Stern jemals den Beruf des Architekten ausgeübt hat, ist nicht bekannt. 1938 war er wohnhaft Gottesweg 114 und zuletzt Spichernstr. 30. 1938 gehörten ihm und seinem Bruder Joseph die Häuser Alexianerstr. 34 und Thieboldsgasse 71 und 73.

Am 21./22.10.1941 wurde er mit seiner Ehefrau vom Ghettohaus Spichernstr. 30 ins Ghetto Litzmannstadt/Lodz deportiert. Wie zahlreiche Häftlinge des Ghettos Litzmannstadt, in dem er die Adresse Talweg 8/3 hatte, wurde er zur Ermordung nach Kulmhof gebracht, wo die Häftlinge im Hof des Schlosses die Mitteilung erhielten, dass sie jetzt entlaust und gebadet würden. Anschließend wurden sie entkleidet in den sogenannten Gaswagen getrieben, in den nach dessen Schließung die Abgase des dann eingeschalteten Motors über einen Verbindungsschlauch zum Auspuff ins Wageninnere geleitet wurden. Nach dem rund zehnminütigen Tötungsvorgang wurden die Leichen mit dem selben Wagen in ein Lager im benachbarten Wald gebracht, wo sie dann in Massengräbern bestattet wurden. Sein Bruder Joseph Stern, der zuletzt im Ghettohaus Brüsseler Platz 17 ge-

Inserat aus Greven's Kölner Adreßbuch 1914

lebt hat, wurde ebenfalls am 21./22.10.1941 ins Ghetto Litzmannstadt deportiert. Dort wohnte er Franzstr. 123/1 und später im Altersheim Gnesenstr. 26. Von einem Transport nach Kulmhof wurde er im Mai 1942 zurückgestellt. Er war Träger der Kriegsauszeichnung VA (Verwundetenabzeichen). Sein weiteres Schicksal ist unklar: Es gibt Hinweise, dass er im September 1942 in Kulmhof ermordet wurde, aber auch Hinweise über eine Deportation im Mai 1942 nach Auschwitz.

QUELLEN UND LITERATUR:
- Unterlagen NS-Dokumentationszentrum der Stadt Köln
- Yad-Vashem, Gedenkbuch
- Dieter Corbach: 6.00 Uhr ab Messe Köln-Deutz. Deportationen 1938–1945. Köln 1999, S. 325, 333
- 50 Jahre Staatliche Baugewerkschule in Köln am Rhein 1879–1929. Köln 1929, S. 18

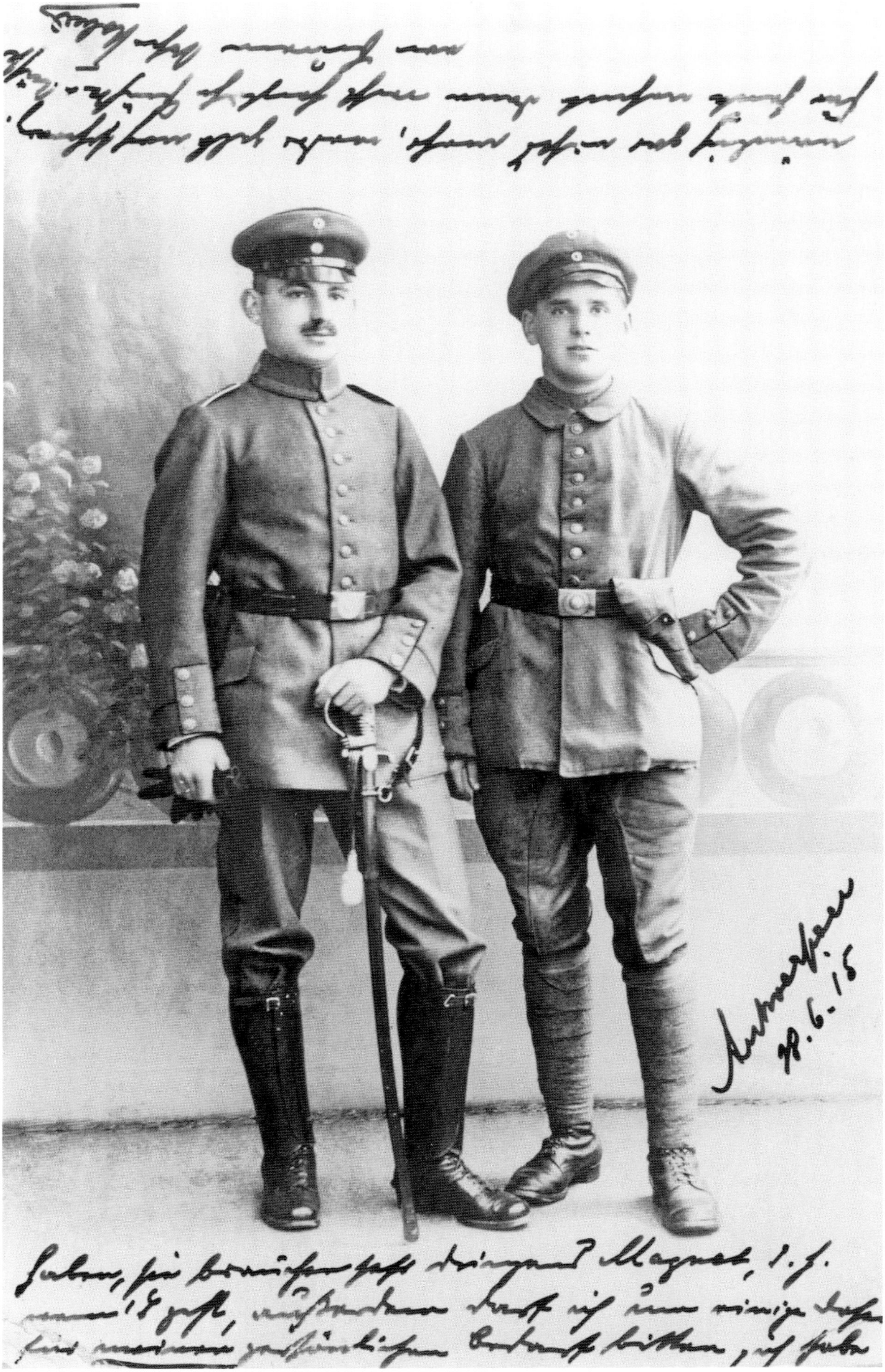

ROBERT STERN

Architekt, BDA
geb. 8.11.1885 in Köln,
gest. 13.3.1964 in New York

Robert Stern mit Rita Stern, der Ehefrau von Eric Stern, 1951 in Washington. Foto: Privatbesitz Eric Stern

Robert Stern war eines von sieben Kindern des Kölner Bauunternehmers und Malermeisters Simon Stern (gest. 21.3.1927) und seiner Ehefrau Emma, geb. Wolf (gest. 2.7.1919). Wie seine Mutter verstarben auch zwei seiner Geschwister, eine Schwester und der Bruder Erich um 1920 an den Folgen einer Grippeerkrankung. Die anderen Brüder waren Edgar, Julius, Walter und Willy Stern. Über den später in Berlin wohnhaften Kaufmann Edgar Stern ist nichts bekannt. Dr. Julius Stern (geb. 26.12.1889 in Köln, gest. 1965 in New York) war der finanziell erfolgreichste unter den Geschwistern. Als Anwalt und Bankier lebte er zeitweise in New York, wo er auch seine Ehefrau Gladys (geb. 1893, gest. nach 1977) kennengelernt hatte, die Tochter des sehr wohlhabenden Abraham Salomon Rosenthal. In den 1920er Jahren lebte Dr. Julius Stern wieder in Köln und war hier zusammen mit Martin Stümpf Inhaber des Bankhauses Roman, Stern & Co. Er emigrierte im Februar 1936 in die USA, wo er, mehrfach geschieden und verarmt, in einem New Yorker Wohlfahrtskrankenhaus verstarb. Gladys Oser, geb. Rosenthal, geschiedene Stern, lebte zuletzt in Los Angeles. Der Schwiegervater von Dr. Julius Stern war einer der großen Förderer der Arbeit Robert Sterns sowie mehrerer jüdischer Institutionen in Deutschland. Der 1938 verstorbene Abraham Salomon Rosenthal wurde am 22.3.1854 als siebtes Kind von Salomon Rosenthal in Beerfelden im Odenwald geboren, wanderte um 1870 in die USA aus und gründete im Jahre 1886 in New York die bis 1932 unter diesem Namen existierende Importfirma für Seidenwaren A. S. Rosenthal & Co., mit der er zu enormem Reichtum gekommen war. Wegen eines Gerichtsverfahrens gegen ihn und seine Firma kehrte er 1903/04 für mehrere Jahre nach Beerfelden zurück, lebte aber, nachdem er seine Schuld anerkannt und sich gerichtlich geeinigt hatte, ab 1914 wieder in New York. Vermutlich war sein 65. Geburtstag Anlass für ihn, großzügige Spenden an jüdische Gemeinden und vor allem an seinen Heimatort zu verteilen. So spendete er im Jahre 1929 der Gemeinde Beerfelden 200.000 Reichsmark für den Bau und die Unterhaltung eines Volksbades und eines Kindergartens. Von der Gemeinde wurde dieses heute noch existierende und genutzte Vermögen, das momentan einen Betrag von rund 25.000 Euro ausmacht, in den Jahren der Weltwirtschaftskrise zu einer Armenstiftung für sozial schwache Bürger des Ortes umgewidmet. Ferner finanzierte er zur Hälfte den Neubau der örtlichen Katholischen Pfarrkirche. Während des „Dritten Reiches" durften aus dieser Stiftung allerdings nur noch „Arier" unterstützt werden. Ferner finanzierte Abraham Salomon Rosenthal die Anlage des Jüdischen Friedhofes in Beerfelden und stellte die Gelder bereit für den Neubau der aller-

linke Seite: Vizefeldwebel Robert Stern und Willy Stern in Antwerpen 1915. Foto: Privatbesitz Eric Stern

Robert Stern im März 1918 in Antwerpen. Foto: Privatbesitz Eric Stern

dings nicht realisierten Beerfelder Synagoge nebst Lehrerwohnung. Für alle diese Bauprojekte war als Architekt Robert Stern verpflichtet worden, der auch bei den erheblich von Abraham Salomon Rosenthal finanziell unterstützten Umbau- und der Erweiterungsmaßnahmen der Jüdischen Kinderheilstätte Bad Kreuznach im Jahre 1928 tätig gewesen war.[1] Ein anderer Bruder war der als Teilhaber in der Kanzlei Levy & Stern tätige Rechtsanwalt Walter Stern (geb. 14.1.1887 in Köln, gest. 8.7.1929 in Köln). Die Witwe von Walter Stern, Elsbeth, und der gemeinsame Sohn Franz Gabriel emigrierten 1933 nach Palästina. Franz Gabriel Stern ist verheiratet mit Zahava Stern und wohnte 1996 in Herzlia/Israel. Der Kaufmann Willy Stern (geb. 24.5.1894 in Köln, gest. 23.12.1929 in Köln) war verheiratet mit Sylva Stern. Ihr am 29.9.1921 geborene Sohn Erich (Eric) emigrierte im November 1936 nach England und von dort aus im Februar 1940 in die USA. Ein Cousin von Robert Stern war der Kaufmann Richard Stern (geb. 22.2.1899 in Weilerswist, gest. 19.9.1967 in den USA), der heute vielen Kölnern bekannt ist durch eine zum Symbol gewordene Fotografie, die ihn – geschmückt mit dem Eisernen Kreuz – am 1.4.1933, dem Boykotttag jüdischer Geschäfte, mit einem Posten der SA vor seinem Laden im Hause Marsilstein 20 zeigt.[2] An diesem Tage provozierte er seine Verhaftung mit der Verteilung eines von ihm gedruckten Flugblattes, mit dem er selbstbewusst gegen das Unrecht gegenüber den jüdischen Bürgern protestierte. Richard Stern verließ im Mai 1939 Köln und emigrierte im September 1939 von Frankreich aus in die USA. Der Sohn von Richard Sterns Schwester Martha Romberg ist Rudi Romberg. Von der Familie Richard Sterns haben 53 Personen den Holocaust nicht überlebt.

Die ersten Jahre seines Lebens verbrachte Robert Stern im Griechenmarktviertel der Kölner Altstadt, wo seine Eltern im Haus Thieboldsgasse 9 zur Miete wohnten. Später, als der Vater nicht mehr alleine als Anstreicher, sondern auch als Dekorationsmaler und Inhaber eines Anstreichergeschäftes firmierte und gleichzeitig auch als Bauunternehmer und Immobilienmakler wirkte, wechselten die Adressen sehr häufig. Privat zog man fast alle drei Jahre in ein eben fertiggestelltes, für sich selbst errichtetes Mehrfamilienhaus in der gerade im Bau befindlichen Kölner Neustadt ein, geschäftlich wechselte der Vater bis zur Jahrhundertwende in einem ähnlichen Turnus die Adressen, allerdings hier jeweils in angemietete Objekte. Der Kontakt zu den namentlich nicht bekannten Architekten und auch zu anderen Immobilienhändlern muss sich fast zwangsläufig für Robert Stern prägend auf seinen Berufswunsch ausgewirkt haben. Erst für die Zeit, als Robert Stern nach dem Abitur die Laufbahn des Architekten eingeschlagen hatte und an den Technischen Hochschulen von Stuttgart, München und Dresden studierte[3], ist der Name eines für Simon Stern arbeitenden Architekten überliefert. Es handelt sich um den vermutlich aus dem Süddeutschen oder aus Österreich stammenden Hans Reitsamer (geb. 19.11.1876, gest. 21.3.1943 in Köln), dessen erste Kölner Bauten ganz unter dem Einfluss der Wiener Sezessionskunst und des Wirkens von Joseph Maria Olbrich in Darmstadt gestanden haben, insbesondere seine Braunsfelder Villen und das 1905/06 gebaute Mehrfamilienhaus Simon Stern, Volksgartenstr. 32/Vorgebirgstraße, in dem Robert Stern am 1.9.1909 sein eigenes Architekturbüro eröffnete.[4] Es ist anzunehmen, dass er in diesem renommierten Kölner Architekturbüro einen Teil seiner praktischen Kenntnisse gewonnen hat. Mit großer Wahrscheinlichkeit war er dann auch für einige Zeit bei dem Architekten Paul Gerlach (geb. 22.7.1858, gest. nach 1943) tätig, von dem er sich – in dem Haus Eifelstr. 14–16 – seine erste Wohnung mietete. Auch seine Eltern sowie deren Freunde und Geschäftspartner lebten in Häusern, die Paul Gerlach entworfen hatte, so 1912 in dem Mehrfamilienhaus Volksgartenstr. 15.

Am 14.4.1910 heiratete Robert Stern in Köln Heddy Heydt (geb. 8.2.1887 in Köln, gest. 17.9.1951 in New York), deren Vater Adolf Heydt (gest. 9.11.1921) zusammen mit Bernhard Voss Inhaber der Fabrik für chemisch-technische Präparate Heydt & Voss war. Einziges Kind dieser Ehe war Ilse Meta Stern (geb. 12.2.1912 in Köln, gest. 31.10.1944 in Auschwitz), die in ihrer Emigration den aus Berlin stammenden Heinz Gerhard (Gerard) Salinger (geb. 26.1.1916 in Berlin, gest. 27.11.1944 im Konzentrationslager Natzweiler-Struthof im Elsaß/möglicherweise im NS-Arbeitslager Echterdingen bei Stuttgart, einem Außenlager des Konzentrationslagers Natzweiler) heiratete. Nach Aussagen von Eric Stern lebte dieses junge Paar in Amsterdam in einer ähnlichen Situation wie Anne Frank. Die Amsterdamer Adresse lautete im Jahre 1941 Rubenstraat 74. Die Ermordung seiner Tochter, seines Schwiegersohnes und deren Kind hat Robert Stern Zeit seines Lebens nicht verkraften können. Private Briefe, die über das Rote Kreuz von Ilse Salinger aus den besetzten Niederlanden an ihre Eltern in New York geschickt wurden, übergab Eric Stern um 1990 an das U. S. Holocaust Memorial Museum in Washington.

Während des Ersten Weltkriegs war Robert Stern als Soldat bei der Fortification in Antwerpen tätig. In dieser Zeit gab die Familie ihre Wohnung in dem Haus Titusstr. 22 auf und zog in die im Hochparterre gelegene Wohnung des Hauses Hülchrather Str. 5, in der Heddy Sterns verwitweter Vater alleine lebte. Dieses blieb das Domizil der Familie Stern bis zur Emigration. Nach der Heimkehr aus dem Ersten Weltkrieg verlagerte Robert Stern auch sein Büro vom Haus Titusstr. 22 direkt in die Innenstadt, wo er Räume in dem Haus Apostelnkloster 20 anmietete, in dem sich die Firma für chemische Erzeugnisse und Rohgummi seines Schwager Friedrich Wilhelm Heydt befand. Von 1931 bis 1933 lautete die Büroadresse Gereonstr. 43–47 und ab dann war sie identisch mit der seiner Wohnung. Robert Stern war Mitglied im Rheinischen Verein für Denkmalpflege und Heimat-

links: Robert Stern während des Ersten Weltkrieges in Belgien. Foto: Privatbesitz Eric Stern

rechts: Geburtsurkunde von Robert Stern. Quelle: Privatbesitz Eric Stern

Robert und Heddy Stern (links und rechts) sowie Karl und Johanna Katz, geb. Stern (Tochter von Hermann Stern) bei einem Besuch der Burg (?). Karl Katz war Inhaber der stadtbekannten „Grohsschlachterei Katz", Severinstr. 18. Foto: Privatbesitz Eric Stern

Robert Stern (links mit Pfeife) mit Familienangehörigen und Freunden 1942 in New York auf der in der Wohnung von Rudi Romberg veranstalteten Abschiedsparty von Richard Stern (in der Mitte mit Krawatte) zum Militär. Zu sehen sind auf dem Foto: (unterste Reihe von links nach rechts) Mutter von Lilian Walker, Rudi Romberg, Richard Stern, Martha Stern, Hilda Stern (später Hilda Walker); (mittlere Reihe von links nach rechts) Robert Stern, Ludwig Walker, Liesel Walker (=Tochter von Hilda), Heddy Stern; (oberste Reihe von links nach rechts) Emanuel Concilio, Rita Concilio, Meta (=Tochter von Moritz Stern), David Walker (=Sohn von Karl), Karl Walker (=Bruder von Saul), Lilian Walker (=Frau von Karl), Saul Walker. Foto: Privatbesitz Rudi Romberg

schutz, im Kölnischen Kunstverein und seit 1927/28 im Bund Deutscher Architekten, BDA. Mitarbeiter seines Büros waren – soweit bekannt – der Architekt Ludwig Ahlfeld, der Architekturstudent Oskar van Perlstein und Max August Breuer. Eine enge freundschaftliche Verbindung muss zu dem überwiegend als Bauunternehmer wirkenden Architekten Otto Greven bestanden haben, der in den Jahren der Weimarer Republik überwiegend Robert Stern für seine Bauprojekte als entwerfenden Architekten beschäftigt hatte. 1922 bis 1925 war Otto Grevens Baugeschäft in dem von Robert Stern entworfenen Haus Titusstr. 24 untergebracht und ab 1926 bis zu seinem Tode wohnte er in dem von Robert Stern für ihn geplanten Einfamilienhaus Bernhardstr. 161. Ob er auch nach 1933 Robert Stern für Entwürfe herangezogen hat, kann bei einigen Bayenthaler Häusern vermutet werden, ist aber nicht belegt. Bekannt ist, dass nach 1933 der Architekt Hans Schumacher für ihn zwei Einfamilienhäuser entworfen hat. Immobilieneigentum von Robert Stern war 1911/14 das von ihm entworfene Mehrfamilienhaus Severinstr. 232 und 1922 das nicht von ihm gebaute Mehrfamilienhaus Franzstr. 37. Ab 1925 ist kein Immobilienbesitz von ihm nachweisbar. Seine Wohnadressen waren 1912 Eifelstr. 14–16, 1914/15 Titusstr. 22 und 1918–36 Hülchrather Str. 5. Die Büroadressen lauteten 1911/12 Volksgartenstr. 32 (ehemals Nr. 24), 1913/18 Titusstr. 22, 1922–30 Apostelnkloster 20, 1931–33 Gereonstr. 43–47 und 1934–36 Hülchrather Str. 5.

Um 1936 emigrierte Robert Stern nach London, kehrte aber laut Aussagen des Architekten Helmut Goldschmidt kurz danach mehrfach nach Köln zurück, auch um sein altes Büro, das jetzt von seinem ehemaligen Mitarbeiter und Bauleiter Max August Breuer (geb. 28.11.1892 in Köln, gest. 17.2.1957) im Agrippinahaus, Breite Str. 92–98, weitergeführt wurde, zu besuchen. In London lebte er im Bayswater district nahe dem Hyde Park. Als er 1938 das Einwanderungsvisum für die USA bekam, führte ihn sein Weg nach New York, wo er am 27.11.1944 die Staatsbürgerschaft der USA erhielt. In den USA fristete Robert Stern, der nicht mehr die Kraft zur Arbeit in seinem Beruf fand, ein ärmliches und arbeitsmäßig sehr hartes Leben als Vertreter von Haus zu Haus für Bürsten und Reinigungssachen der Firma Fuller Blush Co. Mit seiner Frau lebte er sehr bescheiden auf der West Side in New York. Völlig einsam verstarb er am 13.3.1964 im Mayflower Nursing Home. Sein Leichnam wurde am 15.3.1964 im Krematorium des Ferncliff Cemetery zu New York verbrannt und die Urne anschließend dort beigesetzt. Nach seinem Tod ging sein ganzes Eigentum, zu dem auch zahlreiche Zeichnungen, Pläne und Fotos aus seinem Kölner Architekturbüro gehörten, in den Besitz seines Bruders Julius über. Nach dessen Tod ist

der gesamte architektonische Nachlass von Robert Stern vermutlich vernichtet worden.

Neben Georg Falck war Robert Stern der bedeutendste jüdische Architekt Kölns und einer der bedeutendsten im Westen Deutschlands in der ersten Hälfte des 20. Jahrhunderts. Eine kleine Werkschau von Leo Haubrich aus dem Jahre 1928 ist die wertvollste Dokumentation über sein Wirken auch als ein auf dem Gebiete des Profanbaus tätiger Architekt, wenngleich seine beachtenswerten Leistungen der Zeit um 1930 natürlich fehlen.[5] Den einzigen umfassenderen Bericht über das Leben und Wirken Robert Sterns – allerdings überwiegend als Architekten der jüdischen Gemeinde – verdanken wir einem längeren Artikel im Gemeindeblatt vom 31.8.1934: *„Einer der namhaftesten jüdischen Architekten Westdeutschlands, Herr Robert Stern, BDA, kann in diesen Tagen sein 25jähriges Berufsjubiläum begehen. Am 1. September 1909 eröffnete Herr Stern in Köln sein Architekturbüro. Seit einer Reihe von Jahren ist er Mitglied des Bundes Deutscher Architekten. Sein Tätigkeitsfeld umfaßt nicht nur Wohnhaus- sowie Villen-Neubauten, Geschäfts- und Warenhäuser, sondern auch Lichtspieltheater und Ausstellungshallen. Hier sei besonders an den von ihm geschaffenen Pavillon der ‚ISOP' auf der ‚Pressa' erinnert. Für unsere Leser ist von besonderer Wichtigkeit die Tätigkeit, die Herr Stern auf dem Gebiete des Synagogenbaues entfaltet hat. In erster Linie wäre hier zu nennen die vor einigen Jahren errichtete Synagoge in Köln-Ehrenfeld, die wohl als besonderes Kleinod der Kölner Synagogen gelten kann, ferner die Synagoge in Dierdorf (Westerwald). Weiterhin wurde Herr Stern betraut mit dem Umbau der Synagogen in Bonn, Bonn-Poppelsdorf, Montabaur und des Tempels der Kölner Adaß Jeschurun. Auch für Friedhofsbauten wurde Herr Stern immer wieder herangezogen. Hier ist zu nennen seine Friedhofsanlage mit den dazugehörigen Bauten in Beerfelden (Odenwald); vor allem aber die wunderbare Friedhofsanlage mit dem wohl allen Gemeindemitgliedern bekannten Tempel in Köln-Bocklemünd. Eine Mission von geschichtlicher Tragweite wurde Herrn Stern übertragen mit den Bauten auf dem alten jüdischen Friedhof am Bonntor. Es ist nicht möglich, seine Bautätigkeit für die verschiedensten jüdischen Organisationen in fachlicher Hinsicht im einzelnen zu würdigen. Es seien daher nur noch kurz seine wichtigsten Leistungen auf diesem Gebiete aufgezählt: Israelitisches Kinderheim Kreuznach, Tempel der Rheinlandloge, Köln, Israelitisches Kinderheim in der Bachemer Straße, Israeliti-*

Richard Stern am 1.4.1933 mit einem Boykottposten der SA vor seinem Geschäft Marsilstein 20. Foto: Privatbesitz Eric Stern

Richard Sterns Flugblatt vom 1.4.1933. Quelle: Privatbesitz Eric Stern

Abraham Salomon Rosenthal. Foto aus: Uri Kaufmann: Die Beerfelder Juden. Beerfelden 2003, S. 83

Einbürgerungsurkunde (U.S. naturalization certificate) von Robert Stern. Quelle: Privatbesitz Eric Stern

links: Robert (rechts) und Eric Stern 1951 in Washington. Foto: Privatbesitz Eric Stern

rechts: Ilse und Heddy Stern im Jahr 1915. Foto: Privatbesitz Eric Stern

BIOGRAPHIE **ROBERT STERN**

sches Kinderheim Lützowstraße, Blumenauhaus (Jugendheim) Mauritiussteinweg, Wohlfahrtsamt Rubensstraße, Sitzungssaal, Vorstandszimmer und Pförtnerhaus an der Synagoge Roonstraße. Herr Stern betreut, wie schließlich noch erwähnt sei, seit vielen Jahren die Baulichkeiten der Kölner Synagogengemeinde als bautechnischer Berater und trägt in dieser Eigenschaft eine besondere Verantwortung. Wir wünschen dem unermüdlichen, tatkräftigen Künstler noch eine ersprießliche, gesegnete Tätigkeit im Dienste des jüdischen Kultus und möchten mit dem Wunsche schließen, daß das deutsche Judentum auch in kommender Zeit Architekten hervorbringt, die, wie Herr Stern, künstlerische Inspiration mit fachlicher Gediegenheit verbinden."[6]

1 www.14to42.net/30street3.html
  Odenwälder Echo vom 19.11.2006
  New York Times vom 12.2.1904, 10.2.1914
  Uri Kaufmann: Die Beerfeldener Juden 1691–1942.
  Beerfelden 2003, S. 80–84 (Hg. Stadt Beerfelden)
2 Dieter Corbach: „Ich kann nicht schweigen!". Richard
  Stern Köln Marsilstein 20. Köln 1988
  Jüdisches Schicksal in Köln 1918–1945. Ausst.-Kat.
  Historisches Archiv der Stadt Köln/NS-Dokumentationszentrum 1989, S. 147–149
3 Willy Oskar Dressler: Dresslers Kunsthandbuch, Bd. 2.
  Berlin 1930, S. 984
4 Die Architektur des XX. Jahrhunderts, Jg. 7, 1907,
  Taf. 75 (Volksgartenstr./Raschdorffstr. 15)
  Wolfram Hagspiel: Bauten und Architekten in
  Braunsfeld von 1900 bis zur Gegenwart. In: Max-Leo
  Schwering: Köln: Braunsfeld – Melaten. Köln 2004,
  S. 271–336
5 (Leo Haubrich): Bauten von Architekt BDA Robert
  Stern, Köln. In: Bauwarte, Jg. 4, 1928, S. 89–96
6 Ein Architekten-Jubiläum. In: Gemeindeblatt der
  Synagogengemeinde vom 31.8.1934

oben links: Heddy Stern um 1942. Foto: Privatbesitz Eric Stern

unten links: Ilse Salinger, geb. Stern in Amsterdam. Foto: Privatbesitz Eric Stern

Gerard Salinger in Amsterdam. Foto: Privatbesitz Eric Stern

KÖLNER BAUTEN

Kalk, Kalker Hauptstr. 211–213
Kino
Bj.: 1909
Bh.: Simon Stern

Es gibt keinen Beleg für die Autorenschaft Robert Sterns für dieses bildlich nicht überlieferte und nicht mehr erhaltene Kino, doch es ist sehr wahrscheinlich, dass Simon Stern seinen gerade selbstständig gewordenen Sohn damit beauftragt hat, der seit seiner Selbstständigkeit für sämtliche väterlichen Bauprojekte herangezogen worden war. Der etwa 18 m breite und 40 m tiefe Kinosaal mit dem „Kinematographen-Theater von Wilhelm Niessen" lag hinter einem zur Jahrhundertwende errichteten Wohn- und Geschäftshaus, das 1908 von Simon Stern erworben wurde.

QUELLEN UND LITERATUR:
- HAStK Best. 864, Nr. 449

Neustadt, Zülpicher Wall 12
Mehrfamilienhaus
Bj.: 1910
Bh.: Otto Peters (Inhaber eines Tiefbau-, Fuhr- und Abbruchgeschäftes sowie eines Sandgrubenbetriebs)

Über das im Krieg zerstörte viergeschossige Mehrfamilienhaus existieren keine Unterlagen.

LITERATUR:
• Rheinische Baufachzeitung, Jg. 26, 1910, H. 11 (Bautennachweis)

Altstadt, Severinstr. 228, 230, 232/Georgsplatz
3 Wohn- und Geschäftshäuser
Bj.: 1910/11
Bh.: (Nr. 228, 230) Jean Schregel (Architekt und Bauunternehmer), (Nr. 232) Robert Stern

Bis Dezember 1909 befand sich auf den Grundstücken das ehemalige Preußische Proviantamt. Die differenziert gestaltete Häusergruppe entspricht mit ihren hohen Giebelaufbauten und den relativ sparsamen Putzfassaden ganz den Anforderungen der damaligen Kölner Baubehörde unter Führung

rechts oben: Die Häuser Severinstr. 230 und 232 (von rechts nach links) im Jahr 1943. Foto: RBA

rechts unten: Die Häuser Severinstr. 226, 228, 230 und 232 (von rechts nach links) vermutlich im Jahr 1944. Foto: RBA

Inserat Robert Sterns zur Vermietung von Wohnungen im Haus Severinstr. 232 Abb. aus: Stadt-Anzeiger vom 6.3.1911

des Technischen Beigeordneten und Mitglied des Deutschen Werkbundes Carl Rehorst. Über dem Erdgeschoss des Hauses Nr. 232 wies eine Inschrift auf den Architekten und das Baudatum des Hauses hin. Wegen der Vermietung der Wohnungen in diesen sehr aufwendig ausgestatteten Häusern inserierten Robert Stern und sein Vater, Simon Stern, mehrfach in den Tageszeitungen. In einem Inserat im Stadt-Anzeiger vom 6.3.1911 heißt es: *„Zu vermieten: Severinstr. 232, ... zentrale Geschäftslage der Altstadt, anschließend Hohe Pforte, Waidmarkt, prachtvoll modern eingerichtete Ladenlokale mit je anschlie-*

ßendem Zimmer für Wohnraum resp. Bureau inkl. Souterrain für Ausstell.- oder Lagerzwecke ... Ferner hochherrschaftliche Etagen bestehend aus: Diele, Salon, Wohnz., Speisez. mit echt. Eich.-Lambris, Herrenz., 4 Schlafz., teils mit Balkon, Küche, Badez. mit kpl. Einrichtg., Mansarden u. all. sonst. Bequeml., Zentralheizung, elektr. Licht, Entstaubungs-Anlage sowie Warmwass.-Bereitung usw. vorhanden. Ausk. beim Hausmeister das. oder beim Eigentüm. Architekt Robert Stern, Volksgartenstr. 24." Im Krieg wurde das Haus Nr. 228 völlig zerstört. Bei den zu 60 Prozent zerstörten Nachbarhäusern erfolgte ein Wiederaufbau in veränderten Formen unter Verwendung der Ruinen. Das Haus Nr. 230 wurde bei dem katastrophalen Einsturz des Historischen Archivs der Stadt Köln am 3.3.2009 ebenfalls völlig zerstört. Im Rahmen der Bergungsarbeiten musste dann vom 7.3. bis 12.3.2009 auch das Haus Nr. 232 niedergelegt werden.

QUELLEN UND LITERATUR:
- HAStK Best. 34/779
- Rheinische Baufach-Zeitung, Jg. 26, 1910, S. 215 (Bautennachweis)
- Stadt-Anzeiger vom 8.2.1911 (Inserat Baubüro), 6.3.1911 (Inserat Robert Stern), 26.9.1913 (Inserat Simon Stern)

Lindenthal, Franzstr. 69, 71, 75–77/ Gleueler Str. 215, 217/Rückertstr. 2, 4–6, 8–10

Villenartige Ein- und Mehrfamilienhausgruppe
Bj.: 1910–13
   1910 (Franzstr. 71), 1911/12 (Franzstr. 69, 75–77/Rückertstr.; Gleueler Str. 217; Rückertstr. 4–6, 8–10),
   1912 (Rückertstr. 2/Gleueler Str.),
   1912/13 (Gleueler Str. 215)
Bh.: (Franzstr. 69) August Schregel (Inhaber eines Ateliers für Kunst- und Dekorationsmalerei sowie eines Anstreichergeschäfts)
   (Franzstr. 71) Heinrich Berndorff (Mitinhaber der Manufakturwarengroßhandlung N. J. Berndorff)
   (Franzstr. 75) Fritz Gühlstorf (Direktor)
   (Franzstr. 77) Hirsch Meyer, gen. Hermann Meyer (Kaufmann) und Simon Stern (Vater von Robert Stern)

Gartenseitige Ansicht der Häuser Franzstr. 75–77 um 1914. Foto: Privatbesitz

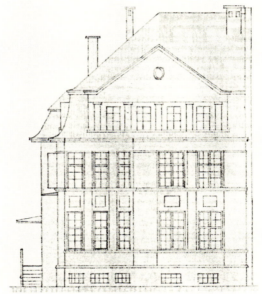

Fassadenaufriss des Hauses Franzstr. 75. Abb.: Privatbesitz

Das Haus Franzstr. 69. Foto: Wolfram Hagspiel (2009)

Die Häuser Gleueler Str. 217, 215 und Rückertstr. 2. Foto: Wolfram Hagspiel (2009)

Das Haus Rückertstr. 4 in den 1930er Jahren. Foto: Privatbesitz

Die Doppelvillen Rückertstr. 4–6 und 8–10 im Jahr 1961. Foto: Privatbesitz

(Gleueler Str. 215) August Vogt (Mitinhaber des Stuckgeschäftes Vogt u. Pullmann)
(Gleueler Str. 217) Heinrich Berndorff (Mitinhaber der Manufakturwarengroßhandlung N. J. Berndorff)
(Rückertstr. 2) Carl Pullmann (Mitinhaber des Stuckgeschäftes Vogt u. Pullmann)
(Rückertstr. 4) Johann Peter Klosterhalfen (Zimmermeister)
(Rückertstr. 6) Ferdinand Lienen (Fabrikant)
(Rückertstr. 8) August Schregel (Inhaber eines Ateliers für Kunst- und Dekorationsmalerei sowie eines Anstreichergeschäfts)
(Rückertstr. 10) Theodor Lützeler (Mitinhaber einer Großhandlung für Installationsbedarf)

Ursprungsbau auf dem Areal, das Robert Stern zwischen 1910 und 1913 mit villenartigen Einfamilienhäusern und sogenannten Etagenvillen bebaute, war das 1878 von Friedrich Wilhelm Berndorff errichtete Haus Franzstr. 56. Offensichtlich war es ein besonderes Anliegen des Architekten, bei diesen ersten Villen in seinem Schaffen möglichst viele Varianten und somit die Breite der Palette seiner Entwurfsangebote zu präsentieren. So findet sich hier geradezu ein Musterkatalog an Lösungen für

Die Doppelvilla Rückertstr. 8–10. Foto: Wolfram Hagspiel (2009)

Das Haus Virchowstr. 21 um 1930. Foto: NS-Dokumentationszentrum Köln

Dächer, Giebel, Erker, Portale oder Dekorationen. Es ist anzunehmen, dass die im Baugeschäft tätigen Bauherren dieser Häuser, mit denen sicher schon Robert Sterns Vater zusammengearbeitet hatte, auch an der Erstellung der Häuser mitgewirkt haben. Weitgehend original erhalten sind die Häuser Franzstr. 69, Gleueler Str. 215 und Rückertstr. 2, 8–10. Durch Umbauten fast gänzlich verändert wurde das Haus Gleueler Str. 217, in dem sich ursprünglich die Manufakturwarengroßhandlung N. J. Berndorff von Nikolaus Josef Berndorff und Heinrich Berndorff befand. Das im Krieg ausgebrannte Haus Rückertstr. 4 wurde im Jahre 1952 durch den Architekten Hans Reipen unter Verwendung der Ruine als Mehrfamilienhaus wiederaufgebaut. Der Wiederaufbau des Hauses Rückertstr. 6 als Mehrfamilienhaus erfolgte 1961/62 nach Plänen des Architekten Heinz Zahn. Einem Neubau gleichkommend verändert sind die Häuser Franzstr. 71 und 75. Kriegszerstört ist das Haus Franzstr. 77.

QUELLEN UND LITERATUR:
- Rheinische Baufachzeitung, Jg. 27, 1911, S. 141 (Bautennachweis Rückertstr. 8–10)
- Rheinische Baufachzeitung, Jg. 27, 1911, S. 175 (Bautennachweis Gleueler Str. 217)
- Rheinische Baufachzeitung, Jg. 27, 1911, S. 191 (Bautennachweis Rückertstr. 4–6)
- Rheinische Baufachzeitung, Jg. 28, 1912, H. 1, S. 7 (Bautennachweis Gleueler Str. 215)
- Rheinische Baufachzeitung, Jg. 28, 1912, H. 6, S. 47 (Bautennachweis Rückertstr. 2)

Lindenthal, Virchowstr. 21
Halbvilla
Bj.: 1912
Bh.: Israel Levi (Inh. des Schuhhauses Louis Berg)

Die inschriftlich mit Robert Stern bezeichnete Halbvilla hebt sich mit ihrer fast klassischen Strenge deutlich von den wesentlich verspielteren, mannigfache Dach- und Erkerformen aufweisenden Villen des Architekten im Bereich der Franzstraße ab. Der nahezu komplett erhaltene Bau besitzt ein Entree mit marmorverkleideten Wänden und schwarz-weißen Bodenfliesen und in den Zimmern vornehmen Deckenstuck. Der letzte jüdische Eigentümer des Hauses war der Bankdirektor Alfred Maass, der von 1926 bis zu seiner Emigration im Jahre 1933 hier lebte.

QUELLEN UND LITERATUR:
- HAStK Best. 485 / 1077
- Bauwelt, Jg. 3, 1912, H. 14, S. 13 und H. 15, S. 12 (Bautennachweise)

Die Häuser Titusstr. 20–24. Foto: Wolfram Hagspiel (2009)

rechts: Inserat zum Verkauf von Grundstücken. Abb. aus: Stadt-Anzeiger vom 8.3.1912

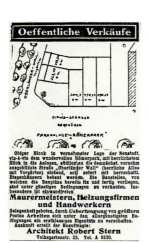

Inserat zur Vermietung von Wohnungen. Abb. aus: Stadt-Anzeiger vom 6.6.1913

Neustadt, Titusstr. 20, 22, 24
3 Mehrfamilienhäuser
Bj.: 1912/13
Bh.: Simon Stern (Vater von Robert Stern)

In einem Inserat im Stadt-Anzeiger vom 8.3.1912 warb Robert Stern bei den drei Mehrfamilienhäusern Titusstr. 20–24 sowie bei den beiden dann wohl wegen fehlendem Interesse nicht realisierten Häusern auf dem heutigen Grundstück Oberländer Wall 24 wie folgt: „*Obiger Block in vornehmster Lage der Neustadt, vis-à-vis dem wundervollen Römerpark, mit herrlichstem Blick in die Anlagen, südlich an die demnächst vornehm ausgebaute Straße ‚Oberländer Wall' (herrliche Allee mit Vorgärten) soll sofort mit herrschaftl. Etagenhäusern bebaut werden. Die Baustellen, von welchen die Baupläne bereits fix und fertig vorliegen, sind unter günstigen Bedingungen zu verkaufen. Insbesondere ist einwandfreien Maurermeistern, Heizungsfirmen und Handwerkern Gelegenheit geboten, durch Übertragung von größern Posten Arbeit sich unter den allergünstigsten Bedingungen ein erstklassiges Eigentum zu verschaffen. Auskunft erteilt der Beauftragte: Architekt Robert Stern, Volksgartenstr. 32.*" Laut weiteren Inseraten besteht die erste Etage (Hochparterre) aus „*Vordiele mit Garderobe und Toilette, Hauptdiele, Wohnzimmer, Herrenzimmer, Speisezimmer, Küche, 4 Schlafzimmern, komplettes Badezimmer mit einger. Kachelwanne, 2 Klosetten, Spinden, Erkern, Balkone und sonstige Bequemlichkeiten. Parterre mit Gartenabteilung, Zentralheizung, Warmwasserbereitung, elektr. Lichtanlage u.s.w. (ev. Souterrain für Burreau resp. Lagerräume)*" (Stadt-Anzeiger vom 6.6.1913 und 3.8.1913). Die Häuser sind weitgehend original erhalten. Das Haus Nr. 22 trägt über dem Eingang zudem die Inschrift: • ROB • STERN • ARCH • 1913 •.

LITERATUR:
- Rheinische Baufachzeitung, Jg. 28, 1912, S. 311 (Bautennachweise)
- Stadt-Anzeiger vom 8.3.1912, 6.6.1913, 3.8.1913, 26.9.1913 (Inserate)

Neustadt, Hansaring 39
Umbau
Bj.: 1912/13
Bh.: Dr. Heinrich Frank (Rechtsanwalt)

Der nicht näher bezeichnete Umbau des repräsentativen gründerzeitlichen „Einfamilienhauses" stand im Zusammenhang mit einem Eigentümerwechsel. Das 1934/35 unbewohnte, Frau Frank gehörende Haus wurde an den Architekten Julius Gatzen zum Abbruch verkauft, der auf dem Grundstück 1936 für sich ein Mehrfamilienhaus errichtete.

LITERATUR:
• Bauwelt, Jg. 3, 1912, H. 42, S. 14 (Bautennachweis)

Neustadt, Kaiser-Wilhelm-Ring 21
Benzinlager
Bj.: 1912/13
Bh.: Dr. Victor Schnitzler (Rechtsanwalt, Justizrat und Stadtverordneter)

Die Baumaßnahme stand offensichtlich im Zusammenhang mit der Umrüstung von Kutschen auf Automobile. Die 1890/91 errichtete Villa war ein Werk des Architekten Hermann Otto Pflaume. Interessant ist, dass Dr. Victor Schnitzler als Eigentümer des Nachbarhauses Kaiser-Wilhelm-Ring 17–19, offensichtlich mit Genehmigung der Witwe Otto Andreae, der das Haus Kaiser-Wilhelm-Ring 21 gehörte, auf ihrem Grundstück das für seine Autos notwendige Benzinlager errichtete. Vermutlich war 1912 schon ein späterer Erwerb ihrer Villa durch Dr. Victor Schnitzler besprochen, der dann 1919 in das Haus Kaiser-Wilhelm-Ring 21 zog. Die Remise, bei der das Lager errichtet wurde, lag im rückwärtigen Teil des Grundstücks an der Göbenstraße unmittelbar neben dem Haus Göbenstr. 1. Während die eigentliche Villa 1929 für einen Neubau abgebrochen wurde, existierte die Remise bis 1960.

LITERATUR:
• Bauwelt, Jg. 3, 1912, H. 42, S. 14 (Bautennachweis)

Altstadt, Schaevenstr. 1b/Mauritiuswall
Büro- und Geschäftshaus Goldfinger
Bj.: 1912–14
Bh.: Firma Hermann Goldfinger
Bauunternehmung: Peter Uerz

Im Mai 1912 hatte Robert Stern erstmals in den Tageszeitungen Inserate für den Neubau in der Schaevenstraße, der damaligen Badstraße aufgegeben: „*Für Engros-Geschäft. Errichte im Mittelpunkt der Altstadt erstklassige Lage, ein modernes Engros-Haus wovon noch einige Etagen in Größe von 1200qm ganz oder geteilt, mit Berücksichtigung von besondern Wünschen, mietweise abgegeben werden können. Vorgesehen sind besonders große, durchaus helle Räume, mit Zentralheizung, Gas, elektr. Licht, Personen- und Lastaufzüge usw. Nähere Auskunft sowie Einsichtnahme der Pläne auf mein. Bureau Architekt Robert Stern Volksgartenstr. 32.*" Das Inserat lässt offen, ob die Firma Hermann Goldfinger schon den Auftrag zur Errichtung des Gebäudes gegeben hatte, oder ob sie diesen vom Erfolg der Vermietungen abhängig machen wollte. Eigentümer der Firma Hermann Goldfinger waren 1914 Felix Goldfinger (Berlin) und Julius Goldfinger und Ferdinand Muhr in Köln. Die Firma Goldfinger, die Filialen in Berlin und später auch in Saarbrücken besaß, hatte ihren Ursprung in einer in den 1880er Jahren gegründeten „Weißwaaren-, Wäsche-, Schürzen- und Wollwaaren-Großhandlung" am Heumarkt 39. In den 1890er Jahren wurde dann am Blaubach 30 eine „Weißwäsche-, Wäsche- und Schürzenfabrik" errichtet und Unter Seidenmacher 2–4 ein dazugehörendes Geschäft geführt.

Rund ein Jahr nach dem Inserat wurde mit dem Bau begonnen, über den während seiner Errichtung am 20.12.1913 ein größerer Artikel im Stadt-Anzeiger erschien: „*Nachdem der einengende Festungsgürtel der Stadt gefallen ist, sucht sich das Geschäftszentrum der Stadt immer mehr auszudehnen,*

oben: Die Ansicht des Hauses Goldfinger auf einem Briefkopf dieser Firma. Abb.: Privatbesitz

unten: Inserat. Abb. aus: Stadt-Anzeiger vom 29.5.1912

rechts: Detail des ehemaligen Nebeneingangs. Foto: Wolfram Hagspiel (2008)

unten: Bauinschrift im Gesims über dem Erdgeschoss Foto: Wolfram Hagspiel. 2008)

ganz unten: Das Büro- und Geschäftshaus Goldfinger. Foto: Wolfram Hagspiel (2008)

und so haben wir schon in den letzten Jahren in der Nähe der Neustadt Engroshäuser, wie Mauritiushof, Rinkenhof usw., zu verzeichnen. In unmittelbarer Nähe dieser Gebäude, gegenüber dem ebenfalls kürzlich errichteten sozialpolitischen Gebäude der Stadt Köln, auf dem frühern, vielen Kölner bekannten Gelände der ‚Alte Posthof', Ecke Badstraße und Mauritiuswall erhebt sich nunmehr ein neuer im Entstehen begriffener monumentaler Engroshaus-Neubau der Firma H. Goldfinger, Köln-Berlin. Die 70 Meter langen Schauseiten in echtem Werkstein machen mit ihrer Bekrönung durch einen wuchtigen, zurückgesetzten Dachgeschoßaufbau einen monumentalen Eindruck. Über dem ruhig gelagerten, durch Korbbogenfenster aufgeteilten Erdgeschoß erheben sich die bis zum Hauptgesims durchgehenden Pfeiler, die durch geschmackvoll aufgeteilte Fenstergruppen, die zum Teil erkerartig vorgebaut sind, Leben in die sonst strenge Linienführung bringen. Durch besonders reiche Ausarbeitung der Portale und der Einfahrt wird der Charakter eines vornehmen Geschäftshauses erhöht. Die Grundrißanordnung ist durchaus klar und übersichtlich, und dadurch, daß das Gebäude an zwei Straßenfronten liegt, ist eine hervorragende Lichtquelle geschaffen und stets gesichert. Der Haupteingang, der durch einen mit Marmor bekleideten Vorraum zu den Bureaus der Firma Goldfinger führt, liegt an der Ecke der Badstraße, während der Eingang für Personal durch die Durchfahrt führt, und zwar an der an letzterer angebrachten Portierloge. Ein besonderes Treppenhaus für die Angestellten führt hier in die einzelnen Geschosse und gleichzeitig in die getrenntliegenden geräumigen Wasch- und Garderoberäume für das Personal. Ein weiterer Eingang zu den einzelnen Etagen befindet sich neben der Einfahrt, in der Badstraße, und ein vierter, ebenfalls zu jedem Geschoß führend, am Ende des Gebäudes am Mauritiuswall. Für die Angestellten ist in sozialer Hinsicht gut gesorgt. Im vierten Obergeschoß befinden sich neben einer Personalküche mit Kühlraum große Kantinenräume, die in direkter Verbindung mit einem umfangreichen Dachgarten den Angestellten zur Erholung in den Vesperpausen dienen sollen. Die von der Firma Goldfinger in Benutzung zu nehmenden Arbeitsräume sind dem Zweck entsprechend sämtlich groß, hell und übersichtlich gehalten. Architektur und Gesamtbauleitung liegen in den Händen des Kölner Architekten Robert Stern."

Neben der Kinder- und Mädchenkleiderfabrik der Firma Hermann Goldfinger befand sich zu Anfang noch die Theaterkleiderfabrik Joseph Weinberg im Haus. Das anfangs florierende Unternehmen geriet durch mehrer Todesfälle, wie den Tod von Julius Goldfinger im Ersten Weltkrieg, den seines Bruders Felix im Jahre 1921 und den der Witwe Hermann Goldfinger im Jahre 1926, in Schwierigkeiten, was unter anderem zum Verkauf der Berliner Firma geführt hat, während das Kölner Haus, jetzt mit den Eigentümern Witwe Felix Goldfinger und Ferdinand Muhr, ihrem Schwager, stark in der Produktion reduziert werden musste. Deshalb wurden viele Räumlichkeiten im Haus weitervermietet, so 1925 neben der Firma Joseph Weinberg noch an die Hausbauges. m.b.H., die Herold-Schuh-A.-G., die Schuhwarenhandlung E. Möbius G.m.b.H., die Rheinisch-Westfälische Schuh-A.-G. und die Schuhwarengroßhandlung Siegfried Stern. Ende der 1920er Jahre gab es im Haus nur noch die Firma Goldfinger und eine Zweigstelle des Arbeitsamtes. Um 1932 existierte die Firma Goldfinger nicht mehr und das Haus, das seit 1928 dem Ehepaar Ferdinand und Frieda Muhr, geb. Goldfinger, gehörte, war gänzlich an das Arbeitsamt vermietet. Im November 1938 wurde das Ehepaar Muhr gezwungen, das Gebäude zur Sicherung einer eventuellen Reichsfluchtsteuer an das Deutsche Reich zu verpfänden. Im März 1939 erfolgten im Rahmen der „Arisierung" die Zwangsenteignung und der Erwerb durch die Stadt Köln, die es seitdem bis in die 1990er Jahre als städtisches Verwaltungsgebäude betrieb. Der am 14.11.1874 geborene Ferdinand Muhr starb am 26.6.1942 im Konzentrationslager Theresienstadt, während seine 1877 geborenen Ehefrau Frieda Theresienstadt überlebt hat. 1951 erfolgte zwischen ihr und dem Sohn Ernst Julius Muhr eine Einigung mit der Stadt Köln. Möglicherweise schon in den 1930er Jahren, vermutlich aber erst nach dem Zweiten Weltkrieg wurde das Haus, das nur im Dachbereich zerstört worden war, im Inneren für die Behördenzwecke umgebaut, wobei man bedenken muss, dass die Struktur des Hauses so angelegt war, Grundrisse jederzeit flexibel neu zu gestalten. Bei diesen Umbauten wurde vor allem die repräsentative Eingangssituation nahe der Ecke Schaevenstraße/Mauritiuswall geschlossen und durch einen Zugang an anderer Stelle ersetzt. Bedauerlicherweise verzichtete man nach dem Krieg auf die Wiedererstellung des markanten Walmdaches. Nach Fertigstellung des 1965/66 nach Entwürfen des Architekten Alfred Unnerstall errichteten Erweiterungstraktes an der Ecke Schaevenstraße/Humboldtstraße erfolgte die Haupterschließung des Hauses Goldfinger über dessen Treppenhaustrakt.

LITERATUR:
- Stadt-Anzeiger vom 29.5.1912 (Inserat), 20.12.1913

Marienburg, Marienburger Str. 16
Villa
Bj.: 1921/22
Bh.: Willy Stern (Mitinhaber der Textilwarengroßhandlung Pollack & Stern / Bruder von Robert Stern)

Traditioneller eingeschossiger Bau mit ausgebautem Walmdach. Wegen fehlender Unterlagen lassen sich keine nähere Angaben zu dem Haus machen. Das im Krieg teilzerstörte Haus wurde nach 1946 stark verändert wiederaufgebaut

LITERATUR:
- Wolfram Hagspiel: Köln: Marienburg, Bauten und Architekten eines Villenvorortes. Köln 1996, S. 493
- Westdeutsche Bauzeitung, Jg. 4, 1921, H. 40 (Bautennachweis)

Marienburg, Leyboldstr. 14
Villa Dr. Julius Stern
Bj.: 1921–23
Bh.: Abraham Salomon Rosenthal (Teilhaber der A. S. Rosenthal & Co. / New York)

Die im Krieg nur teilzerstörte und dann wiederaufgebaute Villa wurde 1956 abgebrochen. Sie zählt zu den luxuriösesten Villen Robert Sterns, der dieses Haus für seinen Bruder, den Bankier Dr. Julius Stern, und dessen Ehefrau Gladys gebaut hat. Ein Jahr nach Fertigstellung wurde das Haus grundbuchlich Dr. Julius Stern übertragen, also ihm von seinem Schwiegervater Abraham Salomon Rosenthal verbindlich geschenkt. Als einziges bildliches Dokument hat sich eine Ansicht von der Gartenseite erhalten, die eine klar struk-

Gartenansicht der Villa Dr. Julius Stern in den 1920er Jahren. Foto: Privatbesitz Eric Stern

Die Doppelvilla Bayenthalgürtel 28–30. Foto: Wolfram Hagspiel (2009)

Verleihungsurkunde des Ehrenkreuzes für Frontkämpfer vom 6.2.1935. Abb.: Privatbesitz Eric Stern

turierte Villa mit dem für Robert Stern typischen achsensymmetrischen Aufbau und seiner Vorliebe für antike Säulen zeigt. Als separater Baukörper ist der Villa ein Garagen- und Chauffeurshaus mit barockem Mansarddach angefügt. Bemerkenswert ist ferner die gartenkünstlerisch durchgestaltete Gartenanlage.

Wie viele Mitglieder der Familie Stern war auch Dr. Julius Stern patriotisch eingestellt und bemühte sich zu Beginn des „Dritten Reiches" um Dokumente, die diesen Einsatz für das Vaterland kundtun konnten.

LITERATUR:
- Wolfram Hagspiel: Köln: Marienburg, Bauten und Architekten eines Villenvorortes. Köln 1996, S. 338–339
- Westdeutsche Bauschau, Jg. 4, 1921, H. 64 (Bautennachweis)

Bayenthal, Bayenthalgürtel 28–30
Doppelvilla
Bj.: 1922
Bh.: (Nr. 28) Louis Kaufmann (Kaufmann), (Nr. 30) Fritz Goldberg (Kaufmann)
Bauunternehmung: Otto Greven

Die in ihrer Größe unterschiedlichen Häuser wurden von Robert Stern geschickt zu einer fast symmetrischen Einheit zusammengefasst, bei der die für ihn so typischen polygonalen Turmerker eine dominante Rolle spielen.

LITERATUR:
- Westdeutsche Bauzeitung, Jg. 5, 1922, H. 13 u. H. 15 (Bautennachweise)
- Wolfram Hagspiel: Köln: Marienburg, Bauten und Architekten eines Villenvorortes. Köln 1996, S. 147

Bayenthal, Hölderlinstr. 1–3
Villenzeile
Bj.: 1923/24
Bh.: (Nr. 1) Cuno Schnor (Inhaber gleichn. Import-Kommissions-Firma), (Nr. 1a) Dr. Franziska Füller (Studienrätin), (Nr. 3) Fritz Mayer (Teilhaber der Firma Bernstein & Mayer)
Bauunternehmung: Otto Greven

Von den nach dem Ersten Weltkrieg entstandenen Doppelhäusern und Dreihäuserzeilen Robert Sterns ist diese aus drei Häusern zusammengefügte Zeile die gestalterisch aufwendigste, bei der die für den Architekten so typischen polygonal gebrochenen türmchenartigen Erker und übergiebelten Risalite besonders konzentriert Anwen-

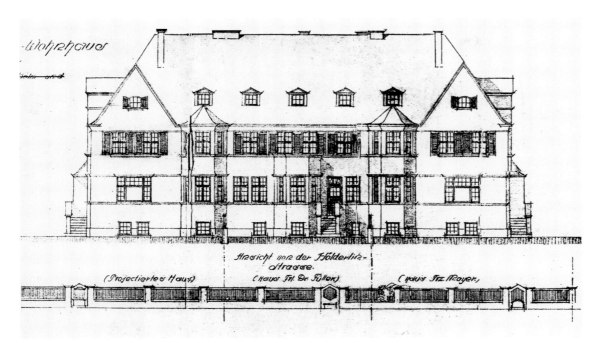

Bauzeichnung zu den Häusern Hölderlinstr. 1–3. Abb.: Privatbesitz Prof. Dr. Kühlwetter

QUELLEN UND LITERATUR:
- Bauunterlagen von Prof. Dr. Kühlwetter
- Wolfram Hagspiel: Köln: Marienburg, Bauten und Architekten eines Villenvorortes. Köln 1996, S. 309–310

Marienburg, Pferdmengesstr. 5
Villa
Bj.: 1923/24
Bh.: Carl Baumgarten (Teilhaber des Bankhauses Baumgarten & Mergentheim)

Der betont tektonisch gestaltete, aus klaren geometrischen Körpern entwickelte Backsteinbau,

dung gefunden haben. Sehr aufwendig sind die „expressionistischen", an Holzwerk erinnernden Putzquaderungen im Fensterbereich der Erker, die – ähnlich wie die Schlagläden – stark zur Betonung der Horizontalität der Geschosse beitragen. Nach teilweisen Kriegszerstörungen sind die Häuser partiell verändert wiederaufgebaut worden.

Das Haus Hölderlinstr. 3 nach einem Bombenangriff. Foto: Privatbesitz Prof. Dr. Kühlwetter

Das Haus Pferdmengesstr. 5. Abb. aus: Bauwarte, 1928, S. 91

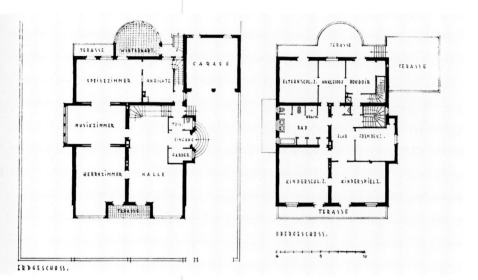

Grundrisse des Hauses Pferdmengesstr. 5. Abb. aus: Bauwarte, 1928, S. 91

Grundrisse des Hauses Heinestr. 30-32. Abb. aus: Bauwarte, 1928, S. 90

das Haus eines Sammlers, zeigt eine sehr individuelle Grundrisslösung mit einer dominanten, ungewöhnlich großen Halle. Speisezimmer und Anrichte, die mit der im Souterrain liegenden Küche mit Speiseaufzug verbunden sind, liegen zum Garten hin. Das im Krieg unzerstöte Haus wurde nach 1945 verputzt und dabei auch der straßenseitige Vorbau mit Loggia geschlossen.

QUELLEN UND LITERATUR:
- HAStK Best. 485 / 332
- (Leo Haubrich): Bauten von Architekt BDA Robert Stern, Köln. In: Bauwarte, Jg. 4, 1928, S. 89-96
- Wolfram Hagspiel: Köln: Marienburg, Bauten und Architekten eines Villenvorortes. Köln 1996, S. 620

Lindenthal, Heinestr. 30-32
Haus P.
Bj.: 1924
Bh.: Otto Pleißner (Fabrikant)

Das Haus Heinestr. 30-32. Foto aus: Bauwarte, 1928, S. 90

Bemerkenswert ist Robert Sterns Bemühen um den Einklang von einer strengen Symmetrie bei der Straßenansicht und einem funktionalen, nach den Lichtverhältnissen optimal orientierten Grundriss. Hervorzuheben sind hierbei die äußerst groß bemessene und tatsächlich auch für das Wohnen nutzbare „Wohnhalle" mit ihren beiden Zugängen und die geschickt an die nach Südosten orientierte Schmalseite gruppierten Hauptwohnräume mit den Terrassen. Die seit Januar 1925 bewohnte Villa wird – in leicht veränderter Form – heute von einer Studentenverbindung genutzt.

QUELLEN UND LITERATUR:
- HAStK Best. 485/403
- (Leo Haubrich): Bauten von Architekt BDA Robert Stern, Köln. In: Bauwarte, Jg. 4, 1928, S. 89-96

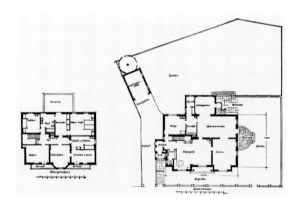

Bayenthal, Goltsteinstr. 148-150
Doppelvilla
Bj.: 1924-26
Bh.: (Nr. 148) Otto Greven (Bauunternehmer), (Nr. 150) Walter Plehn (Direktor a. D.)
Bauunternehmung: Otto Greven

Das Doppelhaus zählt zu den am besten erhaltenen Privatbauten Robert Sterns und ist eines der wenigen Beispiele in seinem Werk, bei denen für die Fassade das Material Backstein verwendet wurde.

QUELLEN UND LITERATUR:
- HAStK Best. 485 / 335
- Wolfram Hagspiel: Köln: Marienburg, Bauten und Architekten eines Villenvorortes. Köln 1996, S. 269
- Westdeutsche Bauzeitung, Jg. 7, 1924, H. 21 (Bautennachweis)

Bayenthal, Bernhardstr. 161–165
Villenzeile
Bj.: 1925/26
Bh.: (Nr. 161) Otto Greven (Bauunternehmer),
(Nr. 163) Anton Bönneken (Prokurist),
(Nr. 165) Johann Möntenich (Inhaber gleichnamiger Getreidegroßhandlung)
Bauunternehmung: Otto Greven

Die aus drei Häusern zusammengesetzte Villenzeile stellt eine Variante der Häuser Hölderlinstr. 1–3 dar. Die im Krieg weitgehend unzerstörten Häuser sind bis auf das Mittelhaus, das 1971 einem Neubau gleichkommend modernisiert wurde, weitgehend original erhalten.

QUELLEN UND LITERATUR:
- Freundliche Mitteilungen und Unterlagen von Herrn Greven
- Wolfram Hagspiel: Köln: Marienburg, Bauten und Architekten eines Villenvorortes. Köln 1996, S. 152–153

Neustadt, Worringer Str. 3–5
Haus Dr. Demann
Bj.: 1925/26
Bh.: Dr. Friedrich Demann (Direktor)

Auftraggeber zum Bau der höchst aufwendigen Villa war der aus Köln gebürtige Dr. Friedrich Demann, der dieses Haus anscheinend als seinen Alterssitz geplant hatte. Er war einer der Direktoren der Lastwagenfabrik von Mercedes-Benz in Gaggenau und gehörte von 1917 bis 1924 zum Vorstand der Firma Benz & Co. Rheinische Gasmotorenfabrik in Mannheim. Durch seinen frühen Tod ließ seine Ehefrau, Margarethe Demann, das Haus während der Errichtung zu einer höchst elegant ausgestatteten Etagenvilla umplanen, was durch den publizierten Grundriss verdeutlicht wird. 1931 wurde nach Entwürfen von Robert Stern noch eine Garage angefügt. Das Haus ist im Krieg gänzlich zerstört worden.

LITERATUR:
- (Leo Haubrich): Bauten von Architekt BDA Robert Stern, Köln. In: Bauwarte, Jg. 4, 1928, S. 89–96
- Westdeutsche Bauzeitung, Jg. 14, 1931, H. 14, S. 9 (Bautennachweis)

Die Doppelvilla Goltsteinstr. 148–150. Foto: Wolfram Hagspiel (2008)

links: Das Haus Bernhardstr. 161 in den 1920er Jahren
Foto: Privatbesitz Greven

rechts: Das Haus Dr. Demann. Foto aus: Bauwarte, 1928, S. 92

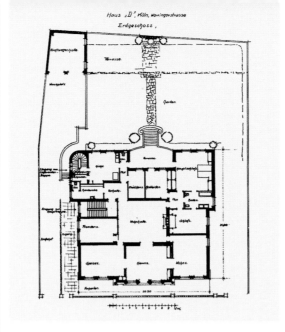

Grundriss des Hauses Dr. Demann. Abb. aus: Bauwarte, 1928, S. 92

Bayenthal, Cäsarstr. o. Nr. (zwischen Nr. 24 und 26a)
Lagerbauten
Bj.: 1925/26
Bh.: Firma Peter Wilhelm (Firma für Zentralheizungsanlagen)

Die Lagerbauten der Firma Peter Wilhelm lagen nahe dem Baumaterialienlager der Kloth A.G. und der Bauunternehmung Otto Greven. Otto Greven war Eigentümer des Grundstücks Nr. 24, zu dem später auch das Grundstück Cäsarstr. o. Nr. gezählt wurde. Zu Beginn der 1970er Jahre wurde ein großer Teil dieses Grundstücks für den Bau der Bernhardstraße vereinnahmt. Die im Krieg unzerstörten Gebäude wurden weitgehend zu diesem Zweck abgebrochen. Die übrigen Bauten wichen einer Neubebauung der 1990er Jahre.

LITERATUR:
- Westdeutsche Bauzeitung, Jg. 8, 1925, H. 45 (Bautennachweis)

Neustadt, Venloer Str. 47
Erweiterung
Bj.: 1926
Bh.: A. Amerikaner & Cie. (Stahlgroßhandlung)

Über die bauliche Erweiterung der in einem gründerzeitlichen Wohn- und Geschäftshaus untergebrachten Stahlgroßhandlung A. Amerikaner & Cie., deren Eigentümer Albert Amerikaner und Erich Feilchenfeld waren, ließen sich keine Unterlagen ermitteln. Das Gebäude wurde im Krieg zerstört.

LITERATUR:
- Die Bauwirtschaft vom 13.2.1926 (Bautennachweis)

Bayenthal, Goltsteinstr. 187–189
Wohnhaus
Bj.: 1926
Bh.: Heinrich Küchel (vermutlich Witwe Heinrich Küchel) (Kaufmann)

Laut Bautennachweis wurde mit dem Bau des Wohnhauses, über das es sonst keine Nachweise gibt und das auch nie fertiggestellt worden ist, angefangen. Möglicherweise war der Bau mit Aushebung der Baugrube eingestellt worden.

LITERATUR:
- Bauwarte, Jg. 2, 1926, H. 17, S. 213 (Bautennachweis)

Marienburg, Bayenthalgürtel 41–45
Villenzeile
Bj.: 1927
Bh.: (Nr. 41 u. 43) Dr. Meno Lissauer (Mitinhaber der Firma Lissauer & Cie.), (Nr. 45) Ernst Zöllner (Dipl.-Ing.)

Die backsteinverkleidete Dreihäuserzeile stellt eine modernere Variante des von Robert Stern zu Beginn der 1920er Jahre entwickelten Häusertypus dar, der seine reichste Ausprägung in den Häusern Hölderlinstr. 1–3 hat. Das Haus Nr. 41 wurde 1933 im Auftrag von Dr. Meno Lissauer von Robert Stern zu einem Dreifamilienhaus umgebaut. Nach geringen Kriegszerstörungen wurde das Haus Nr. 41 im Jahre 1949 von Max August Breuer, einem ehemaligen Mitarbeiter von Robert Stern, in alter Form wiederhergestellt. Das ausgebrannte mittlere Haus erhielt ebenfalls weitgehend seine alte Form, während die Nr. 45 nach weitgehend originalgetreuer Wiederherstellung innerhalb eines Umbaus im Jahre 1986 aufgestockt und durch Verputzung so stark verändert wurde, dass die einstige Einheit der Zeile heute kaum noch nachzuvollziehen ist.

LITERATUR:
- (Leo Haubrich): Bauten von Architekt BDA Robert Stern, Köln. In: Bauwarte, Jg. 4, 1928, S. 89–96
- Wolfram Hagspiel: Köln: Marienburg, Bauten und Architekten eines Villenvorortes. Köln 1996, S. 133
- Westdeutsche Bauschau, Jg. 2, 1927, S. 13 (Bautennachweis)
- Westdeutscher Beobachter vom 29.11.1933 (Bautennachweis)

KÖLNER BAUTEN ROBERT STERN

Bayenthal, Hölderlinstr. 8–10
2 Häuser einer Villenzeile
Bj.: 1927
Bh.: Otto Greven
Bauunternehmung: Otto Greven

Die beiden Grundstücke – wie auch das im November 1926 Robert Stern gehörende Grundstück Bernhardstr. 153a – waren ursprünglich Teile des Grundstückes Bernhardstr. 153. Beabsichtigt war eine aus drei Häusern zusammengesetzte Villenzeile zu errichten, bei der Robert Stern Bauherr des Hauses Bernhardstr. 153a gewesen wäre. Realisiert wurden jedoch nur die beiden Häuser Hölderlinstr. 8–10.

LITERATUR:
- Westdeutsche Bauzeitung, Jg. 10, vom 29.1.1927 (Bautennachweis)

Altstadt, Hohe Str. 108–110
Haus Kimmelstiel
Bj.: 1927
Bh.: M. Kimmelstiel & Cie (Papierwarenhandlung und Buchdruckerei)

Die von Moritz Kimmelstiel, wohnhaft in Berlin, und Justin Fischl gegründete Firma M. Kimmelstiel & Cie., eine Buch- und Prägedruckerei und ein auf Luxuspapierwaren spezialisiertes Geschäft, war seit 1902 in Köln im Hause Hohe Str. 114 ansässig. Seit etwa 1907 war Justin Fischl alleiniger Inhaber dieses florierenden Unternehmens, für dessen Expansion er kurz vor 1922 die beiden aus der Mitte des 19. Jahrhunderts stammenden, sehr schmalen Häuser Hohe Str. 108 und 110 erwarb, deren Grundstücke mit dem Neubau von 1927 zusammengefasst wurden. Die Eröffnung des von Robert Stern entworfenen und von ihm auch als bauleitendem Architekten realisierten Neubaus fand am 1.10.1927 statt. In der Tagespresse hieß es unter anderem: „Die Vorderseite des Hauses ist in neuzeitlich-schlichtem Stil gehalten und läßt lediglich das zum Bau verwandte edle Material (fränkischen Muschelkalk) wirken. Glücklich ist das Verhältnis von Fläche zu Öffnungen. Die Innenausstattung ist aus Nußbaumholz."Das im Krieg völlig zerstörte Gebäude wurde 1952–55 durch das von den Architekten Alois Möhring und M. Klärding geplante Büro- und Geschäftshaus Sanke & Co ersetzt.

LITERATUR:
- Führer durch die Ausstellung Stadt und Land. Köln 1930, S. 39
- Stadt-Anzeiger vom 30.9.1927

Die Häuserzeile Bayenthalgürtel 41–45. Foto aus: Bauwarte, 1928, S. 89

Werbung der Firma Kimmelstiel. Abb. aus: Gemeindeblatt Nr. 11 vom 16.3.1934

unten links: Entwurfszeichnung von Robert Stern zum Haus Kimmelstiel. Abb. aus: Stadt-Anzeiger vom 30.9.1927

unten rechts: Das teilzerstörte Haus Kimmelstiel (links) um 1943/44. Foto: RBA

Das stark veränderte Haus Bayenthalgürtel 26. Foto: Wolfram Hagspiel (2009)

Bayenthal, Bayenthalgürtel 26
Villa
Bj.: 1927/28
Bh.: August Götz (Kaufmann)

Betont schlicht gehaltener, achsensymmetrischer Klinkerbau mit mittiger Portalzone und Walmdach. Die Symmetrie hat ihre Entsprechung auch in den gartenseitigen Hauptwohnräumen, dessen mittlerer halbkreisförmig ausgebuchtet ist. Der bis auf das abgebrannte Dach im Krieg weitgehend unzerstörte Bau erhielt 1981/82 ein nicht stilkonformes Mansarddach.

LITERATUR:
- Wolfram Hagspiel: Köln: Marienburg, Bauten und Architekten eines Villenvorortes. Köln 1996, S. 146
- Rheinische Baufachzeitung, 1927, H. 30 (Bautennachweis)
- Westdeutsche Bauzeitung, Jg. 10, 1927, H. 16 (Bautennachweis)

Marienburg, Eugen-Langen-Str. 6
Umbau
Bj.: 1927/28
Bh.: Paul Falkenstein (Fabrikant)

Der nicht näher auszumachende Umbau bei der 1920/21 nach den Entwürfen des Architekten Theodor Merrill errichteten Villa ergab sich durch den damaligen Eigentümerwechsel. Die im Krieg unzerstörte Villa wurde 1970 abgebrochen.

LITERATUR:
- Baudienst, 1927, H. 72 (Bautennachweis)
- Wolfram Hagspiel: Köln: Marienburg, Bauten und Architekten eines Villenvorortes. Köln 1996, S. 194–195

Altstadt, Brückenstr. 19–23/ Herzogstr. 82
Dischhaus
Wettbewerb 1928
Bh.: Hotel Disch Actien-Gesellschaft, Krebsgasse 5

Die Hotel Disch Actien-Gesellschaft, die auch der letzte Betreiber des renommierten, 1846–48 von Josef Felten erbauten Hotels Disch war, schrieb 1928 unter zehn im Büro- und Geschäftshausbau anerkannten Kölner Architekturbüros einen engeren Wettbewerb für den Bau eines Büro- und Geschäftshauses aus. Den Vorstand der Gesellschaft bildeten Ferdinand Neeß und die Witwe Heinrich Friedrich, Agnes Dörgeloh, geb. Krebs. Eingeladen waren Prof. Paul Bachmann, Fritz Fuß, Klotz & Fieth (Clemens Klotz und Josef Fieth), Merrill & Leybold (Theodor Merrill und Ernst Leybold), Emil Mewes, Moritz & Betten (Carl Moritz und Albert Betten), Prof. Bruno Paul, Riphahn & Grod (Wilhelm Riphahn und Caspar Maria Grod) und Robert Stern. Die Aufgabe lautete auf Schaffung von 10.000 qm Nutzfläche über dem Erdgeschoss. Gefordert waren ferner ein ästhetischer Städtebau, die Schaffung eines Lichthofes und eine optimale Lage des Haupteingangs. Als Sieger aus dem Wettbewerb ging Bruno Paul hervor, der den Bau zusammen mit seinem Schwager Franz Weber bis Januar 1930 realisierte. Über den Beitrag von Robert Stern lassen sich keine Aussagen machen, da dieser wie auch die Beiträge von Klotz & Fieth, Emil Mewes und Moritz & Betten nicht publiziert wurde. Nach Fertigstellung des Gebäudes wechselten sehr schnell und häufig die Eigentümer. So waren es 1930/31 die Disch-Hotel u. Verkehrs-A.G., Frankfurt am Main, die zum Interessenskreis des Bankiers Martin Sternberg gehörte. Wegen Zahlungsschwierigkeiten übernahm 1932 die Iduna Holding.A.-G., Berlin, Charlottenstr. 82, die Immobilie und bald danach die „Progreß" Finanz-Effekten- und Immobilien-Verwaltungs-A.-G., Berlin, Schöneberger Ufer 44. Von dieser erwarb 1937 die Stadt Köln die Immobilie, die ab 1938 hier die Büros für die städtische Verwaltung einrichtete.

LITERATUR:
- Die Bauschau, Jg. 3, 1928, H. 15, S. 19–21
- Stadt-Anzeiger vom 8.12.1928

Bayenthal, Bayenthalgürtel 70–72
Doppelvilla
Bj.: 1928/29
Bh.: Otto Greven (Bauunternehmer)
Bauunternehmung: Otto Greven

Das Doppelhaus stellt eine späte Variante von Robert Sterns Bayenthaler Häusern dar. Das im Krieg zerstörte Dach wurde in leicht veränderter Form wiederaufgebaut. Die originalen Fenster mit betont horizontaler Gliederung sind leider gänzlich verschwunden.

LITERATUR:
- Wolfram Hagspiel: Köln: Marienburg, Bauten und Architekten eines Villenvorortes. Köln 1996, S. 152
- Rheinische Baufachzeitung, 1928, H. 49 (Bautennachweis)

Lindenthal, Robert-Blum-Str. 11
Umbau
Bj.: 1928/29
Bh.: Siegbert Frohwein (Fabrikant)

Die Baumaßnahme bei der 1909 errichteten, im Krieg zerstörten Halbvilla betraf Änderungen im Inneren sowie eine rückwärtige Erweiterung.

QUELLEN UND LITERATUR:
- HAStK Best. 485 / 823
- Westdeutsche Bauzeitung, Jg. 11, 1928, H. 32, S.11 (Bautennachweis)

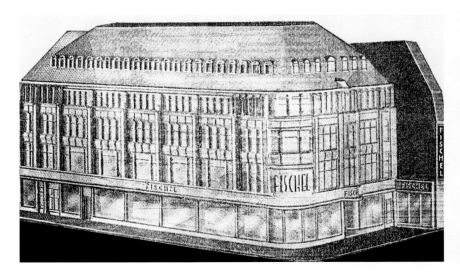

Ansicht des umgebauten Schuhhauses der Gebr. Fischel AG. Abb. aus: Stadt-Anzeiger vom 8.3.1929

Altstadt, Breite Str. 58–60/ Neven-DuMont-Str. 2–4
Umbau Schuhhaus Gebr. Fischel AG
Bj.: 1928/29
Bh.: Gebr. Fischel AG

Bauherr des 1911/12 nach Entwürfen des Architekten Heinrich Müller-Erkelenz errichteten Geschäftshauses „Herkuleshaus" war der mit der Familie Simon Stern befreundete und mit ihr geschäftlich verbundene Bernhard Guttmann. Das zu jener Zeit Siegfried Fischel und Bernhard Ostermann gehörende Schuhhaus mit dem Hauptgeschäft in der Königin-Augusta-Passage gehörte zu den ersten Mietern. In den 1920er Jahren wurde der Laden im „Herkuleshaus" zur alleinigen Adresse. In der Werbung zur Neueröffnung heißt es: *„Die ständig wachsende Zahl unserer Kundschaft zwang uns, unsere Geschäftsräume stark zu vergrößern. Wir haben umgebaut und unser Lokal mit den modernsten Einrichtungen ausgestattet, die den Besuch unseres Hauses zur Annehmlichkeit machen."* Äußerlich präsentierte sich der Umbau mit einer jetzt durchgehenden, aus zwölf Schaufenstern bestehende Ladenzone – eine höchst moderne Lösung an Stelle der einst vertikalen Struktur. Die Eröffnung fand am Samstag, den 9.3.1929 statt. Das Gebäude wurde im Krieg zerstört.

Die Doppelvilla Bayenthalgürtel 70–72. Foto: Wolfram Hagspiel (1974)

LITERATUR:
- Stadt-Anzeiger vom 8.3.1929 (Werbung), 15.3.1929 (Eröffnungsbericht)

links: Das Ladenlokal Boa-Schuh im Jahr 1930 am Abend. Foto: Werner Mantz/RBA

rechts: Der Eingang zum Ladenlokal Boa-Schuh. Foto aus: Der Westbau, 1930, H. 8, S. 3

Altstadt, Hohe Str. 138–140/ Große Budengasse
Umbau für Ladenlokal Boa-Schuh
Bj.: 1928/29 und 1932
Bh.: Boa-Schuhgesellschaft m.b.H., Abteilung Westdeutschland

In dem den Erben Heinrich Kayser gehörenden, aus der Zeit um 1890 stammenden Geschäftshaus befanden sich vor dem Umbau die Strumpfwarenhandlung der Firma Franz Sauer und eine Verkaufsstelle der Schokoladenfabrik August Wiese & Sons. Für den auf jeden Fall die beiden ersten Geschosse umfassenden Umbau wurde die bis dahin original erhaltene Erdgeschosszone von Robert Stern ganz im Sinne der Moderne bänderartig zusammengefasst, was ihm durch den Kontrast von poliertem dunklen Granit und glänzenden Metallen gelang. Sämtliche Metallteile, einschließlich der Tür, waren verchromtes Durana-Metall der Dürener Metallwerke A.-G., verarbeitet von der Kölner Firma Heinrich Hecker. Geschäftsführer der Boa-Schuhgesellschaft m.b.H., Abteilung Westdeutschland, und der Filiale waren Sally Blech und Minna Heß. Im Rahmen des Erwerbs des bisher angemieteten Hauses durch Sally Blech erfolgte 1932 ein weiterer Umbau des Hauses durch Robert Stern. Um 1937 wurde das Geschäft wegen des Boykotts jüdischer Firmen aufgegeben und das Haus verkauft. Neuer Erwerber war die einst jüdische Salamander A.-G., die hier ebenfalls ein Schuhgeschäft unterhielt. Im Krieg wurde das Haus gänzlich zerstört.

LITERATUR:
- Führer durch die Ausstellung Stadt und Land. Köln 1930, S. 39
- Bauwarte, Jg. 8, 1932, H. 8, H. 11 u. H. 21 (Bautennachweise)
- H. Arntzen: Architektur und Metalle. In: Der Westbau, Jg. 3, 1930, H. 8, S. 1–3
- Reinhold Mißelbeck: Werner Mantz. Architekturphotographie in Köln 1926–1932. Ausst.-Kat. Museum Ludwig Köln 1982, S. 212

Altstadt, Mittelstr. 52–54/Friesenwall
Umbau Modenhaus Neumann & Cie.
Bj.: 1929
Bh.: Modenhaus Neumann & Cie.

Das Arthur Neumann (Amsterdam) und Max Salomon gehörende, seit Mitte der 1920er Jahre in dem 1911/12 von den Architekten Anton und Bernhard Ricken errichteten Wohn- und Geschäftshaus als Mieter ansässige Modegeschäft hat offensichtlich wenige Jahre nach seiner Einweihung eine zeitgemäßere Innengestaltung erhalten, über deren Aussehen sich allerdings keine Unterlagen ermitteln ließen. Um 1935 geben die

Eigentümer das Geschäft auf. Das Haus existiert heute noch, ist nach teilweisen Kriegszerstörungen aber in veränderter Form wiederaufgebaut worden.

LITERATUR:
• Bauwarte, Jg. 5, 1929, H. 11 (Bautennachweis)

Ehrenfeld, Widdersdorfer Str. 244a
Lagerhalle für Werkzeugmaschinen
Bj.: 1929
Bh.: Moritz Goldstein (Kaufmann)

Moritz Goldstein, der seine Firma für Werkzeugmaschinen und Werkzeuge vor dem Ersten Weltkrieg in der Venloer Straße in Ehrenfeld hatte, verlagerte zu Beginn der 1920er Jahre seinen Firmensitz ins Deichmannhaus und erwarb für den Bau von Lagerhallen das bis dahin unbebaute Grundstück in der Widdersdorfer Straße. Die 1929 nach Entwürfen von Robert Stern errichtete, baukünstlerisch durchgestaltete Werkzeugmaschinen-Lagerhalle mit markanter Backsteinfassade und betontem Mittelportal stellt eine Erweiterung des Betriebes dar. Ausführung und Entwurf der 1924/25 errichteten Halle (heute Widdersdorfer Str. 244) lag in Händen der Bauunternehmung Peter Bauwens. 1936 wurde das Grundstück im Rahmen des Notverkaufs durch die Erben von Moritz Goldstein in die Grundstücke Widdersdorfer Str. 244 und 244a aufgeteilt. Die Halle ist weitgehend original erhalten.

Das Ladenlokal Geschwister Alsberg kurz vor dem Umbau im Jahr 1930. Foto: RBA

LITERATUR:
• Bauwarte, Jg. 5, 1929, H. 27/28 (Bautennachweis)
• Franz Stern: Ingenieurbautätigkeit und Verkehrsanlagen seit 1888, Ingenieur-Hochbauten. In: Köln, bauliche Entwicklung 1888–1927.
• Berlin 1927, S. 218–234

Altstadt, Hohe Str. 111
Umbau Ladenlokal Geschwister Alsberg
Bj.: 1930
Bh.: Firma Geschwister Alsberg

Aus Rücksicht vor der historisch wertvollen Fassade des um 1760 errichteten ehemaligen Wymarschen Palais betraf der Umbau wesentlich nur das Ladenlokal und möglicherweise eine neue Schaufensteranlage mit modernen Markisen. Verändert wurde das Erdgeschoss schon gegen Ende des 19. Jahrhunderts beim Umbau zu einem Geschäftshaus. Bauherr war die David David, Rudolf Isenstein und Edgar Grünbaum gehörende Firma Geschwister Alsberg, ein Spezialhaus für elegante Damenkleidung. Der Laden wurde seit etwa 1937 von Alois Heiliger und Richard Steingrüber unter dem Namen „Heico Moden", „A. Heiliger & Co, vormals Geschw. Alsberg" als „Haus der guten Damenkleidung" weitergeführt. Das Haus wurde im Krieg zerstört.

Die Lagerhalle Widdersdorfer Str. 244a. Foto: Wolfram Hagspiel (2008)

LITERATUR:
- Bauwarte, Jg. 6, 1930, H. 7 (Bautennachweis)
- Führer durch die Ausstellung Stadt und Land. Köln 1930, S. 39
- Stadt-Anzeiger vom 24.9.1930 (mit Abb. der Passage)
- Westdeutsche Bauzeitung, Jg. 13, 1930, H. 6, S. 16 (Bautennachweis)

Neustadt, Salierring 27
Umbau
Bj.: 1930
Bh.: Dr. Adolf Abraham (Facharzt)

Über die durch einen Eigentümerwechsel bedingten Umbaumaßnahmen bei der gründerzeitlichen Villa lässt sich wegen fehlender Unterlagen keine Aussage machen. Das Haus wurde im Krieg zerstört.

LITERATUR:
- Westdeutsche Bauzeitung, Jg. 13, 1930, H. 31, S. (Bautennachweis)

Neustadt, Hansaring 87
Umbau
Bj.: 1930
Bh.: Erben Max Harff'sche Verwaltung, Auf dem Hunnenrücken 32

Über die Umbaumaßnahme bei dem gründerzeitlichen Mehrfamilienhaus mit Hinterhaus lässt sich wegen fehlender Unterlagen keine Aussage machen. Das Haus wurde im Krieg zerstört.

LITERATUR:
- Westdeutsche Bauzeitung, Jg. 13, 1930, H. 31, S. 9 (Bautennachweis)

Altstadt, Weyerstr. 66
Umbau
Bj.: 1930
Bh.: Witwe Wolf Taffel, Weyerstr. 66

Der Umbau betraf mit großer Wahrscheinlichkeit das Ladenlokal des Schuhwarengeschäftes Wolf Taffel, das laut Adressbuch 1931 als Schuhwarengeschäft Leo Taffel geführt wurde. Das Haus wurde im Krieg weitgehend zerstört

LITERATUR:
- Westdeutsche Bauzeitung, Jg. 13, 1930, H. 6, S. 10 (Bautennachweis)

Entwurfszeichnung von Robert Stern zum Geschäftshaus Grünfeld. Abb. aus: Stadt-Anzeiger vom 10.8.1930

Nippes, Neusser Str. 281/Baudristraße
Umbau
Bj.: 1930/31
Bh.: Johann Sürth (Sattler und Inhaber einer Lederwarenhandlung)

Die Umbaumaßnahme bei dem 1905/06 errichteten Wohn- und Geschäftshaus betraf Änderungen im Ladengeschossbereich, die durch einen Mieterwechsel bedingt waren. Das Haus ist weitgehend original erhalten.

QUELLEN UND LITERATUR:
- HAStK Best. 485 / 710
- Westdeutsche Bauzeitung, Jg. 13, 1930, H.44, S.5 (Bautennachweis)

Altstadt, Hohe Str. 77–79
Geschäftshaus Grünfeld
Bj.: 1930/31
Bh.: Max Isaac gen. Ising (Kaufmann) und Hermann Löwenstein (Kaufmann)

Die in Berlin und Landshut/Schlesien ansässige Landshuter Leinen- und Gebildweberei F. V. Grün-

feld, das „größte Sonderhaus für Leinen und Wäsche", hatte bisher seine Kölner Filiale im Industriehof in der Krebsgasse. Spezialisiert war das Geschäft auf Herren- und Damenwäsche sowie Luxus- und Gebrauchwäsche. Für den ausschließlich für die Nutzung der Firma konzipierten Neubau wurden im August 1930 das Caféhaus Arcadia und das Ausstellungshaus Teppich-Bursch abgebrochen. Im Kellergeschoss des Hauses Grünfeld befanden sich Lagerräume und Toiletten, im Erd- und ersten Obergeschoss Verkaufsräume und im zweiten Obergeschoss Arbeitsräume. Eine ca. acht Meter tiefe Schaufensterpassage bildete den Eingangsbereich zum Ladenlokal, das die gesamte Grundstücksfläche einnahm, während der Bau ab dem ersten Obergeschoss rückwärtig zurücksprang. Die straßenseitige Fassade zeigte eine Verblendung mit Muschelkalkplatten und Fenster aus massiver Bronze. Die Rückfront war mit weißen Verblendern verkleidet. Im Stadt-Anzeiger vom 15.3.1931 wird der binnen sechs Monaten erstellte Bau wie folgt beschrieben: *„Eine kleine Rundpassage bildet den Übergang zum großen Verkaufsraum im Erdgeschoß. Die innere Ausgestaltung ist auf starke Helligkeit gestellt. Weiße und blaue Töne bestimmen die Gesamtwirkung, die auch vom Hochglanz polierter Edelbirke in reizvoller Weise unterstrichen wird. Erdgeschoß und erster Stock erhalten durch große Oberlichter vorzügliche Tagesbeleuchtung. Ein geräumiger Personenaufzug ist nicht massiv umbaut, sondern von einer gläsernen Hülle in Metallfassung umgeben."* Das Haus wurde im Krieg zerstört.

oben links: Das Geschäftshaus Grünfeld kurz nach seiner Fertigstellung. Foto: Werner Mantz / RBA

oben rechts: Das Geschäftshaus Grünfeld am Abend. Foto: Werner Mantz / RBA

Werbung der Firma Grünfeld. Abb. aus: Jüdisches Gemeindeblatt für Rheinland und Westfalen vom 21.5.1937

LITERATUR:
- Bauwelt, Jg. 21, 1930, S. 1024 (Hinweis)
- Bauwelt-Katalog, Jg. 3, 1931, S. 408 (Werbung der Metallbau-Firma Heinrich Hecker)
- Reinhold Mißelbeck: Werner Mantz. Architekturphotographie in Köln 1926–1932. Ausst.-Kat. Museum Ludwig Köln 1982, S. 214–215
- Stadt-Anzeiger vom 10.8.1930, 15.3.1931
- Westdeutsche Bauzeitung, Jg. 13, 1930, H. 31, S. 10 und H. 37, S. 77 (Bautennachweise)

Altstadt, Severinstr. 226
Umbau eines Theaters zu einem Kino
Bj.: 1930/31
Bh.: Paul Jockel

Der im 19. Jahrhundert errichtete, später als „Victoria-Säle" bezeichnete Saalbau diente zunächst Restaurationszwecken und dann bis in die späten 1920er Jahre unter der Bezeichnung „Victoria-Theater" Bühnenaufführungen. Um 1928 richtete hier der Oberingenieur Paul Jockel, der schon in Kalk im Hause Kapitelstr. 1a ein Kino betrieb, eine unter seinem Namen laufende Lichtspielbühne ein, die bald unter „Kino für Jedermann GmbH" firmierte, eine von ihm als Geschäftsführer geleitete Gesellschaft. Die hinter diesem Namen stehende Idee war die Schaffung eines preiswerten, für Jedermann in der damals von Arbeitslosigkeit und Weltwirtschaftskrise geprägten Zeit erschwinglichen Kinos. Dem entsprach auch das betont schlichte Ambiente, in dem es – wie zur Frühzeit des Kinos – auch erlaubt war, zu speisen und zu rauchen. Im Rahmen des Umbaus purifizierte Robert Stern die Fassade im Erdgeschossbereich sachlich-modern im Sinne des Bauhauses und schuf im Inneren einen Raum mit 1000 Sitzplätzen, der allerdings keine Ränge und Balkone besaß. Prunkstück der Ausstattung war die große Orgel, die damals zu den größten Kinoorgeln Westdeutschlands zählte. Hinter der Leinwand gab es weitere Räumlichkeiten, in denen teilweise sogar Boxveranstaltungen stattgefunden haben. 1934 sah der jüdische Eigentümer sich gezwungen, die Immobilie zu veräußern. Erwerber war Julius Tiedje, der den Betrieb unter dem Namen Lichtspieltheater und Varieté „Kristall-Palast" weiterbetrieb. Da er den jüdischen Vorbesitzer aus Sicht der Nationalsozialisten zu „anständig" bezahlt hatte, wurde gegen ihn ein Parteigerichtsverfahren wegen „Judenfreundschaft" angestrengt. Wegen dieses Sachverhalts gewann Julius Tiedje 1949 den Rückerstattungsprozess des Grundstücks. Das Haus wurde im Krieg zerstört.

Das Haus Severinstr. 226 um 1940. Foto: RBA

LITERATUR:
- Bauwarte, Jg. 6, 1930, H. 39 (Bautennachweis)
- Westdeutsche Bauzeitung, Jg. 13, 1930, H. 38, S. 6 (Bautennachweis)
- Westdeutsche Bauzeitung, Jg. 14, 1931, H. 14, S. 9 (Bautennachweis)
- Anita Post: Paläste der Zerstreuung und „Kinos für Jedermann" (1918–1933). In: Bruno Fischli (Hg.): Vom Sehen im Dunkeln.
- Köln 1990, S. 47–54

Mülheim, Buchheimer Str. 26–28
Umbau Wohn- und Geschäftshaus
Bj.: 1931
Bh.: Bertha Münchhausen und Dr. A. B. Cotta

Das um 1903 von dem Architekten Sigmund Münchhausen erworbene Wohn- und Geschäftshaus, das nach Umbauten als Warenhaus der Gebr. Alsberg und dann später als Zweiggeschäft der Leonhard Tietz AG genutzt wurde, ließ die verwitwete Bertha Münchhausen, nachdem die Firma Tietz in das größere, von Georg Falck umgebaute Haus am Wiener Platz umgezogen war, zusammen mit Dr. A. B. Cotta aus Düsseldorf, dem Betreiber des Kinos, 1931 von Robert Stern zu einem Wohn- und Geschäftshaus mit Kino, Bierkeller und Café umbauen. 1933 befanden sich im Haus zusätzlich eine Verkaufsstelle der Mülheimer Brotfabrik Josef Müller GmbH sowie Wohnungen und 1938 unter anderem die Lichtbühne des Vereins Kino-Theater und eine Verkaufsstelle der Mülheimer Brotfabrik Josef Müller GmbH sowie Wohnungen. Das Haus wurde im Krieg völlig zerstört.

LITERATUR:
- Bauwarte, Jg. 7, 1931, H. 8 (Bautennachweis)
- Bauwelt, Jg. 22, 1931, S. 484 (Hinweis)
- Westdeutsche Bauzeitung, Jg. 14, 1931, H. 7, S. 5 und H. 10, S. 9 (Bautennachweise)

Kalk, Eythstr. 25
Umbau
Bj.: 1931
Bh.: AWG, Allgemeine Werkzeugmaschinen-A.-G., Kalk, Wipperfürther Str. 29a

Über den Umbau des von 1903/04 stammenden Mehrfamilienhauses ist nichts bekannt. Das Haus ist weitgehend original erhalten.

LITERATUR:
- Bauwarte, Jg. 7, 1931, H. 14 (Bautennachweis)

Neustadt, Kleingedankstr. 16
Umbau
Bj.: 1932
Bh.: Dr. Hermann Herzfeld (Fabrikant)

Vermutlich betraf die Maßnahme den durch einen Eigentümerwechsel bedingten Umbau der aus der Zeit um 1890 stammenden Villa zu einem Mehrfamilienhaus, in dem der in Herford lebende Eigentümer nicht selbst wohnte. Das Haus wurde im Krieg zerstört.

LITERATUR:
- Bauwarte, Jg. 8, 1932, H. 15 (Bautennachweis)

Altstadt, Ehrenstr. 1–3/Apostelnstraße
Erdgeschossumbau, Ladenlokal
Bj.: 1932
Bh.: Adolf Juda (Geschäftsführer der Westdeutschen Grundstücksgesellschaft mbH)

Der Umbau betraf vermutlich die Verkaufsstelle des Schuhhauses Gebr. Wolff, das zu jener Zeit als neuer Mieter vermerkt ist. Das Haus wurde im Krieg zerstört.

LITERATUR:
- Bauwarte, Jg. 8, 1932, H. 15 (Bautennachweis)

Altstadt, Mühlenbach 14
Umbau
Bj.: 1932
Bh.: Myrtill Hanau (Inhaber der Firma Moritz Weiner)

Über die Umbaumaßnahme bei dem Wohn- und Geschäftshaus lässt sich wegen fehlender Unterlagen keine Aussage machen. Das Haus wurde im Krieg zerstört.

LITERATUR:
- Bauwarte, Jg. 8, 1932, H. 1, S. IV (Bautennachweis)

Klettenberg, Siebengebirgsallee 107/Ölbergstraße
Umbau des Erdgeschosses und des Kellers
Bj.: 1932
Bh.: Eberhard Esser (Bäcker)

Der Umbau betraf die Neueinrichtung einer Bäckerei in dem zu Beginn der 1920er Jahre errichteten Mehrfamilienhauses, zu deren Zwecken das Erdgeschoss und der Keller baulich verändert wurde. Das Haus ist weitgehend erhalten.

LITERATUR:
- Bauwarte, Jg. 8, 1932, H. 8, S. IV (Bautennachweis)

Neustadt, Karolingerring 17
Umbauten
Bj.: 1932
Bh.: Eugen Linz (Inhaber der Beleuchtungskörperfabrik Linz & Co.)

Der Umbau betraf das zweite und dritte Obergeschoss in dem gründerzeitlichen Mehrfamilienhaus, wo die beiden Großwohnungen zu insgesamt vier Kleinwohnungen umgebaut wurden. Das Haus wurde im Krieg zerstört.

LITERATUR:
- Bauwarte, Jg. 8, 1932, H. 19 (Bautennachweis)

Braunsfeld, Hültzstr. 13
Umbau
Bj.: 1933
Bh.: Dr. Alfred Cohen

Der Umbau in dem 1912/13 errichtet Haus bezog sich auf den Ausbau des Dachgeschosses zu einer selbstständigen Wohneinheit. Die Pläne dazu datieren vom 28.6.1933. Das Haus wurde im Krieg zerstört.

QUELLEN UND LITERATUR:
- HAStK 485 / 452
- Wolfram Hagspiel: Bauten und Architekten in Braunsfeld von 1900 bis zur Gegenwart. In: Max-Leo Schwering: Köln: Braunsfeld – Melaten. Köln 2004, S. 271–336

Marienburg, Bayenthalgürtel 11
Umbauplanung
Planung: 1933
Bh.: Hugo Herz (Mitinhaber der Firma J. Merfeld & Herz)

Am 21.10.1933 stellte Hugo Herz mit einer Planung von Robert Stern den Antrag, die seit Jahren unbewohnte, 1908/09 errichtete Villa zu einem Sechsfamilienhaus umbauen zu lassen. Das Haus wurde 1934 abgebrochen.

QUELLEN UND LITERATUR:
- HAStK Best. 34/1104
- Wolfram Hagspiel: Köln: Marienburg, Bauten und Architekten eines Villenvorortes. Köln 1996, S. 104–108

Neustadt, Venloer Str. 26
Wohnungsteilung
Bj.: 1933
Bh.: Sally Dewald (Inhaber einer Webwarengroßhandlung)

Das um 1900 von dem Architekten Otto Welsch errichtete Mehrfamilienhaus wurde im Krieg zerstört.

LITERATUR:
- Westdeutscher Beobachter vom 30.8.1933 (Bautennachweis)

Braunsfeld, Eupener Str. 4
Wohnungsteilung
Bj.: 1933
Bh.: Bernhard Fröhlich (Kaufmann)

Umbau eines um 1910 nach Entwürfen von Josef Alsdorff gebauten, heute in veränderter Form erhaltenen villenartigen Reihenhauses.

LITERATUR:
- Westdeutscher Beobachter vom 2.8.1933 (Bautennachweis)
- Wolfram Hagspiel: Bauten und Architekten in Braunsfeld von 1900 bis zur Gegenwart. In: Max-Leo Schwering: Köln: Braunsfeld – Melaten. Köln 2004, S. 271–336

Marienburg, Am Südpark 51
Umbau der Villa zu einem Dreifamilienhaus
Bj.: 1933
Bh.: Otto Blumenfeld (Vorst. der Hornimport-Aktiengesellschaft)

Die heute noch bestehende Villa wurde 1922–24 nach Entwürfen des Architekten Georg Falck errichtet und durch geringfügige Baumaßnahmen im Innern zur Nutzung für drei Familien umgewandelt.

LITERATUR:
- Westdeutscher Beobachter vom 31.12.1933 (Bautennachweis)
- Wolfram Hagspiel: Köln: Marienburg, Bauten und Architekten eines Villenvorortes. Köln 1996, S. 37–39

Neustadt, Sedanstr. 29
Umbau
Bj.: 1933/34
Bh.: Witwe Henry Lissauer (Teilhaber der Erz- und Metallhandlung M. Lissauer & Cie.)

Die Maßnahme betraf den Umbau der 1907 errichteten, im Krieg zerstörten Villa zu einem Mehrfamilienhaus.

LITERATUR:
- Westdeutscher Beobachter vom 10.12.1933 (Bautennachweis)

Marienburg, Parkstr. 8
Umbau der Villa zu einem Zweifamilienhaus
Bj.: 1933/34
Bh.: Wilhelm Auerbach (Fabrikant)

Über die wohl mit geringem Aufwand durchgeführte Umbaumaßnahme bei der heute noch erhaltenen Villa lassen sich keine Aussagen machen, da das Haus 1956 in größerem Umfang verändert wurde.

LITERATUR:
- Wolfram Hagspiel: Köln: Marienburg, Bauten und Architekten eines Villenvorortes. Köln 1996, S. 602–603
- Westdeutscher Beobachter vom 16.8.1933 (Bautennachweis)

Marienburg, Parkstr. 10
Umbau der Villa zu einem Dreifamilienhaus
Bj.: 1933/34
Bh.: Witwe Selmar Auerbach

Unmittelbar nach dem Tod des Rechtsanwalts und Justizrats Dr. Selmar Auerbach ließ dessen Ehefrau die auch die Anwaltskanzlei ihres Gatten beherbergende, 1913/14 von dem Architekten Paul Pott gebaute Villa wohl mit geringem baulichen Aufwand zu einem Dreifamilienhaus umbauen. Erst mit dem Verkauf der heute noch erhaltenen Villa fanden 1938 im Inneren größere Umbaumaßnahmen durch den Architekten Hermann von Berg statt.

LITERATUR:
- Wolfram Hagspiel: Köln: Marienburg, Bauten und Architekten eines Villenvorortes. Köln 1996, S. 602–603
- Westdeutscher Beobachter vom 26.11.1933 (Bautennachweis)

Bayenthal, Goltsteinstr. 144–146
Doppelhaus
Bj.: 1934
Bh.: (Nr. 144) Karl Zimmer (Oberingenieur), (Nr. 146) Otto Greven (Bauunternehmer)
Bauunternehmung: Otto Greven
Architekt: Robert Stern (?)

Stilistische Überlegungen und die Verbindung zu dem Bauunternehmer Otto Greven legen die Vermutung nahe, dass der Entwurf zu dem Doppel-

Das Doppelhaus Goltsteinstr. 144–146. Foto: Wolfram Hagspiel (2008)

haus – mit Sicherheit nicht offiziell auf den Bauplänen – von Robert Stern stammt. Besonders markant sind die weit in das Dach gezogenen Risalite, die an die einige Jahre zuvor entstandenen Häuser Bayenthalgürtel 41–45 erinnern.

LITERATUR:
- Wolfram Hagspiel: Köln: Marienburg, Bauten und Architekten eines Villenvorortes. Köln 1996, S. 269

Marienburg, Marienburger Str. 37
Umbau
Bj.: 1934
Bh.: Alfred Isay (Kaufmann)

Als Mitte der 1920er Jahre der kunstsinnige Geschäftsmann Alfred Isay, der Mitinhaber der Firma Gebrüder Isay war, die ihr Hauptgeschäft in ihrem Geschäftshaus in der Zeppelinstraße betrieben, die herrschaftliche, 1903/04 nach Entwürfen von Josef und Edwin Crones erbaute Villa in Marienburg erwarb, ließ er diese von den beiden Avantgarde-Architekten Wilhelm Riphahn und Hans Heinz Lüttgen umbauen und einrichten. Ob die von Robert Stern im April 1934 eingereichte Planung zum Umbau der Villa in ein Mehrfamilienhaus überhaupt realisiert wurde ist fraglich, da die Familie wenige Monate später in die Niederlande emigrierte, wo Alfred Isay – während der Deutschen Besatzung im Versteck lebend – am 3.6.1948 im Alter von 63 Jahren verstarb. Die im Krieg nicht zerstörte Villa ist heute noch erhalten, allerdings sind viele der Umbauten im Sinne des Ursprungsentwurfes der Architekten Crones gemacht worden.

QUELLEN UND LITERATUR:
- HAStK Acc. 287/111
- Wolfram Hagspiel: Köln: Marienburg, Bauten und Architekten eines Villenvorortes. Köln 1996, S. 473–475

Neustadt, Venloer Str. 21
Umbau eines Mehrfamilienhauses
Bj.: 1934
Bh.: Mitteldeutsche Bodenkreditbank, Berlin (z.H. Julius Barth, Roonstr. 56)

Die Angabe „Wohnungsteilung" aus dem Bautennachweis ist irritierend, da es sich hier offensichtlich um eine größere Umbaumaßnahme gehandelt hat, von der lediglich die gewerbliche Nutzung des Hinterhauses ausgeschlossen war. Ein Vergleich zwischen den Eintragungen in den Adressbüchern von 1934–36 zeigt, dass für den Umbau des um 1900 errichteten Vorderhauses fast allen einstigen Mietern gekündigt wurde, um anschließend die etwa doppelte Anzahl an Wohn- und Büroeinheiten zu erhalten. Unternommen wurde der Umbau im Rahmen eines Eigentümerwechsels, der durch die Liquidation des einstigen Besitzers, der Rheinischen Grundstücks-Handelsgesellschaft m.b.H., bedingt war. Das Haus wurde im Krieg zerstört.

LITERATUR:
- Westdeutscher Beobachter vom 22.7.1934 (Bautennachweis)

Neustadt, Hansaring 91
Umbau
Bj.: 1934
Bh.: Geheimer Sanitätsrat Dr. Benjamin Auerbach

Näheres über den Umbau in dem um 1887 errichteten Mehrfamilienhaus ist nicht bekannt. Möglicherweise handelte es sich um die Einrichtung der Zahnarztpraxis von Dr. Hermann Bornorden. Das Haus wurde im Krieg zerstört.

LITERATUR:
- Westdeutscher Beobachter vom 12.8.1934 (Bautennachweis)

Marienburg, Robert-Heuser-Str. 3
Umbau
Bj.: 1934
Bh.: Albert Wallach (Kaufmann)

Die 1909/10 von dem Architekten Joseph Brandt gebaute, heute noch original erhaltene Halbvilla wurde durch Robert Stern behutsam zu einem Dreifamilienhaus umgebaut.

LITERATUR:
- Wolfram Hagspiel: Köln: Marienburg, Bauten und Architekten eines Villenvorortes. Köln 1996, S. 661–662
- Westdeutscher Beobachter vom 18.2.1934 (Bautennachweis)

Marienburg, Marienburger Str. 42
Umbau
Bj.: 1934
Bh.: Witwe Ludwig Weil (Subdirektor d. Schweiz. Unfall-Versicherungs AG)

Der Umbau der 1912/13 gebauten, heute noch original erhaltenen Halbvilla zu einem Zweifamilienhaus wurde ohne größeren Eingriff in die Bausubstanz durchgeführt.

LITERATUR:
- Wolfram Hagspiel: Köln: Marienburg, Bauten und Architekten eines Villenvorortes. Köln 1996, S. 504–505
- Westdeutscher Beobachter vom 4.3.1934 (Bautennachweis)

Marienburg, Pferdmengesstr. 19
Umbau
Bj.: 1934/35
Bh.: Alfred Rosenstein (Teilhaber der Textilwarengroßhandlung Fried & Alsberg)

Die am 22.12.1934 genehmigte Baumaßnahme betraf den Umbau der heute noch erhaltenen Halbvilla von einem Einfamilien- zu einem Dreifamilienhaus.

QUELLEN UND LITERATUR:
- HAStK Acc. 287/64

KÖLNER BAUTEN UND WERKE FÜR DIE JÜDISCHE GEMEINDE UND AUF FRIEDHÖFEN

Deutz, Judenkirchhofsweg o. Nr.
Jüdischer Friedhof, Flur L, Nr. 12
Grabstätte Wihl
Entstehungsjahr: ca. 1911

Wandgrab in Granit mit der Signatur: „Entwurf R. Stern". Bestattet sind Therese Wihl, geb. Stein (geb. 20.4.1862, gest. 9.12.1910) und Julius Wihl (geb. 16.12.1850, gest. 1.2.1925). Julius Wihl war Inhaber des Vieh-Kommisionsgeschäftes Salm & Wihl, Gladbacher Str. 18.

links: Die Grabstätte Wihl. Foto: Thomas Blisniewski

rechts: Die Grabstätte Richard Goldfinger. Foto: Wolfram Hagspiel (2008)

Deutz, Judenkirchhofsweg o. Nr.
Jüdischer Friedhof, Flur J, Nr. 52
Grabstätte Julius Goldfinger
Entstehungsjahr: ca. 1918

Bestattet ist Julius Goldfinger, gefallen am 16.10.1915, „Ritter des Eisernen Kreuzes". Wandgrab in Muschelkalk mit der Signatur „Entw. R. Stern". Die Metallbuchstaben fehlen zum Teil.

Deutz, Judenkirchhofsweg o. Nr.
Jüdischer Friedhof, Flur J, Nr. 195
Grabstätte Richard Goldfinger
Entstehungsjahr: ca. 1916

Bestattet ist Richard Goldfinger (geb. 20.7.1912, gest. 24.3.1916). Marmorstele mit der Signatur „Entw. Robert Stern".

Vogelsang, Venloer Str. 1107
Ausstellungs- und Werkstattgebäude
Bj.: 1919/20
Bh.: Géza Schwarcz (Bildhauer und Inhaber eines Grabsteingeschäftes)

Géza Schwarcz, der seinen 1908 gegründeten Betrieb zunächst nahe dem jüdischen Friedhof in Deutz hatte, verlagerte diesen 1919/20 auf ein Gelände gegenüber dem neuen jüdischen Friedhof in Vogelsang. Sein von Robert Stern entworfenes, fast wie ein kleiner klassizistischer Tempel wirkendes Ausstellungs- und Werkstattgebäude war für einen Steinmetzbetrieb ungewöhnlich aufwendig

Die Grabstätte Julius Goldfinger. Foto: Wolfram Hagspiel (2008)

Das Ausstellungs- und Werkstattgebäude von Géza Schwarcz. Foto: NS-Dokumentationszentrum Köln

Inserat von Géza Schwarcz. Abb. aus: Jahrbuch der Synagogengemeinde Köln 1934. Köln 1934

Das Grabmal Emma und Simon Stern. Foto: Wolfram Hagspiel (2009)

gestaltet und sollte mit seiner baukünstlerisch anspruchsvollen Architektur offensichtlich für das hohe Niveau des Bildhauerbetriebs und Grabsteingeschäftes werben. Wenn es auch keine direkten Vorbilder für diese hallenartige Kleinarchitektur gibt, so drängen sich unvermeidbar zahlreiche Ausstellungsbauten von der Kölner Werkbund-Ausstellung von 1914 als Vergleichsbeispiele auf. 1926/27 wurde der sich über einem Längsrechteck erhebende Bau nach den Entwürfen von Robert Stern in zwei Abschnitten jeweils links und rechts der Eingangsseite mit niedrigeren und flachgedeckten Baukörpern erweitert. Auf den beiden jüdischen Friedhöfen sind über 120 von Géza Schwarcz gefertigte Grabdenkmäler nachweisbar. Er starb am 10.9.1941 und liegt auf dem jüdischen Friedhof in Vogelsang, Flur 26, Nr. 12, begraben. Das Todesdatum stellt die Frage auf, ob er unter dem Eindruck der Ereignisse sich möglicherweise selbst das Leben genommen hat. Die nach der „Arisierung" von Gartenbaubetrieben genutzten Baulichkeiten wurden erst nach 1970 im Rahmen der Straßenerweiterung abgebrochen

QUELLEN UND LITERATUR:
- HAStK Best. 485 / 990
- Westdeutsche Bauzeitung, Jg. 10, 1927, H. 1, S. 12 (Bautennachweis)

Vogelsang, Venloer Str. 1152–1154
Jüdischer Friedhof, Flur 9, Nr. 19/20
Grabmal Emma und Simon Stern
Entstehungsjahr: ca. 1920

Bestattet sind die Eltern von Robert Stern, Emma Stern (gest. 2.7.1919) und Simon Stern (gest. 21.3.1927). Wandgrab und Einfriedung in Muschelkalk. Der stark verwitterte Stein mit fehlenden Metallbuchstaben trägt die Signatur „R. Stern".

Altstadt, Glockengasse 7
Sanierungsarbeiten an der Synagoge
Bj.: 1925
Bh.: Synagogengemeinde

Die Maßnahme betraf die Rekonstruktion der vier Fassadentürmchen, die während des Ersten Weltkriegs im Zusammenhang mit der freiwilligen Materialspende „Kupfereindeckungen von Kuppel und Türmchen" gänzlich abgetragen worden waren. Die Rekonstruktion erwies sich wegen fehlender Planunterlagen als schwierig. Am 10. November 1938 wurde die Synagoge verwüstet und teilweise in Brand gesetzt. Wenig später fand der Abbruch der Ruine statt.

LITERATUR:
- Zvi Asaria (Hg.): Die Juden in Köln von den ältesten Zeiten bis zur Gegenwart. Köln 1959, S. 194
- Elfi Pracht: Jüdisches Kulturerbe in Nordrhein-Westfalen. Teil I: Regierungsbezirk Köln. Köln 1997, S. 249–253, 293–295

- Robert Stern: Architektonik des Gotteshauses. In: Gedenkblatt anläßlich des 75jährigen Bestehens der Synagoge Glockengasse.
- Beilage zum Gemeindeblatt für die jüdischen Gemeinden in Rheinland und Westfalen vom 11.9.1936

Neustadt, Roonstr. 50
Umbauten in der Synagoge
Bj.: 1925–33
Bh.: Synagogengemeinde

In der 1894–99 nach Entwürfen der Kölner Architekten Emil Schreiterer und Bernhard Below errichteten, 1956–59 von Helmut Goldschmidt äußerlich in nur wenig veränderten Formen wiederaufgebauten Synagoge fanden zwischen 1925 und 1933 durch Robert Stern Umbauten und Erweiterungen statt. So erhielt die Synagoge 1925/26 ein Pförtnerhaus. Für das Jahr 1929 sind als Baumaßnahmen der Einbau eines Sitzungssaals und eines Vorstandszimmers sowie ein weiteres Pförtnerhaus belegt, wobei es sich möglicherweise um den Umbau oder die Erweiterung des Pförtnerhauses von 1925/26 handelt. Weitere kleinere Einbauten fanden 1933 statt.

LITERATUR:
- Ein Architekten-Jubiläum. In: Gemeindeblatt der Synagogengemeinde vom 31.8.1934
- Bauwarte, Jg. 5, 1929, H. 18 (Bautennachweis)
- Die Bauwirtschaft vom 17.10.1925 (Bautennachweis)
- Hiltrud Kier u. a. (Hg.): Architektur der 30er und 40er Jahre in Köln. Köln 1999, S. 476
- Elfi Pracht: Jüdisches Kulturerbe in Nordrhein-Westfalen. Teil I: Regierungsbezirk Köln. Köln 1997, S. 253–256

Lindenthal, Bachemer Str. 95
Umbau Israelitischer Kindergarten
Bj.: 1926/27
Bh.: Israelitischer Frauenverein

1925 gehörte die 1892 gebaute, in einem parkartigen Garten gelegene, 1895 gebaute Villa dem Kaufmann Max Löwenstern, dem Vorsteher der Modewarengroßhandlung Löwenstern & Straus, Aktiengesellschaft. Nach dem Tod von Max und Bella Löwenstern im November 1925 ging das Wohnhaus in das Eigentum des Israelitischen Frauenvereins über, der es von Robert Stern für die Zwecke eines Kindergartens und eines Kindertagesheims umbauen und im hinteren Bereich erweitern ließ, wobei einige der Räume des Hauses Wohnzwecken vorbehalten blieben. Auf dem Gelände des im Krieg zerstörten Hauses entstand 1960/61 nach den Entwürfen von Hein Hossdorf eine Bungalowanlage für Professoren der Universität.

Die Synagoge Glockengasse im Jahr 1938. Foto aus: Jüdisches Schicksal in Köln 1918–1945. 1989, S. 28

Das Haus Bachemer Str. 95 um 1930. Foto: NS-Dokumentationszentrum Köln

QUELLEN UND LITERATUR:
- HAStK Best. 485 / 87
- Ein Architekten-Jubiläum. In: Gemeindeblatt der Synagogengemeinde vom 31.8.1934
- Zvi Asaria (Hg.): Die Juden in Köln. Von den ältesten Zeiten bis zur Gegenwart. Köln 1959, S. 155–156

oben links: Der Entwurf Robert Sterns zur Ehrenfelder Synagoge. Abb. aus: Stadt-Anzeiger vom 12.11.1926

oben rechts: Blick auf die Ehrenfelder Synagoge von der Körnerstraße aus. Foto aus: Stadt-Anzeiger vom 18.9.1927

unten rechts: Blick auf die Ehrenfelder Synagoge vom Innenhof aus. Foto aus: Bauwarte, 1928, S. 98

Grundrisse der Ehrenfelder Synagoge. Abb. aus: Bauwarte, 1928, S. 98

Ehrenfeld, Körnerstr. 93
Synagoge
Bj.: 1926/27
Bh.: Synagogengemeinde
Mitarbeiter: Ludwig Ahlfeld
Ausführung der Kuppel: Firma Lincke & Cie.

Auf dem Grundstück, auf dem die Synagoge errichtet wurde, standen vor dem Ersten Weltkrieg die Werksanlagen der Goldleisten- und Rahmenfabrik Karl Koenemann. Um 1919 wurde das Gelände einer Flurbereinigung unterzogen und Teile davon an den Pulheimer Kaufmann Peter Winkels verkauft, von dem dann die Synagogengemeinde das Grundstück erwarb.

In dem anlässlich der Grundsteinlegung veröffentlichten Bericht im Stadt-Anzeiger vom 4.11.1926 findet sich eine sehr detaillierte Beschreibung der Synagoge: *„Am 18. Oktober wurde der erste Spatenstich zu einem Synagogen-Neubau für Köln-Ehrenfeld getan. Das Gebäude soll ein einfaches, geschmackvoll ausgestattetes Gotteshaus werden und den Bedürfnissen der Ehrenfelder Judenschaft für jetzt und die kommende Zeit genügen. Es wird errichtet an der Körnerstraße, einer guten und ruhigen Wohnstraße Ehrenfelds, angelehnt an ein auf dem Gelände bereits stehendes Gebäude; dieses wird auch im Äußern entsprechend hergerichtet und zu Zwecken der Gemeinde verwandt werden. Durch Zurücksetzung des Neubaus in die rückwärtige Flucht des bestehenden Gebäudes wird zur Straße hin, von dieser getrennt durch eine Vorgartenmauer, ein malerisch anmutender Vor-*

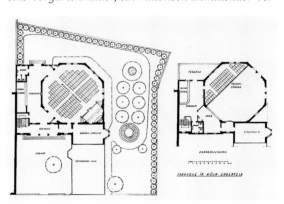

hof gebildet, der bei der jetzt schon vorhandenen dichten Bewachsung der linken Nachbarwand und dem in seiner Mitte stehenden laubreichen Baum der ganzen Synagoge einen einladenden Zutritt bietet. Der Eingang zum Gotteshaus selbst führt über einige Stufen durch die als Säulenvorbau gestaltete Vorhalle, von wo aus gleich der Aufgang zur Frauen-Empore nach oben führt. Im Erdgeschoß finden sich außer Ablage- und sonstigen kleinen Räumen der achteckige Hauptbetsaal für Männer mit etwa 250 Plätzen, der durch würdige Architektur mit farbiger Behandlung und Buntverglasung zu einem weihevollen Tempel ausgebildet wird. Im Obergeschoß ist die Frauen-Empore mit etwa 150 Plätzen und einem besondern Raum für den Chor sowie der Ablage und den Nebenräumen. Im Erdgeschoß in unmittelbarer Verbindung mit dem Hauptbetraum ist noch ein Raum für Wochentagsgottesdienst für etwa 40 Personen. Hinter dem Gebäude liegt ein großer Garten, der den Besuchern Gelegenheit zu Ergehen bietet. Bei günstiger Witterung wird das neue Gotteshaus im kommenden Frühjahr voraussichtlich seiner Benutzung übergeben werden können. Die Entwürfe der ganzen Anlage sowie der Außen-Architektur und der Inneneinrichtung sind von Architekt Robert Stern verfertigt, dessen Aufsicht auch die örtliche Bauleitung untersteht."

Beeindruckend wird in der Jüdisch-liberalen Zeitung vom 14.10.1927 die am 18.9.1927 erfolgte Einweihung beschrieben: „Am ersten Selichaustage wurde die neue Synagoge in Ehrenfeld durch eine Feierstunde eingeweiht. Die Feier, an der fast alle Mitglieder der Ortsgemeinde und eine stattliche Anzahl geladener Gäste teilnahmen, wurde durch Orgelspiel und Chorgesang eingeleitet. Der 1. Vorsitzende des Vorstandes der Synagogengemeinde, Herr Emil Blumenau, sprach Worte des Dankes allen Werktätigen Mitarbeitern aus, die zum Gelingen des Werkes beigetragen haben. Es folgten Ansprachen der Gemeinderabbiner; der Vortrag von religiösen Gesängen gab der Feier eine künstlerische Weihe. In dem Bau der neuen Synagoge in Ehrenfeld hat der Architekt B.D.A. Robert Stern ein Werk geschaffen, das ein dauerndes Denkmal moderner Baukunst und jüdischen Gemeinsinns bleiben wird. Der Bau wurde in weniger als Jahresfrist vollendet und in der Hauptsache von jüdischen Handwerkern. Alles ist durchdrungen von neuzeitlicher klarer Baugesinnung, in deren Formen Herr Stern der religiösen Stimmung

Das Innere der Synagoge mit Blick auf die Empore. Foto aus: Bauwarte, 1928, S. 94

Das Innere der Synagoge mit Blick auf den Toraschrein. Foto aus: Bauwarte, 1928, S. 95

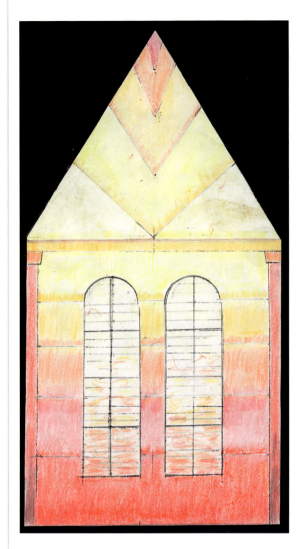

Rekonstruktion der ursprünglichen Farbigkeit in einer Buntstiftzeichnung von Shlomo Pashtan (Oskar van Perlstein). Abb.: Privatbesitz

des jüdischen Glaubens einen weihevollen Ausdruck gegeben hat."

Laut dem Jahrbuch der Synagogengemeinde von 1934 betrugen die Kosten für den Bau 110.000 Reichsmark. In der Beschreibung heißt es: *"Aus wohlerwogenen inneren und äußeren Gründen (Anklang an das alte Stiftszelt; Orientierung nach Misrach) kam der Baumeister zu der Form des Oktogons für den Hauptbetraum. Diesem vorgelagert und auf ihn gewissermaßen vorbereitend ist der Vorhof zwischen Straße und Gotteshaus, der mit einem alten Baum in der Mitte malerisch und intim wirkt und den Gottesdienst dem Geräusch des Alltags entzieht. Die Architektur selbst entfernt sich von den gebräuchlichen orientalischen Stilarten und ist in ihrer einfachen, der Umwelt sich anpassenden und an das Mittelalter anklingenden Formen als ‚zeitlos' anzusprechen. Im Innenraum ist versucht und geglückt, durch Farbgebung der Wände und der in die Wände einmündenden, nicht aus ihnen herausstrebenden Fenster einen stimmungsvollen Raum zu schaffen, mit dem Hauptschmuck und Kopfstück des brennenden Altars am Ostfenster, der im leuchtenden, lohenden Bild das Wort der Schrift widerstrahlt: ‚Beständiges Feuer brenne auf dem Altar und erlösche nicht'."* Leo Haubrich hob in seiner Beschreibung in der Bauwarte die *"feierliche und stimmungsvolle Wirkung"* der Synagoge hervor. Er schrieb ferner: *"Auch im Innenraum herrschen Einfachheit und ruhige Klarheit, die durch die gesteigerte Abstufung der farbigen Behandlung des Raumes belebt und gehoben werden, Stimmungs- und Gemütswerte bilden das künstlerische Ergebnis dieser Architektur, die uralte Überlieferung mit dem Menschen unserer Gegenwart innerlich verbindet."* Bemerkt sei, dass die Ehrenfelder Synagogengemeinde als liberal galt, dass sie aber in ihren Mauern, und zwar in der kleinen Alltagssynagoge, auch eine ostjüdische Gebetsgruppe beherbergte.

Verbunden war die an der südwestlichen, also linken Seite in Teilen direkt an das heute noch bestehende Haus Körnerstr. 85 angebaute Synagoge mit einer Religionsschule für Jungen und Mädchen, die in dem von Robert Stern äußerlich an die Synagogenarchitektur angepassten, noch von der ehemaligen Fabrik stammenden Altbau auf dem Synagogengrundstück untergebracht war. Der oktogonale Synagogenraum wurde dominiert von einem expressiven Farbenrausch, von stufenweise aufsteigenden, immer lichter werdenden Rottönen, die dann zur Kuppel hin und in ihr in zackiger Linienführung zu unterschiedlich gelben Bahnen wurden, die schließlich kontrapunktisch in einem achtzackigen roten Stern gipfelten. Aus diesem entwickelte sich zweistufig der den Raum erhellende, jetzt sechseckige Sternleuchter. Die jüdische Symbolik dieses Konzeptes ist leicht verständlich und sicherlich auch die eigentliche Idee bei dieser beeindruckenden und stimmungsvollen Raumgestaltung, vielleicht wollte Robert Stern hier zusätzlich aber auch die Erinnerung an seinen eigenen Namen gewahrt wissen, eine verschlüsselte, fast altmeisterliche Signatur, die sich auch bei vielen seiner profanen Bauten aufdrängt, so bei den aus einem Achteck entwickelten Türmchen oder Erkern. Die Überlieferung des alten Farbkonzeptes ist einem ehemaligen Mitarbeiter von Robert Stern zu verdanken, dem damals angehenden Architekturstudenten Oskar van Perlstein, der 1996 – jetzt in Israel mit dem Namen Shlomo Pashtan – unter Hinzuziehung alter Innenaufnahmen aus dem Gedächtnis heraus diese Farbigkeit rekonstruiert hat. Erst mit dem Wissen von dieser Farbigkeit werden die Genialität des theologischen Konzeptes dieser Synagoge verständlich und die Bibelworte über dem Thoraschrein *„Beständiges Feuer brenne auf dem Altar und erlösche nicht"* nachempfindbar. Die im Winter 1926/27 ausgeführte Kuppel, eine Zeltkuppel über einem achteckigen Raum, zählte zur Zeit ihrer Entstehung zu den bemerkenswerten ingenieurtechnischen Leistungen in Köln. Ihre Realisierung lag in den Händen der Bauunternehmung Lincke & Cie., deren Geschäftsführer Regierungsbaumeister Ernst Lincke und der jüdische Bauingenieur Dr.-Ing. Adolf Fruchtländer waren. Zur Konstruktion heißt es in „Köln und seine Bauten" im Jahre 1927: *„Die Rippen sind bei 16,50 m Spannweite als Zweigelenkbinder berechnet. Die von ihnen ausgeübten Horizontalschübe von je 23,2 t wurden durch einen achteckigen Horizontalring aufgenommen."*

Auch wenn die Gebäude bis zur Pogromnacht für Gottesdienste genutzt wurden, gab es im Sommer des Jahres 1938 schon Versuche der Synagogengemeinde, die Baulichkeiten an die katholische Kirche zu veräußern, die jedoch den Erwerb abgelehnt hatte. In der Nacht auf den 10. November 1938 wurden die Synagoge und das anschließende Haus des Kantors bis auf die Außenmauern zerstört, während das Inventar zuvor mit Äxten zertrümmert worden war. Über die Ereignisse im November 1938 gibt es einen erschütternden Augenzeugenbericht von Henry Gruen (ehemals Heinz Gruenebaum), dem Sohn des letzten Kantors dieser Synagoge: *„Wenn ich mich recht erinnere, kam kurz vor dem 9. November ein Polizist bei uns vorbei, und erkundigte sich, ob wir Waffen im Hause hätten. Wenn ja, seien sie abzugeben. Am Morgen des 9. oder 10. November versammelten sich einige Leute vor dem Gittertor, das auf den Hof der Synagoge führte. Zwei Leute, die in Halbzivil gekleidet waren – sie hatten lange Stiefel und dunkle, schwarze Hosen an -, läuteten und verlangten Eintritt. Sie bestanden darauf, Einlaß in die Synagoge zu bekommen, aber ich kann mich nicht erinnern, daß sie irgendwelche Ausweise oder Eintrittsbefugnisse vorlegten. Sie hatten auch Äxte dabei. Ich ging mit ihnen in die Synagoge, und sie fingen an, mit diesen Äxten die Bänke zu zerschlagen. Ich nahm das ganz so wie etwas Abenteuerliches und Traumartiges auf, stand einige Zeit neben ihnen und empfand so ein Gefühl des Trotzes. Sie kümmerten sich auch nicht um mich, sondern schlugen auf alles, zerschlugen auch den Almemor, das heißt das Pult, auf dem die Thorarollen verlesen werden. Nach einiger Zeit ging ich hinaus. Für das Folgende ist mein Gedächtnis nicht mehr so klar. Ich weiß aber noch, daß dann eine neue Gruppe von Leuten hereinkam, den Eintritt in unser Häuschen erzwang, anfing die Möbel herauszuwerfen und sie auf dem Hof in Brand zu stecken. In der Zwischenzeit hatte sich draußen eine ziemliche Menschenmenge versammelt, und – in dieser Beziehung ist mein Gedächtnis ganz klar – es war eine Menschenmenge, aus der kein Laut kam. Es herrschte Schweigen. Es war weder Anteilnahme für uns noch Ermutigung für die Aktivitäten dieser Leute zu merken. Als die Männer begannen, unsere Wohnung zu zertrümmern, bekam meine Mutter einen Weinkrampf. Mein Vater war scheinbar gefaßter und sagte mir, ich sollte besser gehen und das Nötigste für mich mitnehmen. Ich ging in die Wohnung hinauf und holte einen Schlafanzug, ein Hemd und mein Klavieralbum: Johann Sebastian Bachs Stücke für Maria Magdalena, das waren meine Lieblingsstücke."* Henry Gruen fuhr zu Bekannten nach Sülz, seine Eltern und seine Schwester fanden ebenfalls Unterkunft bei anderen jüdischen Familien. Kurz heißt es dann bei ihm: *„Die Ehrenfelder Synagoge und das Häuschen daneben wurden niedergebrannt. Das konnte man tun, weil keine unmittelbare Gefahr für andere Häuser bestand – auf der einen Seite lag der Hof und auf der anderen ein Gartengelände. Unser gesamter Besitz – Hausrat und Mobiliar – alles wurde dabei vernichtet."*

Wenige Monate später wurden die Baulichkeiten abgerissen. 1998 kam es im Rahmen einer Neubebauung zur Freilegung der Fundamente von Synagoge und Mikwe. 1998/99 entstand an dieser Stelle nach den Entwürfen des Architekturbüros

Die Grabstätte Max Heydt. Foto: Wolfram Hagspiel (2009)

schluss an den Vogelsanger Friedhof. Für sie und die erhaltenen, in die Friedhofsmauer eingelassenen Grabsteinfragmente wurde auf dem Friedhof an der Venloer Straße ein neuer würdevoller Ort geschaffen, der am 28.8.1937 eingeweiht wurde. Mit großer Wahrscheinlichkeit wurden auch Teile der von Robert Stern für den Friedhof am Bonntor geschaffenen Friedhofshalle transloziert, die heute Teil der offenen Pfeilerhalle sind.

QUELLEN UND LITERATUR:
- HAStK 750/92
- Ein Architekten-Jubiläum. In: Gemeindeblatt der Synagogengemeinde vom 31.8.1934
- Zvi Asaria (Hg.): Die Juden in Köln. Von den ältesten Zeiten bis zur Gegenwart. Köln 1959, S. 290–297
- Wolfram Hagspiel: Die Großmarkthalle in Raderberg des Architekten Theodor Teichen. In: Südstadtmagazin, Jg. 8, 1997, S. 28–30
- Jüdisch-liberale Zeitung vom 15.6.1928, 13.7.1928
- Juden in Köln von der Römerzeit bis ins 20. Jahrhundert. Ausst.-Kat. Kölnisches Stadtmuseum 1984, S. 40–49
- A. Kober: Die Friedhöfe der Synagogen-Gemeinde Köln. In: Paul Clemen (Hg.): Die Kunstdenkmäler der Stadt Köln, Bd. 2, III. Abt.. Düsseldorf 1934, S. 1044–1046
- Kölner Jüdisches Wochenblatt vom 20.4.1928, 27.4.1928, 15.6.1928, 22.6.1928, 13.7.1928, 16.11.1928, 23.11.1928, 21.12.1928
- Kölnische Volkszeitung vom 27.6.1922
- Elfi Pracht: Jüdisches Kulturerbe in Nordrhein-Westfalen. Teil I: Regierungsbezirk Köln. Köln 1997, S. 281–284
- Josef Rosenzweig: Zwischen Judenbüschel und Sauacker. Köln o.J., S. 23–41
- Ludmila Siman: Die Kölner Großmarkthalle von Theodor Teichen. Magisterarbeit Kunsthistorisches Institut Universität Bonn 2006

Vogelsang, Venloer Str. 1152–1154
Jüdischer Friedhof, Flur 14, Nr. 44/45
Grabstätte Max Heydt
Entstehungsjahr: ca. 1927

Sarkophagartiges Wandgrab in Muschelkalk. Bestattet ist der Schwager von Robert Stern, Max Heydt (geb. 6.5.1882, gest. 8.11.1926). Der Stein trägt die Signatur „Ausf. G. Schwarcz / Entw. Rob. Stern / Architekt BDA". Der Sohn von Max Heydt war Hans Heydt beziehungsweise Dr. Uriel Heyd (geb. 1913, gest. 1968), der 1934 nach Palästina emigrierte und später Professor für Orientalistik in Jerusalem und erster israelischer Botschafter in der Türkei war.

Vogelsang, Venloer Str. 1152–1154
Jüdischer Friedhof, Friedhofsbauten
Bj.: 1927–30
Bh.: Synagogengemeinde

Den Auftrag zur Planung und Oberleitung der Friedhofsanlagen mit den dazugehörenden Gebäuden wie Trauerhalle, Leichenhalle, Wohnungen für Gärtner, Wärter, Büros usw. erhielt Robert Stern im Juli 1927 aufgrund seines Sieges in einem engeren Wettbewerb, dessen weitere Teilnehmer allerdings nicht überliefert sind. Diese neue Anlage sollte eine behelfsmäßige in Holz erstellte Leichenhalle mit Hofraum von 1917/18 ersetzen. Schon bei der Einweihung des Friedhofs am 8.12.1918 war an eine imposante, mit dem benachbarten Westfriedhof vergleichbare Eingangssituation gedacht gewesen. Im Jahre 1929 betrugen die kalkulierten Kosten für diese Friedhofsbauten über 200.000 Mark. Als an

Wettbewerbsentwurf Robert Sterns zu den Friedhofsbauten. Abb. aus: Bauwarte, 1928, S. 96

diesem Bau beteiligte Mitarbeiter Robert Sterns sind namentlich der Architekt Ludwig Ahlfeld und der Architekturstudent Oskar van Perlstein (nach der Emigration: Shlomo Pashtan) bekannt. Zur Vermeidung einer Kollision mit dem Autoverkehr auf der Venloer Straße sollte nach den Planungen von Robert Stern den Friedhofsbauten ein großer Platz vorgelagert werden, der in dieser Größe jedoch nie realisiert und bei der letzten Verkehrsplanung fast gänzlich beschnitten wurde. Die in die Mittelachse des gesamten Friedhofs gelegte dreiteilige Anlage entsprach mit ihrem Raumprogramm und ihrer technischen Ausstattung ganz dem Standard damals moderner Friedhofsbauten. Der Mittelbau beherbergt eine große und eine kleine Trauerhalle, jeweils einen Raum für den Rabbiner und die Trauergemeinde sowie diverse Nebenräume. Im linken Bau befinden sich ein Leichenaufbewahrungsraum und Leichenwaschräume, ein Arztzimmer, Garderoben, Toiletten und andere Räumlichkeiten, während im rechten Bau neben den Büroräumen die Wohnungen des Verwalters und des Gärtners untergebracht sind. Zur modernen Technik der Gebäude gehören eine Zentralheizung, Entlüftungsanlagen sowie eine Kalt- und Warmwasseraufbereitung. Über dem Eingang zur Trauerhalle ist die Inschrift angebracht: „Der Gerechte lebt in seinem Glauben". Den Hauptbau krönte und krönt seit 1987 wieder ein Davidsstern.

Einen ersten Bericht über die noch nicht ganz fertige Anlage gab das Kölner Jüdische Wochenblatt vom 13.12.1929: *„Da draußen in Bocklemünd hat man eine neue Friedhofshalle gebaut. Sie leuchtet in einem freundlichen Hellgelb, das dem Sandsteinanwurf anhaftet. Auffällig ist die Dreigliederung, die stark betont ist. In der Mitte die eigentliche Friedhofshalle, zwei Kolonnadengänge strecken sich von ihr aus; einer führt in das demnächstige Leichenhaus, der andere in das Haus des Friedhofswärters ... Die gesamte Anlage – es ist ja etwas mehr als eine Friedhofshalle herausgekommen – wirkt sehr eindrucksvoll. Da steckt etwas von einer ernsten Würde, von einer andächtigen Feierlichkeit in dieser Linienführung, besonders beim Hauptbau, der dreimal sich abstuft mit seinen seitlichen Vorbauten. Auf allen vier Seiten sind drei schmale, hohe Fenster, die in Bleiverglasung ausgeführt sind. Eine Farbensymphonie ist in diesen kunstvollen und kom-*

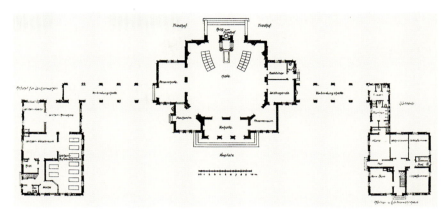

Grundriss der Friedhofsbauten. Abb. aus: Bauwarte, 1928, S. 96

Die Trauerhalle. Foto aus: Jahrbuch der Synagogengemeinde Köln 1934. Köln 1934

links: Die Trauerhalle. Foto: Wolfram Hagspiel (2008)

unten: Die Friedhofsbauten von der Straße aus gesehen. Foto: Wolfram Hagspiel (2008)

Blick im Innern der Trauerhalle gegen die Kuppel. Foto: Wolfram Hagspiel (2008)

plizierten Fenstern, ganz auf moll abgestimmt. Auch hier eine ernste Würde und andächtige Feierlichkeit im Grundton. Tausendfach bricht sich das Licht in diesen Fenstern, es kommt gedämpft, abgestimmt in lila herein. Das Licht hat in dieser Halle wenig und dann nur gedämpft etwas zu suchen. An der Stirnwand befindet sich eine steinerne Kanzel; über ihr zur Rechten und Linken wird gerade ein sechsarmiger Leuchter angebracht. Einer ist schon angebracht, er wirkt außerordentlich dekorativ … Der Innenanstrich, das letzte Werk an der Halle, wird begonnen, er wird von hellem bis dunklem Lila in eckiger Manier ausgeführt. Die hohen Gerüste stehen in der Halle, es riecht penetrant nach Oel, Terpentin und Farbe. Ein Anstreicher singt oben in der Kuppel ein lustiges Lied, das orgelhaft verstärkt herunterklingt, dröhnend und wuchtend wie aus einer anderen Welt … Den besten Eindruck erhält man, wenn man von der Friedhofsseite die Anlage betrachtet. Hier wird die fein abgewogene Linienführung deutlich. Vor dem Eingang steht ein Rundbrunnen, er spendet noch nicht belebendes Naß; aber es ist nett, sich vorzustellen, daß er einmal freundlich plätschern wird. Etwas wie freundliches Grün ist auch schon da, eine kleine Blumenanlage wird um den Brunnen noch entstehen … Der diese gesamte Anlage entworfen hat, ist der Architekt Robert Stern, der schon manch prächtiges Werk geschaffen hat. Hier ist ihm ein ganzer Wurf gelungen. Na, die Mittel waren ja auch recht reichlich … Es ist ein wirkliches Schmuckstück für den jüdischen Friedhof entstanden, mit dem man sich freuen kann."

Der Stadt-Anzeiger vom 26.9.1929 gibt weitere wichtige Informationen zur Farbigkeit und Gestaltung des Innenraumes der Trauerhalle: *„Die künstlerische Ausgestaltung ist in ihrer farbigen Innenausmalung ruhig und würdig. Auf großen, zehn Meter hohen, in tiefvioletten und silbergrauen Tönen gehaltenen Wandflächen, die durch langgestreckte künstlerische Buntglasfenster unterbrochen werden, erhebt sich eine über die ganze freitragende Halle ragende Kuppel. Hohe bis zur Kuppel reichende Wandpilaster werden durch versilberte fackelartige Wandleuchter belebt, die gleichzeitig die künstliche Beleuchtung der achteckigen Halle bilden. Ueber dem Eingang und an der Innenseite der Kuppel sind in hebräischer Sprache Sprüche aus den Psalmen angebracht, die sich auf das Leben, Sterben und Fortleben der Seele nach dem Tode beziehen. Am Ausgang zum Gräberfeld befindet sich noch ein monumentaler freistehender Brunnen in Travertin."* Keine Erwähnung fand in den Berichten die Ausmalung der Kuppel, die – offensichtlich zur Zeit der Berichte noch nicht in ihrer Gestaltung in Angriff genommen – sich heute als blauer Himmel mit goldenen Sternen präsentiert. Die feierliche Einweihung der Friedhofsbauten fand am 11.5.1930 statt. In der Jüdisch-liberale Zeitung vom 14.5.1930 heißt es zu diesem Ereignis: *„Am vergangenen Sonntag vormittag wurde die von dem Architekten B.D.A. Robert Stern erbaute Friedhofshalle eingeweiht. Die Weihrede hielten die beiden Gemeinderabbiner Dr. Rosenthal und Dr. Kober. Ferner sprachen der Erbauer und der Vorsitzende der Synagogengemeinde, Herr Emil Blumenau. Die Reden waren umrahmt von feierlicher Musik, deren getragene Weisen die Hörer ins Reich ernster Andacht trugen. Die großzügig errichtete Halle bildet in ihrer architektonisch wundervollen Gliederung, sowie in der feierlich abgemessenen Farbengebung einen Sakralbau erlesener Art."* Während der NS-Zeit wurde die Halle erstaunlicherweise nur in Teilen zerstört, so dass sie direkt nach dem Krieg wiederaufgebaut werden konnte. Die heute nicht mehr vorhandene Einfriedung des Friedhofs an der Militärringstraße entstand 1938 nach den Entwürfen des Architekten Max August Breuer, der nach der Emigration von Robert Stern dessen Büro übernommen hatte. Da Robert Stern mehrfach nach seiner Übersiedlung nach England sein altes Büro besucht hat, ist zu vermuten, dass diese Planung mit ihm abgestimmt war.

Die Friedhofsbauten vom Friedhof aus gesehen. Foto: Wolfram Hagspiel (2005)

QUELLEN UND LITERATUR:
- HAStK Best. 485 / 995
- Ein Architekten-Jubiläum. In: Gemeindeblatt der Synagogengemeinde vom 31.8.1934
- Zvi Asaria (Hg.): Die Juden in Köln. Von den ältesten Zeiten bis zur Gegenwart. Köln 1959, S. 290–297
- (Leo Haubrich): Bauten von Architekt BDA Robert Stern, Köln. In: Bauwarte, Jg. 4, 1928, S. 89–96
- Bauwelt, Jg. 18, 1927, S. 754
- Thomas Blisniewski: Der jüdische Friedhof in Bocklemünd. Ein historische Überblick. In.: Günther B. Ginzel, Sonja Günther (Hg.): „Zuhause in Köln..." Jüdisches leben 1945 bis heute. Köln, Weimar, Wien 1998, S. 64–69
- Führer durch die Ausstellung Stadt und Land. Köln 1930, S. 45
- Wolfram Hagspiel: Ein Kleinod jüdischer Kultur. In: Monumente, Jg. 7, 1997, H. 3/4, S. 50–51
- Jahrbuch der Synagogengemeinde Köln 1934. Köln 1934
- Jüdisches Schicksal in Köln 1918–1945. Ausst.-Kat. Historisches Archiv der Stadt Köln/NS-Dokumentationszentrum 1989, S. 39
- Jüdisch-liberale Zeitung vom 14.5.1930
- Hiltrud Kier u. a. (Hg.): Architektur der 30er und 40er Jahre in Köln. Köln 1999, S. 482–483
- Ulrich Knufinke: Bauwerke jüdischer Friedhöfe in Deutschland. Petersberg 2007, S. 285–286
- Kölner Jüdisches Wochenblatt, Jg. 7, vom 13.12.1929
- Elfi Pracht: Jüdisches Kulturerbe in Nordrhein-Westfalen. Teil I: Regierungsbezirk Köln. Köln 1997, S. 286–289
- Elfi Pracht-Jörns: Jüdische Kulturerbe in Nordrhein-Westfalen. Teil 5: Regierungsbezirk Arnsberg. Köln 2005, S. 40–42
- Stadt-Anzeiger vom 26.9.1929 (Entwurf), 13.12.1929 (Foto), 13.5.1930 (Foto)

Der Entwurf Robert Sterns zum Pavillon Jüdische Sonderschau auf der Ausstellung „Pressa". Abb. aus: Kölner Jüdisches Wochenblatt vom 2.2.1928

Deutz, Messegelände
Pavillon Jüdische Sonderschau auf der Ausstellung „Pressa"
Bj.: 1928
Bh.: „ISOP", „Jüdische Sonderschau der Pressa 1928, ISOP e.V."

Die von Konrad Adenauer initiierte internationale Ausstellung „Pressa" des Jahres 1928 war eine fast einer Weltausstellung gleichkommende Demonstrationsschau des gesamten Pressewesens. Sie fand in Deutz auf dem Gelände der Werkbund-Ausstellung von 1914 und in den zu ihrem Zweck umgebauten und erheblich erweiterten Messehallen sowie dem Bereich zwischen den beiden Brücken statt. Neben den festen, von Adolf Abel entworfenen Messebauten mit dem Staatenhaus gab es zahlreiche nur für die Zeit der Ausstellung errichtete Ausstellungspavillons, wie den der Verlage Mosse von Erich Mendelsohn und DuMont-Schauberg von Wilhelm Riphahn oder das Haus der Arbeiterpresse von Hans Schumacher, die alle am Auenweg lagen. Von den Religionsgemeinschaften befanden sich die von Dominikus Böhm gestalteten Ausstellungsräume der Katholischen Kirche in den Gemäuern des ehemaligen Klosters und der Kirche St. Heribert und die der Evangelischen Kirche in der – später translozierten – Stahlkirche von Otto Bartning. Den am Auenweg direkt neben der Stahlkirche gelegenen Pavillon für das Jüdische Pressewesen hatte Robert Stern entworfen, der mit diesem Gebäude überregional große Erfolge feiern konnte. Nach den Katholiken und Protestanten beschlossen als dritte Religionsgemeinschaft die Juden, eine Schau der jüdischen Kulturwelt und ihren Zusammenhang mit der Presse zu schaffen, doch gab es bei ihnen wegen der Zersplitterung der Gemeinden, Vereine und Verbände in allen Ländern und wegen der nicht organisierten jüdischen Presse allergrößte Schwierigkeiten, ein gemeinsames Projekt zu realisieren. Lange Diskussionen unter Führung der Kölner Gemeinde führten zunächst zu wenig Erfolg, der sich erst einstellte, als sich ein unabhängig von Köln gebildetes Komitee von Pressevertretern unter Führung der Jüdischen Telegraphen-Agentur in Berlin gebildet hatte, das sich vehement für einen Beitrag auf der Pressa einsetzte. Aufgrund dieses Engagements kam es auch auf der Kölner Seite zu konkreteren Überlegungen über den Bau eines jüdischen Pavillons, für dessen Vorplanungen die Synagogengemeinde zunächst 3.000 RM bewilligte. Zu Beginn des Oktobers 1927 kam es dann zu einer Zusammenkunft der Berliner und Kölner Gruppe, deren Resultat schließlich die Gründung eines eingetragen Vereins mit dem Namen Jüdische Sonderschau der „Pressa 1928", „ISOP" e.V. in Köln war. Dennoch wäre die Errichtung eines Pavillons nicht ohne den Kredit der Synagogengemeinde Köln in Höhe von 25.000 RM und den Garantiefond der Stadt Köln in Höhe von ca. 18.000 RM für die Platzmiete zu Stande gekommen. Weitere

Der Pavillon Jüdische Sonderschau auf der Ausstellung „Pressa". Foto aus: Baugilde, 1928, S. 1819

Finanzen ergaben sich durch die Vereinsbeiträge in Höhe von 10 Mark, durch Spenden und durch Beiträge verschiedener, auch ausländischer jüdischer Körperschaften. Die Angelegenheiten der Jüdischen Sonderschau wurden von dem „ISOP" e.V. wahrgenommen, dessen Vorsitzender des geschäftsführenden Ausschusses Justizrat Dr. Max Bodenheimer war, mit dem Rechtsanwalt Dr. Rudolf Callmann als Stellvertreter. Die Arbeitsausschüsse, in denen das Material, das von wissenschaftlichen Instituten und jüdischen Zeitungen aus der ganzen Welt zusammengetragen war, gesichtet wurde, befanden sich in Köln und Berlin. Vorsitzende im Arbeitsausschuss für die Innengestaltung des Pavillons war die Malerin und Journalistin Flora Jöhlinger.

Laut Katalog verfolgte die Jüdische Sonderschau „*den Zweck, innerhalb des Rahmens der Pressa die Entwicklung und den gegenwärtigen Stand der spezifisch jüdischen Presse, d. h. der Presse, die vom jüdischen Standpunkt aus jüdische Interessen vertritt, als Ganzes zu veranschaulichen. Diese jüdische Presse ist nicht, wie Außenstehende annehmen möchten, ausschließlich religiöser Natur. Sie zeigt vielmehr alle Richtungen, alle Strömungen, alle Farben der großen Weltpresse. Sie ist religiös, national, politisch, soziologisch, kulturell, literarisch, ästhetisch, wissenschaftlich, wie die Forderung des Tages es verlangt. Alles, was das Judentum unserer Zeit bewegt, hat in ihr Stimme und Sprache gefunden.*" Robert Sterns Pläne zu dem Pavillon lagen spätestens im Januar 1928 zur Ausführung vor. Die Ausstellung Pressa fand vom 12.5. bis 14.10.1928 statt. Die Eröffnungsfeier der „ISOP" war am Dienstag, den 15.5.1928, um 11.00 Uhr. Rabbiner Dr. Ludwig Rosenthal sagte in seiner Rede bei der Eröffnung des Hauses, an der auch der Kölner Oberbürgermeister Konrad Adenauer sowie Repräsentanten der Regierung, des Erzbischofs und zahlreicher öffentlicher Institutionen, die Konsule der auf der Pressa vertretenen Länder, die Geistlichkeit der beiden großen christlichen Konfessionen und der Vorstand der Synagogengemeinde vertreten waren: „*Dieser Bau, entstanden aus Menschenhand und Huld, inmitten all der stolzen Zinnen und Zeichen, die Kölns Kraft und Größe den Ländern verkünden, dieses Haus soll nicht erschlossen sein, ohne es Gottes Schirm und Schutz in Demut zu vertraue ... Dem Geiste, der Idee gilt das ganze, gewaltige Werk, dient auch dieses bescheidene Haus. Ist sein Bestand nur für Wochen und Monde, so hoffen wir dennoch, daß es für sein Teil das Bleibend-Gute, Wissen und Wahrheit für alle Zeiten zu den Menschenbrüdern*

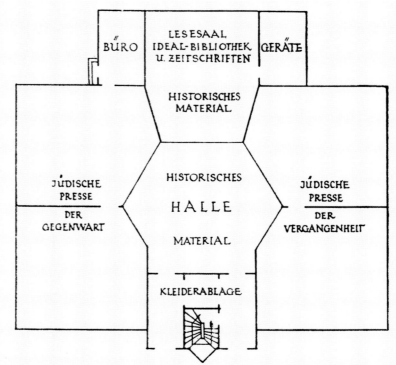

oben: Blick ins Innere des Pavillons Jüdische Sonderschau. Foto: Werner Mantz / RBA

unten: Grundriss. Abb. aus: Pressa. Amtlicher Katalog. Berlin, Köln 1928; S. 250

Umschlag der Festschrift zur Jüdischen Sonderschau

hinaustrage, zur Ehre des Judentums und Vaterlands, zum Fortschritt der Völker auf dem Wege des Friedens" (Kölner Jüdisches Wochenblatt vom 18.5.1928). Konrad Adenauer lobte in seiner Eröffnungsrede den „wohlgelungenen Bau".

Die zeitgenössischen Beschreibungen der reinen Architektur des Pavillons beschränken sich fast ausschließlich auf wenige Worte, wie bei Trude Rosenthal im Stadt-Anzeiger vom 9.6.1928: „Der einstöckige Bau, dessen Front als einzigen Schmuck die jüdischen Symbole, den siebenarmigen Leuchter und den Davidstern trägt, wurde von Architekt Robert Stern in ernster Sachlichkeit entworfen und ausgeführt". In der Jüdisch-liberalen Zeitung vom 18.5.1928 heißt es: „Die Jüdische Sonderschau ‚ISOP' ist in einem von Herrn Architekt Robert Stern, B.D.A., entworfenen turmgekrönten neuzeitlichen Gebäude untergebracht. Im Aeußern klar gegliedert und innen harmonisch aufgeteilt, wirkt der Bau schön und sachlich und ermöglicht die übersichtliche Unterbringung und Anordnung des reichen Materials. Die Farbengebung bringt alles zur schönsten Wirkung." Ähnlich wie bei der Ehrenfelder Synagoge versuchte Robert Stern auch hier die Architektur aus jüdischen Symbolen, in diesem Fall dem Davidstern und dem ihm eingeschriebenen Sechseck, zu entwickeln. Als Symbol findet er sich auf dem schlanken „Mittelturm" und als Sechseck im Zentrum der ganzen Anlage. Symbolträchtig auch die zweimalige Darstellung der Menora, einmal mit der deutschen Beschriftung Jüdische Sonderschau und dann auf der rechten Seite der gleiche Text in Hebräisch, über der auf dem Dach die erstmals öffentlich gezeigte blauweiße Flagge des zukünftigen Staates Israel gezeigt wurde. Gegliedert war die Sonderschau in zwei große Abteilungen, eine historische mit der Entwicklung des jüdischen Schrifttums und der Presse von seinen Anfängen und eine gegenwärtige mit einem Querschnitt des modernen jüdischen Pressewesens weltweit. Zentrum des Ausstellungspavillons war die aus einem Sechseck entwickelte Halle mit einer Tora-Rolle als Mittelpunkt und Ausgangspunkt des jüdischen Schrifttums, um die sich zahlreiche Dokumente bedeutender jüdischer Literatur gruppierten. Von dieser Halle gelangte man, der Mittelachse folgend, in den Lesesaal mit einer Idealbibliothek einer jüdische Redaktion und zahlreichen, zur Benutzung ausliegenden aktuellen jüdischen Zeitungen und Zeitschriften. Rechts von der Halle wurden Dokumente der jüdischen Presse der Vergangenheit, und links von ihr Presseerzeugnisse der Gegenwart ausgestellt, während sich auf der Galerie Ergänzungen zu den einzelnen Abteilungen und Wechselausstellungen mit moderner Graphik befanden. Finanziell war die Jüdische Sonderausstellung auf der Pressa ein reines Desaster. Das Darlehen der Kölner Synagogengemeinde in Höhe von 25.000 RM war als verloren zu betrachten. So waren bei Ende der Ausstellung alleine für die Forderungen einer einzelnen Firma in Höhe von 15.000 RM keine Deckung vorhanden. Hinzu kamen Streitigkeiten innerhalb des Vereins, in deren Rahmen Dr. Max Bodenheimer seinen Vorsitz in der „ISOP" niedergelegt hatte, sowie Auseinandersetzungen zwischen den verschiedenen Landesverbänden um deren Beitragszahlungen. Wie fast alle separaten Ausstellungsbauten wurde auch der Pavillon der „ISOP" nach Ende der Ausstellung abgebrochen.

QUELLEN UND LITERATUR:

- www.bodenheimer.org/files/files 4-2 (Max. I. Bodenheimer Archives/Jerusalem; Dokumente der Jüdischen Gemeinde Köln)
- Ein Architekten-Jubiläum. In: Gemeindeblatt der Synagogengemeinde vom 31.8.1934
- Baugilde, Jg. 10, 1928, S. 1819
- Bauwarte, Jg. 4, 1928, S. 212
- (Max) Bodenheimer: Die Jüdische Presse. In: Internationale Presse-Ausstellung Köln 1928 (Hg.): Pressa. Kulturschau am Rhein. Köln 1928, S. 125–128
- Festschrift zur Jüdischen Sonderschau der Pressa 1928, Köln ISOP e.V. unter redaktioneller Leitung des vorbereitenden Komitees. Wien 1928
- Max Grunwald: Die jüdische Volkskunde auf der „Pressa". In: Menorah. Jüdische Familienblatt für Wissenschaft, Kunst und Literatur, Jg. 6, 1928, S. 356–364
- Jiddische Presse. Köln 1928
- Juden in Köln von der Römerzeit bis ins 20. Jahrhundert. Ausst.-Kat. Kölnisches Stadtmuseum 1984, S. 254–255
- Jüdisches Schicksal in Köln 1918–1945. Ausst.-Kat. Historisches Archiv der Stadt Köln/NS-Dokumentationszentrum 1989, S. 81–84
- Kölner Jüdisches Wochenblatt vom 20.1.1928, 2.2.1928, 3.2.1928, 11.5.1928, 18.5.1928, 12.10.1928, 19.10.1928
- Kölner Jüdisch-liberale Zeitung vom 2.3.1928, 6.4.1928
- Kurzer Führer durch die Jüdische Sonderschau der Pressa 1928. Köln 1928
- Josef Lin: Die hebräische Presse. Werdegang und Entwicklungstendenzen. Berlin 1928 (= Schriften der Jüdischen Sonderschau der Pressa 1928, Köln „ISOP" e.V.)
- Internationale Presse-Ausstellung Köln 1928 (Hg.): Pressa. Kulturschau am Rhein. Köln 1928, Abbildungsteil S. 53
- Menorah. Jüdische Familienblatt für Wissenschaft, Kunst und Literatur, Jg. 6, 1928, H. 4, S. 195 (Entwurf Robert Stern)
- Menorah. Jüdische Familienblatt für Wissenschaft, Kunst und Literatur, Jg. 6, 1928, H. 6/7 (= Festnummer zur „Jüdischen Sonderschau der Pressa 1928, Köln")
- Reinhold Mißelbeck: Werner Mantz. Architekturphotographie in Köln 1926–1932. Ausst.-Kat. Museum Ludwig Köln 1982, S. 192–195
- Pressa. Internationale Presse-Ausstellung Köln 1928. Amtlicher Katalog. Berlin, Köln 1928, S. 249–250
- Trude Rosenthal: Die jüdische Sonderschau der Pressa. In: Stadt-Anzeiger vom 9.6.1928
- Stadt-Anzeiger vom 9.3.1928 (Entwurfszeichnung), 15.7.1928

Altstadt, Mauritiussteinweg 11
Umbau zum Jugendheim „Emil-Blumenau-Haus"
Bj.: 1929
Bh.: Synagogengemeinde

Noch im Februar 1929 war sich die Jüdische Gemeinde nicht klar darüber, ob sie ein Haus nahe der Synagoge in der Roonstraße oder in anderer günstiger Lage zwecks Umbau zu einem Jugendheim erwerben solle. Das ihr zu einem Kaufpreis von 88.000 Mark angebotene, 1873/74 erbaute, zuletzt von einem Arzt bewohnte Objekt Mauritiussteinweg 11 hatte nach Meinung aller Mitglieder der Repräsentantensitzung der Gemeinde den Vorteil, einen großen Versammlungssaal, helle und große Räume sowie eine allen modernen Erfordernissen gerechte Ausstattung zu besitzen. 65.000 Mark des Kaufpreises würden als Restkaufpreishypothek eingetragen und einen wohl nicht unerheblichen Teil würde auch noch die Stadt Köln zu Verfügung stellen, so dass die Gemeinde nicht allzu sehr mit dem Kauf belastet sein würde. Anscheinend ist der Kauf wenig später erfolgt und Robert Stern mit dem Umbau beauftragt worden. Eingeweiht wurde das Jugendheim am 15.9.1929. Das Kölner Jüdische Wochenblatt vom 20.9.1929 berichtet wie folgt über den sonst nicht dokumentierten Bau: *„Nach manchen Hemmungen sachlicher und persönlicher Natur ist nun das Jugendheim der Kölner Synagogengemeinde offiziell der Kölner jüdischen Jugend übergeben worden. Das Haus ... ist von dem Architekten Stern sehr zweckmäßig und sehr freundlich umgestaltet worden. In drei Etagen sind eine große Anzahl heiter und behaglicher Räume geschaffen worden, die bereits von den Jugendvereinen aller Richtungen bezogen wurde. Alle Zimmer sind hell und luftig und haben etwas von einer warmen Behaglichkeit an sich. Ein schönes Lesezimmer mit manchen jüdischen und allgemeinen Zeitungen ... ein Spielzimmer mit Schach- und anderen Spielen sind vorhanden, auch ein Radiogerät mit famosen Lautsprecher ist da; es ist gelungen, eine Atmosphäre zu schaffen, die zum Verweilen geradezu einladet".* In der Jüdisch-liberalen Zeitung vom 18.9.1929 heißt es ferner: *„Das Heim bietet sämtlichen jüdischen Jugendvereinen Kölns je einen behaglich ausgestatteten Klubraum, ein Lese- und ein Spielzimmer sowie den großen Vortragssaal. Ein Garten mit altem Baumbestand und mit Rasenflächen lädt zum Ergehen ein und läßt leicht vergessen, daß das Haus inmitten des brandenden Verkehrs der Altstadt liegt. Es dürfte in Deutschland kaum eine Gemeinde geben, die über ein solch großzügig und zweckmäßig eingerichtetes Jugendheim verfügt."* Im Krieg wurde das Gebäude gänzlich zerstört.

LITERATUR:
- Ein Architekten-Jubiläum. In: Gemeindeblatt der Synagogengemeinde vom 31.8.1934
- Saskia Döpp: Jüdische Jugendbewegung in Köln 1906–1938. Berlin, Hamburg, Münster 1997
- Jüdisch-liberale Zeitung vom 18.9.1929
- Hiltrud Kier u. a. (Hg.): Architektur der 30er und 40er Jahre in Köln. Köln 1999, S. 479
- Kölner Jüdisches Wochenblatt vom 22.2.1929, 20.9.1929
- Elfi Pracht: Jüdisches Kulturerbe in Nordrhein-Westfalen. Teil I: Regierungsbezirk Köln. Köln 1997, S. 268

Altstadt, St.-Apern-Str. 29–31
Umbau des Tempels der Kölner Adaß Jeschurun
Bj.: um 1929
Bh.: Synagogengemeinde

Die Ruine der Synagoge in der St.-Apern-Straße um 1958. Foto aus: Barbara Becker-Jákli (Bearb. u. Hg.): Ich habe Köln doch so geliebt. Köln 1993, S. 348

Das von der Religionsgemeinschaft Adaß Jeschurun im Zusammenhang mit einem Lehrerseminar errichtete Gotteshaus der orthodoxen Mitglieder der Kölner Synagogengemeinde wurde am 16.1.1884 eingeweiht, war zu jenem Zeitpunkt aber im Inneren noch nicht farbig gefasst. Der Entwurf der Bauten stammt von dem Kölner Architekten Ludwig Brockmann, der den Auftrag aufgrund eines engeren Wettbewerbes erhalten hatte. Die im „maurischen" Stil auf einer Grundfläche von 12 x 14 m errichtete, im engen Innenhof liegende Synagoge besaß eine von vier eisernen Stützen getragene Kuppel in Zwiebelform. Außer den Vorhallen und Garderoben besaß die Synagoge 160 Plätze für Männer und 80 Plätze für Frauen. Über den Umbau der Synagoge durch Robert Stern liegen keine Informationen vor. Das Innere der Synagoge wurde am 10. November 1938 und der übrige Bau weitgehend im Krieg zerstört. Die immer noch imposante Ruine wurde erst in den späten 1950er Jahren abgebrochen.

Die Synagoge St.-Apern-Straße. Foto aus: Zvi Asaria, 1959, S. 215

LITERATUR:
- Ein Architekten-Jubiläum. In: Gemeindeblatt der Synagogengemeinde vom 31.8.1934
- Alexander Carlebach: Adass Yeshurun of Cologne. The Life an Death of a Kehilla. Belfast 1964
- Dieter Corbach: Die Jawne zu Köln. Köln 1990
- Jüdisches Schicksal in Köln 1918–1945. Ausst.-Kat. Historisches Archiv der Stadt Köln/NS-Dokumentationszentrum 1989, S. 30–31, 281
- Elfi Pracht: Jüdisches Kulturerbe in Nordrhein-Westfalen. Teil I: Regierungsbezirk Köln. Köln 1997, S. 256–257, 265–266, 300, 309

Altstadt, Rubensstr. 33
Umbau Israelitisches Wohlfahrtshaus
Bj.: 1930
Bh.: Synagogengemeinde

In das 1894 gebaute Mehrfamilienhaus war schon 1912 als einer der Mieter des Hinterhauses die „Peah", „Jüdische Arbeitsst. u. Brockensammlung", eingezogen. 1914 wurde das den Erben Johann

Jakob Flatten gehörende Haus als „Israelitisches Wohlfahrtshaus" bezeichnet und ab jetzt alleine von der jüdischen Gemeinde genutzt. 1927 gehörte das Haus, in dem neben der „Peah" noch der „Israelitische Frauenverein" und der „Jüdische Hilfsausschuß" untergebracht waren, dem Architekten Wilhelm Kuhlmann. Von dessen Witwe erwarb die Synagogengemeinde das Gebäude im Jahre 1930 und ließ es von Robert Stern zum Wohlfahrtsamt der Synagogengemeinde umbauen. Laut Adressbuch von 1934 befanden sich in dem Haus unter anderem das Wohlfahrtsamt der Synagogengemeinde, der Israelitische Frauenverein und Arbeitsnachweis, das Israelitische Jugendamt, der Provinzialverband für jüdische Wohlfahrtspflege in der Rheinprovinz, die Volksküche und die Mittelstandsküche sowie die Wanderfürsorge. In der Reichspogromnacht wurde das Haus schwer beschädigt. Danach wurde es vom Israelitischen Wohlfahrtsamt und bis Mitte 1942 als Ghettohaus genutzt. 1943 ging es in den Besitz des Reiches über und diente fortan zur Unterbringung der Polizei. Mit starken Veränderungen ist das Haus, das nach dem Krieg der Jewish Trust Corp., London, und dann der Kölner Synagogengemeinde übergeben wurde, erhalten. Es wurde später veräußert und zu einem Hotel umgebaut.

QUELLEN UND LITERATUR:
- HAStK Best. 495/1
- Ein Architekten-Jubiläum. In: Gemeindeblatt der Synagogengemeinde vom 31.8.1934
- Zvi Asaria (Hg.): Die Juden in Köln. Von den ältesten Zeiten bis zur Gegenwart. Köln 1959, S. 146–147
- Bauwarte, Jg. 6, 1930, H. 33 (Bautennachweis)
- Gemeindeblatt der Synagogengemeinde vom 26.5.1933, 23.6.1933, 16.3.1934
- Jüdisches Schicksal in Köln 1918–1945. Ausst.-Kat. Historisches Archiv der Stadt Köln / NS-Dokumentationszentrum Köln 1989, S. 57, 180
- Hiltrud Kier u. a. (Hg.): Architektur der 30er und 40er Jahre in Köln. Köln 1999, S. 497–498
- J. Neuhaus: Die Entwicklung des jüdischen Wohlfahrtswesens in Köln. In: Jahrbuch der Synagogengemeinde Köln 1934. Köln 1934, S. 36–41
- Elfi Pracht: Jüdisches Kulturerbe in Nordrhein-Westfalen. Teil I: Regierungsbezirk Köln. Köln 1997, S. 277
- Westdeutsche Bauzeitung, Jg. 13, 1930, H. 32, S. 6 (Bautennachweis)

Altstadt, Cäcilienstr. 18–22
Kleine Synagoge in der Rheinlandloge und Umbau
Bj.: 1930 und 1935
Bh.: Rheinlandloge e.V. (1930) und Synagogengemeinde (1935)

Das 1902 nach einigen Umbauten und Erweiterungen als Vereinshaus der „Rheinlandloge" eingeweihte Haus Cäcilienstr. 18–22 war ursprünglich das Privathaus des Geheimen Sanitätsrats Otto Fischer, das dieser sich um 1860 hat errichten lassen. Es beherbergte jetzt unter anderem einen Sitzungssaal, eine Bibliothek, einen repräsentativen Festsaal sowie Gesellschaftsräume (Lesezimmer, Spielzimmer, Speisesaal) und eine kleine Synagoge. Im Jahre 1930 wurde diese kleine Synagoge durch Robert Stern zeitgemäß modernisiert. Eine größere Maßnahme war der 1935 von Robert Stern zusammen mit dem jungen Architekten Hans Krebs und Dr.-Ing. Adolf Fruchtländer als Bauunternehmer durchgeführte, mit einer gründlichen Renovierung verbundene Umbau der Rheinlandloge zum „Israelitischen Gemeindehaus" Cäcilienstraße. Hintergrund dieses Umbaus war das politisch durchgesetzte Ende der Rheinlandloge und die daraus resultierende Übernahme der Immobilie durch die Synagogengemeinde in der Roonstraße. Einige der Räumlichkeiten überließ die Synagogengemeinde zu Beginn des Jahres 1935 der Kölner Zionistischen Vereinigung,

Das Haus Rubensstr. 33 zu Beginn der 1930er Jahre. Foto: NS-Dokumentationszentrum Köln

Die Rheinlandloge Cäcilienstr. 18–22. Foto aus: Zvi Asaria, 1959, S. 159

Blick in den Festsaal der Rheinlandloge. Foto aus: Zvi Asaria, 1959, S. 160

Der Toraschrein in der Haussynagoge. Foto aus: Zvi Asaria, 1959, S. 160

die diese als „David Wolffsohn-Heim" nutzte. Die sehr ausführliche Beschreibung im Gemeindeblatt vom 19.7.1935 ermöglicht einen recht genauen Blick in das Innere des sonst bildlich sehr schlecht dokumentierten Hauses und gibt gleichzeitig Auskunft über die erstaunliche, aus heutiger Sicht sogar radikale Modernität der beiden Architekten: *„... Ein Rundgang durch die Räume, die am vergangenen Mittwoch ihrer Bestimmung übergeben wurden, zeugt davon, daß der Umbau in zweckmäßigster Weise erfolgt ist. Wie früher erreicht man durch den Torgang und über die breitausladende Treppe die Gesellschaftsräume im ersten Stockwerk. Bibliothek und Klubzimmer sind unverändert geblieben. Dagegen haben die Baumeister das ‚Spielzimmer' in ein äußerst behagliches Café umgewandelt, in dem etwa 80 Gäste Platz finden werden. Die ruhig wirkende Wandbekleidung, der Bodenbelag aus Linoleum, die Lichtkörper und die Inneneinrichtung geben dem Raum ein durchaus modernes, künstlerisch hochwertiges Gepräge. Das gleiche gilt vom Restaurant im Nebensälchen, in dem mehr als 30 Gäste in aller Bequemlichkeit ihre Mahlzeiten einnehmen können. Alsdann betrit man die intim gehaltene ‚Schenke', in der namentlich die Jugend nach gemeinschaftlicher Abendarbeit noch ein Weilchen beisammen bleiben wird können. Der Speisesaal von ehedem im Vorderhaus ist aufgeteilt worden. Ein Zimmer wird den Kartenspielern zur Verfügung stehen, ein zweites Zusammenkünften kleineren Umfanges. Es ist immer als Mangel empfunden worden, daß in der Judaschen Gaststätte nur ‚fleischding' gegessen werden konnte. Durch zweckmäßige Aufteilung der Küche ist es möglich geworden, auch eine ‚milchige' Abteilung einzurichten, so daß in Zukunft der Wirtschaftsbetrieb allen Ansprüchen gerecht werden kann. Der große Saal im zweiten Stock hat baulich schon eine bewegte Vergangenheit hinter sich. Je mehr er zum Mittelpunkt des öffentlichen Lebens der Gemeinde wurde, um so spürbarer wurden die Mängel, die seiner Architektonik und seiner Ausstattung anhafteten. Wer den Saal heute betritt, erkennt ihn kaum wieder, so sehr hat er sein Gesicht verändert. Die hohen Wände sind von allem unnützen Zierrat befreit, die Bühnenseite bietet sich dem Auge des Beschauers in ruhiger Verhaltenheit dar, die Bühne ist erheblich vergrößert. Die Mittel-Galerie ist weit vorgezogen worden. Auf diese Weise hat man Raum schaffen können für etwa*

500 Personen, die zukünftig alle so Platz nehmen werden, daß der Blick die Bühne umfassen kann. Im Saal sind die Stühle reihenweise miteinander verbunden, während die Galerie mit einem modernen Gestühl versehen ist. Die Beleuchtung, die Belüftung und die Heizung wurden modernisiert, und so wird auch hier oben im Großen Saal den Ansprüchen Genüge getan, die zu Recht von Ruhe und Entspannung suchenden Menschen gestellt werden. In einer Reihe von Nebenräumen sowie in den Zimmern des 3. Stocks arbeiten im wesentlichen Wohlfahrts-Institutionen der Gemeinde und Verbände. Als Gesamteindruck darf festgehalten werden, daß hier dank der Großzügigkeit der Männer, die die Gemeinde, ihre Institutionen und Organisationen betreuen, eine vorbildliche Arbeit geleistet worden ist. Das Gemeindehaus Cäcilienstraße wird, so darf gehofft werden, zukünftig in noch stärkerem Umfang als bisher der friedvolle Sammelpunkt für die Mitglieder der Gemeinde werden. Nicht verschwiegen seien zum guten Beschluß die Namen der beiden Baumeister, die hier ein so schönes Werk geschaffen haben…"

Im April 1937 wurde mit Verfügung der Gestapo die Rheinlandloge aufgelöst und die Haussynagoge, der „Tempel", zu einer Turnhalle für die Jawne, das jüdische Gymnasium in der St.-Apern-Straße, und für jüdische Sportvereine umgewandelt. In dem Haus blieben einige jüdische Vereinigungen, wie das Palästinaamt, der Hilfsverein, die Zionistische Vereinigung und der Kulturbund. Nach der Zerstörung der großen Synagogen im November 1938 war der Betraum im Gemeindehaus die wichtigste Stätte für Gottesdienste. 1940 kam es zu zwangsweisen Einweisungen von älteren Menschen und Kindern. 1941/42 wurde das Haus als Ghettohaus genutzt. 1942/43 erfolgte der Verkauf an eine Privatperson sowie die teilweise Anmietung von NS-Gliederungen und der Polizei.

LITERATUR:
- Ein Architekten-Jubiläum. In: Gemeindeblatt der Synagogengemeinde vom 31.8.1934
- Zvi Asaria (Hg.): Die Juden in Köln von den ältesten Zeiten bis zur Gegenwart. Köln 1959, S. 158–163
- Dieter Corbach: Die Jawne zu Köln. Köln 1990
- Gemeindeblatt der Synagogengemeinde vom 18.1.1935, 19.7.1935, 26.7.1935
- Geschichte der Rheinlandloge Köln. Zu ihrem 25jährigen Jubiläum dargestellt von Dr. Isidor Caro. Köln 1913
- Juden in Köln von der Römerzeit bis ins 20. Jahrhundert. Ausst.-Kat. Kölnisches Stadtmuseum 1984, S. 212–215
- Jüdisches Schicksal in Köln 1918–1945. Ausst.-Kat. Historisches Archiv der Stadt Köln/NS-Dokumentationszentrum 1989, S. 36
- Hiltrud Kier u. a. (Hg.): Architektur der 30er und 40er Jahre in Köln. Köln 1999, S. 477–478
- Elfi Pracht: Jüdisches Kulturerbe in Nordrhein-Westfalen. Teil I: Regierungsbezirk Köln. Köln 1997, S. 275–276, 312

Neustadt, Lützowstr. 35–37
Umbau des Israelitischen Kinderheims
Bj.: um 1930
Bh.: Israelitisches Kinderheim

Das 1908/09 nach den Entwürfen des Kölner Architekten Alfred Müller-Grah errichtete Kinderheim, in dessen Mauern sich auch ein Säuglingsheim, ein Kinderhort, ein Kindergarten sowie eine Haushalts- und Kochschule untergebracht waren, erhielt 1919/20 dank einer großzügigen Stiftung des Kaufmanns Georg Kahn eine von den Architekten Jean Meyer und Bernhard Kleinertz entworfene Synagoge. Im Heim untergebracht waren neben wenigen Vollwaisen vor allem Kinder aus zerrütteten Ehen

Das Israelitische Kinderheim Lützowstraße um 1930. Foto aus: Elfi Pracht, 1997, S. 313

oben links: Die Synagoge im Israelitischen Kinderheim Lützowstraße. Foto aus: Elfi Pracht, 1997, S. 313

oben rechts: Das Grabmal Walter Stern. Foto: Wolfram Hagspiel (2009)

Das Grabmal Willy Stern. Foto: Eric Stern

und hilfsbedürftigen Familien. Aufgenommen wurden jüdische Kinder beiderlei Geschlechts sowie nichtjüdische bis zum zweiten Lebensjahr. In dieser Art war das Kinderheim das einzige in Deutschland. Wann genau und wie Robert Stern hier Umbauten durchgeführt hat, ließ sich nicht ermitteln. Während der Pogromnacht wurde das Kinderheim mit Steinen beworfen. Die Ruine des im Krieg weitgehend zerstörten Gebäudes wurde um 1957 abgebrochen und das Grundstück anschließend mit Mehrfamilienhäusern bebaut.

LITERATUR:
- Ein Architekten-Jubiläum. In: Gemeindeblatt der Synagogengemeinde vom 31.8.1934
- Jüdisches Schicksal in Köln 1918–1945. Ausst.-Kat. Historisches Archiv der Stadt Köln/NS-Dokumentationszentrum 1989, S. 37, 59–61
- Elfi Pracht: Jüdisches Kulturerbe in Nordrhein-Westfalen. Teil I: Regierungsbezirk Köln. Köln 1997, S. 277–278, 313

Vogelsang, Venloer Str. 1152–1154
Jüdischer Friedhof, Flur 19, Nr. 27/28
Grabmal Walter Stern
Entstehungsjahr: ca. 1930

Bestattet ist Robert Sterns Bruder, Walter Stern (geb. 14.1.1887, gest. 8.7.1929). Das Wandgrab in Muschelkalk trägt die Signatur „Entw. Robert Stern / Ausf. ..." Das Metallschild fehlt.

Vogelsang, Venloer Str. 1152–1154
Jüdischer Friedhof, Flur 18, Nr. 31/32
Grabmal Willy Stern
Entstehungsjahr: ca. 1930

Bestattet ist Robert Sterns Bruder, Willy Stern (geb. 24.5.1894, gest. 23.12.1929). Die ursprünglichen Kupfer- bzw. Messingbuchstaben waren während des Krieges entfernt worden. Als im Oktober 1945 Robert Sterns Neffe, Eric Stern, als Besatzungssoldat nach Köln kam, reklamierte er im Rathaus die fehlende Beschriftung. Wenige Monate später erhielt er von dort ein Foto in die USA geschickt, das den Grabstein mit einer eingemeißelten und farbig nachgezogenen Schrift zeigte. 1997 wurde die Beschriftung, ebenfalls auf Initiative von Eric Stern, erneut nachgezogen.

Vogelsang, Venloer Str. 1152–1154

Gefallenen-Ehrenmal auf dem Jüdischen Friedhof
Bj.: 1934
Bh.: Reichsbund Jüdischer Frontsoldaten, Ortsgruppe Köln
Entwurf: Ludwig Marx, RJF (Teilhaber der Immobilienfirma Ludolf Marx)
Bildhauer: Géza Schwarcz
Planung und technische Oberleitung: Robert Stern
Bauausführung: Adolf Fruchtländer
Kunstschmiedearbeiten: Isaak Meyer

Das Gefallenen-Ehrenmal am Tage seiner Einweihung. Foto aus: Jüdisches Schicksal in Köln 1918–1945. 1989, S. 190

Eingeweiht wurde das aus Spenden von Gemeindemitgliedern und der Gemeinde finanzierte, seit Jahren vorgeplante Denkmal am 8.7.1934. „*Unter Beteiligung weitester Kreise, insbesondere auch der Synagogengemeinde Köln ist ein der Zeit angepaßtes schlichtes, doch würdiges Denkmal errichtet worden. Das Denkmal in Form einer Platte ist auf einer erhöhten, durch verschiedene Stufenabteilungen zu erreichenden Platzanlage an einem der schönsten Punkte des landschaftlich gut gelegenen Friedhofs aufgestellt*" (Gemeindeblatt 23 vom 22.6.1934). „*Die von dem Zentrum der Friedhofshalle ausgehende Mittelallee führt nunmehr zu dem Ehrenmal an der Friedhofsmauer, dessen monumentaler Stein, ein Dreieck, die Aufschrift trägt: ‚Unseren Gefallenen; Reichsbund jüdischer Frontsoldaten'. Dem hellen Gedenkstein liefern junge Nadelbäume mit satten Dunkelgrün einen edel schimmernden Hintergrund.*" (Gemeindeblatt 26 vom 13.7.1934). Enthüllt wurde das Denkmal vom Bundesvorsitzenden aus Berlin, dem Hauptmann d.R. a.D. Dr. Löwenstein, mit einem feierlichen Bekenntnis zum Judentum und der deutschen Heimat: „*Hier am deutschen Rhein, wo Generationen deutscher Juden am Aufstieg Deutschlands mitgewirkt, wo sie deutschen Boden erlebt haben, fühlen wir so recht unsere Zusammengehörigkeit mit deutscher Erde, für deren Verteidigung jüdische Männer geblutet haben. Die Errichtung dieses Males zu ihrem Gedenken wird aber nur dann einen Sinn haben, wenn der Geist der Toten, die durch das Denkmal geehrt werden sollen, auf Kinder und Kindeskinder übertragen wird. Die gefallenen Kameraden haben mit ihrem Herzblut die Heimat geschützt. So verpflichten sich auch heute die lebenden Ka*meraden, *in ihrer Heimat treu ihren Pflichten nachzugehen. Im Bewußtsein ihrer Pflichten und Rechte als Deutsche*" (Gemeindeblatt 26 vom 13.7.1934). Die Idee zu diesem Denkmal kam Ludwig Marx auf einer Italienreise. Im Gemeindeblatt vom 3.8.1934 stellt Robert Stern eine zuvorige Falschmeldung zur Urheberschaft wie folgt richtig: „*Lieber Kamerad Marx! ... Sie dürfen versichert sein, daß ich alles dazu beitragen werde, die Sache, in die ich ohne Wissen und Wille hineingetragen worden bin, aufzuklären ... Es ist nicht wahr, daß der Entwurf ... von mir stammt. Wahr ist vielmehr, daß ich auf Veranlassung des Herrn Marx für dessen Idee die zeichnerischen Unterlagen (zum Teil) als Fachmann durchgearbeitet habe. Ich bin nicht dafür verantwortlich, daß man Idee und Entwurf über das Vorstehende hinaus mir zugeschrieben hat. Wenn daher im offiziellen Festprogramm ... vermerkt ist: Erstellung des Ehrenmals: Entwurf: Ludwig Marx,*

Das Gefallenen-Ehrenmal. Foto: Wolfram Hagspiel (2009)

Die Gedächtnishalle auf dem Jüdischen Friedhof. Foto: Wolfram Hagspiel (2008)

usw. Planung und technische Oberleitung: Architekt R. Stern, usw., so entspricht dies im obigen Sinne den Tatsachen.; ebenso verhält es sich mit der Anbringung der Worte auf dem Denkmal selbst: Entw.: Ludw. Marx, RJF, Bildhauer: G. Schwarcz."

LITERATUR:
- Zvi Asaria (Hg.): Die Juden in Köln. Von den ältesten Zeiten bis zur Gegenwart. Köln 1959, S. 273, 339
- Thomas Blisniewski: Der jüdische Friedhof in Bocklemünd. Ein historischer Überblick. In.: Günther B. Ginzel, Sonja Günther (Hg.): „Zuhause in Köln..." Jüdisches leben 1945 bis heute. Köln, Weimar, Wien 1998, S. 64–69
- (Jüdisches) Gemeindeblatt Nr. 23 vom 22.6.1934; Nr. 26 vom 13.7.1934; Nr. 29 vom 3.8.1934
- Jüdisches Schicksal in Köln 1918–1945. Ausst.-Kat. Historisches Archiv der Stadt Köln/NS-Dokumentationszentrum 1989, S. 189–191
- Elfi Pracht-Jörns: Jüdische Kulturerbe in Nordrhein-Westfalen. Teil 5: Regierungsbezirk Arnsberg. Köln 2005, S. 765

Vogelsang, Venloer Str. 1152–1154
Gedächtnishalle auf dem Jüdischen Friedhof
Bj.:   1937
Bh.:   Synagogengemeinde

Der Architekt dieser am 28.8.1937 eingeweihten loggienartigen Gedächtnishalle, in deren innere Wände insgesamt 58 Fragmente von aus dem 12. bis 15. Jahrhundert stammenden Grabsteinen des alten jüdischen Friedhofes in Raderberg eingemauert sind, ist nicht überliefert. Da es sehr unwahrscheinlich ist, dass sich die Synagogengemeinde in dieser für sie sehr schweren Zeit eine so aufwendige Architektur leisten konnte, drängt sich die Frage auf, ob nicht mit dem Umbettungsmaßnahmen vom Raderberger Friedhof auch Teile der dortigen tempelartigen Gedächtnishalle, die ein „Säulenbau" mit Verzierungen im Gesimsbereich war, *„schlicht und einfach und ganz der ernsten Würde dieser jahrhundertealten Grabstätte angepaßt"*. Stilistisch entspricht diese Halle in Vogelsang durchaus den 1927 von Robert Stern geplanten Friedhofsbauten. Im selben Jahr entwarf Robert Stern aber auch die kleine Friedhofshalle in Raderberg. Die Wahrscheinlichkeit ist äußerst groß, dass diese Vogelsanger Gedächtnishalle aus zahlreichen Bauteilen und mit Baumaterialien der Raderberger Friedhofshalle zusammengesetzt und auch von Robert Stern selbst entworfen wurde, denn alle von ihm initiierten Projekte der Synagogengemeinde wurden nach seiner Emigration – zumindest bis zum Jahr 1938 – von seinem ehemaligen Büro weitergeführt, dessen Leitung jetzt sein ehemaliger Bauleiter, der Architekt Max August Breuer, innehatte. Laut Aussagen des Architekten Helmut Goldschmidt hat Robert Stern von England aus dieses Büro weiterhin betreut und ihm auch mehrfach kurze Besuche abgestattet, bei denen diverse Projekte behandelt wurden. Auf dem Architrav der Halle weist eine Inschrift in Metall auf die Bedeutung dieses Gebäudes: „Erinnerungs- und Ruhestätte der Toten des ältesten/ bis 1695 benutzten Kölner Jüdischen Friedhofs am Bonntor". Im Innern der Halle steht mittig ein Säulenfragment von der mittelalterlichen, nahe dem heutigen Rathaus gelegenen Kölner Synagoge.

LITERATUR:
- Zvi Asaria: Die Juden in Köln. Von den ältesten Zeiten bis zur Gegenwart. Köln 1959, S. 274, 290–297
- Juden in Köln von der Römerzeit bis ins 20. Jahrhundert. Ausst.-Kat. Kölnisches Stadtmuseum 1984, S. 304–305
- Hiltrud Kier u. a. (Hg.): Architektur der 30er und 40er Jahre in Köln. Köln 1999, S. 482–483
- Elfi Pracht: Jüdisches Kulturerbe in Nordrhein-Westfalen. Teil I: Regierungsbezirk Köln. Köln 1997, S. 281–284

AUSWÄRTIGE BAUTEN

Krefeld, Hochstr. 62/Neumarkt
Geschäftshaus Hirsch & Co.
Bj.: 1913/14
Bh.: Firma Hirsch & Co.

Auf dem Grundstück stand ursprünglich ein klassizistisches Wohnhaus, in dem später die Schirmfabrik von Peter Blank untergebracht war. Der höchst moderne, an den Kaufhäusern von Wilhelm Kreis und Otto Engler orientierte, für die Firma Hirsch & Co, die hier ein Manufaktur- und Konfektionsgeschäft betrieben, errichtete Neubau von Robert Stern mit seiner markanten gerundeten Ecke wurde am 5.5.1914 eröffnet. Im Generalanzeiger Krefeld hieß es damals: „... *Schon der Aufbau des Geschäftslokals zeugt von einer modernen Geschäftsführung. Mit seinen emporstrebenden vertikalen Linien im modernen Geschmack, wenigstens so weit er der Architektur bei den Neubauten der Warenhäuser praktisch angepaßt ist, macht der Bau einen einladenden Eindruck und bildet eine Verschönerung des Straßenbildes der Hochstraße und des Neumarktes, des Krefelder Verkehrsmittelpunktes. Große Schaufenster und Schaukästen bieten Raum, um nach außen hin zu zeigen, welche Leistungsfähigkeit die Firma besitzt. In den Innenräumen, die praktisch angelegt und geschmackvoll ausgestattet sind, bietet sich bei günstiger Belichtung die beste Gelegenheit zur Auswahl. Die Raumverhältnisse zeigen überall das Prinzip, dem Großstadtverkehr Rechnung zu tragen. Die Ausführung des Baues lag in Händen des Architekten Rob. Stern (Köln), der seine Aufgabe in nachahmenswerter Weise gelöst hat ... Die ausgedehnten großen, auf das Modernste eingerichteten neuen Räumlichkeiten ermöglichen, hinsichtlich Auswahl, Reichhaltigkeit und Gediegenheit in sämtlichen Lägern und Abteilungen ganz hervorragendes zu bieten und Krefelds Ruf auf dem Gebiete des Geschäftsverkehrs in jeder Hinsicht zu wahren.*" Nach der „Arisierung" wurde das Haus von der Firma Richter betrieben. Die Familie von Max Hirsch emigrierte 1939 nach Scheveningen/Niederlande und stellte 1940 in Den Haag einen Passantrag beim Höheren SS- und Polizeiführer, um vermutlich in die USA gelangen zu können. Vom Amtsgericht Krefeld wurde die Familie 1951 mit dem Datum vom 22.10.1942 für tot erklärt. Laut Yad Vashem starb der am 8.2.1870 (1873?) in Rommerskirchen geborene Max Hirsch im Februar 1943 in Auschwitz. Seine Ehefrau, die am 6.12.1872 in Nettetal-Breyell (8.12.1874 ?) geborene Johanna Hirsch, geb. Levy, starb ebenfalls im Februar 1943 in Auschwitz. Nach Kriegszerstörungen wurde das Gebäude 1955 durch den Krefelder Architekten Josef Janssen (geb. 1895, gest. 1972) wiederhergestellt, wobei jedoch auf eine Rekonstruktion des ursprünglichen, sehr steilen Mansarddaches zugunsten eines Flachdaches verzichtet wurde.

Das ehemalige Geschäftshaus Hirsch & Co. in Krefeld
Foto: Wolfram Hagspiel (2008)

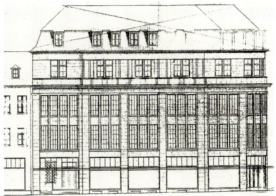

Wiederaufbauplan des Architekten Josef Janssen aus dem Jahr 1955. Abb.: Stadtplanungsamt/Untere Denkmalbehörde der Stadt Krefeld

QUELLEN UND LITERATUR:
- Stadtplanungsamt/Untere Denkmalbehörde der Stadt Krefeld
- Generalanzeiger Krefeld vom 4.4.1914
- Stadtarchiv Bonn (Hg.): Krefelder Juden. Bonn 1980 (= Krefelder Studien 2)
- Hans-Peter Schwanke: Architekturführer Krefeld. Krefeld 1996, S. 159-160

Chicago, 435 North Michigan Avenue
Wettbewerb Chicago Tribune Tower
Entwurf: 1922
Wettbewerb: 1922-24

Der 1922 von der Zeitung „Chicago Tribune" ausgeschriebene und 1924 entschiedene Wettbewerb für „das schönste Geschäftshaus der Welt" zählt auch heute immer noch zu den spektakulärsten internationalen Wettbewerben, vor allem weil sich hier die Architekturauffassungen der alten und der neuen Welt oft konträr gegenüberstanden. Für die drei ersten Preise gab es Gelder in Höhe von 50.000, 20.000 und 10.000 Dollar sowie je 2.000 Dollar für die zehn Trostpreise. Bedingung war die Einhaltung einer Mindesthöhe von 53,4 m und der Wunsch, die in Chicago erlaubte Höhe von 79,3 m voll auszunutzen, aber eine Gesamthöhe – einschließlich der Aufbauten – von 122 m nicht zu überschreiten. Mit Wettbewerbsentscheidung für den dann auch realisierten Entwurf des New Yorker Büros John Mead Howells und Raymond M. Hood wurden die Bauvorschriften in Chicago geändert und eine Gesamthöhe von 141 m genehmigt. Von den insgesamt 260 Beiträgen kamen 37 aus Deutschland. Prominenteste deutsche Architekten waren Max Taut, Bruno Taut, Clemens Holzmeister, Thilo Schoder, Lossow & Kühne und das Büro von Walter Gropius und Adolf Meyer. Der bis dahin wenig bekannte Robert Stern lieferte den einzigen Kölner Beitrag, der ihm auch bald zu internationaler Anerkennung verhalf. Gerhard Wohler kommentierte seinen Entwurf 1924 knapp und prägnant: *„Robert Stern Köln gibt seinem Entwurf eine Klarheit und Schlichtheit im Aufbau, die wohltuend und vornehm wirkt. Er läßt die Baumassen nach oben sich verjüngen und nimmt ihnen so das Erdrückende und Beängstigende. Gleichzeitig steigert er aber auch dadurch die monumentale Kraft des Bauwerks. Durch Fortlassung der beiden trennenden Hauptgesimse würde vielleicht noch größere Einheitlichkeit erzielt worden sein."*

Robert Sterns Wettbewerbsentwurf zum Chicago Tribune Tower. Abb. aus: Bauwarte, 1928, S. 2009

LITERATUR:
- Bauwarte, Jg. 4, 1928, S. 209
- Robert Bruegmann: Als Welten aufeinanderprallten. Europäische und amerikanische Beiträge zum Wettbewerb der „Chicago Tribune" 1922. In: John Zukowsky (Hg.): Chicago Architektur 1872-1922. München 1887, S. 306-321
- Chicago Tribune Tower Competition & late entries. 2. verbesserte Auflage New York 1981
- The international competition for a new administration building for the Chicago Tribune, 1922. Chicago 1923
- Katherine Solomonson: The Chicago Tribune Tower Competition. Cambridge 2001
- Gerhard Wohler: Das Hochhaus im Wettbewerb der Chicago Tribune. In: Deutsche Bauzeitung, Jg. 58, 1924, S. 325-330, 345-351

AUSWÄRTIGE BAUTEN   ROBERT STERN

Bonn-Poppelsdorf, Jagdweg 19b/Bennauerstraße
Umbau der Synagoge
Bj.: 1927
Bh.: Synagogengemeinde Poppelsdorf

Die Entwürfe zu der 1900–02 errichteten Synagoge stammen von dem Bonner Architekten Wilhelm Weinreis. Anlässlich des 25-jährigen Jubiläums der Einweihung des Gotteshaushauses am 21.5.1927 ließ die Gemeinde den Bau im Innern nach den Entwürfen von Robert Stern renovieren und teilweise neu ausstatten. Die Ausführung der Malerarbeiten lagen in den Händen des Malermeisters Rosenberg aus Kessenich. Detaillierte Beschreibungen über die Arbeiten fehlen fast gänzlich. Die Jüdisch-liberale Zeitung bemerkte sehr allgemein gehalten: „*In ihrem neuen Gewande bietet die Synagoge jedem Besucher einen erbauenden Anblick.*" Im Rahmen der Renovierung wurde auch eine schlichte Gedenktafel für die jüdischen Gefallenen des Ersten Weltkrieges angebracht. Am 10. November 1938 brannte die Synagoge fast den ganzen Tag über. Bis zum März 1939 war die Ruine völlig abgetragen.

LITERATUR:
- Ein Architekten-Jubiläum. In: Gemeindeblatt der Synagogengemeinde vom 31.8.1934
- Deutsche Reich-Zeitung vom 23.5.1927
- Harald Hammer-Schenk: Die Architektur der Synagoge von 1780 bis 1933. In: Hans Peter Schwarz (Hg.): Die Architektur der Synagoge. Frankfurt 1988, S. 242–244
- Dietrich Höroldt (Hg.): Bonn. Von einer französischen Bezirksstadt zur Bundeshauptstadt 1794–1989. Bonn 1989, S. 372–375, 540–544
- Jüdisch-liberale Zeitung vom 6.5.1927
- Elfi Pracht: Jüdisches Kulturerbe in Nordrhein-Westfalen. Teil I: Regierungsbezirk Köln. Köln 1997, S. 482–485, 504–506

Bonn, Judengasse/Tempelstr. 2–6
Umbau der Synagoge
Bj.: 1928
Bh.: Synagogengemeinde Bonn

Die Entwürfe zu der am 31.1.1879 eingeweihten Synagoge stammen von dem in Bonn ansässigen Architekten Hermann Eduard Maertens, dem Sieger des 1876 ausgeschriebenen Wettbewerbs. Dem völlig veränderten Zeitgeschmack entsprechend wurde der Bau im Jahre 1928 im Innern purifizierend modernisiert und farblich völlig neu gefasst. Zur Sanierung der Synagoge heißt es in der Jüdisch-liberalen Zeitung vom 21.9.1928: „*Die Synagogengemeinde Bonn hat in den letzten beiden Monaten ihr Gotteshaus völlig erneuern lassen. Unter der Leitung des im Synagogenbau erfahrenen Architekten*

Die Bonn-Poppelsdorfer Synagoge zu Beginn des 20. Jahrhunderts. Foto aus: Elfi Pracht, 1997, S. 505

Die Bonner Synagoge zu Beginn des 20. Jahrhunderts Foto aus: Elfi Pracht, 1997, S. 493

423

Das Innere der Bonner Synagoge nach der Renovierung von 1928. Foto aus: Elfi Pracht, 1997, S. 494

Robert Stern (Köln) wurden eine neue Damengarderobe geschaffen, die Sängerempore erweitert und dadurch Plätze für die Kinder gewonnen, der Thoraschrank durch einen Anbau vertieft und aus dem Gemeinderaum herausgehoben. Ferner wurden die alten, unschönen Ausmalungen entfernt und durch würdigere ersetzt, ebenso statt der verdorbenen alten Glasfenster neue Buntfenster mit Malereien in lebhaften Tönen eingefügt. Auch die elektrische Beleuchtung wurde verbessert. Der ganze Raum hat durch die Erneuerungen an Würde und Wärme sehr gewonnen. Die Synagogengemeinde feierte die Vollendung des Erneuerungswerkes mit einem Festgottesdienst, bei dem Rabbiner Dr. Levy in seiner Predigt von der Erneuerung des Gotteshauses eine Kräftigung des religiösen Lebens erhoffte und der Vorsteher der Gemeinde, Rechtsanwalt Dr. Cohn, nach Dankworten an alle Beteiligten Verständnis der Andersgläubigen für die jüdische Religion und die Gemeinschaftsarbeit aller Bekenntnisse zum Segen des deutschen Vaterlandes forderte." Die Arbeiten wurden ausschließlich von Bonner Firmen ausgeführt, wie der Firma Ernst Bernhard, die die alten Lichtkandelaber und Kronleuchter durch ein neues Beleuchtungssystem ersetzte. Eine besondere Beachtung fand die großflächig angelegte Farbgebung des Inneren, die detailliert in der Bonner Zeitung beschrieben wurde: „*Das Farbenspiel vom zartesten Gelb über Orange zum satten Rot und Lila gibt der Synagoge eine warme, üppige Tönung. Besonders wirkungsvoll ist das dunkle Rot, aus dem sich der in leuchtendem Gold gehaltene Thoraschrank strahlend abhebt. Ueber dem schwarzen Samtvorhang, der mit kostbaren Stickereien verziert ist, leuchtet ein geschnitzter Stern. Darüber ruht in einer roten Schale die ewige Lampe. Der Hauptschmuck aber besteht in den hochkünstlerisch ausgeführten gebrannten Buntfenstern. Die unteren Langschiffenster stellen Embleme der Festzeiten des Jahres dar. Auch hier ist eine wunderbare Farbwirkung erzielt worden.*" Gegen die Mittagszeit des 10. November 1938 standen die Synagoge und das benachbarte Gemeindehaus voll in Flammen. Bis zum März des folgenden Jahres waren die Ruinen völlig abgetragen.

LITERATUR:

- Ein Architekten-Jubiläum. In: Gemeindeblatt der Synagogengemeinde vom 31.8.1934
- Bonner Zeitung vom 8.9.1928
- Deutsche Bauzeitung, Jg. 24, 1890, S. 192
- Deutsche Reichszeitung vom 8.9.1928
- General-Anzeiger vom 7.9.1928
- Harald Hammer-Schenk: Die Architektur der Synagoge von 1780 bis 1933. In: Hans Peter Schwarz (Hg.): Die Architektur der Synagoge. Frankfurt 1988, S. 242-244
- Dietrich Höroldt (Hg.): Bonn. Von einer französischen Bezirksstadt zur Bundeshauptstadt 1794-1989. Bonn 1989, S. 372-375, 540-544
- Jüdisch-liberale Zeitung vom 21.9.1928
- Elfi Pracht: Jüdisches Kulturerbe in Nordrhein-Westfalen. Teil I: Regierungsbezirk Köln. Köln 1997, S. 469-475, 492-496

Die brennende Bonner Synagoge am 10. November 1938. Foto aus: Elfi Pracht, 1997, S. 495

Bad Kreuznach, Cecilienhöhe
Umbau und Erweiterung Jüdische Kinderheilstätte / Ludwig-Cahen-Halle
Bj.: 1928
Bh.: Jüdische Kinderheilstätte Bad Kreuznach e.V., Sitz Köln

Im Jahre 1919 erwarben Mitglieder der Kölner Synagogengemeinde in Bad Kreuznach von dem dort ansässigen evangelischen Kinderarzt Dr. Ludwig Bartenstein dessen 1908 eröffnetes Kindererholungsheim. Am 5.5.1920 wurde es – jetzt in der Trägerschaft der 1920 in Köln gegründeten Gesellschaft „Jüdische Kinderheilstätte G.m.b.H.", aus der bald der Verein „Jüdische Kinderheilstätte Bad Kreuznach e.V." hervorging – feierlich seiner neuen Benutzung übergeben. Am 9.9.1928 erfolgte die Einweihung des mit einem Umbau des Hauses verbundenen Erweiterungstraktes, der Ludwig-Cahen-Halle. Architekten waren Robert Stern und der aus Bad Kreuznach stammende Hans Best (geb. 12.10.1874, gest. 27.1.1968).

Einen ausführlichen Bericht über den Umbau und die Erweiterung schrieb 1928 die Kölner Lehrerin Cilli Marx: *„Wer das Heim des Kölner Vereins „Jüdische Kinderheilstätte Bad Kreuznach" kennt, weiß daß es zu den schönsten jüdischen Heimen Deutschlands zählt. Dieses Heim hat durch die Architekten Best – Kreuznach und Stern – Köln eine Erweiterung erfahren, die von besonderer Bedeutung ist für die überaus günstigen Winterkuren. Im Erdgeschoß entstanden drei lichte, farbenfrohe Räume, die zum Aufenthalt bei schlechtem Wetter und bei früh eintretender Dunkelheit dienen. Die großen Schiebetüren ermöglichen die Verwandlung in einen Festraum. Ueber diesem Saal wurde eine Liegehalle mit leichten Metalliegebetten geschaffen, die für Luft- und Sonnenbad, für Liegekuren in jeder Jahreszeit außerordentlich geeignet ist. Unter dem Aufenthaltsraum liegt das neue Bad mit 16 Wannen in allen Größen und 4 Einzelzellen für Erwachsene. Ebenso wurden die Wirtschaftsräume verbessert. In der Einweihungsfeier am 9. ds. erhielt der Neubau zum Andenken an den verstorbenen 1. Vorsitzenden den Namen Ludwig-Cahen-Halle. In der Eindrucksvollen Feier sprach Architekt Best zur Geschichte des Hauses, Gemeinderabbiner Dr. Rosenthal – Köln sprach vom 8. Psalm ausgehend, den Weihespruch; Rechtsanwalt Jonas, der Nachfolger Ludwig Cahens im Vorsitz gedachte des Verewigten und seiner Werke. Er enthüllte die Gedächtnistafel und dankte allen, die mitwirkten am Liebeswerk Geheimrat Dr. Auerbach, dem Unermüdlichen, Sanitätsrat Dr. Sternberg, dem die Untersuchung der erholungsbedürftigen Kinder obliegt, der emsigen Schriftführerin Frau Rabbiner Dr. Rosenthal und ihrer getreuen Helferin, Frl. Aenne Sternberg, dem Schatzmeister Dr. Eliel, Frau Geheimrat Auerbach, Frau Wolff – Kreuznach für alle Unterstützung. Er gedachte der Arbeit der Schwestern und Helferinnen, vor allem aber der nimmermüden Oberin Schwester Sophie, deren Geist das ganze Haus erfüllt, die mitarbeitet am Aufbau wie wenige. Herrn S. A. Rosenthal aus New York dankte er für eine reiche Spende, die den Vorstand sich ohne Sorgen des Neugeschaffenen freuen*

oben: Spielende Kinder vor dem Altbau der Jüdischen Kinderheilstätte in Bad Kreuznach nach 1928. Foto aus: Corbach: Sophie Sondhelm und die Kölner Jüdische Kinderheilstätte Bad Kreuznach. Köln 1987

unten: Der Altbau mit der vorgelagerten Ludwig-Cahen-Halle. Foto aus: Corbach: Sophie Sondhelm und die Kölner Jüdische Kinderheilstätte Bad Kreuznach. Köln 1987

links: Kinder vor dem geschmückten Eingang des neuen Anbaus am 9.9.1928. Foto aus: Corbach: Sophie Sondhelm und die Kölner Jüdische Kinderheilstätte Bad Kreuznach. Köln 1987

rechts: Blick in den Speisesaal. Foto aus: Corbach: Sophie Sondhelm und die Kölner Jüdische Kinderheilstätte Bad Kreuznach. Köln 1987

läßt. Zum Gedächtnis daran soll der ältere Teil des Hauses den Namen Jenny-Rosenthal-Flügel tragen. Blumenau, als Vertreter der Gemeinde Köln sprach in seiner warmherzigen Weise. Rabbiner Dr. Jakobs – Kreuznach erhoffte Erfüllung des Prophetenwortes ‚Blühe, blühe weiter, jubelndes Jauchzen sei dein Teil!' Besondere Freude lag in den Worten des verdienten Anstaltarztes Dr. Kullmann, der jetzt noch günstigere Heilerfolge erwartet, als die bis heute erzielten. Nach dem festlichen Mittagsmahl hielten auch die Kinder ein Einweihungsfest, das vom fröhlichen Geist des Hauses erzählte, von Hingebung und Arbeit der Pflegerinnen. Möge allen Kindern eine solche Erholungszeit gewährt sein, unter Führung einer mütterlichen Frau wie Schwester Sophie, deren großes organisatorisches und erzieherisches Talent nur noch überstrahlt wird durch die Liebe zum Werk am Kinde." In der Reichspogromnacht wurde nahezu die gesamte Einrichtung des Hauses einschließlich der teuren medizinischen Apparate zerstört. Wegen angeblicher Verdreckung wurde das Haus anschließend von den Nationalsozialisten als jüdische Einrichtung geschlossen und gelangte dann in die Hände des heute noch in Bad Kreuznach existierenden Viktoriastiftes. Im Krieg wurde das Gebäude teilweise zerstört und später bis auf das heute noch existierende Aufgangshäuschen abgerissen. Sophie Sondhelm, die Leiterin des Hauses, wurde am 12.2.1943 nach Theresienstadt und von dort aus am 9.10.1944 nach Auschwitz deportiert, wo sie vermutlich direkt nach ihrer Ankunft ermordet wurde.

LITERATUR:
- Ein Architekten-Jubiläum. In: Gemeindeblatt der Synagogengemeinde vom 31.8.1934
- Irene und Dieter Corbach: Sophie Sondhelm und die Kölner Jüdische Kinderheilstätte Bad Kreuznach. Köln 1987
- Der Israelit vom 14.10.1920 (Werbung), 18.11.1937
- Israelitisches Familienblatt vom 26.8.1920
- Jahrbuch der Synagogengemeinde Köln 1934. Köln 1934, S. 75–76
- Jüdisches Schicksal in Köln 1918–1945. Ausst.-Kat. Historisches Archiv der Stadt Köln/NS-Dokumentationszentrum 1989, S. 58–59
- Cilli Marx: Die Ludwig Cahen-Halle. In: Kölner Jüdisches Wochenblatt vom 14.9.1928
- Neue Bad Kreuznacher Wochenzeitung vom 24.1.2008
- Zvi Asaria (Hg.): Die Juden in Köln. Von den ältesten Zeiten bis zur Gegenwart. Köln 1959, S. 155–156

Spielende Kinder bei den Einweihungsfeierlichkeiten am 9.9.1928. Foto aus: Corbach: Sophie Sondhelm und die Kölner Jüdische Kinderheilstätte Bad Kreuznach. Köln 1987

Dierdorf (Kreis Neuwied), Hauptstraße/ Marktplatz
Synagoge
Bj.: 1928/29
Bh.: Synagogengemeinde Dierdorf

Spätestens im Februar 1927 hatte die Synagogengemeinde Dierdorf den Neubau eines Gotteshauses geplant und deshalb beim Oberpräsidenten der Rheinprovinz für dessen Finanzierung um die behördliche Genehmigung einer Haussammlung bei jüdischen Bewohnern der Rheinprovinz gebeten. Diese wurde bis Ende 1927 genehmigt. Ebenfalls in den Baufond flossen der Erlös eines Konzerts mit dem Kantor Hermann Fleischmann aus Köln und dem Schauspieler Fred Alexander-Simon vom Kölner Schauspielhaus. Ob zu dieser Zeit schon eine Planung von Robert Stern vorlag, ist nicht sicher, denn aus dem Jahre 1925 ist ein Grundrissplan eines Untergeschosses einer Synagoge des Frankfurter Architekten Fritz Epstein (geb. 1877, gest. 1960) bekannt, der einen Neubau als auch einen Umbau der alten, von 1829 stammenden Synagoge betreffen könnte. Die Einweihung der von Robert Stern entworfenen Synagoge erfolgte am 9.4.1929. In der Jüdisch-liberalen Zeitung vom 19.4.1929 heißt es hierzu: *„In unserm Städtchen wurde am 9. April die vom Architekten B.D.A. Robert Stern – Köln erbaute Synagoge feierlich eingeweiht. Nachdem von dem alten Gotteshaus Abschied genommen war, bewegte sich der Festzug, in dem man die Vertreter geistlicher und weltlicher Behörden bemerkte, zur neuen Synagoge. Dort übergab der Erbauer dem Gemeindevorsteher den Schlüssel, wobei ein von Herrn Emil Blumenau – Köln verfaßter Prolog vorgetragen wurde. Den eigentlichen Weiheakt vollzog Herr Lehrer Ginsberg. Nach seiner zu Herzen gehenden Festpredigt, mit der er zugleich auch die Gefallenengedenktafel weihte, sprachen eine Reihe von Ehrengästen, u.a. Herr Blumenau im Auftrag der Synagogengemeinde Köln und des Preußischen Landesverbandes, sowie Herr Lehrer Ransenberg – Neuwied für den Rheinischen Provinzialverband. Ein fröhliches Konzert am Abend schloß die schöne Feier, die im Gedächtnis aller Teilnehmer fortleben wird, ab."*

Der in der damaligen Vordergasse nahe am Marktplatz gelegene Synagogenneubau ist bildlich nur schlecht und in seinem Innern überhaupt nicht dokumentiert. Die 1929 möglicherweise auf der Grundlage des Entwurfes von Robert Stern gefertigte Zeichnung des Dierdorfers Ernst Heydorn vermittelt zwar den besten Eindruck, suggeriert andererseits ein freistehendes, von Grün umgebenes Gebäude. Tatsächlich war die weit aus der Straßenflucht zurückgenommene Synagoge eng in die übrige Bebauung eingebunden. Auffällig sind die zackig-spitz endenden Lanzettenfenster und der Haupteingang, alles expressionistische Elemente, die Robert Stern in der kurz zuvor errichteten Köln-Ehrenfelder Synagoge lediglich bei der Farbgebung des dortigen Innenraumes angewandt hat. An Ehrenfeld erinnert auch die Dreiteilung der Fassade mit einem Mittelgiebel, wenngleich das Kölner Beispiel dagegen fast klassizis-

Zeichnung von Ernst Heydorn mit straßenseitiger Ansicht der Synagoge. Abb. aus: Synagogen Rheinland-Pfalz – Saarland. Mainz 2005, S. 136

Die Ruine der Dierdorfer Synagoge (vor 1946). Foto aus: Synagogen Rheinland-Pfalz – Saarland. Mainz 2005, S. 137

Die Synagoge (rechts) im Stadtbild von Montabaur. Foto aus: Markus Wild: Montabaur. Die Geschichte der jüdischen Gemeinde. Hachenburg 1991

tisch wirkt. Aus der horizontalen Zweiteilung des Mittelteils der Dierdorfer Fassade ist zu entnehmen, dass sich hier die Frauenempore befunden hat. Nur schwer entnehmbar aus der Fassade ist allerdings die räumliche Struktur und Orientierung des Inneren. Vermutlich wird dem seitlich angefügten Eingangsbereich am anderen Ende der Fassade der ebenfalls als Baukörper hervorgehobene Torabereich entsprochen haben. Am 10. November 1938 drang morgens ein 18-Mann-starker SA-Sturmtrupp, unterstützt von Gestapo-Leuten, einem SS-Mann und Arbeitern vom Reichsautobahnbau, in die Synagoge und verwüsteten das Innere. Nachmittags wurden Kinder von ihrem Lehrer, dem Ortsgruppenleiter der NSDAP, zur Zerstörung des Restes in der Synagoge abkommandiert. Die in den Abendstunden vorbereitete Sprengung der Synagoge, wurde durch den Bürgermeister und Gendarmen verhindert. Gänzlich zerstört wurde die Synagoge erst durch einen Bombenangriff im Zweiten Weltkrieg. 1946 erfolgte dann der Abriss der Ruine.

LITERATUR:
- Ein Architekten-Jubiläum. In: Gemeindeblatt der Synagogengemeinde vom 31.8.1934
- Jüdisch-liberale Zeitung vom 25.2.1927, 19.4.1929
- Landesamt für Denkmalpflege Rheinland-Pfalz, Staatliches Konservatoramt des Saarlandes und Synagogue Memorial Jerusalem (Hg.): Synagogen Rheinland-Pfalz – Saarland. Mainz 2005, S. 136–137
- Synagogenweihe in Dierdorf. In: Neuwieder Zeitung vom 10.4.1929

Montabaur, Wallstr. 5
Umbau und Renovierung der Synagoge
Bj.: 1930
Bh.: Synagogengemeinde Montabaur

Die 1888/89 errichtete Synagoge war die erste in Montabaur. Ihre feierliche Einweihung fand am 20.12.1889 statt. Bauführer war der Bautechniker Brühl. Im Jahre 1930 wurde die Synagoge umfassend renoviert. Ihre Wiedereinweihung fand am 20.9.1930 statt. Details über die von der jüdischen Gemeinde und dem Preußischen Landesverband finanzierten Sanierung sind nicht bekannt. Die Zerstörung der Synagoge begann bereits in der Nacht vom 3. auf den 4. November 1938. In der Pogromnacht wurde das Innere dann gänzlich de-

moliert und am Abend des 10. November dann ein Feuer gelegt, das mit Rücksicht auf die umgebenden Häuser jedoch wieder gelöscht wurde. In den 1940er Jahren kam es zu Abbruch des äußerlich weitgehend intakten Gebäudes.

LITERATUR:
- Ein Architekten-Jubiläum. In: Gemeindeblatt der Synagogengemeinde vom 31.8.1934
- Der Israelit vom 13.1.1890, 6.10.1930
- Landesamt für Denkmalpflege Rheinland-Pfalz, Staatliches Konservatoramt des Saarlandes und Synagogue Memorial Jerusalem (Hg.): Synagogen Rheinland-Pfalz – Saarland. Mainz 2005, S. 274–275
- Markus Wild: Montabaur. Die Geschichte der jüdischen Gemeinde. Hachenburg 1991

Beerfelden, Landstraße nach Obersensbach
Anlage und Bauten des Jüdischen Friedhofs
Bj.: 1927/28
Bh.: Israelitische Gemeinde Beerfelden

Zur Bestattung ihrer Toten, die bis dahin in Michelstadt beigesetzt werden mussten, erwarb die jüdische Gemeinde ein Grundstück südöstlich der Stadt an der Straße von Beerfelden nach Obersensbach. Die erste Belegung auf dem Friedhof hat schon 1926 stattgefunden. Mit großer Wahrscheinlichkeit hatte Robert Stern den Auftrag für den Friedhof und seine Bauten – wie auch die anderen Beerfelder Aufträge – über Abraham Salomon Rosenthal, den Schwiegervater seines Bruders Dr. Julius Stern, erhalten. Am 19.10.1927 reichte er bei der Gemeinde Beerfelden das Baugesuch zum Bau einer Friedhofshalle und einer den Friedhof umgebenden Mauer ein. Im Baugesuch nahm er Be-

AUSWÄRTIGE BAUTEN **ROBERT STERN**

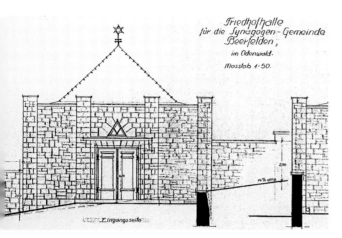

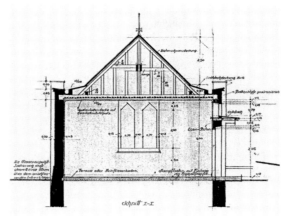

links: Ansichtszeichnung von der Eingangsseite der Friedhofshalle. Abb.: Bauunterlagen der Stadt Beerfelden

rechts: Längsschnitt durch die Friedhofshalle. Abb.: Bauunterlagen der Stadt Beerfelden

unten: Lageplan von Friedhofshalle und Friedhof. Abb.: Bauunterlagen der Stadt Beerfelden

ganz unten: Ansicht von Friedhofshalle und Einfriedung. Abb.: Bauunterlagen der Stadt Beerfelden

zug auf vorrangegangene Besprechungen, bei denen über den Austausch von Gelände verhandelt worden war. Durch diesen Tausch zwischen der jüdischen Gemeinde und der Gemeinde Beerfelden war einerseits erreicht, dass der Friedhof insgesamt eine rechtwinkelige Form und somit bessere Gesamtgestalt erhielt, andererseits war dadurch eine günstigere Straßenführung gewährleistet. Die Jüdisch-liberale Zeitung vom 14.9.1928 berichtete kurz über die Einweihung: *„Am 6. September wurde der Friedhof und seine Halle feierlich eingeweiht. Die Anlage, die sich harmonisch in die malerisch gelegene Landschaft einfügt, wurde von dem Kölner Architekten B.D.A. Robert Stern geschaffen. Die Weihrede hielt Landesrabbiner Dr. Merzbach – Darmstadt. Gestiftet wurden die Kosten von dem in Beerfelden geborenen und jetzt in New-York lebenden Herrn A. S. Rosenthal."* Friedhofshalle und Einfriedung bestanden aus Bruchsteinmauerwerk. Die Eindeckung der von einem eisernen, feuervergoldeten Stern bekrönten, über quadratischem Grundriss errichteten Halle war aus Biberschwänzen. Ihr Fußboden zeigte eine Kombination von Terrazzo und Steinfliesen. Bis zu einer Höhe von 1,80 m bestand der Wandputz aus Zementmörtel und dann aus feinerem Kalkmörtel. Verputzt war auch die in Holz konstruierte Decke des Raumes. Eingangstür und Fensterrahmen waren aus Eichenholz gefertigt und sämtliche Flächen und Holzteile durch Anstriche mit unterschiedlicher Farbigkeit behandelt, die mit dem gelben Kathedralglas der Fenster wohl einen mit Robert Sterns Kölner Beispielen vergleichbaren Farbenrausch hervorgeru-

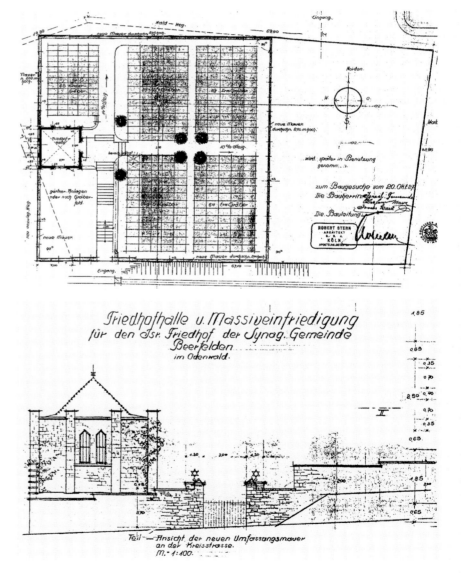

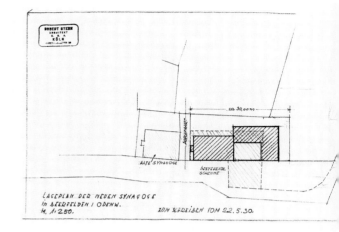

oben links: Die Friedhofshalle in den 1930er Jahren. Foto: Stadt Beerfelden

unten links: Der jüdische Friedhof Beerfelden im Jahr 2003. Foto: Stadt Beerfelden

oben rechts: Lageplan der neuen Synagoge. Abb.: Bauunterlagen der Stadt Beerfelden

unten rechts: Ansichtszeichnung der neuen Synagoge. Abb.: Bauunterlagen der Stadt Beerfelden

rechte Seite oben: Ansichtszeichnung der geplanten Volksbadeanstalt. Abb.: Bauunterlagen der Stadt Beerfelden

unten links: Lageplan der geplanten Volksbadeanstalt vom 20.5.1930. Abb.: Bauunterlagen der Stadt Beerfelden

Mitte rechts: Variante des Lageplans der geplanten Volksbadeanstalt. Abb.: Bauunterlagen der Stadt Beerfelden

darunter: Grundrisse der geplanten Volksbadeanstalt. Abb.: Bauunterlagen der Stadt Beerfelden

fen haben. In der Reichspogromnacht wurde die Friedhofshalle angezündet, die Ruine jedoch erst nach 1945 abgebrochen.

QUELLEN UND LITERATUR:
- Bauunterlagen der Stadt Beerfelden
- Ein Architekten-Jubiläum. In: Gemeindeblatt der Synagogengemeinde vom 31.8.1934
- Jüdisch-liberale Zeitung vom 14.9.1928
- Uri Kaufmann: Die Beerfeldener Juden 1691–1942. Beerfelden 2003, S. 52–54 (Hg. Stadt Beerfelden)

Beerfelden, Odenwaldstraße
Synagoge mit Lehrerwohnung
Planung: 1929/30
Bh.: Israelitische Gemeinde Beerfelden

In Bezug auf die Verwendung von Rundbogenmotiven, Arkaden und Rundfenstern bei einer betont schlichten, eher traditionellen Architektur erinnert die Synagoge in ihrer Grundhaltung an die etwas ältere Ehrenfelder Synagoge. Es ist bekannt, dass Abraham Salomon Rosenthal, der Finanzier dieses Neubaus, die Absicht hatte, in der Umgebung der alten Synagoge Ställe zu erwerben, was ihm aber nicht gelang. Die neue Synagoge nebst Lehrerwohnhaus sollte in unmittelbarem Anschluss an die alte Synagoge entstehen. Ein Vergleich mit der Ansichtszeichnung und dem Lageplan vom 22.5.1930 lässt vermuten, dass zu jener Zeit unterschiedliche Entwurfsvarianten diskutiert wurden.

QUELLEN UND LITERATUR:
- Bauunterlagen der Stadt Beerfelden
- Bauwelt. Jg. 20, 1929, S. 1110 (Hinweis/fälschlicherweise mit der Angabe Beerfelde)
- Uri Kaufmann: Die Beerfeldener Juden 1691–1942. Beerfelden 2003 (Hg. Stadt Beerfelden)

Beerfelden, Airlenbacher Straße
Planung Volksbadeanstalt mit Erfrischungsgebäude, Kinderhort und Sportplatzanlage „A. S. Rosenthalsches Volksbad"
Planung: 1929/30
Bh.: Abraham Salomon Rosenthal

Der Lageplan vom 20.5.1930 zeigt eine in ihrer Gesamtdisposition an die Kölner Friedhofsbauten erinnernde Anlage mit zentralem Mittelbau und beidseitigen Nebengebäuden, die durch Arkaden mit dem zentralen Gebäude verbunden werden. Zentrum ist die Badeanstalt, der sich zur Rechten das Erfrischungsgebäude mit dem Restaurant und zur

Badeanstalt für Beerfelden i. Odenwald

Linken der Kinderhort angliedern. Westlich des Erfrischungsgebäudes mit seinen Aussichtsterrassen war eine große Sportplatzanlage beziehungsweise ein Stadion für Fußballspiele vorgesehen. Den Detailplänen vom 15.5.1930 und einer undatierten Baubeschreibung Robert Sterns ist zu entnehmen, dass die Badeanstalt als Hallenbad gedacht war mit einer Wohnung im vorderen Teil des Gebäudes. In ihrer Mittelachse sollte im Außenbereich ein Freibad angelegt werden. Eine große, als Spielplatz dienende Freianlage sollte auch um den Kinderhort entstehen. Die nur in einer äußerst schlechten Fotokopie bei der Stadt Beerfelden erhaltene Ansichtszeichnung verrät, dass Robert Stern Varianten zu dem Gebäudekomplex entwickelt haben muss. Finanzier dieses wegen der damaligen Notsituation fallengelassenen Projektes war Abraham Salomon Rosenthal, der den veranschlagten Geldbetrag stattdessen in eine Stiftung, die „Rosenthalsche Wohlfahrts-Stiftung", einbrachte.

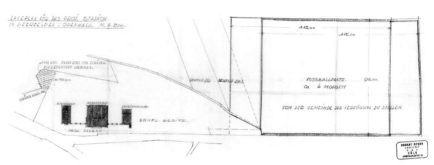

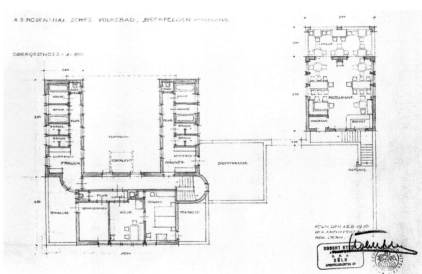

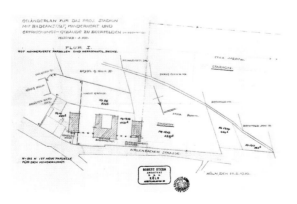

QUELLEN UND LITERATUR:
- Bauunterlagen der Stadt Beerfelden
- Bauwelt, Jg. 20, 1929, S. 1110 (Hinweis / fälschlicherweise mit der Angabe Beerfelde)
- Uri Kaufmann: Die Beerfeldener Juden 1691–1942. Beerfelden 2003, S. 80–84 (Hg. Stadt Beerfelden)

Emma und Simon Stern im Jahre 1905. Foto: Privatbesitz Eric Stern

SIMON STERN

Bauunternehmer, Anstreicher, Kaufmann
gest. 21.3.1927

Simon Stern war der Sohn von Michael Stern (geb. 1835, gest. 24.8.1910 in Essen) und Bruder von Hermann Stern, Markus Stern (gest. 23.1.1928 im Alter von 66 Jahren), Leopold Stern (geb. 1.7.1866, gest. 27.10.1928) und Moritz Stern. Verheiratet war er mit Emma Stern, geb. Wolf (gest. 2.7.1919 in Köln). Er war der Vater des Architekten Robert Stern (geb. 8.11.1885 in Köln, gest. 13.3.1964 in New York), des Kaufmanns Willy Stern (geb. 24.5.1894 in Köln, gest. 23.12.1929 in Köln), des Anwalts Walter Stern (geb. 14.1.1887 in Köln, gest. 8.7.1929 in Köln) und des Anwalts und Bankiers Dr. Julius Stern (geb. 26.12.1889 in Köln, gest. 1965 in New York). Wie Simon Sterns Ehefrau Emma sollen auch zwei weitere Kinder, eine Tochter und ein Sohn, an den Folgen einer Grippeepidemie gestorben sein. Ein Sohn von Willy Stern ist Eric Stern (geb. 1921 in Köln) und von Walter Stern Franz Gabriel Stern (wohnhaft in Herzlia/Israel).

Simon Stern ist erstmals im Jahr 1886 in Köln – mit der Berufsbezeichnung Anstreicher und der Adresse Thieboldsgasse 9 – nachweisbar. 1896 bezeichnete er sich als Dekorationsmaler und Anstreicher, wohnhaft Beethovenstr. 6 und mit der Geschäftsadresse Engelbertstr. 64. Zu dieser Zeit betrieb er schon seit einigen Jahren nebenher ein Immobiliengeschäft, in dem er auf eigene Kosten – und vermutlich in Verbindung mit einem oder mehreren befreundeten Architekten – meist größere Mehrfamilienhäuser in bevorzugten Lagen errichten ließ und nach wenigen Jahren wieder verkaufte. Im Jahre 1898 firmierte er als Dekorationsmaler und Inhaber eines Anstreichergeschäftes, wohnhaft Hansaring 86 und mit der Geschäftsadresse Erftstr. 10. Mit dem Bau des Mehrfamilienhauses Brüsseler Str. 85 (alte Nummer 159) 1903/04 bezeichnete er sich als Bauunternehmer, während einige Jahre später sein Eintrag im Adressbuch o.G., also ohne Gewerbe, lautete. Ab dem Jahr 1905 ist als für ihn tätiger Architekt Hans Reitsamer namentlich bekannt, der für ihn auch das viel beachtete Mehrfamilienhaus Volksgartenstr. 32/Ecke Vorgebirgstraße baute, in dem er selbst für einige Jahre wohnte und in dem bald auch sein Sohn Robert sein erstes Architekturbüro eröffnete. Ab etwa 1912 heißt der Eintrag im Adressbuch für einige Jahre Kaufmann und in seinen letzten Lebensjahren dann o.G. Mit der Eröffnung des Architekturbüros seines Sohnes Robert am 1.9.1909 wurde ausschließlich dieser als für ihn entwerfender Architekt beschäftigt. Ab dieser Zeit wirkte Simon Stern auch als Makler und Vermarkter der von Robert Stern für sich und für Freunde errichteten Häuser, aber auch als Verwalter seines eigenen Immobilienbesitzes, der – beispielhaft für das Jahr 1915 – die Häuser Bismarckstr. 13, Kalker Hauptstr. 211–213, Liebigstr. 159, Oberländer Wall o.Nr., Raschdorffstr. 19, Severinstr. 228 und 232 und Titusstr. 20–24 umfasste. Von 1913 bis zu seinem Tod wohnte Simon Stern, der nie ein Bauunternehmer im klassischen Sinn, also mit der Vorbildung Maurermeister oder Baugewerksmeister war, in dem ihm gehörenden, aber nicht von ihm gebauten Wohn- und Geschäftshaus Bismarckstr. 13. Bestattet ist er zusammen mit seiner Ehefrau auf dem Jüdischen Friedhof in Vogelsang.

QUELLEN UND LITERATUR:
- Freundliche Mitteilungen und Unterlagen von Eric Stern/USA
- Freundliche Mitteilungen und Unterlagen von Rudi Romberg/USA
- Die Architektur des XX. Jahrhunderts, Jg. 7, 1907, Taf. 75 (Volksgartenstr. 24/Raschdorffstr. 15)
- Wolfram Hagspiel: Bauten und Architekten in Braunsfeld von 1900 bis zur Gegenwart. In: Max-Leo Schwering: Köln: Braunsfeld – Melaten. Köln 2004, S. 271–336

KÖLNER BAUTEN

um 1890	Neustadt, Beethovenstr. 6, Mehrfamilienhaus Simon Stern (Architekt unbekannt)	
um 1890	Neustadt, Beethovenstr. 20, Mehrfamilienhaus Simon Stern (Architekt unbekannt)	
1896/97	Neustadt, Hansaring 82, Wohn- und Geschäftshaus Simon Stern (Architekt unbekannt)	
1896/97	Neustadt, Hansaring 84, Wohn- und Geschäftshaus Simon Stern (Architekt unbekannt)	
1896/97	Neustadt, Hansaring 86, Wohn- und Geschäftshaus Simon Stern (Architekt unbekannt)	
1903/04	Neustadt, Brüsseler Str. 85, Mehrfamilienhaus Simon Stern (Architekt unbekannt)	
1903/04	Neuehrenfeld, Liebigstr. 171, Mehrfamilienhaus Simon Stern (Architekt unbekannt)	
1903/04	Neuehrenfeld, Liebigstr. 175, Mehrfamilienhaus Emil Saß (Architekt unbekannt)	
1905	Braunsfeld, Raschdorffstr. 19, Halbvilla Simon Stern (Architekt unbekannt)	
1905/06	Braunsfeld, Raschdorffstr. 21–23, Doppelvilla Gebr. Jäger/Simon Stern u. Hermann Meyer (Architekt vermutlich Hans Reitsamer)	
1905/06	Neustadt, Volksgartenstr. 32/ Vorgebirgstr., Mehrfamilienhaus Simon Stern (Architekt Hans Reitsamer)	
1906/07	Braunsfeld, Raschdorffstr. 9–11, Doppelvilla Simon Stern/Emil Saß (Architekt vermutlich Hans Reitsamer)	
1910	Lindenthal, Franzstr. 77, Villa Simon Stern/Hermann Meyer (Architekt Robert Stern)	
1911/12	Kalk, Kalker Hauptstr. 211–213, Wohn- und Geschäftshaus mit Kino (Architekt vermutlich Robert Stern)	
1912/13	Neustadt, Titusstr. 20, 22, 24, Mehrfamilienhäuser Simon Stern (Architekt Robert Stern)	

Die Halbvilla Raschdorffstr. 11. Foto aus: Die Architektur des XX. Jahrhunderts, 1907, Taf. 75

Das Mehrfamilienhaus Volksgartenstr. 32. Foto aus: Die Architektur des XX. Jahrhunderts, 1907, Taf. 75

Dr. Artur Wachsberger in Haifa um 1942. Foto: Privatbesitz Ina Koep-Wachsberger

ARTUR (ARTHUR) WACHSBERGER

Innenarchitekt, Kunsthistoriker, Dr. phil.
geb. 7.5.1891 in Troppau/Mährisch-Schlesien,
gest. 1943 in Haifa/Palästina

Artur Wachsberger entstammte einer jüdischen Kaufmannsfamilie aus Troppau. Nach dem Besuch der Schule in seinem Geburtsort folgte das Studium der Kunstgeschichte an der Universität Wien, das er 1914 mit der 1916 in Berlin in Buchform erschienenen Dissertation „Stilkritische Studien zur Wandmalerei Chinesisch-Turkestans" abschloss. Nach der Promotion war er Leiter des dortigen kunsthistorischen Instituts für Ostasiatika. In dieser Funktion wurde Wachsberger 1914 nach Köln gerufen, um bei der Einrichtung des Museums für Ostasiatische Kunst und bei der Inventarisierung behilflich zu sein. Hier lernte er Anna Maria Lehmann kennen, die er nach der Geburt des Sohnes Artur Alexander (später zeitweise auch Fred genannt) im Jahre 1915 in Wien heiratete. Im Ersten Weltkrieg diente Wachsberger als Oberleutnant bei der österreichischen Armee. Nach dem Krieg trat er in Köln in die Firma seines Schwiegervaters, das 1892 gegründete Tapetengeschäft Gustav Carl Lehmann, ein, das er – nach Eigentumsübertragung an ihn und seinen Schwager Fritz Lehmann (geb. 1896, gest. 1978) um 1923 – in den folgenden Jahren zu einem der führenden Kölner Einrichtungsgeschäfte ausbaute. Durch seine Wiener Verbindungen erhielt die Firma Lehmann die Generalvertretung der Wiener Firma „Haus und Garten" der Architekten Josef Frank und Oskar Wlach, mit denen er sich auch privat eng verbunden fühlte. Auch stellte die Firma Lehman mit Lizenz für Deutschland in eigener Werkstatt sämtliche Polstermöbel der Wiener Firma her. Auf seine Initiative hin wurde Josef Frank mit einem damals in Köln kontrovers diskutierten Umbau des Geschäftshauses am Hohenzollernring beauftragt, der im Dezember 1928 abgeschlossen war.[1] Auffällig war hier vor allem die von der Kölner Firma Heinrich Pallenberg ausgeführte Fassade, die vor den in seiner Struktur erheblich umgebauten gründerzeitlichen Bau montiert wurde und ihm so zumindest in Teilen das Aussehen eines avantgardistischen Neubaus verlieh. Sie bestand aus einem kräftig rötlichbraunen Teakholz, in das – quasi eingeschnitten – großflächige Fenster mit Metallrahmen eingesetzt waren. Ein besonderes Augenmerk galt den Verkaufsräumen, die jetzt großzügig und klar im Sinne der avantgardistischen Moderne gegliedert waren.

Schon direkt nach dem Ersten Weltkrieg war Wachsberger eng eingebunden in die avantgar-

links: Dr. Artur Wachsberger in den 1920er Jahren in Köln. Foto: Privatbesitz Ina Koep-Wachsberger

rechts: Von links nach rechts: Ina und Anna Wachsberger, Wilhelm Riphahn und Adolf Worringer (?) am Rheinufer nahe der Bastei ca. 1930. Foto: Privatbesitz Ina Koep-Wachsberger

distische Kölner Szene, in den Kreis um Max Ernst, Theo Baargeld, Franz Wilhelm Seiwert, Heinrich Hoerle, Hans Hansen, Alfred Tietz und andere.[2] So war er 1919 Mitglied der „Gesellschaft für Künste" in Köln, für die er Vorträge hielt mit Themen wie „Aktive Kunst im öffentlichen Leben"[3] oder „Mensch und Gemeinschaft"[4]. Ferner war er 1919/20 Mitarbeiter der von Karl Nierendorf herausgegebenen Avantgarde-Zeitschrift „Der Strom"[5]. Im Kairos-Verlag des später in Berlin ansässigen Galeristen Karl Nierendorf, in dem auch Max Ernst, Heinrich Hoerle, Otto Freundlich, Franz Wilhelm Seiwert, Johannes Theodor Kuhlemann und Richard Maximilian Cahen publizieren, veröffentlichte er 1919 das Buch „Mensch und Gemeinschaft".[6] Er zählte aber auch zu den direkten Förderern der Kunst und Künstler, in dem er durch die Firma Gustav Carl Lehmann Wettbewerbe ausschreiben ließ, wie zu Beginn des Jahres 1921 einen für Entwürfe zu künstlerischen Tapeten, dessen Ergebnisse im März 1921 im Kunstgewerbemuseum gezeigt wurden. 1928 gehörte er zu den von der Regierung ernannten Mitgliedern im Ausschuss für die Kölner Werkschulen, in dem Konrad Adenauer den Vorsitz hatte.[7] Dazu zählten unter anderem Alfred Neven DuMont, Arnold von Guilleaume, Joseph Feinhals, Richard von Schnitzler, Carl Moritz und Richard Riemerschmidt. Konrad Adenauer war es, der Artur Wachsberger zu wichtigen städtischen Prestigeprojekten heranzog, wie der internationalen Ausstellung des gesamten Pressewesens „Pressa" im Jahre 1928, bei der er zum Mitglied des Kunstausschusses ernannt wurde.[8]

Eine besonders enge Freundschaft entwickelte sich in jenen Jahre zu dem 1928 zum Direktor des Kunstgewerbemuseums ernannten Dr. Karl With[9], unter dessen bis 1933 dauernden Aegide das Museum neu strukturiert und auch architektonisch modernisiert wurde. Zu Wachsbergers Firmenphilosophie gehörte es, namhafte Künstler – meist der Kölner Szene – für Entwürfe seiner Produkte zu gewinnen. Besonders deutlich wurde dieses auf der vom Deutschen Werkbund initiierten, im Staatenhaus der Messe veranstalteten Ausstellung „Wachsende Wohnung und Einzelgerät" im Jahre 1929, bei der Karl With, der Direktor der Kölner Werkschulen, Richard Riemerschmid, der Architekt Josef Op Gen Oorth und Clemens Tietmann, der Direktor der Messe, die Ausstellungsleitung bildeten. Im Ausstellungsausschuss befand sich neben namhaften Architektenpersönlichkeiten

☛ **Gust. Carl Lehmann**
(Inh.: Fritz Lehmann u. Dr. Artur Wachsberger).
Hohenzollernring 48.
Güteranfuhr: Friesenwall 47.
☞ Anno 2270. Mosel 1888 u. 1889
(Sammelnummer Anno 210981).
PSK 15380.
Groß- u. Kleinhandel in
Tapeten, Wandspannstoffen,
Dekorationsleisten,
Linoleum
Korkfußboden, Gummibelag,
sowie sämtlichen Nebenartikeln.
Velour-, Bukle- u. Kokos-
Läufer u. Teppiche.
Dekorations- u. Möbelstoffe.
Polstermöbel
in großer Auswahl.
Gen.-Vertr. v. Haus u. Garten, Wien
Sitz- u. Polster-Möbel.

Inserat aus Greven's Kölner Adreßbuch 1929

Inserat aus Ausstellungskatalog „Wachsende Wohnung" 1929

wie Adolf Abel, Fritz Fuß, Clemens Klotz, Wilhelm Riphahn, Hans Schumacher und Theodor Veil – wie selbstverständlich – Artur Wachsberger. Hier präsentierte das Haus Gustav Carl Lehmann Möbelstoffe nach Entwürfen von Josef Frank aus Wien, Tapeten nach Entwürfen der Architekten und Künstler Carl Bernhard, Josef Kölschbach und Paul Schröder.[10] Beteiligt war die Firma an den Gestaltungen der Räume unter anderem von Clemens Klotz, Wilhelm Riphahn und Hans Schumacher. Für zahlreiche andere Musterräume lieferte sie teilweise Einrichtungsgegenstände nach eigenen Entwürfen. Beteiligt war er mit der Firma Gustav Carl Lehmann im Februar/März 1929 auch an der viel beachteten, vom Architekten und Kunstgewerbler Hans Heinz Lüttgen initiierten Ausstellung „Raum und Wandbild" im Kölnischen Kunstverein. Eine enge geschäftliche und künstlerisch Verbindung bestand vor allem zu den Architekten Adolf Abel, Martin Elsaesser, Hans Heinz Lüttgen, Wilhelm Riphahn und Hans Schumacher.

Von den innenarchitektonischen Projekten sind nur wenige benennbar wie z.B. die von Paul Bonatz entworfene Villa Hans Carl Scheibler, Germanicusstr. 3 in Köln-Marienburg, für die er 1925 als Innenarchitekt wirkte[11], oder die Villa Alfred Tietz, Parkstr. 61 in Köln-Marienburg, die er im Jahre 1929 mit umgestaltete[12]. Im Zusammenhang mit der Publizierung einer Innenansicht dieser Villa in der renommierten Architekturzeitschrift „Innen-Dekoration" annoncierte Artur Wachsbergers Firma als Generalvertretung der Firma „Haus und Garten" in der selben Ausgabe. Aus der gleichen Zeit dürfte auch die Einrichtung der Wohnung Dolly Haas in Berlin stammen. Bekannt ist sein Wirken an dem 1930–32 nach Entwürfen von Martin Elsaesser gebauten Haus Philipp F. Reemtsma in Hamburg.[13]

Mit Inseraten der Firma Gustav Carl Lehmann unterstützte Wachsberger zahlreiche Ausstellungskataloge und auch Künstlerprojekte, wie das von Heinrich Hoerle 1929 bis 1932 herausgegebene „Organ der progressiven Künstler" „a bis z"[14]. Ab Januar 1931 inserierte er hier erstmals auch für sein neues Geschäft in der Minoritenstraße, in dem vor allem Kleinkunst verkauft wurde. Dieser Laden hatte seinen Ursprung in den 1908 von Felix Krüger (geb. 31.3.1875 in Dessau, gest. 26.11.1945 in Potsdam) eröffneten „Werkstätten für angewandte Kunst G.m.b.H.", Minoritenstraße 7 und 9, einem Tochterunternehmen der von Bruno Paul, Peter Behrens, Richard Riemerschmid und anderen in München gegründeten „Vereinigten Werkstätten für Kunst im Handwerk".[15] 1920 wurde der Architekt und Raumkünstler Rolf Distel[16] (geb. 15.5.1897, gest. 14.3.1968) Partner in dieser Kölner Firma, die fortan unter „Kunstwerkstätten Krüger & Distel G.m.b.H." firmierte, bis Felix Krüger 1926 gänzlich aus dieser Firma ausschied. Rolf Distel reduzierte das Geschäft auf den Laden im Haus Minoritenstraße 7. Den Laden im Haus Nr. 9 übernahm die Gardinenfirma Richard Rosenberg, die ihr Geschäft durch die Architekten Wilhelm Riphahn und Caspar Maria Grod höchst modern umbauen ließ. 1930 veräußerte Rolf Distel dann auch seinen Laden im Haus Nr. 7, dessen neuer Eigentümer die Firma Gustav Carl Lehmann wurde. In ihm wirkte vor allem Anna Maria Wachsberger.

links: Das Geschäft Gustav Carl Lehmann mit der neuen Teakholz-Fassade. Foto aus: Rheinische Heimatblätter, 1930

rechts: Das Geschäft Gustav Carl Lehmann, Hohenzollernring 48. Foto aus: Die Bauschau, 1928, H. 21, S. 17

Im Jahre 1932, also vor der Machtergreifung der Nationalsozialisten, verließ Artur Wachsberger zunächst alleine und als Tourist Deutschland, um die Chancen für ein Leben in Palästina zu erkunden, während seine Ehefrau sich in dieser Zeit um die „Kunstwerkstätten Vertriebsgesellschaft m.b.H." in der Minoritenstraße kümmerte. Nach seiner Rückkehr emigrierte er dann noch Ende des Jahres 1933 zusammen mit seiner Frau und seiner Tochter Ina (geb. 7.6.1921 in Köln, gest. 16.8.2001 in Erftstadt) endgültig nach Palästina. Nicht mit in die gemeinsame Emigration ging dagegen der Sohn, Fred Wachsberger, der Geschäftsführer der Firma in der Minoritenstraße wurde, während das Geschäft am Hohenzollernring gänzlich alleine Fritz Lehmann betrieb. Wann Fred Wachsberger Deutschland verlassen hat ließ sich nicht ermitteln. In Tel Aviv gründete Artur Wachsberger im Jahre 1934 das viel beachtete Möbelgeschäft „The Cultivated Home", mit dem er eine Pioniertat auf dem Gebiete einer in Palästina bisher unbekannten Wohnkultur leistete. Für diese Firma arbeitete als Innenarchitekt und Möbeldesigner z.B. der 1934 emigrierte Architekt Paul Engelmann[17] (geb. 14.6.1891 in Ölmütz, gest. 5.2.1965 in Tel Aviv). Knapp neun Jahre später, im Jahre 1943, verstarb

Werbung des Kairos-Verlags. Abb. aus: Der Strom, 1919, H. 1

links: Eingangssituation des Hauses Hohenzollernring 48. Foto aus: Die Bauschau, 1928, H. 21, S. 18

rechts: Artur Wachsberger (Pfeil) im Kreis renommierter Kölner Architekten ca. 1929. Foto: Privatbesitz Ina Koep-Wachsberger

Mitte links: Teppichverkaufsraum im Haus Gustav Carl Lehmann. Foto aus: Die Bauschau, 1928, H. 21, S. 18

Mitte rechts: Zimmer Margarete Tietz in der Villa Parkstraße 61. Foto aus: Innen-Dekoration, 1930, S. 433

links: Inserat aus der Innen-Dekoration, 1930, H. 11

rechts: Inserat aus der Zeitschrift „a bis z", H. 13, Januar 1931

Artur Wachsberger 1943 in Haifa an den Folgen eines Herzinfarktes.

Nach dem Krieg kehrte Anna Maria Wachsberger mit ihrer Tochter Ina nach Köln zurück und betrieb ab 1956 bis gegen Ende der 1960er Jahre in dem 1955/56 von dem Architekten Hubert Molis[18] (geb. 2.10.1899 in Köln, gest. 17.5.1969 in Köln) für sich selbst gebauten Wohn- und Geschäftshaus Große Budengasse 11 die „Kunstwerkstätten", die in der Tradition des einst zusammen mit ihrem Mann betriebenen Geschäftes standen. Als Kauffrau war in diesem Einrichtungs- und Kunstgewerbegeschäft auch ihre Tochter Ina beschäftigt, die später den Erftstädter Architekten Georg Koep (geb. 30.5.1920 in Erftstadt-Blessem, gest. 18.4.1995 in Erftstadt) heiratete und zeitweise auch selbst als

Innenarchitektin firmierte. Direkt nach dem Krieg kehrte auch der Sohn von Anna und Dr. Artur Wachsberger, Artur Alexander (gen. Fred) Wachsberger nach Köln zurück, der laut Einträgen in den Adressbüchern jetzt als Handelsvertreter tätig war.

QUELLEN UND LITERATUR:
- Freundliche Mitteilungen von Frau Ina Koep-Wachsberger, Erftstadt
- Hans Schmitt-Rost: Die Progressiven und ihre Freunde. Vom Dadamax bis zum Grüngürtel – Köln in den zwanziger Jahren. Ausst.-Kat.
- Innen-Dekoration, Jg. 40, 1929, S. 220 Kölnischer Kunstverein 1975, S. 78–81
- Wolfram Hagspiel: Köln: Marienburg. Bauten und Architekten eines Villenvorortes. Köln 1996, S. 205–207, 596–599, 955–956
- Wolfram Hagspiel: Der Kölner Architekt und Raumkünstler Rolf Distel (1897–1968). In: Stefanie Lieb (Hg.): Form und Stil. Festschrift für Günther Binding zum 65. Geburtstag. Darmstadt 2001, S. 366–371
- Wulf Herzogenrath (Hg.): Max Ernst in Köln. Die rheinische Kunstszene bis 1922. Ausst.-Kat. Kölnischer Kunstverein 1980, S. 31, 117, 119–120, 132, 151
- Christopher Long: Josef Frank. Life and Work. Chicago 2002
- Anja Walter-Ris: Die Geschichte der Galerie Nierendorf. Diss. phil Berlin 2000
- Artur Wachsberger: Die Wandmalerei Chinesisch-Turkestans. Diss. Universität Wien 1914
- Artur Wachsberger: Stilkritische Studien zur Wandmalerei Chinesisch-Turkestans. Berlin 1916
- Artur Wachsberger: Mensch und Gemeinschaft. Köln 1919
- Artur Wachsberger (Einl.): Martin Elsaesser, Bauten und Entwürfe aus den Jahren 1924–32. Berlin 1933
- Hermann Hipp, Roland Jaeger, Johannes Weckerle (Hg.): Haus K. in O. 1930–32. Eine Villa von Martin Elsaesser für Philipp F. Reemtsma. Berlin 2005
- Wachsende Wohnung und Einzelgerät. Ausstellungen Köln 1929 im Staatenhaus. Ausstellungskatalog Köln 1929
- Myra Warhaftig: Sie legten den Grundstein. Leben und Wirken deutschsprachiger jüdischer Architekten in Palästina 1918–1948 Berlin 1996, S. 252–261
- Maria Welzig: Josef Frank (1885–1967). Das architektonische Werk. Wien (Böhlau) 1998
- Ulrich Wiesner: Museum für Ostasiatische Kunst Köln. Zum 75jährigen Jubiläum des Museums. Köln 1984
- Die Ziele des Deutschen Werkbundes. In: Die Form, Jg. 5, 1930, S. 612–614

1   Wandel auf dem Kölner Ring. Eine Fassade aus Teakholz. In: Die Bauschau, Jg. 3, 1928, H. 21, S. 17–18
    Stadt-Anzeiger vom 13.12.1928
    Luise Straus-Ernst: Neue Geschäftshausbauten in Köln. In: Rheinische Heimatblätter, Jg. 7, 1930, S. 158–160 (Lehmann)
    Johannes Spalt, Hermann Czech (Hg.): Josef Frank 1885–1967. Ausstellungskatalog Wien 1981, S. 251
    Wolfram Hagspiel: Großbauten und Privathäuser 1927–1933. In: Köln und seine Bauten 1928–1988. Köln 1991, S. 69–76

Die „Kunstwerkstätten" in der Minoritenstraße um 1938 (vor dem Laden Wittgenstein, dem „arisierten" Geschäft Rosenberg). Foto: RBA

Das Haus Große Budengasse 11. Foto aus: Heimatverein Alt-Köln (Hg.): In Köln verliebt – um Köln verdient. Köln 1973

2 Hans Schmitt-Rost: Die Progressiven und ihre Freunde. In: Vom Dadamax bis zum Grüngürtel – Köln in den zwanziger Jahren. Ausst.-Kat. Kölnischer Kunstverein 1975, S. 78–81
3 Stadt-Anzeiger vom 17.2.1919 und 19.2.1919
Wulf Herzogenrath (Hg.): Max Ernst in Köln. Die rheinische Kunstszene bis 1922, Köln 1980, S. 31, 151
4 Kölner Tageblatt vom 17.2.1919
Rheinische Zeitung vom 19.2.1919
5 Wulf Herzogenrath (Hg.): Max Ernst in Köln. Die rheinische Kunstszene bis 1922, Köln 1980, S. 117, 132
6 Artur Wachsberger: Mensch und Gemeinschaft. Köln 1919
Wulf Herzogenrath (Hg.): Max Ernst in Köln. Die rheinische Kunstszene bis 1922, Köln 1980, S. 119–120
7 Schulamt der Stadt Köln (Hg.): Die Berufsschulen, die Kaufmännischen Fachschulen und Technischen Lehranstalten in Köln. Denkschrift zur Eröffnung der Berufsschule Ulrepforte. Köln 1928, S. 154
8 Pressa Köln 1928. Amtlicher Katalog. Köln 1928, S. 50
9 Stadt-Anzeiger vom 30.10.1928
10 Wachsende Wohnung und Einzelgerät. Ausstellungen Köln 1929 im Staatenhaus. Ausstellungskatalog Köln 1929
11 Wolfram Hagspiel: Köln: Marienburg. Bauten und Architekten eines Villenvorortes. Köln 1996, S. 205–207
12 Wolfram Hagspiel: Köln: Marienburg. Bauten und Architekten eines Villenvorortes. Köln 1996, S. 596–599
Innen-Dekoration, Jg. 41, 1930, S. 430–434
13 Hermann Hipp, Roland Jaeger, Johannes Weckerle (Hg.): Haus K. in O. 1930–32. Eine Villa von Martin Elsaesser für Philipp F. Reemtsma. Berlin 2005
14 Nachdruck in: Uli Bohnen, Dirk Backes: Franz W. Seiwert, Schriften. Berlin 1978
15 Wolfram Hagspiel: Der Kölner Architekt und Raumkünstler Rolf Distel (1897–1968). In: Stefanie Lieb (Hg.): Form und Stil. Festschrift für Günther Binding zum 65. Geburtstag. Darmstadt 2001, S. 366–371
16 Wolfram Hagspiel: Der Kölner Architekt und Raumkünstler Rolf Distel (1897–1968). In: Stefanie Lieb (Hg.): Form und Stil. Festschrift für Günther Binding zum 65. Geburtstag. Darmstadt 2001, S. 366–371
17 Myra Warhaftig: Sie legten den Grundstein. Leben und Wirken deutschsprachiger jüdischer Architekten in Palästina 1918–1948. Berlin 1996, S. 252–261
Iris Meder: Offene Welten. Die Wiener Schule im Einfamilienhausbau 1910–1938. Diss.-phil. Universität Stuttgart 2003
18 Wolfram Hagspiel: Köln: Marienburg. Bauten und Architekten eines Villenvorortes. Köln 1996
Heimatverein Alt-Köln (Hg.): In Köln verliebt – um Köln verdient. Köln 1973

PERSONENREGISTER

Abel, Adolf (geb. 27.11.1882 in Paris, gest. 3.11.1968 in Bruckberg bei Ansbach) 74–75, 161, 163, 174, 202, 410, 436
Abelen, Heinrich (gest. 6.1.1966) 127
Abisch, Erna (geb. 28.4.1912, gest. ?) 19
Abisch, Heinz (geb. 1916, gest. 1959) 17
Abisch, Oskar (geb. 10.1.1886 in Sniatyn/Galizien, gest. 18.12.1948 in London) 16–27
Abisch, Toni (Taube), geb. Tannenzapf (geb. 1889, gest. 1969) 17–19
Abraham, Dr. Adolf 390
Abraham, Adolph 214
Abraham, Julius 214
Abraham, Leo (Israel) (geb. 13.3.1906 in Dürboslar, gest. in Minsk) 88
Adaß Jeschurun 405, 414
Adenauer, Konrad (geb. 5.1.1876 in Köln, gest. 19.4.1967 in Rhöndorf) 11, 75, 152–154, 160–161, 291, 298, 410–412, 435
Adenauer, Dr. Max (geb. 21.9.1910 in Köln, gest. 6.1.2004 in Köln) 301
Adler Automobil Verkaufsgesellschaft Willy Bleissem m.b.H. 166
Adler & Oppenheimer A.G. 180
Adler & Oppenheimer OHG 180
AG für Stickstoffdünger 221
Agrippinahaus-Aktiengesellschaft 102, 128–133
Ahlfeld, Eliezer-Arieh 27
Ahlfeld, Flora, geb. Pinthus 347
Ahlfeld, Ludwig (geb. 11.3.1902 in Nordhausen, gest. 1984 in Omer/Israel) 13, 27, 345, 368, 400–404, 407
Ahlfeld, Richard 347
Aktiengesellschaft für Betonbau Diss & Co. 129
Albermann, Wilhelm (geb. 28.5.1835 in Essen-Werden, gest. 9.8.1913 in Köln) 87
Albers, Josef (geb. 19.3.1888 in Bottrop, gest. 25.3.1976 in New Haven/Connecticut) 360
Alexander & Schneider 115
Alexander-Simon, Fred 427
Allgemeine Hoch- und Ingenieurbau-Aktiengesellschaft, Niederlassung Köln 263
Allgemeine Hoch- und Ingenieurbau Aktiengesellschaft 129, 192, 198
Alt-Köln G.m.b.H. 24, 144–145
AWG, Allgemeine Werkzeugmaschinen-A.-G. (393)
Gebr. Alsberg 337, 393
Geschwister Alsberg 389–390
Alsberg, Siegfried (geb. 14.12.1850, gest. 6.3.1935 in Köln) 337
Alsdorff, Carl (geb. 5.2.1866 in Köln, gest. 29.12.1924 in Köln) 139

Alsdorff, Josef 394
Alt-Köln G.m.b.H. 24, 144–145
Ambo-Stahl 317
Amelunxen, Dr. Rudolf (geb. 30.8.1888 in Köln, gest. 21.4.1969 in Düsseldorf) 290
A. Amerikaner & Cie. 384
Amerikaner, Albert (geb. 6.1.1882 in Windsheim, gest. 13.9.1943 in Buenos Aires) 384
Andreae, Otto, Wwe. Johanna, geb. Steinkauler (geb. 31.7.1840 in Köln-Mülheim, gest. 21.5.1917 in Köln) 377
Appelbaum, Anton 120
Architekten- und Ingenieurverein, AIV 14, 17–18, 43–44, 53–54, 57, 59, 152, 239, 241, 314–317, 323–324, 344, 361
Van den Arend, Nikolaus (geb. 1870 in Den Haag, gest. 1940 in den USA) 140
Armenstiftung 62
Arntz, Wilhelm (geb. 6.6.1885 in Weidenthal/Pfalz, gest. 21.5.1959 in Köln) 78–79
Asaria, Zvi (Helfgott) (geb. 8.9.1913 in Beodra, gest. 22.5.2002 in Israel) 13, 300
Ashmore, Benson, Peace & Co Ltd. 19
Auerbach, Dr. Benjamin (geb. 24.9.1855 in Solingen-Wald, gest. 18.11.1940 in New York) 358, 396, 425
Auerbach, Caroline, geb. Kaufmann (geb. als Perle Leib), (geb. 30.3.1803 in Garzweiler, gest. 11.8.1850 in Vreden) 29
Auerbach, Elisabeth Wilhelmina, geb. Fischer (geb. 6.4.1828 in Köln, gest. 7.2.1908 in Bonn-Bad Godesberg ?) 29
Auerbach, Ida, geb. Kohn (geb. 1869, gest. 1942) 358, 425
Auerbach, Isaak (geb. 11.4.1827 in Vreden/Kreis Ahaus, gest. 9.6.1875 in Köln) 11, 28–34
Auerbach, Levy (geb. um 1794, gest. 14.7.1860 in Vreden/Kreis Ahaus) 29
Auerbach, Dr. Selmar (geb. 1872, gest. 1934 in Köln) 395
Auerbach, Selmar, Wwe. Johanna, geb. Rothschild (geb. 2.4.1873, gest. 17.9.1942 in Auschwitz) 395
Auerbach, Wilhelm 395
Baargeld, Theo (geb. 9.10.1892 in Stettin, gest. 18.8.1927 am Mont Blanc) 435
Bachmann, Prof. Paul (geb. 30.5.1875 in Altenburg/Thüringen, gest. 1.1. oder 20.6.1954 in den USA) 118, 386–387
Baden 25
Bäcker, Carl 275
Bäcker-Frey, Maria 249, 275
Baer, Tiene 329–333
Bahr, Erich 88
Baier, Dr. Otto (gest. 10.5.1942 in Russland im Alter von 45 Jahren) 222
Ballof, Felix Theodor (geb. 17.5.1903 in Wuppertal-Barmen) 317

Bamberger, Amalie (Koppel), (geb. 5.7.1820 in Ahlen/Kreis Hamm, gest. 23.3.1906 in Paderborn) 335
Bamberger, Ida (geb. 29.3.1851, gest. 18.5.1926 in Köln) 379
Bamberger & Hertz 131, 133
Band, Karl (geb. 8.11.1900 in Köln, gest. 6.10.1995 in Köln) 122, 165
Bandel, Ernst von 344
Baranke, Hans 145
Barschdorff, Walter 40
Bartels, Hugo Constantin 244
Bartenstein, Dr. Ludwig 425
Bartning, Otto (geb. 12.4.1883 in Karlsruhe, gest. 20.2.1959 in Darmstadt) 410
Barth, Julius 396
Bartsch, Richard 273–274
Bashan, Lynda 15
Bastian, Franz L. (geb. 1910 in München) 50–51
Baubüro des Eisenbahn-Betriebsamtes I 221
Baugenossenschaft Kölner Universität e.G.m.b.H. 68–69
Baugesellschaft Falck m.b.H. 102, 104–105, 155–156
Baugesellschaft Kielerstraße m.b.H. 102, 106, 169, 172–173
Baugesellschaft Kremer m.b.H. 105
Bauhütte 68
Baum, Karl-Josef 15
Baumann, August (geb. 24.10.1829 in Paderborn, gest. 18.3.1909 in Berlin) 335
Baumann, Carl 120
Baumann, Herbert (geb. 5.6.1922 in Köln, gest. 26.3.1997 in Köln) 145
Baumann, Peter (geb. 20.1.1889 in Köln, gest. 15.2.1953 in Köln) 86
Baumgarten, Carl 381–382
Baumgarten & Mergentheim 381
Baums 31
Peter Bauwens Bauunternehmung 134–136, 389
Bayer AG 260–262, 285
Bayern 25
Beck, Hans 99
Becker-Jákli, Dr. Barbara 14, 246
Becker, Frieda, geb. Müller 324
Becker, Hedwig Thusnelda (geb. 26.6.1881 in Köln, gest. 11.11.1940 in Bonn) 324
Becker, Dr. Hermann 324
Becker, Hermann Heinrich (geb. 15.9.1820 in Wuppertal-Elberfeld, gest. 9.12.1885 in Köln) 324
Becker, Lore 355
Becker, Ludwig (geb. 19.11.1855 in Köln, gest. 13.7.1940 in Mainz) 323
Beermann, Carola (Henriette Ottilie), (geb. 5.10.1896 in Kassel, gest. 10.5.1942 in Kulmhof) 35

Beermann, Elise Rosalie, geb. Hirsch (geb. 22.1.1870 in Kassel, gest. 25.2.1943 in Theresienstadt) 35
Beermann, (Falk) Fritz (geb. 10.11.1856 in Schweringen, gest. 30.7.1928 in Köln) 11, 13, 35–41
Beermann, Moses 35
Behrens, Peter (geb. 14.4.1869 in Hamburg-Borgfelde, gest. 27.2.1940 in Berlin) 10–11, 70, 74–75, 94, 113, 134–136, 160–161, 163, 244, 321, 436
Below, Bernhard (geb. 23.9.1854 in Posen, gest. 26.10.1931 in Köln) 8–9, 294–301, 399
Belz, Angelika 15
Benatzky, Hubert (geb. 21.2.1920 in Aussig/Elbe, gest. 29.12.1988) 294–301
Bender 340
Benoit, Heinrich (geb. 17.2.1877 in Wuppertal-Elberfeld, gest. 14.1.1950 in Köln) 10, 70
Benz & Co. Rheinische Gasmotorenfabrik 383
Berendt, Julius (geb. 28.1.1881 in Danzig-Zoppot, gest. nach dem 19.10.1942 in Riga) 43
Berendt, Margarete Ida, geb. Bing (geb. 30.1.1893 in Köln, gest. nach dem 19.10.1942 in Riga) 43
Berendt, Ruth 43
Berg, Helmut (geb. 1920 in Köln, gest. 1943 in Auschwitz) 245–246
Berg, Hermann von (geb. 21.6.1881 in Köln, gest. 16.8.1964 in Köln) 395
Berg, Louis (geb. 20.3.1859, gest. 25.10.1934 in Köln) 9, 375
Bergbold, Wilhelm 221
Berger, Julius Isaak (geb. 1858 in Richrath, gest. 1930) 351–353
Bergerhausen, Johannes (geb. 16.6.1876 in Köln, gest. 20.1.1954) 10, 70
Bergische Dachpappen-Teerprodukte u. Asphaltfabrik Hergesell & Co., Bergisch-Gladbach 315
Berger (Bamberger), Dr. Ludwig (geb. 6.1.1892 in Mainz, gest. 18.5.1969 in Schlangenbad) 110
Berlage, Hendrik Petrus (geb. 21.2.1856 in Amsterdam, gest. 12.8.1934 in Den Haag) 349
Berndorff, Friedrich Wilhelm (geb. 28.12.1822 in Köln, gest. 10.2.1885 in Köln ?) 374
Berndorff, (Richard) Heinrich (geb. 18.3.1882 in Köln, gest. 2.7.1954 in Köln) 373–375
Berndorff, N. J. 373–375
Berndorff, Nikolaus Josef (geb. 19.5.1849 in Köln, gest. 3.11.1920 in Köln) 375
Bernhard, Carl (gest. 19.3.1938 im Alter von 59 Jahren) 436
Bernhard, Ernst 424

Berns, Jacob (geb. 17.6.1876 in Duisburg, gest. 1.7.1965) 137
Bernstein & Mayer 380
Besatzungsbauamt 62
Best, Hans (geb. 12.10.1874, gest. 27.1.1968) 425
Bestelmeyer, German (geb. 8.6.1874 in Nürnberg, gest. 30.6.1942 in Bad Wiessee) 70
Betonbau-Rapid G.m.b.H. 82
Betten, Albert (geb. 18.4.1872, gest. 14.12.1933 in Köln) 386–387
Beyerle, Heinrich 193
Billing, Hermann (geb. 7.2.1867 in Karlsruhe, gest. 2.3.1946 in Karlsruhe) 58
Binding, Prof. Wolfgang (geb. 30.11.1937 in München) 126
Bing, Adele, geb. Rausnitz (geb. 18.6.1865, gest. 26.10.1942 in Theresienstadt) 43
Bing, Adolf (geb. 1817 in Hechingen, gest. 19.7.1862 in Köln) 43
Bing, Adolf (geb. 19.12.1879 in Köln, gest. nach dem 29.1.1943 in Auschwitz) 43
Bing, Alice, geb. Isaacson (geb. 7.7.1887 in Köln, gest. nach dem 29.1.1943 in Auschwitz) 43
Bing, Auguste, geb. Cahen (geb. 4.11.1853, gest. 10.8.1933 in Köln) 43
Bing, Emilie 43
Bing, Ernst 43
Bing, Fanny, geb. Levy 43
Gebr. Bing (gegr. 1.5.1850) 10, 43
Gebr. Bing Söhne A.G. (23.10.1922–12.9.1940) 11, 43
Bing, Ida, geb. Aron (geb. 1827, gest. 21.9.1890 in Hannover) 43
Bing, Johanna 43
Bing, Karl (geb. 1.5.1858 in Köln, gest. 4.11.1930 in Köln) 11, 42–49
Bing, Margarete Ida (geb. 30.1.1893 in Köln, gest. nach dem 19.10.1942 in Riga) 43
Bing, Mayer 43
Bing, Mayer (Max) Albert (geb. 11.8.1850, gest. 1.10.1918 Köln) 43
Bing, Philippina 43
Birnbaum, Jakob (geb. 14.6.1907, gest. 13.7.1973) 268–269
Bischof, Cornelius 57
Blank, Peter 421
Blech, Sally 388
Bleissem, Willy 220
Blisniewski, Dr. Thomas 15
Blueband 19
Bluhm, Eduard 164–165
Gebrüder Bluhm 9, 164–165
Blumenau, Emil (gest. 4.1932) 279–280, 401, 409, 413–414, 426–427
Blumenau, Hans (geb. 1896 in Köln, gest. 1976 in London) 279–280
Blumenfeld, Carl 342

Blumenfeld, Otto 146–148, 151–152, 394
Boa-Schuhgesellschaft m.b.H. 388
Bodenheimer, Dr. Max (geb. 12.3.1865 in Stuttgart, gest. 19.7.1940 in Jerusalem) 11, 14, 243, 411–413
Böhm, Dominikus (geb. 23.10.1880 in Jettingen a. d. Mindel, gest. 6.8.1955 in Köln) 106–107, 167, 410
Böhm, Gottfried (geb. 23.1.1920 in Offenbach) 250
Böhmer, Dr. Anton (geb. 20.12.1899) 143
Bönneken, Anton 383
Bonatz, Paul (geb. 6.12.1877 in Solgne/Lothringen, gest. 20.12.1956 in Stuttgart) 10, 17, 70, 75, 129, 436
Bonn, Friederich (geb. 17.2.1875) 223
Bopp, Ludwig (geb. 18.2.1869 in Memmingen, gest. 10.1.1930 in Köln) 10–11
Bornorden, Dr. Hermann 396
Bosbach, Otto 248, 268–270, 274–276
Bour, Max de 315
Bräckerbohm, Ewald 299
Brandt, Joseph (geb. 31.8.1846 in Kerpen, gest. 19.2.1922 in Köln) 396
Brandt, Joseph & Willy 151–152
Brantzky, Franz (geb. 19.1.1871 in Köln, gest. 28.4.1945 in Dinkelsbühl) 70, 118, 349
Braque, Georges (geb. 13.5.1882 in Argenteuil, gest. 31.8.1963 in Paris) 139
Braun, Fritz (geb. 2.4.1896 in Solingen, gest. 12.12.1975 in Koblenz) 247, 249–250, 255
Bredt, Gustav (geb. 2.12.1877 in Köln, gest. um 1961) 183, 219
Brefeld, Julius Oscar (geb. 19.8.1839, gest. 12.1.1925) 111
Bremus, Heinrich 115
Bresslau-Aust, Dr. Caroline 50
Bresslau, Dr. med. und Dr. phil. Ernst Ludwig (geb. 10.7.1877 in Berlin, gest. 9.5.1935 in São Paulo) 50
Bresslau, Prof. Dr. Harry (geb. 22.3.1848 in Dannenberg, gest. 27.10.1926 in Heidelberg) 50
Bresslau, Heinrich (geb. 1912 in Straßburg, gest. ?) 50
Bresslau, Hermann 50
Bresslau, Karoline 50
Bresslau, Luise, geb. Hoff (geb. 1882 in Straßburg, gest. 1966 in São Paulo) 50
Bresslau, Odilia 50
Breuer, Max August (geb. 28.11.1892 in Köln, gest. 17.2.1957) 245, 263, 276, 368. 384, 409, 420
Breuhaus, Fritz August de Groot (geb. 9.2.1883 in Solingen, gest. 2.12.1960 in Köln-Rodenkirchen) 61
Brikettfabriken Wachtberg 25
Bringsken, Friedrich Wilhelm 33
Brockmann, Ludwig (gest. 17.2.1921) 414

Brockmans, Jean 330
Brühl 428
Brühl, Wilhelm 109, 169
Brumm, Johann 120
Büchel, Martha, geb. Pfeiffer 281
Bücholdt, Ulrich 15
Büllesbach, Peter 331
Buerbaum, Josef (geb. 7.11.1877 in Dorsten) 148, 151
Bürsgens, Franz-Josef (geb. 24.7.1918, gest. 21.7.1991 in Köln) 286
Büsch, Dr. Lambertus 84
Bund Deutscher Architekten, BDA 14, 57–59, 152, 329, 365–368
Bund Deutscher Baumeister, BDB 318
Burger, Norbert (geb. 24.11.1932 in Köln) 250
Busch, Dr. Hanns 297
Busch, Stefan (geb. 1960) 304
Buschmann, Dr. Walter 15
Buys, Jan Willem Eduard (geb. 26.8.1889 in Soerabaja, gest. 1961 in Den Haag) 203
C & A 131
Caan & Heumann 9
Cahen, Leo 43
Cahen, Ludwig (geb. 26.9.1868, gest. 10.9.1927 in Köln) 425
Cahen, Philippinia, geb. Bing 43
Cahen (Lonsbach), Dr. Richard Maximilian (geb. 1890 in Saarlouis, gest. 1974) 435
Callmann, Dr. Rudolf (geb. 1892, gest. 1976) 411
Camps, Wilhelm 274–275
Caro, Dr. Isodor (geb. 6.10.1878 in Znin/Posen, gest. 28.8.1943 in Theresienstadt) 288
CASADEI 245
Casal, Luigi 284
Castle, Ellen, geb. Falck (geb. 14.2.1922 in Köln) 14, 101, 110–112
Castle, William (geb. 24.4.1914 in New York, gest. 31.5.1977) 101, 112
Cézanne, Paul (geb. 19.1.1839 in Aix-en-Provence, gest. 22.10.1906 in Aix-en-Provence) 139
Chagall, Marc (geb. 22.6.1887 in Peskowatik, gest. 28.3.1985 in Saint-Paul-de-Vence) 139
Chao-Dahmen, Charlotte (geb. 1890 ?) 87
Chao, Eladio (geb. 1874, gest. 1951) 87
Chicago Tribune 422
Christfreund, Hugo 36
Cochem, Wolfgang 355
Coersmeier, Prof. Ulrich (geb. 24.12.1941 in Köln) 293
Cohen, Adolf (Abraham) (geb. 19.11.1846, gest. 15.4.1932 in Köln) 53
Cohen, Dr. Alfred (geb. 18.8.1873 in Köln, gest. 31.8.1944 in Auschwitz ?) 394
Cohen, Hella (gest. 30.12.1921 in Köln) 335
Cohen, Julius (geb. um 1879) 53

Cohen, Zerline, geb. Sachs (geb. 25.1.1851, gest. 31.10.1925 in Köln) 53
Cohn 53
Cohn, Dr. 424
Cohn, Alexander 10
Cohn, Anna 194
Cohn, Hermann 194, 322
Cohn, Karl Otto 10
Cohn, Rosalie, geb. Siefer 321–322
Cohn & Kreh 10
Colmie, Wilhelm 253
Colombo, Karl (geb. 19.5.1878 in Köln, gest. 1.12.1943 in Köln) 32
Colombo, Walter (geb. 9.8.1910 in Köln, gest. 3.1.1992) 287
Concilio, Emanuel 368
Concilio, Rita 368
Corbach, Irene (gest. 24.2.2005 in Köln) 15
Cords, Gustav (geb. 1847, gest. 1910) 227, 229
Corinth, Lovis (geb. 21.7.1858 in Tapiau, gest. 17.7.1925 in Zandvoort) 139
Cosmann, Hugo (geb. 1872, gest. 27.7.1919) 138
Cotta, Dr. A. B. 337, 392–393
Crones, Edwin (geb. 7.9.1874 in Duisburg, gest. 28.11.1917 in Köln) 395–396
Crones, Josef (geb. 20.6.1848 in Köln, gest. 19.9.1934 in Grevenbroich) 395–396
The Cultivated Home 437
Curjel & Moser 58
Dale, Ernst (geb. 2.10.1905 in Köln, gest. 19.3.1975 in Johannesburg/Südafrika) 328
Dampfziegelei Lemper G.m.b.H. 20
Dauner Burgbrunnen Max Grünbaum & Co. KG 195
David, David, gen. Karl Hermann (geb. 1860, gest. 1933 in Köln) 389–390
Gebrüder D'Avis 193
Delpy, Gustav 234
Demann, Dr. Friedrich 383–384
Demann, Margarethe 383
Demnig, Gunter (geb. 27.10.1947 in Berlin) 270
Deppe, Dietrich 120
Deutsch, Clara Johanna, geb. Fleischer (geb. 20.12.1867 in Boskowitz/Mähren, gest. nach dem 28.7.1942 in Theresienstadt) 53–54
Deutsch, Curt Anton Martin (geb. 22.10.1905 in Münster i.W., gest. ?) 53–54
Deutsch, Felicitas (geb. 9.11.1898 in Hüningen, gest. ?) 53–54
Deutsch, Fritz (geb. 1921, gest. 1990) 294–301
Deutsch, Ilse Franziska (geb. 23.2.1900 in Wuppertal-Elberfeld, gest. nach dem 28.7.1942 in Theresienstadt) 53–54
Deutsch, Siegmund (Richard) (geb. 9.3.1864 in Neu-Raussnitz/Mähren, gest. 26.10.1942 in Theresienstadt) 11, 53–54

Deutsche Gesellschaft für Kaufmannserholungsheime 197
Deutsche Reichsbahn 25, 35, 222, 240, 344
Deutscher Werkbund, D.W.B. 9–10, 57, 59, 102, 129, 238, 356, 372, 435
Deutsches Reich 25, 90, 379, 415
Dewald, Sally 394
Diel Erwin & Co. G.m.b.H. 126
Dieterich, Friedrich 166
Dietrich, W. 120
Dilthey, Edmund 162
Dircksen, Friedrich (geb. 17.1.1874 in Wuppertal-Elberfeld, gest. 17.3.1907 in Köln) 36
Disch-Hotel u. Verkehrs-A.G. 386
Distel, Rolf (geb. 15.5.1897 in Köln, gest. 14.3.1968 in Köln) 238, 436
Dörgeloh, Agnes, geb. Krebs 386
Döring, Heinz 191
Dohmen, Hubert (gest. 23.3.1937) 104
Domke, Prof. Oskar (geb. 13.5.1874, gest. 22.3.1945) 16
Donhuysen, Jean 232–234
Dondorff, Dr. Jakob (geb. 15.2.1881 in Aachen, gest. ?) 12, 162
Donnet, Alexis 319
Dortmann, Hans-Alfred (geb. 27.3.1912, gest. 21.11.1994) 294, 296
Drückes, Josef 195
Dudok, Willem Marinus (geb. 6.7.1884 in Amsterdam, gest. 6.4.1974 in Hilversum) 203
Dürener Metallwerke A.-G. 388
Düssel, Agnes, geb. Lempertz 34
Düssel, Georg (Wilhelm Hubert Appolinaris) (geb. 8.10.1849 in Köln, gest. 2.7.1907 in Köln) 28, 30–31, 33–34
Düssel, Josef Ferdinand 34
Dung, Heinrich 169
Dunkel, William L. (geb. 26.3.1893 in Long-Island N.Y., gest. 10.9.1980 in Kilchberg/Zürich) 161
Durm, Josef (geb. 14.2.1837 in Karlsruhe, gest. 3.4.1919 in Karlsruhe) 57–58
Duval, Charles (geb. 1800, gest. 1876) 319
Eck, Anna 104
Eckermann, Dr. Karl 84
Eckertz, Theo (geb. 1896, gest. 1984) 246, 264
Eckstein, Alexander (gest. nach 1995 in Schweden ?) 55
Eckstein, (Wolf) Alfred (geb 29.11.1921 in Köln, gest. 23.9.1943 in Theresienstadt) 55
Eckstein, Hermann (geb. 11.6.1850, gest. 7.9.1928 in Köln) 55
Eckstein, Jakob (geb. 15.5.1889 in Friesheim, gest. 9.6.1942 in Litzmannstadt) 55
Eckstein, Johanna, geb. Winter 55
Eckstein, Theresia, geb. Johnen 55
Ehape A.G. für Einheitspreise, Köln 142, 164–166, 178–179, 195, 209–210, 212–214, 220–221, 223–224

443

Ehrlich, Kurt 55
Ehrlich, Leopold (Leo) 55
Ehrlich, Meta 356, 358
Ehrlich, Tina 356, 358
Eifeler Strumpfwarenfabrik G.m.b.H. 126
Einkaufshaus für Beamte G.m.b.H. 115
Einkaufshaus G.m.b.H. Joseph Herz – Leonhard Tietz 208–209
Eiermann, Egon (geb. 29.9.1904 in Neuendorf/Kreis Teltow, gest. 19.7.1970 in Baden-Baden) 248, 305
Eigenheim-Siedlungen Kölner Vororte e.G.m.b.H. 46
Eisemuth, Kurt 287
Eisenhauer, Josef 178
Elasto-Fußboden-G.m.b.H. 241
Eliel, Anna Amalia, geb. Tietz (geb. 25.5.1892 in Wuppertal-Elberfeld, gest. ?) 126
Eliel, Berta, geb. Salomon (geb. 16.7.1858 in Köln, gest. 23.2.1932 in Köln?) 126
Eliel, Erben (= Berta Eliel) 126
Eliel, Erich (geb. 30.1.1888 in Köln, gest. 15.3.1931 in Köln) 126, 219
Eliel, Louis (geb. 4.6.1852 in Bebra-Iba, gest. 1.6.1919 in Bonn-Bad Godesberg) 126
Eliel, (Sara) Louise, geb. Tietz (geb. 14.7.1887 in Stralsund, gest. ?) 126
Eliel, Dr. Oskar (geb. 18.5.1878 Köln, gest. ?) 126, 425
Elkobau 239–241
Elsaesser, Martin (geb. 28.5.1884 in Tübingen, gest. 5.8.1957 in Stuttgart) 13, 70, 160, 325, 358, 436
Elsenheimer, Dr. 340
Encke, Eberhard (geb. 27.10.1881 in Berlin, gest. 26.10.1936 in Berlin) 134–136
Encke, Hans (geb. 12.1.1896 in Potsdam, gest. 2.8.1976 in Frechen) 290
Enders, Dr. Fritz 88
Endler, Eduard (geb. 11.5.1860 in Hannover, gest. 21.5.1932 in Köln) 74
Engel, Adolf 79, 199
Falkenburg, Erzbischof Engelbert II. von 404
Engelmann, Paul (geb. 14.6.1891 in Ölmütz, gest. 5.2.1965 in Tel Aviv) 437
Engler, Otto (geb. 15.12.1861 in Düsseldorf, gest. 1940) 198, 214, 421
Enso 315
Epstein, Fritz (geb. 1877, gest. 1960) 427
Erbbauverein Köln e.G.m.b.H. 79, 319
Erftwerk Aktien-Gesellschaft 90, 96–97
Erler, Fritz (geb. 15.12.1868 in Frankenstein/Schlesien, gest. 11.12.1940 in München) 10–11
Ernst, Max (geb. 2.4.1891 in Brühl, gest. 1.4.1976 in Paris) 139, 435
Esser, Eberhard 393
Esser, Franz 139
Euskirchen, Dr. Claudia 15

Everken, Hermann (geb.1851 in Paderborn, gest. 3.4.1922 in Köln) 40–41
Faber, Bonette, geb. Maendle 57
Faber, Flora (18.5.1877 in Karlsruhe, verschollen in Auschwitz) 57–58
Gebrüder Faber 57
Faber, Hermann 57
Faber, Julia Johanna (30.10.1883 in Karlsruhe, verschollen in Auschwitz) 57
Faber, Manfred (Manuel) (geb. 26.10.1879 in Karlsruhe, gest. 15.5.1944 in Auschwitz) 12, 56–99, 163, 172
Faber, Salomon (gest. um 1897/98) 57
Faber de Bischof (Bischoff), Sidonia (Sidonie) 57
Fabian, Sally (geb. 15.7.1866, gest. nach dem 19.9.1942 in Treblinka) 146
Färber, Mathias 231
Fahrbach, Georg 139
Fahrenkamp, Emil (geb. 8.11.1885 in Aachen, gest. 24.5.1966 in Ratingen-Breitscheid) 160
Falck, Eduard (geb. 15.8.1880 in Landeck, gest. 5.7.1944 in Auschwitz) 101–102
Falck, Elisabeth (Else), geb. Vogel (geb. 7.9.1887 in Köln-Deutz, gest. 24.3.1951 in New York) 101, 105, 108, 110–112
Falck, Ellen (geb. 14.2.1922 in Köln) 101, 104–105, 110–112
Falck, Georg (geb. 10.8.1878 in Landeck/Kreis Schlochau/Westpreußen, gest. 22.5.1947 in New York) 11–14, 24, 74, 100–224, 264, 290–291, 301–304, 321, 329, 369, 393–394
Falck, Julius 101, 127
Falck, Olga, geb. Schenkalowski (gest. 1944 in Moskau) 112
Falck, Prof. Dr. Richard (geb. 7.5.1873 in Landeck, gest. 1.1.1955 in Atlanta) 101–102, 111–112
Falck, Rosa, geb. Baruch 101
Falck, (Julius) Rudolf (geb. 29.4.1920 in Köln, gest. 26.9.1944 in Oosterbeek) (verheiratet mit Pauline Mary Falck, geb. of Epsom) 101, 104–105, 110, 112
Falck, Ruth (geb. 14.2.1922 in Köln) 101, 104–105, 111
Falderbaum, Heinz 280
Falkenstein, Paul 386
Farbenfabriken vorm. Friedrich Bayer & Co. 25
Fassbender, Joseph (geb. 14.4.1903 in Köln, gest. 5.1.1974 in Köln) 359
Fastenrath, Dr. jur. Johannes (geb. 3.5.1839 in Remscheid, gest. 16.3.1908 in Köln) 85
Feierfeil, Anton 294, 296
Feill, Heinz (geb. 15.6.1890, gest. 25.11.1938) 60, 175
Felten, Josef (geb. 1799 in Köln, gest. 20.4.1880 in Köln) 9, 31, 85, 134, 386–387

Felten, Willi (gest. 16.12.1930) 109, 113, 160–162
Ferrari, Franz 59
Ferraro, F. 59
Fey, Marion 15
Frechen, Fabrik 25
Feder, Hugo 328
Feder, Paula, geb. Steinthal 328
Fehr, Heinrich 110–111
Feilchenfeld, Erich (geb. 23.12.1887 in Köln, gest. 27.11.1942 in Auschwitz) 384
Feinhals, Joseph (geb. 31.12.1867 in Köln, gest. 1.5.1947 auf Schloss Randegg/Hegau) 435
Feldmann, Oskar 286
Felten, Josef (geb. 1799 in Köln, gest. 20.4.1880 in Köln) 31, 85, 134, 386
Felten, Willi (gest. 16.12.1930) 109, 160–162
Fendel, Johann 329
Fettweis, Dr. Hermann 108
Feuer-Versicherungs-Gesellschaft „Colonia" 31
Fiebig, Anton 117
Fieth, Josef (geb. 20.4.1884 in Brühl oder 14.12.1871, gest. 1953/54) 18, 386–387
Fischel, Siegfried (geb. 9.3.1880 in Tilsit, gest. 13.2.1943 in Auschwitz) 387
Gebr. Fischel AG 387
Fischer 260
Fischer, Dr. Walter (geb. 1889) 80
Fischer, Elisabeth, geb. Moll (gest. 20.9.1860 in Köln) 29
Fischer, Elisabeth Wilhelmina (geb. 6.4.1828 in Köln, gest. am 7.2.1908 in Bonn-Bad Godesberg ?) 29
Fischer, Johann (geb. 15.3.1787 in Aachen, gest. 26.4.1860 in Köln) 29
Fischer, Josef 36
Fischer, Otto 415
Fischl, Justin 385
Flatten, Johann Jakob 415
Flecken, Ulrich 15
Fleischmann, Hermann 427
Flender 39
Flynn, Arthur 336
Flynn, Brigitte, geb. Hanff 336
Föhl, Axel 15
Ford Motor Company 23
Fordwerke 23
Forst, von der 310
Forthmann, Werner Heinrich 273–274
Franck, Viktor (geb. 21.6.1884) 77
Frank, Dr. Abraham (Salomon) (geb. 22.2.1832 in Aud-Beyerland, gest. 11.11.1917 in Köln) 119
Frank, Anne (geb. 12.6.1929 in Frankfurt am Main, gest. Anfang März 1945 in Bergen-Belsen) 367
Frank, Günther (geb. 27.1.1928) 248, 274–275, 301–304

Frank, Dr. Heinrich 376–377
Frank, Josef (geb. 15.7.1885 in Baden bei Wien, gest. 8.1.1967 in Stockholm) 434, 436
Frank & Lehmann (gegr. am 1.1.1854) 134–136, 185
Franken, A. 120
Frauenkleidung und Frauenkultur 356
Frensdorff, Johanna, geb. Bing 43
Frensdorff, Philipp 43
Freund, Willy 306
Freundlich, Otto (geb. 10.7.1878 in Stolp, gest. 9.3.1943 in Lublin-Majdanek) 435
Fried, Otto (geb. 6.7.1867, gest. 22.6.1940 in Köln) 337
Fried & Alsberg 396
Friedrich, Franz Josef (geb. 24.8.1884 in Mönchberg, gest. 7.2.1963) 113, 175
Friedrich, Heinrich, Wwe. 386
Friedrich-Wilhelm-Gymnasium (Köln) 238
Frind, Henni 282
Frind, Willy 282
Fritz, (Josef) Philipp (Filip) (geb. 29.11.1878 in Budapest, gest. ?) 192, 225–238
Fröhlich, Alfred (geb. 13.12.1878 in Wellendorf ?, gest. 1941 in Litzmannstadt ?) 120
Fröhlich, Bernhard 394
Frohnert, Emil (geb. 6.7.1874 in Flatow/Westpreußen, gest. 1.10.1960 in Köln) 101, 108–109, 112–113, 123, 186–190, 220
Frohnert, Erich 108–109
Frohnert, Liselotte 101, 108, 113
Frohnert, Mathilde (Tilly), geb. Vogel 108
Frohnert, Wilhelmine 109
Frohwein, Max (geb. 8.2.1850, gest. 17.10.1934 in Köln) 238
Frohwein, Siegbert 115, 387
Frohwein, Walter (geb. 6.2.1883, gest. nach dem 13.6.1942 in Lublin-Majdanek) 238
Froitzheim, Heinrich 59
Fruchtländer, Dr. Adolf (geb 12.1.1883, gest. nach 1964/70 in London?) 239–241, 321, 403, 415–417, 419–420
Füller, Dr. Franziska 380–381
Fürstenau, Eduard (geb. 21.1.1862 in Marburg, gest. 26.5.1938 in Berlin) 307
Fürstenberg, Freifrau Maria Josepha von (geb. 28.10.1924 in Tinz/Breslau) 301–305
Fütterer, Dr. 296
Fuller Blush Co. 368
Fuß, Fritz (geb. 12.7.1889 in Wiesbaden, gest. 27.4.1945 in Berlin) 25–26, 69–70, 77–79, 82, 87, 172, 386–387, 436
Gaertner, Erich 342
Gaertner, Peter (geb. 11.10.1863 in Köln, gest. 17(?).1.1932 in Köln) 9, 137
GAG Immobilien AG 84
Ganser, Theodor 257, 259
Ganz, Alexander (geb. 9.3.1851, gest. 9.3.1923 in Köln) 279–280

Ganz, Felix 164
Ganz, Therese (gest. in London ?) 279–280
Garde, Willy (geb. 20.3.1921, gest. 21.8.1990) 282–284
Gassen, Franz (geb. 24.1.1890, gest. nach 1976) 46, 113
Gatermann + Schossig 403–404
Gatzen, Julius (geb. 6.3.1903, im 2. Weltkrieg gefallen) 377
Geheime Staatspolizei 59
Geiermann, Franz 252
Geisbüsch, Jakob 256
Geldern, Joseph von (geb. 18.12.1816, gest. 20.4.1881 in Köln) 9
Geldern, Paula von (geb. 2.11.1916, gest. 24.10.2000) 9
Gelles, Dr. Benjamin (geb. 2.11.1916, gest. 24.10.2000) 246
Gemeinnützige Baugenossenschaft der städtischen Bahnangestellten 79
Gemeinnützige Baugenossenschaft Iddelsfeld 67
Gemeinnützige Baugenossenschaft e.G.m.b.H. Klettenberg 329
Gemeinnützige Baugenossenschaft e.G.m.b.H. 73
Gemeinnützige Siedlungsgesellschaft „Am Bilderstöckchen" m.b.H. 319
Gemeinnützige Aktiengesellschaft für Wohnungsbau, GAG 58, 62–63, 67, 70, 72, 73, 77, 78–74, 80, 82, 172
Gerlach, Paul (geb. 22.7.1858, gest. nach 1943) 367
Gernsbacher, Alfred (geb. 21.10.1848 oder 21.10.1868 in Bühl, verschollen in Minsk) 241
Gernsbacher, Charlotte 241
Gernsbacher, Friedrich (geb. 27.11.1888 in Baden, gest. 11. oder 15.11.1943 in Theresienstadt) 241
Gernsbacher, Gustav 241
Gernsbacher, Hugo (geb. 23.8.1881 in Bühl, gest. nach dem 31.7.1956 (?)) 241
Gernsbacher, Hugo Zwi 241
Gerson, Martin 245
Gesellschaft für Künste 435
Gier, Ralf 14
Giffels, Bernhard 225, 232–234
Gilles, Anton 120
Ginsberg 427
Ginzel, Günther B. (geb. 1946 in Innsbruck) 297
Giorlani, Victor (geb. 11.1.1897 in Köln, gest. 9.12.1980) 199
Gebr. Giulini 90
Glanzstoff-Courtaulds GmbH 316
Göderitz, Johannes (geb. 24.5.1888 in Ramsin/Bitterfeld, gest. 27.3.1978 in Braunlage) 360

Goege, Dr. Thomas 15
Görlinger, Robert (geb. 29.7.1888 in Ensheim, gest. 10.2.1954 in Köln) 290
Götz, August 386
Gogh, Vincent van (geb. 30.3.1853 in Groot-Zundert, gest. 29.7.1899 in Auvers-sur-Oise) 139
Goldberg, Fritz 380
Goldberg & Klipstein 146
Goldenberg-Werk 94
Goldfinger, Felix (gest. 10.4.1921 in Berlin-Charlottenburg) 377–379
Goldfinger, Felix, Wwe. 379
Goldfinger, Hermann (geb. 25.12.1851 in Köln, gest. 11.3.1910 in Köln) 377–379
Goldfinger, Hermann, Wwe. (Ida Goldfinger, geb. Bamberger) (geb. 29.3.1851, gest. 18.5.1926 in Köln) 379
Goldfinger, Julius (gefallen am 16.10.1915) 377–379, 397
Goldfinger, Richard (geb. 20.7.1912, gest. 24.3.1916) 397
Goldmann & Hertz 115
Goldschmidt 17–18
Goldschmidt, ? (gest. im Holocaust) 243
Goldschmidt, Berthe (geb. 5.3.1910, gest. 19.11.1964) 243
Gebr. Goldschmidt & Heymann Gesellschaft bürgerlichen Rechts 263
Goldschmidt, Helmut (geb. 16.10.1918 in Magdeburg, gest. 6.8.2005 in Köln) 12–14, 189, 240, 242–313, 318, 321, 368, 399, 420
Goldschmidt, Jakob (geb. 1906, gest. 1994) 243, 263
Goldschmidt Joachim (geb. 24.11.1903, gest. 21.9.1967) 243
Goldschmidt, Louis (geb. 27.12.1898, gest. 28.9.1968) 243, 265–266
Goldschmidt, Maria, geb. Nett (geb. 1894 in Hirten, gest. 1974 in Köln) 243–244, 246
Goldschmidt, Marlies (geb. 1925, gest. 21.2.1985) 250
Goldschmidt, Moritz (geb. 1897 in Essen, gest. 4.8.1954 in Köln) 106, 243–245, 248, 263, 270, 277, 290
Goldschmidt, Otto (gest. 1921) 36
Goldschmidt, Ria 14, 250
Goldschmidt Steffens Ungers 248–249, 265–267, 291–294
Goldschmidt + Ungers 248–249, 259, 268–278
Goldschmidt & Veiler 246, 294–296
Goldschmidt-Wohnungsbau KG 286
Goldstein, Moritz (geb. 1867, gest. 1934) 389
Goosmann, August 152
Gordon, Walter 131
Graessl, Max 252
Grashof, Otto Ernst Friedrich (geb. 1812, gest. 1876) 347

Greferath, Johann 59
Grein, Jakob 267
Greven, Otto 368, 380–385, 387, 395
Grewe, Anton 88
Grobel, Dr. Emil 80
Grod, Caspar Maria (geb. 1889, gest. 31.12.1931) 20–23, 59, 63, 77, 79, 82, 172, 174, 386–387, 436
Grohmann, Peter 350–351
Gropius Walter (geb. 18.5.1883 in Berlin, gest. 5.7.1969 in Boston / USA) 134–136, 422
Grosse, Dr. Karl 357
Grotewohl, Hans (geb. 1924, gest. 28.2.1999) 244–245
Grotewoh,l Otto (geb. 11.3.1894 in Braunschweig, gest. 21.9.1964 in Berlin) 244
Grübel, Monika 15
Gruen, Henry (geb. 30.5.1923 in Köln) 403
Grün & Bilfinger A.-G. 36, 39
Grünbaum, Dr. med. Arnold (geb. 20.4.1910 in Köln, hingerichtet im April 1944 in Griechenland) 195
Grünbaum, Edgar 389–390
Grünbaum, Lina, geb. Lahnstein (geb. 10.6.1874 in Frankfurt am Main, gest. 9.1.1949 in Brüssel) 194–195
Grünbaum, Martin (geb. 14.1.1905 in Köln, gest. 15.4.1926) 195
Grünbaum, Max (geb. 17.5.1874 in Büdingen, gest. 5.12.1952 in Daun) 140–143, 193–195, 197, 199
Gebr. Grünebaum 157
Gruenebaum, Heinz (geb. 30.5.1923) 403
Grünebaum, Moritz 157
Gruenwald, Heinrich (geb. in 1860 Arat/Rumänien, gest. 7.1.1946 in Bonn-Bad Godesberg) 11, 13
Gühlstorf, Fritz 373–375
Günther, Winfried 15
Guilleaume, Arnold von (geb. 15.7.1868 in Köln, gest. 21.5.1939 in Ulm) 435
Gusick (Gusik), Friederike (Rika), geb. Goldschmidt (geb. 24.3.1876, gest. 27.3.1937 in Köln) 243
Gusick, Moritz 243
Gusick, Salomon (geb. 13.5.1870, gest. 6.7.1923 in Köln) 243
Gustloff-Werke 246
Gutehoffnungshütte 39
Guttmann, Bernhard 387
Haas, Dolly (geb. 29.4.1910 in Hamburg, gest. 16.9.1994 in New York) 436
Häusler, Philipp (geb. 7.11.1887 in Pancsova/Ungarn, gest. 1966 in Frankfurt am Main) 35, 359
Hahn, Arthur (geb. 5.7.1874 in Bromberg, gest. 1963/64) 140
Hahn, Rolf 248, 270

Halberg, Leonie (Elisabeth) von (geb. 2.3.1898, gest. 9.11.1989) 315–319
Haller, Dr. Annette 15
A. Hamann K.G. 296
Hambitzer 184
Hamburger Handelsgesellschaft 257
Hambusch, Wilhelm 284
Hammer, Fritz (geb. 2.8.1878 in Neustettin/Pommern, gest. 5.6.1953) 146
Hanau, Myrtill 393
Handelsstätte „Mauritius" G.m.b.H. 114–115, 195
Hanf, Klaus Peter 336
Hanf, Otto 336
Hansen, Hans (geb. 16.5.1889 in Roetgen/Eifel, gest. 24.5.1966 in Köln) 140, 435
Hanstein, Hans (geb. 1879, gest. 1940) 85
Hanstein, Prof. Henrik 15
Hanstein, Josef (geb. 23.4.1885 in Bonn, gest. 1968) 59, 85, 89
Hanstein, Wilhelmine, geb. von Grewe 59, 85, 88–89
Harf, Anna Maria, geb. Korf (geb. 10.4.1890 in Bonn-Combahn, gest. 1978 in Bonn-Beuel) 313
Harf, Hermann 313
Harf, (Hermann) Josef (geb. 28.3.1889 Bonn-Vilich, gest. 6.7.1958 in Brotdorf) 313
Harf, Peter 313
Erben Max Harffsche Verwaltung 390
Harkort A.-G. 36
Harperath, Bernhard Wilhelm (geb. 1802 in Köln, gest. 21.6.1864 in Köln) 235
Hartmann, Bernhard (geb. 11.10.1905 in Beelen, gest. 28.10.1972 in Wiedenbrück) 294–301
Gebr. Hartoch A.G. 352
Haubrich, Leo (geb. 15.11.1896 in Köln, gest. 29.8.1983 in Köln) 103, 210, 369, 402
Hauck, Johann Adam (geb. 12.2.1833 in Köln , gest. 10.5.1902 in Köln) 362
Hauer, Dr. Robert 244
Haug, Adolf (geb. 6.12.1875) 77, 146
Hausbaugesellschaft m.b.H. 102, 122, 379
Hausmann, Dr. 257
Haus Eifelplatz Baugesellschaft m.b.H. 102, 127
Haus Hürth Immobilien-Gesellschaft m.b.H. 129
Haus Mozart, Immobilien-Gesellschaft m.b.H. 116
Haus und Garten 434, 436, 438
Hauth, Arthur 131
J. M. Heberle (H. LempertzSöhne) G.m.b.H. 86
Hecker, Heinrich (geb. 1885 in Türnich) 388
„Heico Moden", „A. Heiliger & Co, vormals Geschw. Alsberg" 389–390
Heidegger, Emil 314

Heidegger, Friederike, geb. Steinert (geb. 27.12.1846, gest. 17.8.1918 in Köln) 314
Heidegger, Theodor (geb. 7.1.1834, gest. 8.5.1914 in Köln) 11, 314
Heidemann, Dr. Lutz 15
Heiliger, Alois 389
Heimann, Friedrich Carl (geb. 14.2.1850 in Köln, gest. 8.11.1921 in Köln) 118
Heimann, Dr. jur. Max (geb. 23.11.1872 in Köln, gest. 25.9.1939 in Köln) 118
Heimeshoff, Dr. Jörg 15
Hein, Lehmann & Co. A.-G. 39, 74
Heine, Heinrich (geb. 13.12.1797 in Düsseldorf, gest. 17.2.1856 in Paris) 319
Heinen, Werner 15
Helbig, Rolf (geb. 30.4.1881 in Bautzen, gest. 4.3.1961 in Köln) 10, 349–350
Helbig & Klöckner 10, 31, 129, 349–350
Hentschel, Gustav 336
Herber, Otto 109, 169
Hermann, Alexander 346
Hermann, Magda (geb. 16.11.1919 in Budapest, gest. 14.9.1992 in Israel) 346
Hermann, Selma, geb. Menczer 346
Hermanns & Froitzheim 145
Herold-Schuh-A.-G. 379
Herpers & Gassen 46, 49
Herpers, Wilhelm (geb. 9.10.1890) 46, 113
Herrmann, Fritz (geb. 28.12.1885) 184
Hertwig, Prof. August (geb. 20.3.1872 in Mülhausen/Thüringen, gest. 1955 in Berlin) 16
Herz, Hugo (geb. 26.03.1864, gest. 16.10.1934 in Köln) 394
Herz, Joseph 208–209
Herz, Robert (geb. 17.10.1886, gest. 30.11.1929 in Köln) 107, 109
Herzfeld, Dr. Hermann 393
Herzog, Roman (geb. 5.4.1934 in Landshut) 250
Heß, Minna 388
Heumann, Siegfried 122
Heuter, Dr. Christoph 15
Heydorn, Ernst 427
Heydt, Adolf (gest. 9.11.1921) 367
Heydt, Heddy (geb. 8.2.1887 in Köln, gest. 17.9.1951 in New York) 367
Heydt, Friedrich Wilhelm 367
Heydt, Hans (geb. 1913, gest. 1968) 406
Heydt, Max (geb. 6.5.1882, gest. 8.11.1926) 406
Heyd, Dr. Uriel (geb. 1913, gest. 1968) 406
Heyden, Fritz 120
Heydt & Voss 367
Heymann, Peter 263
Heymann & Goldschmidt G.m.b.H. 263
Hilfsverein 417
Hilscher, Wilhelm (geb. 13.11.1897 in Dortmund, gest. 25.9.1976) 284
Hirnstein, Heinrich 331–332

Hirsch, Johanna, geb. Levy (geb. 6.12.1872 in Nettetal-Breyell (geb. 8.12.1874 ?), gest. Februar 1943 in Auschwitz) 421
Hirsch, Max (geb. 8.2.1870 (1873?) in Rommerskirchen, gest. Februar 1943 in Auschwitz) 421
Hirsch, Wolfgang (geb. 1766 in Cochem ?, gest. 1841 in Cochem) 355
Hirsch & Co. 421–422
Hirtsiefer, Heinrich (geb. 26.4.1876, gest. 15.5.1941 in Berlin) 153
Hittorff, Jakob Ignaz (geb. 20.8.1792 in Köln, gest. 25.3.1867 in Paris) 319
Höhnen, Olaf (geb. 5.4.1933 in Mendig, gest. 5.3.2009 in Frechen) 294–301
Höffgen, Ewald 180–181
Hoerle, Heinrich (geb. 1.9.1895, gest. 3.7.1936 in Köln) 435–436
Hoff, Ernst (geb. 24.12.1876 in Breslau, gest. 14.7.1942 in Sachsenhausen) 314
Hoff, Friedrich 324
Hoffmann, Josef (geb 15.12.1870 in Pirnitz/Mähren, gest. 7.5.1956 in Wien) 94, 160, 357
Hoffmann, Wilhelm (geb. um 1820 in Köln, gest. um 1894) 9, 134
Hoffmann & Co. G.m.b.H. 263
Hofmann, Carl (geb. 20.4.1856 in Herborn, gest. 1933 in Darmstadt) 309
Hohmann, Dr. Paul 257
Holländische Kaffee-Niederlage Josef Rosendahl 348, 353
Philipp Holzmann & Co. 36
Holzmeister, Clemens.(geb. 27.3.1886 in Fulpmes/Tirol, gest. 12.6.1983 in Hallein) 422
Hood, Raymond Mathewson (geb. 29.3.1881 in Pawtucket/Rhode Island, gest. 14.8.1934 in Stamford/Connecticut) 422
Horn, Franz 152
Horn, Franz Josef 151–152
N. Horn jr. & Cie. 151–152
Horn, Otto 151–152
Hornimport-Aktiengesellschaft 146–148, 151–152, 394
W. A. Hospelt G.m.b.H. 18
Hospelt, Wilhelm (geb. 15.1.1856, gest. 14.1.1943 in Halle/Saale) 125
Hossdorf, Hein (geb. 17.1.1911 in Köln, gest. 2.1.1979 in Köln) 399
Hotel Disch Actien-Gesellschaft 11, 127, 386–387
Howells, John Mead (geb. 14.8.1868 in Cambridge/Massachusetts, gest. 22.9.1959 in New York) 422
HPP 280
HPP Hentrich-Petschnigg u. Partner KG 126
Jean Hummelsheim GmbH 141
Hünnes, Wilhelm 232–234
Huntgeburth, Dr. Franz 300

Hunzinger, Hans 120–121
Iduna Holding.A.-G. 386
I.G. Farbenindustrie A.-G., Leverkusen 25
Isaac, Adolf 137
Isaac, Dr. Eduard (geb. 1882, gest. nach 1964 in den USA ?) 137
Isaac, Isidor (geb. 9.11.1866, gest. 31.10.1924 in Köln) 137
Isaac, Max gen. Ising 390–392
Isay, Alfred (gest. 3.6.1948 im Alter von 63 Jahren in den Niederlanden) 395–396
Gebr. Isay 10–11, 129, 349–350, 395–396
Isenstein, Rudolf 389–390
„ISOP", „Jüdische Sonderschau der Pressa 1928, ISOP e.V." 410–413
Israelitische Gemeinde Beerfelden 428–430
Israelitische Waisenstiftung 118–122
Israelitischer Frauenverein 399, 415
Israelitischer Kinder-Sparverein e.V. 186–190, 290–291
Israelitisches Kinderheim 417–418
Israelitisches Wohlfahrtsamt 415
Jacobi 10
Jacoby, Prof. Alfred (geb. 1950) 293
Jacoby, Friedrich 291
Gebr. Jäger 433
Jakobs, Dr. Abraham 426
Jakobs, Johann 330
Janssen, Josef (geb. 1895, gest. 1972) 421
Jewish Trust Corp., London 415
Jewish Trust Corporation for Germany 189, 290–291, 293, 309
Jewish Trust Corporation Mülheim/Ruhr 277
Jobi 249, 268–269, 280–281
Jockel, Paul 392
Jöhlinger, Flora 87, 411
Jonas, Sally (geb. 30.11.1880 in Borken/Westfalen, emigriert nach Südafrika oder verstorben in Köln 1939/42) 425
Jonas & Stierstadt 9
Jopp & Co. G.m.b.H. 318
Joppich 279
Jordan, Rüdiger 15
Joseph, Adolf (geb. 8.7.1861, gest. 15.8.1928 in Köln) 321
Joseph, Artur (geb. 29.7.1887 in Köln, gest. 26.1.1983 in Frankfurt am Main) 321–322
Joseph, A. M. 263, 322
Joseph, Jenny, geb. Erlanger (geb. 28.3.1874, gest. 29.12.1942 in Theresienstadt) 263, 321–322
Josuweck, Josef 315
Jucho, Caspar Heinrich 163
Juda, Adolf 271–272, 393
Jüdische Kinderheilstätte Bad Kreuznach e.V. 425–426
Jüdische Kinderheilstätte G.m.b.H. 425

Jüdischer Hilfsausschuß 415
Jüdische Telegraphen-Agentur 410
Jüdische Winterhilfe 320, 322
Jüdischer Gemeindefont Nordwest-Deutschland e.V. 293
Juhl, Carl A. 237
Jung, Ernst 50
Jung, Dr. Werner 15
Kahn, Ernst (geb. 28.9.1891 in Wuppertal-Elberfeld, gest. 9.9.1966 in Köln) 315–319
Kahn, Ernst Rudolf (geb. 9.7.1925) 12, 15, 274, 276–277, 282, 284, 287, 294–301, 308–311, 315–319
Kahn, Georg 417
Kahn, Henriette, geb. Mombert (gest. 1922) 315
Kahn, Johanna 315
Kahn, Leonie (Elisabeth), geb. von Halberg (geb. 2.3.1898, gest. 9.11.1989) 315–319
Kahn, Dr. Myrtil (gest. Frühjahr 1939) 315–319
Kahn, Rosaliese (Henriette Rosa Lucie) (geb.11.7.1928) 316–319
Kahn, Ursula (Johanna) (geb. 25.11.1930, gest. ?) 316–319
Kaifer, Viktor 256
Kairos-Verlag 435, 437
Kaiser 255
Kalker Trieurfabrik 180
Kallmeyer, Julius (geb. 20.9.1875 in Erfurt) 362
Kamper, Wilhelm (geb. 17.10.1881 in Köln) 70, 77
Kaspers, Hans 282–284
Kastner-Transport 346
Katz, Johanna, geb. Stern 368
Katz, Karl 368
Katz, Philipp 183
Philipp Katz Kommandit-Gesellschaft 183
Katzenstein, Leopold 145
Katzenstein, Martha, geb. Cahn (geb. 7.7.1879 in Mainz, gest. 1944 in Auschwitz) 270
Katzenstein, Dr. Richard (geb. 21.10.1868 in Eschwege, gest. in 7.12.1942 Theresienstadt) 270
Kaufhof AG 159, 203, 215
Kaufmann, Caroline, verh. Auerbach (geboren als Perle Leib), (geb. 30.3.1803 in Garzweiler, gest. 11.8.1850 in Vreden) 29
Kaufmann, Felix August (gest. 5.5.1856 in Köln) 319
Felix Kaufmann & Comp. 319
Kaufmann, Jakob August (Jacques-Auguste) 319
Kaufmann-Asser, Jacob von (geb. 17.7.1819 in Garzweiler, gest. 15.12.1875 in Köln durch Selbsttötung) 29–31
Joseph Kaufmann & Söhne 29
Kaufmann, Louis (geb. 14.1.1873, gest. 9.10.1924 in Köln) 380

447

Kaufmann, Markus (geb. 15.3.1813 in Garzweiler, gest. 28.11.1866 in Brühl) 29–31
Kaufmann, Maximilian (gest. 1851) 319
Kaufmann, Oskar (geb. 2.2.1873 in Újszentanna, gest. 6.9.1956 in Budapest) 58
Kaufmann, Otto 357
Kaufmann, Dr. Uri 15
Kaufmannshaus-Aktiengesellschaft 70
Kaul, Fanny 345
Kaul, Magnus 345
Kautz, Mathias Josef 24, 144–145
Kayser, Heinrich (geb. 28.2.1842 in Duisburg, gest. 11.5.1917 in Berlin) 388
Kayser & von Groszheim 227
Keil, Friedrich 335
Keller, Carl 341
Keller, Ludwig 184
Keller, Max Ludwig 184
Kessler, Sally (geb. 21.2.1912, gest. 26.3.1985 in Köln) 267
Kilgus, Eugen Max 26
M. Kimmelstiel & Cie 385
Kimmelstiel, Moritz (geb. 18.12.1861 in Fürth, gest. 11.10.1942 in Theresienstadt) 385
Kindle, Fidel (geb. 1850 in Triesen/Liechtenstein) 329
Kino für Jedermann GmbH 392
Kirchengemeinde Rothenbach/Müllenbach 253–254
Kirchner, Hanns (geb. 1911, gest. 7.2.1984) 294–301
Kl. 245
Klärding, M. 385
Kleber, Hans-Peter 15
Klee, Paul (geb. 18.12.1879 in Münchenbuchsee, gest. 29.6.1940 in Muralto) 139
Klein, Bertram Wilhelm 140, 145
Klein, Jean (gest. um 1944/45 ?) 99
Klein, Theo 148
Klein, Dr. Walter 104
Kleinertz, Bernhard (gest. um 1942) 417–418
Kleinpoppen, Bruno (geb. 29.9.1897 in Duisburg, gest. 22.9.1943 in Mönchengladbach) 27
Klemmer, Klemens 13
Klipstein, Adolf (geb. 1873, gest. 29.12.1935 in Köln) 146
Klöckner, Albert (geb. 4.4.1874 in Hirtscheid/Odenwald, gest. 28.4.1957 in Köln) 10, 148, 349–350
Klönne, August 39
Klose, Walter (geb. 6.7.1879 in Magdeburg, gest. 9.7.1973 in Düsseldorf) 209
Klosterhalfen, Johann Peter 373–375
Kloth A.G. 384
Klotz, Clemens (geb. 31.5.1886 in Köln, gest. 18.8.1969 in Köln) 12, 18, 118, 186, 386–387, 436
Klotz & Fieth 386–387
Kluberts, Rolf 287
Klute, Dr. Karl 98
Knab, Peter (Alois) (geb. 23.12.1895 in Köln-Kalk, gest. 22.7.1963 in Enkirch) 162
Knappstein, Gustav Adolf 71, 329–332
Knappstein & Lütgens 329–332
Knorr, Prof. Dr. Ernst 105
Knubel, Johannes (geb. 6.3.1877 in Münster i.W., gest. 3.7.1949 in Düsseldorf) 144–145, 148, 151, 155–156, 164
Knüppelholz-Roeser, Margarete (geb. 7.11.1886 in Magdeburg) 357
Knufinke, Dr. Ulrich 15
Kober, Dr. Adolf (geb. 3.9.1879 in Beuthen/Oberschlesien, gest. 30.12.1958 in New York) 409
Koch, Dr. Angela 15
Kölling, Max 162
Köln-Ehrenfelder Gummiwerke Aktiengesellschaft 102
Köln-Ehrenfelder Gummiwerke G.m.b.H. 102
Kölner Genossenschaft für die Vertretung elektrischer Apparate ‚Kagea' e.G.m.b.H. 336
Kölner Männer-Gesang-Verein 225, 234–237
Kölner Reit- und Fahrverein e.V. 146
Kölner Verlags-Anstalt und Druckerei A.-G. 118
Kölner Werkschulen 435
Kölner Zionistische Vereinigung 415, 417
Kölnischer Kunstverein 59, 368, 436
Kölschbach, Josef (geb. 1892 in Köln, gest. 1947) 436
Koenemann, Karl 400, 404
Königlich Schwedische Mission 145
Königslöw, Otto von (geb. 2.3.1824 in Hamburg, gest. 6.10.1898 in Bonn) 28, 31–33
Koep, Georg (geb. 30.5.1920 in Erftstadt-Blessem, gest. 18.4.1995 in Erftstadt) 438
Koep-Wachsberger, Ina (geb. 7.6.1921 in Köln, gest. 16.8.2001 in Erftstadt) 15, 435, 437–439
Körber, Karl 88
Koerfer, Franz (geb. 19.1.1913, gest. 1.6.1993 in Köln) 175
Koerfer, Hanns (geb. 15.3.1909 in Köln, gest. 10.8.1994 in Köln) 277
Koerfer, Jakob (geb. 15.3.1909 in Köln, gest. 10.8.1994 in Köln) 70, 74, 163, 224
Körner, Edmund (geb. 2.12.1875 in Leschwitz/Görlitz, gest. 14.2.1940 in Essen) 23, 26
Kohl, Christine von 13
Kohn-Speyer, Sigismund (geb. 1830, gest. 1895) 339
Kokoschka, Oskar (geb. 1.3.1886 in Pöchlam, gest. 22.2.1988 in Montreux) 139
Kolb, Paul 253–254

Kolvenbach, Mathias 264
Konrads, Johann 330–331
Konzen, Heinrich 329–330
Korf, Anna Maria (geb. 10.4.1890 in Bonn-Combahn, gest. 1978 in Bonn-Beuel) 313
Korthäuser, Eugen 206
Josef Kortlang & Söhne G.m.b.H. 176–177, 274–275, 282–284, 294–301
Kraemer, Friedrich 206–207
Gebr. Kraemer 206–207
Kraemer, Wilhelm 206–207
Kraft, Ernst 40
Krebs, Alfred 322
Krebs, Elisabeth, geb. Cohn (geb. 13.1.1878 in Ratibor, gest. 12.5.1942 in Kulmhof) 322
Krebs, Else, geb. Samuel 321–322
Krebs, Georg 321–322
Krebs, H. (Helmut) Hans (geb. 20.10.1906, gest. 1943 in Palästina) 240, 244, 263, 320–322, 415–417
Krebs, Margarete, geb. Cohn 321–322
Kreh, Peter 10
Kreis, Fritz Hans 62–68, 71–72
Kreis, Wilhelm (geb. 17.3.1873 in Eltville, geb. 13.8.1955 in Bad Honnef) 10, 70, 104, 118, 137, 198, 219, 421
Kremer, Paul 105
Paul-Kremer-Stiftung 106
Paul und Maria Kremer Stiftung 106
Kremer, Walter 199
Kreutzer, Carl (gest. um 1935) 70
Krijgsman, A. 349, 353
Krome, Heinrich 268
Kron, Heinrich 120–121
Kropmanns, Mathias 278
Krüger, Felix (geb. 31.3.1875 in Dessau, gest. 26.11.1945 in Potsdam) 118, 436
Krupp 19
Friedrich Krupp A.-G. 26
Krutwig, Christian 143
Küchel, Heinrich 384
Kühlwetter, Prof. Dr. Hans-Jürgen 381
Kühn, Wilhelm 234
Kürten, Heinrich 70
Kuhlemann, Johannes Theodor (geb. 4.11.1891 in Köln, gest. 9.3.1939 in Köln) 435
Kuhlmann, Wilhelm (gest. 13.12.1927 im Alter von 50 Jahren) 415
Kuhlmeyer, Walter 318
Kullmann, Dr. Julius Fritz (geb. 6.1.1874 in Simmern) 426
Kulturbund 417
Kunert, August 120, 192, 225–229
Kunert, Margarete 34
Kunert, Willy (geb. 8.12.1865) 192
Kunstgewerbehaus Firma Roosen GmbH 264
Kunstgewerbe- und Handwerkerschule der Stadt Köln 357–358

Kunstwerkstätten 438–439
Kunstwerkstätten Krüger & Distel G.m.b.H. 436
Kunstwerkstätten Vertriebsgesellschaft m.b.H. 437
Kuratorium des Israelitischen Asyls 190–191
Lahnstein, Lina (geb. 10.6.1874 in Frankfurt am Main, gest. 9.1.1949 in Brüssel) 194–195
Lames, Johann Michael 286
Lammers, Dr. Egbert (geb. 30.7.1908 in Berlin, gest. 26.3.1996 in Waakirchen-Piesenkamp) 294–301
Lampmann, Gustav (geb. 19.5.1885 in Frankfurt am Main, gest. nach 1975) 74
Landsberg, Abraham gen. Adolph (geb 18.1.1836 in Fürfeld/Hessen, gest. 3.4.1926 in Köln-Braunsfeld) 323–324
Landsberg, Adolph (geb. 22.7.1870 in Stolberg, gest. 1.12.1928 in London-Tottenham) 323
Landsberg, Dr. Erika (geb. 1904, gest. 1995 in Remscheid-Lennep) 325
Landsberg, Ernst (geb. 12.10.1860 in Stolberg, gest. 29.9.1927 in Bonn) 323
Landsberg, Hedwig Thusnelda, geb. Becker (geb. 26.6.1881 in Köln, gest. 11.11.1940 in Bonn) 324
Landsberg, Julius Ferdinand (geb. 29.4.1868 in Stolberg, gest. 20.4.1915 in Köln-Lindenthal) 50, 323, 325
Landsberg, Karl 323
Landsberg, Klaus (geb. 7.2.1907 in Posen, gest. 1987 in Berlin) 325
Landsberg, Lothar Wolfgang (geb. 16.6.1908 in Arnsberg/Westfalen, gest. 21.7.1954 in der Anstalt Bethel zu Gadderbaum/Landkreis Bielefeld) 325–326
Landsberg, Louise, geb. Lorch (geb. 6.7.1839 in Mainz, gest. 24.10.1924 in Köln) 50, 323–324
Landsberg, Maria, geb. Hoff 325
Landsberg, Paul Ludwig (geb. 3.12.1901 in Bonn, gest. 2.4.1944 im Konzentrationslager Oranienburg) 323
Landsberg, Richard (Carl) (geb. 3.12.1873 in Stolberg, gest. 26.1.1940 in Spa/Belgien) 11, 50, 219, 323–326
Landshuter Leinen- und Gebildweberei F. V. Grünfeld 390–392
Langen, Jakob 28, 31–32
Lankau, Georg 109, 113, 148
Lantsch-Hötzel, Alexander 199
Latteger 341
Lauf 350
Launer, Oskar (geb. 1843 in Schildberg/Provinz Posen, gest. 31.12.1912 in Berlin) 362
Laux, Günter 248

Lazarus, Flora, geb. Faber (18.5.1877 in Karlsruhe, verschollen in Auschwitz) 57–58
Lazarus, Ludwig 57–58
Lazarus, Simon 58
Le Corbusier (geb. 6.10.1887 in La Chaux-de-Fonds, gest. 27.8.1965 in Roquebrune-Cap-Martin) 248, 282, 304
Leeser, Dr. Leo (geb. 1.5.1871 in Rosbach, gest. 15.9.1942 in Theresienstadt) 123–125
Leffmann, Abraham (Arthur) 328
Leffmann, Franz 328
Leffmann, Paul (geb. 3.4.1870 in Dülken) 10–11
Lehmann, Anna Maria 434–440
Lehmann, Gustav Carl 434–440
Lehmann, Edith 134
Lehmann, Fritz (geb. 1896, gest. 1978) 434–435, 437
Lehmann, Fritz 134
Lehmann, Louis (geb. 16.6.1850, gest. 7.4.1923 in Köln) 134
Lehmann, Walter 134, 185
Lehr, Johann Wilhelm (geb. 1893 in Wiesbaden, gest. 1971 in Oberseelbach/Taunus) 11, 14
Leimbach, Josef 255
Leisten, Franz (geb. 24.1.1897 in Höfen/Monschau, gest. 21.11.1970) 271
Leisten, Franz-Josef (geb. 2.7.1928, gest. 28.10.1988) 271
Lempertz, Dr. Heinrich Georg (geb. 16.6.1879 in Köln, gest. 9.4.1953 in Köln) 86
Lempertz, Mathias (geb.1851 in Köln, gest. 1904 in Köln) 59, 85
M. Lengenfeld´sche Buchhandlung A. Ganz 164, 279–280
Lessep, Ferdinand de (geb. 19.11.1805 in Versaille, gest. 7.12.1894 in La Chênaie) 314
Levi, Delphina Chiron 51
Levi, Israel 375
Levy, Dr. 424
Levy, Moritz 122
Levy & Stern 366
Lewkowiecz, David (gest. 19.7.1986 in Köln) 282
Leybold, Ernst (geb. 7.9.1887, gest. 12.4.1969) 141, 386–387
Liebermann, Karl Friedrich (geb. 5.4.1893 in Köln, gest. 2.9.1988 in Köln) 140
Liebermann, Max (geb. 20.7.1847 in Berlin, gest. 8.2.1935 in Berlin) 140
Liebmann & Oehme G.m.b.H. 126
Lienen, Ferdinand 373–375
Liesegang, Stahlbau 201–203
Liesegang, Wilhelm 24
Liesenfeld, August (geb. 10.10.1886 in Liesenfeld/Kreis St. Goar, gest. 12.5.1966) 331
Limann, Joachim 265
Lincke, Ernst 239–241, 403

Lincke & Cie. 239–241, 400–404
Lindemann, Prof. Hugo (geb. 9.9.1867 in Jaguerao/Brasilien, gest. 19.2.1949 in Bensheim) 68
Lindemann, Oskar (gest. 1914) 176–177
Lindemann, Walter 176–177
Linner, Josef 113
Linskens, Ansgar (geb. 31.5.1910 in Hamburg, gest. 6.12.1992 in Köln) 175
Linz, Eugen 393–394
Linz & Co 393–394
Lissauer, Henry (geb. 26.9.1883, gest. 7.4.1932 in Köln) 394
Lissauer, Henry, Wwe. 394
Lissauer, Dr. Meno (geb. 29.6.1879 in Lübeck, gest. 27.5.1958 in New York) 384–385
M. Lissauer & Cie. 394
Lissauer & Cie. 384
Lobbenberg, Max (geb. 1856, gest. 1939 in London) 279–280
Lobbenberg & Blumenau 279–280
Loeb, Dr. 342
Loeb, Max (geb. 29.10.1901 in Kassel, gest. 26.10.1962 in Haifa/Israel) 327–328
Loeser, Gabriel (geb. 2.5.1833 in Dusemond [seit 1925 Brauneberg/Mosel], gest. 1902 in Lüttich) 355–356
Löwenberg, Sally 276–277
Löwendahl, Adele, geb. Rothschild 328
Löwendahl, Adolf (Abraham) (gest. 11.11.1898) 328
Löwendahl, Anna, geb. Feder (geb. 20.3.1882 in Magdeburg, gest. nach dem 7.12.1941 in Riga) 328
Löwendahl, Hans Adolf (geb. 17.2.1905 in Köln, Deportationsziel, Todesdatum und Todesort unbekannt) 328
Löwendahl, Dr. jur. Ernst (Ernst Dale) (geb. 2.10.1905 in Köln, gest. 19.3.1975 in Johannesburg/Südafrika) 328
Löwendahl, Hugo (geb. am 10.2.1871 in Köln, gest. nach dem 7.12.1941 in Riga) 328
Löwendahl, Paul (Loewendahl) (geb. 31.12.1906 in Köln, gest. nach dem 7.12.1941 in Riga) 328
Löwendahl, Richard Josef (geb. 15.7.1866 in Köln, gest. am 14.6.1942 durch Selbsttötung in Stolberg-Mausbach) 328
Löwendahl, Tony, geb. Ullmann (geb. 26.9.1882 in Frankfurt am Main, gest. am 14.6.1942 durch Selbsttötung in Stolberg-Mausbach) 328
Löwenstein, Dr. Leo (geb. 8.2.1879 in Aachen, gest. 13.11.1956 in Israel) 419
Löwenstein, Hermann 390–392
Löwenstern, Bella, geb. Michael (geb. 11.1.1872, gest. 30.11.1925) 399
Löwenstern, Max (geb. 7.5.1850, gest. 29.11.1925) 399

Löwenstern & Leffmann 328
Löwenstern & Straus 399
Loewenwarter, Dr. Viktor (geb. 4.5.1887 in Köln, gest. 8.2.1973 in Santiago de Chile) 11, 14, 99
Lohmar, Willi 294–301
Lohrscheid, Johannes 33
Lossow & Kühne 422
Luckas, Ferdinand (gest. 14.7.1937 im Alter von 48 Jahren) 199
Luckhardt, Hans (geb. 16.6.1890 in Berlin-Charlottenburg, gest. 8.10.1954 in Bad Wiessee) 58
Lürsen, Joan B. (geb. 1894) 203
Lütgens, Hans 333
Lütgens, John (Eduard) (geb. 24.3.1875 in Hamburg, gest. 22.3.1950 in Köln) 71, 329–333
Lütgens, Tiene, geb. Baer 329–333
Lüttgen, Hans Heinz (geb. 16.11.1895 in Düsseldorf, gest. 1976 in New York) 78, 80, 82–84, 172, 395–396, 436
Lützeler, Theodor 373–375
Maass, Alfred 375
Mader, Ruth 15
Maertens, Hermann Eduard (geb. 1823, gest. 3.11.1898 in Bonn) 423–424
M.A.N. 39
Mannesmann-Röhrenwerke 136
Mansfeld, Alfred (geb. 2.3.1912 in St. Petersburg, gest. 2004 in Haifa) 277
Marienburger Terraingesellschaft m.b.H. 102, 106, 166, 169
Mark, Paul (geb. 25.3.1882 in Köln, gest. ?) 166, 219
Marx, August 28, 31–33
Marx, Berta (gest. Februar 1907) 33
Marx, Cilli 425
Marx, Jakob (gest. 7.12.1980) 290
Marx, Ludolf (geb. 26.2.1858, gest. 26.3.1933 in Köln) 419
Marx, Ludwig 419–420
Maschinenfabrik Wiesbaden 228
Mason, George D. (geb. 1856 in Syracuse/New York, gest. 1948) 295
Mattar, Heinrich (geb. 11.3.1881 in Köln, gest. 20.4.1951 in Linz) 70
Mattar, Stephan (geb. 18.5.1875 in Köln, gest. 29.6.1943 in Köln) 145
Matisse, Henri (geb. 31.12.1869 in Le Cateau-Cambrésis, gest. 3.11.1954 in Nizza-Cimiez) 140
Mauelshagen, Wilhelm 138
May 280
May, Heinrich (geb. 8.5.1910 in Trier, gest. 20.1.1999) 263
Mayan, Margarete 258
Mayan, Ottmar 258
Mayener Löwenbrauerei 252

Mayer, Albert 263
Mayer, Bertha (gest. Anfang 1926 in Cap Ferrat) 355
Mayer, Fritz 380–381
Mayer, Götz (geb. 1811 in Ehrenbreitstein) 355
Mayer, Rosalie, geb. Hirsch 355
Mehrtens, Hans (geb. 5.12.1892 in Schwelm/Westfalen, gest. 1976 in Aachen) 74
Meier, Ernst 264
Meier, Jakob 118
Meinardus, Wilhelm 276
Meinertz, Gustav (geb. 21.8.1873 in Berlin, gest. 11.9.1959 in Köln) 290
Meirowsky, Max (geb. 17.2.1866 in Guttstadt//Ostpreußen, gest. 1949 in Genf) 10–11
Meistermann, Georg (geb. 16.6.1911 in Solingen, gest. 12.6.1990 in Köln) 297
Mendelsohn, Erich (geb. 21.3.1887 in Allenstein, gest. 15.9.1953 in San Francisco) 79, 98, 201, 203, 217, 248, 304, 410
Bertold Menkel G.m.b.H. 169
J. Merfeld & Herz 394
Mering, Carl von (geb. 15.10.1874 in Koblenz, gest. 26.1.1944 in Köln-Rodenkirchen) 82
Merlo, Johann Jakob (geb. 25.10.1810 in Köln, gest. 27.10.1890 in Köln) 319
Merrill, Dr. Hervey Cotton (geb. 29.12.1862 in Bosten, gest. 1953 in den USA) 139
Merrill, Theodor (geb. 9.5.1891 in Köln, gest. 31.3.1978 in Tutzing) 11, 13, 70, 73, 106, 146, 167, 220, 222, 291, 360, 386–387
Merrill & Leybold 386–387
Merzbach, Dr. Julius (gest. 1980 in Israel) 429
Merzhäuser, Alfons 109–111
Metzen, Helmar 266
Metzger, Heinrich (gest. 18.11.1932 im Alter von 48 Jahren) 169
Meumann, Richard 70
Meurer 258
Mewes, Emil (geb. 4.4.1885 in Köln, gest. 25.1.1949 in Zürich) 70, 73, 199, 386–387
Meyer, Adolf (geb. 17.6.1881 in Mechernich, gest. 14.7.1828 in Baltrum) 422
Meyer, Alice (geb. 11.4.1901, gest. 22.5.1940) 146
Meyer, Eduard (geb. 23.12.1860, gest. 10.10.1928 in Köln) 146–148, 151
Meyer, Hirsch, gen. Hermann Meyer (gest. um 1917) 373–375, 433
Meyer, Isaak 419–420
Meyer, Jean (geb. 23.7.1886) 24, 417–418
Ludwig Meyer & Cie. 184
Meyer und Hellenthal 120
Meyerfels, Bernhard 337
Meys, Auguste 110–11
Michel, Dr. 260

Michel, Heinrich 10
Michel, Hermann 10
Michel, Moritz 10
Michel & Co. 9–10
Gebr. Mickeleit 228
Miller, Glen (geb. 1.3.1904 in Clarinda/Iowa, gest. 15.12.1944) 247
Minden, Rudi (gest. 19.8.1971) 284
Minden am Ring 284
Mintrop, Theodor (geb. 14.4.1814 in Essen-Werden, gest. 30.6.1870 in Düsseldorf) 31
Mitteldeutsche Bodenkreditbank 396
Mitteldeutsche Kreditbank 134
„moderne stadt" 126
E. Möbius G.m.b.H. 379
Möhring, Alois 385
Möntenich, Johann 383
Mohr u. Speyer A.-G. 190
Molis, Hubert (geb. 2.10.1899 in Köln, gest. 17.5.1969 in Köln) 438
Moll, Elisabeth (gest. 20.9.1860 in Köln) 29
Mombert, Henriette (gest. 1922) 315
Mongen, Theodor 120
Morgenstern, Otto 117
Moritz, Carl (geb. 27.4.1863 in Berlin, gest. 23.8.1944 in Berg am Starnberger See) 70, 118, 129, 386–387, 435
Moritz & Betten 74, 113, 386–387
Mosse 410
Muck, Richard 284–285
Müller 252
Müller-Grah, Alfred (geb. 23.9.1847 in Radolfzell, gest. 15.10.1912 in Köln) 417–418
Müller, Franz (geb. 15.11.1887 in Köln, gest. 1961 ?) 175
Müller-Hoberg, Franz 311
Müller-Erkelenz, Heinrich (geb. 16.3.1878 in Worms, gest. 1945 in Berlin) 43, 70, 387
Müller, Dr. Jürgen 15
Müller, Tony (geb. 2.3.1877 in Köln, gest. 26.7.1966 in Köln) 268
Josef Müller G.m.b.H. 337, 393
Müller, Wilhelm 271
Münchhausen, Amalie, geb. Bamberger (Koppel) (geb. 5.7.1820 in Ahlen/Kreis Hamm, gest. 23.3.1906 in Paderborn) 335
Münchhausen, Anne J. 336
Münchhausen, Bertha, geb. Weinholt (28.5.1870 in Bocholt, gest. 21.1.1943 in Theresienstadt) 335–343, 392–393
Münchhausen, Elizabeth 336
Münchhausen, Ella 336
Münchhausen, Fanny (geb. 1855) 335
Münchhausen, Helene (geb. 1846) 335
Münchhausen, Hermann (geb. 1864) 335
Münchhausen, Hermine (geb. 1852) 335
Münchhausen, Isabella, geb. Raphael (gest. 22.12.1946 in Chicago im Alter von 86 Jahren) 336

PERSONENREGISTER

Münchhausen, Jettchen (geb. 1850) 335
Münchhausen, Karl (geb. 1844) 335
Münchhausen, Louis (geb. 1851) 335
Münchhausen, Max (geb. 1860) 335
Münchhausen, Rosa (geb. 1848) 335
Münchhausen, Sally (geb. 1859) 335
Münchhausen, Salomon (geb. in Herlinghausen/Kreis Warburg) 335
Münchhausen, Sigmund (geb. 5.4.1858 in Paderborn, gest. 11.5.1924 in Köln) 13, 334–343, 392–393
Münzel, Wilhelm 258
Muhr, Ernst Julius 379
Muhr, Ferdinand (geb. 14.11.1874 oder 1871 in Höchst, gest. 26.6.1942 in Theresienstadt) 377–379
Muhr, Frieda, geb. Goldfinger (geb. 3.1.1877 in Köln, gest. nach 1945) 379
Munch, Edvard (geb. 12.12.1863 in Løten, gest. 23.1.1944 in Ekely) 140
Munsen, Anne J. 336
Muschard, Carl 329
Muthesius, Hermann (geb. 20.4.1861 in Großneuhausen, gest. 26.10.1927 in Berlin) 58
Nagelschmidt, Heinrich (geb. 27.10.1822 in Köln, gest. 29.5.1902 in Köln) 234
Nationalsozialistische Volkswohlfahrt, NSV 121
Natorp, Adalbert (geb. 13.4.1851 in Düsseldorf, gest. 30.4.1918 in Düsseldorf) 44
Nebinger, Heinrich 251
Neeß, Ferdinand 386
Negrelli, Alois (geb. 23.1.1799 in Fiera di Primiero, gest. 1.10.1858 in Wien) 314
Nepker, Bernhard (geb. 20.2.1881 in Köln, gest.10.(?) 9.1938 in Köln) 186–190
Nett, Maria (geb. 1894 in Hirten, gest. 1974 in Köln) 243
NSDAP 141, 189, 238, 245, 316
Neuberg, Albert 43
Neuberg, Emilie, geb. Bing 43
Neuhaus, E. 352
Neumann, Arthur 388–389
Neumann, Balthasar (geb. 27.1.1687 in Eger, gest. 19.8.1753 in Würzburg) 362
Neumann & Cie. 388–389
Neven DuMont, Alfred (geb. 20.2.1868 in Köln, gest. 8.12.1940 in Köln) 435
Niederrheinische Steinholz-Industrie C. Conrads m.b.H., Crefeld 315
Nierendorf, Karl (geb. 1889, gest. 1947) 435
Niessen, Wilhelm 372
Niggemeyer, Robert (geb. 31.3.1879 in Paderborn, gest. 30.11.1954 in Freiburg) 62
Nitsche, Gustav und Heinrich Kron 120–121
Nitsche, Karl-Heinz 271
Nix, Heinrich Adam 357
Nöcker, Aenne Margarethe, geb. Apfel (gest. 23.2.1944 in Köln) 12

Nöcker, Peter Franz (geb. 4.7.1894 in Köln, gest. 29.6.1984 in Köln) 12
Nohl, Wilhelm (Willy) 107–110, 113, 169, 171
NS-Frauenschaft 238
Nussbaum, Felix (geb. 11.12.1904 in Osnabrück, gest. 2.8.1944 in Auschwitz) 342
Oberpostdirektion Köln 20, 44, 49
Oechelhäuser, Adolf von (geb. 1852, gest. 1923) 57
Oertel u. Prümm 228
Oetz 255
Offenbach, Jacques (geb. 20.6.1819 in Köln, gest. 5.10.1880 in Paris) 319
Ohlenschläger, Jakob 340
Ohly, Ernst G. (geb. 18.3.1879 in Mailand, gest. 1916 an der Somme) 129, 131
Ohly, William (Willy) F. C. (geb. 31.8.1883 in Hull) 129, 131
Olbertz, Jakob (geb. 17.12.1840 in Köln, gest. 15.9.1898 in Köln) 33
Olbrich, Joseph Maria (geb. 22.12.1867 in Troppau, gest. 8.8.1908 in Düsseldorf) 199–200, 211, 366
Olivetti 360
Op Gen Oorth, Josef (geb. 19.6.1895 in Goch, gest. 23.5.1973 in Köln) 435
Opladen, Klaus (geb. 29.3.1924 in Köln, gest. 8.10.1983) 318
Opel, von 104
Oppenheim, Albert (geb. 31.10.1882 in Coburg, gest. nach 1945 in England?) 344
Oppenheim, von 134
Oppenheim, Baron Eduard von (geb. 3.8.1831 in Köln, gest. 15.1.1909 in Köln) 9
Oppenheim, Baron Simon Alfred von (geb. 26.6.1864 in Köln, gest. 15.2.1932 in Köln) 60, 70
Oppler, Edwin (geb. 18.6.1831 in Oels/Niederschlesien, gest. 6.9.1880 in Hannover) 342
Orenstein & Koppel AG 321
Osborn, Max (geb. 10.2.1870 in Köln, gest. 24.9.1946 in New York) 13
Oser, Gladys, geb. Rosenthal, geschiedene Stern (geb. 1893, gest. 27.12.1979 in Los Angeles) 365
Oster, Heinrich (geb. 10.7.1890, gest. nach 1971) 73
Ostermann, Bernhard 387
Ostermann, Franz (geb. 18.2.1901, gefallen 1944 in Bessarabien) 105–106, 108, 110–113, 218
Ostmann, Ferdinand 90–95
Ott, Dr. h.c. Franz (geb. 1862 in Lorch) 220
Päffgen, Gustav (gest. 1916) 226–229
Palästinaamt 417
Palant, Georg 232
Café Palant 225, 232–234

Palestine Dead Sea Potash Company 345–346
Pallenberg, Heinrich 142, 434
Palleske 338
Pappermann, Otto (gest. um 1926) 169
Pashtan, Aliza 346
Pashtan, Miryam (Miriam), geb. Magda Hermann (geb. 16.11.1919 in Budapest, gest. 14.9.1992 in Israel) 346
Pashtan, Reuven 15, 346
Pashtan, Shlomo (Oskar van Perlstein) 15, 27, 345–346, 368, 402–403, 407
Pashtan, Yair 346
Pasman, Ferdinand (geb. 17.8.1888, gest. 10.11.1935) 223
Paul, Bruno (geb. 19.1.1874 in Seithennersdorf/Lausitz, gest. 17.8.1968 in Berlin) 10–11, 13, 15, 70, 74, 208, 217, 357, 386–387, 436
Pauly-Rath 252
Peah 414–415
Peche, Dagobert (geb. 3.4.1887 in St. Michael im Lungau, gest. 15.4.1923) 357
Peckhaus, Fritz 351
Pelikan 243–244
Perlstein, Alfred van (gest. 1918) 345
Perlstein, Alice van, geb. Kaul (geb. 27.7.1877 in Berlin, gest. Mai 1942 in Kulmhof) 345–346
Perlstein, Ella van, geb. Israel (geb. 7.12.1868 in Bad Pyrmont, gest. in einem Konzentrationslager) 345
Perlstein, Dr. med. Gabriel van (geb. 1862, gest. 1927) 345
Perlstein, Margot van (geb. 13.4.1905, gest. 8.8.1906) 345
Perlstein, Oskar van (Shlomo Pashtan) (geb.16.1.1910 in Köln, gest.18.6.2004 in Israel) 15, 27, 345–346, 368, 402–403, 407
Perlstein, Salomon Philipp van 345
Perlstein, Walter (geb. 12.3.1901 in Köln, gest. 6.12.1941 im Konzentrationslager Mauthausen) 345
Perthel, Robert (geb. 12.11.1859 in Zeulenroda, gest. 12.5.1944 in Köln) 86, 225, 229–234
Peters, Carl (geb. 23.2.1868 in Güstrow, gest. 18.2.1936 in Köln) 99, 129–130
Peters, Otto 372
Gebrüder Pfaff & Comp. GmbH Köln 284–285
Pfafferott, Hermann 26
Pfeifer & Langen A.-G. 183
Pflaume, Alida, geb. de Block (geb. 26.10.1880 in Amsterdam, gest. 16.3.1947 in Mühlberg/Elbe) 58
Pflaume, Hermann Eberhard (geb. 16.3.1869 in Aschersleben, gest. 11.12.1921 in Köln) 10, 58, 86, 130, 279–280

451

Pflaume, Hermann Otto (geb. 26.1.1830 in Aschersleben, gest. 4.8.1901 in Würzburg) 31, 34, 377
Pfotenhauer, Dr. Angela 15
Philipp, Adele 347
Philipp, Gustav (gest. 29.2.1884 in Köln) 11, 347
Philipp, Max 357
Philippson, Kurt (geb. 16.1.1899 in Köln, gest. 23.8.1970 in Köln) 239–241
Philippson, Walther (geb. 20.10.1889 in Köln, gest. 19.1.1961 in Köln) 239–241
Phönix-A.G. 120
Picasso, Pablo (geb. 25.10.1881 in Málaga, gest. 8.4.1973 in Mougins) 140
Pilgram, Fritz 39
Pingen, Erich Ludwig 268
Pinthus, Alexander (geb. 30.7.1893 in Nordhausen/Kreis Erfurt, gest. 1981 in Haifa/Israel) 13, 347
Pinthus, Kurt (geb. 29.4.1886 in Erfurt, gest. 11.7.1975 in Marbach am Neckar) 347
Pinthus & Ahlfeld 347
Pipping, Wilhelm (geb. 21.9.1877 in Aachen, gest. 1939) 60, 161
Platte, Ella, geb. Münchhausen 336
Plaut, Dr. Rudolf (1843–1914) 194–195
Plehn, Walter 382–383
Pleißner, Otto 382
Plock & Blank 115
Plum, Jonny 282
Plum, Josef 282
Plum, Marlene, geb. Zeininger 282
Poelzig, Hans (geb. 30.4.1869 in Berlin, gest. 14.6.1936 in Berlin) 58, 70, 76, 79, 215–216
Poh, Ulrich (geb. 1.6.1885 in Aachen, gest. 3.4.1952) 11, 13, 99
Polanski, Roman (geb. 18.8.1933 in Paris) 112
Pollack & Stern 379
Pott, Paul (geb. 17.6.1882 in Köln, gest. 31.1 1966 in Köln) 55, 59, 74, 219–220, 222, 395
Pracht-Jörns, Dr. Elfi 15
Preminger, Erna, geb. Abisch (geb. 28.4.1912, gest. ?) 17, 19
Preusser, Heinrich (geb. 13.12.1919 in Köln, gest. 30.4.1979 in Köln) 318–319
Preußischen Zentral Bodenkredit Aktiengesellschaft 114
Prevoo, Gerhard Hubert 113
Prevoo, Hans-Joachim (geb. 7.3.1929 in Köln, gest. 23.10.1976 in Köln) 113
Prevoo, Peter (geb. 11.9.1886 in Aachen, gest. 2.2.1967 in Köln) 109–110, 113, 146, 155–156, 162–163, 165–169, 172–179, 199, 201–212
Prevoo, Petra 113
Prévost, Eugene Marcel (geb. 1.5.1862 in Paris, gest. 8.4.1941 in Vianne) 113

Prinz, Wilhelm (geb. 9.3.1882 in Gießen, gest. 28.9.1956) 146
Prinz, Wilhelm 88
Prömper, Adolf 120
„Progreß" Finanz-Effekten- und Immobilien-Verwaltungs-A.-G. 386
Progress-Textilbetriebe G.m.b.H. 263, 321
Proskauer, Alfred (geb. 12.12.1880 in Breslau, gest. 11.2.1944 in Auschwitz) 321
Provinzialverband für jüdische Wohlfahrtspflege in der Rheinprovinz 415
Pünder, Dr. Hermann (geb. 1.4.1888 in Trier, gest. 3.10.1976 in Fulda) 291
Pütz, Wilhelm 120–121
Pullmann, Carl 373–375
Puls, Alfred (geb. 1.11.1879 in Hamburg-Altona, gest. 1938 in Hamburg) 161
R., M. 183
Radium Gummiwerke G.m.b.H. 176–177
Raiffeisenkasse Wanderath 258
Ransenberg, Julius 427
Raschdorff, Julius Carl (geb. 2.7.1823 in Pleß/Oberschlesien, gest. 13.8.1914 in Waldsieversdorf bei Buckow) 42–44, 361
Rasse- und Siedlungshauptamt 238
Rauch Heinrich 232–234
Rautenberg 317
Recht, Peter (geb. 1.5.1869, gest. um 1938/39) 118
Reemtsma, Philipp Fürchtegott (geb. 22.12.1893 in Osterholz-Scharmbeck, gest. 11.12.1959 in Hamburg) 436
Rehfus, Richard 267, 271–272, 276, 278
Rehorst, Carl (geb. 12.10.1866 in Schlüchtern/Hessen, gest. 21.1.1919 in Köln) 10, 118, 125, 129, 372
Reichsbund jüdischer Frontsoldaten, Ortsgruppe Köln 419–420
Reichskammer der bildenden Künste 55, 59, 225, 313–314, 328, 349
Reichsvermögensverwaltung Stadt Köln 61–62
Reifenberg 129
Reifenberg & Cie. 10
Reifenberg & Mastbaum 9
Reinhard, Carl 186–190
Reinhardt, Dr. Karl 88
Reinhard & Nepker 186–190
Reinhardt, Max (geb. 9.9.1873 in Baden bei Wien, gest. 31.10.1943 in New York) 110
Reipen, Hans (geb. 1.10.1910 in Bonn, gest. um 1983/84) 375
Reitsamer, Hans (geb. 19.11.1876, gest. 21.3.1943 in Köln) 366, 432–433
Reitz, Hans Walter (geb. 25.12.1888 in Köln, gest. 10.3.1955 in Köln) 99
Renoir, Auguste (geb. 25.2.1841 in Limoges, gest. 3.12.1919 in Cagnes) 140
Renterghem, Tonny van (geb. 28.6.1919 in Amsterdam, gest. 19.7.2009 in Sequim) 111

Renz, Adolf (geb. 1.5.1886 in Messkirch/Baden, gest. nach 1971) 20
Reusch, Eduard 104
Reusch, Otto 347
Reuß, Johann 241
Reyersbach, Hugo (geb. 4.10.1878, gest. 29.7.1917) 321
Rheinische Bauunternehmung G.m.b.H. 102–103, 105–109, 123, 129,134–138, 139, 143, 145–151, 155–160, 162–175, 177–191, 198–214, 217–224
Rheinische Brauerei-Gesellschaft 106
Rheinische Draht- und Kabelwerke 220
Rheinische Grundstücks-Handelsgesellschaft m.b.H. 396
Rheinische Kaufhallen A.G. 178, 195
Rheinische Pilzzüchterei und Konservenfabrik G.m.b.H. 102
Rheinischer Verein für Denkmalpflege und Heimatschutz 367–368
Rheinische Theater-G.m.b.H. 296
Rheinisch-Westfälische Bank 284
Rheinisch-Westfälische Elektrizitätswerks A.-G. 58, 90, 94
Rheinisch-Westfälische Schuh-A.-G. 379
Rheinlandloge e.V. 240, 415–417
Rice, Zachariah 295
Richard, Philipp 225, 231
Richard & Schreyer 231
Richardson, Henry Hobson (geb. 29.9.1883 in St. James Parish/Louisiana, gest. 27.4.1886 in Brookline/Massachusetts) 295
Richenzhagen, Peter, Wwe. 120
Richter 421
Richter, Emil 161
Ricken, Anton 388
Ricken, Bernhard (geb. 23.11.1878 in Wattenscheid, gest. 15.3.1950) 388
Riegelmann, Gotthold (geb. 24.6.1864 in Bernburg, gest. 1935 in Berlin) 36
Riemerschmidt, Richard (geb. 20.6.1868 in München, gest. 13.4.1957 in München) 435–436
Riphahn, Ada Silvia, verw. Seckendorff, geb. Friedemann (geb. 5.10.1890 in Berlin, gest. 1.1.1962 in Köln) (12)
Riphahn, Wilhelm (geb. 25.7.1889 in Köln, gest. 27.12.1963 in Köln) 12, 18, 20–23, 59, 62–63, 65, 67, 77, 79, 82, 112, 172, 174, 199, 230, 333, 386–387, 395–396, 410, 435–436
Riphahn & Grod 18, 73, 210, 248, 386–387
Ristow, Dr. Imke 15
Rödel, Georg 86, 199
Rohde, Dr. Saskia 15
Rösener, Josef 144
Rollmann & Mayer 9
Rollmann & Rose 328
Rom, Moritz 157
Roman, Stern & Co. 365

PERSONENREGISTER

Romberg, Martha, geb. Stern 366
Romberg, Rudi 14, 366, 368
Rompf, Reinhold 112
Rosenbaum, Kurt 348
Rosenberg 423
Rosenberg, Dr. Eugen (geb. 1.11.1877 in Köln, gest. 9.10.1937 in Palästina) 11, 14
Rosenberg, Richard 436, 439
Rosenberg & Speyer 355
Rosenblum, Hella (geb. 26.7.1895 in Königsberg, ermordet 1942/45 in Theresienstadt) 348
Rosenblum, Käthe (Catharina), geb. Heinemann (geb. 18.10.1888, gest. 30.6.1942 in Köln) 348
Rosenblum, Kurt (geb. 9.8.1887 in Königsberg, gest. 30.6.1942 in Köln) 348
Rosendahl, Josef 348, 353
Rosendahl, Oskar (geb. 27.12.1876 in Witten/Ruhr, gest. 8.4.1941 in Huizen/Niederlande) 10–11, 129, 348–353
Rosendahl, Willy (geb. 15.3.1881 in Düsseldorf, gest. nach 1939) 348, 353
Rosenfeld, Dr. Werner 51
Rosenstein, Alfred 396
Rosenthal 264
Rosenthal, Abraham Salomon (geb. 22.3.1854 in Beerfelden, gest. 1938) 365–366, 369, 379–380, 425, 428–431
A. S. Rosenthal & Co. 365
Rosenthal, Jenny 426
Rosenthal, Dr. Ludwig (gest. 28.6.1938 in Köln im Alter von 68 Jahren) 409, 411, 425
Rosenthal, Frau (Dr. Ludwig) 425
Rosenthal, Salomon (gest. vor 1879 in Beerfelden) 365, 369
Rosenthal, Theodor (geb. 17.11.1854, gest. 20.4.1917) 114–115
Rosenthal, Dr. Trude 412
Rosenthalsche Wohlfahrts-Stiftung 431
Ross, Theodor (geb. 23.8.1864 in Köln, gest. 6.9.1930 in Köln) 79
Rothe, Hugo 232–234
Rothschild, Adele 328
Rothschild, Baronin Hannah Mathilde von (geb. 1832, gest. 1924) 339
Rothschild, Freifrau W. C. von 340
Royal Institutes of British Architects, RIBA 314, 328
Ruempler, Fritz (geb. 27.10.1905 in Lindau/Bodensee, gest. 26.5.1983 in Köln) 291
Rüther, Bernhard 238
Ruff, Josef (geb. 5.5.1887 in Dollnstein/Eichstätt, gest. 27.3.1934 in Köln) 11, 14, 77, 146
Saalecker Werkstätten 118
Sachs, Leo (gest. 12.10.1976) 281–282
Sahler & Buchenau 233
Salamander A.-G. 388

Salinger, Heinz Gerhard (Gerard) (geb. 26.1.1916 in Berlin, gest. 27.11.1944 im Konzentrationslager Natzweiler-Struthof (?) 367, 371
Salinger, Ilse Meta, geb. Stern (geb. 12.2.1912 in Köln, gest. 31.10.1944 in Auschwitz) 367, 370–371
Salm & Wihl 397
Salomon, Berta (geb. 1868, gest. 1940) 126
Salomon, Max 388–389
Salomon, Salomon Josef (geb. 23.3.1824 in Odenkirchen, gest. 7.3.1884 in Köln) 125–127
Salomon, S. J. 126
S. J. Salomon G.m.b.H. 126
Salvisberg, Otto (geb. 19.10.1882 in Köniz, gest. 23.12.1940 in Arosa) 160
Salz, Fritz (geb. 29.8.1875 in Rastatt/Baden, gest. nach 1953) 329
Sander, Bertha (Regina) (geb. 7.3.1901 in Köln, gest. 23.7.1990 in London) 354–360
Sander, Gabriele 355–356
Sander, Gustav (gest. im Spätsommer 1928 kurz vor seinem 65. Geburtstag in Bad Reichenhall) 355
Sander, Klara, geb. Mayer (geb. 1.2.1871 in Frankfurt am Main, gest. 9.6.1958 in London) 355–360
Sander, Otto (geb. 1898, gest. 10.8.1924 in Neuenburg/Schwarzwald) 355
Sanke & Co 385
Saß, Emil 116, 120, 433
Sauer, Franz 388
A. Schaaffhausenscher Bankverein 28, 30–31, 33
Schaeben 31
Schäfer, Carl (geb. 18.1.1844 in Kassel, gest. 5.5.1908 in Carlsfeld) 57–58
Schäfer, Franz 284–286
Schäfer, Georg (geb. 28.12.1879, gest. 21.12.1972 in Düsseldorf) 209
Schaefer, Hanns (geb. 16.11.1924 in Köln) 55
Schäfke, Dr. Werner 15
Schaller AG 262
Scharoun, Hans (geb. 20.9.1893 in Bremen, gest. 25.11.1972 in Berlin) 58
Schauburg G.m.b.H. 144
Schauppmeyer, Fritz 9
Schauppmeyer, Karl (geb. 7.11.1872 in Koblenz, gest. 1933) 9
Schawinsky, Alexander (Xanti) (geb. 26.3.1904 in Basel, gest. 11.9.1979 in Locarno) 360
Schefler, Florian (geb. 4.11.1882, geb. 25.5.1935 in Köln) 148
Scheib, Otto (geb. 18.2.1893 in Köln, gest. 13.3.1965 in Köln) 77–79, 82, 172, 222–223
Scheibler, Hans Carl (geb. 22.9.1887 in Köln, gest. 17.10.1963) 436

Scheidt, Ernst (geb. 26.5.1889 in Köln, gest. 19.2.1961 in Königswinter) 174
Scheler, Eduard (geb. 10.10.1883 in Coburg, gest. 19.8.1964 in Köln) 70
Schellen, Karl (geb. 18.8.1846 in Düsseldorf, gest. 24.8.1917 in Bad Salzschlirf) 40
Schenkalowski, Olga (gest. 1944 in Moskau) 112
Scherer, Karl 251
Scheuer, Joseph 86
Schieren, I. 352
Schilling, Eugen 87
Schimpff, Prof. Gustav (geb. 1871, gest. 1919) 16–17, 36
Schlapper, Jean (gest. um 1913) 226–229
Schlederer, Ludwig 316
Schlemmer, Oskar (geb. 4.9.1888 in Stuttgart, gest. 13.4.1943 in Baden-Baden) 360
Schlimgen, Josef 313
Schlösser, Felix 239
Schlössinger, Frank 51–52
Schloss, Julius (nach der Emigration in die USA Julian Castle Stanford) 106, 110, 167, 220, 222
Schloss, William 101, 112
Schmalenbach, Prof. Eugen (geb. 20.8.1873 in Halver-Schmalenbach, gest. 20.2.1955 in Köln) 68
Schmalkoke 247, 252–253
Schmidding, Wilhelm (geb. 1872, gest. 1953) 75–76
Schmidt, Friedrich 67
Schmidt, Friedrich Freiherr von (geb. 23.10.1825 in Frickenhoven/Württemberg, gest. 23.1.1891 in Wien) 31
Schmidt, Werner 127
Schmidt, Willi 248
Schmidt und Meldau 120
Schmitthenner, Paul (geb. 15.12.1884 in Lauterburg/Elsass, gest. 11.11.1972 in München) 58
Schmitz 316
Schmitz, Dr. Felix 355
Schmitz, Hans (geb. 1896, gest. 1977) 86
Schmitz, Heinrich 331
Schmitz, Johann 287, 304–305
Schmitz, Karl 88
Schmitz, Mathias 331
Schmölz, Hugo (geb. 21.1.1879 in Sonthofen, gest. 27.4.1938 in Köln) 151
Schneider, Heinrich 120
Schneider, Karl (geb. 15.5.1892 in Mainz, gest. 11.12.1945 in Chicago) 98
Schnitzler, Richard von (geb. 30.4.1855 in Köln, gest. 10.11.1938 in Köln) 435
Schnitzler, Dr. Victor (geb. 19.7.1862 in Nachrodt i.W., gest. 26.7.1934 in Mehlem) 377
Schnog & Co 115

453

Schnor, Cuno 380–381
Schocken, Simon (geb. 1874, gest. 1929) 245
Schoder, Thilo (12.2.1888 in Weimar, gest. 8.7.1979 in Kristiansand/Norwegen) 422
Gebr. Schöndorff A.G. 226–229
Schöne, Carl (geb. 1875 in Deutsch Krone/Westpreußen, gest. 3.12.1910) 9, 118, 164
Schöneberg, Siegmund (Max) (26.5.1880 in Köln, gest. nach dem 23.6.1943 in Auschwitz) 146–148, 152
Schönhagen, Otto (geb. 1885, gest. 1954) 306
Scholderer, Adolf 112
Schorn, Carl 306
Schragenheim, Ernst (Joseph) (geb. 12.3.1894 in Verden, gest. 10.4.1979 in London) 361
Schragenheim, Heinrich (Henry) (geb. 1925) 361
Schregel, August 373–375
Schregel, Jean 372
Schreiber, Louis (Ludwig Friedrich) (geb. 14.10.1850 in Döbeln, gest. 18.9.1930 in Köln) 140, 336
Schreiber, Dr. Rupert 15
Schreiner, Johann Baptist (geb.19.12.1866 in München, gest. 1935 in Köln ?) 82, 232–234
Schreiterer, Emil (geb. 26.1.1852 in Reichenbach/Vogtland, gest. 27.10.1923 in Köln) 8–9, 294–301, 399
Schreiterer & Below 8–9, 166, 219, 294–301
Schröder, Prof. Paul (geb. 14.7.1891 in Braunschweig, gest. 10.6.1961 in Köln) 436
Schüler-Ruderverein Kreuzgasse Köln 50
Schüller, Hans 15
Schüller, Johannes (geb. 22.11.1891 in Köln) 199
Schürmann 280
Schürmann, Joachim (geb. 24.9.1926 in Viersen) 20
Schulten, Hans (geb. 4.6.1912, gest. 21.1.1995) 265–266
Schulten und Goldschmidt 266
Schultze-Naumburg, Paul (geb. 10.6.1869 in Naumburg, gest. 19.5.1949 in Jena) 118, 357
Schulze, August 129
Schulze-Gahmen, Hans (geb. 18.5.1885 in Köln, gest. 5./7.4.1942 in Köln) 157
Schumacher, Fritz (geb. 4.11.1869 in Bremen, gest. 5.11.1947 in Hamburg) 10–11, 58, 104, 152–155, 160, 199
Schumacher, Hans (geb. 19.7.1891 in Bonn, gest. 11.4.1982 in Petersberg/Berg. Land) 11, 14, 77, 99, 327, 368, 410, 436
Schupmann, Prof. Ludwig (geb. 23.1.1851 in Gesenke, gest. 2.10.1920 in Gesenke) 323
Schwarcz, Géza (geb. 1878, gest. 10.9.1941 in Köln) 397–398, 406, 419–420
Schwarz, Rudolf (geb. 15.5.1897 in Straßburg, gest. 3.4.1961 in Köln) 250

Schwarzschild, Ernst (gest. vor 1928) 175
Schwarzschild, Lea, geb. Hirsch (geb. in Halberstadt) 175
Schwechten, Franz Heinrich (geb. 12.8.1841 in Köln, gest. 11.8.1924 in Berlin) 36–39
Schweigert, August 317
Schweinem, Theodor 88
Schweizer, Max 84
Schweiz. Unfall-Versicherungs AG 396
Schwering, Dr. Ernst (geb. 15.11.1886 in Coesfeld, gest. 2.3.1982 in Köln) 304
Schwestern Unserer Lieben Frau 121–122
Schweyer, Dr. Carl (geb. 4.8.1901, gest.?) 296
Schwindenhammer 247
Scully, Peter 101
Scully-Falck, Ruth (geb. 14.2.1922 in Köln) 14, 101, 104, 111
Seidl, Gabriel von (geb. 19.12.1848 in München, gest. 27.4.1913 in München) 10–11
Seidmann 287
Seidmann, Max 287
Seiwert, Franz Wilhelm (geb. 9.3.1894 in Köln, gest. 3.7.1933 in Köln) 435
Seligmann, Emil (geb. 26.10.1852 in Köln, gest. 28.1.1909 in Kassel) 361–362
Seligmann, Rosa, geb. Heilbronn (gest. 9.6.1904) 361
Seligmann, Siegmund (gest. 3.1.1888) 361
Sesterhenn, Johann Christian (geb. 16.1.1894) 316–318
Seuffert, Franz (geb. 21.9.1885 in Köln, gest. 4.12.1961 in Köln) 73, 77
Sevenich, Gerhard 317
Siebenborn & Cie 137–138
Siefer, Josef 151
Siegert, Heinrich (geb. 2.5.1853 in Prag-Smichow, gest. 10.6.1939 in Karlsruhe) 34
Siemens-Bauunion 163
Sierigk, Bruno 88
Silberg & Mayer 9, 137
Silberstein, Dr. 340
Simon 200–201
Sitter, geb. Ostermann 113
Slevogt, Max (geb. 8.10.1868 in Landshut, gest. 20.9.1932 in Leinsweiler-Neukastell) 140
Soénius, Dr. Ulrich S. 15
Sönnichsen, Eva 15
Sondhelm, Sophie (geb. 18.3.1887 in Kleinlangenheim/Kitzingen, gest. 9.10.1944 in Auschwitz) 425–426
Spangenberg, Alfred 278
Spanke, Joseph 336
Speyer, Gabriele, geb. Sander 355
Speyer, Dr. jur. Walter 355
Sprenger, Hans 107–109, 113
Stadt Köln 103, 119, 122, 154, 163, 169, 221, 266, 270, 295–296, 302, 324, 347, 378–379, 386, 404–405, 413
Steffen 248

Steffens, Werner (geb. 18.12.1922, gest. 29.8.2007) 248–249, 265–267, 291–294
Stein, Johann Heinrich von (geb. 22.11.1899 in Köln, gest. 9.5.1985 in Köln) 118
Stein, Rudolf (geb. 29.5.1899 in Leipzig, gest. 14.8.1978 in Bremen) 215
Steinbiss, Friedrich 300
Steinert, August 31–33
Steingrüber, Richard 389
Steinthal, Paula 328
Stern, Alice 363
Stern, Edgar 365
Stern, Elsbeth 366
Stern, Emanuel (gest. 15.12.1904 in Köln) 363
Emanuel Stern & Söhne 363
Stern, Emma, geb. Wolf (gest. 2.7.1919 in Köln) 365, 398, 432
Stern, Eric (Erich) (geb. 29.9.1921 in Köln) 14–15, 365–366–367, 370, 418, 432
Stern, Erich (gest. um 1920 in Köln) 365
Stern, Franz Gabriel (gest. nach 1996 in Herzlia/Israel) 366, 432
Stern, Gladys, geb. Rosenthal (geb. 1893, gest. nach 1977 in Los Angeles) 365, 379–380
Stern, Heddy, geb Heydt (geb. 8.2.1887 in Köln, gest. 17.9.1951 in New York) 367–368, 370–371
Stern, Hermann 368, 432
Stern, Hilda (später Hilda Walker) 368
Stern, Ilse Meta (geb. 12.2.1912 in Köln, gest. 31.10.1944 in Auschwitz) 367, 370–371
Stern, Joseph geb. 21.10.1879 in Köln, gest. 1942 in Kulmhof ?) 363
Stern, Dr. Julius (geb. 26.12.1889 in Köln, gest. 1965 in New York) 365, 368, 379–380, 428, 432
Stern, Leopold (geb. 1.7.1866, gest. 27.10.1928) 432
Stern, Markus (gest. 23.1.1928 im Alter von 66 Jahren) 432
Stern, Martha 368
Stern, Max (geb. 16.9.1878 in Köln, gest. 28.9.1942 in Kulmhof) 363
Stern, Meta 368
Stern, Michael (geb. 1835, gest. 24.8.1910 in Essen) 432
Stern, Moritz 368, 432
Stern, Regina, geb. Vasen (geb. 25.1.1879 in Neuss, gest. 28.9.1942 in Kulmhof) 363
Stern, Richard (geb. 22.2.1899 in Weilerswist, gest. 19.9.1967 in den USA) 366, 368–369
Stern, Rita, geb. Levinson 365
Stern, Robert (geb. 8.11.1885 in Köln, gest. 13.3.1964 in New York) 11, 13–14, 27, 147, 186, 240, 245, 263, 288, 321, 337, 345, 364–431, 432–433
Stern, Siegfried 379
Stern, Simon (gest. 21.3.1927) 365–366, 372–377, 387, 398, 432–433

Stern, Sylva 366
Stern, Walter (geb. 14.1.1887 in Köln, gest. 8.7.1929 in Köln) 365–366, 432
Stern, Walter (gest. nach 1969) 363, 418
Stern, Wilhelmine, geb. Großmann (gest. 17.2.1907) 363
Stern, Willy (geb. 24.5.1894 in Köln, gest. 23.12.1929 in Köln) 364–366, 379, 418, 432
Stern, Zahava 366
Stern & Isaac 115
Sternberg, Aenne 425
Sternberg, Dr. Josef (geb. 24.7.1862 in Aurich, gest. 5.7.1934 in Köln) 425
Sternberg, Martin 386
Stier, Hubert (geb. 27.3.1838 in Berlin, gest. 25.6.1907 in Hannover) 44
Stöcker, Mathilde 348
Stolberger Gesellschaft 323
Stooß, Alfred (geb. 25.9.1881, gest. 20.4.1956) 60
Storp, Heinrich 138
Storp, Heinrich Nachf. 120, 138–139
Straus, Gustav 355
Straus, Pauline, geb. Loeser (gest. Juni 1936 in Monaco) 355, 358
Strauß, Dr. Martin Herbert 320, 322
Stübing, Karl Ferdinand 102
Stümpf, Martin 365
Stumpf, Hans (geb. 27.11.1900 in Mainz) 148
Stüßgen, Cornelius (geb. 8.5.1877 in Dormagen, gest. 24.6.1956 in Köln) 190–191
Cornelius Stüßgen A.-G. 190–191, 223
Sürth, Johann 390
Sürth, Josef 87
Synagogengemeinde Bonn 308–309, 423–424
Synagogengemeinde Dierdorf 427–428
Synagogengemeinde Dortmund 307
Synagogengemeinde Koblenz 306
Synagogengemeinde Köln 46, 248, 288–305, 313, 398–399, 400–417, 419–420, 425–426
Synagogengemeinde Montabaur 428
Synagogengemeinde Mönchengladbach 311–313
Synagogengemeinde Münster 309–311
Synagogengemeinde Poppelsdorf 423
Synagogengemeinde Wuppertal 311
Täterow, Maria 267, 274
Taffel, Leo 390
Taffel, Wolf (geb. 10.5.1871, gest. 12.4.1929) 390
Taffel, Wolf, Wwe. 390
Tannenzapf, Edith 19
Tannenzapf, Leo 19
Tannenzapf, Theo (geb. 1903 in Kutten, gest. um 1944/45 in Warschau) 19
Tannenzapf, Toni (Taube) (geb. 1889, gest. 1969) 17
Taut, Bruno (geb. 4.5.1880 in Königsberg, gest. 24.12.1938 in Ankara) 422

Taut, Max (geb. 15.5.1884 in Königsberg, gest. 26.2.1967 in Berlin) 58, 422
Taylor, Ruth, geb. Berendt 43
Teitge 208
Tensfeldt, Cäsar 99
Engros-Haus Tensfeldt & Wolff G.m.b.H. 99
Thelen 258
Thissen, Fritz 239
Thomassen, Herbert 263, 267
Thormälen, Emil (geb. 24.5.1859 in Moorhusen/Holstein, gest. 1.4.1941 in Bad Kreuznach) 357
Thyriot, Franz (geb. 6.5.1869 in Hanau, gest. 21.4.1934 in Frankfurt/Main) 349
Tiedje, Julius 392
Tietmann, Clemens 435
Tietz 110
Tietz, Alfred (Leonhard), (geb. 8.9.1883 in Stralsund, gest. 4.7.1941 in Jerusalem) 103–104, 139–140, 435–436
Tietz, Anna Amalia, verh. Eliel (geb. 25.5.1892 in Wuppertal-Elberfeld, gest. ?) 126
Tietz, Flora, geb. Baumann (geb. 20.5.1855, gest. 18.8.1943) 144
Tietz, Leonhard (geb. 3.3.1849 in Birnbaum/Posen, gest. 14.11.1914 in Köln) 9–10, 103, 139, 194–195, 199
Tietz, Firma Leonhard 10, 226–229
Leonhard Tietz A.-G. 11, 102–103, 106, 110, 114–116, 120, 125–127, 129–130, 134, 136–137, 139, 140–143, 152–155, 157–160, 164–165, 167, 177, 180–185, 192–212, 214–219, 221–223, 337, 393
Leonhard-Tietz-Stiftung 197
Tietz, (Sara) Louise, verh. Eliel (geb. 14.7.1887 in Stralsund, gest. ?) 126
Tietz, Margarete (geb. 1888, gest. 26.2.1972 in London) 144
Tonwerke Niederpleis 138
Trimborn, H. Jos. 178, 212
Trimborn, Max (geb. 4.6.1856 in Köln, gest. 31.8.1934 in Köln) 362
Trosset, Carl 129
Tuaillon, Louis (geb. 7.9.1862 in Berlin, gest. 21.2.1919 in Berlin) 39
Uerz, Peter (geb. 5.3.1860 in Ochtendung, gest. 30.10.1929 in Köln) 377–379
Ufa 20, 212–214
Ullmann, Leopold & Josef Eisenhauer 178
Ullmann, Tony (geb. 26.9.1882 in Frankfurt am Main, gest. am 14.6.1942 durch Selbsttötung in Stolberg-Mausbach) 328
Ulrich, Helmut 15
Unger, August 236
Ungers, Oswald Mathias (geb. 12.7.1926 in Kaisersesch, gest. 30.9.2007 in Köln) 244, 247–249, 254, 259, 265–278, 291–294
Unicef 138

Union A.-G. 36
Union-Baugesellschaft m.b.H. 129
Union Modegroßhandel A.G. 126
Unnerstall, Alfred (geb. 17.1.1905) 379
Unverdruß, Elsbeth 354–355
Unverdruß, Hedwig 354–355
Ursulinenkongregation Calvarienberg 256
Utsch, Robert 281
Varwick, Dr. Felix (geb. 20.11.1914, gest. 9.12.1994) 318
Vaterländischer Frauenverein 313
Vehring, Wilhelm (gest. um 1910) 265
Veil, Theodor (geb. 24.6.1879 in Mercara/Ostindien, gest. 23.10.1965 in Ulm) 436
Veiler, Hubertine 276
Veiler, Willi 246, 248, 276, 294–297
Verband ehemaliger Kölner und Rheinländer in Israel 346
Verbands Rheinischer Architekten, V.R.A. 331, 333
Verbeek, Hans (geb. 5.8.1873 in Köln, gest. 24.11.1954 in Köln) 74, 152
Verein der Prüfingenieure für Statik 18
Vereinigte Servaiswerke 120
Vereinigte Stahlwerke A.G., Düsseldorf 164
Vereinigte Verlagsanstalten A.-G., Oberhausen 222
Vereinigte Werkstätten für Kunst im Handwerk 436
Vereinigung für Kunst in Handel und Gewerbe Cöln 102, 356
Vincenz-Krankenhaus 317
Vingster Terraingesellschaft m.b.H. 331
Vogel, Heinrich Otto (geb. 22.5.1898 in Seeheim/Bergstraße, gest. 15.9.1994 in Trier) 250
Vogel, Mathilde (Tilly) 101, 198, 125
Vogel, Peter 101
Vogt, August 373–375
Vogt u. Pullmann 373–375
Vogts, Hans (geb. 25.6.1883 in Berlin, gest. 7.3.1972 in Unkel) 237
Volberg, Josef (geb. 10.8.1898 in Bochum, gest. 8.12.1950) 239–241
Volberg & Philippson 239–241
Volland, Franz (gest. um 1937) 107, 109
Vollmar 340
Vonderhagen, Paul 330–331
Vorster 32
Vosen, Peter 239
Voss, Bernhard 367
Voss, Friedrich (geb. 7.7.1872 in Calvörde, gest. 3.3.1953 in Kiel) 163
Wach, Karl (geb. 7.1.1878 in Frankfurt-Höchst, gest. 21.6.1952 in Düsseldorf) 74
Wachsberger, Anna Maria, geb. Lehmann 434–440
Wachsberger, Artur (geb. 7.5.1891 in Troppau/Mährisch-Schlesien, gest. 1943 in Haifa/Palästina) 434–440

Wachsberger, Artur Alexander (gen. Fred), (geb. 1915 in Wien) 15, 434, 437, 439
Wachsberger, Ina (geb. 7.6.1921 in Köln, gest. 16.8.2001 in Erftstadt) 15, 435, 437–439
Wagner, K. H. 245
Wagner, Pierre 257
Walk, Joseph 13
Walker, David 368
Walker, Hilda 368
Walker, Karl 368
Walker, Liesel 368
Walker, Lilian 368
Walker, Ludwig 368
Walker, Saul 368
Wallach, Albert 396
Wallach, Therese (geb. 8.5.1895 in Linz, gest. 18.10.1942 in Köln) 121
Wallraf, Max (geb. 18.9.1859 in Köln, gest. 6.9.1941 in Oberstdorf) 118
Walterscheid, Edmund (gest. um 1948) 109, 169
Warhaftig, Dr. Myra (geb. 11.3.1930 in Haifa, gest. 4.3.2008 in Berlin) 12–15
Warhaftig, N. 327
Warsch, Wilhelm (geb. 6.12.1895 in Viersen, gest. 27.12.1869 in Köln) 290
Warth, Otto (geb. 21.11.1845 in Limbach/Pfalz, gest. 5.11.1918 in Karlsruhe) 57
Warzager, Ber (Sajnwel), (geb. 18.9.1912 in Tomaszów/Polen, gest. 19.2.1985) 287, 294–301
Wayss & Freitag A.-G. 74
WDR 131
Weber 317
Weber, Franz (geb. 1884 in Kaub, gest. 19.9.1935 in Köln) 11, 15208, 357, 386
Weichert, Werner 311–313
Weigel, Heinrich 152
Weil, Ludwig (geb. 10.6.1864, gest. 16.1.1918 in Köln) 396
Weil, Ludwig, Wwe. (Toni Weil, geb. Kahn), (geb. 15.8.1876, gest. 12.10.1937 in Köln) 396
Weiler, Peter 231
Weinand, Heinrich 107–109
Weinberg, Joseph 379
Weinbrenner, Adolf (geb. 1836 in Rastatt, gest. 1921 in Rastatt) 57
Weinbrenner, Friedrich (geb.24.11.1766 in Karlsruhe, gest. 1.3.1826 in Karlsruhe) 58
Weiner, Moritz (geb. 4.11.1864, gest. 1.10.1917) 393
Weingarten, Franz 169
Weinholt, Bertha (28.5.1870 in Bocholt, gest. 21.1.1943 in Theresienstadt) 335
Weinholt, Hella, geb. Cohen (gest. 30.12.1921 in Köln) 335–336
Weinholt, Philipp 335
Weinraub, Munio (geb. 6.3.1909 in Szumlany/Polen, gest. 24.9.1970 in Haifa) 277
Weinreis, Wilhelm 423
Weinzheimer, Friedrich August (geb. 29.9.1882 in Golzheim, gest. 1947) 59
Welles, Orson (geb. 6.5.1915 in Kenosha/Wisconsin, gest. 10.10.1985 in Los Angeles) 112
Welsch, Otto (geb. 21.7.1873) 394
Welter, Dr. 318
Wendling & Co. 279–280
Werkstätten für angewandte Kunst G.m.b.H. 436
Werkstätten für vornehme Wohnungseinrichtungen, Kunstmöbel und den gesamten Innenausbau 357
Werner jun., J. 115
Wessel, Willy 171
Westdeutsche Bodenkreditanstalt 224
Westdeutsche Grundstücksgesellschaft m.b.H.
Westdeutsche Immobilien-Gesellschaft m.b.H. 229–230
Westdeutsche Kaufhof A.-G. 165
Weyer, Johann Peter (geb. 19.5.1794 in Köln, gest. 25.8.1864 in Köln) 29, 319
Wertheim 203
Weyl, Gebr. 209
Wickop, Prof. Georg (27.4.1861 in Aachen, gest. 21.11.1914 in Darmstadt) 118
Wiederanders, Max (geb. 16.9.1890 in München, gest. 28.11.1976 in Gauting) 131
Wiener Werkstätten 357
Wiesbaden 228
August Wiese & Sons 388
Wihl, Julius (geb. 16.12.1850, gest. 1.2.1925) 397
Wihl, Therese, geb. Stein (geb. 20.4.1862, gest. 9.12.1910) 397
Wilhelm, Peter 384
Willkens, Theodor (geb. 17.3.1887 in Köln, gest. nach 1975) 70, 199
Wils, Jan (geb. 22.2.1891 in Alkmaar, gest. 11.2.1972 in Voorburg) 203, 349, 353
Wind, Benno (geb. 13.4.1861, gest. 17.6.1931 in Köln) 9
Wind & Süssmann 9
Windemacher, Christian 120, 123
Wingen, Anton 148
Winkelmann, Fritz 355
Winkels, Peter 400
Winkler, Wilhelm
Winter, Paul Joseph 136
Wirminghaus, Prof. Dr. phil. Alexander (geb. 15.5.1863 in Schwelm, gest. 3.10.1938 in Köln) 356
Wirminghaus, Else (geb. 29.4.1867 in Oldenburg i.O., gest. 13.8.1939 in Köln) 355–356
Wirminghaus, Helmuth (geb. 9.9.1891 in Oldenburg i.O., gest. 27.5.1968) 74, 77, 86–87, 356
With, Dr. Karl (geb. 22.6.1891 in Bremerhafen, gest. 18.12.1980 in Los Angeles) 435
Wittgenstein 438
Wlach, Oskar (geb. 18.4.1881 in Wien, gest. 16.8.1963 in New York) 434
WMF 264
Wohler, Gerhard (geb. 27.2.1897 in Berlin-Charlottenburg) 422
Wohnungsbaugenossenschaft „Künstlerkolonie" e.G.m.b.H. 86
Wohnungsbaugesellschaft Amsterdamer Straße/Nesselrodestraße m.b.H. 281
Wohnungsbaugesellschaft für das Rheinische Braunkohlenrevier m.b.H. 199, 219, 324–325
Wohnbaugesellschaft Riehler Str. 63–65 m.b.H. 271–272
Wohnbaugesellschaft m.b.H. 272
Wohnungsbaugesellschaft Wevelinghovener Str. m.b.H. 278
Wohnungsbaugesellschaft Wiethasestr. 58 m.b.H. 276–277
Wohnungsbaugesellschaft Zülpicher Straße/Universitätsstraße/Kerpener Straße 272–273
Wolff 44, 425
Wolff, Bertha, geb. Blumenthal (geb. 24.6.1852, gest. 17.10.1914 in Köln) 336
Wolff, Else (1939 nach Australien emigriert) 11, 13
Gebr. Wolff 393
Geschw. Wolff 146
Wolff, Hugo 11, 13, 99 (1939 nach Australien emigriert)
Wolff, Max (geb. 13.9.1843, gest. 11.7.1918 in Köln) 336
Worringer, Adolf 435
Wrba, Georg (geb. 3.1.1872 in München, gest. 9.1.1939 in Dresden) 10–11
Wunderlich, Hermann (geb. 7.11.1899 in Budweis, gest. 29.10.1981 in Köln) 159
Zabelberg 315
Zahler, Josef (gest.16.2.1984 in Köln) 268–269, 280–281
Zahn, Heinz 375
Jiri Zak (geb. 11.11.1917, gest. 29.1.1986) 246
Zentralrat der Juden in Deutschland 313
Zentralwohlfahrtsstelle der Juden in Deutschland e.V. 313
Zieger, Hans 88
Zimmer, Karl 395
Zöllner, Ernst 384–385
Heinrich Zorn Söhne 120
Zucker, Prof. Dr. Paul (geb. 14.8.1888 in Berlin, gest. 14.2.1971 in New York) 244
Zwirner, Ernst Friedrich (geb. 28.2.1802 in Jakobswalde/Schlesien, gest. 22.9.1861 in Köln) 9

ORTSREGISTER

Aachen 17, 29, 43, 109, 199, 317, 324
Baugewerkschule 113
Technische Hochschule 16–17, 126, 323, 347, 356
Kupfergasse 16 324
Ägypten, Suezkanal 314
Aerdenhout/Niederlande 110–111
Ahlen/Kreis Hamm 335
Alkmaar/Niederlande 349
Allrath 90
Amsterdam/Niederlande 73, 105, 110, 142, 349, 367, 388
Kleine Gartmanplantsoen 15–19 349, 353
1e Van Swindenstraat 72–76 349, 353
Rubenstraat 74 367
Andernach-Bad Tönisstein 257
Antwerpen/Belgien 364–367
Argentinien
Villa Elisa, Camina Belgrano 57
La Plata, Calle 25, Nr. 1766 57
Arnheim/Niederlande 110
Arnsberg 324, 325
Ruhrstr. 17 324
Arosa/Schweiz 358
Atlanta/USA 101
Auschwitz/Polen 43, 57, 59, 101, 245–246, 342, 367
Baden 241
Bad Kreuznach 313, 425
Cecilienhöhe, Jüdische Kinderheilstätte 366, 369, 425–426
Bad Neuenahr-Ahrweiler
Kalvarienbergstr. 50 256
Bad Pyrmont 345
Bad Reichenhall 355
Bad Salzschlirf 41
Bad Sobernheim, Janusz-Korczak-Str. 15 313
Basel/Schweiz 360
Basel, Eisengasse/Tanzgässlein 259
Shean-Tal/Israel, Kibbuz Maoz Haim 345
Beerfelden 365
Airlenbacher Straße 430–431
Landstraße nach Obersensbach (Jüdischer Friedhof) 365, 369 428–430
Odenwaldstraße (Synagoge) 365–366, 430
Belgien 103, 348
Bergen-Belsen, Konzentrationslager 346
Bergheim 324
Bergisch Gladbach-Frankenforst
Buchenallee 16 99
Waldgürtel 40 99
Berlin 13, 17–18, 30, 34, 43–44, 49–50, 76, 101, 108, 114, 144, 180, 225, 238, 244–245, 324–325, 329, 333, 344–345, 347, 357, 360, 362, 365, 367, 377, 390–391, 396, 410, 434, 436

Bauakademie 29, 43, 361
Baugewerkschule 101, 108
Bayrischer Platz 3 314
Charlottenburg, Technischen Hochschule 17, 314, 344
Charlottenstr. 82 386
Damaschkestraße 225
Deutsche Bauausstellung Berlin 1930 327
Freiherr-vom-Stein-Str. 16 314
Freiligrathstr. 8 225
Königlichen Gewerbe-Akademie 29, 31–32
Körnerstr. 17 361
Küstriner Str. 2 225
Kurfürstendamm 225
Luitpoldstr. 35 314
Michaelkirchstr. 30 225
Pestalozzistr. 11 344
Schöneberger Ufer 44 386
Wilmersdorfer Str. 95 17
Wusterhausener Str. 30 225
Xantener Str. 15 314
Bessarabien 110
Bitburg, Mötscher Str. 14 199
Bocholt 335
Böhmen 134
Bolivien 195
Bonn 32, 36, 323–324, 356, 361
Bennauerstraße 423
Bonner Talweg 6 28, 31–34
Gottfried-Claren-Str. 32 313
Jagdweg 19b (Synagoge) 369, 423
Judengasse 423–424
Kesselgasse 3, 11 209
Kirchstr. 15 (Ramersdorf) 313
Kölnstr. 54 325
Münsterplatz 216–217
Remigiusstraße 216–217
Tempelstr. 2–4 (Synagoge) 250, 308–309, 369
Tempelstr. 2–6 (Synagoge) 423–424
Wendelstadtallee 16 325
Wenzelgasse 45–47 209
Bonn-Bad Godesberg 29
Bonn-Beuel 178, 313
Bonn-Combahn 313
Bonn-Vilich 313
Boos 248, 323
Braunberg/Mosel 355
Braunschweig 44, 337
Bremen 345, 355
Breslau 111, 246, 314
Schweidnitzer Straße/Schlossplatz 215–216
Bretzenheim 313
Brotdorf 313
Brühl 324–325
Bergarbeitersiedlung 325
Brühl, Rodderweg/Liblarer Straße, Bergmannssiedlung 199, 325
Brüssel/Belgien 19, 55, 110, 194–195
Buchenwald 246–247, 250, 287, 361

Budapest/Ungarn 225, 230, 346
Polytechnische Universität 225
Büdingen 194
Bühl 241
Burscheid, Bergstr. 2a 113
Calden 362
Cap Ferrat/Frankreich 355
Carlsfeld 57
Chemnitz 246
Chicago/USA 336
435 North Michigan Avenue 422
Chicago Tribune 422
Coburg 344
Cochem 44, 355
Cosel/Oberschlesien 361
Dachau 361
Dannenberg 50
Danzig 43, 160
Darmstadt 104, 118, 429
Technische Hochschule 327
Daun
An den Tennisplätzen 194–198
Boverather Straße 195
Max-Grünbaum-Weg 195
Philosophenweg 1 193–195
Davos/Schweiz 358
Den Haag/Niederlande 203, 421
Dessau 436
Bauhaus 244, 360
Detroit/Michigan/USA 295
Dierdorf, Hauptstraße/Marktplatz (Synagoge) 369, 427–428
Dormagen
Am Margarethenhof 261
Im Daubenthal 260
Salm-Reifferscheidt-Allee 262
Dortmund 44, 163, 348
Hiltropwall (Synagoge) 307
Prinz-Friedrich-Karl-Str. 9 (Synagoge) 250, 307
Dresden 104, 246
Technische Hochschule 327, 344, 366
Düren 103
Bismarckstraße/Wirtelstr. 30–32/Wirteltorplatz 198
Schützenstraße 198
Wirtelgasse 34 198
Wirtelstr. 31 198
Düsseldorf 31, 36, 41, 57–58, 113, 118, 129, 136, 161, 164, 199, 226, 239, 348–353, 393
Adersstr. 8 353
Am Werhahn 26 352
Barbarossaplatz 4 350
Brend'amourstr.76 351
Brend'amourstr.78 351
Brend'amourstr.80 351
Columbusstr. 11 351
Dominikanerstraße 350
Dominikanerstr. 2 350

457

Dominikanerstr. 5 351
Dominikanerstr. 7 351
Dominikanerstr. 10 350–351
Dominikanerstr. 12 350
Düsseldorfer Str. 6 350
Düsseldorfer Str. 8 350–351
Düsseldorfer Str. 10 350–351
Düsseldorfer Str. 12 350–351
Düsseldorfer Str. 14 350–351
Düsseldorfer Str. 16 350–351
Ellerstraße 115 349
Flinger Straße 352
Glücksburger Str. 3 351
Graf-Adolf-Straße 60 349
Gustav-Poensgen-Str. 5–15 351
Heinrich-Heine-Allee 199–200
Herzogstr. 46 58
Kaiser-Wilhelm-Ring 10 350, 352
Karl-Anton-Str. 28 348
Kölner Str. 68 352
Königsallee 1 199–200
Königsallee 38–40 352
Ludgerusstr. 5 351
Ludgerusstr. 7 351
Luegallee 350
Markgrafenstraße 351
Neustr. 25 348, 353
Oststr. 115 349
Oststr. 20 349, 352
Rheindorfer Str. 3
Scheurenstr. 15 349
Schneider-Wibbel-Gasse 352
Siegfriedstr. 5–23 352
Steffenstr. 33 350–351
Theodor-Körner-Straße 199–200
Tiergartenstr. 36 220
Wagnerstr. 40 349
Witzelstr. 48 351
Worringer Platz 4 352
Düsseldorf-Oberkassel 349
Düsseldorf-Reisholz 94
Duisburg 239
Duisburger Str. 226/August-Thyssen-Straße 211–212
Jägerstr. 65/Weidmannstraße 210
Dusemond 355
Echterdingen 367
Einbeck, Bismarckstraße (Synagoge) 334, 337–338
Emden 342
England 18, 110, 245, 328, 344, 348, 361, 366, 420
Erftstadt 324, 437, 438
Erftstadt-Köttingen 324
Erfurt 44, 347, 362
Erp 317
Erpel 355
Essen 26, 31, 58, 90, 243, 432
Norbertstr. 165 26–27

Essen-Kupferdreh 35
Euskirchen, Bahnhofstr. 6–8/Veybachstraße 208–209
Falkenstein 339–340
Flatow/Westpreußen 108
Florenz/Italien 134
Frankfurt am Main 10, 129, 193–194, 313, 328, 339–340, 355, 357, 361, 386
Bettinastr. 52 53
Große Eschenheimer Gasse 218
Frankfurt-Höchst
Marktplatz (Synagoge) 337–339
Frankreich 110, 113, 319, 348, 366
Frechen 25, 324
Friedberg 361
Fürfeld/Hessen 323
Gadderbaum 325
Gaggenau 383
Garzweiler 29
Gedera/Israel 345
Gelsenkirchen, Kampstr. 6 329
Gleiwitz
Göttingen 111
Grevenbroich
Aluminiumstraße 90–95
Erftwerk 58–59, 90–95
Erftwerk-Siedlung 58–59, 63, 96–97
Gustav-Lück-Straße 96–97
Kölner Landstraße 90
Von-der-Porten-Straße 96–97
Wöhlerstraße 96–97
Großbritannien 314
Haifa/Israel 287, 327, 336, 345, 347, 434, 438
Druckerei N. Warhaftig 327–328
Halle an der Saale 361
Hamburg 32, 46, 152, 154, 161, 329, 436
Hamm 210
Bahnhofstraße/Westring 212–214
Hanau 260, 361
Hannover 43–44, 342
Polytechnische Schule 35
Technischen Hochschule 27, 44, 315, 335, 347
Hannoversch Münden 112
Hatzenport, Moselstr. 48 252
Hechingen 43
Heidelberg 50
Herborn 309
Herford 393
Herkenbusch 90
Herlinghausen 335
Herzlia/Israel 366, 432
Hirten 243–244, 246–247, 253
Höchst, Marktplatz (Synagoge) 337–339
Holland 113
Holon/Israel 346
Hüningen 53
Hürth 94, 113, 287

Lortzingstr. 17 110, 218
Altstädter Str. 13 218
Altstädter Str. 17 218
Hürth-Gleuel 324
Hürth-Knapsack 221
Huizen/Niederlande 348–349
Ibbenbüren 340–341
Ringstr. 4 (heute Synagogenstraße) (Synagoge) 337, 340–341
Hauptstraße (später Münsterstr. 5) 341
Iserlohn, An den Sieben Gäßchen 9 98
Israel 11, 19, 27, 288, 327, 345–346, 412
Mikveh Israel 346
Izbica/Lublin/Polen 57
Jerusalem/Israel 241, 327, 406
Johannesburg/Südafrika 328
Kaarst-Büttgen 262
Kaarst-Holzbüttgen 261
Kaisersesch 247
Karlsruhe 57–58, 104, 355
Technischen Hochschule „Fridericiana" 27, 57, 248
Kaiserstr. 139 57
Kaiserstr. 82 57
Kassel 35, 57, 246, 327, 361–362
Königstor 31 362
Parkstr. 17 362
Kelberg 253–254
Kerpen-Sindorf, Berliner Ring 260
Kiel 163
Kleve 209
Koblenz
Löhrstr. 1 192
Löhrstr. 83–85 192–193
Schlachthofstr. 5 (Synagoge) 250, 306
Koblenz-Ehrenbreitstein 355, 362
Köln
Aachener Str. 1 58
Aachener Str. 421 268–269
Aachener Str. 443 118–122
Aachener Str. 567 344
Aachener Str. 675 18–19
Aachener Str. 683 324, 326
Abt-Herwegen-Str. 17 268
Agilolfstraße 146
Agrippastr. 86–88 143
Albertusstr. 43 347
Albertusstr. 45 347
Albertusstr. 14 29
Albertusstr. 16 29
Alexianerstr. 8 361
Alexianerstr. 34 363
Altenberger Str. 17 348
Alteburger Wall 146
Am Alten Posthof 10, 279–280, 349–350
Am Domhof 70
Am Frankenturm 70
Am Hof 20–22 29–31
Am Klingelpütz 74 347

ORTSREGISTER

Am Leystapel 39 108
Am Morsdorfer Hof 18, 157
Am Morsdorfer Hof 37 324, 326
Am Reinholdsberg 3 264
Amsterdamer Str. 143 143
Amsterdamer Str. 92–102 325
Amsterdamer Str. 116 317
Amsterdamer Str. 192 220
Amsterdamer Str. 233–237, 239–243 u. 245–249 281
Am Südpark 146–147
Am Südpark 5 219
Am Südpark 17 222
Am Südpark 49 146–148
Am Südpark 51 146–148, 394
Am Südpark 51a-51b 148
Am Toten Juden 404
An den Dominikanern 20, 60
An der Alteburger Mühle 106, 167, 221
An der Joch 285
Andersenstr. 61–69, 2–18, 34–52 62–68
An der Wollküche 1–3 234–237
An St. Agatha 136–137, 227, 229
An St. Agatha 32–42 159–160, 177, 219, 227
An St. Agatha 36–38 226–229
Antoniterstraße 136–137
Antwerpener Str. 13 329
Antwerpener Str. 37 241
Apostelnkloster 5 9
Apostelnkloster 20 367–368
Apostelnstraße 393
Apostelnstr. 15–17 117
Apostelnstr. 32 263
Arnulfstraße 155, 329
Arnulfstr. 1–19 123–125
Arnulfstr. 6 329–330
Arnulfstr. 8 329, 331
Arnulfstr. 10 329
Arnulfstr. 12 329–330
Arnulfstr. 14 330
Aschenbrödelweg 1 u. 2 62–68
Auerbachplatz 187, 301–304
Auenweg 410
Auf dem Berlich 1 224
Auf dem Berlich 2–6 128–133
Auf dem Hunnenrücken 32 390
Auf dem Römerberg 106, 169, 221
Auf dem Römerberg 25 106–107, 167
Auf dem Römerberg 29 106, 167, 222
Auf dem Römerberg 40 106, 166–169
Bachemer Straße 301
Bachemer Str. 95 369, 399
Badstraße 102, 115, 125, 377–379
Badstr. 1 103
Bahnhof Köln-Bonntor 36
Bahnhof Deutz 54
Bahnhof Deutzerfeld 36
Bahnhof Gereon 36
Bahnhof Köln-Eifeltor 36

Bahnhof Köln-Kalk 36
Bahnhof Köln-Süd 36
Balsaminenweg 16 287
Balthasarstr. 91–95 272
Barbarastr. 60 79
Barbarastr. 62–78 78–84
Baudristraße 390
Baugewerkschule 14, 53–54, 313–314, 348, 353, 361, 363
Bayenstr. 45–47 221
Bayenthalgürtel 11 394
Bayenthalgürtel 26 386
Bayenthalgürtel 28–30 380
Bayenthalgürtel 41–45 384–385, 395
Bayenthalgürtel 43 126
Bayenthalgürtel 70–72 387
Beethovenstraße 316
Beethovenstr. 23 284–285
Beethovenstr. 6 432–433
Beethovenstr. 12 287
Beethovenstr. 16 348
Beethovenstr. 20 433
Belvederestr. 100–102 274–275
Benesisstr. 44 324
Bernhardstraße 384
Bernhardstr. 153 385
Bernhardstr. 153a 385
Bernhardstr. 161 368
Bernhardstr. 161–165 383
Berrenrather Str. 480 249, 302, 304–305
Siedlung Bickendorf I und II 59, 63, 65, 82
Bischofsgartenstraße 70
Bismarckstr. 13 432
Bismarckstr. 47 35
Blankenheimer Str. 47–55 249, 301–305, 308
Blankenheimer Str. 55 186–190, 290–291
Blaubach 9 118
Blaubach 30 146, 377
Blaubach 34–36 180
Blaubach 36 180
Blindgasse 227–228
Bobstr. 13 348
Bocklemünd, Jüdischer Friedhof (siehe Venloer Str. 1152–1154 in Vogelsang)
Bodinusstr. 5 315
Bodinusstr. 7 315–316
Boltensternstr. 111 82–83
Boltensternstr. 111–131 78–84
Bonner Straße 404
Bonner Wall, Verwaltungsbauten des ehemaligen Militärgefängnisses 362
Bonner Wall 114–120 362
Brandenburger Str. 25 348
Breibergstr. 6 331–332
Breite Straße 130, 224
Breite Str. 129 33
Breite Str. 4 220
Breite Str. 58–60 387
Breite Str. 90 24, 144–145

Breite Str. 92–98 128–133, 245, 368
Breite Str. 120 221
Breite Str. 159 355
Brucknerstraße 122
Brückenstraße 126
Brückenstr. 17 125–127
Brückenstr. 19–23 127, 386–387
Brüderstr. 3–7 178–179
Brüderstr. 19 267
Brühler Platz 46, 48
Brüsseler Platz 17 363
Brüsseler Str. 85 432–433
Buchheimer Str. 26–28 336–337, 392–393
Buchheimer Str. 63 184–185
Burghöfchen 9
Burtscheider Str. 2–6 325
Burtscheider Str. 32 325
Cäcilienkloster 236–237
Cäcilienstraße 86
Cäcilienstr. 3 357
Cäcilienstr. 6–12 9
Cäcilienstr. 18–22 (Rheinlandloge) 58, 121, 240, 321, 369, 415–417
Cäsarstr. o. Nr. (zwischen Nr. 24 und 26a) 384
Christian-Gau-Straße 174–175
Clarenbachstr. 190 113
Clevischer Ring 2 184–185
Decksteiner Str. 20 11, 14
Deutscher Ring 118
Deutscher Ring 28 315
Deutz, Deutsche Werkbund-Ausstellung Cöln 1914 10, 58, 125, 134, 238, 357, 410
Deutz, Deutsche Werkbund-Ausstellung Cöln 1914, Österreichisches Haus 94, 357
Deutz, Deutsche Werkbund-Ausstellung Cöln 1914, Haus der Frau 357
Deutz, Jüdischer Friedhof (siehe Judenkirchhofsweg)
Deutz, Messelager 59
Deutz, Pressa 435
Deutz, Pressa, Haus der Arbeiterpresse 327
Deutz, Pressa, Jüdische Sonderschau 288, 369, 410–413
Deutz, Wachsende Wohnung und Einzelgerät (Ausstellung)
Deutzer Brücke 152
Deutz-Mülheimer-Str. 24 357
Domkloster 1 17–19
Domkloster 3 31
Domstr. 22 282
Domstr. 89 286
Donauweg 278
Drosselbartstr. 2–30 62–68
Dornröschenhecke 62–68
Dürener Straße 287
Dürener Str. 178 287
Ehrenbergstr. 1–13, 2–14 78–84
Ehrenfeldgürtel 132 239

459

Ehrenfeldgürtel 134 239–241
Ehrenfeldgürtel 136 239–241
Ehrenfeldgürtel 138 239–241
Ehrenfeldgürtel 177, 291–294
Ehrenstr. 1–3 393
Ehrenstr. 15–17 151
Eifelplatz 127
Eifelstr. 6 35
Eifelstr. 14–16 367–368
Eigelstein 77–83 182–183
Eintrachtstraße, Vincenz-Krankenhaus 317
Eisheiligenstr. 15 276
Eisheiligenstr. 48 266
EL-DE-Haus 59
Enggasse 70
Engelbertstr. 64 432
Erftstr. 6 287
Erftstr. 10 432
Eugen-Langen-Str. 6 386
Eupener Str. 4 394
Eythstr. 25 393
Flandrische Str. 7 225
Flandrische Str. 9 112
Flora 9
Frankenplatz 70, 357
Frankstr. 19 33
Frankstr. 23 33
Frankstr. 25 33
Frankstr. 27–29 33
Franz-Geuer-Straße 276
Franz-Grillparzer-Ring 287
Franzstr. 37 368
Franzstr. 56 374
Franzstr. 69, 71, 75–77 373–375
Franzstr. 77 433
Fridolinstr. 39 239–241
Friedenstr. 22 und 24 33
Friedrich-Schmidt-Straße 140–143
Friedrich-Schmidt-Str. 40 162
Friedrich-Schmidt-Str. 40a 162
Friedrich-Schmidt-Str. 57 357
Friedrich-Schmidt-Str. 58–60 145
Friedrich-Schmidt-Str. 60 145
Friedrich-Schmidt-Str. 60 und 62 140
Friesenplatz 86
Friesenwall 388–389
Friesenwall 21–25a 20–23
Fritz-Reuter-Straße 151–152
Fritz-Reuter-Str. 1–3 190
Fröbelplatz 13 183
Fürst-Pückler-Str. 48 10–11
Fürst-Pückler-Str. 89 269
Geisselstr. 82 183
Georgstr. 5 271
Georgsplatz 372
St. Gereon 317
Gereonshof 275
Gereonshof 32 113
Gereonstr. 43–47 367–368

Germanicusstr. 3 436
Germanicusstr. 8 185
Gertrudenstr. 16 357
Gilbachstr. 17 328
Gilbachstr. 29a 316
Gladbacher Str. 8 35
Gladbacher Str. 18 397
Gleueler Str. 111–113 267
Gleueler Str. 215, 217 373–375
Glockengasse 7 (Synagoge) 9, 290, 398–399
Göbenstr. 1 377
Göbenstr. 3 49
Goethestr. 66 11, 13
Goldfußstr. 1–13, 2–14 78–84
Goldgasse 347
Goltsteinstr. 144–146 395
Goltsteinstr. 148–150 382–383
Goltsteinstr. 187–189 384
Gotenring 1 17
Gotenring 16 17–18
Gottesweg 114 363
Grafenmühlenweg 109–113 176–177
Große Brinkgasse 117
Große Budengasse 388
Große Budengasse 11 438, 440
Großer Griechenmarkt 23–25 180
Großer Griechenmarkt 23–31 180
Gürzenichstraße 10, 139
Gürzenichstr. 2 159–160, 177, 219
Gürzenichstr. 4 10
Güterbahnhof Gereon 35, 222
Guilleaumestr. 15 331
Gustav-Heinemann-Ufer 58 151–152
Gustav-Heinemann-Ufer 120 357
Gutenbergstr. 40–42 278
Gyrhofstraße 69, 244
Gyrhofstr. 27 157
Gyrhofstr. 20 11, 13, 99
Habsburgerring 30 18
Hahnenstr. 16 282–284
Hansaring 3 316
Hansaring 39 376–377
Hansaring 80 237
Hansaring 82 433
Hansaring 84 433
Hansaring 86 432–433
Hansaring 87 390
Hansaring 91 396
Hansaring 103 336
Hansaring 109 336
Hansaring 123 247–249
Hardefuststr. 3 9
Hardtgenbuscher Kirchweg 123 und 125 331
Hatzfeldstraße 176–177
Hauptbahnhof 36, 39–41
Haydnstr. 13 10–11
Heinering 287
Heinestraße 99
Heinestr. 30–32 382

Heisterbachstr. 12 113
Henry-Ford-Straße 23
Hermann-Pflaume Straße 276–277
Herzogstr. 36–54 127
Herzogstraße 82 386–387
Heumarkt 71–72, 109, 152–155, 160–162, 227, 315
Heumarkt 39 377
Hildeboldplatz 26 355
Hillerstr. 57 317
Hochstadenstr. 28 316
Höhenberg, Germania-Siedlung 79
Hölderlinstr. 1–3 380–381
Hölderlinstr. 7 50
Hölderlinstr. 8–10 385
Hölderlinstr. 81 (Weiden) 249
Höninger Weg 73, 191
Höninger Weg 100 137–138
Höninger Weg 104 138
Höninger Weg 249–259, 261–265 73–74
Hohenstaufenring 25 239
Hohenstaufenring 58 321
Hohenstaufenring 63 103, 108
Hohenzollernbrücke 13, 24, 35–39
Hohenzollernring 11 247–248
Hohenzollernring 22–24 18, 20–23, 246, 248
Hohenzollernring 42 284
Hohenzollernring 48 434–438
Hohe Pforte 372
Hohe Straße 126, 129, 136, 229
Hohe Str. 23–25 227
Hohe Str. 42 9
Hohe Str. 43 134, 137
Hohe Str. 43–53 10, 159–160, 177, 219
Hohe Str. 45 227
Hohe Str. 45–49 125, 226–229
Hohe Str. 46 10
Hohe Str. 63 43
Hohe Str. 77–79 390–392
Hohe Str. 80 9
Hohe Str. 105–107 53
Hohe Str. 108–110 385
Hohe Str. 111 389–390
Hohe Str. 114 385
Hohe Str. 117–119 232–234
Hohe Str. 124 225, 231
Hohe Str. 138–140 388
Hohe Str. 156 9
Holsteinstr. 24 172–173
Homarstraße 331
Hülchrather Str. 1 272, 314
Hülchrather Str. 5 367–368
Hültzstr. 6–8 280–281
Hültzstr. 9 281–282
Hültzstr. 10 269, 271
Hültzstr. 13 394
Hültzstr. 36 166, 219
Humboldtstraße 379
Humboldtstr. 36 33

Humboldtstr. 46 274
Humboldtstr. 48 114–116
Siedlung Iddelsfeld 62–68
Im Klapperhof 48 335
Im Linder Bruch 11–71, 22–64 286
Im Linder Bruch 66–68 287
Innere Kanalstraße 277
Jahnstr. 1a 33
Jahnstr. 24 28, 31–32
Jahnstr. 36 55
Jakobstraße 184
Johann-Bueren-Straße 140
Johannisstr. 39 347
Johannisstr. 44 347
Johannisstr. 59 347
Joseph-Stelzmann-Straße 355, 357
Joseph-Stelzmann-Str. 22a 355
Joseph-Stelzmann-Str. 60 355
Joseph-Stelzmann-Str. 70 286
Judenbüchel 404
Judenkirchhofsweg (Jüdischer Friedhof Deutz) 314, 319, 335, 345, 347, 361, 397
Jünkerather Str. 2 301–304
Junkersdorfer Straße 146
Kämmergasse 37–45 157
Kämmergasse 39–41 157–159
Kaesenstr. 8 58
Kaesenstr. 9 58
Kaesenstr. 24 35
Kaesenstr. 28–30 127
Kästnerstraße 287
Kaiserstr. 13 (Rodenkirchen) (heute Walter-Rathenau-Straße) 53
Kaiser-Wilhelm-Ring 8 336
Kaiser-Wilhelm-Ring 10 249, 275
Kaiser-Wilhelm-Ring 12 225
Kaiser-Wilhelm-Ring 17–19 377
Kaiser-Wilhelm-Ring 17–21 224
Kaiser-Wilhelm-Ring 21 377
Kaiser-Wilhelm-Ring 24 49
Kalker Hauptstr. 112–116 165
Kalker Hauptstr. 118–122 180–181
Kalker Hauptstr. 211–213 372, 432–433
Kamekestr. 29 335–336
Kapitelstr. 1a 392
Kardinal-Frings-Straße, Archivs des Erzbischöflichen Palais 317
Karolingerring 17 393–394
Kattenbug 9
Kattenbug 18–24 134–136, 263, 321
Kendenicher Str. 6 329, 331, 333
Kerpener Str. 1–1a 272–273
Kieler Str. 42–56 172–173
Kitschburger Str. 229 174–175
Kitschburger Str. 231 174–175
Kitschburger Str. 233 113, 174–175
Kleingedankstr. 16 393
Kleistring 287
Klettenberggürtel 156

Klettenberggürtel 7–15 155–156, 164
Klettenberggürtel 11 113
Klingelpütz 246, 318
Koblenzer Str. 65 146
Königin-Augusta-Passage 387
Körnerstr. 85 402
Körnerstr. 93 (Synagoge) 27, 240–241, 369, 400–404, 412, 427, 430
Konrad-Adenauer-Ufer 3 344
Konradstr. 3 330
Konradstr. 5 347
Krebsgasse 391
Krebsgasse 5 386–387
Kreuzgasse (Gymnasium) 43, 50, 53, 361
Kyffhäuserstr. 41 137
Kyllburger Str. 5, 5a, 7 301–302, 305
Kyllburger Str. 14 71, 331, 333
Kyllburger Str. 14, 16 331
Laudahnstr. 4 113
Lentstr. 8 11, 14
Leonhard-Tietz-Str. 1 159
Leostr. 1 113
Leyboldstr. 14 379–380
Leyboldstr. 33 225, 231
Liebigstr. 159 432
Liebigstr. 171 433
Liebigstr. 175 433
Lindenburger Allee 317
Lindenhof 11–13, 4–14 220
Lindenstraße 14 112
Lochnerstr. 1 53
Lotharstr. 14–18 9, 137
Lotharstr. 32 331, 333
Lothringer Str. 111 35
Lothringer Str. 119 324
Lützowstraße 121, 244
Lützowstr. 35–37 370–371, 417–418
Lupusstr. 7 348
Lupusstr. 38 321
Luxemburger Str. 356 264
Maarweg 3–9 219, 325
Maastrichter Str. 6–8 249, 265–266
Märchensiedlung 59, 62–68
Märchenstr. 1–57, 2–74 62–68
Marienburger Str. 8 103, 148–151
Marienburger Str. 8–12 150
Marienburger Str. 16 379
Marienburger Str. 37 395–396
Marienburger Str. 42 396
Markusplatz 46–49
Markusstraße 46
Marsilstein 20 366, 369
Martinsfeld 26 33
Martinsfeld 28, 31, 33
Martinsfeld 41 30–32
Marzellenstraße 60
Marzellenstr. 1 106–108, 169
Marzellenstr. 21 319
Maternusstraße (Rodenkirchen) 54

Mathiaskirchplatz 11 und 13 330
Mathiaskirchplatz 11–17 330
Mathias-Schleiden-Str. 2–20 325
Siedlung Mauenheim 59, 63, 65
Mauritiuskirchplatz 5 114–116
Mauritiussteinweg 11 371, 413–414
Mauritiussteinweg 64 55
Mauritiuswall 377–379
Maximinenstraße 40
Mehlemer Str. 8 231, 238
Melchiorstr. 14 138–139
Mengenicher Straße 287
Metzer Str. 1 241
Milchmädchen-Siedlung Poll 63
Militärringstraße 409
Minoritenstraße 232–234, 436, 438–439
Minoritenstr. 7 und 9 436–437
Minoritenstr. 23 29
Mittelstr. 52–54 388–389
Mohrenstraße 29
Mohrenstr. 2 355
Mohrenstr. 3 355
Mohrenstr. 6 355
Moltkestraße 286
Mommsenstr. 152 164
Mozartstraße 316
Mozartstr. 17 122
Mozartstr. 19 116–117
Mühlenbach 8–10 271
Mühlenbach 14 393
Mühlenbach 24 180
Mülheimer Brücke 74–75, 163
Müngersdorf, Lager Fort V 35, 241, 335
Museum für Ostasiatische Kunst 434
Nassestr. 28 321–322
Naumann-Siedlung 56, 78–84
Naumannstr. 1–11, 2–22 78–84, 172
Naumannviertel 78–84
Nesselrodestr. 26–30 9
Nesselrodestr. 32–36 281
Neue Maastrichter Str. 3 329
Neue Maastrichter Str. 8 27
Neufelder Str. 3–17 62–68
Neumarkt 59–61, 70, 86, 129, 227
Neumarkt 3 85–86
Neumarkt 15–19 10, 43
Neusser Landstraße 316
Neusser Str. 242–246 9, 164
Neusser Str. 281 390
Neusser Str. 573 280
Neusser Str. 592 348
Neusser Wall 13 281
Neven-DuMont-Str. 2–4 387
Niehler Straße 281
Nohlstr. 12 348
Nord-Süd-Fahrt 230
Nußbaumerstraße 190–191, 291–294
Oberländer Ufer 151
Oberländer Ufer 54–56 152

461

Oberländer Wall o.Nr. 432
Oberländer Wall 24 376
Oderweg 270
Ölbergstraße 155, 393
Ölbergstr. 2–4 72
Ölbergstr. 20 113, 155–156
Olpener Str. 80–92 241
Ost-West-Achse 86
Ottostraße 85 (Israelitischen Asyl/Synagoge) 44, 190–191, 250, 289–294, 302, 305, 358
Palmstraße 284
Parkstr. 2 220
Parkstr. 8 395
Parkstr. 10 395
Parkstr. 20 220
Parkstr. 61 139–140, 436, 438
Paulistr. 4 und 6 325
Paulistr. 19–23 325
Perlenpfuhl 126
Petersbergstr. 53–57 70, 72
Pferdmengesstr. 5 263, 381–382
Pferdmengesstr. 19 396
Pferdmengesstr. 16 263, 321
Plankgasse 282
Pohlmannstraße 281
Probsteigasse 15 328
Raderberger Str. o. Nr. (Jüdischer Friedhof) 369, 404–406, 420
Rapunzelgäßchen 1 und 3 sowie 2 62, 67
Rapunzelgäßchen 4 62–68
Raschdorffstraße 141
Raschdorffstr. 2 und 4 140–143
Raschdorffstr. 2–4 140
Raschdorffstr. 9–11 433
Raschdorffstr. 10–14 270
Raschdorffstr. 12 270
Raschdorffstr. 19 432–433
Raschdorffstr. 21–23 433
Raschdorffstr. 28 268
Remigiusstraße 155, 329
Remigiusstr. 35–39, 45–55 123–125
Remigiusstr. 45 35
Remigiusstr. 53 125, 264
Rhöndorfer Str. 114 72
Richard-Wagner-Str. 29 344
Riehler Str. 63–65 271–272
Riehler Tal 40–52 79
Ritterstr. 27 55
Robert-Blum-Str. 1 113
Robert-Blum-Str. 11 387
Robert-Heuser-Str. 3 396
Robert-Heuser-Str. 7-7a 166
Robert-Heuser-Str. 15 183, 219
Robert-Koch-Str. 49 164
Robert-Koch-Str. 32–36 157
Robert-Koch-Str. 34 und 36 157
Robert-Koch-Str. 55–59 84–85
Röntgenstraße 289–294

Rösrather Straße 46
Rolandstr. 70 54
Rondorfer Str. 3 148
Rondorfer Str. 5 146–148
Roonstr. 50 (Synagoge) 8–9, 248, 250, 287, 291, 293–301, 371, 399, 413, 415
Roonstr. 56 396
Roonstr. 71 286, 328
Rotkäppchenweg 1–29, 2a-32 62–68
Rubensstr. 33 371, 414
Rückertstr. 2, 4–6, 8–10 373–375
Salomonsgasse 231
Salierring 27 390
Salierring 48 335
Salierring 61 54
Schaafenstr. 71 103, 108, 113
Schaevenstraße 115
Schaevenstr. 1b 377–379
Scheffelstr. 21 112
Schildergasse 126, 129, 131, 136
Schildergasse 1 43
Schildergasse 59 322
Schildergasse 89 9
Schildergasse 72–74 229–230
Schildergasse 94–96 178–179
Schildergasse 106–108 263, 267
Schillerstr. 7 (Weiden) 324
Schmiedegasse 280
Schneewittchenweg 1–17, 2–18 62–68
Schönhauser Straße 190
Schönhauser Str. 6–16 190
Schwalbengasse o.Nr. 24
Sedanstraße 118
Sedanstr. 29 394
Severinstr. 18 368
Severinstr. 83–85 184
Severinstr. 97 267
Severinstr. 152 223
Severinstr. 226 392
Severinstr. 228 372–373, 432
Severinstr. 230 372–373
Severinstr. 232 368, 372–373, 432
Siebengebirgsallee 155, 244, 248
Siebengebirgsallee 99–105 155–156, 164
Siebengebirgsallee 105 113
Siebengebirgsallee 107 393
Siebenrabengasse 1–15 62–68
Siegfriedstraße 146
Sieglarer Str. 1–15, 2–18 286
Sieglarer Str. 17–51, 20–30 287
Sieversstraße 180
Spichernstr. 30 363
Spiesergasse 318
Stammheimer Ring 285
Stammheimer Str. 32 317
Stammheimer Str. 135–169 79
Stammheimer Str. 171–175 78–84
St.-Apern-Straße (Höhere Töchterschule) 357
St.-Apern-Str. 29–31 (Lehrerseminar und Synagoge) 369, 348, 414, 417
St.-Apern-Str. 20 9
Stadtwaldgürtel 16 148
Steinbergerstr. 23 113
Steinstr. 9 und 11 33
Steinweg 126
Steinweg 2–6 190
Sternengasse 95 88–89
Sternengasse 95 und 95a 89
Steyrer Weg 3 278
Stolberger Str. 82 223
Stolkgasse 20
Subbelrather Str. 15 277
Sudermanstr. 3 232
Südbrücke 24, 35–36, 39
Sülzburgstr. 19 139
Sülzgürtel 54 316
Terrassenweg 58, 86–88
Terrassenweg 2–22 86–88
Terrassenweg 6 58
Terrassenweg 24 58, 86–88
Terrassenweg 150 102, 108
Theodor-Heuss-Ring 19–21 118
Theodor-Heuss-Ring 26 9
Theodor-Heuss-Ring 28 315
Theodor-Schwann-Str. 11–25 325
Theophanostr. 17 191
Theophanostr. 19 191
Theresienstraße 25 273–274
Theresienstr. 60 58
Thieboldsgasse 9 366, 432
Thieboldsgasse 71 363
Thieboldsgasse 73 363
Thieboldsgasse 111 89
Thürmchenswall 286
Tiergartenstr. 9 61
Titusstr. 20 376, 432–433
Titusstr. 22 367–368, 376, 432–433
Titusstr. 24 241, 368, 376, 432–433
Trajanstr. 25 241
Ubierring 41 35
Uhlandstr. 37 103
Universitätsstr. 25 272–273
Unter den Ulmen 1–3, 5 106, 166–169
Unter den Ulmen 23 75–77
Unter Käster 5–7 336
Unter Kahlenhausen 11 55
Unter Sachsenhausen 4 30–31
Unter Sachsenhausen 6 70
Unter Sachsenhausen 8 21
Unter Sachsenhausen 21–27 103
Unter Sachsenhausen 37 9, 134–136, 263, 321
Unter Seidenmacher 2–4 377
Venloer Straße 177, 389
Venloer Str. 21 396
Venloer Str. 26 394
Venloer Str. 47 384
Venloer Str. 196 276

Venloer Str. 217 166
Venloer Str. 377 221
Venloer Str. 1107 397–398
Venloer Str. 1152–1154 (Jüdischer Friedhof) 35, 43, 46, 288, 345, 348, 369, 397–398, 405–409, 418–420, 432
Viktor-Schnitzler-Straße 268
Vincenz-Statz-Str. 13–15 146
Virchowstr. 5–7 277
Virchowstr. 21 375
Vogelsanger Str. 187 103, 106, 108–109, 169–171
Vogteistr. 2 282
Vogteistr. 4 282
Vogteistr. 6 282
Voigtelstraße 344
Volksgartenstr. 13 116
Volksgartenstr. 15 367
Volksgartenstr. 24 373
Volksgartenstr. 32 366, 368, 376–377, 432–433
Volksgartenstr. 70 324, 432–433
Vorgebirgstraße 73, 366
Waidmarkt 372
Walberger Str. 5 und 6 73–74
Walter-Rathenau-Str. 13 (Rodenkirchen) 54
Walter-Rathenau-Str. 29 (Rodenkirchen) 11, 14
Weidengasse 4 182–183
Weidengasse 72 237
Weißbüttengasse 151
Weißenburgstr. 61 321
Weißenburgstr. 66 55
Werderstr. 7 329
Wevelinghovener Str. 12–20 278–279
Weyerstr. 48 181
Weyerstr. 50–52 181
Weyerstr. 66 390
Weyertal 121–123 59, 69
Widdersdorfer Straße 107
Widdersdorfer Str. 150 102, 107–108, 169
Widdersdorfer Str. 244 389
Widdersdorfer Str. 244a 389
Wiener Platz 184–185, 393
Wiethasestraße 174
Wiethasestr. 58 276–277
Wilhelmstraße 164
Wipperfürther Str. 29a 393
Wolfgang-Müller-Str. 9–15, 16–30 59, 68–69
Wolfgang-Müller-Str. 17–19 69
Wolfstr. 8 103, 116
Wolkenburgstr. 3–5 162
Worringer Str. 3–5 383–384
Yitzhak-Rabin-Platz 316
Zeppelinstraße 10, 129
Zeppelinstraße (Schwerthof) 239
Zeppelinstr. 4–6 10, 349–350, 395–396
Zeppelinstraße 5 10
Zeppelinstr. 9 10, 279–280

Zülpicher Str. 174–176 272–273
Zülpicher Wall 12 372
Königsberg/Ostpreußen 348
Königstein i.T., Seilerbahnweg 9 (Synagoge) 337, 339–341
Königswinter, Hauptstr. 21 325
Kottenheim, Hochstr. 42 252
Krakau/Polen 18
Krefeld 43
Friedrichstraße 205–206
Hochstr. 62 421–422
Neumarkt 421–422
Krefeld-Oppum 259
Kürten-Weiden 260
Kulmhof/Polen 35, 322, 345, 363
Kutten/Kuty/Ukraine 17
Landeck/Westpreußen 101
Landshut/Schlesien 390–392
Langenfeld 260, 351–353
Leipzig 246
Leverkusen, Bayerwerk 315
Leverkusen-Rheindorf, Peenestraße/Warnowstraße u.a. 260
Limbach/Pfalz 57
Limburg 44
Litzmannstadt/Lodz/Polen 35, 55, 322, 345, 363
Locarno/Schweiz 360
London/Großbritannien 17, 19, 195, 239–240, 323, 336, 355, 358, 361, 368
Hampsteadt, 43 Litchfield Way 359
Victoria & Albert Museum 359
Ludwigshafen 25–26, 90
Ludwigstraße/Berliner Platz 217–218
Lüdenscheid, Kölner Str. 1–1a/Sauerfelder Straße 200–201
Lüttich/Belgien 355
Lüttringhausen 324
Magdeburg 244, 328, 360
Mailand/Italien 227, 360
Mainz 36, 323
Majdanek/Lublin/Polen 238
Mannheim 25–26, 221, 262, 383
Marbach am Neckar 347
Mauthausen/Österreich 345
Mayen 247–249, 251–259
Alleestraße 257
Alleestr. 14 248
Am Brückentor 2 256
Am Wittbender Tor 255
Bachstraße 257, 259
Bachstr. 8 257
Brückenstr. 2 258
Brückenstr. 13 256
Eichstraße 252
Genovevaburg 247
Goebelstr. 21 258
Habsburgerring 255
Habsburgerring 32 251

Im Burgfrieden 20 251
Koblenzer Straße 253
Koblenzer Str. 1 252
Koblenzer Str. 95 252
Koblenzer Str. 173a–175 257
Marktplatz 207–208
Marktplatz 7 255
Marktstr. 11–13 255
Neustr. 16 252
Meisenthal 254
Merseburg 361
Metz, Gefängnisstr. 25 314
St. Michael im Lungau/Österreich 357
Michelstadt 428
Minsk/Weißrussland 121, 241
Mönchengladbach
Albertusstr. 54 (Synagoge) 250, 311–313
Hindenburgstr. 125 214–215
Monaco 358
Monheim
Brombeerhecke 260
Langenfelder Straße 260
Niederstraße 260
Schießhecke 2–24 261
Schießhecke 43–71 261
Monheim-Hitdorf 260
Montabaur, Wallstr. 5 (Synagoge) 369, 428
Mülheim/Ruhr, Wallstraße/Löhberg 206–207
Müllenbach 253–254
München 50, 131, 436
Technische Hochschule 50, 327, 344, 356, 366
Münster i.W. 44, 53–54, 249, 341
Augustastr. 26a 53
Fürstenstr. 14 53
Hammerstr. 12 53
Klosterstraße (Synagoge) 309
Klosterstr. 8/9 (Synagoge) 250, 309–311
Nassau 44
Natzweiler-Struthof/Elsaß 367
Nettersheim
Gut Hirschberg 103–105
Landhaus Alfred Tietz 104
Neuenburg/Schwarzwald 355
Neumünster 180
Neu-Raussnitz/Mähren 53
Neuss 363
Neustadt-Glewe 180
New York/USA 43, 101, 110–112, 360, 365, 367–368, 422, 425, 429, 432
Niederkassel-Lülsdorf 259
Niederlande 111, 141, 349, 367, 396
Niederpleis 138
Nordhausen 27, 347
North Carolina/USA, Black Mountain College 360
Oberhausen 249

Langemarkstraße/Paul-Reuch-Straße, Ruhrwachthaus 80, 222–223
Obersensbach 428
Ölmütz/Mähren 437
Österreich 160
Oldenburg i.O. 356
Omer/Israel 27
Oosterbeek/Niederlande 101
Oppeln 361
Oranienburg-Sachsenhausen 314, 323, 361
Osnabrück 324, 342
Rolandstraße (heute: Alte-Synagogen-Straße) (Synagoge) 337, 341–343
Oxford/Großbritannien 110
Paderborn 41, 335
Synagoge 335
Palästina 11, 27, 112, 143, 164, 245, 321–322, 327, 345, 347, 406, 437
Palästina, Kibbuz Kfar Szold 346
Pancsova/Ungarn 357
Paris/Frankreich 319
Posen 324–325
Potsdam 436
Pressburg/Bratislava/Mähren 346
Pulheim 400
Rastatt 57
Ratibor/Oberschlesien 44, 46–47, 322
Remscheid-Lennep 35, 325
Riga 43, 328
Rösrath-Forsbach 260
Rommerskirchen 421
Rothenbach 253–254
Rothenburg an der Oder 251
Rotterdam/Niederlande 111, 203
Coolsingel 83 349, 353
Saarbrücken 101, 344, 361, 377
Saargebiet 160
Saarlouis 355

Sachsen 134
Sachsenhausen (Oranienburg-Sachsenhausen) 314, 323, 361
São Paolo/Brasilien 50–52
Scheveningen/Niederlande 421
Haus Dr. Werner Rosenfeld 51
Haus Delphina Chiron Levi 51
Haus Frank Schlössinger 51
Schildberg/Provinz Posen 362
Schweden 194
Schweiz 134, 346
Schwelm 356
Schweringen 35
Sniatyn/Galizien 17
Solingen, Klosterwall/Mühlenplatz/Hauptstr. 55–77 203–205
Solingen-Ohligs 109
Sombor 346
Sondershausen, Carl-Schroeder-Str. 11 44
Spa/Belgien 110, 323, 325
Rue de la Sauvenière 62 325
Spanien 346
Speyer 342
Spreehagen, Gut Winkel 245, 251
Stolberg 323, 326, 328
Schellerweg 14 323
Stralsund, Ossenreyerstr. 19 201–203
Straßburg 50, 323
Katholischen Garnisonskirche 323
Kalbsgasse 20 323
Straßburg-Lingolsheim 180
Stuttgart, Technischen Hochschule 345, 366
Tecklenburg 340
Tel Aviv/Israel 27, 140, 437
Theresienstadt/Terezín 35, 43, 53–55, 59, 88, 241, 288, 335, 348
Tomaszów/Polen 287

Totes Meer/Israel 346
Treblinka/Polen 241
Trier 254, 344
Triest/Italien 345
Troisdorf 313
Troppau/Mährisch-Schlesien 434
Türkei 406
USA 111–112, 360, 365–366, 368
Verden 361
Virneburg 258
Hauptstr. 39 258
Voorburg/Niederlande 349
Vreden/Kreis Ahaus 29
Waldbröl 12
Wanderath 258
Washington/USA 365, 367, 370
Weibern 258
Weiersbach 194
Weilerswist 366
Weimar 246–247
Bauhaus 360
Wembley/Großbritannien 344
Werl 324
Wiedenbrück 299
Wien/Österreich 357, 366, 436
Universität 434
Wiesbaden 11
Witten/Ruhr 348
Worms 36, 239
Wuppertal-Barmen, Werth/Kleine Flurstraße/Wegnerstraße 201
Wuppertal-Elberfeld 40, 53, 314–315
Königlichen Baugewerkschule 53, 113
Bayerwerk 315
Brüningstraße 53
Friedrich-Ebert-Str. 73/Aue 82 (Synagoge) 250, 311
Zürich/Schweiz 129, 360